संचार के मूल सिद्धान्त

(भारतीय संचार सिद्धान्त सहित)

संचार के मूल सिद्धान्त

(भारतीय संचार सिद्धान्त सहित)

प्रो. ओमप्रकाश सिंह

प्रोफेसर एवं निदेशक

महामना मालवीय पत्रकारिता संस्थान

महात्मा गांधी काशी विद्यापीठ, वाराणसी (उ.प्र.)

लोकभारती प्रकाशन

(भारतेन्दु हरिश्चन्द्र पत्रकारिता एवं जनसंचार पुरस्कार 2002, सूचना और प्रसारण मंत्रालय भारत सरकार की अद्यतन प्रस्तुति)

लोकभारती प्रकाशन
पहली मंजिल, दरबारी बिल्डिंग, महात्मा गाँधी मार्ग
इलाहाबाद-211 001
वेबसाइट : www.lokbhartiprakashan.com
ईमेल : info@lokbhartiprakashan.com
शाखाएँ : 1-बी, नेता जी सुभाष मार्ग, दरियागंज
नयी दिल्ली-110 002
अशोक राजपथ, साइंस कॉलेज के सामने
पटना-800 006 (बिहार)
36-ए, शेक्सपियर सरणी
कोलकाता-700 017

मूल्य : ₹ 650

प्रथम संस्करण : 2018

इण्डियन प्रेस प्रा. लि.
इलाहाबाद द्वारा मुद्रित

SANCHAR KE MOOL SIDDHANT
by Prof. Om Prakash Singh

ISBN : 978-93-86863-61-4

श्रेष्ठ श्री रामभक्त भगवान् शिव एवं
आदिशक्ति माँ काली
और
गुरु श्री राजबहादुर सिंह 'बाबा जी'
के चरणों में सप्रेम समर्पित

अनुक्रमणिका

—

भूमिका

जब से भारत में पत्रकारिता एवं जनसंचार का अध्ययन प्रारम्भ हुआ है तब से ही अच्छी पुस्तकों की समस्या रही है। जो विभाग अंग्रेजी माध्यम से पत्रकारिता एवं जनसंचार के पाठ्यक्रमों का संचालन करते हैं, आधार सामग्री अमेरिकी एवं ब्रिटिश पुस्तकों से मिल जाती है। फिर भी कुछ सीमा तक इन विभागों को भी समस्याओं का सामना करना पड़ता है। हमारे देश के कई विश्वविद्यालयों में 'पत्रकारिता एवं जनसंचार का अध्ययन-अध्यापन स्थानीय भाषाओं में होता है। ऐसे विभागों के छात्रों को और भी कठिनाई का सामना करना पड़ता है, क्योंकि भारतीय भाषाओं में पत्रकारिता एवं जनसंचार के क्षेत्र में एम. ए., एम. फिल्. एवं पी-एच. डी. करनेवाले छात्रों की समस्या और भी कठिन होती है, क्योंकि सन्दर्भ सामग्री आवश्यकता एवं स्तर के अनुरूप नहीं मिल पाती है।

हिन्दी भाषा में संचालित पत्रकारिता एवं जनसंचार के पाठ्यक्रमों में भी पर्याप्त एवं स्तरीय सन्दर्भ सामग्री का अभाव है। यद्यपि देश के 30 से अधिक विश्वविद्यालयों में 'पत्रकारिता एवं जनसंचार' के पाठ्यक्रम हिन्दी माध्यम से संचालित हो रहे हैं। परन्तु हिन्दी में 'पत्रकारिता एवं जनसंचार' की स्तरीय पुस्तकें अब भी नहीं हैं। हिन्दी में जो पुस्तकें पत्रकारिता एवं जनसंचार पर हैं भी वे अंग्रेजी को पुस्तकों की तुलना में कम ही स्तरीय एवं मानक के अनुरूप हैं। हिन्दी में पुस्तकों का लेखन पत्रकारिता एवं जनसंचार विषय पर कई अध्यापकों, अध्येताओं एवं पत्रकारों द्वारा किया गया है। परन्तु यह कहना कठिन है कि उनमें से कोई मौलिक योगदानवाला कार्य हो। अब तक के कार्यों एवं लेखन में उक्त का अभाव रहा है।

डॉ. ओमप्रकाश सिंह की पुस्तक 'संचार के मूल सिद्धान्त' उक्त अन्य आवश्यकताओं की पूर्ति के साथ-साथ सन्दर्भ एवं मानक की दृष्टि से न मात्र राष्ट्रीय वरन् अन्तर्राष्ट्रीय स्तर के अनुरूप हैं। डॉ. ओमप्रकाश सिंह ने इस पुस्तक के द्वारा संचार के मूल सिद्धान्तों के क्षेत्र में कई नये योगदान दिये हैं। यह पुस्तक नये एवं मौलिक सन्दर्भों से जुड़ी है, जिनके स्रोत संस्कृत, पालि भाषाओं में हैं। इस पुस्तक के सभी अध्याय यद्यपि विषय सामग्री की नवीनता से युक्त हैं परन्तु उनमें 'भारतीय संचार सिद्धान्त एवं पाश्चात्य के

प्रमुख संचार सिद्धान्त' विषयक अध्याय विशेष महत्त्व का है। इससे स्पष्ट होता है कि डॉ. ओमप्रकाश सिंह ने संचार सिद्धान्त के क्षेत्र में नयी अवधारणा, नये प्रारूप एवं नये सिद्धान्तों का भी प्रतिपादन किया है। इस कार्य में डॉ. ओमप्रकाश सिंह ने अमेरिकी एवं ब्रिटिश लेखकों की पुस्तकों के साथ-साथ अनुपलब्ध प्राचीन भारतीय एवं संचार सन्दर्भों को भी प्रयुक्त किया है। इस कारण निश्चित ही संचार के कुछ सिद्धान्त एवं प्रारूप डॉ. ओमप्रकाश सिंह द्वारा खोजे गये हैं, जिनसे संचार के अध्ययन के नये आयामों के विकास का मार्ग प्रशस्त होता है। चूँकि संचार सिद्धान्त पर कोई मौलिक पुस्तक नहीं थी। अतः यह पुस्तक उक्त आवश्यकता की सराहनीय पूरक है।

मैं आशा करता हूँ कि इस उच्च स्तरीय पुस्तक से संचार के अध्ययन में भारतीय संचार सिद्धान्त को समझने में सहायता मिलेगी तथा इसके द्वारा एक नयी चर्चा प्रारम्भ होगी। इस कार्य के लिए मैं डॉ. ओमप्रकाश सिंह को साधुवाद देता हूँ।

प्रो. एम. आर. दुआ

प्राक्कथन

'चरैवेति', 'चरैवेति' यह वैदिक उक्ति है। इसका अभिप्राय है—चलते रहो, चलते रहो, अर्थात् प्रवाहमान, गतिशील अथवा संचार। इससे स्पष्ट होता है कि संचार वर्तमान की खोज और विकास न होकर चिरन्तन अथवा शाश्वत सत्य है। इससे यह स्पष्ट होता है कि धरती पर मनुष्य और संचार सहयात्री अथवा जुड़वाँ सन्तानें हैं। एक का अस्तित्व दूसरे पर निर्भर है। इस कारण भारत सहित विश्व के सभी भागों में एवं प्रत्येक कालखण्ड में संचार की प्रक्रिया पर बल दिया गया। संचार की ज्ञान सीमा में मित्र सम्मिलित हों तथा शत्रु अलग रहें, यह सदा का व्यवहार रहा है। इसी कारण अलग-अलग भाषा परिवार अस्तित्व में आये। यह कैसी विडम्बना है कि विभिन्न भाषा परिवारों में दूरी खड़ी करके हम पुनः एक भाषा की खोज में लगे हैं, क्योंकि यह कम्प्यूटर एवं इण्टरनेट के अनुवाद, सम्प्रेषण, ज्ञान तथा तर्क विकास के लिए आवश्यक है। यह विकास मात्र संस्कृत में सम्भव है, क्योंकि संस्कृत के रूप, धातु, लकार आदि का कम्प्यूटर की बाइनरी या द्वन्द्वात्मक व्यवस्था में उपयोग हो सकता है। इसके अलावा इसकी कोडिंग के आधार पर भाषा विकास हो सकता है। इतना हीं नहीं विश्व में कुल 51 प्रकार की ही ध्वनियों का अस्तित्व है। ये ध्वनियाँ प्रणव (ॐ) सहित देवनागरी के 51 वर्णों में समाहित हैं, जिसे ज्ञान की देवी माँ काली गले की मुण्डमाला में धारण करती हैं। साथ ही माँ काली, शिव पर आरूढ़ हैं जिससे यह स्पष्ट होता है कि शब्द शक्ति का विकास एवं लक्ष्य शिवत्व से ही जुड़कर पूर्ण होता है। इसी कारण प्रणव सहित 51 वर्णों की देवनागरी लिपि के उच्चारक विश्व की किसी भी भाषा का उच्चारण कर सकते हैं।

उक्त से स्पष्ट है कि भारतीय मनीषा ने संचार के गूढ़ रहस्यों भाषा, शब्द, वाक् आदि पर विस्तृत विमर्श एवं चिन्तन किया। इसी कारण संचार के व्यापक सूत्र प्राचीन भारतीय साहित्य में भरे पड़े हैं। पश्चिम के जितने भी सिद्धान्त हैं, वे समकालिक परिवेश के सामान्यीकृत आकलन मात्र हैं। परन्तु भारतीय मनीषा द्वारा किये गये चिन्तन कालजयी आधार पर खड़े हैं। इसी कारण पश्चिम की समस्याओं का समाधान भारतीय साहित्य एवं परम्परा में ही मिलता है। चूँकि भारतीय ज्ञान-विज्ञान का विकास आप्त

लोगों ने किया इसी कारण भारतीय ज्ञान काल सीमा से परे तथा निरपेक्ष हैं। थके-हारे, पश्चिम को विश्रान्ति नहीं है। वैसे भारतीय सनातनता में पश्चिमी की स्थिति नहीं, क्योंकि हम तो 'वसुधैव कुटुम्बकम्' में विश्वास करते हैं। इस कारण पूर्व और पश्चिम के विभाजन को पश्चिम ने खड़ा किया। हमारा दोष सिर्फ यही रहा कि हमने मान लिया। इसी कारण हमने भूल की। भारतीय दर्शन तो ज्ञान की सीमा नहीं खींचता। जो भी उपयोगी हो उसे ग्रहण करने का समर्थन भारतीय मनीषा करती है। लेकिन पश्चिमी चिन्तन को पढ़ने के कारण हम भी पश्चिम की ही भाषा के बहाव में बह गये। वैसे पश्चिम के व्यवहार तो बदले हैं, पर वाणी वही है। पश्चिम के भटकते समाज को सुधार और मुक्ति की ओर 'योग' ले जा रहा है। 'योग' भारतीय ज्ञान परम्परा की श्रेष्ठ विरासत है।

योग के अतिरिक्त पश्चिम के समाज में भारतीय अध्यात्म की विरासत को भी अपनाने का प्रयास जारी है। 11 सितम्बर, 2001 को अमेरिका के 'वर्ल्ड ट्रेड सेण्टर' एवं पेण्टागन' पर हुए हमले के बाद डिप्रेशन अथवा गहरे अवसाद से उबारने के लिए भारतीय आध्यात्मिक विरासत का आधार लेकर 'हीलिंग टच' देने का प्रयास मनोचिकित्सकों द्वारा जारी है। उक्त के अतिरिक्त भारतीय आध्यात्मिक ग्रन्थों की परम्परा के अनुरूप साहित्य के भी विकास के असफल प्रयास हो रहे हैं, जिसे 'बिबलिओ थिरेपी' के नाम से जाना जाता है। यह सब विकास भारतीय मनीषा के ज्ञान-विकास का परिणाम है। लेकिन जब से हम पश्चिम की नकल में लग गये तब से महाकाव्य, महाकवि की परम्परा से उपन्यास और किस्सों तथा चुटकुलों तक आ गयी। विरासत दूर होती गयी और हम पश्चिम के पीछे चलते-चलते अवसादग्रस्त हो रहे हैं। इसी कारण हमें भारतीय संचार की श्रेष्ठ विरासत को खोजना जरूरी है। यदि हमने भारतीय संचार परम्परा को खोज लिया तो पश्चिम 'योग' की ही भाँति 'भारतीय संचार परम्परा' को भी अवश्य ही अपनायेगा, क्योंकि पश्चिम में बढ़ती हिंसा का विकल्प भारतीय संचार व्यवस्था में ही मिल सकता है। इस कारण 'संचार' के अध्येताओं का दायित्व है कि वे भारतीय संचार की परम्परा, व्यवस्था एवं रहस्यों को प्रकट करें।

वर्तमान समय में संचार का क्षेत्र नये माध्यमों के कारण और बढ़ गया है। 'संचार' एक ऐसा आधारभूत सामाजिक विज्ञान बन गया है, जिस पर अन्य सामाजिक विज्ञान खड़े हैं। इस प्रकार संचार एक सामाजिक विज्ञान होने के साथ-साथ विभिन्न सामाजिक विज्ञानों का आधार है। इसी कारण संचार को जनसंख्या, भूभाग, सम्प्रभुता और सरकार की भाँति राज्य के आवश्यक तत्त्वों में सम्मिलित कर लिया गया है। जनतान्त्रिक समाजों में जनमत निर्माण एवं शासन व्यवस्था के संचालन का दायित्व संचार का है। संचार द्वारा सम्प्रभुता की अभिव्यक्ति भी होती है। इसी कारण सैनिक विप्लव की व्यवस्था में जनमाध्यम मुख्यतः कब्जे में लिये जाते हैं। जनमाध्यमों द्वारा जनता की नब्ज

शासन पकड़ता है तथा शासन के दिशा-निर्देश तथा नीतियाँ जनता तक पहुँचती हैं।

वर्तमान में 'संचार' एक पूर्ण विज्ञान बनने की दिशा में अग्रसर है, क्योंकि 'संचार' वर्गीकरण, सैद्धान्तीकरण के स्तर से तो ऊपर उठ चुका है परन्तु इसे अभी भी एक स्वतन्त्र अनुशासन (Discipline) के रूप में विकसित होने के लिए 'संचार दर्शन' की आवश्यकता है। यह आवश्यकता 'संचार' के अध्येताओं द्वारा पूर्ण हो सकेगी। इसी विकास के उपरान्त 'संचार' एक स्वतन्त्र अनुशासन के रूप में स्थापित हो सकेगा।

उक्त के उपरान्त यह भी स्पष्ट कर देना आवश्यक होगा कि 'संचार' मात्र सूचना नहीं है, वरन् संचार वह प्रक्रिया अथवा व्यवस्था है जिसमें जुड़कर सूचना अस्तित्व में आती एवं लोकयात्रा करती है। इस कारण संचार का आधार वस्तुतः मनुष्य एवं मानव समाज में विद्यमान सम्प्रेषणीयता है। इसी संचार पर समाज के समस्त ज्ञान-विज्ञान का आधार खड़ा है। परन्तु स्वयं संचार सम्प्रेषणीयता पर टिका है। **संचार एक मूल वृक्ष है, जिसके आभ्यान्तर, अन्तर्वैयक्तिक, समूह, जन आदि शाखाएँ हैं। पत्रकारिता इन शाखाओं की भी उपशाखा है**। इस कारण यह आवश्यक है कि भारत में सूचना सम्प्रेषण से जुड़े सभी पाठ्यक्रमों को पत्रकारिता की सीमा से निकालकर 'संचार' अध्ययन पर केन्द्रित किया जाय, तभी 'संचार' का वास्तविक स्वरूप स्पष्ट एवं ज्ञात हो सकेगा।

'पत्रकारिता' तथा पाठ्यक्रमों को सीमित रखने के परिणाम भी स्पष्ट हो रहे हैं। कैसे लिखें? का प्रशिक्षण तो पत्रकारिता पाठ्यक्रमों से मिल जाता है परन्तु तंग दृष्टि के कारण क्या लिखें? की समस्या खड़ी हो जाती है। इस कारण 'संचार' के अध्ययन के साथ-साथ संचार के पाठ्यक्रमों में सामाजिक विज्ञान, विज्ञान, कला आदि के भी मूल तत्त्वों एवं मानक सिद्धान्तों का रागावेश होना चाहिए, तभी क्या लिखा जाये? का समाधान हो सकेगा। इस दिशा में प्रयास आवश्यक है।

संचार के अध्येताओं की आवश्यकता के अनुरूप संचार के विविध पक्षों का व्यापक वर्णन इस पुस्तक में है। यह पुस्तक विषय-वस्तु की दृष्टि से संचार एवं अन्य सामाजिक विज्ञान तथा सिद्धान्त एवं व्यवस्था, संचार का क्षेत्र, उपयोगिता एवं प्रारूप, आभ्यन्तर संचार, अन्तर्वैयक्तिक संचार, समूह संचार, जनसंचार, परम्परागत संचार, ग्रामीण संचार, भारतीय संचार सिद्धान्त एवं पाश्चात्य के संचार-सिद्धान्त एवं पत्रकारिता का भी विवेचन करती है। उक्त विषयों का विवेचन स्वतन्त्र अध्यायों में प्रस्तुत है। इस प्रकार विषय-वस्तु की दृष्टि से यह बारह अध्यायों में विभक्त है। इसमें संचार के समग्र पक्षों की प्रस्तुति है।

प्रस्तुत पुस्तक की प्रेरणा के मूल में रहे मनस्वियों की चर्चा के बिना इसका सन्दर्भ अधूरा ही में रहेगा। इसकी प्रेरणा के केन्द्र पूज्य गुरु श्री राजबहादुर

सिंह 'बाबा जी' का आशीर्वाद इस पुस्तक को पूर्ण करने का आधार बना। इस कृपा के लिए मैं गुरुदेव के प्रति श्रद्धावनत हूँ। कार्य करने की प्रेरणा देनेवाले एवं समय-समय पर स्नेहमयी कृपा बिखेरनेवाले प्रो. विद्यानिवास मिश्र जी का अभारी हूँ, जिनके इस प्रश्न ने इस पुस्तक को लिपिबद्ध करने के लिए विवश किया कि, 'क्या कर रहे हो?' इसी क्रम में मैं प्रो. एम. आर. दुआ जी का भी आभारी हूँ, क्योंकि प्रो. दुआ ने ही मुझे प्रेरित किया कि 'संचार सिद्धान्त' पर पुस्तक प्रस्तुत करूँ। काशी विद्यापीठ के कुलपति जी का भी आभारी हूँ जिन्होंने इस कार्य के लिए प्रेरित किया।

इस पुस्तक को पूर्ण करने में जिनकी प्रेरणा निरन्तर सम्बल बनी रही ऐसे गोलोकवासी प्रो. हरिनाथ त्रिपाठी जी के प्रति नतमस्तक हूँ। इस पुस्तक लेखन की प्रत्यक्ष एवं परोक्ष प्रेरणा के लिए प्रो. जे. एस. यादव जी, प्रो. ए. के. बनर्जी, डॉ. कृष्णगोपाल जी, डॉ. मनमोहन वैद्य जी, श्री जे. नन्द कुमार जी, डॉ. मुरली मनोहर जोशी, प्रो. बी. के. कुठियाला, प्रो. कुलदीप चन्द्र अग्निहोत्री, डॉ. सच्चिदानन्द जोशी, प्रो. राजाराम यादव, प्रो. एच. ए. आजमी, प्रो. बी. आर. गुप्ता, प्रो. कपिल देव मिश्र, प्रो. गोविन्द जी पाण्डेय, प्रो. राकेश उपाध्याय, प्रो. उमा त्रिपाठी, श्री देवेन्द्र सिंह, डॉ. घनश्याम सिंह, डॉ. राजकुमार भारद्वाज, श्री राजेन्द्र सक्सेना, डॉ. लोकनाथ एवं प्रकाशक श्री आमोद महेश्वरी का आभारी हूँ। उन छात्रों को साधुवाद, जिन्होंने 'संचार सिद्धान्त' जैसे गूढ़ विषय पर पुस्तक लेखन के लिए बार-बार निवेदन किया।

प्रो. ओमप्रकाश सिंह
प्रोफेसर एवं निदेशक
महामना मालवीय पत्रकारिता संस्थान,
महात्मा गाँधी काशी विद्यापीठ
वाराणसी-(उ.प्र.)
Email : opmgkup@gmail.com

अध्याय - 1

संचार एवं अन्य सामाजिक विज्ञान

COMMUNICATION AND OTHER SOCIAL SCIENCES

1.0. मनुष्य की ज्ञान-पिपासा ही विश्व के समस्त ज्ञान-विज्ञान की जननी है। अज्ञात रहस्यों का ज्ञान प्राप्त करना तथा ज्ञान का विवेचन एवं विस्तार करना मनुष्य की स्वाभाविक प्रवृत्ति है। ज्ञान-पिपासा रहित मनुष्य सिर्फ काया से मानव समूह में सम्मिलित है, लेकिन वह पशु तुल्य यायावर या जीवित मात्र है। मनुष्य ने अपने ज्ञान के द्वारा प्रकृति के अनेक रहस्यों को ज्ञात कर मानव समाज को आदिम अवस्था से निकालकर एक सभ्य समाज की अवस्था में खड़ा किया है। यह विकास एक दिन या कुछ वर्षों का नहीं, वरन् युगों-युगों के विकास का परिणाम है। मानव समाज के विकास की यह यात्रा मुख्य रूप से ज्ञान की ही विकास यात्रा है। ज्ञात तथ्यों का हस्तान्तरण मनुष्य से मनुष्य समुदाय के मध्य तथा एक पीढ़ी से दूसरी पीढ़ी तक चक्रवत् घूमता चला आ रहा है। ज्ञान की यह विकास यात्रा कभी भी रुकनेवाली नहीं है।

वैदिक ग्रन्थों अथवा अवेस्ता आदि के देखने से ज्ञात होता है कि प्राचीन काल में ज्ञान की विभिन्न शाखाएँ वर्तमान की भाँति वर्गीकृत नहीं थीं। लेकिन जैसे-जैसे मनुष्य ने ज्ञान का विकास किया वैसे-वैसे सुविधा एवं आवश्यकतानुसार उनका वर्गीकरण किया। ज्ञान की इस खोज में मनुष्य रहस्यवादी एवं भौतिकवादी दोनों रहा। इसी कारण अध्यात्म एवं विज्ञान की सृष्टि हो सकी। स्वयं के साथ-साथ मानव समुदाय की रक्षा एवं विकास के स्वार्थ के साथ-साथ परमार्थ को मूल साध्य मानकर ज्ञान की यात्रा विद्वानों के मध्य प्रारम्भ हुई। यह परिकल्पना भारतीय ज्ञान का मूलाधार रही।

वर्तमान समय में हम जिस विश्व में रह रहे हैं, उसमें ज्ञान-विज्ञान की अनेक शाखाओं के मात्र नामों का ही संकलन किया जाये तो एक पुस्तक अस्तित्व में आ जायेगी। विषयों की इस अनन्तता के मध्य यह एक दुरूह कार्य है कि ज्ञान की कुछ शाखाओं का विवेचन कर उनके मध्य समन्वय स्थापित किया जा सके। इस सूक्ष्मीकरण के लिए ज्ञान की विभिन्न शाखाओं के आधार को ज्ञात करना आवश्यक है। उसी के आधार पर इस विस्तृत ज्ञान भण्डार को अध्ययन की आवश्यकतानुसार प्रस्तुत किया जा सकता है। सामान्य रूप में ज्ञान—तथ्य, सूचना, समझ एवं कार्य कौशल है, जिसे कोई व्यक्ति अनुभव एवं शैक्षणिक प्रक्रिया से प्राप्त करता है।[1] इस प्रकार ज्ञान में शिक्षा जगत एवं उससे परे भी प्राप्त होनेवाला ज्ञान भी निहित है। परम्परा, रीति एवं मान्यता अथवा विश्वास के रूप में जो भी ज्ञान मिलता है उसे एक अलग कोटि के अन्तर्गत सम्मिलित कर सकते हैं। जिस ज्ञानराशि का व्यवस्थित अध्ययन-अध्यापन होने लगता है, वह ज्ञानराशि परम्परा, विश्वास एवं रूढ़ि से हटकर विज्ञान अथवा कला के रूप में अस्तित्व में आ जाती है। क्योंकि विज्ञान के अन्तर्गत प्रयोग अथवा अवलोकन से प्राप्त होनेवाला प्राकृतिक विश्व या समाज का ज्ञान सम्मिलित है। इस विवेचन में संरचना, प्रकृति एवं व्यावहारिक प्रक्रियाएँ सम्मिलित होती हैं।[2]

इस प्रकार स्पष्ट है कि विद्या-मन्दिरों में जो हम सीखते हैं, वही ही मात्र ज्ञान नहीं है, वरन् उससे परे भी ज्ञान है। लेकिन समाज एवं समष्टि के लिए जो उपयोगी है उसे तो अध्ययन-अध्यापन के दायरे में सम्मिलित किया गया परन्तु इससे परे की ज्ञानराशि अस्तित्व में होने के बावजूद अप्रयुक्त एवं संस्थागत अध्ययन से परे है। इस विवेचन के आधार पर ज्ञान का वर्गीकरण वर्तमान सन्दर्भ में अधोलिखित प्रकार से हो सकता है–

ज्ञान के इस आधारभूत वर्गीकरण से स्पष्ट है कि ज्ञान के नये वर्गीकृत स्वरूप, नये अध्ययन विषय के रूप में समाज की आवश्यकता एवं विकास के परिणामस्वरूप अस्तित्व में आ रहे हैं। जैसे कुछ शताब्दी पूर्व संगणक (Computer) का ज्ञान किसी विज्ञान या अध्ययन विषय के रूप में प्रचलित नहीं था। परन्तु वर्तमान में यह समाज के लिए अपरिहार्य सा हो गया है।

ज्ञान में निहित कला एवं अनुभव/परम्परा के अतिरिक्त हमें विज्ञान संज्ञक दो समूह प्राप्त होते हैं। इनमें एक प्राकृतिक विज्ञान है तो दूसरा सामाजिक विज्ञान। प्राकृतिक एवं सामाजिक विज्ञानों में परस्पर भेद के कारण इनकी प्रकृति एवं संरचना से जुड़ा है। प्राकृतिक विज्ञान के अन्तर्गत प्रकृति प्रदत्त पदार्थों, रसायनों, वनस्पतियों एवं जीवों आदि की सूक्ष्म संरचना तथा प्रक्रिया का अध्ययन किया जाता है।[3] इसमें मनुष्य रहस्यों का अध्येता मात्र है न कि कर्त्ता या निर्माता। इनका अध्ययन कर इन्हें व्यवस्थित तथा उपयोगी बनाकर सामाजिक विकास में सहयोग देना इनके अध्ययन का उद्देश्य होता है।

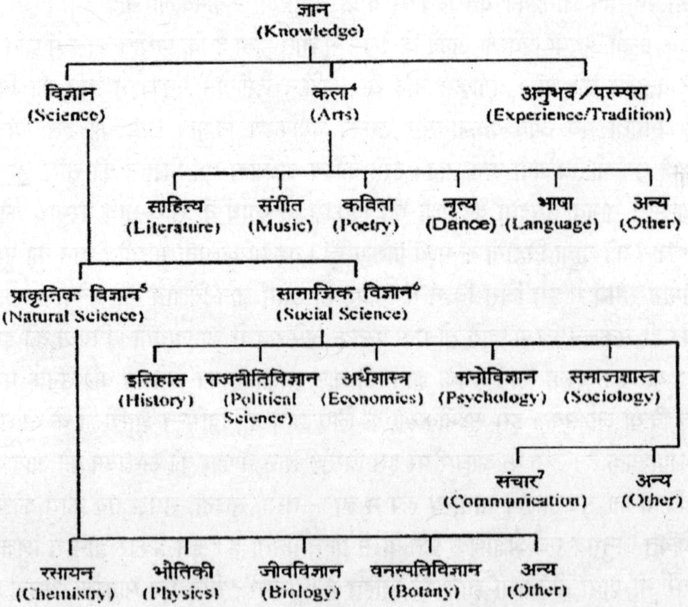

प्राकृतिक विज्ञानों की प्रकृति से सामाजिक विज्ञानों की प्रकृति सर्वथा भिन्न है। सामाजिक विज्ञानों के अन्तर्गत मुख्यरूप से मनुष्य समुदाय द्वारा प्रत्यक्ष अथवा परोक्ष रूप से सृजित पर्यावरण एवं व्यवहार प्रक्रिया का अध्ययन किया जाता है। इस प्रकार सामाजिक विज्ञानों की अध्ययन वस्तु मुख्यतः मानव समुदाय से सम्बद्ध है। सामाजिक विज्ञान वह विज्ञान है, जिनका सम्बन्ध मानव समुदाय की गतिविधियों से है। सामाजिक विज्ञानों में मानव समुदाय के व्यवहार

एवं प्रक्रिया का अध्ययन किया जाता है। सामाजिक विज्ञानों के अन्तर्गत मानव व्यवहार का अध्ययन मनुष्य को मानव समुदाय की एक इकाई मानकर किया जाता है।[8]

इस प्रकार सामाजिक विज्ञान मानव समाज में व्यवहृत एवं आवश्यकता का पूरक विज्ञान है। सामाजिक विज्ञानों का विकास मानव समाज एवं ज्ञान के विकास के साथ जुड़ा है। भारतीय वैदिक ग्रन्थों को देखें अथवा अवेस्ता आदि के सन्दर्भों का विवेचन करें तो स्पष्ट होता है कि प्रारम्भिक समाज में सामाजिक विज्ञानों की विभिन्न शाखाओं का अध्ययन वर्तमान की भाँति पृथक्-पृथक् रूप में नहीं होता था। यह परम्परा भारत में कौटिल्य के अर्थशास्त्र में भी मिलती है। इसी प्रकार की व्यवस्था प्राचीन रोम अथवा ग्रीक एवं यूनानी साहित्य में भी मिलती है। यही कारण है कि प्लेटो और अरस्तू का सन्दर्भ प्रायः सभी सामाजिक विज्ञानों से जुड़ा है।

सामाजिक विज्ञान चूँकि मानव समाज की आवश्यकता एवं व्यवहार के विज्ञान हैं, इस कारण वर्तमान समय में इनके वर्गीकरण का आधार ज्ञात करना भी आवश्यक है। पाश्चात्य विद्वानों की मान्यता के अनुसार सबसे प्राचीन सामाजिक विज्ञान 'राजनीतिक विज्ञान' है। इनकी मान्यता के अनुसार प्राचीन ग्रीक में लोग नगर राज्य (Polis) में स्वशासन प्रणाली द्वारा संचालित थे।[9] ग्रीक निवासियों की सम्पत्ति सम्बन्धी समस्याओं के निदान के लिए दूसरा सामाजिक विज्ञान 'अर्थशास्त्र' अस्तित्व में आया।[10] ग्रीक लोगों ने तीसरे अध्ययन अनुशासन के रूप में 'इतिहास' की खोज की। इस विद्या के द्वारा मानव समाज के ज्ञान, विज्ञान एवं कला के विकास एवं इतिहास को संकलित किया गया। उस समय का इतिहास अतीत की राजनीतिक गाथा के रूप में प्रचलित था। वर्तमान समय में इतिहास की नयी प्रवृत्ति अस्तित्व में हैं। इस प्रकार इतिहास के द्वारा सामाजिक समस्याओं तथा प्रवृत्तियों का विश्लेषण होने लगा। इतिहास सामाजिक अध्ययन में आधारभूत सामग्री के रूप में प्रयुक्त होने लगा।[11]

सामाजिक विज्ञानों के विकास क्रम में चौथा प्राचीन अनुशासन, धर्मशास्त्र/न्यायशास्त्र (Juris Prudence) रहा। प्रत्येक प्राचीन समाज में कुछ बाध्यकारी एवं कठोर परम्पराएँ एवं रीति-रिवाज थे। यही आगे चलकर विधि व्यवस्था के विकास के मुख्य आधार बने। नागरिक विधि एवं अभिसमय प्राचीन काल में रोमन एवं अन्य समुदायों में प्रचलित थे। इस प्रकार विधि व्यवस्था प्रत्येक काल में सामाजिक जीवन का प्रमुख अंग रही है। वर्तमान समय में यह एक स्वतन्त्र विधा के रूप में सामाजिक विज्ञानों में सम्मिलित है।[12]

उक्त चार अनुशासनों-राजनीतिशास्त्र, अर्थशास्त्र, इतिहास एवं धर्मशास्त्र/न्यायशास्त्र में सामाजिक विकास के परिणामस्वरूप अनेक नये अनुशासनों (Disciplines) का विकास हुआ। प्रचलित मान्यता के अनुसार उक्त चार ही प्रारम्भिक सामाजिक विज्ञान हैं। उक्त के अतिरिक्त अन्य सामाजिक विज्ञान इन्हीं के पूरक हैं।[13]

सामाजिक विकास के साथ-साथ नये सामाजिक, सांस्कृतिक एवं भौतिक प्रक्रियाओं के विकास के परिणामस्वरूप नये सामाजिक विज्ञानों के विकास की शृंखला चल पड़ी। कुछ सौ वर्षों में अनेक नये-नये सामाजिक विज्ञान अस्तित्व में आये। इन सबमें कुछ आधारभूत सामाजिक विज्ञानों का वर्णन आवश्यक है।

साभाजिक सम्बन्धों की प्रक्रिया तथा उसके विशेषीकृत स्वरूप के अध्ययन के लिए 'समाजशास्त्र' अस्तित्व में आया। इसके अन्तर्गत मानव समाज के प्रचलित सम्बन्धों तथा सांस्कृतिक प्रक्रिया के अध्ययन को विकसित एवं सम्मिलित किया गया। इसकी विशेषता यह

रही कि इसकी आधारभूत सामग्री प्राचीन सामाजिक विज्ञानों से जुड़ी रही।[14] सामाजिक विज्ञानों के इसी विकासक्रम में मनुष्य के संवेगों, मनोभावों एवं प्रवृत्तियों के लिए मनोविज्ञान का विकास हुआ। दर्शन से जुड़ा यह नया सामाजिक विज्ञान वर्तमान में काफी महत्त्वपूर्ण हो गया है। इसके अन्तर्गत व्यक्ति की मानसिक प्रक्रियाओं, सामाजिक पर्यावरण, संचेतना इत्यादि का अध्ययन करते हैं। इस प्रकार इसमें प्राचीन सामाजिक विज्ञानों के साथ-साथ दर्शन एवं जीवविज्ञान के भी आधारभूत तथ्यों को अध्ययन में स्थान मिलता है।[15]

सामाजिक विज्ञानों की इसी कड़ी में संचार भी सम्मिलित हो गया है। एक सामाजिक विज्ञान के रूप में इसके प्रचलन का इतिहास अधिक पुराना नहीं है। वैसे प्राचीन भारतीय या ग्रीक एवं रोमन सभ्यताओं का अवलोकन करें तो संचार के सूत्र मिलते हैं। वैदिक ग्रन्थों तथा अवेस्ता में भी संचार के विभिन्न स्वरूपों एवं प्रवृत्तियों का वर्णन मिलता है। कौटिल्य के 'अर्थशास्त्र', वात्स्यायन के 'कामसूत्र' अन्य अनेक ग्रन्थों में सम्प्रेषण या संचार के स्वरूपों तथा प्रवृत्तियों तथा उनके प्रति सजगता के भी उल्लेख मिलते हैं। यह सत्य है कि विश्व का प्रत्येक समाज संचार की प्रक्रिया के प्रति सजग था इसी कारण सत्य-असत्य, पाप-पुण्य जैसी अनेकों मान्यताएँ प्रचलित थीं। इन सबके बावजूद 'संचार' का स्वतन्त्र अध्ययन-अध्यापन एक विषय के रूप में कुछ शताब्दी पूर्व ही प्रारम्भ हो सका। इस प्रकार 'संचार' भी एक नया तथा विकसित सामाजिक विज्ञान है। इसकी आधारभूत सामग्री सभी प्रचलित सामाजिक विज्ञानों से सम्बद्ध हैं।

सामाजिक विज्ञान मानव समाज के व्यावहारिक विज्ञान हैं। मानव व्यवहार से इनका स्पष्ट रिश्ता है। प्रत्येक सामाजिक विज्ञान मनुष्य की कम-से-कम एक प्रवृत्ति या आवश्यकता से जुड़ा है। मनुष्य की आवश्यकताओं और क्रिया व्यापार से सम्बद्ध प्रत्येक सामाजिक विज्ञान परस्पर सम्बद्ध है। इसके मूल में यह भी है कि प्रत्येक सामाजिक विज्ञान की आधारभूत सामग्री मनुष्य एवं उसके समाज से जुड़ी है। इस कारण मनुष्य एवं उसका समाज, सामाजिक विज्ञानों का अध्ययन-केन्द्र है। एक ही अध्ययन-केन्द्र से संचालित सामाजिक विज्ञानों में समता और भिन्नता स्वाभाविक है, परन्तु किसी भी स्थिति में इनकी अन्योन्याश्रितता को अनदेखा करना सम्भव नहीं है। इस कारण किसी भी सामाजिक विज्ञान का अध्ययन तब तक अधूरा रहेगा जब तक कि उसका अध्ययन सम्बद्ध अन्य सामाजिक विज्ञान के साथ न किया जाय। इस कारण प्रस्तुत अध्याय की उपादेयता और भी बढ़ जाती है। मनुष्य एवं सामाजिक विज्ञानों के सम्बन्धों को अधोलिखित प्रारूप के द्वारा स्पष्ट कर सकते हैं।

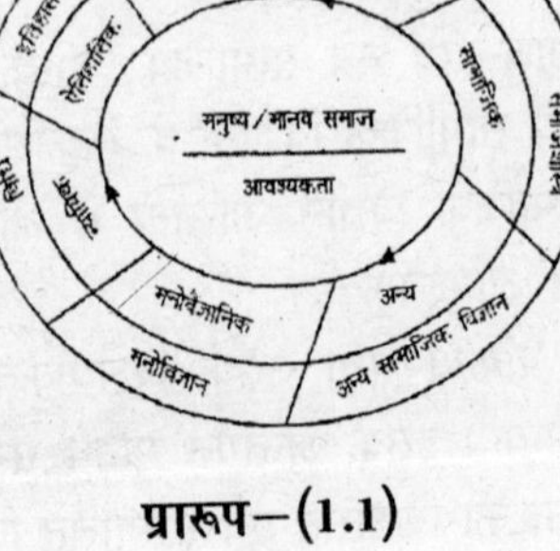

प्रारूप–(1.1)

प्रारूप–(1.1) की संरचना से स्पष्ट है कि एक ही मनुष्य की अनेकों आवश्यकताएँ हैं जैसे–राजनीतिक, ऐतिहासिक, न्यायिक आदि। इन्हीं आवश्यकताओं से क्रमशः राजनीतिक विज्ञान, इतिहास और विधि आदि सामाजिक विज्ञानों का जन्म हुआ। चूँकि समाज मनुष्यों की विस्तृत इकाई अथवा मानव सम्बन्धों का जाल है। इस कारण समाज की प्रकृति मनुष्य की प्रकृति के अनुरूप होना स्वाभाविक है। सामाजिक विज्ञानों का प्रणयन मनुष्य के व्यवहारों से होता है। एक ही मनुष्य अनेकों व्यवहारों के द्वारा कार्यों को सम्पादित करता है। उसके प्रत्येक कार्य एक नये तथा व्यवस्थित रूप में सामने आते हैं।

जिस प्रकार मनुष्य एक समय में एक कार्य करता है ठीक इसी प्रकार एक सामाजिक विज्ञान मनुष्य की क्रिया एवं प्रवृत्ति के एक ही स्वरूप का अध्ययन करता है। जैसे एक मनुष्य जब मतदाता के रूप में मतदान करता है तो उस समय वह राजनीति विज्ञान की अध्ययन वस्तु बन जाता है। जब यही मनुष्य बाजार में क्रेता-विक्रेता के रूप में व्यवहार करता है तब यह अर्थशास्त्र की अध्ययन वस्तु बनता है। जब वही मनुष्य परिवार के सदस्यों के साथ व्यवहार करता है तो वही मनुष्य समाजशास्त्र की अध्ययन वस्तु बन जाता है। इस प्रकार एक ही मनुष्य के विभिन्न व्यवहारों का अध्ययन विभिन्न सामाजिक विज्ञान करते हैं। सामाजिक विज्ञान प्रत्येक मनुष्य का स्वतन्त्र इकाई के रूप में अध्ययन नहीं करते वरन् वे मनुष्य के सम्बन्धों के जाल के रूप में व्याप्त समाज के सामान्यीकृत व्यवहारों का अध्ययन करते हैं। इस प्रकार सामाजिक विज्ञान मनुष्य के सामान्यीकृत व्यवहारों का अध्ययन एवं विवेचन करते हैं। एक ही मनुष्य एवं मानव समाज के सामान्यीकृत व्यवहारों का अध्ययन करनेवाले सामाजिक विज्ञान परस्पर सम्बद्ध तथा एक-दूसरे के पूरक हैं।

उक्त विवेचन के उपरान्त संचार एवं अन्य सामाजिक विज्ञानों के सम्बन्धों का विवेचन करना आवश्यक हो जाता है। संचार का अन्य सामाजिक विज्ञानों के सम्बन्धों का विवेचन इस कारण भी आवश्यक हो जाता है क्योंकि संचार एक उभयनिष्ठ सामाजिक विज्ञान है। संचार के अभाव में सभी सामाजिक विज्ञानों की स्थिति एक मूक या गूँगे मनुष्य की भाँति होगी। संचार सभी सामाजिक विज्ञानों का प्राणतत्त्व है। इसी के माध्यम से प्रत्येक सामाजिक विज्ञानों का अस्तित्व विद्यमान है तथा प्रत्येक सामाजिक विज्ञान यात्रा में हैं। मानव व्यवहार से जुड़े सामाजिक विज्ञानों में से प्रत्येक का संचार के साथ विवेचन करना स्वयं में एक स्वतन्त्र विषय है। अध्ययन की सीमा तथा उपादेयता के कारण प्रमुख सामाजिक विज्ञानों के साथ ही संचार का विवेचन इस अध्ययन में सम्मिलित है। राजनीति विज्ञान, अर्थशास्त्र, इतिहास, समाजशास्त्र, पत्रकारिता एवं मनोविज्ञान के साथ संचार के परस्पर सम्बन्धों का विवेचन इस अध्याय में किया गया है।

1.1 संचार (Communication)

हिन्दी के संचार शब्द का समानार्थक आँग्ल भाषा में कम्युनीकेशन (Communitcation) माना जाता है। कम्युनीकेशन शब्द लैटिन भाषा के कम्युनिस (Communis) से बना है, जिसका अर्थ (To make common, to share, to impart, to transmit) सामान्यीकरण, सहभागी, प्रवेश एवं सम्प्रेषण है। इस प्रकार संचार ऐसी सामाजिक प्रक्रिया है, जो परस्पर सम्बद्ध एवं उद्देश्यपूर्ण है। संचार के द्वारा व्यक्ति में समझदारी का विकास होता है।[16] संचार वह प्रक्रिया है, जिसमें स्रोत एवं श्रोता के मध्य सूचना सम्प्रेषण होता है।[17] इस प्रकार संचार

सन्देश सम्प्रेषण की प्रक्रिया है। संचार ही मानव समाज की संचालन प्रक्रिया को सम्भव बनाता है। संचार भूख, प्यास, काम की भाँति मनुष्य की मौलिक इच्छा या मौलिक प्रवृत्ति है। इस कारण स्वयं की इच्छा एवं सूचना को दूसरे से व्यक्त करना तथा दूसरे की इच्छा एवं सूचना को जानना मनुष्य की स्वाभाविक या मौलिक प्रवृत्ति का विस्तार विश्व सूचना व्यवहार के रूप में वर्तमान में व्याप्त है। संचार ही वह व्यवहार है, जिसने समाज को सम्भव बनाया। सामाजिक व्यवहार में सम्प्रेषण स्पष्ट तथा शंकाहीन भावाभिव्यक्ति है। मनुष्य के सम्प्रेषण में हाव-भाव, भाषा प्रमुख आधार है। भाषा सम्प्रेषण को स्पष्ट एवं बोधगम्य बनाती है। भाषा व्यक्तियों के व्यवहारों में समरूपता लाती है।[18] मनुष्य के सम्पर्क एवं समाज के विकास के साथ-साथ संचार प्रक्रिया का विकास एवं नवीन स्वरूपों का अस्तित्व विकसित हुआ। संचार की प्रक्रिया में स्रोत एवं श्रोता के मध्य सूचनाओं को भेजते है।[19] संचार के अन्तर्गत मनुष्य अपने अनुभवों को भी भेजता है, बाँटता है। यही सन्देश भेजने या बाँटने की प्रक्रिया प्रत्यक्ष, परोक्ष, शाब्दिक तथा अशाब्दिक रूपों में होती है।[20]

संचार मानव ही नहीं प्रत्येक समाज की आवश्यकता है। संचार के अभाव में किसी प्रकार के समाज का निर्माण सम्भव नहीं है। संचार के अभाव में विश्व एवं चराचर सृष्टि का विकास असम्भव होगा। मैथुनी सृष्टि का विकास नर-मादा के परस्पर सम्मिलन से ही होता है। अतः संचार मैथुनी सृष्टि का आवश्यक तत्त्व है, जिसकी अभिव्यक्ति मैथुन (sex) के रूप में होती है। संचार के अभाव में अर्द्धनारीश्वर सदृश परमतत्त्व ही सृष्टि की निरन्तरता रख सकता है।[21] हम जिस संचार की चर्चा कर रहे हैं, उसका आशय मानवीय संचार से है। मानव सभ्यता के विकास में संचार की भूमिका महत्त्वपूर्ण रही है। प्रारम्भिक समाज में संचार की प्रक्रिया अतिसीमित तथा समीपवर्ती पड़ोसियों तथा आदिवासियों के लघु समाज में ही संचालित थी। वर्तमान समय में सम्प्रेषण के विस्तृत स्वरूप के कारण एक नये समाज का निर्माण हुआ है।[22] इस प्रकार संचार का स्वरूप एवं प्रक्रिया बदल रही है।

यदि हम विचार करें तो हमें यह ज्ञात होगा कि मानव समाज के निर्माण में संचार की भूमिका महत्त्वपूर्ण रही है। एक प्रकार से देखें तो स्पष्ट है कि मनुष्य एवं संचार धरती पर एक साथ पैदा हुए, और वर्तमान में एक साथ हैं तथा भविष्य में भी रहेंगे। संचार मनुष्य एवं मानव समाज का प्राण है। इसके बिना न मनुष्य होगा और न मानव समाज। संचार मानव के स्वभाव का अभिन्न अंग है। मनुष्य द्वारा व्यक्त शब्द, संगीत, हाव-भाव इत्यादि के द्वारा संचार अस्तित्व में आता है। संचार के द्वारा ही मानव के सामाजिक सम्बन्धों का निर्माण होता है। संचार के बिना मानव जीवन की कल्पना सम्भव नहीं है।[23] संचार की मानव समाज की संचालन प्रक्रिया को सम्भव बनाता है।[24] संचार की आवश्यकता का विकास मनुष्य में जन्म के साथ प्रारम्भ होता है। प्रारम्भिक अवस्था में शिशु अपने व्यवहारों को स्व-अन्तस्थ प्रेरणा एवं आवश्यकता के अनुरूप करता है। ज्यों-ज्यों शिशु का विकास होता है त्यों-त्यों उसमें सकारात्मक सम्प्रेषण की प्रवृत्ति विकसित होती है तथा वह सार्थक सम्प्रेषण प्रारम्भ करता है। इसे हम भागीदारीयुक्त सम्प्रेषण की संज्ञा दे सकते हैं। इस प्रकार संचार की आवश्यकता मनुष्य में बाल्यावस्था से ही प्रारम्भ होती है। इसके लिए—1. प्रेरणा एवं 2. परिवर्तनशील वातावरण मुख्य रूप से उत्तरदायी होते हैं। प्रेरणा एवं पर्यावरण शिशु में संचार विकास के लिए परस्पर निर्भर एवं आधारभूत तत्त्व हैं।[25]

संचार प्रक्रिया में मनुष्य के शरीर के विभिन्न अंग अलग-अलग एवं संयुक्त रूप से अपनी भूमिका निभाते हैं। प्रत्येक प्रकार के संचार में मनुष्य का शरीर एक केन्द्रीय अवयव एवं मुख्य आधार है। मानव शरीर में संचार के क्षेत्र में प्रमुख भूमिका मुख, हाथ, बाँह, चेहरा, आँख, कान एवं शरीर के अन्य अंगों की है। संचार प्रक्रिया में शरीर के अंग सूचना प्रत्येक प्रेषक, सूचना ग्राहक, संचार माध्यम, सूचना सम्पादन, सूचना नियन्त्रण एवं सन्देश स्वरूप का कार्य करते हैं।[26] इसे इस प्रकार समझ सकते हैं। (तालिका 1-1 देखें)।

जितने भी प्रकार का संचार होगा, उन सब में शरीर के उक्त अंग सूचना सम्प्रेषण या ग्रहण करने में अपनी भूमिका निभाते हैं। मस्तिष्क के द्वारा सूचना के संग्रह का कार्य किया जाता है। इस प्रकार शरीर सबसे महत्त्वपूर्ण संचार यन्त्र है। इस कारण संचार की उत्पत्ति का प्रतिष्ठान स्वयं मानव शरीर है।

तालिका (1-1)

शरीर के अंग का संचार माध्यम	शरीर मार्ग	संचार प्रक्रिया	संचार	कार्य
1. (मुख/बोलने के)	(मुख)	(ध्वनि)	(बोलकर)	(सम्प्रेषण)
2. (हाथ एवं बाँहें)	(हाथ/बाँहें)	(दृश्य)	(हाव-भाव/स्पर्श)	(सम्प्रेषण)
3. (चेहरा)	(चेहरा)	(दृश्य)	(भाव/रंग)	(सम्प्रेषण)
4. (आँखें)	(आँखें)	(दृश्य)	(देखकर)	(ग्रहण/ सम्प्रेषण)
5. (कान)	(कान)	(श्रव्य)	(सुनकर)	(ग्रहण)
6. (पैर)	(पैर)	(दृश्य)	(हाव-भाव/स्पर्श)	(सम्प्रेषण)
7. (नाक)	(नाक)	(वायु)	(सूँघकर)	(ग्रहण)
8. (सेल/अन्य)	(सेल, कमर, अन्य अंग)	(स्पर्श एवं दृश्य)	(स्पर्श, भाव-भंगिमा)	(सम्प्रेषण/ ग्रहण)

मानव समाज एवं उसके उपांगों, उपभागों के उत्थान तथा उसमें व्याप्त आपसी समझ ही संचार की आवश्यकता उत्पन्न करती है। समाज में संचार प्रवाह भाषा अथवा भाव-भंगिमा के द्वारा होता है। भाषा स्पष्टतः सामाजिक संचार है। इसके विपरीत भाव-भंगिमा अस्पष्ट संचार प्रक्रिया है।[27] समाज और व्यक्ति के विकास के मध्य स्पष्ट एवं अस्पष्ट संचार प्रक्रिया में परस्पर दूरकता के साथ-साथ विरोध भी पाया जाता है।[28] भाषा एवं अर्थ संचार का मूल तत्त्व है।

संचार प्रक्रिया के द्वारा ही संचार की अभिव्यक्ति होती है। संचार वास्तव में एक सूचना सम्प्रेषण की प्रक्रिया है। इस कारण संचार प्रक्रिया का प्रारम्भ सूचना प्रेषक एवं सूचना ग्राहक (श्रोता) के मध्य सन्देशों के प्रेषण या भेजने से होता है। सूचना प्रेषक सूचना प्रेषण के द्वारा श्रोता के विचार-व्यवहार और तौर-तरीकों को परिवर्तित करने का प्रयास करता है। सूचना सम्प्रेषण मात्र ही संचार नहीं है वरन् श्रोता/ग्राहक में प्रभावी प्रतिक्रिया भी उत्पन्न होनी चाहिए। प्रभावी प्रतिक्रिया

को प्रतिपुष्टि अथवा फीडबैक के रूप में जाना जाता है।[29] संचार प्रक्रिया में अनेक चरण होते हैं, इनमें प्रमुख हैं—सम्प्रेषक, सन्देश, माध्यम (चैनल) मार्ग, श्रोता/ग्राहक एवं प्रभाव फीडबैक :

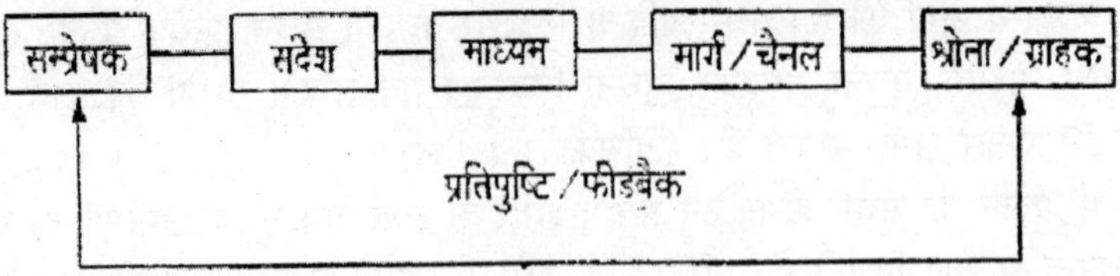

प्रारूप–(1.2)

प्रारूप–(1.2) से स्पष्ट है कि संचार एक प्रक्रिया है जिसमें सम्प्रेषक एवं श्रोता के मध्य सन्देशों को भेजना या प्रेषित करना होता है। इस प्रक्रिया में संचार माध्यम एवं संचार मार्ग की प्रमुख भूमिका होती है तथा सन्देश प्राप्ति के उपरान्त श्रोता अथवा ग्राहक में प्रभावी प्रतिक्रिया उत्पन्न होती है। प्रत्येक प्रकार के संचार के लिए परस्पर समता का भी होना आवश्यक है। विषम स्थिति में संचार अवरुद्ध हो जाता है। संचार में समता का तत्त्व सम्प्रेषक एवं श्रोता के मध्य सन्देश की भाषा, संकेत एवं सूचना तत्त्व के स्तर पर होनी चाहिए। इसलिए यह कहना युक्तिसंगत है कि कम्युनीकेशन (संचार), कम्युनिटी संचार में समता का तत्त्व सन्देश के सम्प्रेरक एवं श्रोता के मध्य होना आवश्यक है।[30] इस प्रकार संचार सम्प्रेषक एवं श्रोता के मध्य सन्देश से सम्बद्ध क्रिया-प्रक्रिया का पुंज है।

1.1.1 संचार एवं संचारों का भेद (Communication & Communications)

संचार अध्ययन में निरन्तर विकास हो रहा है। इस कारण इसके सैद्धान्तिक एवं दार्शनिक दोनों पक्षों का भी विकास हो रहा है। संचारविदों ने संचार एवं संचारों में एकवचन एवं बहुवचन के भेद के रूप में दिखायी पड़नेवाले इन शब्दों की नयी संचार-वैज्ञानिक परिभाषा दी है। इस क्रम में संचार का आशय प्राथमिक एवं यन्त्ररहित सम्प्रेषण से है। इस संचार में मूल इकाई शरीर ही है। इसमें व्यक्ति के चेतन-अचेतन, व्यवहार एवं भाव-भंगिमा सम्मिलित हैं। जैसे-हँसना, चिल्लाना आदि। इसके विपरीत एडवर्ड ने संचारों को द्वितीयक संचार की संज्ञा दी है। इसमें तकनीकी प्रक्रिया, संचार माध्यम उपकरण आदि से युक्त संचार प्रक्रिया आदि सम्मिलित हैं, जैसे- टेलीफोन, रेडियो, तुरही एवं ढोल इत्यादि।[31]

इस प्रकार संचार मौलिक तथा मानव शरीर द्वारा सम्मिलित प्रक्रिया है, जबकि संचारों का अभिप्राय भौतिक एवं तकनीकी विकास माध्यमों एवं यन्त्रों से युक्त प्रक्रिया से है। इस सिद्धान्त के अनुसार मनुष्य के शरीर एवं शारीरिक क्रियाओं के माध्यम से होनेवाला संचार ही संचार है। इससे भिन्न प्रकार का यन्त्रयुक्त संचार प्रक्रिया को संचारों (Communications) की संज्ञा देना उचित होगा। इसी कारण मार्शल मैकलुहन भी माध्यम (Media) को मनुष्य के विस्तार की संज्ञा देता है।

1.1.2 संचार के प्रकार (Types of Communication)

संचार मनुष्य की स्वाभाविक प्रवृत्ति है। मनुष्य एक सम्प्रेषक प्राणी है। मनुष्य संचार की प्रक्रिया का संचालन स्वयं को तथा समाज को केन्द्र मानकर सम्पादित करता है। स्वयं में खोना,

स्वयं से बात करना, स्वयं से हँसना यह भी मानवीय संचार का एक स्वरूप है। मनुष्य स्वयं से हटकर परिवार के मध्य भी संचार प्रक्रिया को प्रयोग में लाता है। परिवार के बाहर भी संचार प्रक्रिया के द्वारा ही मनुष्य सामाजिक सम्बन्धों का ताना-बाना बुनता है। इस प्रकार मनुष्य के सामाजिक सम्बन्धों के ताने-बाने का भी आधार संचार ही है। संचार प्रक्रिया मनुष्य के जीवन में कई स्तरों पर व्यवहार में आती है। प्रत्येक स्तर का निरूपण ही इसके वर्गीकरण का आधार है। संचार विज्ञान एक सामाजिक विज्ञान है। इसके अध्ययन एवं विवेचन का आधार पूर्णतः समाज ही है। समाज के जिस प्रकार से जितने रूपों में मनुष्य संचार प्रक्रिया को सम्पादित करता है उन्हीं के आधार पर संचार के प्रकारों का निर्धारण होता है।

संचार : संचार स्वयं व्यक्ति में, दूसरे व्यक्ति के मध्य, परिवार एवं समूह के मध्य तथा विस्तृत समाज के मध्य सम्पन्न होता है। इस आधार पर संचार का वर्गीकरण अधोलिखित रूपों में हम कर सकते हैं :

श्रोता आधारित विभाजन

संचार
(Communication)

आभ्यन्तर (Intrapersonal)	अन्तर्वैयक्तिक (Interpersonal)	समूह (Group)	जन (Mass)	अन्य (Other)

उक्त से स्पष्ट है कि समाज में मनुष्य द्वारा अनेकों प्रकार से किये जाने वाले सन्देशों के प्रेषण या भेजने के आधार पर संचार (Communication) को हम–(1) आभ्यन्तर संचार (Intraprsonal communication) (2) अन्तर्वैयक्तिक संचार (Interpersonal communication) (3) समूह संचार (Group communication) (4) जन संचार (Mass communication) एवं (5) अन्य (Other) प्रकारों में विभक्त कर सकते हैं।

संचार के उक्त प्रकार किसी-न-किसी रूप में मानव समाज में प्राचीन काल में थे तथा वर्तमान में भी हैं। वर्तमान समय में विश्व के प्रत्येक समाज अथवा क्षेत्र में संचार के उक्त प्रकार हमें सामान्य रूप से प्राप्त होंगे। वर्तमान विश्व का सम्भवतः कोई समाज अपवाद ही होगा, जिसमें कि संचार व्यवहार के उक्त प्रकार हमें प्राप्त न हो सकें। संचार के इन विभिन्न प्रकारों का अलग विवेचन अगले अध्यायों में है, परन्तु इनका परिचयात्मक सन्दर्भ अधोलिखित है।[32] इस सन्दर्भ में कुछ तथ्य इस पुस्तक के अध्याय-8 में भी हैं।

आभ्यन्तर संचार (Intrapersonal communication) : आभ्यन्तर संचार एक ऐसी प्रक्रिया है, जिसका सम्बन्ध मनुष्य के शरीर तथा उसके अन्तःकरण से है। यह एक मनोवैज्ञानिक प्रक्रिया है, जिसकी परिधि स्वयं व्यक्ति है। इसके अन्तर्गत व्यक्ति का विचार, चिन्तन आदि सम्मिलित हैं। स्वयं के अनुभव, विचार, चिन्तन आदि के आधार पर भूत, वर्तमान एवं भविष्य के सम्बन्ध में व्यक्ति, घटना, प्रभाव एवं परिणामों का स्वयं ही मूल्यांकन करता है। व्यक्ति द्वारा ईश्वर एवं रहस्यवादी शक्तियों से होनेवाला संचार उपासना आदि इसके प्रमुख उदाहरण हैं।[33] मनुष्य की ज्ञानेन्द्रियाँ, कर्मेन्द्रियाँ एवं मन इस संचार का संचालक है। आभ्यन्तर संचार मानव

समाज में होने वाले प्रत्येक प्रकार के संचारों का केन्द्र है। इसके बिना सभी अन्य संचार असम्भव हैं। आभ्यन्तर संचार प्रक्रिया स्वस्थ एवं सामान्य मनुष्य के अन्तःकरण में होनेवाली प्रक्रिया है। यह अन्य सभी प्रकार की संचार प्रक्रिया का उद्गम, संचालक एवं नियन्त्रक है।

प्रारूप–(1.3)

प्रारूप (1.3) से स्पष्ट है कि आभ्यन्तर संचार अन्य प्रकार के संचारों का केन्द्रीय अथवा प्राणतत्त्व है। इसके अभाव में अन्य किसी भी संचार अथवा संचार प्रक्रिया की कल्पना नहीं की जा सकती है। इसका विस्तृत वर्णन चतुर्थ अध्याय में है।

अन्तर्वैयक्तिक संचार (Interpersonal Communication) : अन्तर्वैयक्तिक संचार वह संचार है, जिसमें सम्प्रेषक द्वारा प्रेषित सूचना अथवा सन्देश सीधे श्रोता द्वारा ग्रहण किया जाता है। इसके अन्तर्गत छोटे समूह के भी संचार को सम्मिलित करते हैं, जिसमें (फीडबैक) प्रतिपुष्टि तुरन्त ही सम्भव हो तथा सूचना की प्राप्ति भी प्रत्यक्ष हो 5 से 10 व्यक्तियों के लघु समूह होनेवाले संचार को भी अन्तर्वैयक्तिक संचार कहा जाता है। इस प्रक्रिया में सन्देश, स्पर्श, मुस्कराहट, स्वाद, आवाज इत्यादि द्वारा प्रेषित कर सकते हैं। कुछ स्थितियों में अन्तर्वैयक्तिक संचार में आमने-सामने होना भी आवश्यक नहीं है। टेलीफोन द्वारा सूचना सम्प्रेषण एवं टेलीकान्फ्रेन्सिंग अन्तर्वैयक्तिक संचार का प्रमुख उदाहरण है।[34] इसका विस्तृत विवेचन पंचम अध्याय में है।

समूह संचार (Group communication) : समूह में होनेवाली संचार प्रक्रिया को समूह संचार कहा जाता है। समूह लोगों का एक ऐसा निकाय या संगठन होता है, जिसका निश्चित उद्देश्य होता है तथा लोग इसी हित या उद्देश्य के कारण इकट्ठा होते हैं। अपने हितों एवं उद्देश्यों तथा प्रकृति के अनुसार समूह कई प्रकार के होते हैं। समूह संचार में तुरन्त फीडबैक अथवा प्रतिपुष्टि सम्भव नहीं होती है। इसके सदस्यों की संख्या 5 अथवा 10 से अधिक होती है।[35] फिल्म फोरम, सामूहिक वाद-विवाद, सभा, संगोष्ठी आदि समूह संचार के उदाहरण हैं। इसका विस्तृत विवेचन षष्ठ अध्याय में है।

जन संचार (Mass communication) : जन संचार वह संचार है, जिसमें सूचना सम्प्रेषण विस्तृत क्षेत्र में बिखरे लोगों तक जनमाध्यमों के द्वारा पहुँचती है। ऑक्सफोर्ड डिक्शनरी के अनुसार जन (Mass) का अभिप्राय पूर्णरूप से व्यक्तिवादिता या व्यक्तिगत पहचान के उन्मूलन से है। इस प्रकार जन संचार विस्तृत क्षेत्र में फैले श्रोताओं तक एक समय

में जनमाध्यमों द्वारा सूचना सम्प्रेषण की प्रक्रिया है। इसमें प्रतिपुष्टि अथवा फीडबैक की प्रक्रिया विलम्बित होती है।[36] इसका विस्तृत विवेचन सप्तम अध्याय में है।

अन्य संचार (Other communication) : आभ्यन्तर संचार, अन्तर्वैयक्तिक संचार, समूह संचार एवं जनसंचार के अतिरिक्त कार्यालयों तथा प्रशासनिक प्रक्रिया, रीति-रिवाज, परम्परा आदि की सम्प्रेषण प्रक्रिया सम्पादित होती है। संचार के एक विद्यार्थी के लिए इनको भी जानना आवश्यक है।

उक्त विवेचन के द्वारा संचार की प्रकृति, प्रकार आदि के सन्दर्भ में आधारभूत सूचनाएँ एवं एक सम्यक् दृष्टि हमें प्राप्त हो जाती है। संचार का अन्य सामाजिक विज्ञानों से क्या सम्बन्ध है इसका विवेचन आगे किया जायेगा। संचार विज्ञान भी एक सामाजिक विज्ञान है। इसके अन्तर्गत आभ्यन्तर संचार, अन्तर्वैयक्तिक संचार, समूह संचार, जनसंचार आदि के साथ-साथ, सम्प्रेषक, जनमाध्यम, चैनल (संचार मार्ग) सन्देश, श्रोता, विचारेता (Opinion leader) प्रतिपुष्टि (Feedback) आदि का विस्तृत विवेचन सम्मिलित है। संचार विज्ञान में संचार प्रक्रिया के अध्ययन के साथ-साथ संचार के विभिन्न चरण, संचार मार्ग, संचार संगठन, संचार नीति, सन्देश लेखन, सन्देश प्रेषण एवं सूचना संकलन जैसी पत्रकारिता की प्रवृत्तियाँ सम्मिलित हैं। संचार प्रक्रिया का कार्यक्षेत्र समाज है, क्योंकि इनका कार्यक्षेत्र एक ही समाज है। इस कारण संचार का अन्य सामाजिक विज्ञानों से रिश्ता जानना आवश्यक है। संचार क्षेत्र के निष्कर्ष अन्य सामाजिक विज्ञानों को प्रभावित करते हैं तथा अन्य सामाजिक विज्ञानों के निष्कर्षों का प्रभाव संचार प्रक्रिया एवं संचार विज्ञान पर पड़ता है। इस कारण संचार एवं विभिन्न सामाजिक विज्ञानों का अन्तःसम्बन्ध जानना आवश्यक है। लेकिन इसके पूर्व संचार के चरण (step) एवं संचार मार्ग (way) का भी विवेचन आवश्यक है।

1.1.3 संचार के चरण (Steps of Communication)

संचार भी अपनी यात्रा अथवा प्रसार सम्पूर्ण समाज में एक साथ नहीं सम्पन्न करता है। वरन् इसके भी कुछ चरण होते हैं। जिनसे चलकर यह अपने गन्तव्य तक पहुँचता है। संचार प्रवाह को समाज में मुख्य रूप से तीन चरणों में देखा जाता है—(क) सूचिका वेध या एक-चरणीय संचार प्रवाह प्रारूप (Hypodermic needle of one-steps flow model of communication) (ख) द्वि-चरणीय संचार प्रारूप (Two steps flow communication model) (ग) बहुचरणीय संचार प्रारूप (Multi-steps flow communication model) संचार के इन विविध प्रारूपों द्वारा संचार की प्रवहमान प्रक्रिया प्रभावी होती है। ये सभी प्रारूप परस्पर समवेत रूप में कार्य करते हैं। इनका अलग-अलग वर्णन अधोलिखित प्रकार है—

(क) सूचिका वेध या एकचरणीय संचार प्रवाह प्रारूप : इस प्रक्रिया को बुलेट प्रारूप (Bullet Model) भी कहा जाता है।[37] इस प्रारूप का सम्बन्ध सूचना के प्रत्यक्ष श्रोता से होता है। इस प्रारूप के अनुसार संचार माध्यमों द्वारा श्रोता को मिलनेवाली सूचना श्रोता पर सूचिका के सदृश प्रभावी होती है।[38] इसकी मान्यता के अनुसार श्रोता प्रभावित होनेवाला तथा भ्रमित किये जाने वाले स्वभाव का होता है।[39] संचार के इस प्रारूप की खोज मनोविज्ञान के शाधों द्वारा (1930-40 के मध्य) हुई। अमेरिका में सेना द्वारा कार्ल होवलैण्ड की अध्यक्षता में मनोवैज्ञानिकों की एक विशेष टीम अस्त्र परिचय कार्यक्रम के मूल्यांकन के लिए नियुक्त की गयी। इसने अनेक प्रक्रियाओं द्वारा परीक्षण किये। इस टीम ने अपनी रिपोर्ट 1949 में प्रकाशित की। इसने

पाया कि प्रत्यक्ष सम्प्रेषित संचार का श्रोता पर अधिक प्रभाव पड़ता है। इसने संचार प्रारूप को इस प्रकार विश्लेषित किया—

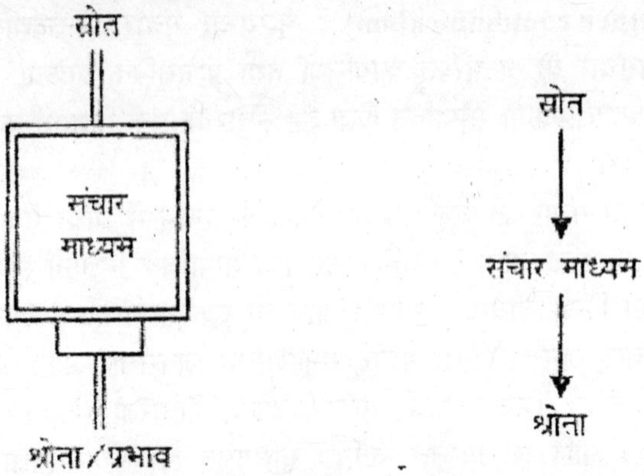

प्रारूप—(1.4)

उक्त प्रारूप (1.4) से स्पष्ट है कि सूचना श्रोता को स्रोत द्वारा प्रेषित की जाती है तथा संचार माध्यम द्वारा श्रोता को प्राप्त होती है। इस प्रकार सूचना व्यवहार सूचिका की भाँति होती है। एकचरणीय संचार की कल्पना 1930 में कुछ और विशेषज्ञों ने भी की थी। हिटलर रूजवेल्ट ने संचार माध्यमों का प्रयोग इसी प्रारूप के अनुरूप किया। इस प्रारूप में यह कमी है कि सूचना का प्रसार मात्र संचार माध्यम से ही नहीं होता है। अन्य बिचौलिये भी सक्रिय रहते हैं।[40] इस संचार प्रारूप में परोक्ष सूचना प्रसार की प्रक्रिया का वर्णन नहीं है। इसमें अन्य श्रोताओं या परोक्ष श्रोताओं पर पड़नेवाले प्रभावों का भी वर्णन नहीं है। इसमें विचारेता (Opinion leader) ओपिनियन लीडर की भी भूमिका का वर्णन नहीं है।[41] इसी कारण इस संचार प्रारूप की कमियों के निराकरण के लिए द्विचरणीय संचार प्रारूप अस्तित्व में आया।

(ख) द्विचरणीय संचार प्रवाह प्रारूप : इस प्रारूप की खोज 1940 के दशक में हुई। पाल लेजर्स फील्ड एवं काट्जू तथा अन्य सहयोगियों ने 1940 के अमरीकी चुनाव में संचार माध्यमों के प्रभाव का अध्ययन किया। उन्होंने पाया कि संचार माध्यमों द्वारा प्रेषित सूचना प्रक्रिया सामाजिक व्यवस्था में प्रभाव का एक भाग है। उन्होंने एकचरणीय संचार प्रारूप के स्थान पर द्विचरणीय संचार प्रवाह को प्रमाणित किया।[42] उन्होंने पाया कि आमने-सामने सम्पर्क द्वारा प्रसारित सूचना और भी प्रभावी है। आमने-सामने सम्पर्क द्वारा सूचना के प्रेषण में विचारेता (ओपीनियन लीडर) की भूमिका प्रमुख है।[43] उक्त के अतिरिक्त अमरीका के ग्रामीण समाजवैज्ञानिकों ने इस बात का खण्डन किया कि जनसंचार माध्यम शक्तिसम्पन्न है। इसकी पुष्टि कृषि सम्बन्धी सूचना विस्तार की प्रक्रिया द्वारा हुई। इससे यह स्पष्ट हो सका कि कम विकसित क्षेत्रों में सूचना का प्रवाह ओपीनियन लीडर/विचारेता अपने अनुकरकों के द्वारा करते हैं। इस प्रकार सूचना प्रवाह का द्वितीय चरण स्थानीय परिवेश में ओपीनियन लीडर/विचारेता एवं इसके अनुकरकों द्वारा सम्पन्न होता है। इस प्रकार द्विचरणीय संचार प्रारूप संचार माध्यम एवं अन्तर्वैयक्तिक संचार प्रक्रिया से सम्पन्न होता है।[44]

द्वि-चरणीय संचार प्रारूप संचार प्रवाह का मुख्य आधार है। इसे हम इस प्रकार समझ सकते हैं—

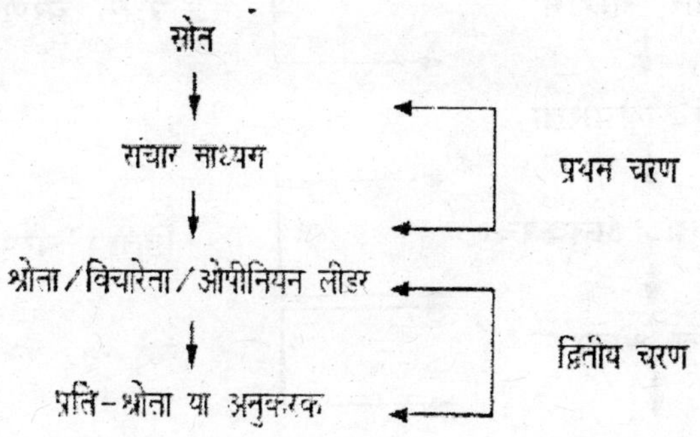

प्रारूप–(1.5)

प्रारूप (1.5) से स्पष्ट है कि द्विचरणीय संचार प्रवाह की प्रक्रिया में स्रोत द्वारा प्रेषित सूचना सीधे श्रोता/विचारेता को मिलती है तथा प्रवाह के दूसरे चरण में सूचना विचारेता द्वारा अपने मित्रों अथवा अनुकरकों को दी जाती है, जिसे हम प्रति श्रोता की संज्ञा देते हैं, इस प्रकार संचार प्रवाह का दूसरा चरण अन्तर्वैयक्तिक प्रक्रिया द्वारा सम्पन्न होता है। इसी चरण में प्रवाहित सूचनाओं में मनोवृत्तियाँ एवं स्थानीय सूचनाएँ भी सम्मिलित होती हैं।[45]

इस प्रकार द्विचरणीय संचार में ओपीनियन लीडर/विचारेता की भूमिका प्रमुख होती है। सामान्य रूप में ओपीनियन लीडर/विचारेता उसे कहा जाता है जो कि दिन-प्रतिदिन निजी सम्पर्कों द्वारा दूसरों के विचारों एवं निर्णयों को प्रमाणित करने के साथ-साथ सूचना का प्रवाह भी करता हो। उक्त के आधार पर हम कह सकते हैं कि द्विचरणीय संचार माध्यमों द्वारा प्रेषित संचार एवं अन्तर्वैयक्तिक संचार का सम्मिलित रूप है।

(ग) बहुचरणीय संचार प्रवाह प्रारूप : इस प्रारूप को एक-चरणीय प्रवाह प्रारूप (N-step or Number of steps flow Model) भी कहते हैं। इस प्रारूप का विकास इवर्ट रोजर ने किया। उन्होंने बताया कि संचार प्रवाह के अनेक चरण होते हैं। उन्होंने कहा कि जन सम्प्रेषण के कितने चरण होते हैं, इसका निर्धारण करना कठिन है। जैसे कोई सन्देश किसी को प्राप्त हुआ। उसने प्रत्यक्ष अथवा परोक्ष रूप से दूसरों को प्रेषित किया। इसी प्रकार जनसंचार माध्यमों से प्राप्त सूचना भी अन्तर्वैयक्तिक माध्यम से समाज में प्रवाहित होती है।[46]

रोजर एवं शूमेकर ने पाया कि जनसंचार प्रक्रिया में सूचना संचार माध्यम द्वारा प्रेषित की जाती है। श्रोता एवं विचारेता संचार माध्यम द्वारा प्राप्त सूचना पर उसके अनुरूप प्रतिक्रिया व्यक्त करता है तथा उसे स्वयं के अनुरूप परिवर्तित स्वरूप में अन्य को सम्प्रेषित करता है।

रोजर के पूर्व लम्बे अर्से से द्विचरणीय संचार प्रारूप ही संचार जगत् में व्याप्त था। इसमें अनेक कमियाँ थीं। द्विचरणीय संचार प्रारूप संचार प्रवाह को मात्र दो चरणों तक सीमित रखे था।

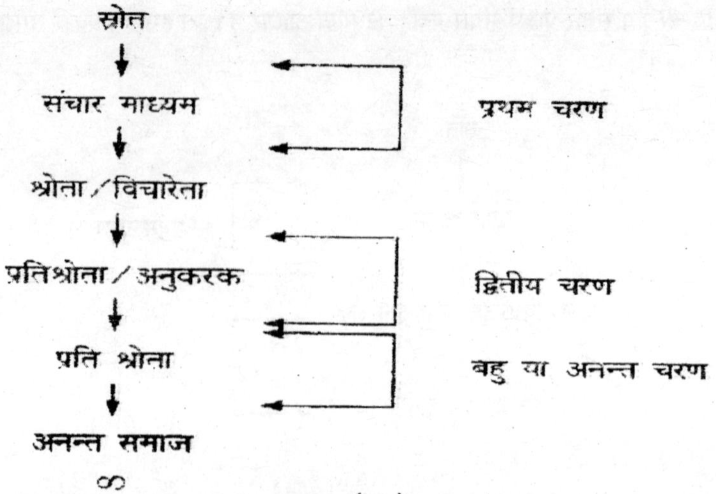

प्रारूप–(1.6)

द्विचरणीय संचार प्रवाह मात्र श्रोता एवं प्रति श्रोता तक सीमित था। द्विचरणीय संचार में अनन्त श्रोता का समावेश नहीं था। संचार प्रवाह में यह नियम सामान्य रूप से स्वीकार किया जाता है कि तकनीकी विकास के परिणामस्वरूप जनसंचार माध्यमों से सन्देश प्रेषण की गति में अत्यधिक वृद्धि हुई है। परन्तु सूचना प्राप्तकर्त्ता में विशेष परिवर्तन विश्लेषण एवं अन्तर्वैयक्तिक सम्पर्क के द्वारा ही होता है। यह प्रक्रिया जन सन्देश के सन्दर्भ में अधिक प्रभावी है।[47]

रोजर और शूमेकर ने स्पष्ट किया कि जन सन्देश प्रेषक श्रोता से भिन्न प्रवृत्ति वाला होता है। स्रोत तभी श्रोता को प्रभावित करता है, जबकि चिन्तन प्रक्रिया समान हो। इसे उन्होंने समअनुभूति (Homophil) की संज्ञा दी है। उनके अनुसार असमअनुभूति (Hetrophil) प्रक्रिया सन्देश को प्रभावी नहीं बना पाती। अतः व्यावहारिक अथवा और तरीकों में परिवर्तन के लिए समअनुभूति अनिवार्य है। इस प्रकार बहुचरणीय संचार एक तथा द्विचरणीय संचार की अनन्त आवृत्तियों का समन्वय है। इस प्रकार बहुचरणीय संचार एकचरणीय तथा द्विचरणीय संचार की अनन्त आवृत्तियों का समन्वय है। इस प्रकार बहुचरणीय संचार में संचार माध्यम श्रोता/विचारेता तक सूचना प्रेषित करते हैं। यह सूचना श्रोता/विचारेता के द्वारा अनेक प्रति-श्रोताओं तथा अनेक प्रति-श्रोताओं से अनन्त प्रति-श्रोताओं तक प्रवाहित होती है। इसे हम (प्रारूप 1.6 से) समझ सकते हैं :

प्रारूप (1.6) से स्पष्ट है कि बहुचरणीय संचार प्रवाह प्रारूप के अनुसार प्रत्यक्ष एवं अनेक परोक्ष श्रोता-सम्प्रेषक संचार को प्रवाहित एवं प्रभावित करते हैं। इस प्रकार सूचना प्रवाह में एक ऐसी स्थिति आती है, जबकि वास्तविक प्रथम श्रोता की पुष्टि नहीं हो पाती। इसके अन्तर्गत ऐसा भी सम्भव है कि जनंचसार माध्यम के अतिरिक्त दूसरे अथवा बाद के किसी चरण में कोई सन्देश प्रवाह में आ जाय तथा वह सम्प्रेषित हो जाय। भारतीय ग्रामीण परिवेश में ऐसा होता है कि अनेक सूचनाएँ संचार माध्यमों से परे भी प्रवाहित होती रहती हैं।[48]

संचार के चरणों को जानने के पश्चात् हमें संचार के मार्ग को भी जानना आवश्यक है।

1.1.4 संचार के मार्ग (Way of Communication)

संचार मार्ग तथा संचार के चरण परस्पर भिन्न हैं। सर्वप्रथम इनका अन्तर भी जानना

आवश्यक है। वास्तव में संचार के चरण सूचना प्रवाह अथवा प्रसार से जुड़े हैं। इसके अतिरिक्त संचार मार्ग सूचना प्रवाह एवं उसकी प्रतिक्रिया अथवा फीडबैक से सम्बन्धित है। इसे हम इस प्रकार समझ सकते हैं।

प्रारूप–(1.6) में संचार के चरण का वर्णन है। इसके विपरीत संचार मार्ग इस प्रकार है :

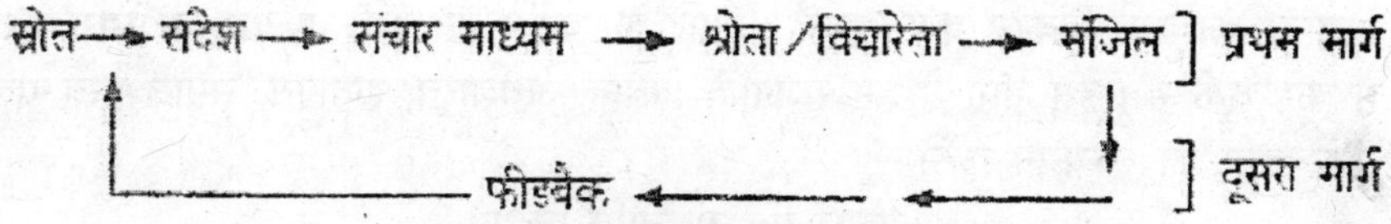

प्रारूप–(1.7)

प्रारूप (1.7) में संचार मार्ग का वर्णन है। उक्त से स्पष्ट है कि संचार के चरण का अभिप्राय यह है कि सूचना एक बार में कितनी दूरी या व्यक्ति तक पहुँचती है जबकि संचार मार्ग में प्रेषित सूचना के जाने का रास्ता क्या है? इसी का विवेचन होता है। इस प्रकार संचार मार्ग का सम्बन्ध सूचना प्रेषण की या सूचना के यात्रा की दिशा से है, जो सामान्यतः स्रोत से मंजिल की ओर होती है। संचार के चरण में सूचना का वह प्रवाह सम्मिलित है, जिसमें एक बार सूचना ग्रहण होने के बाद सूचना दूसरी बार अपना रूप बदलकर आगे की यात्रा करती है। इस प्रवाह प्रक्रिया में जितने पड़ाव होते हैं, वे सभी संचार के चरण होते हैं। संचार के अगणित चरण हैं परन्तु संचार मार्ग मुख्यतः दो ही हैं। एक दिशा या मार्ग से सूचना यात्रा करती है तथा दूसरी दिशा से प्रतिक्रिया या अभिव्यक्ति यात्रा करती है।[49]

उक्त से स्पष्ट है कि संचार मार्ग (क) एकल एवं (ख) द्वि प्रकार के होते हैं।

(क) एकल संचार मार्ग का अभिप्राय यह है कि जिसमें सूचना मात्र स्रोत से श्रोता तक जाती है परन्तु श्रोता द्वारा कोई प्रतिक्रिया नहीं व्यक्त होती है। इसे फीडबैक/प्रतिपुष्टि रहित संचार भी कहा जाता है। जैसे–'भैंस के आगे बीन बजाये, भैंस खड़ी पगुराइ।' यह एकमार्गीय संचार का सर्वोत्तम उदाहरण है। इसे हम प्रारूप (1.8) द्वारा समझ सकते हैं :

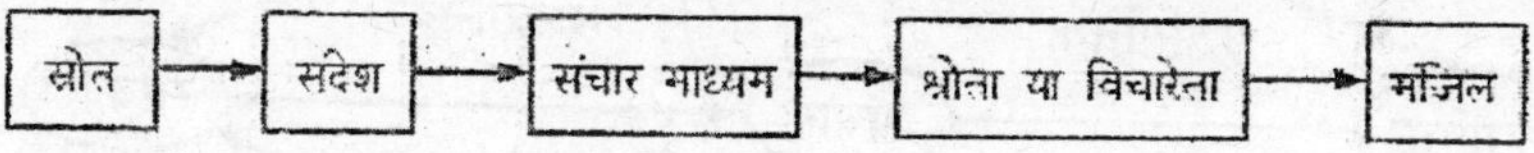

प्रारूप–(1.8) : एकमार्गीय संचार

(ख) द्विमार्गीय संचार या दुहरी संचार प्रक्रिया मार्ग वह है, जिसमें स्रोत से प्राप्त सूचना पर श्रोता अपनी क्रिया-प्रतिक्रिया व्यक्त करता है। इस प्रकार द्विमार्गीय या दुहरे मार्ग वाले संचार में फीडबैक/प्रतिपुष्टि रहती है। इसे हम इस प्रकार समझ सकते हैं :

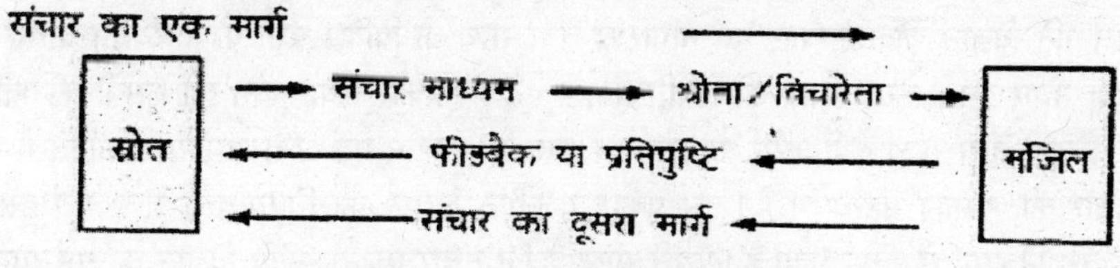

प्रारूप–(1.9) : द्विमार्गीय संचार

प्रारूप (1.9) से स्पष्ट है कि द्विमार्गीय संचार में सूचना प्रेषण एवं फीडबैक दोनों ही सम्मिलित रहते हैं। इसे हम सूचना प्रवाह (Communication flow) के भी नाम से जानते हैं। इस प्रकार संचार प्रवाह के द्वारा सूचना सम्प्रेषण की प्रक्रिया का समग्र स्वरूप हमें ज्ञात होता है।

1.2 संचार एवं अन्य सामाजिक विज्ञान

सामाजिक विज्ञान की प्रकृति क्या है? इनके वर्गीकरण का क्या आधार है? सामाजिक विज्ञानों का क्या विकास क्रम रहा है? आदि का वर्णन हम इसी अध्याय के भाग 1.0 में कर चुके हैं। इस भाग में हम राजनीति विज्ञान, अर्थशास्त्र, इतिहास, समाजशास्त्र एवं मनोविज्ञान का अध्ययन करेंगे।

संचार एवं राजनीति विज्ञान

संचार की प्रकृति स्वरूप, उद्देश्य एवं प्रकारों आदि का वर्णन इसी अध्याय के भाग 1.1 में है। इस कारण संचार के सन्दर्भों का पुनः उल्लेख आवश्यक नहीं है। संचार के ज्ञान के साथ-साथ राजनीति विज्ञान की प्रकृति का ज्ञान परस्पर के अन्तः सम्बन्धों के ज्ञान के लिए आवश्यक है। इस कारण राजनीति विज्ञान की प्रकृति एवं स्वरूप पर चर्चा आवश्यक है। वर्तमान समय में राजनीति विज्ञान का क्या स्वरूप है? उसी का ज्ञान हमारे लिये आवश्यक तथा महत्त्वपूर्ण है। राजनीति विज्ञान मनुष्य के राजनीतिक जीवन का अध्ययन करता है।[50] **संचार किसी संकेत, ध्वनि अथवा प्रतीकों को लोगों के मध्य भेजने की प्रक्रिया है।**[51] राज्य का अभिप्राय सम्प्रभुता, भू-भाग, जनसंख्या एवं सरकार से है। प्रजातान्त्रिक व्यवस्था में सम्प्रभुता राज्य के नागरिकों में ही निवास करती है। इस प्रकार शासन-व्यवस्था में सरकार एवं नागरिक मुख्य रूप से दो इकाइयाँ हुईं। इन्हीं में राज्य के सभी आवश्यक तत्त्व निहित हैं। नागरिकों एवं सरकार के मध्य जुड़ाव संचार के द्वारा ही होता है। इस प्रकार राज्य के संचालक तत्त्व के रूप में संचार की भूमिका महत्त्वपूर्ण है।

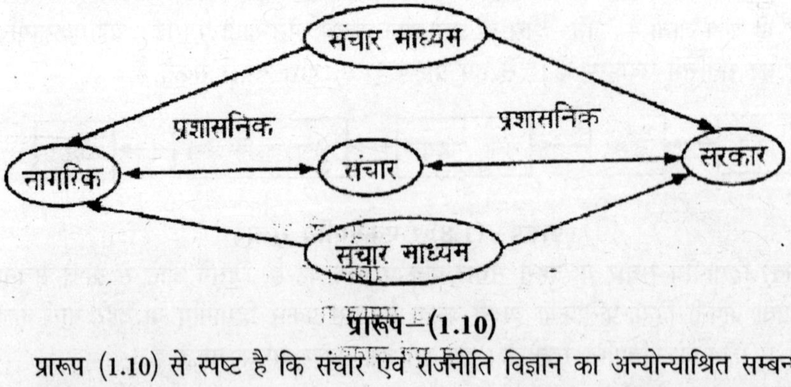

प्रारूप–(1.10)

प्रारूप (1.10) से स्पष्ट है कि संचार एवं राजनीति विज्ञान का अन्योन्याश्रित सम्बन्ध है। राजनीति विज्ञान चूँकि सरकार एवं नागरिकों तथा राज्य के विविध पक्षों का अध्ययन करता है तथा संचार इनके मध्य संवाद की स्थिति बनाता है। इस प्रकार संचार रक्त की धमनी की भाँति है, जिसके द्वारा राज्य रूपी शरीर का संचालन होता है। राष्ट्रीय एवं अन्तरराष्ट्रीय राजनीति में भी संचार की भूमिका महत्त्वपूर्ण है। इस प्रकार राजनीति विज्ञान की विषय-वस्तु राज्य एवं इसके विविध निकायों से संचार जुड़ा है। इससे स्पष्ट है कि संचार एवं राजनीति विज्ञान का पारस्परिक सम्बन्ध अविच्छिन्न है। दोनों के इस सम्बन्ध को हम निम्न रूप में देख सकते हैं :

(क) दोनों सामाजिक विज्ञान हैं : संचार एवं राजनीति विज्ञान की कोटि सामाजिक विज्ञान की है। राजनीति विज्ञान राज्य, शक्ति एवं निर्णय प्रक्रिया एवं राजनीतिक व्यवस्था का अध्ययन करता है।[52] राजनीति विज्ञान का यह अध्ययन संचार के अभाव में न तो पूर्ण हो सकता है और न ही मानव समाज में विद्यमान सामाजिक इकाइयों का संचालन ही हो सकता है। राज्य व्यवस्था के परिवर्तन तथा नीति निर्धारण में संचार की भूमिका महत्त्वपूर्ण है। यदि विश्व के इतिहास को देखें तो स्पष्ट होगा कि जनसंचार माध्यमों के विकास के परिणामस्वरूप लोकतान्त्रिक व्यवस्थाओं का विकास हुआ। इस प्रकार स्पष्ट है कि समाज के व्यवहार से जुड़े दोनों विज्ञान सामाजिक विज्ञान होने के कारण परस्पर सम्बद्ध हैं।

(ख) राजनीति संचार को प्रभावित करती है : राजनीतिक व्यवस्था का प्रभाव संचार प्रक्रिया एवं संचार माध्यमों पर पड़ता है। राजनीतिक प्रक्रिया में परिवर्तन के साथ-साथ सम्प्रेषण प्रक्रिया भी बदल जाती है। हम देख सकते हैं कि भारत में आपात् काल के दौरान जनमाध्यमों पर कठोर पाबन्दी लगी थी। आपात् काल समाप्त होने के साथ-साथ जनता पार्टी की सरकार के दौरान पुनः जनमाध्यम स्वतन्त्र रूप से कार्य करने लगे। वास्तव में देखा जाय तो स्पष्ट है कि विश्व के प्रत्येक देश में जनमाध्यमों की नीतियाँ राजनीतिक संचालकों के अनुरूप बदलती हैं। यदि राजनीतिक व्यवस्था के संचालक उदार प्रवृत्ति के होंगे तो जनमाध्यम स्वतन्त्रता के साथ कार्य करते हैं। इसके विपरीत अनुदारवादी व्यवस्था में जनमाध्यम सरकारी दमन के शिकार होते हैं।

(ग) जनमत निर्माण में संचार की भूमिका महत्त्वपूर्ण : वर्तमान समय में राष्ट्रीय राज्य एवं प्रजातन्त्र विश्व राजनीतिक व्यवस्था की विशेषता है। इसके परिणामस्वरूप तानाशाह भी प्रजातान्त्रिक होने का नाटक करते हैं। वर्तमान समय में राज्य के संचालन में जनमत की भूमिका महत्त्वपूर्ण है। सरकार की दिन-प्रतिदिन की कार्य प्रक्रिया एवं निर्णयों से प्रभावित होनेवाले लोगों की अभिव्यक्ति के माध्यम संचार माध्यम हैं। जनसंचार माध्यमों के द्वारा सरकार की सूचना जनता तक तथा जनता की मनोदशा की सूचना सरकार तक पहुँचती है किसी भी शासक अथवा राजनेता के द्वारा जनमत की उपेक्षा कर शासन का संचालन करना सम्भव नहीं है। प्रत्येक राजनेता निरन्तर इस प्रयास में रहते हैं कि किसी प्रकार जनमत उनके पक्ष में रहे। इस प्रकार नागरिक एवं सरकार के मध्य सम्पर्क सूत्र के रूप में विद्यमान संचार प्रक्रिया जनमत के निर्माण के द्वारा शासन को नियन्त्रित एवं संचालित करती है।[53]

(घ) अन्तरराष्ट्रीय राजनीति में संचार की महत्त्वपूर्ण भूमिका : राष्ट्रीय राजनीति के बाहर अन्तरराष्ट्रीय परिदृश्य में भी संचार की भूमिका महत्त्वपूर्ण है। जनसंचार माध्यमों के विकास के परिणामस्वरूप विश्व के विभिन्न देशों में परस्पर निकटता बढ़ी है। एक-दूसरे की संवेदनाओं में भी नजदीकीपन आया है। यही नहीं अन्तरराष्ट्रीय राजनीति में अन्तरराष्ट्रीय सम्बन्धों के संचालन के लिए जनसंचार का सहयोग आवश्यक हो गया है। विश्व-राजनीति में समय-समय पर घटनेवाली घटनाओं के अनुरूप प्रत्येक राष्ट्र विश्व-राजनीति में अपनी स्थिति तलाशता है। इस प्रक्रिया में भी संचार महत्त्वपूर्ण है। प्रत्येक राष्ट्र अन्तरराष्ट्रीय जनमत को अपने पक्ष में करने के लिए विश्व के अन्य देशों में सूचना सम्प्रेषण के लिए रेडियो एवं टेलीविजन के चैनलों का संचालन करता है। इन प्रसारणों के द्वारा अपने राष्ट्रीय हितों के अनुरूप विश्व घटनाचक्र की व्याख्या करता है। शीत युद्ध की स्थिति में दो या दो से अधिक राष्ट्रों के मध्य जनमाध्यमों के स्तर पर परस्पर

एक-दूसरे के खिलाफ कुप्रचार की प्रक्रिया संचालित की जाती थी। इस प्रकार अन्तरराष्ट्रीय राजनीति में भी संचार एवं राजनीति विज्ञान की विषय-वस्तु एक-दूसरे के पूरक के रूप में हैं।

(ङ) अन्य सम्बन्ध : राजनीति विज्ञान एवं संचार मनुष्य एवं मानव समाज को ही केन्द्र मानकर अपना अध्ययन करते हैं। दोनों मानव की सभ्यता-संस्कृति के अनुरूप ही अपनी-अपनी अध्ययन प्रक्रिया संचालित करते हैं। यही नहीं दोनों की अध्ययन-पद्धतियों में भी परस्पर निकटता एवं समानता है। संचार के अध्ययन से राजनीति विज्ञान के अध्ययन को नयी दिशा मिलती है तथा राजनीति विज्ञान के अध्ययनों से संचार के अध्ययन को नयी दिशा मिलती है। इस प्रकार दोनों में परस्पर सम्बन्ध हैं।

संचार एवं राजनीति विज्ञान में भेद

राजनीति विज्ञान एवं संचार में सम्बन्ध होने के कारण इनके मध्य विद्यमान विभेदों को भुलाना एक भूल होगी। इस कारण इनके मध्य विद्यमान विभेदों को भी जानना आवश्यक है। इस कारण दोनों भिन्नतायुक्त भी हैं। इसी भिन्नता के कारण दोनों का पृथक् एवं स्वतन्त्र अस्तित्व विद्यमान है। इनमें सम्बन्धों के होते हुए भी आधारभूत भिन्नताएँ अधोलिखित हैं–

(क) संचार विज्ञान राजनीतिक, सामाजिक, सांस्कृतिक आदि सभी प्रकार के मानवीय व्यवहारों से सम्बद्ध सूचना प्रक्रिया का अध्ययन करता है। इसके विपरीत राजनीतिक विज्ञान मात्र राजनीतिक मनुष्य एवं राजनीतिक सूचना एवं व्यवस्था से सम्बद्ध है।

(ख) संचार का सम्बन्ध मानव समाज के सभी संगठनों एवं समुदायों से है। जबकि राजनीति विज्ञान का सम्बन्ध सिर्फ राजनीतिक संगठनों एवं समुदायों से है।

(ग) संचार विज्ञान में परम्परागत, आधुनिक एवं संगठित तथा असंगठित सभी प्रकार के संगठनों की सूचना प्रक्रिया एवं सूचना व्यवहार का अध्ययन किया जाता है। इसके विपरीत राजनीतिक विज्ञान मुख्य रूप से संगठित एवं वैधानिक निकायों का अध्ययन करता है।

(घ) संचार का सम्बन्ध सूचना सम्प्रेषण व्यवहार एवं प्रक्रिया से है। राजनीति विज्ञान का सम्बन्ध निर्णय एवं व्यवस्था संचालन प्रक्रिया से है। इस प्रकार दोनों के विभेद है।

(ङ) संचार विज्ञान के अनुसार मनुष्य सूचना जगत् में जीनेवाला एक सम्प्रेषक प्राणी है। इसके विपरीत राजनीति विज्ञान उसे एक राजनीतिक प्राणी मानकर अध्ययन करता है। जबकि व्यवहारों में मनुष्य सम्प्रेषण प्रक्रिया पर ही निर्भर है।

(च) संचार विज्ञान सूचना प्रक्रिया को समग्रता में विश्लेषित करता है तथा इसका सम्बन्ध मूल तथा वास्तविकता से होता है। राजनीति विज्ञान घटना को राजनीतिक दृष्टि से विश्लेषित कर वास्तविकता से परे आदर्शात्मक निर्णय लेने तथा दृष्टि प्रस्तुत करने का प्रयास करता है।

उक्त से स्पष्ट है कि संचार का क्षेत्र विस्तृत एवं व्यापक है। इसके विपरीत राजनीति विज्ञान का क्षेत्र सीमित एवं संकुचित है। इन दोनों में अध्ययन पद्धति एवं अध्ययन वस्तु की भी भिन्नता है।

संचार एवं अर्थशास्त्र

संचार एवं अर्थशास्त्र का सम्बन्ध परस्पर निकट का है। क्योंकि मानव समाज में संचार प्रक्रिया एवं आर्थिक व्यवहार परस्पर सम्बद्ध हैं। दोनों विज्ञान चूँकि मानव समाज के व्यवहार से जुड़े हैं इस कारण दोनों में परस्पर निकट का सम्बन्ध होना स्वाभाविक है। संचार विज्ञान

के क्षेत्र में वर्तमान समय में हो रहे तकनीकी विकास के परिणामस्वरूप अब संचार विज्ञान एवं अर्थशास्त्र के मध्य व्यावहारिक धरातल पर भी निकटता का स्वरूप उत्तरोत्तर बढ़ रहा है। इस कारण संचार एवं अर्थशास्त्र के परस्पर के सम्बन्धों का अध्ययन आवश्यक तथा महत्त्वपूर्ण है। संचार एवं अर्थशास्त्र के सम्बन्ध को हम निम्न रूपों में देख सकते हैं :

(क) एडम स्मिथ के अनुसार अर्थशास्त्र का उद्देश्य है–(1) जनता के लिए पर्याप्त निर्वाह का साधन जुटाना; तथा (2) जन सेवा के लिए राज्य को आय प्रदान करना है। संचार अर्थशास्त्र के इन उद्देश्यों को पूर्ण करने में सम्प्रेषण प्रक्रिया के द्वारा जनचेतन का विकास करता है। वर्तमान समय में जनसंचार माध्यमों द्वारा आपदा एवं अकाल की स्थिति में जनता के रोजगार एवं भूख आदि की समस्याओं को उजागर कर, समस्या के समाधान की ओर लोगों का ध्यान आकर्षित करता है। अकाल इत्यादि में राहत तथा सहयोग के लिए सरकारें लोगों से जन-माध्यमों से ही अपील का आश्रय लेती हैं। इस प्रकार दोनों में परस्पर निकटता है।

(ख) संचार एवं अर्थशास्त्र सामान्य रूप में मनुष्य एवं मानव समाज को ही केन्द्र मानकर अध्ययन करते हैं। मनुष्य के हितों की पूर्ति दोनों का उद्देश्य है। यह हम जानते हैं कि संचार के आधुनिक माध्यमों के विकास तथा संचार की नवीन सूचना प्रणालियों के विकास के लिए आर्थिक सम्पन्नता आवश्यक है। क्योंकि संचार के क्षेत्र में नवीन विकास तब तक आम लोगों तक नहीं पहुँच सकते, जब तक कि लोग आर्थिक दृष्टि से सम्पन्न नहीं हों। इसी कारण संचार के प्रत्येक तकनीकी विकास में लोगों की आर्थिक स्थिति को ध्यान में रखकर वस्तु का आकार एवं मूल्य निर्धारण होता है। इस प्रकार दोनों का अध्ययन एक-दूसरे के लिए उपयोगी तथा आवश्यक है।

(ग) प्रत्येक देश की आर्थिक स्थिति का संचार प्रक्रिया पर प्रभाव पड़ता है तथा देश की संचार प्रणाली का प्रभाव अर्थव्यवस्था पर पड़ता है। प्रायः यह देखा जाता है कि आर्थिक विपन्नता के कारण संचार के क्षेत्र में नवीन माध्यम एवं सूचना प्रक्रिया से समुदाय कटा रहता है। विपन्न समुदाय में सूचना की रिक्तता अधिक उच्च मात्रा में पायी जाती है। प्रथम प्रेस आयोग से अपनी रिपोर्ट में उल्लेख किया है कि–96 प्रतिशत नगरीय एवं 4 प्रतिशत ग्रामीण श्रेत्रों में दैनिक सूचनाएँ संचार माध्यमों एवं मौखिक संचार के द्वारा पहुँचती हैं। इसके अतिरिक्त शेष 40 प्रतिशत नगरीय एवं 60 प्रतिशत ग्रामीण क्षेत्रों में दैनिक सूचनाएँ नहीं पहुँचती हैं।[54] इससे भी स्पष्ट है कि विपन्नता के शिकार ग्रामीण समुदाय में संचार की रिक्तता है। इस प्रकार आर्थिक स्थिति संचार प्रक्रिया के विकास में सहभागी है।

(घ) संचार की दृष्टि से विकसित एवं सूचना युक्त समुदाय में आर्थिक विकास की प्रक्रिया भी तेजी के साथ ही विकसित होती है। जनमाध्यमों की सूचना प्रक्रिया द्वारा वस्तुओं के मूल्य निर्धारण एवं शेयर आदि की जानकारी कर लोग निवेश करते हैं। वर्तमान समय में शेयर मार्केट का व्यवसाय मुख्य रूप से जनमाध्यमों की सूचना प्रक्रिया पर ही निर्भर है। आर्थिक विकास के सन्दर्भ में समुचित दृष्टि के विकास में जनसंचार माध्यमों का योगदान सर्वाधिक है। विकास संचार वास्तव में आर्थिक निवेश एवं क्रिया-व्यवहार से जुड़ा संचार है।

(ङ) वर्तमान समय में विश्व के अधिकतर देशों में वार्षिक बजट प्रणाली को अपनाया गया है। इस प्रणाली में कराधान, छूट आदि का निर्णय सरकारें जनसंचार माध्यमों द्वारा प्रसारित जनदृष्टिकोण के ही आधार पर लेती हैं। उद्योग नीति, व्यापार नीति आदि की सूचनाएँ समय-समय पर लोगों को जनमाध्यमों से ही मिलती हैं। इस प्रकार संचार एवं आर्थिक क्रियाओं के संचालन में राष्ट्रीय ही नहीं अन्तरराष्ट्रीय स्तर पर सम्बन्ध दिखायी पड़ता है। आर्थिक क्षेत्र में सरकार की सफलता-असफलता, अन्तरराष्ट्रीय स्तर पर व्यापारिक समझौते आदि के सम्बन्ध में जनमत का निर्माण एवं जनमत की स्थिति का ज्ञान संचार के द्वारा ही मिलता है।

(च) संचार एवं अर्थशास्त्र के अध्ययन परस्पर एक-दूसरे को नियन्त्रित एवं प्रभावित करते हैं। संचार प्रक्रिया की सूचनाओं के आधार पर अर्थशास्त्र के व्यवहार का प्रारम्भ होता है। संचार माध्यमों एवं सम्प्रेषण प्रक्रियाओं द्वारा प्राप्त सूचनाओं की उपेक्षा आर्थिक व्यवहार में नहीं होती है। इस प्रकार आर्थिक क्रियाओं के विस्तार में विज्ञान आदि का आश्रय लिया जाता है। इस प्रकार दोनों परस्पर सम्बद्ध तथा पूरक हैं। दोनों सांख्यिकी पद्धति का प्रयोग करते हैं।

संचार एवं अर्थशास्त्र में भेद

परस्पर सम्बन्धित होते हुए भी दोनों शास्त्रों की समस्याएँ भिन्न-भिन्न हैं। इनके माध्यमों में व्याप्त भिन्नता के आधार पर हम इनकी वास्तविकता को समझ सकते हैं। इनके भेद के प्रमुख आधार अधोलिखित हैं :

(क) संचार एवं अर्थशास्त्र की विषय-वस्तु परस्पर भिन्न है। संचार मानव समाज की सूचना प्रक्रिया पर अपना ध्यान केन्द्रित करता है। इसके विपरीत अर्थशास्त्र का केन्द्रीय तत्त्व मुद्रा, क्रय-विक्रय एवं आर्थिक प्रवृत्तियाँ हैं। इस कारण दोनों में परस्पर भिन्नता स्वाभाविक है।

(ख) संचार मानव समाज में व्याप्त सभी प्रकार की सूचनाओं से सम्बद्ध है। अर्थशास्त्र मात्र आर्थिक सूचनाओं तक ही अपने अध्ययन को सीमित रखता है। इस प्रकार स्पष्ट है कि अर्थशास्त्र की तुलना में संचार का क्षेत्र अति विस्तृत तथा व्यापक है।

(ग) अर्थशास्त्र में आर्थिक उपादान एवं आर्थिक व्यवहार ही मुख्य उद्देश्य है। आर्थिक समाज एवं आर्थिक मनुष्य ही अर्थशास्त्र के अध्ययन का केन्द्र है। इसके विपरीत संचार सग्रतायुक्त तथा पूर्ण मनुष्य एवं विविध व्यवहारयुक्त मानव समाज के सभी पक्षों का अध्ययन करता है। इस कारण दोनों के दृष्टिकोण एवं अध्ययन पद्धतियों में भी परस्पर विभेद हैं।

(घ) संचार के क्षेत्र की समस्याएँ भी अर्थशास्त्र के क्षेत्र की समस्याओं से भिन्न हैं। संचार के अध्ययन में सूचना, जनमाध्यम, संचार व्यवहार, संचार नीति आदि से सम्बद्ध समस्याओं एवं निदान पर अधिक बल दिया जाता है। इसके विपरीत अर्थशास्त्र के अध्ययन के मुद्रा-बाजार, निवेश व व्यापार, कर आदि के क्षेत्र में विद्यमान समस्याओं एवं निदान पर बल दिया जाता है।

(ङ) संचार के अध्ययनों में प्राप्त निष्कर्षों एवं परिणामों को ज्यों-का-त्यों अर्थशास्त्र के अध्ययन में उपयोग नहीं किया जा सकता। ठीक इसी प्रकार अर्थशास्त्र के निष्कर्षों

एवं परिणामों का उपयोग संचार के क्षेत्र में ज्यों-का-त्यों नहीं किया जा सकता है।

उक्त से स्पष्ट है कि संचार और अर्थशास्त्र के मध्य परस्पर निकटता होते हुए भी कतिपय मौलिक भिन्नताएँ भी हैं।

संचार एवं इतिहास

संचार विज्ञान एवं इतिहास का परस्पर निकट का सम्बन्ध है। इतिहास मनुष्य के अतीत से सम्बद्ध है। मानव समाज अतीत में किस रूप से था तथा उसकी अतीत गाथा इतिहास से ही मिलती है। मानव समाज के विकास के प्रत्येक चरण में अतीत→वर्तमान→भविष्य का क्रम निरन्तर चलता रहता है।

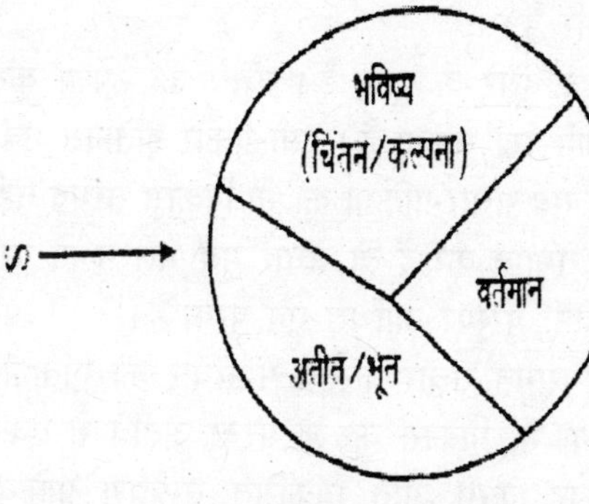

प्रारूप–(1.11)

प्रारूप (1.11) से स्पष्ट है कि भविष्य→ वर्तमान में तथा वर्तमान→ अतीत में निरन्तर विलीन होता रहता है। लेकिन अतीत एक ऐसा श्यामविवर (Black hole) है जिसमें जाने के बाद कालक्रम स्वयं लुप्त हो जाता है। लेकिन सामाजिक घटना के क्रम में देखें तो स्पष्ट होता है **कि वर्तमान व्यवहार है। भविष्य चिन्तन, कल्पना आशा है एवं अतीत स्मृति है।** इस प्रकार अतीत की दास्तान का साक्षी इतिहास है। संचार अपनी यात्रा क्रम में अतीत की उपेक्षा न कर उसे भी जीवन्त एवं सहज बनाता है। इस प्रकार संचार की व्यापित अतीत में होने से अतीत विज्ञान, इतिहास एवं संचार का सम्बन्ध निकट का है। इस सम्बन्ध प्रक्रिया को हम निम्न प्रकार से देख सकते हैं–

(क) इतिहास अतीतकालीन घटनाओं, आन्दोलनों आदि को व्यक्त करनेवाला विज्ञान है। संचार के द्वारा समाज में हो रही समस्त प्रक्रियाओं की सूचना हमें समय-समय पर मिलती है। संचार माध्यमों द्वारा प्रचारित एवं प्रसारित घटनाक्रम को इतिहासकार अपने अध्ययन का आधार बनाते हैं। इस प्रकार संचार का इतिहास के संकलन में महत्त्वपूर्ण योगदान है।

(ख) इतिहास संचार की एक प्रयोगशाला की भाँति है। इतिहास हमें मात्र किसी घटना एवं सूचना व्यवहार के सम्बन्ध में सावधान ही नहीं करता वरन् कुछ मार्ग भी दिखाता है। अतीत में हुए प्रयोगों की सफलता एवं असफलता के आधार पर हम वर्तमान का निर्धारण करते हैं। अतीत में लोक सम्प्रेषण में जो व्यवहार, जो शब्द एवं जो मानक निषिद्ध थे उनके प्रति हम वर्तमान में भी सजग रहते हैं। अतीत में किस प्रकार के सम्प्रेषण को सर्वश्रेष्ठ तथा आदर्श माना गया था, उसका हम वर्तमान में ध्यान रखते

हैं। इस प्रकार सम्प्रेषण व्यवहार को सामाजिक मर्यादाओं एवं आदर्शों के अनुरूप संचालन में इतिहास एक पूरक भूमिका अदा करता है।

(ग) संचार एक सामाजिक विज्ञान है। इसके भी तीन पक्ष-अतीत→वर्तमान→एवं भविष्य होते हैं। अतीत में संचार संगठन, संचार प्रक्रिया एवं संचार माध्यम आदि का क्या स्वरूप था तथा किस प्रकार इनका विकास हुआ आदि की जानकारी के लिए स्वयं संचार इतिहास पर निर्भर है। संचार प्रक्रिया के विकास को जानने के लिए इतिहास का आश्रय लेना पड़ता है। संचार के विविध पक्षों का इतिहास जानना संचार के समग्र ज्ञान के लिए आवश्यक है। इस प्रकार संचार स्वयं संचार प्रक्रियाओं के इतिहास के लिए इतिहास पर निर्भर है।

(घ) संचार एवं इतिहास एक-दूसरे के पूरक हैं। संचार की उपेक्षा करके इतिहास अपने अस्तित्व को कायम नहीं रख सकता है। इसी प्रकार इतिहास एवं ऐतिहासिक तथ्यों की उपेक्षा करके संचार एवं संचार प्रक्रिया का भी विकास सम्भव नहीं है। यदि इतिहास से संचार का सम्बन्ध समाप्त कर दें तो संचार मृत भले न हो परन्तु पंगु अवश्य हो जायेगा। इस प्रकार दोनों परस्पर आश्रित एवं पूरक हैं।

(ङ) संचार के क्षेत्र में परम्परागत संचार वास्तव में संचार की ऐतिहासिक उपस्थिति है। कोई भी समाज कितना भी विकास कर ले परन्तु अतीत से एकदम अलग नहीं हो सकता है। इसी प्रकार किसी अति विकसित सम्प्रेषण प्रक्रिया वाले समाज में परम्परागत संचार की प्रक्रिया का अस्तित्व विद्यमान रहता है। आधुनिकता के शीर्ष पर खड़े समाज में भी प्रत्येक मनुष्य के व्यवहार प्रक्रिया का लगभग दो-तिहाई भाग परम्परागत सम्प्रेषण के मानकों से जुड़ा होता है। इस प्रकार स्पष्ट है कि संचार में परम्परागत संचार की कड़ी से इतिहास अपनी यात्रा करता है।

संचार एवं इतिहास में भेद

संचार एवं इतिहास के सम्बन्धों की घनिष्ठता के आधार पर दोनों में परस्पर भूत एवं वर्तमान के अन्तर के साथ दोनों को एक ही मानना कदापि उचित नहीं होगा। दोनों के उद्देश्य एवं प्रकृति परस्पर अलग-अलग हैं। इस कारण दोनों के मध्य विद्यमान भेद अधोलिखित हैं—

(क) इतिहास की तुलना में संचार का क्षेत्र व्यापक एवं विस्तृत है। अतीत के कालखण्ड तक सिमटा इतिहास संचार की तुलना में सीमित है। संचार का सम्बन्ध न मात्र अतीत से है वरन् वर्तमान से अधिक है। वर्तमान के व्यवहार एवं सम्प्रेषण प्रक्रिया से युक्त संचार विज्ञान सीमित मात्रा में अतीत पक्ष पर भी ध्यान देता है। इस कारण अतीत तक सीमित इतिहास संचार से भिन्न है।

(ख) इतिहास के अध्ययन की प्रक्रिया में मुख्य रूप से ऐतिहासिक पद्धति को आधार माना जाता है। संचार के अध्ययन में ऐतिहासिक पद्धति के अतिरिक्त अवलोकन, मात्रात्मक, अन्य पद्धति का भी आश्रय लिया जाता है। इस प्रकार दोनों की अध्ययन पद्धतियों में भी परस्पर भिन्नता है।

(ग) संचार इतिहास का स्रोत है। जबकि इतिहास संचार के लिए एक उदाहरण मात्र है। इस प्रकार स्पष्ट है कि इतिहास पूर्णरूप से संचार पर ही निर्भर है। इसके विपरीत

संचार विज्ञान का अस्तित्व मात्र ऐतिहासिकता पर निर्भर नहीं है। इससे भी स्पष्ट है कि दोनों में परस्पर भिन्नता है।

(घ) सूचना सम्प्रेषण एवं संग्रह संचार विज्ञान अधिक विस्तृत है। वर्तमान में समाज के विभिन्न क्षेत्रों में हो रही गतिविधियों का लेखा संचार विज्ञान की विषय-वस्तु है। इसके विपरीत संचार प्रक्रिया द्वारा दिन-प्रतिदिन प्रस्तुत सूचना भण्डार से प्रमुख सूचनाओं एवं घटनाओं को सहेजना इतिहास का उद्देश्य है। इतिहास केवल महत्त्वपूर्ण एवं अल्प सूचनाओं का संग्रह मात्र है जबकि संचार जीवन्त एवं विस्तृत सूचनाओं का आधार है।

(ङ) संचार विज्ञान अपनी कार्यप्रणाली में निरन्तर सजग रहता है। जनमाध्यम एवं जनमाध्यमों के कर्मी निरन्तर सजग रहकर सूचनाओं का संग्रह, सम्पादन एवं प्रेषण करते हैं। इतिहास के संग्राहक तात्कालिकता से हटकर घटनाक्रम की स्थिरता के उपरान्त कार्य आरम्भ करते हैं। इस प्रकार स्पष्ट है कि संचार विज्ञान एवं इतिहास में व्यावहारिक धरातल पर भी विभेद है।

संचार एवं इतिहास में घनिष्ठ सम्बन्धों के बावजूद वे दोनों भिन्न-भिन्न एवं स्वतन्त्र विज्ञान हैं।

संचार एवं समाजशास्त्र

संचार विज्ञान एवं समाजशास्त्र का घनिष्ठ सम्बन्ध है। समाजशास्त्र का सम्बन्ध मनुष्य एवं मानव समाज के सामाजिक पक्ष से है। इस कारण समाजशास्त्र समस्त सामाजिक विज्ञानों का मूल है। संचार भी एक सामाजिक विज्ञान है। दोनों का कार्यक्षेत्र समाज है तथा दोनों ही सामाजिक मनुष्य का अध्ययन करते हैं। इस प्रकार समाजशास्त्र एवं संचार विज्ञान में परस्पर निकट का सम्बन्ध है। इसको हम अधोलिखित रूप में देख सकते हैं—

(क) समाजशास्त्र एक सामाजिक मनुष्य का अध्ययन करता है। इसके अध्ययन की सीमां में मनुष्य के व्यवहार, परम्परा, विश्वास, संगठन, संस्कृति, जीवन-मूल्य आदि सम्मिलित हैं। संचार विज्ञान मनुष्य एवं मानव समाज में व्याप्त सूचना प्रक्रिया एवं व्यवहार का अध्ययन करता है। इस प्रकार स्पष्ट है कि संचार और समाजशास्त्र परस्पर एक-सी अपनी अध्ययन प्रक्रिया को संचालित करते हैं।

(ख) सामाजिक व्यवहार एवं सामजिक व्यवहार के सिद्धान्तों को संचार विज्ञान के अध्ययन में आधार के रूप में सम्मिलित किया जाता है। संचारविद् सदा इस सन्दर्भ में सतर्क रहते हैं कि संचार प्रक्रिया एवं सामाजिक व्यवहार परस्पर पूरक रूप में कार्य करें न कि विरोधी रूप में। संचारविदों की भाँति ही समाजशास्त्री निरन्तर संचार के विविध प्रभावों के प्रति सतर्क रहते हैं। इससे भी स्पष्ट है कि समाजशास्त्र एवं संचार में परस्पर निकट का सम्बन्ध है।

(ग) संचार प्रक्रिया एवं संचार माध्यमों के विकास के परिणामस्वरूप विश्व एक गाँव में बदल गया है। संचार के इस बढ़ते प्रभाव के कारण सामाजिक व्यवहार एवं सांस्कृतिक चेतना में भी परिवर्तन आना प्रारम्भ हो गया है। इस सांस्कृतिक परिवर्तन के अध्ययन के प्रति समाजशास्त्री काफी सजग हैं। अपसंस्कृति एवं सांस्कृतिक प्रदूषण जैसे विचार प्रभावी होने लगे हैं। इस प्रकार संचार माध्यमों की विश्वव्यापी प्रकृति के कारण

समाजशास्त्र के अध्ययन की दिशा ही बदल गयी है। इस प्रकार संचार का समाजशास्त्र पर पड़ रहा प्रभाव सम्बन्धों की निकटता प्रदर्शित करने का प्रमुख उदाहरण है।

(घ) संचार के व्यवहार तथा संचार सिद्धान्त सदैव समाजशास्त्रीय निष्कर्षों के प्रति सजग रहते हैं। समाजशास्त्र के अध्ययनों द्वारा समय-समय पर प्रस्तुत होनेवाली समस्याओं एवं चिन्ताओं के निराकरण के लिए संचार प्रक्रिया में लगे लोग सतर्क रहते हैं। संचार माध्यमों द्वारा प्रस्तुत विविध कार्यक्रमों द्वारा समाज में बढ़ रही हिंसा, कामुकता आदि के प्रति संचारविद् सजग होकर इसके निराकरण का प्रयास करते हैं। इस प्रकार समाजशास्त्र के अध्ययनों एवं निष्कर्षों से संचार विज्ञान नियन्त्रित तथा निर्देशित भी होता है।

(ङ) संचार विज्ञान के अध्ययनों में प्रायः समाजशास्त्र में प्रयुक्त होनेवाली सभी मात्रात्मक, गुणात्मक, आगमनात्मक, निगमनात्मक, सांख्यिकी आदि पद्धतियों का प्रयोग होता है। एक प्रकार से देखें तो स्पष्ट है कि अन्तर्वस्तु विश्लेषण पद्धति के अतिरिक्त प्रायः सभी पद्धतियों को संचार विज्ञान ने समाजशास्त्र से ही अपनाया है। इस प्रकार दोनों की अध्ययन पद्धतियों में भी परस्पर समानता है।

(च) संचार माध्यमों की सम्प्रेषण प्रक्रिया द्वारा मनुष्य का समाजीकरण होता है। मानव समाज में संज्ञान के विकास से संचार की भूमिका प्रमुख है। कोई भी समाजशास्त्रीय अध्ययन संचार माध्यमों की उपेक्षा करके पूर्ण नहीं हो सकता है। संचार मनुष्य के समाजीकरण का मुख्य अवयव है। इसके अतिरिक्त समाजीकरण की प्रक्रिया का अध्ययन समाजशास्त्र की केन्द्रीय विषय-वस्तु है। इस प्रकार व्यावहारिक पृष्ठभूमि में भी संचार एवं समाजशास्त्र परस्पर सम्बद्ध एवं निकट हैं।

संचार एवं समाजशास्त्र में भेद

संचार एवं समाजशास्त्र में परस्पर निकटता एवं अन्योन्याश्रितता के बावजूद दोनों में परस्पर भिन्नता भी है। दोनों की अध्ययन दिशा, दोनों का अध्ययन क्षेत्र परस्पर निकट का होते हुए भी आधारभूत भिन्नता से युक्त हैं

(क) संचार एवं समाजशास्त्र के अध्ययन क्षेत्र की इकाइयाँ परस्पर भिन्न-भिन्न हैं। संचार, विविध प्रकार के सूचना व्यवहार, सन्देश, संचार माध्यम, संचार सिद्धान्त एवं संगठन आदि का अध्ययन करता है। इसके विपरीत समाजशास्त्र सामाजिक संगठनों, रीति-रिवाजों, परम्पराओं, धर्म, संस्कृति आदि का अध्ययन करता है। इस प्रकार दोनों के अध्ययन की इकाइयाँ परस्पर भिन्न हैं।

(ख) संचार विज्ञान का उद्देश्य मुख्य रूप से सूचना व्यवहार से जुड़ा है। इसका लक्ष्य है कि किस प्रकार मानव समाज की सूचनाओं को लोकव्यापी बना सके। इसके विपरीत समजशास्त्र के अध्ययन का लक्ष्य मनुष्य को एक सफल सामाजिक प्राणी बनाना है। वह सतत प्रयास में रहता है कि मनुष्य के समाजीकरण के मार्ग में जो भी बाधाएँ हैं, उनका निराकरण किया जा सके। इससे स्पष्ट है कि दोनों के अध्ययन के लक्ष्य भी परस्पर भिन्न है।

(ग) संचार का सम्बन्ध समाज में संचरित विविध प्रकार के सूचना व्यवहार से है। इसके विपरीत समाजशास्त्र का सम्बन्ध मनुष्य के विविध सामाजिक व्यवहारों से है। इस प्रकार

देख सकते हैं कि अपने अध्ययन के क्षेत्र के विस्तार की दृष्टि से समाजशास्त्र अतिव्यापक है। इसकी विशालता के सम्मुख संचार एक पूरक इकाई की भाँति दिखायी पड़ता है। इस कारण अध्ययन क्षेत्र की व्यापकता के आधार पर भी दोनों में सुस्पष्ट भेद हैं।

(घ) समाजशास्त्र मानव समाज के ऐतिहासिक विकास एवं समाज के उदय का अध्ययन करता है। वह यह भी जानना चाहता है कि किस प्रकार मनुष्य एक सामाजिक प्राणी के रूप में हुआ? संचार विज्ञान समस्त मानव समाज के विकास की अपेक्षा समाज में संचार प्रक्रिया का विकास किस प्रकार हुआ? संचार माध्यमों की विकास यात्रा, सूचना व्यवहार एवं मनोरंजन आदि के विकास क्रम के अध्ययन में भी परस्पर भिन्न हैं।

(ङ) समाजशास्त्र मनुष्य के बाह्य जगत के व्यवहारों के अध्ययन में अधिक तल्लीन रहता है। संचार मनुष्य में बाह्य परिवेश में होनेवाली सूचना प्रक्रिया के अध्ययन के साथ-साथ मनुष्य के आभ्यन्तर मे विद्यमान सूचना विज्ञान के अतिरिक्त व्यावहारिक विज्ञान होने के साथ-साथ रहस्यवादी भी है। जबकि समाजशास्त्र एक व्यावहारिक विज्ञान है न कि रहस्यवादी।

(च) विकास यात्रा एवं अध्ययन-अध्यापन की दृष्टि से संचार विज्ञान एक नवीन तथा विकासशील विज्ञान है। इसके विपरीत समाजशास्त्र एक विकसित तथा परीक्षित एवं स्थापित विज्ञान है। वर्तमान में दर्शन एवं पद्धतियों की विकासशील प्रक्रिया के कारण संचार विज्ञान एक अनुशासन (Discipline) के रूप में स्थापित होने की दिशा में अग्रसर है। इसके विपरीत समाजशास्त्र एक अनुशासन (Discipline) के रूप में स्थापित है।

उक्त से स्पष्ट है कि संचार विज्ञान एवं समाजशास्त्र परस्पर पूरक होते हुए भी अपनी कतिपय प्रवृत्तियों एवं प्रक्रियाओं के कारण परस्पर अलग-अलग प्रकृति के हैं।

संचार एवं मनोविज्ञान : मनोविज्ञान व्यक्ति के मन की क्रियाओं तथा उसके बाह्य व्यवहार का अध्ययन है। इस प्रकार मनोविज्ञान मानव मन का सकारात्मक तथा अनुभवमूलक विज्ञान है। कुछ मनोवैज्ञानिक इसे चेतना के विज्ञान की भी संज्ञा देते हैं। मनोविज्ञान मनुष्य के मानसिक कार्यों तथा बाह्य व्यवहारों एवं क्रियाओं का ज्ञान है। परिस्थितियाँ मानसिक व्यवहारों पर क्या प्रभाव डालती हैं तथा मनुष्य के कार्यों के प्रेरक और प्रयोजन क्या होते हैं? यही मनोविज्ञान का विषय है।[55] संचार एक सूचना विज्ञान है। यह भी मनुष्य की बाह्य और आन्तरिक सूचना प्रक्रिया का अध्ययन करता है। समस्त सूचना एवं सूचना व्यवहार मनुष्य के मस्तिष्क एवं शरीर से सम्बद्ध होते हैं। इस प्रकार विश्व में जितने भी संचार हैं तथा जितने भी प्रकार के संचार हैं, सब का केन्द्रीय तत्त्व मनुष्य का मस्तिष्क एवं शरीर है। इस प्रकार संचार एवं मनोविज्ञान में परस्पर सम्बन्ध है–

(क) सभी सामाजिक विज्ञानों का आधार मनोविज्ञान है। मनुष्य का प्रत्येक कार्य विशेष मनोवृत्ति, विशेष प्रयोजन एवं उद्देश्य विशेष के आधार पर होता है। मनुष्य में किरी आदत अथवा व्यवहार का विकास क्यों होता है? मनुष्य किसी सूचना विशेष के प्रति क्यों अधिक सतर्क रहता है? यह जानने के लिए मनोविज्ञान का आश्रय लेना पड़ता है। एक विशेष प्रकार के समुदाय में किस प्रकार की सूचना लोकप्रिय होगी? तथा समुदाय किस प्रकार की सूचना के प्रति उत्सुक है? इसका ज्ञान संचार विज्ञान में

आवश्यक तथा उपयोगी होता है। इस प्रकार संचार एवं मनोविज्ञान परस्पर सम्बद्ध हैं।

(ख) युद्ध, दंगों, आन्दोलनों आदि के सन्दर्भ में दूसरों की मनोवृत्ति को प्रभावित करने के लिए संचार प्रक्रिया में मनोवैज्ञानिक प्रविधि के आधार पर भावोत्पादक एवं संवेदनात्मक तत्त्वों को मिलाना पड़ता है। इस प्रकार आन्तरिक भावना तथा संवेदनाओं से युक्त सूचना प्रक्रिया के आधार पर जनंसचार माध्यमों की सूचनाओं को अधिक लोकप्रिय बनाया जाता है। इस प्रकार संचार एवं मनोविज्ञान व्यावहारिक प्रक्रिया में परस्पर पूरक रूप में कार्य करते हैं।

(ग) वर्तमान समय में सूचना व्यवहार अथवा विज्ञापन एवं मनोरंजन में कामुकता, अश्लीलता एवं नग्नता के आधार पर वस्तुओं अथवा सूचना सन्दर्भ की ओर लोगों का ध्यान खींचने का प्रयास किया जाता है। इस प्रकार के प्रयास के द्वारा मनुष्य के अन्तस्थ में छिपी भावनाओं को जागृत कर मनुष्य का मनोवैज्ञानिक शोषण ही किया जाता है। इस प्रकार संचार एवं मनोविज्ञान परस्पर सम्बद्ध हैं।

(घ) अन्तरराष्ट्रीय स्तर पर भी सूचना सम्प्रेषण व्यवहार में प्रत्येक राष्ट्र दूसरे राष्ट्र अथवा राष्ट्रों के जनमत को अपने पक्ष में करने के लिए जनमाध्यमों द्वारा संचालित एवं सम्प्रेषित सूचना को मनोवैज्ञानिक दृष्टि से आकर्षक तथा हृदयस्पर्शी बनाया जाता है। सूचना सम्प्रेषण तथा परस्पर के वार्त्तालाप में राष्ट्रों के प्रतिनिधि शब्दों के प्रयोग एवं वक्तव्यों में भी मनोवैज्ञानिक प्रवृत्तियों का ध्यान रखते हैं। इस प्रकार विश्व एक गाँव का सन्दर्भ सिर्फ जनमाध्यमों के विस्तार से सम्भव नहीं है, वरन् जनमाध्यमों द्वारा प्रसारित सूचना के द्वारा विभिन्न देशों के नागरिकों को भावनात्मक रूप से परस्पर एक-दूसरे के निकट लाने से है। इस प्रकार विश्व संचार परिदृश्य में भी संचार एवं मनोविज्ञान परस्पर पूरक हैं।

(ङ) वर्तमान समय में निर्वाचन, शिक्षा, शान्ति आदि क्षेत्रों में संचारित होनेवाली सूचना अथवा सन्देशों को मनोवैज्ञानिक आधार पर अपने पक्ष में मोड़ने का प्रयास किया जाता है। यही नहीं सरकार अथवा सत्ताधारी दल अपनी असफलताओं को छिपाने के लिए जनता को लुभावने नारों एवं आश्वासनों के आधार पर मनोवैज्ञानिक दृष्टि से प्रभावित करने का प्रयास करते हैं। इस प्रकार शासन के संचालन में भी मनोवैज्ञानिक सूचना सम्प्रेषण प्रक्रिया का आश्रय लिया जाता है। इस प्रकार दोनों परस्पर सम्बद्ध हैं।

(च) मनोविज्ञान की अध्ययन एवं परीक्षण की पद्धतियों का प्रयोग संचार विज्ञान के अध्ययन में उपयोगी होता है। संचार का अध्ययन मनोविज्ञान की भाँति व्यावहारिक होने के साथ-साथ रहस्यवादी भी है। मनोविज्ञान को तथ्यों के संग्रह के लिए जनसंचार माध्यमों की सूचना प्रक्रिया पर भी निर्भर रहना पड़ता है। प्रत्येक सूचना प्रक्रिया पर भी निर्भर रहना पड़ता है। प्रत्येक सूचना संचार का श्रेष्ठतम लक्ष्य श्रोताओं में नवीन संवेदना अथवा मनोवैज्ञानिक संलिप्तता का विकास करना होता है। इस लक्ष्य में सफल सम्प्रेषण ही समाज में लोकप्रिय तथा प्रभावी होते हैं।

इस प्रकार स्पष्ट है कि संचार विज्ञान के क्षेत्र में व्यवहृत होने वाली प्रत्येक सूचना प्रक्रिया में मनोवैज्ञानिक प्रवृत्ति एवं प्रभाव का ध्यान रखा जाता है। इससे यह स्पष्ट है कि संचार एवं मनोविज्ञान परस्पर सम्बद्ध तथा सहोदर भाई की भाँति हैं।

संचार एवं मनोविज्ञान में भेद : संचार एवं मनोविज्ञान की कार्यप्रणाली, प्रकृति एवं व्यवहार प्रक्रिया में परस्पर समानता होने के बाद भी दोनों में कतिपय भिन्नताएँ भी हैं—

(क) मनोविज्ञान मनोदशा अथवा व्यवहार की वास्तविकता का विज्ञान है। इसमें मूल्यों एवं आदर्शों को स्थान नहीं है। इस कारण इसे आदर्शात्मक विज्ञान नहीं कह सकते। इसके विपरीत संचार मूल्यों एवं आदर्शों पर बल देता है। संचार प्रक्रिया में निरन्तर यह प्रयास रहता है कि सूचना सम्प्रेषण में नकारात्मक मूल्य या प्रवृत्ति प्रविष्ट न हो तथा श्रेष्ठ एवं आदर्श मूल्य ही प्रभावी हों इस कारण मनोविज्ञान एवं संचार परस्पर भिन्न हैं।

(ख) मनोविज्ञान मनुष्य की मूल प्रवृत्तियों को ही केन्द्र मानकर अपना अध्ययन करता है। जबकि संचार प्रक्रिया मनुष्य के सूचना एवं सम्प्रेषण व्यवहार एवं प्रक्रिया को आधार मानकर अपना अध्ययन करता है। संचार विज्ञान में मनुष्य के विवेक, अनुभव और बुद्धि आदि के महत्त्व को संचार प्रक्रिया में संलग्न माना जाता है। इस आधार पर भी संचार एवं मनोविज्ञान परस्पर भिन्न हैं।

(ग) मनोविज्ञान का अध्ययन क्षेत्र मनुष्य की आन्तरिक प्रवृत्तियों एवं बाह्य व्यवहारों तक सीमित है। इसके विपरीत संचार का क्षेत्र व्यापक है। संचार आन्तरिक प्रवृत्तियों के साथ-साथ बाह्य व्यवहार ही नहीं बाह्य जगत् की हलचल के प्रति अधिक सजग रहता है। मनोविज्ञान का अधिक झुकाव व्यक्ति की ओर होता है। संचार का झुकाव व्यक्ति की अपेक्षा समाज की ओर होता है। इस प्रकार दोनों परस्पर भिन्न हैं।

(घ) मनोविज्ञान मुख्यतः मानसिक क्रियाओं का ही अध्ययन करता है। जबकि सूचना एवं सन्देश संचार विज्ञान की विषय-वस्तु है। संचार सूचना के प्रति अधिक सतर्क एवं गतिशील रहता है। इस प्रकार दोनों कार्यप्रणाली भी परस्पर भिन्नतायुक्त हैं।

(ङ) मनोविज्ञान अधिक-से-अधिक अमूर्त अथवा प्रत्ययवादी विज्ञान है। इसके विपरीत संचार का सम्बन्ध प्रत्ययवादी प्रक्रिया की अपेक्षा व्यवहार प्रणाली से जुड़ा है। मनोविज्ञान के अध्येता सिर्फ मनोवैज्ञानिक ही हैं। संचार विज्ञान के अध्येताओं का परिवार व्यापक है। इसमें जनसंचार की विविध प्रवृत्तियों में लगे सभी कर्मी शामिल हैं। इस प्रकार संचार के कार्य-व्यापार में लगे लोगों की संख्यात्मक अधिकता मनोविज्ञान के कार्य-व्यापार में लगे लोगों से अधिक है।

(च) मनोविज्ञान एक निदानात्मक विज्ञान है। असामान्य मनुष्यों के उपचार अथवा निदान में मनोविज्ञान की भूमिका अधिक है। इसके विपरीत संचार एक तथ्यपरक विज्ञान है, जिसका लक्ष्य निदानात्मक अथवा उपचारात्मक न होकर सत्य एवं वास्तविक सूचना अथवा सन्देश देना है। इस प्रकार मनोविज्ञान एवं संचार विज्ञान परस्पर भिन्नता से युक्त हैं।

उक्त अध्ययन से स्पष्ट है कि संचार विज्ञान का अकेले अध्ययन उचित नहीं है। संचार के प्रभावी एवं वास्तविक अध्ययन के लिए अन्य सामाजिक विज्ञानों के भी अध्ययन की आवश्यकता है। वास्तव में ज्ञान एक समष्टि तथा पूर्ण एवं व्यापक इकाई है। इसमे विभिन्न शास्त्र उसकी शाखाएँ हैं। उदाहरणस्वरूप हम कह सकते हैं कि ज्ञान एक गूलर के वृक्ष की भाँति है। अनेक शास्त्र उस पर लगे फल हैं तथा प्रत्येक शास्त्र में विद्यमान शाखा भेद गूलर

के फलों के आवरण में ढके छोटे-छोटे जीवों एवं बीजों की भाँति हैं। इससे स्पष्ट है कि ज्ञान तब तक अधूरा है जब तक विज्ञान की अन्य शाखाओं का अध्ययन न किया जाये। इस कारण संचार विज्ञान के पूर्ण एवं वास्तविक ज्ञान के लिए सामाजिक विज्ञान के विभिन्न शास्त्रों का अध्ययन आवश्यक ही नहीं अनिवार्य है।

सन्दर्भ

1. Oxford Advanced Learner Dictionary of Current English, Fifth Edition, Oxford University Press, 1996, p. 656
2. *Ibid,* p. 1050
3. Encyclopeadia of Social Sciences, Vols. III-IV, the Macmillan Company, New York, 1959, p. 78-80.
4. Oxford Advanced Leaner Dictionary , op. cit., p. 774.
5. Encyclopeadia of Social Sciences, Vols. I-II, The Macmillan Company, New York, 1959, p. 3-7.
6. Ibid., Vols. III-IV, p. 78-80.
7. Oxford Advanced Learner Dictionary, op. cit. p. 56.
8. Encyclopeadia of Social Sciences, Vols. I-II, op. cit., p. 3.
9. *Ibid.* p. 3
10. *Ibid.* p. 3.
11. *Ibid.* p. 4.
12. *Ibid.* p. 4.
13. *Ibid.* p. 4.
14. *Ibid.* p. 5.
15. *Ibid.* p. 6.
16. Kuppuswami B., Communication and Social Development in India, Sterling Publication, Pvt. Ltd., New Delhi, 1976, p. 01.
17. Rogers E.M. & Floged Shoemaker., Communication of Innovation, (A Cross-cultural Approach), The Free Press, New York, 1971, p. 23.
18. Encyclopeadia of Social Sciences, Vols. III-IV, op. cit., p. 78-80.
19. Roger E.M. & Floged Shoemaker., Communication of Innovation, op. cit., p. 23.
20. Alfred Kuhn., The Logic of Social System, Harper & Row Publisher, New York, 1976, p. 5-10.
21. सिंह, ओमप्रकाश, संचार माध्यमों का प्रभाव, क्लासिकल पब्लिशिंग कम्पनी, 28, शापिंग सेंटर, करमपुरा, नयी दिल्ली, 1993, पेज 58.
22. Encyclopeadia of Social Sciences, Vols. III & IV, op. cit., p. 80.
23. Jean Paul Faure & Andre Number; Color and Indet Communication, A.B.C. Velag, Zurich, 1979, p. 81.
24. Loyed C.L., Communication Assessment and International Strategies, University Park Press, London, 1976, p. 4.
25. *Ibid.*, p. 4.
26. *Ibid.*, p. 16.
27. Encyclopeadia of Social Sciences, Vols. III-IV, op. cit., p. 78.
28. *Ibid.*, p. 79.
29. Jean Paul Faure & Andre Number, Color and Indet Communication, op. cit., p. 8.
30. Robert Hopper; Human Message System, Harper and Raw Publisher, New York, 1976, p. 9-10.

31. Sharma S.C., Media Communication and Development, Rawat Publication, Jaipur, 1987, p. 8.
32. सिंह, ओमप्रकाश, संचार माध्यमों का प्रभाव, उक्त, पृष्ठ-90.
33. तदैव, पृष्ठ-90.
34. तदैव, पृष्ठ-90.
35. तदैव, पृष्ठ-91-93.
36. तदैव, पृष्ठ-91-93.
37. तदैव, पृष्ठ-66.
38. तदैव, पृष्ठ-67.
39. Watson James and Hill Anne, A Dictionary of Communication and Media Studies, Universal Book Stall, New Delhi, 1989, p. 82.
40. सिंह, ओमप्रकाश, संचार माध्यमों का प्रभाव, उक्त, पृष्ठ-67.
41. Watson James and Hill Anne, A Dictionary of Communication and Media Studies, op. cit., p. 125.
42. सिंह, ओमप्रकाश, संचार माध्यमों का प्रभाव, उक्त, पृष्ठ-67.
43. Watson James and Hill Anne, A Dictionary of Communication and Media Studies, op. cit., p. 125.
44. सिंह, ओमप्रकाश, संचार माध्यमों का प्रभाव, उक्त, पृष्ठ-67-68.
45. तदैव, पृष्ठ-68.
46. तदैव.
47. तदैव, पृष्ठ-69.
48. तदैव.
49. तदैव, पृष्ठ-66.
50. नारायण इकबाल, राजनीतिशास्त्र के मूल सिद्धान्त, रतन प्रकाशन मन्दिर, आगरा (1979), पृष्ठ-48.
51. International Encyclopeadia of the Social Sciences, Vol. 3., the Macmillan Company & Free Press, USA, 1968, p. 90.
52. *Ibid.*, p. 282-285.
53. नारायण इकबाल, राजनीतिशास्त्र के मूल सिद्धान्त, उक्त, पृष्ठ-53-54.
54. Report of the First Press Commission, Part-I, Manager, Government of India Press, New Delhi, 1954, p. 20.
55. नारायण इकबाल, राजनीतिशास्त्र के मूल सिद्धान्त, उक्त, पृष्ठ-62-63.

अध्याय - 2

तथ्य, सिद्धान्त एवं व्यवस्था

FACT, THEORY AND SYSTEM

2.0. तथ्य, सिद्धान्त एवं व्यवस्था प्रत्येक ज्ञान के आधारभूत तत्त्व हैं। चाहे प्राकृतिक विज्ञान हो अथवा सामाजिक विज्ञान। प्रत्येक को समझने के लिए हमें तथ्य, सिद्धान्त एवं व्यवस्था से अवगत होना आवश्यक है। इसके ज्ञान के बिना हमारी स्थिति प्रत्येक क्षेत्र में अधूरी तथा अवास्तविक होगी। इसी कारण प्रत्येक वैज्ञानिक अध्ययन में तथ्य, सिद्धान्त एवं व्यवस्था पर ध्यान दिया जाता है। सामाजिक विज्ञानों में इनकी उपयोगिता और भी बढ़ जाती है।

चूँकि संचार एक सामाजिक विज्ञान है, इस कारण संचार से जुड़े तथ्यों, सिद्धान्तों एवं व्यवस्थाओं के वास्तविक तथा मूल स्वरूप से परिचित हों। उसके पश्चात् हम संचार अथवा किसी अन्य सामाजिक विज्ञान से जुड़े तथ्य, सिद्धान्त एवं व्यवस्था से परिचित हो सकते हैं।

संचार एक नवीन तथा विकासशील विज्ञान है। इस कारण इसके अध्येताओं एवं विद्यार्थियों को इन आधारभूत अवधारणाओं से परिचित होना आवश्यक है। बिना इनको समझे संचार का अध्ययन अधूरा तथा स्वयं में अस्पष्ट होगा। इस कारण हम अध्याय में तथ्य, सिद्धान्त एवं व्यवस्था के अभिप्राय, स्वरूप, प्रकृति, प्रकार आदि का विवेचन करेंगे। इसके साथ-साथ हमारा यह प्रयास होगा कि इन आधारभूत वास्तविकताओं से आप पूर्ण रूप से परिचित हो सकेंगे तथा आपमें उक्त के सम्बन्ध में एक स्पष्ट एवं पूर्ण दृष्टि का विकास हो सकेगा। इसके उपरान्त हम प्रत्येक के विषय में अलग-अलग विचार करेंगे।

2.1 तथ्य (Fact)

तथ्य का प्रयोग हम अपने जीवन में निरन्तर करते हैं, लेकिन तथ्य के मूल अर्थ को शायद ही समझते हों। प्रत्येक विज्ञान में तथ्य एक वास्तविकता है तथा इसी के आधार पर हम विभिन्न विज्ञानों का अध्ययन करते हैं। इन्हीं तथ्यों के आधार पर हम सिद्धान्त अथवा व्यवस्था को भी समझ पाते हैं।

जीवन के प्रत्येक क्षेत्र में हम तथ्यों को ही खोजते हैं। जैसे किसी घटना अथवा आयोजन के कारणों तथा वास्तविकताओं से अवगत होने के लिए हम निरन्तर प्रयत्नशील रहते हैं। इन्हें जानने के लिए हम जिसे तलाशते हैं, वही तथ्य हैं। यह तो मात्र तथ्य की प्रकृति को समझने का एक संकेत है।

तथ्य को समझने के लिए हमें उसकी मूल प्रकृति को समझना आवश्यक है, क्योंकि तथ्य कोई तौलने का बाट अथवा मूर्त रूप में दिखायी पड़नेवाला ठोस पदार्थ नहीं है। वास्तव में तथ्य एक मूर्त (Concrete) एवं अमूर्त युक्त (Abstract) वास्तविकता है, जिसे हम सोच सकते हैं, समझ सकते हैं, जान सकते हैं तथा मूर्त रूप में देख भी सकते हैं। इस प्रकार तथ्य एक मस्तिष्कीय प्रतिबिम्ब है, जिसके आधार पर हम किसी घटना व समस्या आदि की वास्तविकता से अवगत होते हैं। प्रत्येक सामाजिक अनुसन्धान का उद्देश्य तथ्यों का संकलन कर, उसके

आधार पर निष्कर्ष प्रस्तुत करना होता है। तथ्य को समाज में विभिन्न रूपों में समझा जाता है। परन्तु समाज-वैज्ञानिकों की दृष्टि में तथ्य का अर्थ समाज में प्रचलित अवधारणाओं से भिन्न प्रकार का है। समाज-वैज्ञानिकों के अनुसार तथ्यों का कोई भौतिक स्वरूप होना आवश्यक नहीं है। इस कारण ऐसी घटना ही तथ्य हो सकती है, जिसका हम अवलोकन कर सकें यह आवश्यक नहीं। इस मान्यता के अनुसार दृश्य अथवा अवलोकनीय घटनाएँ ही तथ्य नहीं हैं वरन् हमारे विचार, अनुभव, भावनाएँ आदि भी तथ्य हो सकती हैं।[1]

तथ्य का अभिप्राय कुछ लोग अवश्यमेव होनेवाली बात से लगाते हैं, परन्तु यह उचित नहीं है। वास्तव में तथ्य का सम्बन्ध किसी कार्य के घटित होने, किसी घटना के घटित होने, सही समझी जानेवाली बात, अनुभव की सही बात, स्थिति की वास्तविकता अथवा विद्यमान वास्तविकता से है।[2] सामाजिक विज्ञानों में जिन तथ्यों का हम अध्ययन करते हैं, उनका स्रोत व्यक्ति नहीं अपितु समाज होता है।[3]

सामाजिक विज्ञानों में प्रत्येक वस्तु, घटना, व्यक्ति आदि के अध्ययन का एक उद्देश्य होता है। अध्येता प्रत्येक वस्तु, घटना एवं व्यक्ति आदि का अध्ययन अपने निश्चित उद्देश्यों की सीमाओं में ही करता है। प्रत्येक वस्तु, घटना अथवा व्यक्ति आदि के अनन्त गुण अथवा पक्ष होते हैं। शोधकर्त्ता अथवा अध्येता इन अनन्त गुणों अथवा पक्षों में से अपने उद्देश्य के अनुरूप आवश्यक पक्षों अथवा गुणों को ही देखता है। यही अवलोकन अथवा प्रेक्षण तथ्य है। इस प्रकार हम कह सकते हैं कि 'लक्ष्य या प्रयोजन से सम्बद्ध होने तथा आनुभविक अवलोकन अथवा प्रेक्षण के आधार पर उस वस्तु या घटना के प्रेक्षित भाग को तथ्य कहते हैं। तथ्यों को विचारों में ग्रहण करना होता है।'[4] इस प्रकार हम समझ सकते हैं कि किसी लक्ष्य अथवा प्रयोजन के लिए किसी वस्तु अथवा घटना के उन गुणों अथवा पक्षों का अवलोकन करना तथ्य है, जिससे लक्ष्य अथवा प्रयोजन के अनुरूप वस्तु अथवा घटना की वास्तविकता का ज्ञान हो सके। जैसे हम यदि किसी समाज पर रेडियो के प्रभाव का अध्ययन करना होगा तो ऐसी स्थिति में हम श्रोताओं द्वारा रेडियो का प्रयोग तथा उसके द्वारा हो रहे परिवर्तन से ही जुड़ी सूचनाओं पर ध्यान केन्द्रित करेंगे तथा उसी के आधार पर कुछ निष्कर्षों को प्राप्त करेंगे यही प्राप्त निष्कर्ष अथवा अवलोकन तथ्य हैं।

इस प्रकार सामाजिक तथ्य कार्य करने, सोचने व अनुभव करने के तरीके हैं, जिनमें व्यक्तिगत चेतना से बाहर भी अस्तित्व बनाये रखने की विशेषता होती है। तथ्य वास्तव में विद्यमान कोई घटना, प्रक्रिया अथवा कारक या बात है, जिसमें सच्चाई होती है, जिसे हम समझ सकते हैं।[5]

2.1.1 प्रकृति (Nature)

तथ्य के उक्त विवेचन के उपरान्त इनकी प्रकृति को समझना आवश्यक है। किसी वस्तु अथवा विचार की प्रकृति का रहस्य उसकी विशेषताओं में निहित रहता है। यह आवश्यक है, तभी हम तथ्य की प्रकृति को समझ सकते हैं। तथ्य की प्रमुख विशेषताएँ अधोलिखित हैं :

(क) तथ्य घटना अथवा कारक की प्रकृति के अनुसार मूर्त अथवा अमूर्त होते हैं। यदि घटना अथवा कारक मूर्त हों तो तथ्य भी प्रायः उसी के अनुरूप मूर्त होंगे। यदि घटना के कारक अमूर्त हों तो तथ्य भी अमूर्त होंगे। जैसे टेलीविजन अथवा रेडियो सेटों की संख्या में होनेवाला परिवर्तन मूर्त तथ्य होगा। इसके अतिरिक्त श्रोताओं द्वारा किसी फिल्म अथवा सीरियल की अच्छाई अथवा बुराई के विषय में बनाया गया दृष्टिकोण तथा इस दृष्टिकोण में परिवर्तन अमूर्त तथ्य होगा।

(ख) तथ्य वह घटना अथवा कारक है, जो वास्तव में घटित या विद्यमान हो।

(ग) तथ्य का सम्बन्ध सत्य अथवा वास्तविकता से भी होता है। यह सत्य अथवा वास्तविक है जिसे बहुसंख्यक अध्येताओं द्वारा एक पदार्थ के रूप में स्वीकार किया जाता है।

(घ) तथ्यों का सम्बन्ध अनुभव तथा अवलोकन से होता है। इस कारण तथ्य को देखना, अनुभव करना तथा उसका माप कर सकना सम्भव होता है।

(ङ) तथ्य एक आकस्मिक घटना नहीं है। तथ्य समाज को प्रभावित करते हैं। अतः तथ्यों का आवश्यकतानुसार परीक्षण तथा पुनर्परीक्षण भी कर सकते हैं।

(च) तथ्य किसी घटना के एक पक्ष से प्रायः सम्बद्ध होते हैं। इस कारण एक घटना में विद्यमान सभी पक्षों को समझने के लिए घटना के विभिन्न पक्षों से जुड़े विभिन्न तथ्यों को समझना आवश्यक होता है।

(छ) चूँकि सत्य अथवा वास्तविकता के सम्बन्ध में अध्येताओं तथा विद्वानों में प्रायः एकमत पाया जाता है। इसी कारण तथ्यों के सम्बन्ध में भी प्रायः एकमत पाया जाता है।

(ज) तथ्य अनुभवजन्य हैं। तथ्यों को सामाजिक परिवेश में अनुभवों के आधार पर हम समझते हैं। तथ्यों से समाज में अनुभवों की भी दृष्टि होती है।

(झ) सामाजिक जीवन में चारों ओर घटनेवाली सभी घटनाएँ तथ्य नहीं हैं। तथ्य मात्र वही वास्तविकता है, जिनका सरोकार सामाजिक जीवन से होता है तथा तथ्य व्यक्ति को सामाजिक जीवन में विशेष प्रकार से व्यवहार करने के लिए विवश करते हैं।[6]

(ञ) तथ्य एक ऐसी वास्तविकता है जिसे मनुष्य प्रत्येक घटना अथवा कारक का मूल मानकर जानना चाहता है।

इस प्रकार हम कह सकते हैं कि सामाजिक विज्ञानों में हम तथ्यों का मूल्यांकन, परीक्षण तथा संग्रह करते हैं। इन तथ्यों का सम्बन्ध सामाजिक घटनाओं और कारकों से होता है। तथ्यों के आधार पर ही हम घटना अथवा कारक की वास्तविकता को समझ पाते हैं। किसी सामाजिक कारक अथवा घटना के जितने पक्ष होते हैं, तथ्य प्रायः उन प्रत्येक पक्षों से जुड़े होते हैं। इस कारण सामाजिक तथ्य सीमित नहीं अनन्त हैं।

2.2. सिद्धान्त (Theory)

किसी विषय की वास्तविकता से परिचित होने के लिए सिद्धान्तों का जानना महत्त्वपूर्ण है। सिद्धान्तों के द्वारा मनुष्य किसी भी विषय अथवा ज्ञान से परिचित हो जाता है। वैसे सिद्धान्तों को लेकर परस्पर भ्रम की भी स्थिति विद्यमान है। क्योंकि कुछ लोग इसे 'कल्पना' अथवा प्रचलित मान्यता के रूप में ही स्वीकारते हैं। इस कारण भ्रम उत्पन्न होना स्वाभाविक है। वास्तव में सिद्धान्त वह विचार अथवा दृष्टि है जिसका सत्यापन सम्भव है।

सिद्धान्त का सम्बन्ध मानव समाज के प्रत्येक मनुष्य से जुड़ा है। अपने कार्य-व्यापार के सम्पादन में प्रत्येक मनुष्य कुछ दृष्टि अथवा सिद्धान्तों का निर्माण करता है और उसी के आधार पर अपने कार्य-व्यापार का सम्पादन भी करता है। लेकिन प्रत्येक मनुष्य की कार्य-प्रक्रिया से जुड़े सिद्धान्तों का अध्ययन न तो उपयोगी है और न ही सम्भव। इस कारण हम मानव समाज के सामान्य व्यवहार एवं प्रक्रिया से जुड़े दृष्टिकोण अथवा सिद्धान्तों का अध्ययन सामाजिक विज्ञानों में करते हैं।

कभी-कभी सिद्धान्तों को एक अनुपयोगी संकल्पना का भी नाम दिया जाता है, जो पूर्णतः असत्य है। सिद्धान्त वास्तव में उपयोगी संकल्पना या दृष्टि है। इसके आधार पर हम किसी

भी घटना अथवा कारक की वास्तविकता से अवगत होते हैं। समाज में हम सिद्धान्तों पर आधारित ज्ञान-विज्ञान का व्यापार करते हैं। प्राकृतिक तथा सामाजिक विज्ञानों में सिद्धान्तों का ही आदान-प्रदान होता है।

सिद्धान्त वास्तव में सामान्य नियम हैं। सामाजिक विज्ञानों में वैसे सार्वभौम सिद्धान्तों का निर्माण नहीं हो सका है, जिसे हम नियम कह सकें। इस कारण सामाजिक विज्ञानों में सिद्धान्त का अभिप्राय ऐसी सामाजिक वास्तविकता से है, जो अवलोकित प्रस्तावनाओं का सार है।[7]

सिद्धान्त के मूल अभिप्राय से परिचित होने के लिए इसके शाब्दिक अर्थ को भी जानना आवश्यक है। सिद्धान्त शब्द के लिए अंग्रेजी में थ्योरी (Theory) शब्द प्रयुक्त होता है। अंग्रेजी के (Theory) थ्योरी शब्द की व्युत्पत्ति ग्रीक शब्द 'थ्योरिया'' (Theoria) से हुई है। थ्योरिया का अभिप्राय ''समझने की दृष्टि, चिन्तन की अवस्था में प्राप्त किसी मानसिक दृष्टि से है जो उस वस्तु के अस्तित्व एवं कारणों को प्रकट करती हैं।''[8] इससे यह स्पष्ट होता है कि सिद्धान्त बहुत-सी घटनाओं की सम्पूर्ण श्रेणी पर आधारित होता है।

सिद्धान्त की प्रकृति तथ्य से व्यापक है। तथ्य मात्र घटित होनेवाली कुछ विशेष घटनाएँ हैं। इसे इस रूप में हम समझ सकते हैं—जैसे कोई व्यक्ति यह कहे कि उसने पेड़ से एक पत्ते को झड़ते हुए देखा, तो वह एक तथ्य को व्यक्त करता है। लेकिन कोई यह कहे कि उसने बहुधा पत्तों को झड़ते हुए देखा है। वह अनेक अवसरों पर कहे जानेवाले कथनों को एक साथ जोड़कर प्रस्तुत करता है। लेकिन यदि वह व्यक्ति यह कहे कि ''सभी पत्तों को झड़ना अवश्य है'' तो वह एक तथ्य नहीं वरन् सिद्धान्त को प्रस्तुत करता है। इससे स्पष्ट है कि सिद्धान्त में अतीत, वर्तमान तथा भविष्य का समन्वय होता है और यह सामान्यीकृत प्रवृत्ति को दर्शाता है।[9]

उक्त से स्पष्ट है कि सिद्धान्त एक सामान्यीकृत दृष्टि है। कुछ समाजवैज्ञानिक सिद्धान्त को एक प्रकार का जाल बताते हैं। जिससे जगत को पकड़ा जाता है, ताकि उसको समझा जा सके। इस दृष्टि के अनुसार सिद्धान्त, 'अनुभवपरक व्यवस्था ढाँचे की अपने मन की' आँख पर बनायी गयी रचना है।

सामान्य रूप में अधिकतर समाजवैज्ञानिक सिद्धान्त को सामान्यीकरण के समुच्चय, माला अथवा समूह के रूप में देखते हैं। इस मान्यता के अनुसार (A theory is a gencralization or a set of generalizations that explains general statements or explain other theories) सिद्धान्त सामान्यीकरण का समुच्चय/समूह/माला (Set) है, जो सामान्यीकृत कथनों एवं अन्य सिद्धान्तों की व्याख्या करता है।[10]

उक्त से स्पष्ट है कि सिद्धान्त वास्तव में सामान्यीकरणों का समुच्चय/माला/समूह (Theory is a set of generalizations) है। इस प्रकार सिद्धान्त ज्ञान का ऐसा निकाय है जो पदार्थ विषयक तथ्यों से प्राप्त किया जाता है, तथा उन्हें वह अर्थ और महत्त्व प्रदान करता है, जिसे अन्यथा वे प्राप्त नहीं करते। इस प्रकार सिद्धान्त सामान्यीकरणों या व्याख्यात्मक नियमों का सेट/समूह है। जिससे ज्ञान के किसी क्षेत्र की व्याख्या की जा सकती है। उसमें नवीन व्याख्या, नवीन प्राक्कल्पनाएँ तथा नियमों की सृजन-शक्ति होती है।[11]

2.2.1 सिद्धान्त की उक्त व्याख्या के उपरान्त यह आवश्यक है कि हम आधारभूत विशेषताओं से अवगत हों। वैसे तो सिद्धान्तों की प्रकृति विस्तृत एवं व्यापक है। हम यहाँ सामाजिक विज्ञानों में प्रचलित एवं मान्य आधारभूत विशेषताओं का वर्णन करेंगे, जो अधोलिखित हैं—

(क) इसमें इन्द्रियों द्वारा प्रत्यक्ष या अप्रत्यक्ष रूप से अनुभव किये जा सकनेवाले तथ्यों का अध्ययन किया जाता है।

(ख) इसमें अध्ययन की मान्य एवं वैज्ञानिक तथा अन्य पद्धतियों का प्रयोग होता है।

(ग) इसमें अध्ययनकर्त्ता के मूल्य सम्मिलित नहीं होते हैं।

(घ) इसमें अध्ययनकर्त्ता द्वारा अध्ययन आरम्भ करने के पूर्व तक विचार अथवा अवधारणा का निर्माण किया जाता है।

(ङ) इसमें अध्ययनकर्त्ता शोध के परिणामों, निष्कर्षों या सामान्यीकरणों को परस्पर सम्बद्ध करके, उन्हें व्याख्या कर सकनेवाले सिद्धान्त का स्वरूप प्रदान करता है।

(च) इसमें प्रयुक्त शब्द, प्रक्रिया, परिणाम आदि स्पष्ट तथा तकनीकी रूप धारण कर लेते हैं।[12]

(छ) सिद्धान्त स्वयं में कोई साध्य अथवा अन्तिम लक्ष्य नहीं होता है, वरन् यह किसी घटना अथवा प्रक्रिया को जानने तथा समझने का साधन होता है।

(ज) सिद्धान्त के लिए प्रत्येक दशा में अनुभव सिद्ध होना आवश्यक है।[13]

2.2.2. सिद्धान्त निर्माण की प्रक्रिया (Process of Theorization)

सामाजिक विज्ञानों में सिद्धान्त की प्रकृति तथ्यों तथा घटनाओं के इन्द्रियजन्य ज्ञान पर आधारित होता है। इसकी प्रकृति व्याख्यात्मक, आगमनात्मक तथा तथ्यात्मक होती है। आगमनात्मक सिद्धान्त निर्माण की प्रक्रिया नीचे से ऊपर अथवा विशेष से सामान्य की ओर जाती है। सिद्धान्त निर्माण की प्रक्रिया को सिद्धान्त निर्माण अथवा सिद्धान्तीकरण कहा जाता है। इसके कुछ आधारभूत चरण होते हैं, जो इस प्रकार हैं–

(क) वस्तु/घटना/विचार/प्रक्रिया/व्यक्ति एवं समूह की गतिविधि समस्या आदि, (ख) तथ्य, (ग) अवधारणा, (घ) वर्गीकरण, (ङ) सामान्यीकरण एवं (च) सिद्धान्त।[14] इसे हम अधोलिखित रूप में भी समझ सकते हैं–

(सिद्धान्त निर्माण प्रक्रिया)

↑

सिद्धान्त (Theory)

↑

सामान्यीकरण (Generalization)

↑

वर्गीकरण (Classification)

↑

अवधारणा (Concept)

↑

तथ्य (Fact)

वस्तु/घटना/विचार/प्रक्रिया/गतिविधि/परिस्थिति/समस्या आदि[15] (Object/Element/Idea/Process/Activities/Situation/Problem etc. or Stimulus)

सिद्धान्तों के निर्माण अथवा विकास के लिए उक्त प्रक्रिया से प्रत्येक सिद्धान्त निर्माता को गुजरना पड़ता है। संचार के भी क्षेत्र में सिद्धान्त निर्माण के लिए उक्त प्रक्रियाएँ आवश्यक ही नहीं अनिवार्य भी हैं।[16]

सिद्धान्त निर्माण की प्रक्रिया से जुड़े युक्त आधारभूत चरणों को हम अलग से भी समझ सकते हैं, क्योंकि प्रत्येक को अलग-अलग समझना आवश्यक है।

(क) वस्तु/घटना/विचार/समस्या या उद्दीपक आदि (Object/Element/Idea/Problem etc. or Stimulus) : सिद्धान्त निर्माण का आरम्भ किसी घटना/समस्या/विचार आदि से होता है। इन प्रत्येक को हम समस्या अथवा जिज्ञासा के रूप में भी समझ सकते हैं। इस प्रकार सिद्धान्त के लिए आवश्यक एवं पहला चरण समस्या अथवा जिज्ञासा आदि का होता है। इसके अभाव में सिद्धान्त निर्माण की प्रक्रिया नहीं प्रारम्भ होती। समाजवैज्ञानिक इसे उद्दीपक (Stimulus) की संज्ञा देते हैं। इससे स्पष्ट है कि सिद्धान्त के विकास के लिए किसी-न-किसी उद्दीपक का होना आवश्यक है।

(ख) तथ्य (Fact) : सिद्धान्त निर्माण से जुड़ी प्रत्येक घटना, वस्तु, व्यक्ति एवं विचार आदि अनन्त गुण, पक्ष अथवा रूप होते हैं। शोध अथवा शोधकर्त्ता का प्रयोजन उन सभी पक्षों, गुणों अथवा रूपों से नहीं होता है। वह अपनी शोध आवश्यकता के अनुरूप पक्षों, गुणों अथवा रूपों को ही उस घटना/वस्तु अथवा व्यक्ति में देखता है। इस प्रकार उद्देश्य अथवा लक्ष्य से सम्बद्ध आनुभविक अवलोकन या प्रेक्षण के आधार पर उस वस्तु अथवा घटना के प्रेक्षित भाग को तथ्य कहते हैं।[17] तथ्य मूर्त अथवा अमूर्त दोनों प्रकार के होते हैं। इसका विस्तृत विवरण (2.1) में है।

(ग) अवधारणा (Concept) : सामाजिक विज्ञानों में सिद्धान्तों के विकास में अवधारणाओं की भूमिका महत्त्वपूर्ण है। अवधारणाओं के बिना सिद्धान्तों का निर्माण नहीं किया जा सकता है। अवधारणाओं के द्वारा सम्पूर्ण प्रक्रिया को सरल तथा संक्षिप्त शब्दों में व्यवस्थित रूप से प्रस्तुत किया जा सकता है। कोई शोधकर्त्ता अथवा अध्येता जब तथ्यों का चयन करता है तो वह उनके मध्य स्थित आपसी सम्बन्धों या गुणों अथवा लक्षणों को शब्दों अथवा प्रतीकों द्वारा सम्बोधित करता है। वैसे ही गुणों से तथ्यों, वस्तुओं को उस अवधारणा के अन्तर्गत रख दिया जाता है। इस प्रकार अवधारणा का अर्थ है वर्णन द्वारा अभिव्यक्त गुण अथवा सम्बन्ध? एक अवधारणा के द्वारा वैसी ही विशेषताओं या गुणों से युक्त अनन्त वस्तुओं अथवा घटनाओं को सम्बोधित किया जा सकता है। फिर प्रत्येक के गुणों को अलग-अलग जाँचने की आवश्यकता नहीं हाती है।[18] इसे हम इस प्रकार भी समझ सकते हैं। जैसे किसी व्यक्ति को विभीषण, नारद आदि कहना यह भी उस व्यक्ति के व्यवहार सन्दर्भ में अवधारणा ही है।

(घ) वर्गीकरण (Classification) : सिद्धान्त के निर्माण की प्रक्रिया में वर्गीकरण का महत्त्वपूर्ण स्थान है। वर्गीकरण का सम्बन्ध अवधारणाओं से जुड़ा है। अवधारणा को प्रायः समुच्चय/समूह अथवा माला की भाँति गुणों को व्यक्त करनेवाला कहा जाता है। इस कारण समता एवं विषमता की प्रकृति के आधार पर व्यापक अवधारणाओं के अन्तर्गत अवधारणाओं को विभिन्न वर्गों में बाँटते हैं। जैसे अवधारणाओं के आधार पर कुछ फिल्मों के अश्लील तथा कुछ को शिक्षात्मक वर्ग में बाँटा जाता है। वर्गीकरण के कुछ नियम होते हैं। इनके अन्तर्गत एक प्रकार की या समान विशेषता अथवा घटना वाली वस्तुओं को हम एक कोटि में रखते हैं।[19] इस प्रकार वर्गीकरण के आधार पर विभिन्न अवधारणाओं में विद्यमान समान प्रकृति की वस्तु/घटना या विचार को हम एक कोटि में रखते हैं। जैसे हम टेलीविजन सेटों को श्याम-श्वेत एवं रंगीन में वर्गीकृत करें। चूँकि श्याम-श्वेत तथा रंगीन टेलीविजन सेट अवधारणा के रूप

में मात्र टेलीविजन सेट हैं। परन्तु टेलीविजन सेटों में निहित रंग प्रदर्शन की प्रवृत्ति के आधार पर उन्हें श्याम-श्वेत (Black & White) तथा रंगीन टेलीविजन वर्गों में विभाजित किया जाना, वर्गीकरण का स्पष्ट उदाहरण है।

(ङ) सामान्यीकरण (Generalization) : सामाजिक विज्ञानों में सिद्धान्त निर्माण का महत्त्वपूर्ण चरण सामान्यीकरण है। सामान्यीकरण को हम समरूपता, सामान्यता या निष्कर्षीकरण कह सकते हैं। इस प्रकार सामान्यीकरण वह प्रक्रिया है जिसके आधार पर हम दो या दो से अधिक वस्तुओं, घटनाओं अथवा इनके दो वर्गों के मध्य कतिपय समानताओं या सामान्य सम्बन्धों का निर्णय करते हैं। अवधारणा एवं वर्गीकरण सामान्यीकरण की प्रक्रिया से जुड़े होने के बाद भी इसकी एक कड़ी मात्र ही है। इस प्रकार सामान्यीकरण एक निश्चित, स्पष्ट तथा शर्त है। इस प्रकार सामान्यीकरण ऐसा प्रस्ताव या सुझाव है जो घटनाओं के दो या अधिक वर्गों को इस प्रकार जोड़ता है कि किसी एक वर्ग में आनेवाले सदस्य दूसरे वर्ग के भी सदस्य बन जाते हैं। सामान्यीकरण की प्रकृति आगमनात्मक अथवा निष्कर्षात्मक होती है।[20] इसे हम इस प्रकार भी समझ सकते हैं, जैसे वाराणसी के प्राथमिक विद्यालयों के बच्चों पर किये गये टेलीविजन के प्रभाव के निष्कर्षों में परस्पर विद्यमान समानताओं के आधार पर प्राप्त परिणाम अथवा कथन को हम सामान्यीकरण की संज्ञा दे सकते हैं।

(च) सिद्धान्त (Theory) : सिद्धान्त निर्णय की प्रक्रिया में सिद्धान्त अध्ययन अथवा ज्ञान का अन्तिम चरण है। सिद्धान्त निर्माण में समान प्रकृति के अथवा परस्पर सहायक सामान्यीकरणों में परस्पर ताल-मेल बिठाया जाता है। इस प्रकार सिद्धान्त सामान्यीकृत कथनों अथवा विवरणों का एक समुच्चय माला अथवा समूह है।[21] सिद्धान्त वास्तव में सामान्यीकरणों को सामान्यीकरण अथवा व्यापक सामान्यीकरण है। इसे हम इस प्रकार समझ सकते हैं। सिद्धान्त में विभिन्न भागों अथवा क्षेत्रों में किसी समस्या अथवा विचार पर जो सामान्यीकृत निष्कर्ष प्राप्त होते हैं उन सामान्यीकृत निष्कर्षों का जब परस्पर समुच्चीकरण या समूहीकरण किया जाता है तो इसमें हमें सिद्धान्तों की प्राप्ति होती है। इसका वर्णन (2.2) में देखा जा सकता है।

2.2.3 सिद्धान्त के प्रकार (Types of Theory)

सामाजिक विज्ञानों की वास्तविकता को समझने के लिए हमें सिद्धान्तों को जानना आवश्यक है। सिद्धान्तों में व्यापकता, प्रामाणिकता, जाँचशीलता एवं अवधारणात्मकता के तत्त्व विद्यमान होते हैं।[22] सिद्धान्त एक होते हुए भी अपनी प्रकृति तथा तत्त्वों के आधार पर कुछ भागों में अथवा कुछ वर्गों में विभक्त किये जा सकते हैं।

इन्हें हम (क) शाश्वत (Eternal) (ख) सम्भावनात्मक (Probabilistic) (ग) प्रयोजनमूलक (Tendencious) में विभक्त कर सकते हैं।[23] मुख्यतः इन तीन प्रकारों में विभक्त सिद्धान्तों का विवेचन अलग-अलग करना आवश्यक है।

(क) शाश्वत सिद्धान्त (Eternal Theory) : शाश्वत सिद्धान्त ऐसे होते हैं, जिन्हें सर्वत्र लागू किया जा सके—जैसे, दो और दो का योग चार होता है।[24] इसके अलावा गुरुत्वाकर्षण के कारण वस्तु का जमीन पर गिरना, लोहे का ठोस होना, पेट्रोल का द्रव स्वरूप इत्यादि शाश्वत सिद्धान्त के प्रमुख उदाहरण हैं। इनकी शाश्वतता का प्रमाण इसी में निहित है कि इन्हें उसी रूप में विश्व के किसी भी भाग में पाया जा सकता है।

सामाजिक विज्ञानों का सम्बन्ध सामाजिक व्यवहारों से है, इस कारण इन सिद्धान्तों में

शाश्वत सिद्धान्तों का वह स्वरूप नहीं प्राप्त होता जिसमें किसी सिद्ध एवं मानव सामान्यीकरण को सर्वत्र सिद्धान्त रूप में लागू कर सकें। इस कारण सामाजिक विज्ञानों में शाश्वत सिद्धान्तों की उपलब्धता सम्भव नहीं है। चूँकि संचार भी एक सामाजिक विज्ञान है इस कारण इसमें भी प्राकृतिक विज्ञानों की तरह शाश्वत सिद्धान्तों की प्राप्ति सम्भव नहीं है।

सामाजिक विज्ञानों में निगमनात्मक स्तर को सत्यता के सर्वोच्च स्तर से जोड़ा जाता है। उसका सम्बन्ध शाश्वत एवं निश्चित किन्तु चिन्तनात्मक तत्त्वों से जुड़ा होता है। जैसे प्लटो का न्याय सिद्धान्त[25] या मार्शल मैकलुहन का निश्चयवाद। लेकिन राजनीतिक घटनाएँ एवं तथ्य जटिल, प्रयोगात्मक, अधिगमनीय, संस्कृति सापेक्ष्य मूल्यात्मक आदि लक्षणों से युक्त होते हैं, इस कारण निगमनात्मक स्तर पर सामान्य वैज्ञानिक सिद्धान्त की सम्भावना नहीं रहती है। यह सिद्धान्त स्वयंसिद्ध मान्यताओं की तरह ऊपर या भीतर से आता है। यह निम्न स्तरों पर सिद्धान्तों की संरचना को प्रभावित करती है।[26] इस प्रकार निगमनात्मक स्तर पर सैद्धान्तीकरण की प्रक्रिया में प्रकृति विज्ञानों की भाँति शाश्वतता नहीं मिलती वरन् इसमें हम शाश्वतता को कल्पित या मान्य रूप में स्वीकार लेते हैं, जैसे मनुष्य एक सामाजिक प्राणी है अथवा मनुष्य एक राजनीतिक प्राणी है आदि इन मान्यताओं के आधार पर हम अपनी ज्ञान प्रक्रिया का विकास करते हैं। इनमें शाश्वतता की उपलब्धता कल्पना आदि पर ही होती है। इसमें हम शाश्वतता जैसी प्रवृत्ति की कल्पना के सहारे सिद्धान्त के विकास का प्रयास करते हैं।

(ख) सम्भावनात्मक सिद्धान्त (Probabilistic Theory) : सामाजिक विज्ञानों में सिद्धान्त व्याख्यात्मकता के आधार पर सम्भावनात्मक प्रकृति के होते हैं। सामाजिक विज्ञानों में अनुभवपरक सिद्धान्त की रचना सम्भव दिखायी पड़ती है। इस प्रकार के सिद्धान्त निर्माण का स्वरूप आगमनात्मक होता है। यह सिद्धान्त निर्माण नीचे से ऊपर अथवा समान व्यवहार से सामान्यीकरण की ओर जाता है। इसमें अनुभवात्मकता, सीमित व्यापकता, जाँचशीलता आदि की प्रवृत्ति पायी जाती है।[27]

सम्भावनात्मक अथवा आगमनात्मक सिद्धान्त वास्तव में सामान्यीकरणों के आधार पर निर्मित एवं विकसित होते हैं। इनमें परिवेशबद्धता तथा सांस्कृतिक सापेक्षता की प्रवृत्ति भी होती है। ये सिद्धान्त तथ्य, घटना आदि से युक्त होते हैं। इनमें सामान्यीकरण पाया जाता है परन्तु व्यापकता सीमित होती है। जैसे भारतीय परिवेश में विकसित आगमनात्मक सिद्धान्त अमेरिकी परिवेश में अस्तित्व शून्य हो सकता है अथवा यह भी कह सकते हैं कि इस प्रकार के सिद्धान्तों में सामाजिक परिवेशों की इनकी समानता की स्थिति में उसी रूप में प्राप्ति की सम्भावना रहती है, लेकिन परिवेश की भिन्नता की स्थिति में इन्हें पाना कठिन होता है। सामाजिक मूल्य एवं मानक तथा व्यवहार परिवर्तनशील होते हैं इस कारण सम्भावनात्मक सिद्धान्त ही में प्राप्त होते हैं। संचार एक सामाजिक विज्ञान है, इस कारण इसमें भी सम्भावनात्मक सिद्धान्तों को ही हम प्राप्त करते हैं।

(ग) प्रयोजनमूलक सिद्धान्त (Tendencious Theory) : सामाजिक विज्ञानों में सिद्धान्तों का सम्बन्ध एवं लक्ष्य व्यवहार के धरातल पर प्रयोजन अथवा उद्देश्य से जुड़ा होता है। इस प्रकार के सिद्धान्तों को हम विषयनिष्ठ कोटि में रखते हैं। इस प्रकार के सिद्धान्तों के द्वारा किसी व्यवहार अथवा किसी समस्या को समझने में सहायता मिलती है। इसका उद्देश्य किसी व्यापक व्यवहार प्रक्रिया अथवा दृष्टि से न होकर किसी विशेष व्यवहार अथवा कार्य-प्रक्रिया से जुड़ा होता है। प्रयोजनमूलक सिद्धान्तों की अधिकता सामाजिक विज्ञानों में होती है। समाज

की समस्या अथवा घटना से अधिक नजदीकी रिश्ता होने के कारण प्रयोजनमूलक सिद्धान्तों का विकास भी अधिक हुआ है। इस प्रकार कं सिद्धान्तों की कोटि में समाज की समस्या तथा समस्याओं के निदान से जुड़े सिद्धान्त प्रमुख उदाहरण हैं।

2.3 व्यवस्था (System)

सामाजिक विज्ञानों में व्यवस्था अति प्रचलित एवं स्थापित उपागम (Approach) है। प्रत्येक विज्ञान का लक्ष्य अथवा उद्देश्य होता है, किसी वस्तु, समाज अथवा समूह की कार्य प्रणाली को समझना। वस्तुतः व्यवस्था का सम्बन्ध इसी कार्य प्रणाली से ही होता है। व्यवस्था स्वयं में व्यापक तथा कई प्रकृतियों से युक्त है। व्यवस्था सिद्धान्त समझने के लिए इसके विभिन्न रूपों को समझना आवश्यक है।

सामान्य व्यवस्था सिद्धान्त (General System Theory) व्यवस्था सिद्धान्त (System Theory) तथा व्यवस्थाओं का सामान्य सिद्धान्त (General Theory of Systems) परस्पर समान शब्द प्रतीत होते हैं परन्तु इनमें परस्पर भिन्नता भी है।

सामान्य व्यवस्था सिद्धान्त एक विशेष दृष्टिकोण या अभिमुखीकरण है। सामान्य व्यवस्था-सिद्धान्त विभिन्न अनुशासनों में विद्यमान कठोर विभक्तीकरण के रूप में आया। इसकी आवश्यकता एक सामान्य एवं अमूर्त सिद्धान्त को एक ऐसी पक्की नींव प्रदान करने के लिए पड़ी, जो व्यापक रूप से अवधारणात्मक मार्ग-निर्देशन कर सके।

सामान्य व्यवस्थावादी विभिन्न अनुशासनों में एकता लानेवाली अवधारणाओं की खोज करते हैं। व्यवस्थाएँ आकार, समय, माप एवं सामग्री आदि की दृष्टि से भिन्न होते हुए भी एक-दूसरे से मूलभूत संरचना एवं प्रक्रियाओं की दृष्टि से समान हो सकती है। इस प्रकार विभिन्न व्यवस्थाओं में विद्यमान मौलिक समताओं की खोज करके सामान्य व्यवस्था सिद्धान्त की रचना की जा सकती है सामान्य व्यवस्था सिद्धान्त के अन्तर्गत व्यवस्थाओं के मध्य समान आचरण-नियमों (Principle) प्रक्रियाओं एवं प्रकार्यों की समानता पर अधिक जोर दिया जाता है। न कि केवल आकार-प्रकार की समानता पर।[28] इस प्रकार व्यवस्था का सामान्य सिद्धान्त अवधारणाओं, प्राक्कल्पनाओं एवं प्रमाणित प्रस्तावनाओं का एकीकृत एवं सामान्यीकृत सह/समुच्चय समूह है जो कि समस्त अनुशासनों में विद्यमान सामान्य व्यवस्थाओं के लिए उच्चस्तरीय अमूर्त आचार-नियमों के रूप में लागू होता है। समस्त व्यवस्थाओं पर लागू होना उसकी व्यापकता एवं सफलता का मापदण्ड है। सामाजिक विज्ञानों में इसका प्रयोग बहुत कम किया गया है।[29]

उक्त के बाद हम व्यवस्थाओं के सामान्य सिद्धान्त का विवेचन करेंगे। व्यवस्थाओं का सामान्य सिद्धान्त (General Theory of Systems) समस्त व्यवस्थाओं के लिए लागू होता है। यह समस्त व्यवस्थाओं के सामान्यीकरणों का चरण विचारात्मक अमूर्तीकरण है। इस कारण इसमें अनुभवपरक व्याख्या-शक्ति का अभाव होता है। व्यवस्थाओं के सामान्य सिद्धान्त की उपलब्धि सभी व्यवस्था विश्लेषकों का लक्ष्य है। यह एक कार्यक्रम तथा लक्ष्य है।[30] इस प्रकार स्पष्ट है कि व्यवस्थाओं के सामान्य सिद्धान्त की प्राप्ति सभी समाजवैज्ञानिकों का लक्ष्य है।

सामान्य व्यवस्था सिद्धान्त एवं व्यवस्थाओं के सामान्य सिद्धान्त का विवेचन करने के उपरान्त व्यवस्था सिद्धान्त का अध्ययन महत्त्वपूर्ण एवं आवश्यक है। सभी सामाजिक विज्ञान इसी के अध्ययन पर अधिक बल देते हैं। व्यवस्था सिद्धान्त अन्तःक्रिया, संरचना, संस्था आदि पर अधिक बल देता है। व्यवस्था को एक अवधारणा के आधार पर समझा जा सकता है। समाज एक सामान्य व्यवस्था है, जिसके अन्तर्गत अनेक उपव्यवस्थाएँ होती हैं। संचार-व्यवस्था,

अर्थव्यवस्था, राज्यव्यवस्था आदि इनमें से एक उपव्यवस्था (Sub-system) है। किन्तु जब स्वयं राजव्यवस्था को उसके भीतर विद्यमान उपव्यवस्थाओं के सन्दर्भ में अध्ययन किया जाता है, तब उसे व्यवस्था कहा जाता है।[31]

2.3.1. व्यवस्था की विशेषताएँ

व्यवस्था के वास्तविक स्वरूप को जानने के लिए इसकी मूल विशेषताओं को जानना आवश्यक है। व्यवस्था की मूल या प्रमुख विशेषताएँ अधोलिखित हैं –

(क) व्यवस्था व्यापक पर्यावरण के भीतर निरन्तर रहनेवाली ऐसी इकाई है, जिसके अन्तर्गत अनेक घटक होते हैं।

(ख) व्यवस्था मापन एवं पहचान योग्य अन्तनिर्भर तत्त्वों या चरों का समुच्चय (Set) होती है।

(ग) व्यवस्था की कुछ निश्चित सीमाएँ होती हैं, जिसके कारण वह सामान्य पर्यावरण से भिन्नता युक्त होती है।

(घ) व्यवस्था का निर्माण कुछ समस्याओं, उद्देश्यों अथवा लक्ष्यों के इर्द-गिर्द किया जाता है तथा उसकी संरचनाएँ भी निर्मित होती हैं।

(ङ) व्यवस्था में समस्याओं एवं लक्ष्यों के विकास के साथ-साथ उसमें विशिष्ट संरचनाओं तथा प्रक्रियाओं का भी विकास होता है, इससे इसमें विभिन्नीकरण की मात्रा बढ़ जाती है।[32]

2.3.2 व्यवस्था के तत्त्व एवं प्रकार (Element and Type of System)

व्यवस्था का वर्गीकरण समझने के पूर्व व्यवस्था अथवा सिस्टम की मूल या शाब्दिक अवधारणा को भी जानना आवश्यक तथा अनिवार्य है। व्यवस्था को सामान्यरूप में अन्तःसम्बन्धों का समूह या समुच्चय कहा जाता है। यह अन्तःक्रिया में निरत तत्त्वों को सेट/समुच्चय भी है। इसे सामाजिक क्रियाओं के सेट/समुच्चय के रूप में भी सामाजिक विज्ञानों में जाना जाता है। व्यवस्था वातावरण से भिन्न, अन्तः सम्बन्धित परिवर्त्यों का एक समुच्चय है, जो अनेक प्रकार से वातावरण के विघ्नों के होते हुए भी अपने को बनाये रखती है। इस प्रकार व्यवस्था, वस्तु अथवा तत्त्वों के एक ऐसे समूह का नाम है, जो विशिष्ट संरचनात्मक सम्बन्धों द्वारा जुड़े रहते हैं तथा कतिपय विशिष्ट प्रक्रियाओं के आधार पर अन्तःक्रिया करते हैं। जैसे रक्त-संचार व्यवस्था, अर्थव्यवस्था एवं संचार-व्यवस्था आदि।[34]

व्यवस्था की अवधारणा वास्तव में एक समन्वयात्मक अवधारणा है। इसमें मूल्य, संस्कृति, सत्ता, शासन, क्रियान्वयन, सहभोग व सम्बन्ध प्रक्रिया आदि सम्मिलित हैं। व्यवस्था में सभी प्रकार की औपचारिक तथा अनौपचारिक क्रियाएँ अन्तःक्रियाएँ, प्रकार्य, संरचना, मूल्य एवं आचार आदि सम्मिलित हैं।[33]

व्यवस्था मूर्त या अमूर्त, आनुभविक अथवा परानुभविक एवं प्रेक्षणीय या वैचारिक हो सकती है। शासन व्यवस्था मूर्त, आनुभविक और प्रेक्षणीय है, तो नैतिक व्यवस्था नैतिक, अमूर्त, आनुभविक एवं वैचारिक है। कुछ व्यवस्थाओं का स्वरूप अर्ध-मूर्त और अर्ध-अमूर्त हो सकता है। ऋतु व्यवस्था स्वाभाविक है तो राजकीय शिक्षा व्यवस्था कृत्रिम है।[31] व्यवस्था अपनी सीमा के अन्दर तथा पर्यावरण के साथ बाहर अन्तःक्रिया करती है। उदाहरण के लिए मानव की श्वास व्यवस्था भीतर तथा बाहर, दोनों के साथ जिस प्रकार अन्तःक्रिया करती है, उसी तरह एक स्वतन्त्र राजव्यवस्था घरेलू और अन्तरराष्ट्रीय क्षेत्रों के साथ अन्तःक्रिया करती है।[35] इस

प्रकार व्यवस्था सतत विद्यमान रहनेवाली प्रक्रिया है तथा वह निरन्तर पर्यावरण आदि के साथ अन्तःक्रिया भी करती है। व्यवस्था नियन्त्रित तथा अनियन्त्रित प्रकार की भी होती है। प्रत्येक नियन्त्रित व्यवस्था (Cybrenetic) में मुख्यतः तीन अन्तस्थ क्रियाएँ सम्मिलित होती हैं—(1) सूचना, (2) मूल्य अथवा प्राथमिकता, (3) व्यवहार अथवा अभिव्यक्ति। इन्हीं तीनों आयामों से युक्त प्रक्रिया को व्यवस्था की संज्ञा दी जाती है। अनियन्त्रित या अमानवीय अथवा मनुष्येतर समुदाय में भी दो प्रक्रियाओं से युक्त व्यवस्था के मूल तत्त्व मिलते हैं—(1) संचार, (2) व्यवहार अथवा अभिव्यक्ति। परन्तु इसमें मूल्यात्मक तत्त्वों का अभाव होता है। व्यवस्था के (1) आन्तर (Intra) एवं अन्तर (Inter) दो स्वरूप दृष्टिगत होते हैं। इस प्रकार प्रत्यय या नैतिक जगत् में व्यवस्था का स्वरूप निम्न प्रकार है। इसमें तथ्यों तथा सूचना के स्तर पर कार्य के मध्य अन्तर दिखाया गया है।[36]

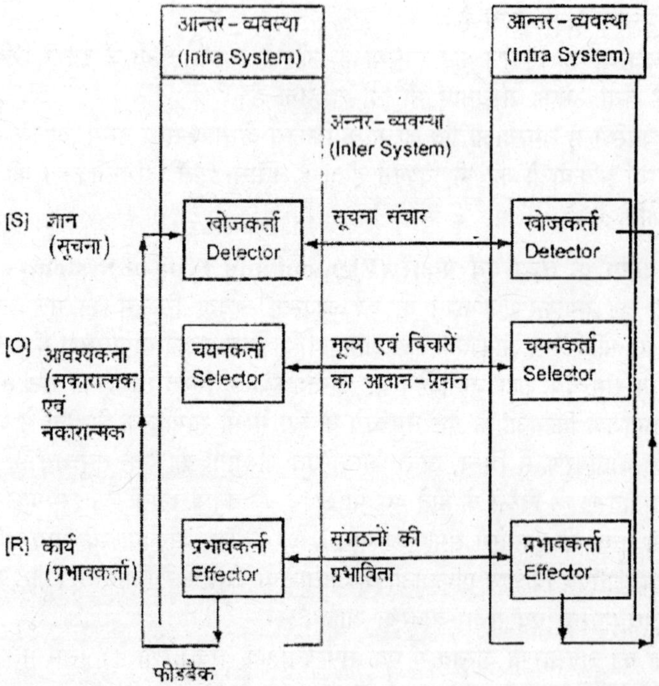

प्रारूप—(2.1)

(नियन्त्रित व्यवस्था में अन्तर एवं आन्तर व्यवस्था के आधार)[37] (S→O→R उत्प्रेरक→संरचना→अनुक्रिया (अभिव्यक्ति) प्रारूप (2.1) में दो व्यवस्थाओं की व्यावहारिक प्रक्रिया को स्पष्ट किया गया है। व्यवस्था को हम—(1) विपुल या पर्यावरणीय व्यवस्था, (2) व्यवस्था एवं (3) उप-व्यवस्था में विभक्त कर सकते हैं। इनका अलग-अलग वर्णन करना आवश्यक है। इनकी स्थिति का स्पष्टीकरण अधोलिखित प्रारूप से भी हो सकता है।[38]

(क) विपुल अथवा पर्यावरणीय व्यवस्था (Larger or Ecological System) : विपुल या पर्यावरणीय व्यवस्था विभिन्न व्यवस्थाओं का व्यापक संघ या पुंज है। पर्यावरणीय व्यवस्था

अनेक व्यवस्थाओं एवं उप-व्यवस्थाओं को विकसित अथवा पोषित करती है।[39] सभी व्यवस्थाएँ अपने पर्यावरण के साथ क्रिया-प्रतिक्रिया करती हैं। विपुल व्यवस्था के अन्तर्गत अनेक व्यवस्थाएँ सम्मिलित हैं। पर्यावरणीय व्यवस्था अथवा पर्यावरण का अभिप्राय भी व्यापक है। समाजविज्ञान में पर्यावरण में प्राकृतिक पर्यावरण के अतिरिक्त सामाजिक, मनोवैज्ञानिक, राजनीतिक, धार्मिक, नैतिक, सांस्कृतिक आदि प्रकार के पर्यावरण सम्मिलित हैं। इस प्रकार हम कह सकते हैं कि सभी व्यवस्थाएँ पर्यावरणीय व्यवस्था का अंग तथा इसके अन्तर्गत कार्य करती हैं और इससे अन्तःक्रिया भी करती हैं।

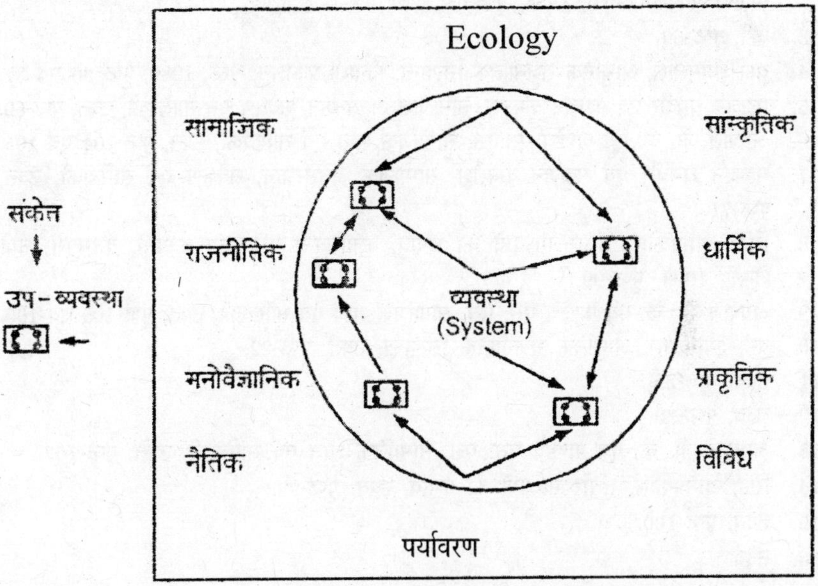

प्रारूप (2.2)

(ख) व्यवस्था (System) : व्यवस्था शब्द व्यापक है। इसमें सभी प्रकार की औपचारिक तथा अनौपचारिक प्रक्रियाएँ अन्तःक्रियाएँ, प्रकार्य, संरचना, मूल्य, आचार आदि आ जाते हैं।[40] व्यवस्था में मूल्य, संरचना एवं कार्य प्रक्रिया भी सम्मिलित हैं। प्रत्येक व्यवस्था समाज में निरन्तरता के साथ परस्पर क्रिया-प्रतिक्रिया के आधार पर आगे बढ़ती है। व्यवस्था का विशुद्ध वर्णन (2.1) में है। व्यवस्था प्रत्येक सामाजिक विज्ञानों के अध्ययन का मूल आधार है। व्यवस्था का अभिप्राय किसी खण्ड या उपखण्ड से परे पूर्णत्व से है।

(ग) उप-व्यवस्था (Sub-system) : उप-व्यवस्था एक पूरक व्यवस्था, लघु व्यवस्था अथवा व्यवस्था का खण्ड अथवा उप-खण्ड है। समाज विज्ञानों में प्रत्येक व्यवस्था की अनेक उप-व्यवस्थाएँ होती हैं। इन्हीं के समुच्चय (Set) पुंज को हम व्यवस्था की संज्ञा देते हैं। प्रारूप (2.2) उप-व्यवस्था को अवधारणात्मक आधार पर ही समझा जा सकता है। जैसे समाज एक सामान्य व्यवस्था है, इसके अन्तर्गत अनेक उप-व्यवस्थाएँ होती हैं।[41] संचार व्यवस्था समाज व्यवस्था की एक उप-व्यवस्था है। परन्तु जब हम संचार व्यवस्था को उसके भीतर विद्यमान उप-व्यवस्थाओं के सन्दर्भ में अध्ययन करेंगे तो संचार स्वयं एक व्यवस्था होती है। इस प्रकार हम

कह सकते हैं कि जिसे केन्द्र मानकर हम विचार या अध्ययन करें, वह व्यवस्था होती है तथा इस केन्द्रीय विचार अथवा अध्ययन की पूरक इकाई अथवा खण्ड उप-व्यवस्था होती है। इस प्रकार उप-व्यवस्था को हम व्यवस्था की पूरक इकाई या खण्ड के रूप में जान सकते हैं।

सन्दर्भ

1. अग्रवाल जी. के. एवं पाण्डेय एस.एस. सामाजिक शोध एवं सांख्यिकी, साहित्य भवन पब्लिशर्स एवं डिस्ट्रीब्यूटर्स (प्रा.लि.), आगरा, 1999, पृष्ठ 106.
2. महाजन धर्मवीर एवं महाजन कमलेश, सामाजिक अनुसन्धान, सर्वेक्षण एवं सांख्यिकी, शिक्षा साहित्य प्रकाशन, मेरठ, 1988, पृष्ठ-68.
3. वही, पृष्ठ-69.
4. वर्मा श्यामलाल, आधुनिक राजनीतिक सिद्धान्त, मीनाक्षी प्रकाशन, मेरठ, 1986, पृष्ठ 36 एवं 37.
5. महाजन धर्मवीर एवं महाजन कमलेश, सामाजिक अनुसन्धान, सर्वेक्षण एवं सांख्यिकी, उक्त, पृष्ठ-69.
6. अग्रवाल जी. के. एवं पाण्डेय एस.एस. सामाजिक शोध एवं सांख्यिकी, उक्त, पृष्ठ-104 एवं 105.
7. महाजन धर्मवीर एवं महाजन कमलेश, सामाजिक अनुसन्धान, सर्वेक्षण एवं सांख्यिकी, उक्त, पृष्ठ-71.
8. सिंह, ओमप्रकाश, संचार माध्यमों का प्रभाव, क्लासिकल पब्लिशिंग कम्पनी, करमपुरा, नयी दिल्ली, 1993, पृष्ठ-99.
9. अग्रवाल जी. के. एवं पाण्डेय एस. एस. सामाजिक शोध एवं सांख्यिकी, उक्त, पृष्ठ-105 एवं 106.
10. वर्मा श्यामलाल, आधुनिक राजनीतिक सिद्धान्त, उक्त, पृष्ठ-22.
11. तदैव. पृष्ठ-23.
12. तदैव, पृष्ठ-30.
13. अग्रवाल जी. के. एवं पाण्डेय एस. एस. सामाजिक शोध एवं सांख्यिकी, उक्त, पृष्ठ-107.
14. सिंह, ओमप्रकाश, संचार माध्यमों का प्रभाव, उक्त, पृष्ठ-99.
15. तदैव, पृष्ठ-100.
16. तदैव
17. वर्मा श्यामलाल, आधुनिक राजनीतिक सिद्धान्त, उक्त, पृष्ठ-36-37.
18. तदैव, पृष्ठ-37.
19. तदैव
20. तदैव, पृष्ठ-37 एवं 38.
21. तदैव पृष्ठ-38.
22. तदैव
23. तदैव
24. तदैव
25. तदैव, पृष्ठ-40 एवं 41.
26. तदैव पृष्ठ-41.
27. तदैव
28. तदैव, पृष्ठ-202.
29. तदैव, पृष्ठ-204 एवं 205.
30. तदैव, पृष्ठ-201.
31. तदैव, पृष्ठ-212.
32. तदैव, पृष्ठ-202 एवं 203.
33. तदैव, पृष्ठ-214.

34. तदैव, पृष्ठ-208.
35. तदैव, पृष्ठ-210.
36. सिंह, ओमप्रकाश, संचार माध्यमों का प्रभाव, उक्त, पृष्ठ-58 एवं 59.
37. तदैव, पृष्ठ-59.
38. तदैव, पृष्ठ-61.
39. तदैव, पृष्ठ-60.
40. वर्माश्यामलाल, आधुनिक राजनीतिक सिद्धान्त, उक्त, पृष्ठ-215.
41. तदैव, पृष्ठ-212.

अध्याय - 3

संचार का क्षेत्र, उपयोगिता एवं प्रारूप

SCOPE OF COMMUNICATION, UTILITY AND MODEL

3.0. प्रत्येक शास्त्र अथवा विज्ञान का अपना क्षेत्र अथवा विस्तार होता है। इसकी व्यापकता का निर्धारण उस विषय अथवा शास्त्र की विषय-वस्तु पर निर्भर है। किसी भी विषय के क्षेत्र के निर्धारण में परस्पर भिन्नता विद्वानों में पायी जाती है। संचार को सम्पूर्ण रूप से समझने के लिए इसके क्षेत्र को समझना आवश्यक है।

उक्त के अतिरिक्त हमें संचार की उपयोगिता को भी जानना आवश्यक है। वर्तमान समय में संचार का महत्त्व निरन्तर बढ़ रहा है। धरती के प्रत्येक मनुष्य पर संचार का प्रभाव प्रत्यक्ष अथवा परोक्ष रूप में निरन्तर पड़ रहा है। संचार की शून्यता की स्थिति में मानव समाज की शून्यता दिखायी पड़ती है। इस कारण इसकी उपयोगिता को भी जानना आवश्यक है।

संचार का क्षेत्र एवं उपयोगिता जानने के साथ-साथ इसके व्यवहार के ढाँचे अथवा कार्य प्रक्रिया को भी समझना आवश्यक हो जाता है। प्रारूप सिद्धान्त नहीं है लेकिन प्रचलित व्यवहार में उपलब्ध है। इसी कारण प्रचलित व्यवहार की अभिव्यक्ति को हम प्रारूप (Model) की संज्ञा देते हैं। इसे हम विवेचनात्मक तथा रेखांकन दोनों के आधार पर व्यक्त कर सकते हैं। इस अध्याय में हम संचार के क्षेत्र, उपयोगिता एवं प्रारूप का वर्णन अलग-अलग करेंगे।

3.1 संचार का क्षेत्र (Scope of Communication)

संचार मनुष्य एवं मानव समाज का आधार है। मानव समाज के विकास के साथ-साथ संचार के विविध रूप विकसित हो रहे हैं। संचार का सम्बन्ध मनुष्य एवं मनाव समाज दोनों से है। संचार सिर्फ मनुष्य के अन्तःस्थल अथवा आभ्यन्तर से भी है। इस कारण इसके विषय क्षेत्र का निर्धारण इसकी प्रकृति एवं कार्यप्रक्रिया के आधार पर करना आवश्यक है। संचार के क्षेत्र के अन्तर्गत मनुष्य के आभ्यन्तर की सूचना प्रक्रिया, मनुष्य के बाह्य की सूचना प्रक्रिया दोनों सम्मिलित हैं। मनुष्य की बाह्य सूचना प्रक्रिया परस्पर एवं व्यापक समाज के सन्दर्भ में विभक्त है। इस कारण संचार के अध्ययन क्षेत्र में मुख्य रूप से अधोलिखित तत्त्व एवं प्रक्रियाएँ एवं सन्दर्भ सम्मिलित हैं। चूँकि संचार में मानव समाज की प्रत्येक सूचना प्रक्रिया सम्मिलित है इस कारण इसकी व्यापकता को सूक्ष्म रूप में प्रस्तुत करना हमारा लक्ष्य है। अतः इसके विस्तार के प्रमुख क्षेत्र इस प्रकार हैं–

(क) मनुष्य के आभ्यन्तर की सूचना प्रक्रिया : संचार का सम्बन्ध मनुष्य के आभ्यन्तर या अन्तःकरण से है। मानव समाज में प्रत्येक सम्प्रेषण या सूचना का आदान-प्रदान मनुष्य के द्वारा किया जाता है। इस सूचना सम्प्रेषण प्रक्रिया में मनुष्य का अन्तःकरण अथवा आभ्यन्तर मुख्य भूमिका निभाता है। इसी कारण मानव समाज की सभी अपेक्षाएँ सन्तुलित या सामान्य

मनुष्य से होती हैं न कि असामान्य अथवा असन्तुलित मनुष्य से। संचार का लक्ष्य मनुष्य के अन्तःकरण की प्रक्रिया अथवा प्रवृत्ति को समझना है। प्राचीन काल में मानव समाज का ध्यान आभ्यन्तर संचार की ओर अधिक था। वर्तमान समय में ज्यों-ज्यों मानव समाज की सूचना प्रक्रिया बढ़ रही है त्यों-त्यों मनुष्य बहिर्मुखी होता जा रहा है। लेकिन वर्तमान समय में भी मनुष्य के आभ्यन्तर संचार प्रक्रिया को जानने का प्रयास किया जाता है। शिक्षा आदि के द्वारा आभ्यन्तर प्रक्रिया के विकास का प्रयास होता है। परीक्षा अथवा बौद्धिक परीक्षण एवं साक्षात्कार आदि आभ्यन्तर संचार प्रक्रिया को जानने के माध्यम हैं। इस प्रकार संचार के अध्ययन क्षेत्र में आभ्यन्तर संचार सम्मिलित है।

(ख) व्यक्तियों के परस्पर की सम्प्रेषण प्रक्रिया : संचार के अन्तर्गत परस्पर अथवा दो व्यक्तियों के मध्य में सम्पादित होनेवाली सूचना सम्प्रेषण प्रक्रिया को भी सम्मिलित किया जाता है। एक व्यक्ति दूसरे तक किस प्रकार अपने सन्देश को भेजता है तथा पुनः किस प्रकार उत्तर एवं प्रत्युत्तर संचालित होता है। इसका भी अध्ययन किया जाता है। संचार का विद्यार्थी जब साक्षात्कार (Interview) के लिए किसी व्यक्ति से सम्पर्क करता है अथवा किसी व्यक्ति का साक्षात्कार करता है तो उस अवस्था में व्यक्तियों के मध्य या अन्तर्व्यक्ति सम्प्रेषण प्रक्रिया प्रभावी होती है। यह प्रक्रिया कैसे प्रभावी बने? साक्षात्कार किस प्रकार किये जायें आदि का अध्ययन भी संचार के अन्तर्गत सम्मिलित है।

(ग) समूह की सम्प्रेषण प्रक्रिया : संचार के अध्ययन क्षेत्र में व्यक्ति अथवा कुछ व्यक्तियों की सूचना प्रक्रिया के अध्ययन के साथ-साथ समूह सूचना प्रक्रिया एवं व्यवहार को भी सम्मिलित किया जाता है। सूचना का विस्तार व्यक्तियों एवं समूहों के माध्यम से होता है। समूह संचार की अध्ययन प्रणाली की उपयोगिता प्रशिक्षण तथा प्रमाण के विस्तार अध्ययन एवं मूल्यांकन में महत्त्वपूर्ण है। इस कारण संचार का क्षेत्र समूह सम्प्रेषण प्रक्रिया से भी जुड़ा है।

(घ) परम्परागत संचार एवं सूचना प्रक्रिया : संचार का अध्ययन सिर्फ वर्तमान की प्रक्रिया से ही नहीं जुड़ा है। अतीत में संचार अथवा सूचना विस्तार की क्या प्रक्रिया रही इसका भी अध्ययन संचार के अन्तर्गत सम्मिलित है। इस प्रकार संचार के अतीत व्यवहार के अध्ययन से संचार के इतिहास तथा विकास का हमें ज्ञान होता है।

(ङ) जन सम्प्रेषण : संचार के अध्ययन के अन्तर्गत विशाल मानव समाज में विद्यमान जनसंचार के विविध स्वरूप, संरचना, प्रक्रिया, प्रवृत्ति आदि का अध्ययन किया जाता है। जनसंचार के द्वारा किस प्रकार मानव समाज में सूचना का विस्तार होता है तथा किस प्रकार का प्रमाण मानव समाज, संस्कृति एवं व्यवहार पर पड़ता है। इसका भी अध्ययन संचार के अन्तर्गत किया जाता है।

(च) संचार माध्यमों का अध्ययन : संचार के अन्तर्गत संचार के परम्परागत एवं आधुनिक दोनों प्रकार के माध्यमों के उद्भव, विकास, संरचना आदि के साथ-साथ इनके प्रभाव एवं महत्त्व का भी अध्ययन किया जाता है। किस प्रकार संचार के विभिन्न माध्यमों में परिवर्तन हो रहा हैं इसका भी विवेचन एवं विश्लेषण संचार के अध्ययन में सम्मिलित है। किस माध्यम से प्रभावी रूप में सूचना का विस्तार हो सकता है। यह भी संचार के अध्ययन में सम्मिलित है।

(छ) संचार संगठनों का अध्ययन : संचार के अध्ययन में संचार के विभिन्न क्षेत्रों में लगे संचार माध्यमों की व्यवस्था तथा इसके विविध संगठनों की रूपरेखा, संचालन प्रणाली, कार्य

एवं उद्देश्य, आदि का अध्ययन, मूल्यांकन किया जाता है। इनमें समय-समय पर हो रहे परिवर्तनों को अध्ययन में समेटा जाता है।

(ज) संचार विधि : संचार के अन्तर्गत मानव समाज में सूचना, अभिव्यक्ति एवं जन माध्यमों आदि के संचालन नियमन के लिए जो भी विधि अथवा कानून हैं उन सभी का हम अध्ययन करते हैं। इन अध्ययनों से हमें यह ज्ञात होता है कि किसी विधि का क्या प्रभाव है। विधि की उपयोगिता, विधि के अनुपालन एवं नियमन तथा कठिनाइयों का भी अध्ययन हम करते हैं। जैसे—केबिल अधिनियम, कापीराइट अधिनियम, सेन्सर कानून, अवमानना विधि आदि।

(झ) सूचना संग्रह, लेखन एवं सम्प्रेषण : संचार के अध्ययन में विभिन्न माध्यमों के लिए सूचना का संग्रह, लेखन एवं प्रेषण का भी अध्ययन किया जाता है। इसे हम पत्रकारिता की संज्ञा देते हैं। पत्रकारिता के अध्ययन के द्वारा जन माध्यमों के लिए सूचना के निर्माण तथा संग्रह आदि का अध्ययन किया जाता है। इस प्रकार पत्रकारिता संचार के अध्ययन का क्षेत्र है।

(ञ) अन्तरराष्ट्रीय सूचना प्रक्रिया : संचार के अध्ययन के अन्तर्गत विभिन्न राष्ट्रों द्वारा परस्पर किये जानेवाले समझौते, जो सूचना तथा संचार से सम्बद्ध होते हैं उनको भी सम्मिलित किया जाता है। प्रसारण के समय, प्रसारण की फ्रिक्वेन्सी एवं उपक्रम संचालन-प्रक्षेपण आदि इसमें सम्मिलित हैं। सूचना एवं संचार माध्यमों का आयात-निर्यात आदि के साथ-साथ सूचना की स्वतन्त्रता आदि के क्षेत्र में सम्पन्न अन्तरराष्ट्रीय समझौते आदि संचार के क्षेत्र में सम्मिलित हैं।

(ट) सूचना प्रौद्योगिकी : संचार के अध्ययन क्षेत्र में सूचना के क्षेत्र में हो रही तकनीकी क्रान्ति का अध्ययन भी सम्मिलित है। इण्टरनेट आदि की प्रक्रिया इसका प्रमुख उदाहरण है। इसके अतिरिक्त मोडेम, रेडियो, टेपरिकार्ड, वी.सी.आर. आदि के नवीन रूपों एवं नवीन प्रस्तुति आदि का भी अध्ययन इसमें सम्मिलित हैं।

उक्त के अलावा ग्रामीण संचार, विकास संचार आदि संचार के अध्ययन क्षेत्र में सम्मिलित हैं। इस प्रकार हम कह सकते हैं कि पूरे विश्व समाज में संचार के जो विविध रूप, प्रतीक, उपकरण, प्रक्रिया, संगठन एवं नियम आदि हैं, ये सभी संचार के अध्ययन की सीमा अथवा क्षेत्र में सम्मिलित हैं।

3.2 संचार के अध्ययन की उपयोगिता

संचार का महत्त्व अथवा उपयोगिता प्रत्येक युग अथवा कालखण्ड में रही है। जब मानव समाज अपनी आदिम अवस्था में था, उस समय भी संचार पर मनुष्य निर्भर था। अपनी मूल आवश्यकताओं की पूर्ति के लिए परस्पर सूचना या संकेत भेजता था। वर्तमान समय में भी जहाँ भाषा सम्प्रेषण के लिए अनुपयुक्त हो जाती है, वहाँ हाव-भाव अथवा संकेत ही प्रमुख होते हैं।

वर्तमान समय में जन माध्यमों के बढ़ते प्रभाव के कारण समय एवं स्थान की दूरी घटी है तथा विश्व एक परिवार में बदल रहा है। ऐसी स्थिति में संचार सबसे अधिक महत्त्वपूर्ण एवं उपयोगी हो गया है। इसकी उपयोगिता मनुष्य, मानव व्यवहार एवं मानव समाज तीनों के लिए है। इसकी उपयीगिता अथवा इसके अध्ययन से होनेवाले प्रमुख लाभों को जानना आवश्यक है। संचार अध्ययन की उपयोगिता अधोलिखित है—

(क) मनुष्य के लिए उपयोगी : संचार मनुष्य के लिए उपयोगी है। संचार के अध्ययन अथवा संचार प्रणाली के द्वारा मनुष्य अपनी भावना तथा उद्देश्यों को व्यक्त करता है तथा अन्य

की भावनाओं एवं विचारों से भी अवगत होता है। मनुष्य अपनी व्याकुलता तथा प्रसन्नता को सम्प्रेषित कर चिन्ता मुक्त होता है। संचार के अध्ययन से मनुष्य को विविध सूचना प्रणाली तथा सूचना सम्प्रेषक के व्यवहार का ज्ञान होता है। मनुष्य एक कुशल सम्प्रेषक कैसे बने। सम्प्रेषण या सम्प्रेषित सूचनाओं के स्रोतों से भी मनुष्य अवगत होता है। सूचना की प्राप्ति तथा सूचना के विश्लेषण के आधार पर मनुष्य अपने सामाजिक व्यवहार का नियमन एवं सुधार करता है। इस प्रकार संचार का अध्ययन मनुष्य के लिए स्वयं तथा सामाजिक जीवन के लिए उपयोगी है। इसके अध्ययन के द्वारा मनुष्य में एक कुशल सम्प्रेषक एवं सूचना व्यवहार एवं दृष्टि का विकास होता है।

(ख) मानव समाज के लिए उपयोगी : संचार का अध्ययन मानव समाज के लिए उपयोगी है। आज हम विश्व-परिवार की दिशा में अग्रसर हो रहे हैं। इस दिशा में सार्थक विकास के लिए यह आवश्यक है कि हम संचार के सन्दर्भ में एक समग्र तथा सकारात्मक दृष्टि का विकास करें, क्योंकि सकारात्मक दृष्टि से विश्व-परिवार की दिशा में हम आगे बढ़ सकते हैं। इसके विपरीत नकारात्मक दृष्टिकोण की दिशा में हमारा विश्व-परिवार का व्यवहार एवं विकास अवरुद्ध हो सकता है। इस कारण वर्तमान समय में राष्ट्रीय एवं अन्तरराष्ट्रीय दोनों दृष्टियों से सूचना एवं संचार का महत्त्व बढ़ा है। सूचना सम्प्रेषण के इतने माध्यम एवं मार्ग उपलब्ध हैं कि इनसे व्यवहार करने के लिए एक दृष्टि का निर्माण आवश्यक है। राष्ट्रीय स्तर पर नीति निर्धारण अथवा समस्या के समाधान में संचार प्रक्रिया काफी महत्त्वपूर्ण है। अन्तरराष्ट्रीय स्तर पर टकराव एवं युद्ध को टालने तथा विभिन्न देशों तथा संस्कृतियों एवं समाजों में निकटता लाने में सूचना प्रक्रिया महत्त्वपूर्ण है। इस काल संचार का अध्ययन समाज के लिए उपयोगी तथा महत्त्वपूर्ण है।

(ग) व्यावहारिक महत्त्व : संचार के अध्ययन की उपयोगिता उक्त के अतिरिक्त सबसे अधिक व्यावहारिक स्तर पर भी है। संचार प्रक्रिया एक उद्योग के रूप में विकसित हो गयी है। संचार प्रक्रिया से जुड़े विभिन्न प्रकार के व्यवसाय विश्व स्तर पर अस्तित्व में हैं। संचार के अध्ययन की उपयोगिता वर्तमान में रोजगार से भी जुड़ी है। इस प्रकार संचार का अध्ययन एक आजीविका के साथ-साथ लोक सेवा तथा लोक नियोजन से भी जुड़ा है। इस प्रजातान्त्रिक परिवेश में संचार सबसे अधिक उपयोगी है। इतना ही नहीं संचार माध्यम सरकार की नीतियों के विस्तारक होने के साथ-साथ सम्प्रभुता के भी नियामक बन गये हैं। सत्ता परिवर्तन की स्थिति में जनमाध्यम महत्त्वपूर्ण होते हैं। सैनिक अधिकारियों द्वारा सत्ता के कब्जे आदि की स्थिति में सर्वप्रथम जनसंचार के विद्युतीय माध्यमों जैसे रेडियो और टेलीविजन आदि पर कब्जा किया जाता है। इस प्रकार वर्तमान में जनसंचार माध्यम किसी राज्य की सम्प्रभुता के अवयव तथा सरकार के प्रमुख आधार बन गये हैं। इस प्रकार हम यह कह सकते हैं कि वर्तमान विश्व में जनसंचार माध्यम राज्य के आवश्यक तत्त्वों में प्रमुख तत्त्व हैं। इस प्रकार संचार एवं सूचना प्रक्रिया का व्यावहारिक महत्त्व एवं उपयोगिता वर्तमान विश्व में स्वयंसिद्ध है।

3.3 संचार प्रारूप (Communication Model)

सामान्य अर्थों में प्रारूप अथवा मॉडल (Model) का अभिप्राय रेखांकन से लिया जाता है। परन्तु वास्तव में प्रारूप का अर्थ एवं अभिप्राय इससे अधिक व्यापक है। आक्सफोर्ड एडवान्स्ड लर्नर डिक्शनरी के अनुसार प्रारूप का अभिप्राय किसी वस्तु का उसके लघु रूप में प्रस्तुति है। प्रारूप वास्तविक संरचना नहीं होकर मात्र उसकी अभिव्यक्ति अथवा आकृति है। व्यवस्था के सन्दर्भ में प्रारूप का अभिप्राय व्यवहृत तरीकों से होता है। इसे किसी वास्तविकता अथवा व्यवहार

एवं वस्तु का चित्रण भी माना जाता है। प्रारूप को कार्य योजना के रूप में जाना जाता है।[1]

सामाजिक विज्ञानों में प्रारूप (Model) का अर्थ सैद्धान्तीकरण के रूप में लिया जाता है। जो सिद्धान्त अधिक सुव्यवस्थित नहीं हैं, उन्हें हम प्रारूप कहते हैं। प्रारूप किसी सामाजिक घटना अथवा इकाई के व्यवहार के बारे में अनुभवाश्रित सिद्धान्त बनाने के लिए निर्मित कुछ सैद्धान्तिक कल्पनाएँ हैं। यह कह सकते हैं कि प्रारूप किसी घटना अथवा इकाई का वर्णन मात्र नहीं है अपितु उसकी विशेषताओं का प्रतिनिधित्व करता है। प्रारूप द्वारा व्यक्त की जाने वाली व्याख्या अवलोकित घटना के विश्लेषण किये जानेवाले वास्तविक व्यवहार के अधिक समीप है।[2] इस प्रकार स्पष्ट है कि प्रारूप मात्र रेखांकन नहीं है, जैसा कि कुछ लोग समझते हैं। वास्तव में सामाजिक विज्ञानों में प्रारूप का अभिप्राय ऐसी अभिव्यक्ति से है जिसके द्वारा किसी घटना अथवा वस्तु का व्यवहार व्यक्त होता हो, यह अभिव्यक्ति चित्रात्मक, रेखात्मक मूर्तिरूप में अथवा शब्दरूप में हो सकती है। प्रारूप व्यवहार एवं सिद्धान्त के बीच की कड़ी है।

अब हम संचार प्रारूप का वर्णन करेंगे। वास्तव में हरि अनन्त हरिकथा अनन्ता जैसा सन्दर्भ यहाँ उपस्थित होता है। क्योंकि संचार के अनन्त रूप एवं व्यवहार हैं। इस कारण संचार के अनन्त प्रारूप हमें प्राप्त हो सकते हैं। इन अनन्त प्रारूपों में प्रमुख प्रारूपों का वर्णन या विवेचन ही हम प्रस्तुत कर सकते हैं। संचार के प्रमुख प्रारूप अधोलिखित हैं।

3.3.1 अरस्तू का संचार प्रारूप (Aristotel's Model of Communication) : ग्रीक दार्शनिक अरस्तू ने आज से लगभग 2.300 वर्ष पूर्व संचार प्रारूप को प्रस्तुत किया था। अरस्तू द्वारा प्रस्तुत संचार प्रारूप में मुख्य रूप से–(1) स्पीकर, (2) स्पीच, (3) ऑडिएन्स, (4) आकेजन (5) इफेक्ट का वर्णन था। इन्हीं 5 चरणों या तत्त्वों का समावेश अरस्तू के प्रारूप में था। अरस्तू के संचार प्रारूप में माध्यम का उल्लेख नहीं है, क्योंकि उस समय अधिकतर संचार मौखिक था। इस कारण संचार माध्यम प्रभावी नहीं थे। इसी कारण संचार माध्यम को अरस्तू के प्रारूप में स्थान नहीं मिला। अरस्तू का प्रारूप इस प्रकार है :–

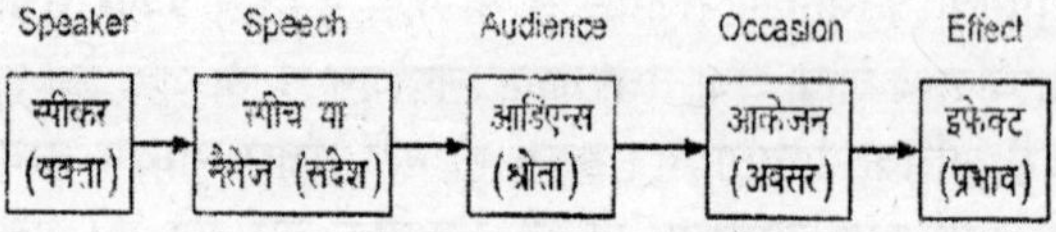

प्रारूप–(3.1) : अरस्तू का संचार प्रारूप[3]

3.3.2 लासवेल का संचार प्रारूप (Lasswell's Model of Communication) : लासवेल का परिचय किसी संचार के विद्यार्थी अथवा अध्येता के लिए नया नहीं है। इसका पूरा नाम हेराल्ड लासवेल है। संचार प्रक्रिया के विश्लेषण के लिए लासवेल ने प्रमुख तत्त्वों पर बल दिया। यह द्वितीय विश्वयुद्ध का समकालीन है। इसने 1948 में अपना संचार प्रारूप विकसित किया। इसके संचार प्रारूप में–(1) कौन? (2) क्या कहा? (3) किस मार्ग/माध्यम से? (4) किसके लिए? एवं (5) क्या प्रभाव? सम्मिलित हैं। लासवेल के प्रारूप का उल्लेख अधोलिखित है–

लासवेल के संचार प्रारूप (3.2) में संचार के सभी आवश्यक तत्त्वों का उल्लेख है परन्तु प्रारूप फीडबैक (Feedback) का उल्लेख नहीं है। वास्तव में फीडबैक को लासवेल में प्रभाव के अन्तर्गत सम्मिलित किया है।

5 प्रतीक W/क	तत्त्व/अभिव्यक्ति
Who? (कौन?)	प्रेषक (स्रोत)
Says what? (क्या कहा?)	सन्देश (सन्दर्भ)
In which channel? (किस माध्यम से?)	संचार मार्ग/माध्यम
To whom? (किसके लिए?)	श्रोता
With what effect? (क्या प्रभाव?)	प्रभाव

प्रारूप–(3.2) : लासवेल का संचार प्रारूप[4]

लासवेल के उक्त माडल में 1985 में ब्रेडाक नामक संचारविद् ने दो तत्त्वों को जोड़ा। इसमें पहला है **किस परिस्थिति में** और दूसरा है कि उद्देश्य। इस प्रकार ब्रेडाक के अनुसार संशोधित माडल निम्न है। कौन? (Who?) क्या कहा? (Says what?) किस माध्यम से? (In which channel?) किससे (To whom? के लिए?) किस स्थिति में? (In which situation?) किस उद्देश्य से? (What objective?) क्या प्रभाव? (With what effect)? **इस प्रकार ब्रेडाक ने स्थिति एवं उद्देश्य को जोड़कर संचार को समग्रता में प्रस्तुत करने का प्रयास किया।**[5]

3.3.3 जार्ज गबनर का संचार प्रारूप (George Gerbner's Model of Communication) : जार्ज गबनर ने अपने प्रारूप को (Audio Visual Review) (आडियो विज़ुअल रिव्यू) में प्रस्तुत किया। यह प्रारूप मुख्य रूप से 1956 में अस्तित्व में आया। गबनर ने मानव संचार के व्यवहार को प्रारूपित कर प्रस्तुत किया। इसके प्रारूप में घटना, सन्दर्भ चयन, प्रतिक्रिया, साधन/नियन्त्रण, सन्दर्भ, उपलब्धता में चयन सन्दर्भ के सम्बन्ध में कुछ परिणाम या प्रतिक्रिया इसके प्रारूप को इस प्रकार समझ सकते हैं।

गबनर के इस प्रारूप (3.3 क) में संचार के सामान्य स्वरूप का विवेचन है। इस प्रारूप में–ई (E) घटना तथा एम (M) प्रतिक्रिया को व्यक्त करता है। इसके अतिरिक्त एस (S) सिगनल अथवा सन्देश को व्यक्त करता है। इस प्रारूप में यह व्यक्त किया गया है कि घटना का बोध अथवा ज्ञान सम्प्रेषक एवं श्रोता के स्तर पर अलग-अलग होता है। जनमाध्यमों के स्तर पर प्रत्यक्ष रूप में उपलब्ध सूचना अन्तर्व्यक्ति स्तर पर नियन्त्रण एवं संचालन का कार्य भी करती है। इस प्रकार गबनर सूचना प्रवाह प्रक्रिया के साथ-साथ सूचना की भिन्नता की प्रकृति को भी व्यक्त करता है। परन्तु इस प्रारूप में अर्थ उत्पत्ति की प्रक्रिया का विवेचन नहीं है।

संचार सन्दर्भ	तत्त्व/अभिव्यक्ति
कुछ घटना, ग्राह्यता$_1$	श्रोता/ग्राह्यता पर अनुभूति$_1$
प्रतिक्रिया$_2$	सन्देश की प्रभाविता$_2$
स्थिति$_3$	सामाजिक, मनोवैज्ञानिक$_3$

साधन$_4$	माध्यम$_4$
सामग्री की उपलब्धता$_5$	प्रशासन$_5$
अनेकरूपता$_6$	संगठन$_6$
सम्बन्ध/प्रदत्त सन्दर्भ$_7$	संचार व्यवस्थीकरण$_7$
कुछ परिणाम$_8$	सन्दर्भ विश्लेषण$_8$

प्रारूप–(3.3) : गबनर का संचार प्रारूप[6]

3.3.4 शैनन एवं वीवर का संचार प्रारूप (Shannon and Wiever Model of Communication) : सी. ई. शैनन एवं डब्लू. वीवर ने मशीनी संचार का एक सिद्धान्त विकसित किया। यह सिद्धान्त 1949 में अस्तित्व में आया। इस सिद्धान्त का सम्बन्ध रेडियो एवं टेलीफोन सम्प्रेषण से जुड़ा था।

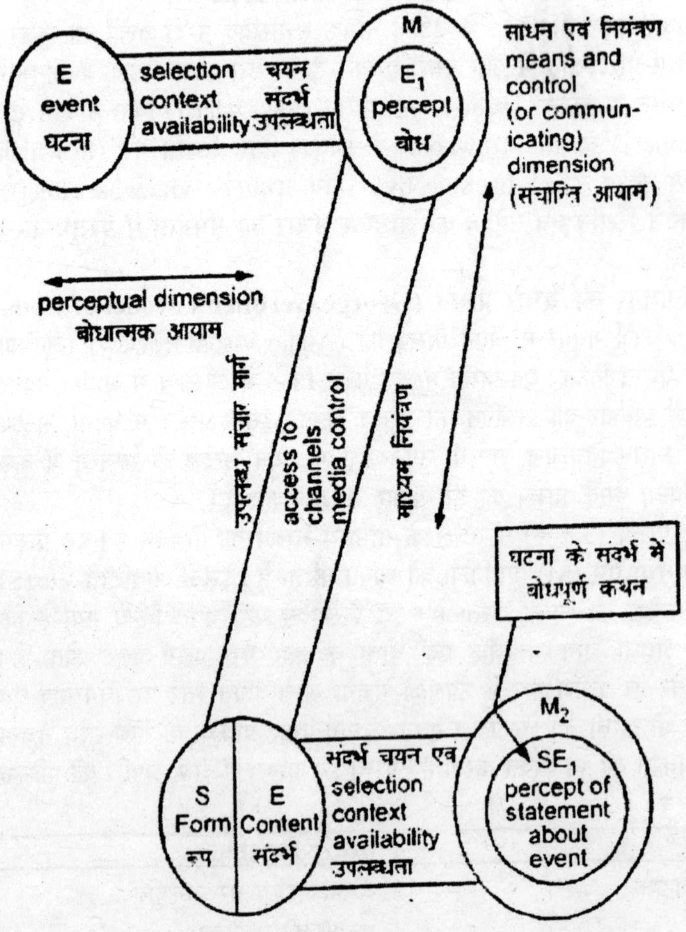

प्रारूप–(3.3 क) : गबनर का संचार प्रारूप[7]

इस तकनीकी संचार प्रारूप में शैनन एवं वीवर ने इसमें संचार प्रक्रिया को—(1) तकनीकी, (2) अर्थ एवं प्रसारण तथा (3) प्रभाव एवं श्रोता के स्तरों पर संचार की प्रक्रिया का विश्लेषण किया।

शैनन एवं वीवर के प्रारूप (3.4) में फीडबैक का वर्णन अथवा उल्लेख नहीं है। फीडबैक की प्रक्रिया इस प्रारूप में नहीं होने से यह प्रारूप मात्र एक-मार्गी संचार प्रक्रिया को ही व्यक्त करता है।

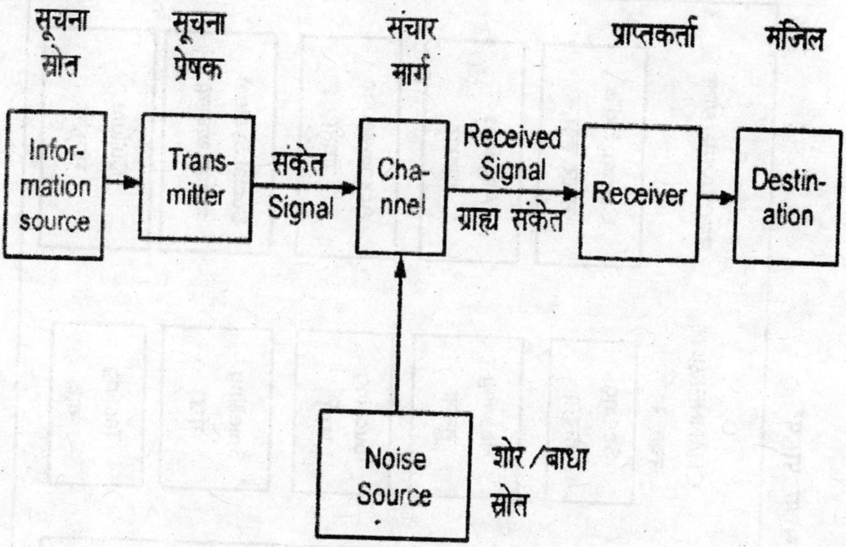

प्रारूप—(3.4) : शैनन एवं वीवर का संचार प्रारूप[8]

3.3.5 बर्लोज का संचार प्रारूप (Berlos's Model of Communication) : डेविड के. बर्लोज ने 1960 में संचार प्रारूप का विकास किया। इनके प्रारूप में संचार के—(1) स्रोत, (2) सन्देश, (3) संचार मार्ग एवं (4) श्रोता का वर्णन एवं उल्लेख है। इस प्रारूप में इन चारों से सम्बद्ध विस्तृत अवयवों अथवा घटकों का वर्णन है। इनका संचार प्रारूप (3.5) पूर्व उद्धृत है।

बर्लोज के इस संचार प्रारूप (3.5) में संचार प्रक्रिया का उल्लेख नहीं है। यदि इसका विश्लेषण करें तो यह मुख्य रूप से संचार प्रक्रिया में मानवीय तत्त्व की भूमिका अथवा प्रक्रिया से जुड़ा है। यह भूमिका स्रोत, सन्देश, संचार मार्ग एवं श्रोता आदि के रूप में जुड़ी हो सकती है। यह प्रारूप पूर्णतायुक्त नहीं है।

3.3.6 डान्स का संचार प्रारूप (Dance's Model of Communication) : इस प्रारूप का विकास फ्रैंक ई. एक्स. डान्स (Frank E.X. Dance) ने 1967 में किया। उन्होंने बताया कि संचार प्रक्रिया लट्टू की भाँति है। यह किसी समय आगे तथा किसी समय पीछे घूमता है। संचार प्रक्रिया भी लट्टू की भाँति आगे तथा पीछे होती है। संचार प्रक्रिया भी अतीत के व्यवहारों को प्रभावित करती है। इस प्रारूप के द्वारा हमें यह भी ज्ञात होता है कि संचार का न तो कोई निश्चित प्रारम्भ बिन्दु होता है और न ही अन्तिम बिन्दु। इस कारण संचार का दायरा अनिश्चित होता है। इस प्रारूप से यह भी स्पष्ट होता है कि गति की अवस्था में संचार का प्रसार होता है तथा गति की क्षीणता अथवा स्थिर अवस्था में यह मृत प्राप्त होता

है। इस प्रकार ई. एक्स. फ्रैंक का प्रारूप 3.6 देखें।

ई. एक्स. डान्स फ्रैंक के संचार के प्रारूप (3.6) में समग्र सूचना एवं संचार प्रक्रिया के स्थान पर सिर्फ संचार की गतिशीलता को ही दर्शाया गया है। इसके द्वारा हम संचार की गति तथा उद्‌भव एवं विकास से ही अवगत हो सकते हैं, न कि समग्र सूचना व्यवहार से।

प्रारूप – (3.5) : बर्लो का संचार प्रारूप[9]

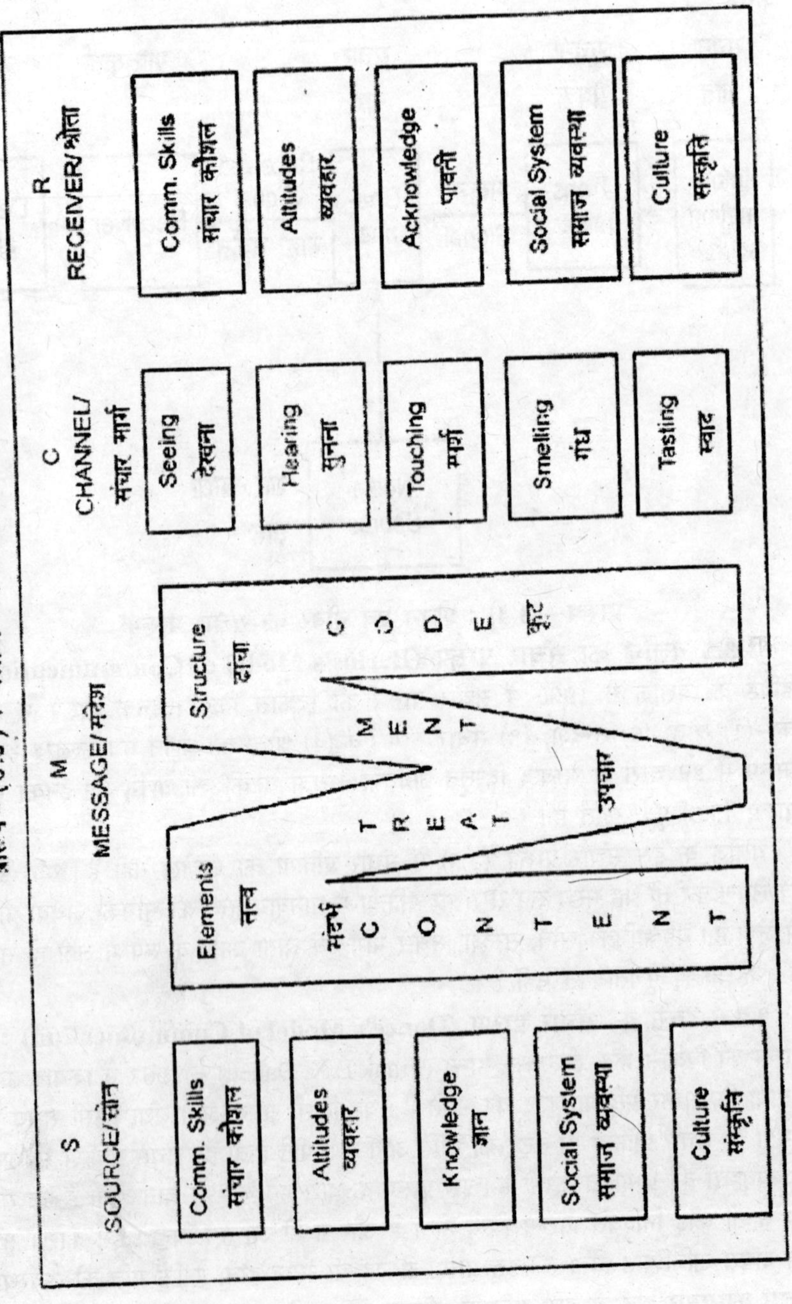

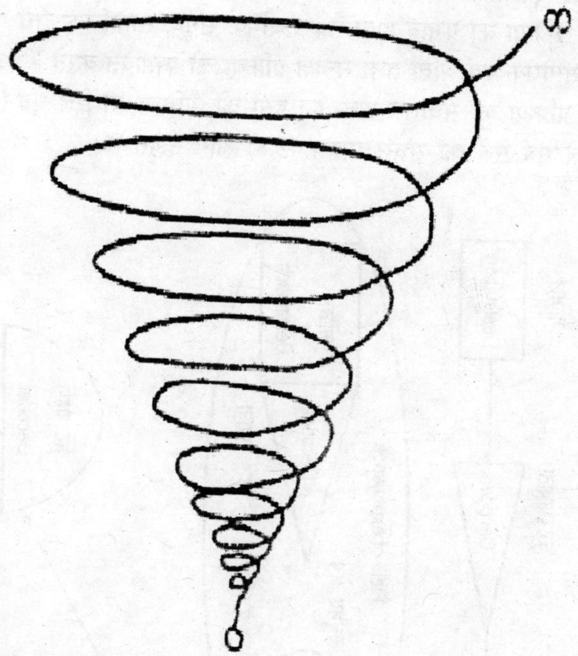

प्रारूप–(3.6) : ई. एक्स. फ्रैंक डान्स का प्रारूप[10]

3.3.7 श्रेम का संचार प्रारूप (Schramm's Models of Communication) : विलबर श्रेम का संचार प्रारूप 1954 में अस्तित्व में आया। विलबर श्रेम ने शैनन एवं वीवर के प्रारूप पर अपने प्रारूप का विकास किया। श्रेम का लक्ष्य सामान्य संचार तकनीकी की अपेक्षा जनसंचार था। इस दृष्टि से श्रेम ने–(1) स्रोत, (2) कूट प्रेषण, (3) संकेत, (4) कूट ग्राह्यता एवं (5) मंजिल के रूप में संचार प्रक्रिया को जनसंचार के क्षेत्र में प्रारूपित किया। श्रेम ने अपने पाँच बिन्दुवाले संचार प्रारूप के साथ-साथ दो पूरक प्रारूपों के द्वारा एक में अनुभव क्षेत्र तथा दूसरे सन्देश विश्लेषण को जोड़ा। इस प्रकार श्रेम के संचार प्रारूप को समझने के लिए इसके मुख्य एवं दो पूरक प्रारूपों को समझना आवश्यक है। ये प्रारूप (3.7) आगे उद्धृत है।

विलबर श्रेम के संचार प्रारूप (3.7) में जनसंचार की प्रक्रिया तथा अनुभव, व्याख्या के साथ-साथ फीडबैक की स्थिति को भी स्पष्ट किया गया है। इस प्रकार उक्त प्रारूपों के द्वारा श्रेम ने संचार प्रक्रिया को स्पष्ट किया है। सम्पूर्ण संचार प्रक्रिया को समझने के लिए विकसित तीनों प्रारूपों में एकीकरण न होने से कभी-कभी भ्रमात्मक स्थिति उत्पन्न अवश्य हो सकती है। लेकिन विलबर श्रेम की दृष्टि से संचार प्रारूप को समझने के लिए तीनों को समवेत रूप में देखना आवश्यक है।

3.3.8 रिले एवं रिले का संचार प्रारूप (Riley and Riley Model of Communication): जॉन डब्लू. रिले एवं मटिल्डा हाइट रिले ने 1959 में जनसंचार एवं सामाजिक

व्यवस्था पर एक प्रारूप (3.8) विकसित किया। उन्होंने बताया कि सम्प्रेषक एवं श्रोता पर सामाजिक प्रक्रिया का प्रभाव होता है। प्राथमिक समूह, सामाजिक ढाँचे एवं समग्र सामाजिक व्यवस्था, सम्प्रेषक एवं श्रोता तथा सन्देश प्रक्रिया को प्रभावित करते हैं। इन्हीं की अन्तःक्रिया से सन्देश प्रक्रिया का संचालन होता है। इसी की अभिव्यक्ति रिले एवं रिले के संचार प्रारूप में है। रिले एवं रिले का संचार प्रारूप (3.8) आगे उद्धृत है।

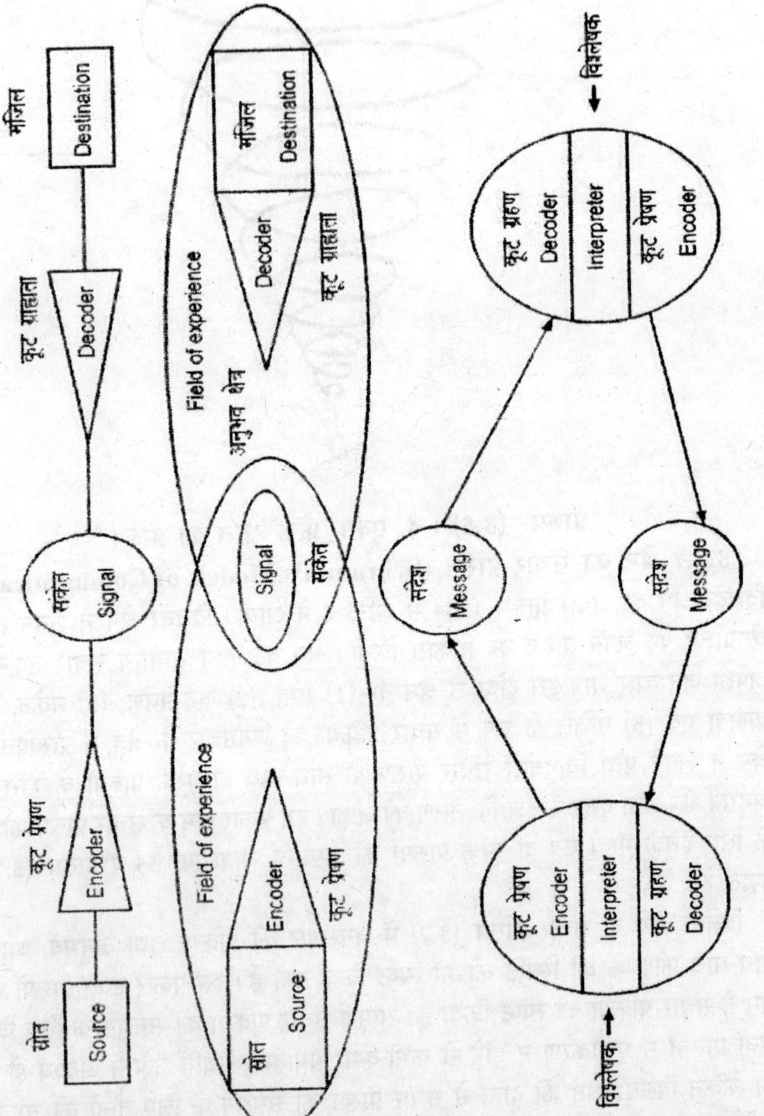

प्रारूप–(3.7) : श्रेम के संचार प्रारूप11

3.3.9. ओ. पी. सिंह का संचार प्रारूप (O.P. Singh's Model of Communication) : संचार शोध के दौरान मैंने 1985 में यह पाया कि भारत में संचार की प्रक्रिया मिश्रित प्रवृत्ति युक्त है। इसके पूर्व जनसंचार को अन्य संचारों जैसे–आभ्यन्तर संचार अन्तर्व्यक्ति संचार

एवं समूह संचार आदि से अलग अथवा भिन्न रूप में देखा जाता था कि जबकि वास्तविक व्यवहार में सभी संचारों की मिश्रित प्रक्रिया द्वारा समाज में सूचना सम्प्रेषण की प्रक्रिया पूरी होती है। भारतीय समाज की प्रकृति ग्रामीण एवं नगरीय संस्कृति के मिश्रण की है। इसमें ग्रामीण संस्कृति का प्रभाव अधिक है। इस कारण इस संचार प्रारूप (3.9) के विकास में कई कठिनाइयाँ रहीं। काफी प्रयासों एवं अवलोकन आदि के द्वारा ग्रामीण एवं नगरीय सूचना व्यवहार को समझने के उपरान्त इस प्रारूप (3.9) को मैंने अपनी पी-एच.डी. थीसिस/शोध प्रबन्ध में उल्लिखित किया। इसके उपरान्त 1993 में मेरे द्वारा विकसित इस संचार प्रारूप (3.9) का प्रकाशन मेरी पुस्तक 'संचार माध्यमों का प्रभाव' में हुआ। इसके बाद भी मैंने भारतीय समाज में विद्यमान सूचना व्यवहार का अवलोकन जारी रखा। इसके परिणामस्वरूप नवीन स्थितियों के अनुरूप इसे नये रूप में विकसित कर इस पुस्तक में प्रस्तुत कर रहा हूँ। यह प्रारूप (3.9) चूँकि भारतीय परिवेश में अध्ययन एवं अवलोकन के उपरान्त मेरे द्वारा विकसित है। इस कारण इस प्रारूप के साथ मेरा नाम संयुक्त हुआ है। इस प्रारूप के साथ अपना नाम जोड़ने के पीछे सिर्फ यह उद्देश्य रहा कि, इस प्रारूप (3.9) के विकास की स्थिति एवं प्रक्रिया को मैं आपके सम्मुख स्पष्ट कर सकूँ तथा यह संचार प्रारूप भारतीय परिवेश में विकसित है, इसका भी सत्यापन रहे। इसी भारतीय सत्यापन एवं सनद के प्रतीक के रूप में अपने नाम को पहली बार इस पुस्तक में इस प्रारूप के साथ जोड़ रहा हूँ। यह प्रारूप (3.9) पूर्व उद्धृत है।

यह संचार प्रारूप (3.9) पूर्ण रूप से संचार प्रक्रिया, संचार के चरणों, संचार मार्ग, संचार एवं समाज व्यवस्था, संचार के विविध प्रकारों आदि को समेटे हुए भारतीय संचार प्रक्रिया को व्यक्त करता है।

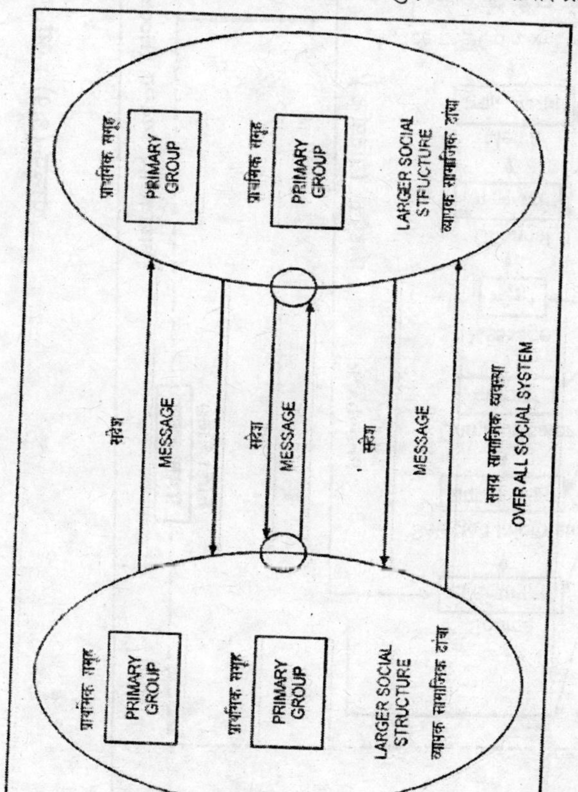

प्रारूप - (3.8) : रिले एवं रिले का संचार प्रारूप[12]

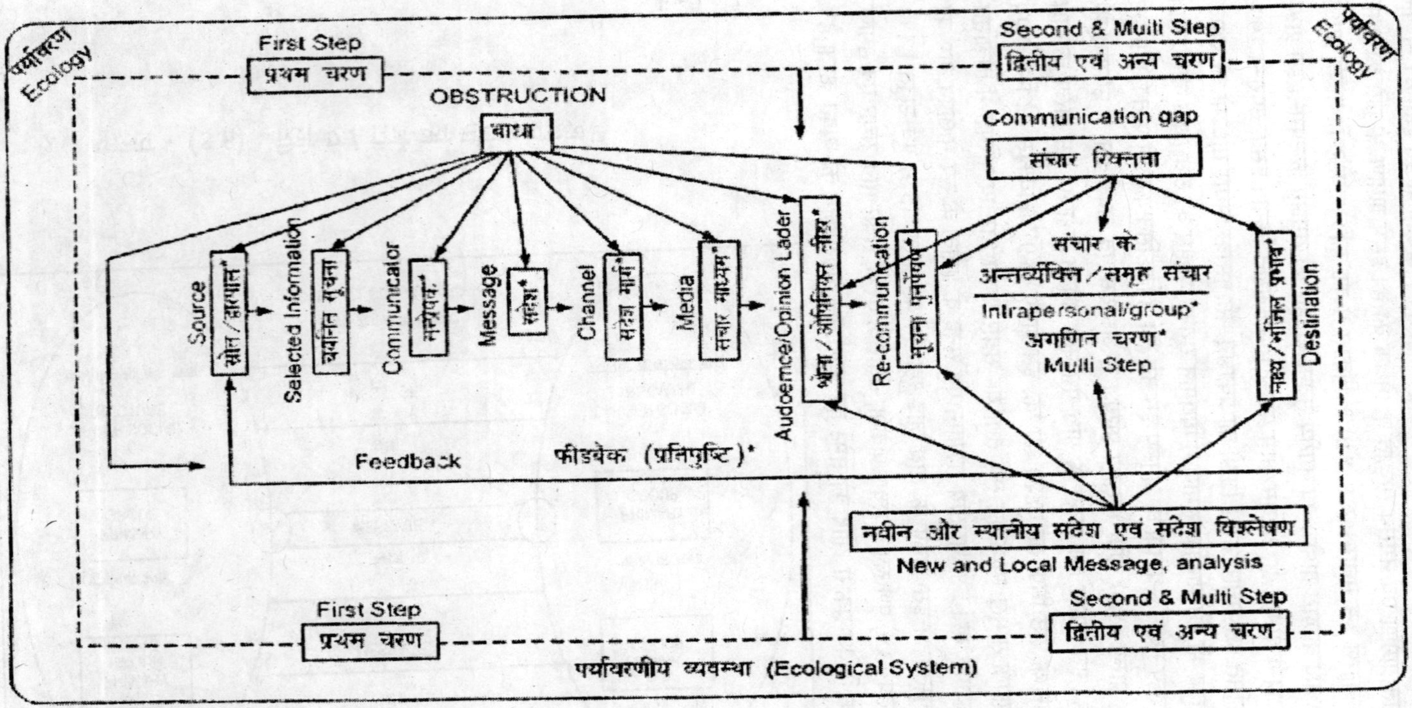

प्रारूप-(3.9) : ओ. पी. सिंह का संचार प्रारूप[13]

सन्दर्भ

1. Oxford Advanced Learner's Dictionary, Oxford University Press, Walton Street, Oxford OX 26 DP, 1996, p. 749.
2. महाजन धर्मवीर एवं महाजन कमला, सामाजिक अनुसन्धान एवं सांख्यिकी, शिक्षा साहित्य प्रकाशन, मेरठ, 1988, पृष्ठ-71.
3. सिंह, ओमप्रकाश, संचार माध्यमों का प्रभाव, क्लासिकल पब्लिशिंग कम्पनी, करमपुरा, नयी दिल्ली, 1993, पृष्ठ-61.
4. वही, पृष्ठ-62.
5. चतुर्वेदी जगदीश्वर, जनमाध्यम सैद्धान्तिकी, अनामिका पब्लिशर्स एवं डिस्ट्रीब्यूटर (प्रा.) लिमिटेड, अन्सारी रोड, दरियागंज, नयी दिल्ली, 2002, पृष्ठ 250-253.
6. सिंह, ओमप्रकाश, संचार माध्यमों का प्रभाव, उक्त, पृष्ठ-621.
7. Watson James and Hill Anne, A Dictionary of Communication and Media Studies, Universal Book Stall, 5 Ansari Road, New Delhi, 1996, Page 75.
8. *Ibid*, p. 158.
9. *Ibid*, p. 51.
10. *Ibid*, p. 153.
11. *Ibid.*, p. 150.
12. सिंह, ओमप्रकाश, संचार माध्यमों का प्रभाव, उक्त, पृष्ठ-65.
13. सिंह, ओमप्रकाश, संचार माध्यमों का प्रभाव, उक्त, पृष्ठ-65.

अध्याय - 4

आभ्यन्तर संचार

INTRAPERSONAL COMMUNICATION

4.0. आभ्यन्तर संचार मानव समाज एवं विश्व के सभी संचारों का मुख्य आधार अथवा केन्द्र है। अब तक संचार के अध्ययन एवं अध्यापन में अन्य संचारों पर अधिक बल दिया गया परन्तु मूल संचार अथवा आधारभूत संचार के रूप में विद्यमान आभ्यन्तर संचार पर ध्यान नहीं दिया गया, जबकि इसकी प्रमुख आवश्यकता है। जितने भी सामाजिक विज्ञान अथवा अध्ययन की प्रणालियाँ हैं, उन सभी में आभ्यन्तर प्रक्रिया में उस विषय अथवा ज्ञान की दृष्टि के विकास का प्रयास होता है, जिससे सम्बद्ध विषय के अनुशासन का हृदयंगम हो सके। मनुष्य एवं मानव समाज सदा से प्रभावी एवं कुशल आभ्यन्तर संचारवाले लोगों का ज्ञान एवं समाज के लिए उपयोगी माना। जिस व्यक्ति का आभ्यन्तर संचार पूर्ण रूप से बिखरा है उस व्यक्ति को हम पागल की संज्ञा देकर तथा मानव समाज के लिए अनुपयुक्त घोषित कर देते हैं। इस प्रकार आभ्यन्तर संचार प्रमुख होने के साथ-साथ रहस्यवादी भी है। इसी रहस्य के अध्ययन के लिए मनोविज्ञान एक स्वतन्त्र विषय के रूप में स्थापित है।

भारतीय मनीषा ने आभ्यन्तर संचार की प्रक्रिया को समझने के प्रयास के साथ-साथ आभ्यन्तर संचार प्रक्रिया को सुधारने तथा इसके विकास का प्रयास किया, जिसके परिणामस्वरूप योग, साधन आदि का विकास हुआ। संचार की इस व्यवहार प्रक्रिया के आधार पर हम इसे भौतिक एवं अभौतिक अथवा अन्तः एवं बाह्य रूपों में विभाजित कर सकते हैं। (प्रारूप—4.1)

संचार के इस व्यावहारिक वर्गीकरण से स्पष्ट है कि आभ्यन्तर संचार की प्रकृति अभौतिक तथा अन्तर्मुखी है। इसकी इस प्रवृत्ति को जानने के साथ-साथ हमें अन्य संचारों से इसके सम्बन्ध को भी समझना आवश्यक है। वास्तव में आभ्यन्तर संचार अन्य संचारों का केन्द्र अथवा धुरी है। इसी के सहारे सभी संचार मानव समाज में संचालित होते हैं। इसे हम प्रारूप 4.2 से समझ सकते हैं।

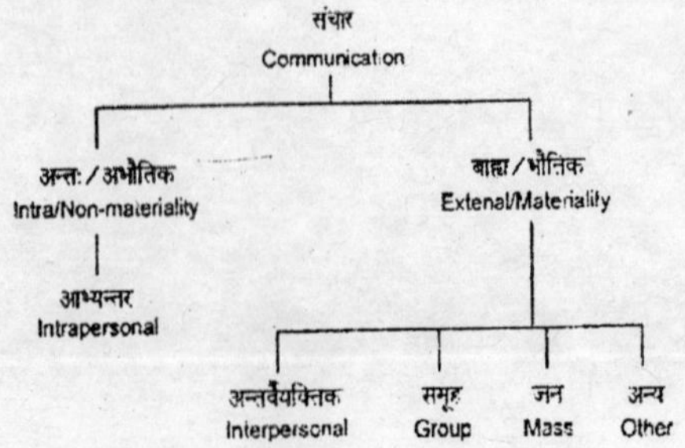

प्रारूप – (4.1)

प्रारूप–(4.2)

प्रारूप (4.2) से स्पष्ट है कि आभ्यन्तर संचार ही वह ऊर्जा है, जिससे जुड़कर अन्य संचार संचालित होते हैं। इस बाह्य जगत् के संचारों के अलावा आभ्यन्तर संचार के द्वारा सूक्ष्म जगत् के जो रहस्य हैं अथवा जो ज्ञान है उसका भी ज्ञान हमें होता है। आभ्यन्तर के विकास की अवस्था में मनुष्य संचार के गूढ़-से-गूढ़ रहस्यों को आत्मसात् करता है। आभ्यन्तर संचार का चरम उस ईश्वर अथवा जगत्कर्त्ता तक ले जाता है, जिसने विश्व की सृष्टि की है। इस कारण हम कह सकते हैं कि आभ्यन्तर संरचना की परा यात्रा में मनुष्य जगत् नियन्ता एवं परमेश्वर की विराटता को प्राप्त करता है। इसके विपरीत भौतिक जगत् में आभ्यन्तर संचार के द्वारा जनसंचार से जुड़कर व्यापक समाज की विराटता से जुड़ जाता है। इससे स्पष्ट है कि आभ्यन्तर संचार ही मनुष्य की व्यापकता तथा विराटता का आधार है।

जब संचार अध्ययन का विकास आरम्भिक अवस्था में था, उस समय पत्रकार अथवा पत्रकारिता को जन्मजात गुण की संज्ञा दी जाती थी। वर्तमान में भी कुछ सत्य इसके करीब हैं। वर्तमान समय में संचार अथवा पत्रकारिता प्रशिक्षण के जो विविध केन्द्र हैं, वे सभी कैसे लिखें अथवा प्रस्तुत करें? इसका ही प्रशिक्षण देते हैं। लेकिन क्या लिखें? इसका प्रशिक्षण नहीं देते, क्योंकि यह प्रश्न सीधे आभ्यन्तर संचार से जुड़ा है। इसी आभ्यन्तर संचार की भिन्नता के कारण एक पत्र के सम्पादकीय या लेखन अन्य से भिन्न होते हैं। यही नहीं एक ही साथ काम करनेवाले पत्रकारों में आभ्यन्तर संचार की भिन्नता के कारण उनके व्यवहार, लेखन, कार्यशैली, दृष्टि आदि में अन्तर आ जाता है। हम साक्षात्कार अथवा परीक्षा के आधार पर मनुष्य के इसी आभ्यन्तर संचार प्रक्रिया के आकलन और मूल्यांकन का प्रयास करते हैं।

आभ्यन्तर संचार की प्रक्रिया बड़ी व्यापक तथा रहस्यपूर्ण है। आभ्यन्तर में ही पूरा विश्व, ज्ञान दर्शन एवं सम्बन्ध निवास करते हैं। आभ्यन्तर संचार प्रक्रिया से ही मनुष्य में हर्ष एवं विषाद आदि व्यक्त होते हैं। आभ्यन्तर संचार के द्वारा ही मनुष्य नये-नये ज्ञान एवं चिन्तन को भी देखता है। आभ्यन्तर संचार के द्वारा ही मनुष्य समाज एवं सम्बन्धों से जुड़ा रहता है। मनुष्य के सम्बन्ध बाह्य जगत् में नहीं वरन् मनुष्य के आभ्यन्तर में विद्यमान रहते हैं। इसी कारण पागल मनुष्य एवं उसके सम्बन्धी तथा समाज रहता है लेकिन आभ्यन्तर की विसंगति

के कारण पागल के लिए समाज, विश्व, सम्बन्ध और ज्ञान या तो रहते नहीं यदि कुछ अंश तक रहते भी हैं तो सामान्य मनुष्य से भिन्न रूप में। इस प्रकार स्पष्ट है कि आभ्यन्तर संचार मुख्य है। मनुष्य विदेश अथवा दूरस्थ रहकर भी अपनी आभ्यन्तर संचार प्रक्रिया के द्वारा अपने परिवार तथा सम्बन्धियों से जुड़ा रहता है। इस कारण आभ्यन्तर संचार को समझना आवश्यक है।

हमारे मस्तिष्क एवं हृदय का नियन्त्रण हमारे आभ्यन्तर द्वारा ही किया जाता है। इस पर अतीत एवं वर्तमान का प्रभाव प्रभावित करते हैं।[1] मनुष्य एवं मानव समाज निरन्तर इस प्रयास में है कि आभ्यन्तर संचार की प्रक्रिया को समझा जा सके। भाषा लिपि, व्याकरण, व्यवहार, उत्तर-प्रत्युत्तर सभी वास्तव में आभ्यन्तर संचार की देन हैं। सम्पूर्ण विश्व साहित्य आभ्यन्तर संचार का ही उत्पादन है। इस कारण वर्तमान समय में इस संचार प्रक्रिया को जानना तथा समझना आवश्यक है। आभ्यन्तर संचार प्रक्रिया बाह्य संचार में एस (S)→आर (R) के माध्यम से व्याप्त होती है। एस (S) अर्थात् उद्दीपक (Stimulus) एवं आर (R) अर्थात् (Response) उत्तर/प्रक्रिया, इस संचार प्रक्रिया को संचालित करने का मुख्य आधार है। इस प्रकार हम कह सकते हैं कि द्वन्द्व अथवा परस्पर विरोधी प्रवृत्तियों के द्वारा आभ्यन्तर संचार की कड़ी आगे बढ़ती है। इसी सिद्धान्त को कम्प्यूटर में भी अपनाया गया है। परस्पर दो विराधी अवस्थाओं 'हाई' और 'लो' (0 एवं 1) की प्रक्रिया से कम्प्यूटर एवं मनुष्य के बीच सीधा सम्पर्क होता है। इसे हम कम्प्यूटर की भाषा में बाइनरी की संज्ञा देते हैं।[2] इससे भी स्पष्ट है कि मनुष्य के आभ्यन्तर संचार की तर्ज पर विकसित संगणक में भी द्वन्द्वात्मक प्रक्रिया कार्य का प्रमुख आधार है।

4.1 शब्द

सम्पूर्ण सृष्टि की विद्यमानता एवं अभिव्यक्ति के मूल में शब्द तत्त्व है। यह सृष्टि एवं संसार शब्द तत्त्व के कारण ही सारवान तथा अस्तित्व में है। मनुष्य की चेतनता तथा स्वयं एवं विश्व के होने का आभास शब्द के ही द्वारा होता है। इस कारण आभ्यन्तर के संचार में शब्द तत्त्व का अधिक महत्त्व है। सृष्टि की प्रत्येक वस्तु अथवा तत्त्व का मूल खोजने पर हमें अन्त में शब्द ही मिलेगा। वस्तुएँ (संसार) कहाँ से आती हैं और कहाँ चली जाती हैं? इसका सीधा और निर्मल उत्तर एक ही है–

ब्रह्मेदं शब्दनिर्माणं शब्दशक्तिनिबन्धनम् ।
विवृतं शब्दमात्राभ्यस्तास्वेव प्रविलीयते।।

(वा. प. 1/1 पर वृषभवृत्ति)

(यह विद्यात्मक और अविद्यात्मक उभयविध ब्रह्म शब्द का निर्माण, निर्मित या रचना है। (शब्देनोपादानेन हेतुना निर्माणं यस्य तत् शब्दनिर्माणम्) शब्द की शक्तियाँ इस कारण हैं। शब्द की शक्तियों से यह विवृत्त होता है और उन्हीं शब्द शक्तियों में विलीन हो जाता है।) वेद का वेदत्व ही शब्दतत्त्वात्मक है।[3]

तन्त्रागम में शब्दतत्त्व को अन्य दर्शनों की अपेक्षा अधिक स्पष्टता और अनिवार्यता के साथ स्वीकारा गया है। अपने-अपने सम्प्रदाय की स्थापना या प्रवर्तन के लिए उन्होंने देव-विशेष भगवान् शिव आदि को मुख्यता दी।[4] पाणिनि के व्याकरण सूत्र के स्रोत के रूप में भगवान शिव को ही माना गया है–

'नृत्यावसाने नटराजराजः ननाद ढ़पक्का नवपंच वारम्'

या

'जब महेश डमरू बजा रहे कर रहे नृत्य अवसान,

सोई चतुर्दश ध्वनि बनी पाणिनि कह वरदान।'[5]

इसी प्रकार भगवती काली को भी तन्त्रों में ज्ञान की देवी माना गया है। भगवती अपने गले में 51 मुण्ड कपाल धारण करती हैं। ये 51 मुण्ड/कपाल 51 वर्णों/अक्षरों के प्रतीक हैं। देवनागरी में प्रणव अर्थात् ॐ सहित (अ, आ, इ, ई, उ, ऊ, ए, ऐ, ओ, औ, अं, अः, ऋ, लृ, क, ख, ग, घ, ङ, च, छ, ज, झ, ञ, ट, ठ, ड, ढ, ण, त, थ, द, ध, न, प, फ, ब, भ, म, य, र, ल, व, श, ष, स, ह, क्ष, त्र, ज्ञ) कुल 51 वर्ण/अक्षर हैं। प्रत्येक वर्ण एक ध्वनि को व्यक्त करता है। इस कारण भगवती काली 51 वर्णों को धारण करती हैं। यह भी एक आश्चर्य है कि विश्व में जितनी भी भाषाएँ हैं उनमें उक्त 51 से अधिक ध्वनियाँ नहीं हैं। इस कारण भारतीय ज्ञान परम्परा में शिव-काली का महत्त्व है। शिव आरूढ़ शिवा/काली एवं गले में 51 मुण्डों की माला इसका प्रतीक है कि वर्ण, ध्वनि अथवा ज्ञान शक्ति, शिव से जुड़कर ही मंगलमयी हो सकती है।

उक्त प्रकार से स्पष्ट है कि भारतीय मनीषा ने शब्द-शक्ति एवं शब्द-तत्त्व को समझा तथा उस पर चिन्तन किया। शब्द-तत्त्व युक्त सृष्टि की व्याख्या अधोलिखित रूप में व्यक्त है–

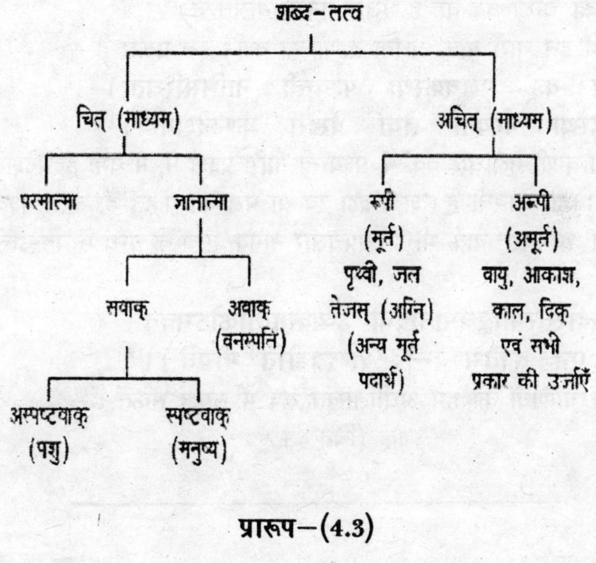

प्रारूप–(4.3)

4.2 वाक्

प्रारूप (4.3) से स्पष्ट है कि इस सृष्टि एवं विश्व में जो भी प्राणी अथवा पदार्थ है, उसमें शब्द की व्याप्ति है। इस प्रकार हम कह सकते हैं कि शब्द सृष्टि के कण-कण में समाया है।[6] जैसा कि प्रारूप (4.3) में ज्ञानात्मा अवाक् एवं सवाक् रूपों में विभक्त है। अब विचारणीय प्रश्न वाक् है। साधारणतया वाक् और शब्द की प्रतीति एक जैसी होती है। परन्तु वास्तव में वाक् और शब्द-तत्त्व स्पष्ट रूप से अलग-अलग है। वास्तव में वाक्-सवाक् सृष्टि का अन्तः

सन्निविष्ट तत्त्व है जबकि शब्दतत्त्व चिदचित् सृष्टि का उपादान (मूलाधार) है। जब प्राणियों के मूलाधार-चक्र में रहनेवाले 'रव' या 'नाद' को 'शब्दब्रह्म' कहा जाय तो उससे हिमालय के उत्पत्ति की बात असंगत लगेगी। मात्र श्रद्धालु ही इस पर विश्वास करेंगे। परन्तु जब यह कहा जाय कि यह उस वाक् का अन्तरतम स्वरूप है, जिसे हम बोलते-सुनते हैं, तब यह बात बुद्धिगम्य हो जाती है। सब समझ जाते हैं कि हिमालय का अर्थाकार 'हि-मा-ल-य' शब्द से उत्पन्न होता है। वाक्य पदीयम् में इसका इस प्रकार उल्लेख है—

''पदार्थजातयः सर्वाः शब्दाकृतिनिबन्धनाः''[7]

(वा. पा. 1/15)

इससे स्पष्ट है कि सभी पदार्थ आदि का अर्थाकार शब्द से है।[6] वाक् सवाक् सृष्टि का अन्तः सन्निविष्ट स्व पर सम्बोधक चित्ततत्त्व है। वाक् सभी तत्त्वों की अपेक्षा शब्द-तत्त्च के निकट होने के कारण इसे कभी-कभी शब्द से अभिन्न मान लिया जाता है।[9]

ऋग्वेद में वाक् अथवा वाणी के चार भेद बताये गये हैं—

चत्वारि वाक् परित्रिता पदानि, तानि विदुर्ब्राह्मणा ये मनीषिणः।
गुहात्रीणि निहिता नेङ्गयन्ति, तुरीयं वाचो मनुष्या वदन्ति।।

(ऋ. स. 2/3/22)

उक्त मन्त्र का अभिप्राय है कि—वाक् के चार पद हैं। उन चारों पदों को मनीषी जानते हैं, जिन्होंने मन पर नियन्त्रण कर लिया है। इसमें तीन पद गुहा में रहते हैं और स्पन्दन नहीं करते। वाक् का चौथा पद वह है, जिसे मनुष्य बोलते हैं।[10]

तन्त्रागम में इन चारों वाक् अथवा वाणी का वर्णन इस प्रकार है—

परा वङ् मूलचक्रस्था पश्यन्ती नाभिसंस्थिता।
हृदिस्था मध्यमा ज्ञेयां वैखरी कण्ठदेशगा।।[11]

अर्थात् परा वाणी मूलाधार चक्र में, पश्यन्ती नाभि प्रदेश में, मध्यमा हृदयदेश में तथा वैखरी कण्ठ देश में निवास करती है। शब्द-ब्रह्म रव या परा को कहते हैं, अतः पश्यन्ती आदि के अतिरिक्त 'रव' या 'परा' वाक् भी है। प्रपंचसार नामक तन्त्र के ग्रन्थ में यह उल्लेख इस प्रकार है—

बिन्दोस्तस्माङ्क्षिधमानाद्रवो ऽव्यक्तात्माकोऽभवत्।
स एव श्रुतिसभ्यन्नैः शब्दब्रह्मेति गीयते।।[12]

उक्त चारों वाणियों को हम अधोलिखित रूप में समझ सकते हैं—

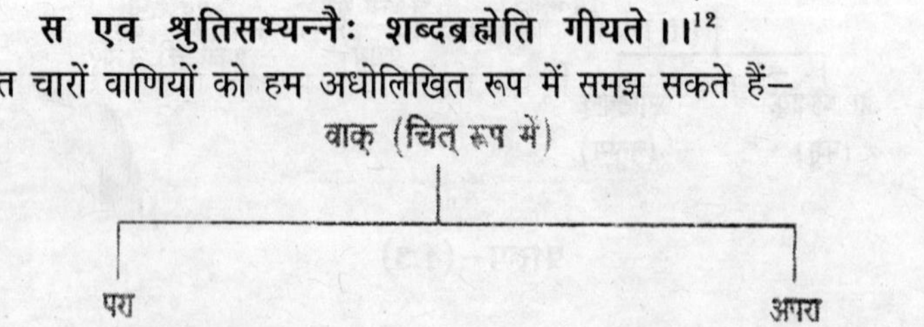

प्रारूप—(4.4)[13]

उक्त प्रारूप (4.4) से स्पष्ट है कि वाक् का सम्बन्ध ज्ञानात्मा एवं परमात्मा दोनों से है। परा वाक् अथवा वाणी अति गुह्य तथा सूक्ष्म है। यह बिन्दु रूप में विद्यमान रहती है। इसका ज्ञान मनीषियों को ही होता है। उक्त के अतिरिक्त अपरा वाक् जो पश्यन्ती, मध्यमा एवं वैखरी के रूप में है, को समझने के लिए उक्त के कार्य व्यापार एवं प्रवृत्ति को भी जानना आवश्यक है। क्योंकि इसे बिना जाने मनुष्यों द्वारा प्रयुक्त वाणी के स्वरूप को जाना नहीं जा सकता। वाणी मनुष्यों अथवा अन्य प्राणियों में वैखरी के रूप में व्यक्त होती है। अर्थात् जिस वाणी को हम बोलते हैं, यह वैखरी वाणी है। यह वैखरी वाणी मनुष्य के आभ्यन्तर में मध्यमा या पश्यन्ती के रूप में स्पष्ट दिखायी देती है।[14] उक्त तीनों की प्रकृति इस प्रकार है–

उक्त वर्णित वाणियों का वर्णन इस प्रकार महाभारत में है–

वैखरी :

स्थाने विवृते वायौ कृतवर्णपरिग्रहा।
वैखरी वाक् प्रयोक्तृणां प्राणवृत्ति निबन्धना।।[15]

अर्थात् वैखरी-कण्ठ, तालु आदि स्थानों में भीतर से उठे वायु के विवर्तित (टकराने) से अ-आ आदि वर्णों का स्वरूप धारण करती है। इस वाणी को हम वैखरी वाणी कहते हैं। यह प्रयोगकर्त्ता के प्राणवायु में रहती है।[16] इस प्रकार शब्द का प्रकटतम रूप वैखरी वाणी है। इस प्रकार लोक-व्यवहार के लिए वाणी वैखरी रूप में प्रकट होती है। लोक-व्यवहार में उच्चरित ध्वनि तत्काल नष्ट हो जाती है, तथापि श्रोता की बुद्धि में अपना एक बोधात्मक संस्कार छोड़ जाती है। इसी प्रकार ध्वनि एवं बोध का क्रम चलता रहता है।

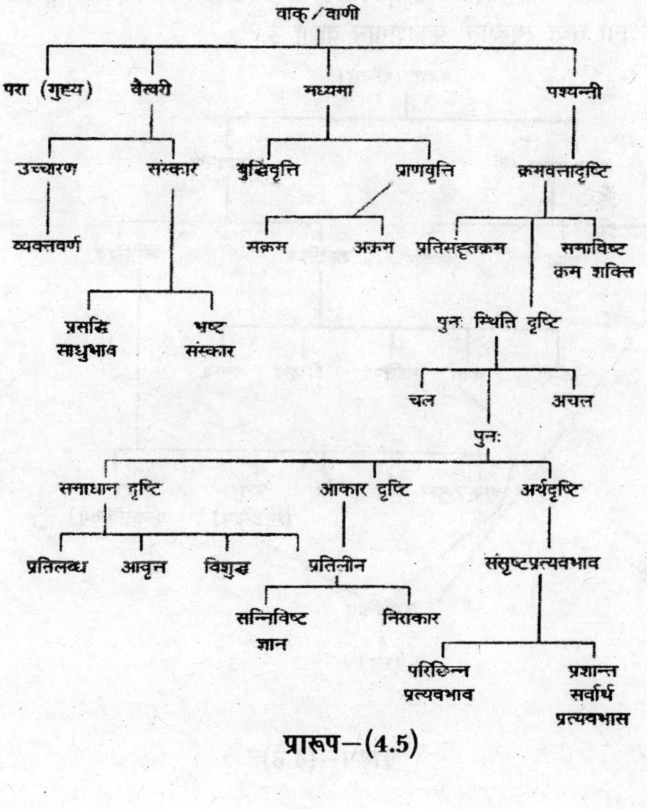

प्रारूप–(4.5)

जब कोई व्यक्ति शब्द या वर्ण का उच्चारण करना चाहता है तो उस पुरुष की इच्छा के अनुसार शरीर का उच्चारण अवयवों में उच्चारणानुकूल प्रयत्न होने लगता है। इस प्रयत्न से शरीरस्थ (नाभि, हृदय या कण्ठ में रहनेवाला) वायु सक्रिय हो उठता है और यह क्रियाशील वायु जब कण्ठ, तालु आदि स्थानों से टकराता है तो शब्द रूप में परिवर्तित हो जाता है।[17] वैखरी के रूप में श्रवणीय शब्द के तीन आधार हैं—वायु, अणु एवं ज्ञान। ये तीनों क्रमशः सूक्ष्मता की ओर बढ़ते हैं। अणु स्वयं की शक्ति से शब्द बनाता है परन्तु शब्द नहीं है। ज्ञानस्वरूप अभिव्यक्ति के लिए शब्द बनाता है। अर्थात् शब्द (वैखरी) ज्ञान का अभिव्यक्त स्वरूप है।[18]

मध्यमा : वाणी का वर्णन इस प्रकार है—

मध्यमा :

केवलं बुद्ध्युपादाना क्रमरूपानुपातिनी।
प्राणवृत्तिमतिक्रम्य मध्यमा वाक् प्रवर्तते।।[19]

अर्थात् मध्यमा—प्राणवायु—प्रयोग से पहले की स्थिति में केवल बुद्धि (ज्ञान) को, अपने स्वरूप के लिए, उपादानतत्त्व के रूप में लेकर रहनेवाली वाणी मध्यमा वाणी है। इसमें वर्णक्रम और ज्ञेय-प्राप्त वस्तुओं का क्रम रहता है।[20]

पश्यन्ती :

अविभागा तु पश्यन्ती सर्वतः संहृतक्रमा।
स्वरूपज्योतिरेवान्तः सूक्ष्मा वागनपायिनी।।[21]

अर्थात् पश्यन्ती—वाणी सब प्रकार के विभाग और क्रम से रहित विकारहीन, अत्यन्त सूक्ष्म, अन्तःसन्निवेशिनी तथा स्वरूपतः प्रकाशमान वाणी है।[22]

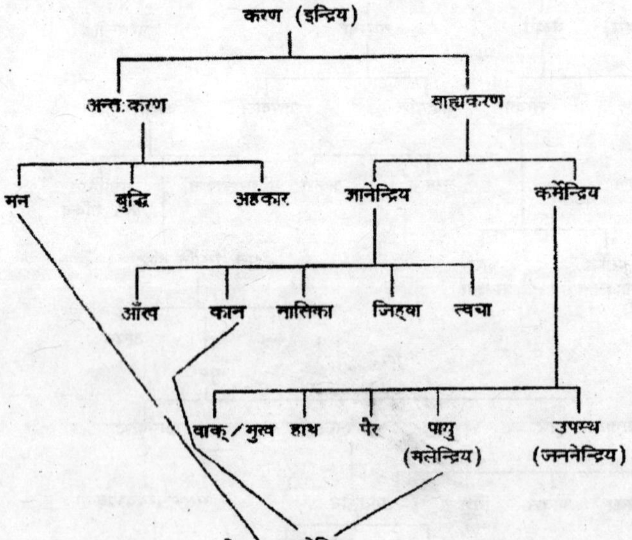

प्रारूप—(4.6)[23]

परा : परावाणी का वर्णन आगे 'परवाक्' के अन्तर्गत है।

4.3 करण (इन्द्रिय)

शरीर की आभ्यन्तर संचार प्रक्रिया को संचालित करनेवाले अवयव को हम करण (इन्द्रिय) की संज्ञा देते हैं। इसे हम इस प्रकार समझ सकते हैं–

प्रारूप (4.6) से स्पष्ट है कि मनुष्य के शरीर का इन्द्रिय जगत् अन्तः और बाह्य करणों में विभाजित है। प्रत्येक इन्द्रिय के व्यापार या कार्य भी निश्चित हैं। आँख का रूप, कान का शब्द, जिह्वा का रस, नासिका का गन्ध एवं त्वचा का स्पर्श व्यापार है। यह व्यापार ज्ञानेन्द्रियों का रहा। इसी प्रकार कर्मेन्द्रियों का भी कार्य अथवा व्यापार है–मुख/वाक् का वचन, हाथ का आदान-प्रदान, पैर का गमन (चलना), पायु (मलेन्द्रिय) का मलत्याग एवं उपस्थ (जननेन्द्रिय) का रमण है।[24] इन पाँच ज्ञानेन्द्रिय तथा पाँच कर्मेन्द्रिय के अतिरिक्त मन को उभयेन्द्रिय कहा जाता है, क्योंकि मनोव्यापार के बिना इन्द्रियाँ अपने-अपने व्यापार करने में असमर्थ रहती हैं। अतः मन उभयविध (ज्ञानेन्द्रिय+कर्मेन्द्रिय) व्यापार करनेवाला होने से उभयेन्द्रिय रूप है। मन की सहकारिता से ही उभयविध इन्द्रियाँ अपना-अपना कार्य सम्पादन करती हैं। इसी कारण मन को उभयेन्द्रिय कहा गया है।[25]

मन उभयेन्द्रिय होते हुए भी अन्तःकरण का भाग है। अन्तःकरण में मन, बुद्धि एवं अहंकार सम्मिलित हैं। स्थूल शरीर के अन्दर रहनेवाले हृदपद्म में वे (मन, बुद्धि एवं अहंकार) रहते हैं। इसी कारण इन्हें अन्तःकरण की संज्ञा दी जाती है।[26] संकल्प एवं विवेचन आदि मन का व्यापार है।[27] अहंकार का व्यापार अभिमान घमण्ड आदि है।[28] बुद्धि का व्यापार ज्ञान है। अर्थात् बुद्धि का धर्म बुद्धिवृत्ति है। 'बुद्धिसत्त्व' समस्त विषयों के प्रकाशन करने में समर्थ रहने पर भी प्रतिबन्धक 'तम' के होने से वह अपना कार्य नहीं कर पाता। अन्तःकरण 'चिद' (बुद्धि)/बुद्धितत्त्व प्राकृत है।[29] बाह्यकरण विषय को आकार प्रदान कर बुद्धि पर उपकार करते हैं। और बुद्धि उन विषयों का भोग करने के लिए आत्मा को समर्पित करती है। दशबाह्य करणों अथवा इन्द्रियों द्वारा उपनीत समस्त यथाक्रम प्राप्त घटनादि विषयों को मन और अहंकार सहित अर्थात् मन द्वारा संकल्पित और अहंकार के द्वारा अभिमत घटादि पदार्थो को बुद्धि निश्चित करती (अन्तिम व्यापार करती) है। यह कार्य इस प्रकार होता है–जैसे राजकीय कर्मचारी कर वसूल कर अपने ऊपर के जिलाधिकारी को तथा जिलाधिकारी वित्त मन्त्री को भेजता है। वैस ही दस बाह्येन्द्रियाँ अपने-अपने व्यापार को मन को सौंपती हैं। और मन ऐसा है, ऐसा नहीं है–इस प्रकार सोच-समझकर अहंकार को अर्पित करता है और अहंकार उस विषय को यह मेरे लिये है ऐसा अभिमान कर बुद्धि को अर्पित कर देता है। बुद्धि ही आत्मा के साक्षात् भोगों का साधन है, क्योंकि इसी के निश्चयानुसार आत्मा को भोग मिलता है। इस प्रकार बुद्धि ही अन्तःकरणों में प्रधान है।[30]

ज्ञानात्मा को ऐसा त्रिकोणीय संगठन बताया गया है जिसके तीनों कोणों पर अहंकार, बुद्धि और मन रहते हैं। सचेतना प्राणी के अन्तःकरण को हम ज्ञानात्मा कह सकते हैं। यह ज्ञानात्मा समस्त दृष्टानुभूत संवेदनाओं का भण्डार है। यह शब्दमय है। इसे हम इस रूप में देख सकते हैं–

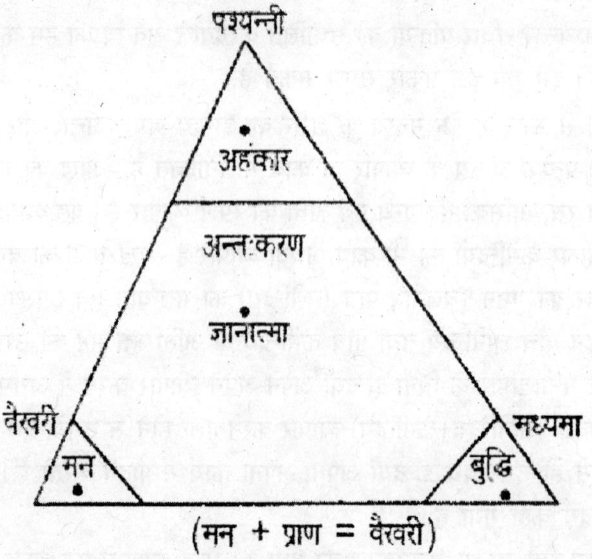

प्रारूप—(4.7)[31]

उक्त प्रारूप (4.7) से स्पष्ट है कि अन्तःकरण अथवा ज्ञानात्मा शब्दमय है, ज्ञान भी शब्दमय है। इस कारण जब हम ज्ञात, ज्ञान और ज्ञेय वस्तुओं के विषय में अन्तःकरण में झाँकेंगे तो वहाँ प्रत्येक वस्तु शब्दाकार मिलेगी/ज्ञानात्मा का कर्त्तव्य अथवा ज्ञातृत्व भाग अहंकार है। वाक् की यह पश्यन्ती स्थिति है। बुद्धि में ज्ञानोन्मेष होता है। इस स्थिति में भी ज्ञेय विषय का परिच्छेद विभाजन नहीं होता है। केवल अखण्ड, अनवयव, अक्रम ज्ञान होता है। यह मध्यमा स्थिति है। ज्ञेय विषय का परिच्छेद या वर्गीकरण मन के द्वारा सम्पन्न होता है। यहाँ ज्ञान सविकल्प, सावयव और सक्रम होता है। यह वैखरी स्थित है। ध्यान रहे कि सभी उक्त स्थितियाँ अश्रवणीय होती हैं। मन युक्त मनोमय वैखरी श्रवण योग्य तभी होती है, जब वह प्राण से अनुप्राणित होती है। श्रवणीयता के लिए ऊर्जा (Energy) और कम्प (Vibration) आवश्यक है।[32]

परावाक्

शब्द तत्त्व में परा एवं परमात्मा का भी उल्लेख है। परमात्मा अथवा परा स्पन्दन, वचन की सुषुप्त चिदवस्था है। यहाँ चित् के सभी बाह्य लक्षण संवेदन स्पन्दन और वचन अविभक्त एकाकार चिद्‌धन होकर रहते हैं। यही वाक् की परा अवस्था है। यहाँ ज्ञातृत्व भी सुषुप्त रहता है। जबकि पश्यन्ती में ज्ञातृत्व का उन्मेष पूर्णरूपेण रहता है। चिद्‌घन अवस्था परा वाक् की है। पश्यन्ती में ज्ञातृत्व का उन्मेष पूर्णरूप में रहता है। 'अविभागा तु पश्यन्ती' जैसे वचनों में अविभागा का अर्थ है। केवल ज्ञाता और ज्ञेय का अविभागा है। चिद्‌घनत्व की स्थिति यह नहीं है। चिद्‌धन अवस्था परावाक् की है। वास्तव में साधारण रूप में पश्यन्ती एवं परा का भेद करना कठिन है। सामान्य रूप में अहंकार की उपस्थिति में पश्यन्ती तथा अहंकार की अनुपस्थिति में परावाक् समझना चाहिए।[33]

सामान्य रूप में मुख से उच्चरित तथा कानों से सुने जानेवाले ध्वनि समूह को शब्द कहा जाता है, किन्तु ध्वनि रूप शब्द का कारणभूत एक और शब्द है, जो मध्यमा वाक् के रूप में बुद्धि में विराजमान रहता है। ध्वनि रूप शब्द की उत्पत्ति इसी बुद्धिस्थ शब्द के कारण है। इधर बुद्धिस्थ शब्द के कारण उत्पन्न ध्वनियाँ श्रोता के श्रवणेन्द्रिय तक पहुँचकर उसे अर्थबोध कराती हैं। यह बड़ा राचेक चक्र (आवर्तन) है। इन्द्रियों के द्वारा प्राप्त कोई भी संवेदन बुद्धिगत होकर द्रष्टा पुरुष का ज्ञान बन जाता है। ज्ञान का भी स्वरूप शब्दमय होता है।[34]

इस प्रकार हम कह सकते हैं कि मूलाधार व्यापिनी परावाक् सुषुप्ता रूप में रहती है। ये रूप क्रोध और काम आदि की सदवस्था त्याग, तपस्या आदि की मूल भावना की सुषुप्ता अवस्था तथा परम चैतन्यता की ओर ले जानेवाली वाक् परा है। पर अवस्था अथवा वाक् की स्थिति में मनुष्य आनन्दयुक्त सुषुप्ता अवस्था को प्राप्त तथा शब्द की सुषुप्ता अवस्था का दर्शन करता है।

उक्त से स्पष्ट है कि बाह्यजगत् में होनेवाले संचार का स्रोत मनुष्य के आभ्यन्तर का संचार है। बाह्य लोक में अभिव्यक्ति पानेवाला संचार मनुष्य के आभ्यन्तर में प्रारूपित एवं विकसित होता है। पाश्चात्य संचारविद् भी शरीर, अनुभव एवं संवेदना तथा आदत को आभ्यन्तर के मुख्य आधार के रूप में स्वीकार करते हैं।[35]

4.4 आभ्यन्तर संचार के संघटक

उक्त से स्पष्ट है कि आभ्यन्तर संचार का आधार मनुष्य का शरीर एवं इसमें स्थित अन्तःकरण तथा बाह्यकरण हैं। अर्थात् पाँच ज्ञानेन्द्रिय, पाँच कर्मेन्द्रिय एवं मन, बुद्धि तथा अहंकार के संयोग तथा परा, पश्यन्ती, मध्यमा एवं वैखरी वाणी के द्वारा आभ्यन्तर की संचार प्रक्रिया अस्तित्व में आती है। इस दुरूह आभ्यन्तर की संचार प्रक्रिया को पूर्व उद्धृत (4.8) प्रारूप के आधार पर हम समझ सकते हैं।

उक्त प्रारूप (4.8) से स्पष्ट है कि आभ्यन्तर संचार प्रक्रिया मनुष्य के अन्तस्थ में संचालित होती है। इस प्रक्रिया में फीडबैक अथवा प्रतिपुष्टि अन्तः एवं बाह्य रूपों में होता है। आभ्यन्तर संचार के परिणामस्वरूप हमें वैखरी वाणी के रूप में शब्द ध्वनि प्राप्त होती है।

आभ्यन्तर संचार प्रक्रिया एक साथ परस्पर विरोधी अथवा भिन्न स्थिति में भी कार्य करती रहती है। जैसे हम किसी चीज को पढ़ रहे होते हैं तो उसके समानान्तर मन में एक और विचार प्रारूपित एवं जारी रहता है। आभ्यन्तर संचार की प्रक्रिया मानव में शीघ्रता से सम्पन्न होती रहती है, जिसका ज्ञान हमें नहीं होता हैं। वास्तव में वाणी सभी विधाओं एवं शिल्पों का आधार है तथा यह सम्पूर्ण विश्व शब्द-तत्त्व का विवर्त है। शब्द-तत्त्व का सम्बन्ध मनुष्य के अन्तःकरण से है। मनुष्य के आभ्यन्तर की संचार प्रक्रिया को आधार बनाकर कम्प्यूटर आदि में ध्वनि आदि के निर्माण का प्रयास वैज्ञानिक कर रहे हैं। यह पूर्व उद्धृत (4.1) चित्र से भी स्पष्ट है।

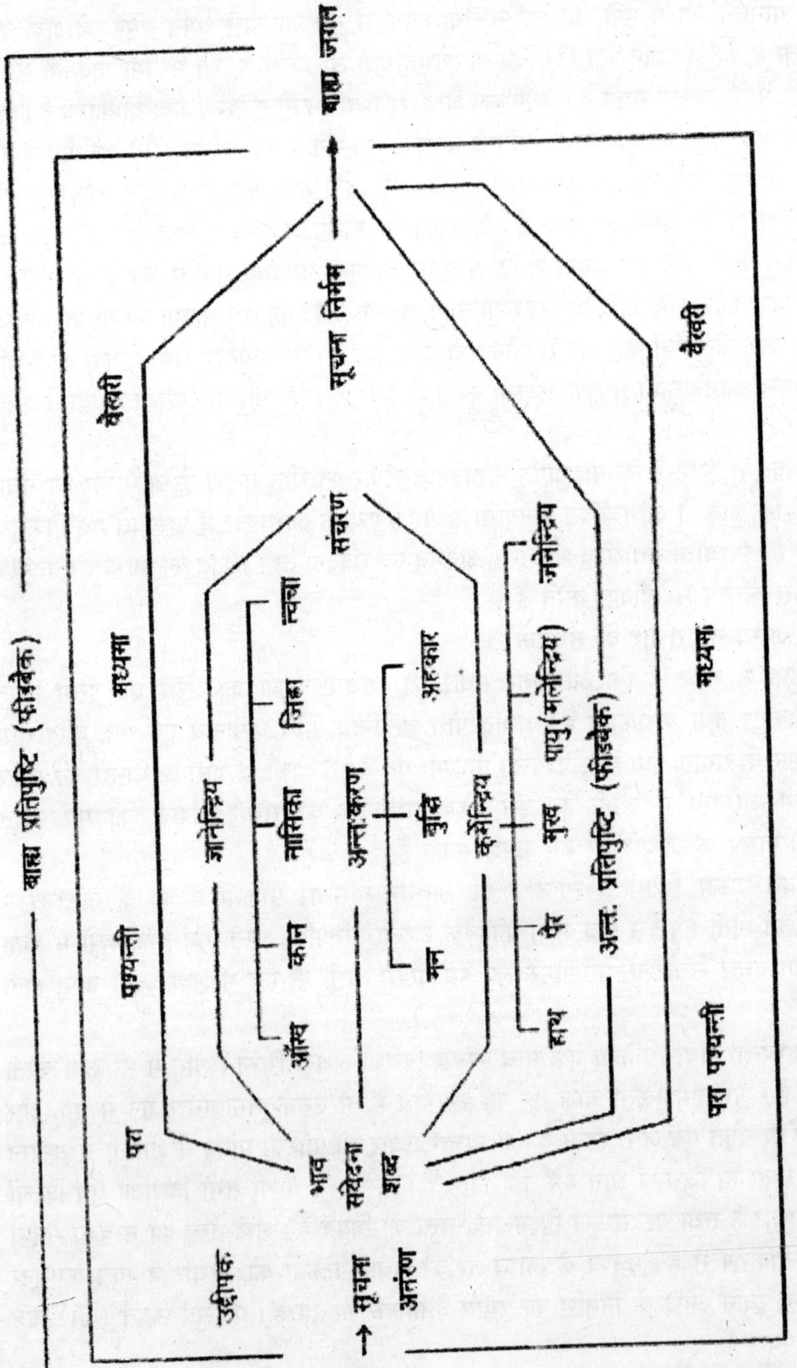

प्रारूप-(4.8) : आभ्यन्तर संचार प्रक्रिया

The Times of India, New Delhi, Friday, August 21, 1998

NTT researcher Masaaki Honda puts an electrode on the lip of an employee to analyse the movement of her lips, tongue and jaw as she speaks at the NTT basic research laboratory at Atsugi. in Suburban Tokyo on Thursday. Honda is studying the movement of human speech organs with the electromagnetic sensors to develop artificial speech for computers.

चित्र-(4.1)

(जापान में मनुष्य के ध्वनि उत्पादक अंगों का अध्ययन करते कम्प्यूटर वैज्ञानिक)

इस प्रकार प्रारूप (4.1) से भी स्पष्ट है कि मनुष्य के आभ्यन्तर संचार की प्रक्रियाएँ रहस्यवादी हैं, जिसे वैज्ञानिक अभी भी समझने का प्रयास कर रहे हैं। फीडबैक अथवा प्रतिपुष्टि अन्तः एवं बाह्य रूपों में होता है। आभ्यन्तर संचार के परिणामस्वरूप हमें वैखरी वाणी के रूप में शब्द ध्वनि प्राप्त होती है।

4.5 निजी एवं सार्वजनिक संचार के ज्ञात-अज्ञात क्षेत्र

(Known & Unknown Area of the Private and Public Communication)

आभ्यन्तर संचार की यह भी विशेषता है कि कुछ सन्दर्भों एवं विषयों का ज्ञान स्वयं को तथा कुछ का ज्ञान स्वयं सहित समाज को होता है। कुछ क्षेत्र या ज्ञान ऐसे होते हैं जिनका ज्ञान मात्र स्वयं तक ही रहता है तथा कुछ चीजें स्वयं एवं समाज दोनों की अज्ञात होती हैं। इस प्रक्रिया का उल्लेख सर्वप्रथम जोसेफ लुफ्त (Joseph Luft) एवं हैरिंगटन इंग्राम (Harrington Ingram) ने 1969 में निजी एवं सार्वजनिक संचार के ज्ञात-अज्ञात क्षेत्रों के वर्णनों में किया। इस सिद्धान्त का नाम दोनों के नामों के प्रथम भाग को मिलाकर जोहरी विण्डो (Johari Window) के नाम से अस्तित्व में आया।[36] इसका प्रारूप इस प्रकार है–

	स्वयं को ज्ञात (Know to Self)	स्वयं को अज्ञात (Not Known to Self)
अन्य को ज्ञात (Known to Others)	खुला (Open)	छिपा/धुंधला (Blind)
अन्य को अज्ञात (Not Known to Others)	रहस्यमय (Hidden)	अज्ञात (Unknown)

प्रारूप–(4.9)[37]

प्रारूप (4.9) में आत्म-ज्ञान अथवा सूचना के स्वरूप का विश्लेषण है। इसमें व्यक्ति से जुड़ी सूचनाओं को–(क) खुली, (ख) रहस्यपूर्ण, (ग) छिपी/धुँधली एवं (घ) अज्ञात कोटि में विभक्त किया गया है। (क) खुली सूचना का क्षेत्र ऐसा है जिसे व्यक्ति स्वयं तथा अन्य लोग भी जानते हैं। जैसे–लिंग, प्रजाति आदि। (ख) छिपी/धुँधली कोटि की सूचना क्षेत्र में ऐसी सूचना सम्मिलित है जिसे स्वयं व्यक्ति नहीं जानता, परन्तु अन्य लोग जानते हैं। इस कोटि की सूचनाएँ व्यक्ति में चिढ़ एवं चिड़चिड़ाहट तथा उत्तेजना उत्पन्न करती हैं। इसके अतिरिक्त (ग) रहस्यमय सूचना का क्षेत्र ऐसी सूचना से है, जिसे व्यक्ति स्वयं जानता अवश्य है परन्तु अन्य से छिपाता तथा गुप्त रखता है। इसके अन्तर्गत वे सूचनाएँ हैं जिन्हें व्यक्ति कुछ स्थितियों में आत्मविश्वास के अभाव या भय की स्थिति के कारण व्यक्ति सुरक्षा आदि कारणों से अन्य से छिपाता है। (घ) अज्ञात सूचना क्षेत्र में वे सूचनाएँ आती हैं जिनका ज्ञान न तो व्यक्ति को स्वयं होता है और न ही अन्य को होता है। परन्तु ये व्यक्ति के व्यवहार को प्रभावित करती हैं। जैसे–अचेतन भय आदि।[38] इसके द्वारा हम अन्तर्वैयक्तिक व्यवहार को भी समझ सकते हैं। वास्तव में खुला, रहस्यपूर्ण, अन्ध और अज्ञात प्रकार के सूचना व्यवहार को मनुष्य दूसरों के साथ करते हैं। दूसरों के साथ फीडबैक होने पर अन्ध क्षेत्र या व्यवहार घटता है तथा छिपी अथवा धुँधली सूचना प्रकट होती है। जब हम दूसरों के साथ परस्पर विचार विमर्श करते हैं तो सम्बन्धों का विकास होता है तथा अधिकतर खुली सूचनाओं का क्षेत्र बढ़ता है। वास्तव में खुली, रहस्यपूर्ण अथवा छिपी सूचनाओं की स्थिति सम्बन्धों पर निर्भर करता है। नजदीकी तथा अच्छे सम्बन्धों की स्थिति में परस्पर सूचना का क्षेत्र खुलता है तथा इसके विपरीत शत्रुता की स्थिति में छिपी तथा रहस्यवादी सूचना का ही दायरा बढ़ता है। इस प्रकार जोहरी विण्डो के द्वारा निजी और आभ्यन्तर सूचना प्रक्रिया के विकास अथवा संकुचन की स्थिति दर्शायी गयी है। इसके द्वारा यह भी स्पष्ट होता है कि किन स्थितियों में व्यक्ति खुली सूचना का व्यवहार करता है तथा किन स्थितियों में वह सूचना को छिपाता तथा किस स्थिति में सूचना क्षेत्र को अपने आभ्यन्तर में ही गुप्त रखता है।

उक्त विवेचन से स्पष्ट होता है कि वास्तव में आभ्यन्तर संचार सभी संचारों का मूल तथा ज्ञान-विज्ञान का स्रोत है। आभ्यन्तर संचार के अभाव में संचार प्रक्रिया ही पंगु तथा अस्तित्वहीन हो जायेगी। इस कारण वर्तमान में भी आभ्यन्तर संचार प्रक्रिया को समझने तथा इसे विकसित करने की आवश्यकता है। आभ्यन्तर संचार उपलब्धि, कार्य योजना, काम एवं वासना, सामाजिक तथा पारिवारिक आदि क्षेत्रों में महत्त्वपूर्ण है।

सन्दर्भ

1. Watson James and Hill Anne, A Dictionary of Communication and Media Studies, Universal Book Stall, New Delhi, 1996, p. 90-91.
2. जे. बसु एवं जे. सुरंजना, ओ लेवले कम्प्यूटर कोर्स, मनोज पब्लिकेशन्स, बुराड़ी, दिल्ली, 2000, पृष्ठ-51.
3. आचार्य वामदेव, भर्तृहरेः वाक्यपदीयम् ब्रह्मकाण्डम्, कृष्णदास अकादमी, वाराणसी, वि. सं. 2044, पृष्ठ-2 एवं 3.
4. तदैव, पृष्ठ-3.
5. सिंह, ओमप्रकाश, संचार माध्यमों का प्रभाव, क्लासिकल पब्लिशिंग कम्पनी, नयी दिल्ली, 1993, पृष्ठ-154.
6. आचार्य वामदेव, भर्तृहरेः वाक्यपदीयम् ब्रह्मकाण्डम्, उक्त, पृष्ठ-4.
7. तदैव, पृष्ठ-8.
8. तदैव, पृष्ठ-9-10.
9. तदैव, पृष्ठ-11. ख ख
10. तदैव, पृष्ठ-11-12.
11. तदैव, पृष्ठ-12.
12. तदैव, पृष्ठ-268.
13. तदैव
14. तदैव, पृष्ठ-266.
15. तदैव, पृष्ठ-269.
16. तदैव, पृष्ठ-188.
17. तदैव, पृष्ठ-205.
18. तदैव, पृष्ठ-266.
19. तदैव, पृष्ठ-269.
20. तदैव, पृष्ठ-266.
21. तदैव, पृष्ठ-269.
22. मुसलगाँवकर गजानन शास्त्री, सांख्यतत्त्व कौमुदी, चौखम्भा संस्कृत संस्थान, वाराणसी, वि. सं. 2028, पृष्ठ-393 एवं 394.
23. तदैव, पृष्ठ-393.
24. तदैव, पृष्ठ-190.
25. तदैव पृष्ठ-206.

26. तदैव, पृष्ठ-191.
27. तदैव, पृष्ठ-192.
28. तदैव, पृष्ठ-47 से 50.
29. तदैव, पृष्ठ-215 से 217
30. आचार्य वामदेव, भर्तृहरेः वाक्यपदीयम् ब्रह्मकाण्डम्, उक्त, पृष्ठ-15.
31. तदैव, पृष्ठ-16.
32. तदैव, पृष्ठ-17.
33. तदैव, पृष्ठ-18-19.
34. Larry L. Banker, Communication, Prentice Hall, Inc, Englewood Cliffs, New Jersey, 1978, pp. 111-112.
35. *Ibid.*
36. *Ibid,* p. 113.
37. Watson James and Hill Anne, A Dictionary of Communication and Media Studies, op. cit, p. 92-93.
38. *Ibid.*, p. 93.

अध्याय - 5

अन्तर्वैयक्तिक संचार

INTERPERSONAL COMMUNICATION

5.0. अन्तर्वैयक्तिक संचार, वह संचार प्रक्रिया है जिसके अन्तर्गत जिसमें एक व्यक्ति/सम्प्रेषक द्वारा प्रेषित सूचना/सन्देश को श्रोता अथवा दूसरे व्यक्ति द्वारा ग्रहण किया जाता है। यह प्रक्रिया आमने-सामने अथवा यान्त्रिक प्रत्यक्षीकरण द्वारा हो सकती है। अन्तर्वैयक्तिक संचार एक संचार ही नहीं वरन् सम्प्रेषण प्रक्रिया की निरन्तरता, ज्ञान के विकास तथा समाज के विकास का भी आधार है।

आभ्यन्तर संचार प्रक्रिया मनुष्य का जीवन साथी है। सदा मनुष्य के साथ चलती रहती है। लेकिन अन्तर्वैयक्तिक संचार मनुष्य के व्यावहारिक जीवन तथा संस्थागत जीवन का आधार है। मनुष्य अपनी मूल आवश्यकताओं की पूर्ति के लिए समाज पर निर्भर है। इस कड़ी को मनुष्य अन्तर्वैयक्तिक संचार के द्वारा ही जोड़ता तथा पूर्ति करता है।

मनुष्य अपनी शिशु अवस्था से ज्यों-ज्यों बाहर निकलता है तथा समाज से जुड़ता है, उसी के साथ-साथ अन्तर्वैयक्तिक प्रक्रिया संचार की प्रारम्भ हो जाती है। बच्चों द्वारा माता-पिता के बुलाने पर हँसना आदि अन्तर्वैयक्तिक संचार के प्रारम्भिक उदाहरण हैं। ज्यों-ज्यों बच्चा युवा किशोरावस्था की ओर बढ़ता है, त्यों-त्यों वह भाषा, परम्परा, अभिवादन आदि की अन्तर्वैयक्तिक संचार प्रक्रिया के ही आधार पर सीखता है। इस प्रकार पास-पड़ोस आदि के साथ जुड़ने में भी अन्तर्वैयक्तिक संचार ही महत्त्वपूर्ण भूमिका निभाता है।

मनुष्य का परिवार एवं पारिवारिक जीवन अन्तर्वैयक्तिक संचार प्रक्रिया के द्वारा ही संचालित होता है। जिस समाज अथवा समूह में विशाल परम्परा नहीं हो, उस समाज अथवा समूह में अन्तर्वैयक्तिक संचार प्रक्रिया प्रभावरहित होती है। परिवार नामक इकाई को बनाये रखने एवं संचालित करने में अन्तर्वैयक्तिक संचार महत्त्वपूर्ण आधार है। परिवार के विघटन की स्थिति में अन्तर्वैयक्तिक संचार अस्तित्वहीन एवं लुप्त हो जाता है।

अन्तर्वैयक्तिक संचार सामाजिक सम्बन्धों का आधार है। इसी कारण दो या दो से अधिक व्यक्तियों के मध्य वार्त्तालाप नहीं होने की स्थिति में झगड़ा, मतभेद आदि का पता हमें स्वयं चल जाता है, इससे भी अन्तर्वैयक्तिक संचार का महत्त्व स्वयं सिद्ध है।

अन्तर्वैयक्तिक संचार मौखिक अथवा सांकेतिक रूप में हो सकता है। इस संचार प्रक्रिया में पत्र-व्यवहार, टेलीफोन संवाद अथवा टेलीकान्फ्रेन्सिंग आदि सम्मिलित हो सकते हैं।[1] अन्तर्वैयक्तिक संचार प्रक्रिया में स्रोत एवं श्रोता परस्पर मिले हैं। जब कोई व्यक्ति सन्देश दे रहा होता है तो उस समय वह स्रोत बन जाता है तथा सन्देश सुनने या पानेवाला व्यक्ति श्रोता। परन्तु जब सन्देश पानेवाला (श्रोता) सूचना को उत्तर या नये रूप में देता है तो उस समय पूर्व का स्रोत स्वयं स्रोता बन जाता है। इसे हम निम्न प्रकार समझ सकते हैं—

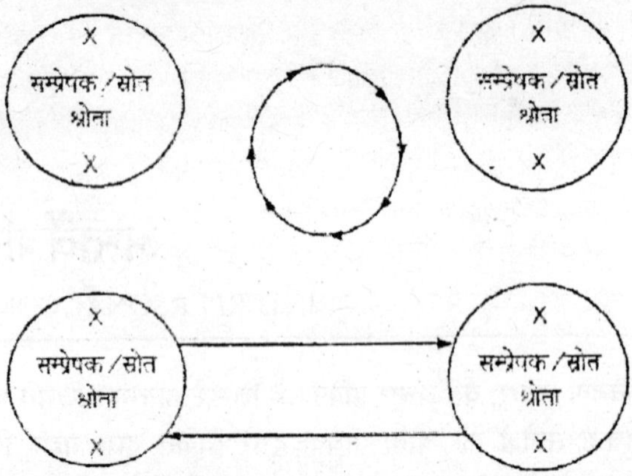

(संकेत = x आभ्यन्तर संचार)

प्रारूप–(5.1)[2]

प्रारूप (5.1) से स्पष्ट है कि अन्तर्वैयक्तिक संचार एक सहभागी संचार है। इस प्रक्रिया में सम्प्रेषक कभी सम्प्रेषण का कार्य करता है तो कभी सूचना प्राप्त करके वह श्रोता बन जाता है। इसी प्रकार श्रोता सदा श्रोता नहीं रहता वह सन्देश पर क्रिया-प्रतिक्रिया का अभिमत भेजकर सम्प्रेषक बन जाता है। इस प्रकार स्पष्ट है कि अन्तर्वैयक्तिक संचार अन्य संचारों की भाँति एकपक्षीय नहीं है। इसमें सम्बद्ध व्यक्तियों की परस्पर सहभागिता होती है। व्यक्ति सूचना के आदान-प्रदान में एक स्थिर इकाई न होकर स्थिति एवं आवश्यकता के अनुसार भागीदार भी होता है।

संचार जगत् अथवा पत्रकारिता एवं समाज व्यवहार में अन्तर्वैयक्तिक संचार की भूमिका प्रमुख है। इण्टरव्यू अथवा साक्षात्कार, अध्ययन-अध्यापन एवं कार्यालयीन संचालन में आदेश-निर्देश की भी प्रक्रिया का आधार अन्तर्वैयक्तिक संचार ही है। अन्तर्वैयक्तिक संचार प्रक्रिया में आभ्यन्तर संचार की भूमिका को हम नजरन्दाज नहीं कर सकते हैं। सम्प्रेषक और श्रोता दोनों के आभ्यन्तर की प्रक्रिया के कारण ही अन्तर्वैयक्तिक संचार सम्भव है। इसे हम इस प्रकार भी समझ सकते हैं–

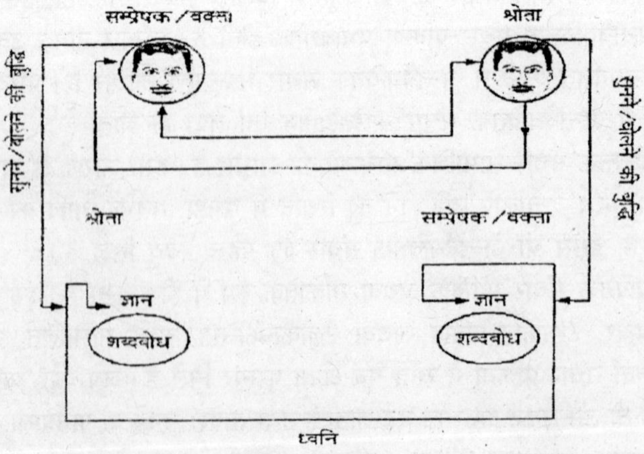

प्रारूप–(5.2)[3]

प्रारूप (5.2) से स्पष्ट है कि श्रोतिर्बुद्धिस्य शब्दाकार अर्थ का कारण उच्चरित ध्वनि समूह शब्द होता है। इसे सुनकर ही श्रोता को अर्थ-प्रतीति होती है। शब्द में दो प्रकार की शक्ति है—श्रुति शक्ति और अर्थ शक्ति/इन्हीं के कारण शब्द प्रतीति को श्रवणीयता में और श्रवणीयता को (अवधारणा) अर्थपरकता में ढाला जाता है। इन्हीं के कारण अर्थबोध होता है। इसके अमत्व में वस्तु (अर्थ) का शब्द (ध्वनि) बनना और शब्द (ध्वनि) का वस्तु (अर्थ) बनना असम्भव ही है।[4]

उच्चरित ध्वनि समूह का निमित्त वक्ता की बुद्धि में स्थिर रहता है तथा दूसरा अर्थप्रत्यापक (भाव/अवधारणा) होकर श्रोता की बुद्धि में समाविष्ट हो जाता है। श्रोता और वक्ता की दो भिन्न-भिन्न बुद्धियों में रहने के कारण वह एक ही शब्द भिन्न-भिन्न दिखायी पड़ता है। वह उसी प्रकार होता है जैसे एक ग्रामीण परिवेश से दूसरे ग्रामीण परिवेश में जाने पर एक ही को व्यक्ति भिन्नता प्रतीत होता है।[5]

अपने जाने-सुने अनुभव को प्रकट करने के लिए ही हम शब्दों का प्रयोग करते हैं। हमारे ये वस्तुगत अनुभव ध्वनि रूप में कैसे ढल जाते हैं? मानना होगा कि हमारी बुद्धि में अर्थ वस्त्वाकार होकर नहीं, शब्दाकार होकर रहते हैं। यही बुद्धिस्थ शब्द विवक्षाधीन होकर उच्चरित ध्वनियों में ढलते चले जाते हैं। इससे स्पष्ट है कि इन उच्चरित ध्वनियों का कारण बुद्धिस्थ शब्द है।[6]

दूसरी और श्रोता जब उच्चरित ध्वनि-समूह को सुनता है तो उसको बुद्धि में भी सुने शब्द से सम्बद्ध अर्थ की प्रतीति जगती है। श्रोता की भी बुद्धि में अर्थ वस्त्वाकार नहीं रह सकता, अतः वही अर्थ के बुद्धिस्थ शब्द का स्पष्टीकरण इस दृष्टान्त से होता है—जैसे लकड़ी में छुपी आग मन्थन करने के बाद कई स्थानों पर आग जला देती है। ठीक उसी प्रकार बुद्धिस्थ शब्द भी किसी अर्थ-विशेष से सम्बन्धित होकर, शब्दों को उत्पन्न कर देता है।[7]

बुद्धि उच्चारण होने के पूर्व अच्छी तरह सोच-विचार कर किसी भी अभीष्ट अर्थ के साथ बुद्धिस्थ शब्द का सम्बन्ध स्थापित कर लेती है। तदुपरान्त वह शब्द ध्वनि पैदा करनेवाले काण्ठ-तालु आदि उच्चारण-अवयवों से उत्पन्न की गयी ध्वनि से अभिव्यक्त होता है और श्रोता द्वारा ग्रहण किया जाता है।[8] इस प्रकार स्पष्ट है कि आभ्यन्तर संचार प्रक्रिया का आश्रय लेकर अन्तर्वैयक्तिक संचार संचालित होता है।

5.1 अन्तर्वैयक्तिक संचार के संघटक
(Components of Interpersonal Communication)

अन्तर्वैयक्तिक संचार वह संचार प्रक्रिया है जिसमें एक व्यक्ति द्वारा प्रेषित सन्देश दूसरे व्यक्ति द्वारा सीधे ग्रहण किया जाता है। इसके अन्तर्गत छोटे-से समूह को भी सम्मिलित कर सकते हैं, जिसमें तुरन्त फीडबैक/प्रतिपुष्टि सम्भव हो सके।[9]

अन्तर्वैयक्तिक संचार प्रक्रिया का प्रवाह कुछ इकाइयों से मिलकर होता है। इस कारण इसके संघटक मुख्य रूप से (क) स्रोत (ख) सन्देश, (ग) माध्यम, (घ) श्रोता, (ङ) प्रभाव, (च) फीडबैक/प्रतिपुष्टि हैं। इसमें स्रोत, श्रोता को तथा श्रोता, स्रोत को सीधे प्रभावित करता है।[10] इसे हम अधोलिखित रूप से समझ सकते हैं—

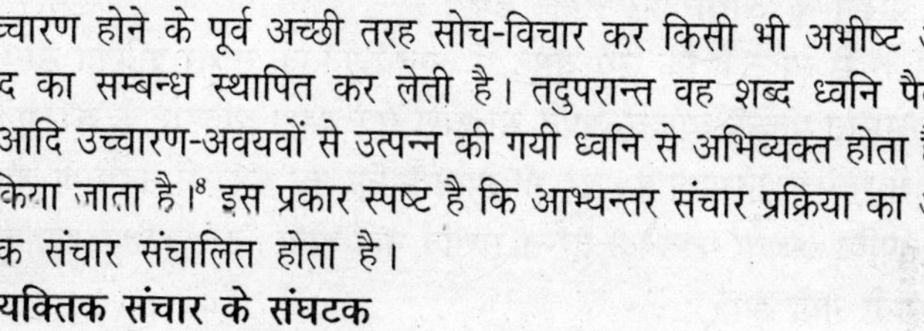

(संकेत: x = आभ्यन्तर संचार)

प्रारूप—(5.3) : अन्तर्वैयक्तिक संचार प्रक्रिया

प्रारूप (5.3) से स्पष्ट है कि अन्तर्वैयक्तिक संचार प्रक्रिया में सम्प्रेषक एवं श्रोता परस्पर मिले होते हैं। सम्प्रेषक एवं श्रोता का अन्तर हम मात्र सन्देश सम्प्रेषण के आधार पर ही करते हैं। सन्देश देने, भेजने की कार्य प्रक्रियावाले व्यक्ति को हम सम्प्रेषक तथा सन्देश पाने या ग्रहण करनेवाले को श्रोता कहते हैं। परन्तु जब श्रोता सम्प्रेषण का कार्य करता है तो वह सम्प्रेषक हो जाता है तथा सम्प्रेषक सूचना ग्रहण करने के व्यवहार के कारण श्रोता में बदल जाता है। संचार की इस प्रक्रिया में फीडबैक या प्रतिपुष्टि तुरन्त सम्पन्न होती है। उक्त प्रारूप से यह भी स्पष्ट होता है कि आभ्यन्तर संचार प्रक्रिया अन्तर्वैयक्तिक संचार प्रक्रिया में सम्प्रेषक एवं श्रोता में प्रभाव उत्पन्न करती है। इसी आभ्यन्तर संचार की प्रक्रिया के अनुरूप सम्प्रेषक अथवा श्रोता अन्तर्वैयक्तिक संचार प्रक्रिया को संचालित करता है। अन्तर्वैयक्तिक संचार में माध्यम संकेत–हाव-भाव और शारीरिक भाषा आदि होते हैं। कभी-कभी टेलीफोन, पत्र, एस. एम. एस. आदि भी माध्यम बनते हैं।

प्रायः लोग अन्तर्वैयक्तिक संचार का अभिप्राय मात्र दो व्यक्तियों के मध्य होने वाले संचार से लगाते हैं। परन्तु अन्तर्वैयक्तिक संचार में दो से अधिक व्यक्तियों के लघु समूह को सम्मिलित किया जाता है। संचारविदों के अनुसार लघु समूह का अभिप्राय 5 अथवा 10 व्यक्तियों से ही है, क्योंकि इस प्रकार के समूह में प्रतिपुष्टि अथवा फीडबैक तुरन्त होती है। फीडबैक तुरन्त होना ही अन्तर्वैयक्तिक संचार का प्रमुख गुण या विशेषता है। इस प्रकार के संचार में कोलोकियम पेनल डिस्कशन, एक साथ भोज इत्यादि सम्मिलित हैं। इसे हम अधोलिखित प्रारूप के आधार पर समझ सकते हैं–

प्रारूप (5.4) से स्पष्ट है कि लघु समूह में अन्तर्वैयक्तिक संचार प्रक्रिया सम्पन्न होती है। इसमें भी सम्मिलित प्रत्येक व्यक्ति अपने सम्प्रेषण एवं ग्रहण व्यवहार के कारण सम्प्रेषक एवं श्रोता की दुहरी भूमिका निभाता है। यह भी स्पष्ट है कि लघु समूह में सहभागी लोगों की संख्या बढ़ने पर प्रतिपुष्टि अथवा फीडबैक तुरन्त सम्भव नहीं होता। इस कारण यह संख्या 10 तक ही सीमित मानी गयी है।

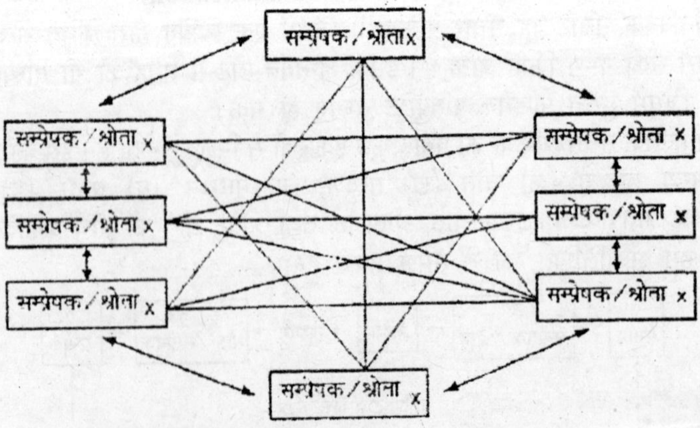

(संकेत: x = आभ्यन्तर संचार)

प्रारूप–(5.4)[11] : लघु समूह में अन्तर्वैयक्तिक संचार

अन्तर्वैयक्तिक संचार के परिणाम मुख्यतः इस प्रकार हैं–(क) श्रोता, सम्प्रेषक से पूर्ण सहमत हो सकता है। (ख) आंशिक सहमत हो सकता है। (ग) असहमत हो सकता है, या (घ) यह भी सम्भव है कि सन्देश श्रोता की समझ में भी न आये। संचार की अन्तर्वैयक्तिक प्रक्रिया में यह भी सम्भव है कि फीडबैक या प्रतिपुष्टि स्वरात्मक हो अथवा यह हाव-भाव में भी हो सकती है।

उक्त से स्पष्ट है कि महत्त्वपूर्ण निर्णय अथवा बैंकों में कार्य प्रक्रिया के निर्धारण आदि के लिए अन्तर्वैयक्तिक संचार का आश्रय लिया जाता है। अन्तर्वैयक्तिक संचार प्रक्रिया के लघु समूह संचार में भी आभ्यन्तर संचार की भूमिका महत्त्वपूर्ण होती है। आभ्यन्तर संचार प्रक्रिया के आधार पर ही व्यक्ति अन्तर्वैयक्तिक संचार में सम्प्रेषक अथवा श्रोता की भूमिका स्पष्ट रूप में निभाता है। इस प्रकार अन्तर्वैयक्तिक संचार का उपयोग मनुष्य अपने दैनन्दिन व्यवहार में करता है।

5.2 अन्तर्वैयक्तिक संचार कौशल (Interpersonal Communication Skill)

अन्तर्वैयक्तिक संचार सामाजिक सम्बन्धों के संचालन का मुख्य आधार है। समाज में सामाजिक सम्बन्ध व्यक्ति के व्यवहार एवं कौशल पर निर्भर है। अन्तर्वैयक्तिक संचार की सफलता अथवा असफलता व्यक्ति के व्यवहार पर निर्भर है। अधोलिखित अवस्था अतः कौशल है, जिसके कारण अन्तर्वैयक्तिक संचार प्रभावी एवं सफल होता है–

(क) स्व-खुलापन (Self-Disclosure) : स्व-खुलेपन के कारण किसी भी व्यक्ति के चिन्तन, अनुभव आदि के विषय में अन्य व्यक्ति जानते हैं। स्व-खुलापन या आत्म-खुलापन सरल नहीं है। क्योंकि किसी भी घटना, व्यवहार आदि को गुप्त रखना मानव स्वभाव है। सामाजिक परम्परा आदि के कारण समाज में व्यक्ति अपनी भूल, सोच, इच्छा व अनुभव आदि व्यक्त नहीं करता है। आत्मविश्वास अन्तर्वैयक्तिक संचार को प्रभावी बनाता है। प्रत्येक मनुष्य आत्म-खुलेपन को बढ़ाने का प्रयास करता है।[12] आत्म-खुलापन अन्तर्वैयक्तिक संचार को प्रभावी बनाता है।

(ख) आत्म-दृढ़प्रतिज्ञता (Self-Assertion) : दृढ़प्रतिज्ञता अन्तर्वैयक्तिक संचार को प्रभावी बनाती है। व्यक्ति के यदि कथन, चिन्तन एवं अनुभव आदि में समानता है तो अन्तर्वैयक्तिक संचार प्रक्रिया में प्रभावित रहती है। कुछ व्यक्ति किसी कार्य, कथन एवं अनुभव आदि के प्रति दृढ़ निश्चयी नहीं होते, इसी कारण वे किसी कार्य को सफलतापूर्वक सम्पन्न नहीं करते। व्यक्ति उन्हें आलसी, लापरवाह एवं बेपेंदी का लोटा आदि संज्ञा देते हैं। लेकिन जिस व्यक्ति की छवि उक्त के विपरीत प्रकार की है उसे समाज के अन्य लोग हरिश्चन्द्र, कर्ण, निर्भीक एवं वचनबद्ध आदि रूपों में जानते हैं। दृढ़ निश्चयी छविवाले व्यक्तियों का अन्तर्वैयक्तिक संचार प्रभावी होता है। समाज के प्रत्येक व्यक्ति दृढ़ निश्चयी रूप को अपनाने का प्रयास करते हैं। इस प्रकार दृढ़ निश्चय के द्वारा अन्तर्वैयक्तिक संचार प्रभावी होता है तथा दूसरों के मन में सही दृष्टि बनती है।[13]

(ग) भावाभिव्यक्ति (Sense Statement) : अन्तर्वैयक्तिक संचार की विशेषता भावाभिव्यक्ति भी है। इसके द्वारा यह ज्ञात होता है कि व्यक्ति ने क्या देखा, स्पर्श किया, सुना, सूँघा अथवा समझा तथा व्यक्ति के इर्द-गिर्द क्या घट रहा है। इस प्रकार अन्तर्वैयक्तिक संचार की उत्कृष्टता भाषाभिव्यक्ति द्वारा भी होती है।[14]

(घ) विश्लेषणात्मक सम्बोधन (Interpretive Statement) : विश्लेषणात्मक वक्तव्य या सम्बोधन के द्वारा व्यक्ति की भावाभिव्यक्ति का स्पष्टीकरण होता है। विश्लेषणात्मक वक्तव्य इस बात का प्रमाण होता है कि व्यक्ति स्थिति को कितना समझ रहा है।[15] जैसे यदि कोई व्यक्ति एक सन्दर्भ पर चर्चा करते समय दूसरा कार्य करने लगे तो यह समझा जाता है कि वह व्यक्ति चर्चा में रुचि नहीं ले रहा है। यदि व्यक्ति की रुचि चर्चा में है तो वह उसके गुण-दोष आदि का विश्लेषण करता है। जैसे किसी को तीर्थयात्रा पर जाना है। यह वह किसी ऐसे व्यक्ति से इसकी चर्चा करता है, जिसे इसका ज्ञान एवं रुचि है। वह व्यक्ति यात्रा के समय, यात्रा पथ आदि को यदि बताता है तो अन्तर्वैयक्तिक संचार प्रक्रिया चलेगी न कि विपरीत स्थिति में।

(ङ) अनुभवात्मक वक्तव्य (Feeling Statements) : यह भी व्याख्यात्मक अभिव्यक्ति की ही भाँति है। व्यक्ति अपनी संवेदनाओं के अनुरूप अपने परिवेश के सन्दर्भ में क्रिया-प्रतिक्रिया व्यक्त करता है। इस प्रक्रिया में व्यक्ति किसी भी सन्दर्भ पर अपनी दृष्टि के अनुसार विचार व्यक्त करता है। इस विचाराभिव्यक्ति में वह कुछ तथ्यों को छुपाकर बात कर सकता है अथवा चुप रह सकता है। जैसे यदि कोई व्यक्ति किसी अन्य के पहनावे पर कुछ करता है तो उसमें उस व्यक्ति का अनुभव एवं संवेदना छिपी रहती है। कुछ समय व्यक्ति अनुभवात्मक वक्तव्य या क्रिया-प्रतिक्रिया अवश्य व्यक्त करता है परन्तु वह अपनी गहरी संवेदनाओं को छिपा लेता है। प्रायः इस प्रकार की स्थिति आनन्द अथवा अन्य माहौल या स्थिति में होती है। ऐसी स्थिति में व्यक्ति अपनी गहरी भावनाओं पर कड़ा नियन्त्रण रखता है, जैसे—अप्रिय सत्य को न कहना आदि। इस प्रकार के वक्तव्यों से कठिनाई का निराकरण एवं अन्तर्वैयक्तिक संचार की प्रक्रिया प्रभावी हो जाती है।[16]

(च) दृढ़ वक्तव्य (Intention Statement) : दृढ़ वक्तव्य के द्वारा अन्य व्यक्तियों को उद्देश्य एवं कार्य योजना का पता चलता है। जब कोई व्यक्ति कार्य के सम्बन्ध में स्पष्ट वक्तव्य देता है तो उससे उस व्यक्ति की योजना आदि का पता चल जाता है। परन्तु यदि कोई स्पष्ट वक्तव्य न देकर किसी सन्दर्भ या तथ्य की भिन्न या अस्पष्ट व्याख्या करता है तो इससे उसकी भ्रामक दृष्टि या अल्पज्ञता आदि का पता चल जाता है। इस प्रकार दृढ़तायुक्त वक्तव्य में कार्य के प्रति लगाव झलकता है परन्तु इसके विपरीत स्थिति में उदासीनता ही झलकती है।[17]

(छ) कार्य वक्तव्य (Action Statement) : इस प्रकार के वक्तव्य से किसी व्यक्ति की कार्य योजना अथवा भाषा योजना का भी ज्ञान होता है। इस प्रकार के वक्तव्यों द्वारा दूसरों के अपने द्वारा कहीं पहुँचने के समय या उपस्थिति में व्यवधान आदि की सूचना दी जाती है। इसके द्वारा श्रोता के सम्प्रेषक की स्थिति आदि के विषय में सहभागी बनकर उसके लक्ष्य आदि से परिचित होता है।[18]

(ज) सन्दर्भ एवं समय (Concept and Time) : सन्दर्भ का अभिप्राय समकालीन या अन्य स्थिति के विषय में व्यक्त किया गया अर्थ एवं वक्तव्य है। सन्दर्भ बदलने पर अर्थ भी बदल जाता है। जैसे किसी जन्म-दिन पर व्यक्ति हर्ष एवं प्रसन्नता की ही बात करता है न कि इसके विपरीत। इस प्रकार अन्तर्वैयक्तिक संचार में सन्दर्भ का प्रसंग का ख्याल रखा जाता है। व्यक्ति को समय का भी अन्तर्वैयक्तिक संचार में ध्यान रखना पड़ता है। जिस समय जो गतिविधि चल रही हो, उस समय उसी प्रकार का वक्तव्य प्रभावी होता है जैसे गाँधी जयन्ती

पर गाँधी के प्रति उत्कृष्ट एवं आदर्शात्मक व्याख्यान था वक्तव्य देना न कि इसके विपरीत। इस कारण समय एवं स्थिति का ख्याल रखना अन्तर्वैयक्तिक संचार की मुख्य आवश्यकता है।[19]

(झ) स्पष्टता (Clarity) : स्पष्टता सम्प्रेषण की प्रभावी कला है। स्पष्टता की अपेक्षा छिपाव तथा रहस्यवादी वक्तव्य उचित नहीं माने जाते हैं। यह आभ्यन्तर से जुड़ी प्रक्रिया है। स्पष्टता की स्थिति में सकारात्मक सन्देश तथा स्वेच्छा भी झलकती है। इससे अन्तर्वैयक्तिक संचार में भ्रम का निराकरण तथा सकारात्मक स्थिति का निर्माण होता है।[20]

(ञ) खुले ध्यान से सुनना (Open Listening) : सुनने एवं ध्यानपूर्वक सुनने में परस्पर अन्तर है। किसी शब्द, शोर या आवाज को सुनना सरल है परन्तु कोई सन्देश तभी हृदयंगम होता है जबकि व्यक्ति ध्यानपूर्वक सुने, जैसे—यदि बातचीत के समय रेडियो समाचार प्रसारित हो रहा है तो बातचीत में लगे व्यक्ति रेडियो प्रसार की आवाज तो सुनेंगे, परन्तु ध्यान उस ओर न देने के कारण रेडियो समाचार सन्दर्भ में अवगत नहीं होंगे। इस प्रकार स्पष्ट है कि ध्यानपूर्वक सुनने की स्थिति में ही अर्थ एवं अभिप्राय का बोध होता है। खुली ध्यानात्मक स्थिति में श्रोता सूचना पाने के साथ-साथ स्पष्ट क्रिया-प्रतिक्रिया भी व्यक्त करता है। कार्यालय आदि में अधीनस्थ अधिकारी या कर्मचारी अपने शीर्षस्थ प्रमुख की बात खुली ध्यानात्मक स्थिति में सुनकर कार्य करते हैं। इस प्रकार अन्तर्वैयक्तिक संचार के लिए खुली ध्यानात्मक स्थिति आवश्यक है।[21]

(ट) प्रतिपुष्टि एवं अग्रपुष्टि (Feedback and Feedforward) : किसी सन्देश पर श्रोता द्वारा प्रतिक्रिया व्यक्त करना अथवा उत्तर देना सन्देश प्रक्रिया में प्रतिपुष्टि अथवा फीडबैक के नाम से जाना जाता है। प्रतिपुष्टि अथवा फीडबैक का प्रचलन कम्प्यूटर तकनीकी से प्रचलन में आया। इसके अन्तर्गत मशीन की स्वनियन्त्रण प्रणाली को सन्दर्भित किया जाता है, जिसके कारण मशीन कुशलतापूर्वक कार्य करती है। फीडबैक के द्वारा श्रोता अपनी समझ, धारणा आदि के अनुरूप सन्देश को समझकर विचार या उत्तर देता है अथवा प्रश्न करता है। प्रतिपुष्टि का फीडबैक भी अन्तर्वैयक्तिक संचार का आवश्यक तत्त्व है।[22]

अग्रपुष्टि (Feed Forward) की प्रक्रिया प्रतिपुष्टि से भिन्न है। अग्रपुष्टि एक प्रकार से सम्प्रेषण की भावी कार्य योजना होती है जिसे श्रोता सुनता है, जैसे किसी व्यक्ति से बैठक के लिए समय माँगने पर उस व्यक्ति द्वारा सप्ताह/दस दिन बाद किसी शनिवार या रविवार को रखने की इच्छा व्यक्त करता है तथा ऐसी स्थिति में श्रोता द्वारा भावी दिन एवं समय बैठक के लिए सहमति से तय किया जाना ही अग्रपुष्टि है। इसे प्रत्याशात्मक प्रक्रिया भी कहा जाता है। इस प्रकार सम्भावित योजना का अन्तर्वैयक्तिक संचार ही अग्रपुष्टि है।[23] अन्तर्वैयक्तिक संचार में प्रतिपुष्टि एवं अग्रपुष्टि महत्त्वपूर्ण है।

(ठ) कूट या संकेत व्यवहार (Non-verbal Behaviour) : अन्तर्वैयक्तिक संचार में कूट या संकेत व्यवहार अथवा अशाब्दिक व्यवहार भी महत्त्वपूर्ण है। यह सम्प्रेषण हँसी, लिपटना, ताली बजाना, दृष्टि संकेत अथवा स्पर्श इत्यादि अशाब्दिक प्रक्रियाओं द्वारा भी अन्तर्वैयक्तिक संचार प्रक्रिया सम्पन्न होती है।[24] इस प्रकार अन्तर्वैयक्तिक संचार में अशाब्दिक प्रक्रियाएँ उपयोगी तथा महत्त्वपूर्ण हैं। इनके द्वारा भी अन्तर्वैयक्तिक संचार सम्पन्न होता है।

(ड) परस्पर का आकर्षण (Interpersonal Attraction) : दो व्यक्तियों के मध्य

सकारात्मक व्यवहार एवं पसन्द आदि परस्पर आकर्षण की अभिव्यक्ति है। यह प्रेम प्रदर्शन या प्रेमपूर्ण भावना भी है। अन्तर्वैयक्तिक प्रक्रिया में आकर्षण के कई कारण होते हैं। भाषा, विचार, स्थान आदि की निकटता इसके कारण हैं। इसी के आधार पर भिन्नता का भी विकास होता है। समान हित एवं अभिरुचि की भी स्थिति में परस्पर आकर्षण बढ़ता है।[25] इस प्रकार परस्पर आकर्षण का भी अन्तर्वैयक्तिक संचार में महत्त्व है। इस स्थिति में सकारात्मक एवं सद्‌माहौल में अन्तर्वैयक्तिक संचार होता है। इसके विपरीत अन्तर्वैयक्तिक संचार प्रक्रिया सफल नहीं होती है।

अन्तर्वैयक्तिक संचार की प्रक्रिया सम्बन्धों के आधार पर विकसित एवं सम्पादित होती है। इसमें सामाजिक क्रिया-प्रतिक्रिया भी सम्मिलित होती है।[26] अन्तर्वैयक्तिक संचार प्रक्रिया को हम शिक्षक-विद्यार्थी के मध्य के संचार, पारिवारिक संचार अथवा परिवार के सदस्यों के मध्य होनेवाले संचार के अतिरिक्त साक्षात्कार आदि में हम देख सकते हैं। बच्चे का माता-पिता से प्राप्त आदेश-निर्देश की अन्तर्वैयक्तिक संचार में सम्मिलित है। पति-पत्नी के परस्पर के गुह्य सम्बन्ध भी अन्तर्वैयक्तिक संचार का ही उदाहरण है। अन्तर्वैयक्तिक संचार में परस्पर वार्त्तालाप एवं वैचारिक भिन्नता के भी तत्त्व सम्मिलित होते हैं।[27] इसके अलावा लोक प्रशासक ढाँचे में प्रशासनिक संचालन एवं आदेश-निर्देश आदि की प्रक्रिया भी अन्तर्वैयक्तिक संचार के ही आधार पर सम्पन्न होती है। उक्त से स्पष्ट है कि अन्तर्वैयक्तिक संचार समाज के आधारभूत संचारों में है। इसके द्वारा सूचना प्रवाह की कड़ी बनती है तथा मानव समाज में सम्बन्धों का निर्माण एवं विकास भी होता है।

सन्दर्भ

1. Watson James and Hill Anne, A Dictionary of Communication and Media Studies, Universal Book Stall, New Delhi, p. 89.
2. Barker Larry L., Communication, Prentice Hall, Inc. Englewood Cliffs, New Jersey, 1978, p. 173.
3. आचार्य वामदेव, भर्तृहरेः वाक्यपदीयम् ब्रह्मकाण्डम्, कृष्णदास अकादमी, वाराणसी, वि. सं. 2044, पृष्ठ-165.
4. तदैव, पृष्ठ-67.
5. तदैव, पृष्ठ-68 एवं 69.
6. तदैव, पृष्ठ-70.
7. तदैव, पृष्ठ-70 एवं 71.
8. तदैव, पृष्ठ-72.
9. सिंह, ओमप्रकाश, संचार माध्यमों का प्रभाव, क्लासिकल पब्लिशिंग कम्पनी, नयी दिल्ली, 1993, पृष्ठ-90.
10. तदैव, पृष्ठ-91.
11. तदैव.
12. Barker Larry, L., Communication, op. cit., p. 140.
13. *Ibid.*, p. 141.
14. *Ibid.*
15. *Ibid.*, pp. 141 and 142.
16. *Ibid.*, pp. 142 and 143.
17. *Ibid.*, p. 143.

18. *Ibid.*, pp. 143 and 144.
19. *Ibid.*, p. 144.
20. *Ibid.*, pp. 144 and 145.
21. *Ibid.*, p. 145.
22. *Ibid.*, pp. 145 and 146.
23. *Ibid.*, p. 147.
24. *Ibid.*
25. *Ibid.*, p. 148 and 149.
26. *Ibid.*, p. 150.
27. *Ibid.*, pp. 150 to 165.

अध्याय - 6

समूह संचार

GROUP COMMUNICATION

6.0. मानव समाज में मनुष्य का व्यवहार विभिन्न समूहों के रूप में भी व्यक्त होता है। प्रत्येक प्रकार के समाज में समूहों का महत्त्व होता है। परन्तु प्रजातान्त्रिक समाज में समूह का महत्त्व अधिक हो जाता है। समाज में विभिन्न रूपों में मनुष्य की भूमिका समूह के माध्यम से ही व्यक्त होती है। मनुष्य समूह के द्वारा एक विशेष प्रकार के उद्देश्य से जुड़ता है। इस प्रकार एक ही मनुष्य विभिन्न समूहों की सदस्यता की स्थिति में विभिन्न प्रकार की भूमिका निभाता है।

यूथाचारिता की प्रवृत्ति मनुष्य की नैसर्गिक प्रवृत्ति है। व्यक्ति के लिए सबसे बड़ा दण्ड एकान्तवास का दण्ड है। समाज से बाहर रहनेवाला व्यक्ति या तो ईश्वर है अथवा पशु। मनुष्य एक-दूसरे के सम्पर्क में रहकर परस्पर सहयोग के द्वारा अपनी सामाजिक यात्रा जारी रखता है। मनुष्य अनादिकाल से समूहों में रहता आया है।[1]

मनुष्य अपनी सामाजिक आवश्यकताओं की पूर्ति के लिए समूहों का सदस्य बनता है। पूरा समाज एक प्रकार से समूहों का ही संगठन है। कोई भी व्यक्ति हमें वर्तमान समय में ऐसा प्राप्त नहीं हो सकता, जो कि स्वयं समूहों का सदस्य न हो। समूहों की संचार प्रक्रिया का स्वरूप अन्य प्रकार के संचारों से भिन्न होता है। चार्ल्स एच. कूले ने समूह व्यवहार एवं समूह संचार की प्रकृति का अध्ययन किया। उन्होंने इसे दो प्रकारों में विभक्त किया– (क) प्राथमिक समूह (Primary Group), (ख) द्वितीयक समूह (Secondary Group)। उन्होंने प्राथमिक समूह की संज्ञा ऐसे समूह को दी, जहाँ प्रत्यक्ष सम्पर्क द्वारा संचार होता है; उन्होंने परिवार को प्राथमिक समूह में रखा तथा प्राथमिक समूह की विशेषता के रूप में यह भी बताया कि इसमें लोग परस्पर एकता का बोध करते हैं; तथा परस्पर स्नेहिल परिवेश में रहते हैं।[2] उन्होंने द्वितीयक समूह को अति व्यापक बताया। एक समूह में जो संचार प्रक्रिया होती है वह अन्य समूह में भिन्न होती है। समूह संचार स्वयं में काफी प्रभाव युक्त होता है। समूह में कम नियन्त्रण अच्छा प्रभाव उत्पन्न करता है। वैसे समूह संचार वास्तव में समूह व्यवहार पर निर्भर करता है।[3]

समाजवैज्ञानिकों के अनुसार प्राथमिक समूह वह समूह है, जिसमें मनुष्य अपना प्रारम्भिक जीवन व्यतीत करता है। इसके अन्तर्गत परिवार, पास-पड़ोस आदि सम्मिलित हैं। प्राथमिक समूह का प्रभाव अधिक होता है। समूह के अन्दर एवं बाहर के संचार में इसका प्रभाव अधिक होता है। अध्ययनों से यह पता चलता है कि समूह संचार की प्रक्रिया में गुणात्मक एवं मात्रात्मक दृष्टि से प्राथमिक अधिक प्रभावी एवं महत्त्वपूर्ण है।[4]

द्वितीयक समूह वास्तव में वह समूह है, जिसकी भागीदारी मनुष्य अपनी आवश्यकता एवं उत्तरवर्ती काल में करता है। प्राथमिक समूह की भागदारी जन्म से ही प्रारम्भ हो जाती है। बचपन भी इसी प्राथमिक समूह के मध्य बीतता है। द्वितीयक समूह की भागीदारी वास्तव में

प्रौढ़ावस्था के साथ आरम्भ होती है। व्यक्ति शिक्षा एवं अपने कौशल के विकास अथवा अपनी आवश्यकताओं के अनुरूप इनसे जुड़ता है।

सामाजिक कार्य व्यवहार के अनुसार समूह को–(क) हित (Interest Group) समूह एवं दबाव समूह (Pressure Group) में भी विभक्त किया गया है। जब कोई समूह अपने उद्देश्यों की पूर्ति के लिए कार्य करता है तो वह हित समूह होता है; लेकिन जब अपने उद्देश्यों की पूर्ति के लिए अन्य समूह अथवा प्रशासन आदि के ऊपर दबाव उत्पन्न करता है तो ऐसी अवस्था में हित समूह, दबाव समूह में स्वतः बदल जाता है। उक्त के अलावा आर्थिक, राजनीतिक, सांस्कृतिक, धार्मिक इत्यादि उद्देश्यों की पूर्ति के लिए भी समूहों का गठन होता है। इसी प्रकार संचार समूह भी होता है। संचार समूह का निर्धारण सन्देश प्राप्त करने अथवा प्रेषित करने के लिए गठित या एकत्रित मानव पुंज से होता है। इस प्रकार व्यक्ति पुंज द्वारा समूह संचार की प्रक्रिया संचालित होती है।[5]

'समूह' का अभिप्राय परम्परागत अर्थ से भिन्न होता है। क्योंकि समूह की संरचना मानक लक्ष्यों अथवा हितों के परिचालन के लिए होती है। समूह भीड़ से भिन्न होता है, क्योंकि भीड़ किसी आकस्मिक घटना या स्थिति पर एकत्र जन समूह होती है, जिसका उद्देश्य क्षणिक होता है। भावावेशी होना इसका मूल चरित्र होता है।[6] समूह की कुछ आधारभूत विशेषताएँ हैं। इन्हीं विशेषताओं के कारण समूह भीड़ से अलग प्रकृति का होता है। (क) समूह एक गतिविधियों का पुंज है। (ख) समूह की निश्चित दिशा, लक्ष्य, मूल्य का प्रयोजन होता है और इसमें अन्तःक्रिया भी होती है। (ग) एक साथ कई समूहों की सदस्यता ग्रहण की जा सकती है। (घ) समूह अपने हितों के लिए निरन्तर सक्रिय रहते हैं। (ङ) एक समूह के अनेक हित होते हैं।[7]

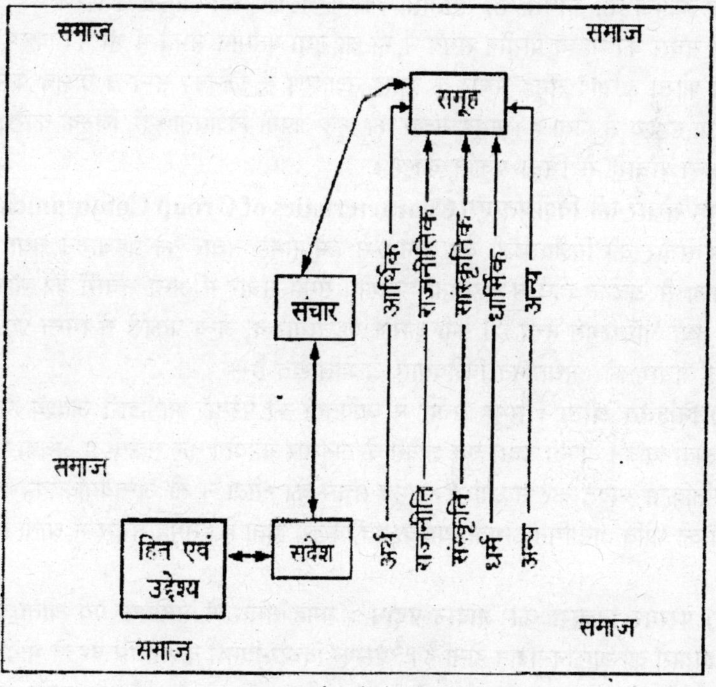

प्रारूप–(6.1) : समूह संचार

इस प्रकार समूह मनुष्यों का ऐसा समूह है, जो निश्चित उद्देश्य के लिए गठित होता है। इसकी सदस्यता तथा इसके सदस्यों के परस्पर सम्बन्धों का स्वरूप भी निश्चित होता है। समूह में एक से अधिक व्यक्ति सम्मिलित होते हैं। परन्तु जब व्यक्तियों की संख्या 5 अथवा 10 से अधिक हो जाती है तो समूह के सदस्यों में तुरन्त प्रतिपुष्टि या फीडबैक सम्भव नहीं होता है। ऐसी स्थिति में समूह की पहचान का तरीका मात्र हित अथवा उद्देश्य ही होता है। प्रत्येक समूह में हित एवं संचार दो प्रमुख आधार होते हैं; जिनके कारण समूह का अस्तित्व होता है तथा समूह कार्य करता है।[8]

वर्तमान समय में तकनीकी पर आधारित जनसंचार माध्यमों का श्रोता बिखरा हुआ है। परम्परागत संचार माध्यमों का जुड़ाव भारत में जातीय एवं ग्रामीण परम्पराओं से है। ग्रामीण परिवेश में मुख्य रूप से परम्परा सम्प्रेषण का प्रमुख माध्यम है। ग्रामीण परिवेश में प्रत्येक समूह अपनी परम्परा का सम्प्रेषण निरन्तर एक पीढ़ी से दूसरी पीढ़ी के मध्य करता है। नगरीय समाज में परम्परा की जगह आधुनिक मूल्यों के कारण पीढ़ी-दर-पीढ़ी की सुदृढ़ परम्परागत संचार प्रक्रिया प्रायः नहीं मिलती है। परम्परागत समूहों में आधुनिक संचार के समूहों की भाँति श्रोताओं का भिन्न-भिन्न सांस्कृतिक ढाँचा नहीं होता है वरन्, इनमें एकरूपता पायी जाती है। समूह संचार की प्रक्रिया, स्थान, क्षेत्र, उद्देश्य, जाति और भाषा आदि के दायरे में सीमित होती है। समूह संचार प्रक्रिया समान उद्देश्य एवं समान संस्कृतिवाले समूहों के मध्य ही संचारित होते हैं। समूह संचार का दायरा सीमित होता है।[9]

परम्परागत मनोरंजन प्रक्रिया समूह संचार की आवश्यकता का पूरक है। प्राचीन भारतीय समूहों में अनेक प्रकार के परम्परागत संचार के तरीके थे, जो कि भिन्न-भिन्न पहचानवाले थे और उनका प्रभाव भी व्यापक था; इनमें कथा, रामलीला और कृष्णलीला आदि प्रमुख उदाहरण हैं।[10]

समूह संचार का महत्त्व प्राचीन समय में भी था तथा वर्तमान समय में भी है। फिल्म फोरम व रेडियो फोरम इत्यादि समूह संचार के प्रमुख उदाहरण हैं, जिनका सम्बन्ध विशेष प्रकार की समस्या या उद्देश्य से होता है। समूह संचार की कुछ अपनी विशेषताएँ हैं, जिनके कारण समूह संचार अन्य संचारों से भिन्न प्रकृति का है।

6.1 समूह संचार की विशेषताएँ (Characteristics of Group Communication)

समूह संचार की विशेषताओं को जानने से हमें समूह संचार को पहचानने तथा इसकी वस्तविकता से अवगत होने में सहायता मिलेगी। समूह संचार में अन्य संचारों की भाँति कुछ मौलिक तथा आधारभूत तत्त्व हैं। इसी कारण यह संचार के अन्य प्रकारों से भिन्न प्रकृति का है। समूह संचार की आधारभूत विशेषताएँ अधोलिखित हैं–

(क) निश्चित श्रोता : समूह संचार में व्यक्तियों की परस्पर भागीदारी अवश्य होती है। इसमें प्रत्येक व्यक्ति अपनी इच्छा एवं शक्ति के अनुसार सहयोग कर सकता है अथवा सामान्य क्रिया-प्रतिक्रिया व्यक्त कर सकता है। समूह संचार का श्रोता न तो अन्तर्वैयक्तिक संचार के श्रोताओं की भाँति असीमित अथवा व्यापक एवं बिखरा होता है। समूह संचार में श्रोता निश्चित रहते हैं।[11]

(ख) परस्पर विचारों का आदान-प्रदान : समूह संचार में सम्प्रेषक एवं श्रोता के मध्य परस्पर विचारों का आदान-प्रदान होता है।[12] परस्पर विचार-विमर्श के आधार पर ही भावी निर्णय अथवा योजनाओं का स्वरूप निर्धारण किया जाता है। समूह संचार की इसी प्रवृत्ति के कारण

श्रोता प्रत्येक सूचना को अपनी सूचना मानता है तथा सामान्य रूप में प्रत्येक सूचना में सहभागी भी रहता है।

(ग) समस्याओं के निदान में सहभागिता : समूह संचार की यह भी विशेषता है कि जब भी कोई समस्या उपस्थित होती है तो लोग परस्पर मिलकर समस्या का समाधान कर लेते हैं।[13] साथ ही समस्या से जुड़े सभी सन्दर्भ एवं पक्ष तथा सूचनाएँ समूह के सदस्यों के संज्ञान में भी आ जाती हैं।

(घ) समूह चेतना का विकास : समूह संचार का उद्देश्य समूह चेतना के विकास के साथ-साथ समूह के लोगों के प्रति जिम्मेदारी पूर्ण परस्पर व्यवहार एवं भूमिका निभाने की प्रवृत्ति का भी विकास करना होता है।[14] इस कारण समूह संचार में अधिक सजगता के साथ कार्य करना पड़ता है। समूह के सदस्यों में परस्पर निकटता बनी रहे इसके लिए भी समूह में सुस्पष्ट एवं निरन्तर संचार कायम रहना आवश्यक तथा महत्त्वपूर्ण है।

(ङ) सामान्य उद्देश्य के प्रति सतर्कता : समूह संचार में निजी समस्याओं एवं उद्देश्यों के प्रति सतर्कता नहीं रहती। समूह सामान्य रूप से सभी सदस्यों के हित के लिए सामान्य उद्देश्य के प्रति सतर्क रहकर कार्य करता है।[15] इस कारण समूह संचार का भी उद्देश्य सामान्य हितों से सम्बन्धित सूचनाओं का प्रचार-प्रसार करना तथा इसके साथ सामान्य उद्देश्यों के लिए उपयोगी तथा आवश्यक सूचनाओं का संकलन करना ही होता है।

(च) उपयुक्त प्रतिपुष्टि या फीडबैक : समूह संचार प्रायः प्रत्यक्ष संचार होता है। इस कारण संगठनों आदि की भाँति यह बिखरे तथा व्यापक सदस्यता की प्रवृत्ति से भिन्न होता है। समूह संचार में प्रतिपुष्टि अथवा फीडबैक न तो अन्तर्वैयक्तिक संचार की भाँति सरल होती है न ही जनसंचार की भाँति कठिन।[16] इस प्रकार स्पष्ट है कि समूह संचार में प्रतिपुष्टि अथवा फीडबैक सदस्यों की समझ एवं भावना पर ही निर्भर होता है। जिसे सदस्य उचित एवं आवश्यक मानते हैं उस पर अपनी प्रतिक्रिया या विचार व्यक्त करते हैं। इस प्रकार समूह संचार में प्रतिपुष्टि का स्वरूप उपयुक्तता से जुड़ा रहता है। इसे हम इस प्रकार समझ सकते हैं कि, जैसे—किसी गोष्ठी में सदस्यों द्वारा प्रश्न पूछने के लिए स्लिप आदि भेजना। परन्तु कभी-कभी यह भी होता है कि किसी एक वक्ता के बोलने पर सन्दर्भित प्रश्नों का स्वतः समाधान पाने के कारण पूर्व में प्रश्न के लिए स्लिप भेजनेवाले अपना नाम वापस ले लेते हैं। इससे स्पष्ट है कि समूह संचार में उपयुक्त (Reasonable) प्रतिपुष्टि या फीडबैक प्रभावी होती है।

(छ) श्रोता एवं सम्प्रेषक में निकटता : समूह संचार में अन्तर्वैयक्तिक संचार की भाँति सभी श्रोता न तो सम्प्रेषक होते हैं और न ही सभी सम्प्रेषक; वरन् समूह संचार में श्रोता भी निर्धारित रहते हैं तथा साथ-साथ सूचना एवं सम्प्रेषक भी निर्धारित रहते हैं। श्रोता एवं सम्प्रेषक में परस्पर निकटता भी होती है। समूह संचार का प्रत्येक सदस्य प्रत्यक्ष या परोक्ष रूप से सम्प्रेषक को जानता भी है।[17]

6.2 समूह संचार के संघटक
(Components of Group Communication)

समूह संचार भी अन्य संचारों की भाँति कुछ अवश्य इकाइयों अथवा संघटकों के आधार पर कार्य करता है। इसके संघटक न तो अन्तर्वैयक्तिक संचार की भाँति सरल तथा न ही जनसंचार की भाँति दुरूह प्रकृति के ही होते हैं। इसे हम अधोलिखित प्रारूप के आधार पर समझ सकते हैं—

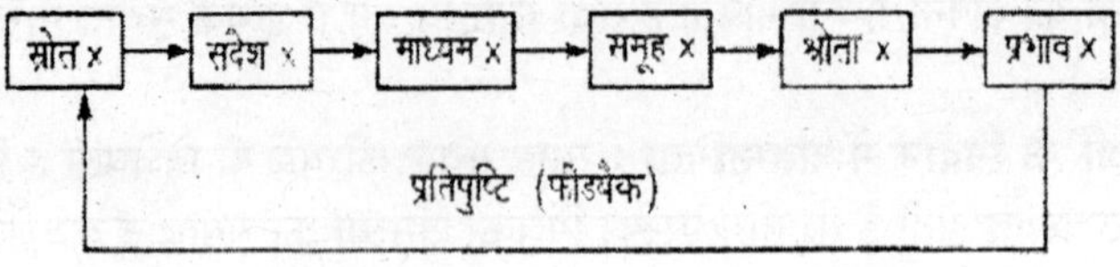

(संकेत : x = आभ्यन्तर संचार)

प्रारूप (6.2)[18] : समूह संचार

उक्त प्रारूप (6.2) से स्पष्ट है कि समूह संचार में–(क) स्रोत, (ख) सन्देश, (ग) माध्यम, (घ) समूह श्रोता (ङ) श्रोता, (च) प्रभाव एवं (छ) प्रतिपुष्टि, प्रमुख संघटक अथवा इकाई हैं। इसके साथ-साथ यह भी महत्त्वपूर्ण है कि समूह संचार में स्रोत, समूह श्रोता, प्रभाव एवं प्रतिपुष्टि के स्तर पर आभ्यन्तर संचार महत्त्वपूर्ण भूमिका निभाता है। इसके साथ-साथ इस प्रारूप में समूह श्रोता एवं श्रोता के उल्लेख से भ्रम नहीं होना चाहिए, क्योंकि समूह में उपस्थित सभी लोगों को सूचना मिलती है। लेकिन समूह की इस प्रक्रिया में सूचना ग्रहण करनेवाले व्यक्ति समूह के सदस्य के रूप में समूह मन के आधार पर प्राप्त सूचना को परस्पर अलग-अलग ही ग्रहण करते हैं फिर भी समूह मन प्रभावी रहता है। इसके अतिरिक्त कुछ व्यक्तियों को सूचना परोक्ष रूप से मिलती है। ऐसी स्थिति में समूह सूचना से अलग तथा निजी रूप में सूचना भी समूह के कुछ सदस्यों को कभी-कभी प्राप्त होती है। इस कारण प्रारूप (6.2) में समूह श्रोता एवं श्रोता का उल्लेख आवश्यक था।

6.3 समूह संचार की समस्याएँ (Problems of Group Communication)

समूह संचार अन्य संचारों से इस कारण भिन्न है क्योंकि यह एक उद्देश्यबद्ध संचार है। समूह अपने हितों की रक्षा के लिए गठित इकाई है। इस कारण समूह संचार का भी दायरा समूह के हितों तक ही मुख्य रूप से सीमित रहता है। इस कारण समूह संचार में प्रायः मुख्य रूप से तीन प्रकार की समस्याएँ प्रकाश में आती हैं–(क) तथ्यात्मक समस्याएँ (Problems of fact) (ख) मूल्यपरक समस्याएँ (Problems of Value) एवं (ग) नीतिपरक समस्याएँ (Problems of Policy)। इनका अलग-अलग वर्णन अधोलिखित है–

(क) तथ्यात्मक समस्याएँ : समूह संचार में इस प्रकार की समस्याओं के द्वारा सत्य अथवा वास्तविकता का पता लगाने का प्रयास करते हैं, जिससे कि घटना की वास्तविकता का ज्ञान हो सके। आदर्शात्मक स्थिति में व्यक्ति के विचार मूल्य आदि समूह की निर्णय प्रक्रिया को प्रभावित नहीं करते हैं। परन्तु निरपेक्ष निर्णय प्रक्रिया के लिए समस्या के तथ्यों पर बल दिया जाता है।[19] समूह संचार में इसी कारण सूचना के आदान-प्रदान में तथ्यों पर ही बल दिया जाता है तथा सदस्य इसी प्रकार के प्रश्न भी करते हैं।

समूह की निर्णय प्रक्रिया में तथ्यों के आधार पर ही विचार-विमर्श होता है। प्राप्त सूचना का सदस्यगण निर्णय के प्रकाश में विश्लेषण करते हैं। समूह के सभी सदस्य भ्रम को मिटाने तथा तथ्य के आधार पर ही निर्णय प्रक्रिया से प्रायः सहमत होते हैं। इसी कारण सदस्य अपने प्रश्नों के द्वारा शब्द अथवा विचार का विश्लेषण करते हैं।[20]

(ख) मूल्यपरक समस्याएँ : समूह संचार में तथ्यों के अतिरिक्त समूह के सदस्य कभी-कभी

दृष्टि, भावना अथवा नैतिकता का भी प्रश्न प्रमाण के आधार पर उपस्थित करते हैं। ऐसी स्थिति में समूह प्राप्त सूचनाओं के आधार पर समूह की सामान्य दृष्टि के अनुसार निर्णय करता है। मूल्य का निर्धारण सदा तर्क से नहीं होता है, इस कारण यह तथ्य से भिन्न प्रकृति का होता है।[21] इस प्रकार समूह की निर्णय प्रक्रिया के संचार में मूल्य एक मानक की भाँति कार्य करता है, जिस प्रकार एक कारीगर निर्धारित नक्शे का ही अनुकरण करता है या समूह निर्णय में मूल्य एक साँचे के समान है, जिसमें समूह के निर्णय एवं समूह संचार लोकयात्रा के पूर्व ढलते हैं।

समूह की संचार प्रक्रिया या विचार-विमर्श में मूल्य का महत्त्व अधिक होता है। समूह के सदस्य इसी के आधार पर किसी निष्कर्ष तक पहुँचना चाहते हैं।[22] इस प्रकार स्पष्ट है कि समूह संचार में मूल्यपरक सन्दर्भ विचार-विमर्श में उपस्थित होते हैं तथा निर्णय को निर्देशित करते हैं।

(ग) नीतिपरक समस्याएँ : सामान्य रूप में समूह संचार एवं समूह की निर्णय प्रक्रिया में औपचारिक विचार-विमर्श के लिए सन्दर्भ निर्धारित रहता है। परन्तु जब समूह किसी कार्य योजना का निर्धारण करता है तो उस समय नीति सम्बन्धी प्रश्न उपस्थित हो जाता है। क्योंकि किसी भी कार्य योजना को क्रियान्वित करने के सभी चरणों की प्रक्रिया का निर्धारण बार-बार समूह के सदस्यों के द्वारा करना कठिन कार्य है। इस कारण नीति निर्धारण के आधार पर कार्य करना सरल होता है। इस प्रकार की समस्याओं के निराकरण में तथ्य एवं मूल्य आधारित नीति महत्त्वपूर्ण होती है। इस कारण इस प्रकार के किसी भी निर्णय के पूर्व समस्या से सम्बन्धित समग्र सन्दर्भ प्रस्तुत किये जाते हैं। इसके उपरान्त नीति निर्धारित होती है।[23]

इस प्रकार समूह संचार के द्वारा समूह कार्य योजना के अनुरूप नीति का भी निर्धारण करते हैं। नीति निर्धारण के पूर्व समूह के सदस्य सम्यक् रूप में नीति से जुड़े तथ्यों एवं समस्याओं पर गहन मन्त्रणा करते हैं। जिसे हम इस प्रकार समझ सकते हैं, जैसे समूह द्वारा आगामी वर्ष के लिए समूह के प्रचार-प्रसार की नीति तय करना। इस नीति निर्धारण की समस्या में समूह संचार की भूमिका प्रमुख होती है, जिसके कारण नीति का स्वरूप निर्धारित होता है। इस प्रकार समूह के नीति निर्धारण में समूह संचार की भूमिका प्रमुख है।

6.4 समूह संचार को प्रभावित करनेवाले कारक (Factors to Affecting Group Communication)

समूह संचार एवं समूह की निर्णय प्रक्रिया को कुछ कारक प्रभावित करते हैं। समूह संचार का परिणाम समूह की निर्णय प्रक्रिया के रूप में सामने आता है। सामाजिक कारक वास्तव में समूह व्यवहार, समूह की निर्णय प्रक्रिया तथा समूह संचार प्रक्रिया को प्रभावित करते हैं। इस कारण समूह संचार को प्रभावित करनेवाले कारकों को जानना अति आवश्यक है। समूह संचार को प्रभावित करनेवाले प्रमुख कारक इस प्रकार हैं–

(क) व्यक्तित्व (Personality) : प्रत्येक समूह की एक सदस्यता होती है। सदस्यता की प्रक्रिया में विभिन्न प्रकार के लोग समूह के सदस्य होते हैं। समूह के सभी सदस्यों का व्यक्तित्व परस्पर भिन्न-भिन्न होता है। प्रत्येक सदस्य अपनी मान्यता, प्रवृत्ति, मूल्य धारणा आदि के अनुरूप समूह में अपनी भूमिका निभाता है। जैसे कुछ व्यक्ति संकोची तथा शान्त प्रकृति के होते हैं, कुछ व्यक्ति इसके ठीक विपरीत प्रकृति के होते हैं। इस परस्पर भिन्नतायुक्त स्थिति में जो व्यक्ति तर्क-वितर्क की क्षमता रखता है अथवा जिसका व्यक्तित्व प्रभावशाली होता है वह समूह सम्प्रेषण में सफल रहता है।

समूह में व्यक्तित्वों का भी संघर्ष होता है, जिसके कारण कभी-कभी कठिनाई आती है। इसके अतिरिक्त समूह की यह विशेषता होती है कि यह स्वयं व्यक्तित्व का निर्माण करता है। इसी के कारण निर्णय आदि सुचारु रूप से हो जाते हैं।[24] समूह के व्यक्तित्व आदि का निर्धारण समूह के सदस्यों के व्यक्तित्व से जुड़ा होता है तथा इस प्रकार व्यक्तित्व समूह संचार की प्रक्रिया को प्रभावित करते हैं।

(ख) लगाव (Cohesion) : समूह अपने भी व्यक्तित्व का निर्माण करता है। इसी व्यक्तित्व के कारण समाज में समूह लोकप्रिय अथवा अलोकप्रिय होता है। संचार के विद्वानों के अनुसार समूह में लगाव अथवा प्रतिबद्धता के कारण समूह में संघर्ष की स्थिति उत्पन्न होती है। लगाव अथवा प्रतिबद्धता एक ऐसी आभ्यन्तर संचार प्रक्रिया है, जिसके कारण समूह का सदस्य अपने को एक टीम का सदस्य मानकर चलता है। इसके विपरीत की स्थिति में समूह मात्र व्यक्तियों का संग्रह जैसा ही होता है। लगाव अथवा प्रतिबद्धता समूह का महत्त्वपूर्ण आधार है। इसके लिए समूह के सदस्यों में सन्तुष्टि का होना आवश्यक है। इसके विकास के लिए अन्तर्वैयक्तिक संचार अधिक आवश्यक तथा महत्त्वपूर्ण है।[25]

प्रतिबद्धतायुक्त समूह अपने सदस्यों का उचित प्रतिदेय अथवा पुरस्कार देता है। ऐसी अवस्था में समूह के सदस्य अधिक-से-अधिक भागीदारी करते हैं तथा समूह अपने लक्ष्य को प्राप्त करता है। लगाव बढ़ाने के लिए समूह में परस्पर की संचार प्रक्रिया के आधार पर मित्रता व सम्मान आदि प्रकार के मनोवैज्ञानिक युक्तियों का भी आश्रय लिया जाता है। पुरस्कार, प्रशंसा आदि भी इसी प्रक्रिया के अंग हैं।[26] इस प्रकार स्पष्ट है कि लगाव अथवा प्रतिबद्धता समूह के विकास के लिए आवश्यक है। इसमें समूह संचार की भूमिका प्रमुख है।

(ग) संघर्ष (Conflict) : समूह संचार प्रक्रिया को संघर्ष भी प्रभावित करता है। प्रेमपूर्ण परिवेश में होनेवाले समूह संचार में सकारात्मक प्रवृत्तियों का आधिक्य होता है। इसके विपरीत की स्थिति में समूह संचार नकारात्मक प्रवृत्ति का होता है।[27]

यदि संघर्ष या मतभेद की स्थिति मूल्यपरक तथा तथ्यपरक हो और उसका उचित समाधान प्राप्त कर लिया जाय तो निश्चित ही समूह का विकास हो सकेगा। यह समाधान समूह के मध्य परस्पर वार्त्ता आदि के द्वारा सम्पन्न समूह संचार की प्रक्रिया के आधार पर प्राप्त किया जा सकता है।

समय रहते यदि समूह में व्याप्त मतभेद या संघर्ष का पता चल जाय साथ-ही-साथ इसके स्रोत का भी ज्ञान हो जाय ऐसी स्थिति में परस्पर वार्त्ता एवं निर्णय के आधार पर संघर्ष की स्थिति को हम टाल सकते हैं।[28] लेकिन इसके लिए समूह में संचार आवश्यक है।

कभी-कभी समझौता, सौदेबाजी के द्वारा समूह में संघर्ष को टाला जाता है। कभी-कभी कुछ व्यक्तियों से वार्त्ता के बाद संघर्ष की स्थिति स्वतः समाप्त हो जाती है।[29] इस प्रकार समूह के कुशलतापूर्वक कार्य करने के लिए समूह संचार प्रक्रिया का प्रभावी होना भी आवश्यक तथा उपयोगी है।

(घ) नियमों की एकरूपता (Conformity) : समूह संचार प्रक्रिया को नियमों की एकरूपता भी प्रभावित करती है। नियमों की एकरूपता नकारात्मक तत्त्व नहीं है। नियमों की समानता की स्थिति में समूह संचार तथा समूह की क्रिया-प्रक्रिया सकारात्मक दिशा में आगे बढ़ती है।[30] इस प्रकार की निर्णय प्रक्रिया से संघर्ष की स्थिति भी टलती है।

इसके विपरीत नियमों की भिन्नता की स्थिति में निरन्तर दबाव बढ़ते हैं तथा समूह में नकारात्मक संचार की प्रवृत्ति बढ़ती है।

उक्त के अतिरिक्त प्रज्ञा, सामाजिक स्थितियाँ, समूह के सदस्यों की संख्या, समूह का ढाँचा, समूह की कार्यप्रणाली और समूह के संसाधन आदि समूह संचार की प्रक्रिया को प्रभावित करते हैं। वर्तमान समय में मनुष्य का व्यवहार विभिन्न समूहों में जुड़ा होता है। व्यक्ति प्रत्येक समूह में अपनी समुचित भागीदारी प्रत्येक समूह की संचार प्रक्रिया के अनुरूप न्यून या अधिक मात्रा में अदा करता है। इसी कारण प्रत्येक समूह अपनी संचार प्रक्रिया के लिए सदस्यों के मध्य पत्राचार, न्यूजलेटर अथवा पत्र-पत्रिका तथा ई-मेल, इण्टरनेट आदि का आश्रय लेते हैं। उक्त विवेचन से स्पष्ट होता है कि समूह के कुशल संचालन के लिए समूह संचार आवश्यक है।

सन्दर्भ

1. सिंह, ओमप्रकाश, संचार माध्यमों का प्रभाव, क्लासिकल पब्लिशिंग कम्पनी, नयी दिल्ली, 1993, पृष्ठ–91 एवं 92.
2. Watson James and Hill Anne, A Dictionary of Communication and Media Studies, Universal Book Stall, New Delhi, 1996, p. 77.
3. *Ibid.*, p. 77 and 78.
4. *Ibid.*, p. 78.
5. सिंह, ओमप्रकाश, संचार माध्यमों का प्रभाव, उक्त, पृष्ठ-92.
6. तदैव.
7. तदैव. पृष्ठ-92 एवं 93.
8. तदैव. पृष्ठ-93.
9. तदैव.
10. Desai M.V., Communication Policies in India, UNESCO, 1977, P. 16.
11. सिंह, ओमप्रकाश, संचार माध्यमों का प्रभाव, उक्त, पृष्ठ-94.
12. तदैव.
13. तदैव.
14. Roberge Gaston, Mediation the action of the Media in our society, Manohar Book Service, Delhi, 1980, p. 86.
15. Allina Goldbery and Corl E. Larson, Group Communication, Prentice Hall Inc., Englewood, Cliffs, New Jersey, 1975, p. 7 and 8.
16. सिंह, ओमप्रकाश, संचार माध्यमों का प्रभाव, उक्त, पृष्ठ-94.
17. तदैव., पृष्ठ-95.
18. तदैव.
19. Larry L. Barker, Communication, Prentice Hall Inc., Englewood, Cliffs, New Jersey, 1978, p. 196.
20. *Ibid.*
21. *Ibid.*, p. 197.
22. *Ibid.* p. 197.
23. *Ibid.*
24. *Ibid.*, p. 204.

25. *Ibid.*, pp. 204 and 205.
26. *Ibid.*, pp. 205 and 206.
27. *Ibid.*, p. 206.
28. *Ibid.*, P. 207.
29. *Ibid.*
30. *Ibid.*, pp. 207 and 208.

अध्याय - 7
जनसंचार
MASS COMMUNICATION

7.0. पूर्व के अध्यायों में सम्मिलित संचारों से भिन्न प्रकृति एवं स्वरूप का संचार जनसंचार है। जनसंचार की व्यापकता का अनुमान हम इस प्रकार लगा सकते हैं कि समाज के विस्तृत क्षेत्रों में सूचना को बिखेरने का कार्य जनसंचार के द्वारा होता है।

अनादि काल से मनुष्य की यह इच्छा चली आ रही है कि किस प्रकार वह अन्य तक अपनी सूचना अथवा सन्देश भेजे तथा अन्य को सूचना अथवा सन्देश को स्वयं ग्रहण करे। इसकी पूर्ति के लिए मनुष्य एवं मानव समाज निरन्तर खोज में लगा हुआ है। इसी आवश्यकता के कारण जनसंचार के नये-नये माध्यमों का विकास हुआ।

जनसंचार के माध्यमों के विकास के साथ-साथ यह भी पक्ष जुड़ा था कि जनसंचार की प्रक्रिया मनुष्य को सूचना देती अवश्य है पर श्रोता की सहभागिता नहीं हो पाती। इसके निदान के लिए भी प्रयास चलते रहे। अन्ततः महामायाजाल अथवा इण्टरनेट (Internet) ने इस समस्या का समाधान भी प्रस्तुत कर दिया; अब जनसंचार के साथ-साथ सूचना में व्यक्ति की भागीदारी, क्रिया-प्रतिक्रिया एवं इच्छित सूचना की प्राप्ति तथा सूचना प्रेषण सम्भव हो सका है। इस विश्वव्यापी महामायाजाल/इण्टरनेट ने वास्तव में विश्व को एक परिवार में बदलने की प्रक्रिया को मूर्त रूप दिया है। वर्तमान में सर्वाधिक प्रभावी जनसंचार के स्वरूप आदि को जानना आवश्यक है। इसका विवेचन उपयोगी तथा महत्त्वपूर्ण है।

जनसंचार अंग्रेजी में मास कम्युनिकेशन (Mass Communication) कहा जाता है, जिसका अभिप्राय बहुल या भारी मात्रा अथवा भारी आकार के बिखरे लोगों तक संचार माध्यम द्वारा सन्देश या सूचना का पहुँचना है। आक्सफोर्ड इंग्लिश डिक्शनरी के अनुसार मास (जन) का अभिप्राय पूर्ण रूप से व्यक्तिवादिता का अन्त जन समूह, भीड़ जनता से भिन्न प्रकृति का होता है। इनमें व्याप्त भिन्नता को स्पष्ट कर सकते हैं। समूह का निर्धारण समान हितों, मूल्यों तथा सामान्य की पूर्ति के लिए संगठित अन्तःक्रियाओं के आधार पर होता है। अतः जन से समूह भिन्न है। इसी प्रकार भीड़ एक स्थान पर आकस्मिक किसी घटना या दुर्घटना पर भावुकता पर अस्थायी तौर पर एकत्र होती है। इस प्रकार यह भी जन (मास) से भिन्न है। जन (मास) में भी अन्तर होता है। जनता का आकार विशाल होता है। इसका एक उद्देश्य, रुचि, मत, राजनीतिक परिवर्तन का होता है। जनता वर्तमान उदारवादी जनतान्त्रिक शासन प्रणालियों से सम्बद्ध है। जनसंचार माध्यम–सिनेमा, रेडियो, समाचार-पत्र के श्रोता समूह, भीड़ एवं जनता से भिन्न है।[1]

जनसंचार का प्रवाह अति व्यापक एवं असीमित है। मार्शल मैकलुहान ने वर्तमान समाज में संचार माध्यमों की व्यापकता एवं प्रसार को देखते हुए संचार माध्यम ही सन्देश है–तक

कह डाला। 'मीडिया' संचार माध्यम एक तकनीकी सम्बोधन, विचार है। माध्यम का अर्थ मध्यस्थता करनेवाला होता है जो कि दो बिन्दुओं को जोड़ता है। व्यावहारिक दृष्टि से संचार माध्यम एक ऐसा पुल है जो कि स्रोत और श्रोता के मध्य, ट्यूब, वायर एवं प्रवाह इत्यादि के द्वारा पहुँचता है।[2]

जनसंचार तकनीकी एवं संस्थात्मक आधार पर आधारित विशाल अथवा व्यापक 'उत्पादन' रूप में लोगों तक सूचना के संग्रह एवं प्रेषण पर आधारित प्रक्रिया है। वर्तमान समाज में इसका चरित्र सूचना प्रेषण, विश्लेषण, ज्ञान एवं मूल्यों का प्रसार तथा मनोरंजन करना है।[3] इस उद्देश्य की पूर्ति समाचार-पत्र, रेडियो, सिनेमा एवं टेलीविजन के द्वारा होती है।

एक साथ एक समय में लाखों लोगों तक सन्देश को प्रेषित करना वर्तमान तकनीकी विकास के द्वार पर सम्भव हो सका। जनसंचार माध्यम के द्वारा प्रेषित सूचना में व्यक्तिगत स्तर पर चलता की प्रवृत्ति पायी जाती है। जनसंचार माध्यम के प्रसार का अभिप्राय यह नहीं है कि समाज का प्रत्येक व्यक्ति उससे जुड़ा हो जो समाचार-पत्र का पाठक-मात्र शिक्षित व्यक्ति होता है। प्रत्येक शिक्षित व्यक्ति के लिए आवश्यक नहीं है कि वह समाचार पत्र-पत्रिका का पाठक ही हो। समाचार पत्रिका का पाठक वही सन्देश पढ़ता है, जिसमें उसकी रुचि होती है।[4]

दर्शन, तकनीकी पुस्तकों एवं पत्रिकाओं के अनुसार जनसंचार का अर्थ चयनित श्रोता से जुड़ा है। इस प्रकार जनसंचार का श्रोता सम्प्रेषक से सामान्य रूप से अपरिचित होता है। जनसंचार का श्रोता आपस में अपरिचित, बिखरा एवं विशाल होता है। जनसंचार द्वारा संचारित सन्देश जन सामान्य के लिए होता है।[5] जनसंचार समूह एवं अन्तर्व्यक्ति संचार से भिन्न होता है। जनसंचार प्रक्रिया में अन्तर्व्यक्ति एवं समूह संचार एक-दूसरे के पूरक के रूप में कार्य करते हैं। जनसंचार के प्रक्रिया में स्रोत से चली सूचना या सन्देश को मंजिल तक पहुँचाने में अन्तर्व्यक्ति एवं समूह संचार प्रक्रिया कार्य करती है।

(जनसंचार प्रक्रिया में समूह एवं अन्तर्व्यक्ति संचार)

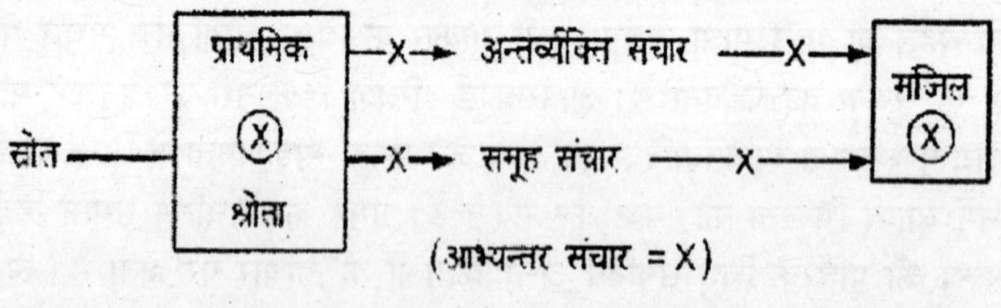

वर्तमान समय में राजनीतिक शक्ति, अर्थ एवं शिक्षा इत्यादि का सम्प्रेषण जनसंचार माध्यम पर आधारित है। एक साथ लाखों लोगों की सम्बोधित किया जा सकता है। वर्तमान समय में जनसंचार माध्यम और समाज में गहरा सम्बन्ध एवं निकटता है। जनसंचार माध्यम के द्वारा जन सामान्य की रुचि एवं हितों को स्पष्ट किया जाता है। जनसंचार माध्यमों ने बढ़ती जनसंख्या की माँग के अनुसार यह सुलभ बना दिया है कि सूचना लोगों तक पहुँच सके।[6]

जनसंचार के विकास ने भौगोलिक एवं समय की सीमा को भी तोड़ दिया है, इस प्रकार हम एक-दूसरे से दूर रहते हुए जनसंचार विश्व में भी रहते हैं।[7] जनसंचार प्रक्रिया में अनेक संघटक हैं जिनके निकाय अथवा पुंज को जनसंचार कहते हैं।

जनसंचार के संघटक—(क) स्रोत, (ख) चयनित सूचना, (ग) सम्प्रेषक, (घ) सन्देश, (ङ) संचार साधन, (च) संचार माध्यम, (छ) श्रोता सूचना पुनर्प्रेषण, (झ) मंजिल, (ञ) फीडबैक हैं। इनकी प्रक्रिया को हम संचार प्रारूप (7.1) में देख सकते हैं।

जनसंचार का वर्तमान समाज पर गहरा प्रभाव है, इसी के द्वारा समाज की मनोदशा, विचार, संस्कृति एवं जीवन दशाएँ नियन्त्रित तथा निर्देशित हो रही हैं।[8] जनसंचार के द्वारा व्यक्तियों के समाजीकरण की प्रक्रिया समाज में चलती रहती है। जनसंचार माध्यम लोगों का मनोरंजन करने के साथ-ही-साथ जनव्यवहार को भी नियन्त्रित एवं निर्देशित करते हैं। इससे ज्ञान की वृद्धि होती है। राजनीतिक प्रोपेगण्डा अथवा अफवाह भी जनसंचार माध्यमों द्वारा संचालित की जाती है।[9] जनसंचार के द्वारा लोगों को आर्थिक सूचनाएँ तथा समाज की जीवनोपयोगी सूचनाएँ मिलती हैं।

"फीडबैक जनसंचार प्रक्रिया को प्रभावी बनाती है।[10] जनसंचार माध्यम से मिली सूचनाओं पर श्रोता की क्या प्रक्रिया है और सूचना का उस पर क्या प्रभाव पड़ा है इत्यादि की सूचना 'फीडबैक' के द्वारा जनसंचार श्रोता तक पहुँचाती है।[11] व्यावहारिक रूप में जनसंचार में फीडबैक प्रक्रिया दुरूह होती है; जनसंचार माध्यमों द्वारा जिस गति अथवा वेग से सूचना प्रवाहित की जाती है, उसकी अपेक्षा फीडबैक प्रक्रिया में श्रोता से स्रोत तक सन्देश काफी धीमी गति से पहुँचाता है।

उक्त के अलावा कुछ संचार विज्ञानी व्यक्ति के मानस जगत् में होने, संचार प्रक्रिया को इण्ट्रापरसनल (Intrapersonal) या व्यक्ति के आन्तरिक संचार की संज्ञा देते हैं। जबकि जनसंचार बाह्य संचार है।

जनसंचार के जहाँ अनेक लाभ हैं वहीं कुछ हानियाँ भी हैं। इससे समाज में हिंसा और अपराध की भी वृद्धि होती है। सिनेमा में देखे गये व्यवहारों को लोग आम जीवन में उतारते हैं। बच्चों पर भी इसका प्रभाव काफी मात्रा में पड़ता है। मनोवैज्ञानिकों का मानना है कि 13-19 वर्ष की अवस्थावाले व्यक्तियों पर जनसंचार माध्यम का प्रभाव अधिक होता है।[12] कामुक आपराधिक, पत्रिकाएँ, सिनेमा एवं कहानियों का जनसंचार माध्यमों द्वारा प्रसार किये जाने से हिंसा और अपराध की मात्रा बढ़ी है; यह निर्विवाद सत्य है, परन्तु हमें यह नहीं भूलना चाहिए कि जनंसचार से ही यह सुलभ हुआ है कि हम अपने को एक विश्व-परिवार का सदस्य मानने लगे हैं। विश्व के किसी भी कोने में होनेवाली घटना की सूचना घर बैठे मिल जाती है। यह सब जनसंचार माध्यमों के विकास की ही देन है। हिंसा और अपराध तथा अन्य समाज विरोधी प्रवृत्तियों के विस्तार को संचार माध्यमों के सन्तुलित प्रयोग के द्वारा ही रोका जा सकता है।

संचार प्रारूप (7.1) वास्तव में समाज की व्यावहारिक प्रक्रिया के आधार पर विकसित है। इसी कारण हमें आभ्यन्तर संचार, अन्तर्वैयक्तिक संचार समूह संचार आदि के तत्त्वों को भी सम्मिलित किया गया है। इस प्रारूप (7.1) से हमें जनसंचार की व्यावहारिक प्रक्रिया का ज्ञान हो सकेगा। संचार प्रारूप (7.1) का विकास भारतीय परिवेश की सूचना प्रक्रिया के आधार पर किया गया है। इसका वर्णन अधोलिखित है।

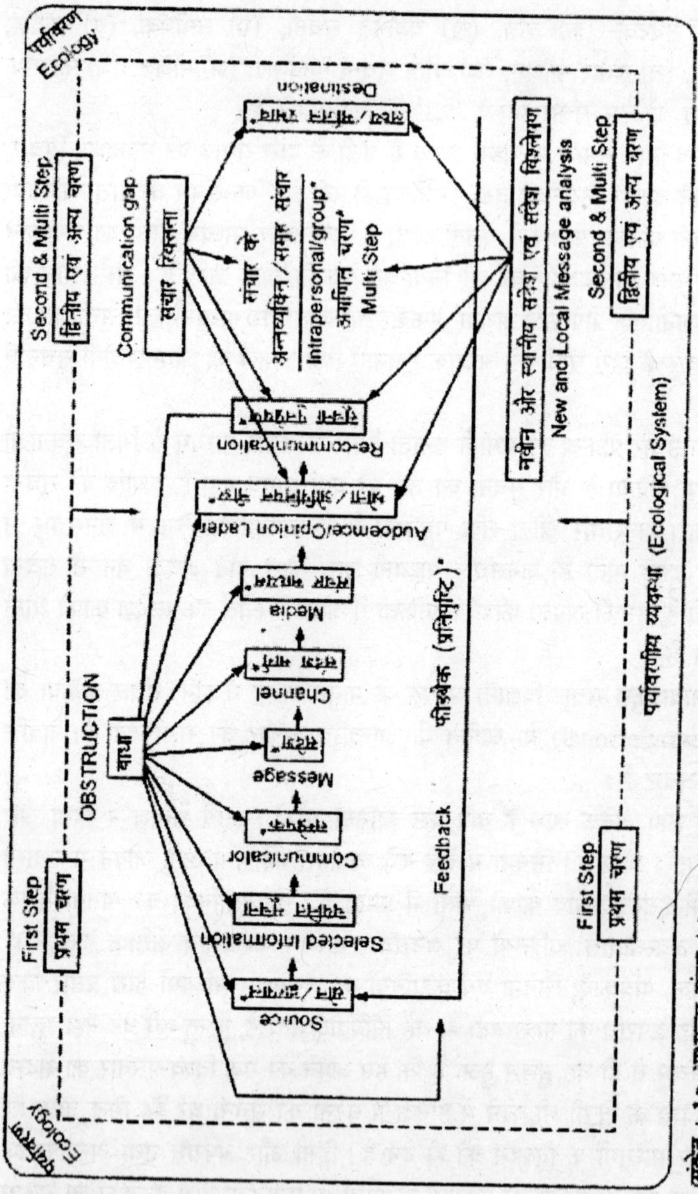

संकेत : * = आभ्यन्तर संचार Intrapersonal Communication)

प्रारूप– (7.1) : ओ. पी. सिंह का संचार प्रारूप[13]

7.1 जनसंचार के संघटक (Components of Mass Communication)

संचार प्रारूप (7.1) जनसंचार के सभी आवश्यक संघटकों को अपने में समेटे है। जनसंचार के प्रमुख संघटकों (Components) का वर्णन अलग-अलग अग्रलिखित है।

(क) स्रोत द्वारपाल (Source of Gatekeeper) : संचार प्रक्रिया में स्रोत का मुख्य स्थान है। स्रोत का सामान्य अभिप्राय उत्पत्ति स्थल से है। समाज में समय-समय पर घटनाएँ

घटती रहती हैं। प्रत्येक घटना सूचना नहीं होती। जिस घटना की सामाजिक उपयोगिता होती है वही घटना सूचना के रूप में सूचना संग्रह से सब व्यक्तियों अथवा संस्थाओं तक पहुँच जाती है। वे सूचना को संगृहीत कर लेती हैं। यहीं से सूचनाओं का जन्म सामाजिक घटनाओं के गर्भ से होता है। सूचना का स्रोत व्यक्तिगत कथन या हाव-भाव या संचार संगठन जैसे समाचार-पत्र, सिनेमा, रेडियो एवं टेलीविजन इत्यादि भी हो सकते हैं।[14] स्रोत ही सूचना को समाज के मध्य से उसी प्रकार ग्रहण कर समाज में प्रेषित करते हैं जैसे कि एक-एक फूल चुनकर माली माला बनाता है। संचार प्रक्रिया में स्रोत मुख्य है। इसे दरबान या द्वारपाल भी कहा है। द्वारपाल (Gatekeeper) जो कि सूचना का चयन, परिवर्तन, परित्याग द्वारा श्रोता को सम्प्रेषित की जानेवाली सूचना को प्रभावित कर सकता है। जैसे—समाचार-पत्र का सम्पादक पत्र की आवश्यकता के अनुरूप टेलीप्रिण्टर से समाचार का चयन करता है। जनसंचार माध्यम के द्वारपाल के अन्तर व्यक्ति की भूमिका अन्तर व्यक्ति संचार के द्वारपाल से भिन्न होती है। जनसंचार माध्यम में स्रोत या द्वारपाल को विधि विहित दायरे में अपने संचार प्रक्रिया का संचालन करना होता है।[15]

(ख) चयनित सूचना (Selected Information) : स्रोत व्यक्ति अथवा संस्थाएँ प्रतिदिन भारी मात्रा में सूचनाओं को संगृहीत करते अथवा प्राप्त करते हैं; इन प्राप्त सूचनाओं में श्रोता अथवा समाज के लिए महत्त्वपूर्ण सूचनाएँ ही प्रेषण के लिए चयनित की जाती हैं। इस चयन के पीछे सामाजिक महत्ता, नवीनता एवं श्रोता समूह इत्यादि का ध्यान रखा जाता है। चाहे व्यक्ति हो या संचार के आधुनिक माध्यम, सभी के द्वारा सूचना प्रेषण में सामाजिक उपयोगिता का मुख्य रूप से ध्यान रखा जाता है।

(ग) सम्प्रेषक (Communicator) : समाज के लिए उपयोगी सम्प्रेषण में सम्प्रेषक की भूमिका मुख्य होती है। एक ही सूचना की प्रस्तुति और उसकी प्रभाविता में सम्प्रेषक के आधार पर अन्तर आ जाता है। यह प्रभावित सूचना को ठीक प्रकार से तैयार करने, प्रेषित करने, अच्छे प्रकार से बोलने एवं अच्छे लेखन इत्यादि कारणों से आती है। अरस्तू के अनुसार सद्गुण या ईमानदारी सम्प्रेषक की प्रभावित का महत्त्वपूर्ण तत्त्व है। सम्प्रेषक संचार प्रक्रिया की साख का वह अंग है जो कि सन्देश का सम्प्रेषण करता है।

सम्प्रेषक की साख की संचार प्रक्रिया में महत्त्वपूर्ण स्थान होता है। सम्प्रेषक की साख में उसका सामाजिक स्तर ही नहीं वरन् सम्प्रेषक की उपयुक्तता, प्रतिभा एवं विशेषज्ञता का महत्त्वपूर्ण स्थान होता है।[16] प्राचीन काल में नारद का ब्राह्मा, विष्णु, महेश एवं अन्य देवताओं के मध्य सूचना देने और उस सूचना पर विश्वास करने की साख थी, नारद द्वारा दी गयी सभी सूचनाओं को सभी देवता प्रभावी रूप में स्वीकार करते थे। नारद की इस साख के पीछे उनकी सूचना संग्रह की शैली एवं उनकी सम्प्रेषण प्रतिभा मुख्य थी।

सम्प्रेषक की प्रतिभा अथवा साख में सक्रियता का सम्बन्ध उसकी दृढ़ता, गतिशीलता, लगनशीलता एवं उसके प्रभावीपन से है। सुरक्षा उसके तत्त्व के अन्तर्गत सम्प्रेषक की दयालुता, मित्रता, ज्ञानशीलता, परोपकारिता, न्यायप्रियता, सहिष्णुता इत्यादि प्रवृत्तियाँ मुख्य हैं।[17]

उसके अलावा चमत्कार भी सम्प्रेषक की साख का एक तत्त्व है। राष्ट्रीय आन्दोलन के दौरान गाँधी जी के शब्दों का जादू लोगों को आकर्षित एवं प्रभावित करता था। इसी प्रकार हिटलर, चर्चिल, केनेडी, नेहरू, सुकर्ण आदि चमत्कारिक व्यक्तित्व वाले व्यक्ति थे। जिनके विचार और

आदेश लोगों पर जादू जैसा चमत्कार दिखाते थे।[18] इस प्रकार संचार प्रक्रिया में सम्प्रेषक की साख भी महत्त्वपूर्ण होती है। सम्प्रेषक स्वयं में संचार का संचालक होता है।

(घ) सन्देश (Message) : सन्देश सामाजिक सूचनाओं के मिश्रण या संवाद का नाम है जिसमें नयापन का होना आवश्यक है। सन्देशों पर ही समाज का अस्तित्व टिका है। संचार प्रक्रिया का उद्‌भव एवं निरन्तरता सन्देशों पर ही आधारित होती है। जब सन्देशों का आदान-प्रदान नहीं होगा तो उस स्थिति में संचार प्रवाह रुक जाता है। सन्देश अपने कुछ निश्चित प्रतिमानों के आधार पर साकार रूप ग्रहण करता है। इनमें अर्थ, भाषा, सन्दर्भ, स्वरूप इत्यादि महत्त्वपूर्ण हैं। सन्देश प्रेषक के मस्तिष्क में उत्पन्न एवं स्वसंयत होता है जो कि सम्प्रेषण के द्वारा श्रोता तक पहुँचता है। सामान्य रूप में संचार प्रक्रिया में सन्देश पर सूचना वह तत्त्व है जिसका कि सम्प्रेषण या आदान-प्रदान किया जाता है।

अर्थ सन्देश का मुख्य अवयव है। इसके इंगितीकरण एवं अर्थसमावेशीकरण दो प्रमुख अवयव हैं। इंगितीकरण में शब्द या आवाज और उद्देश्य सम्मिलित हैं। अर्थसमावेशीकरण में व्यक्ति की अन्तर-स्वीकृति निहित है। व्यक्ति समाज में अनेक घटनाओं के प्रति व्यक्ति अन्तर्प्रभाव के अनुरूप, सुखद या दुःखद, सकारात्मक या नकारात्मक सम्बोधन करता है।[19] आसगुड (1957) ने अर्थसमावेशीकरण में मूल्यांकन, कार्यप्रवृत्ति एवं क्षमता को समाहित किया है।[20] इस प्रकार यदि हम सन्देश के अर्थ तत्त्व की उपयोगिता को देखें तो स्पष्ट है कि कोई भी सूचना पानेवाला जिस प्रकार सूचना ग्रहण करता है उसी के अनुरूप उसका प्रत्युत्तर भी देता है। इस प्रकार अर्थसमावेशीकरण व्यक्ति का आन्तरिक अर्थ है जिसे वह शब्दज्ञान के द्वारा बढ़ाता है।

सन्देश का प्रभाव सम्प्रेषक द्वारा प्रयुक्त शब्दों के अनुरूप ही उच्च अथवा सामान्य प्रक्रिया व्यक्त करता है। व्यक्ति जब विकर्षणयुक्त शब्दों को सम्प्रेषित करता है तो उस पर श्रोता अपनी नकारात्मक प्रतिक्रिया व्यक्त करता है। सम्प्रेषक अपने सन्देश एवं भाग के माध्यम से श्रोता के व्यवहार को परिष्कृत एवं परिवर्तित कर सकता है।

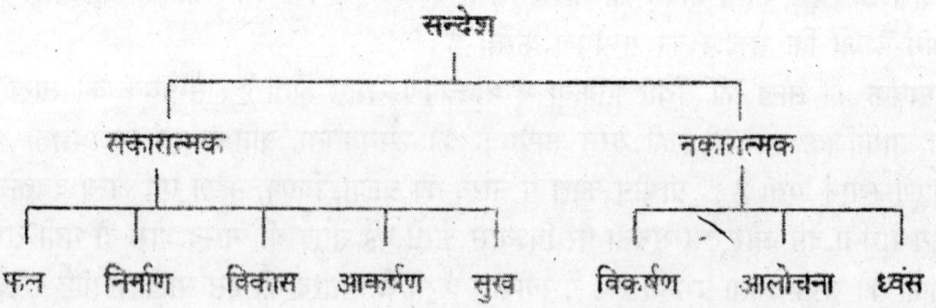

सन्देश का प्रभावी प्रारूप (7.2)

सन्देश अपने प्रभाव के अनुसार—(1) सकारात्मक एवं (2) नकारात्मक दो प्रकार के होते हैं। सकारात्मक सन्देश से अभिप्राय सन्देश से है, जो कि श्रोता को आकर्षित करता है। जिसका उद्देश्य निर्माण, फल, सुख, विकास एवं परिणामपरक तथा लाभकारी होता है। नकारात्मक सन्देश विकर्षणयुक्त, आलोचनात्मक ध्वंस, अलाभकारी होता है।

सन्देश में शब्दों के संकलन एवं स्वरूप की भी समस्या एक प्रमुख समस्या है। शब्दों का प्रयोग किसी भी सन्देश में उसके समय, स्थान एवं सन्दर्भ इत्यादि के आधार पर होता है। सन्देश प्रक्रिया तार्किक सन्दर्भ में आगमनात्मक (Inductive) एवं निगमनात्मक (Deductive) होती है। सन्देशों को आगमनात्मक एवं निगमनात्मक तारतम्य में प्रस्तुत किया जाता है। सम्प्रेषक जब अनेक विशेषीकृत उदाहरणों के आधार पर किसी सामान्य निष्कर्ष पर पहुँचता है तो इस प्रकार के सन्देशों को आगमनात्मक एवं जब सम्प्रेषक सामान्य कथनों या तथ्यों से विशेष तथ्य निकलता है तो इस प्रकार का सन्देश निगमनात्मक कहा जाता है।[21]

सन्देश का तार्किक प्रारूप (7.3)

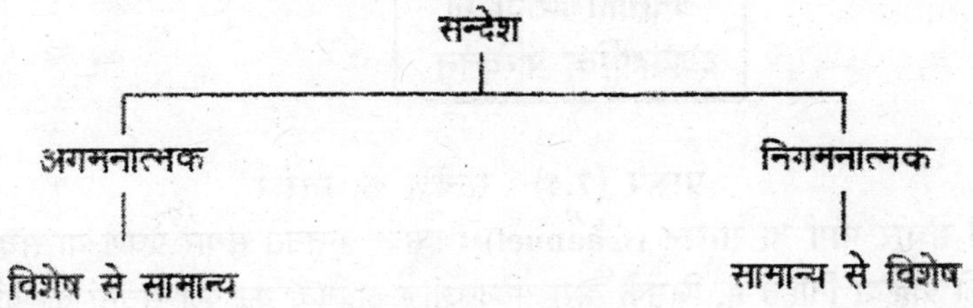

सन्देश को उक्त के अलावा मनोवैज्ञानिक क्रम में प्रस्तुत किया जाता है। इस प्रक्रिया के अन्तर्गत, ध्यानाकर्षण, उद्दीपन, आवश्यकता इत्यादि अवयव निहित हैं। इस सम्प्रेषक समस्या और स्थिति क्रम के आधार पर सम्प्रेषण करता है। सर्वप्रथम वह समस्या पर विचार करता है और उसके पश्चात् समाधान एवं उसकी उचित कार्यवाही पर विचार करता है।

इस प्रकार, सन्देश सम्प्रेषण और श्रोता के मध्य होनेवाली ऐसी प्रक्रिया है जो कि श्रोता के मस्तिष्क में सम्प्रेषित शब्दों के विचारों के आधार पर एक अर्थ उत्पन्न करती है और इस प्रक्रिया से विचार एकीकृत होते हैं तथा एक दृष्टि पैदा करने के साथ-साथ स्थितिजन्य प्रभाविता की क्षमता विकसित करते हैं।[22] सन्देश, संज्ञान, प्रभाव, मनोगतिशीलता तथा व्यावहारिक परिवर्तन के आधार पर अपनी प्रक्रिया समाज में कायम रखते हैं।

इस प्रकार सम्पूर्ण संचार प्रक्रिया में सन्देश की स्थिति मुद्रा की भाँति है। जिसके लिए मनुष्य अपने सांसारिक कार्य व्यापार को करता है। यह भी कह सकते हैं कि मनुष्य का सारा सांसारिक कार्य मुद्रा के लिए और मुद्रा द्वारा है। संचार स्वयं सन्देश पर निर्भर है। संचार, सन्देश का, सन्देश के लिए एवं सन्देश के द्वारा ही अस्तित्व में है।

सन्देश संचार की सभी प्रक्रियाओं का अभिन्न अंग है। श्रोता से सन्देश मिलते हैं। चयनित सन्देश को सम्प्रेषक भेजता है। संचार साधन एवं संचार माध्यम सन्देश को प्रेषित करते हैं। श्रोता सन्देश को ग्रहण करता है तथा पुनः उसे अन्य लोगों तक प्रेषित करता है। इस प्रकार संचार के प्रत्येक चरण का सन्देश मूलाधार है। सन्देश आर्थिक, सामाजिक, राजनीतिक, धार्मिक, मनोरंजन अन्य प्रकार के हो सकते हैं। परन्तु महत्त्वपूर्ण बात यह है कि इनके मूल में जन उपयोगिता मुख्य तत्त्व हैं।

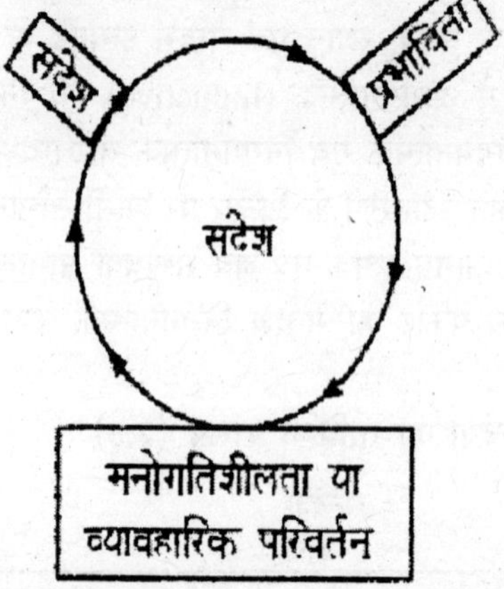

प्रारूप (7.4) : सन्देश का स्वरूप

(ङ) संचार मार्ग या साधन (Channel) : इसके अन्तर्गत संचार प्रेषण या संचार ग्रहण करने की प्रक्रिया निहित है, जिसके द्वारा संवेदनशील अवयवों का पुंज सूचना को प्रेषित एवं ग्रहण करता है। सम्प्रेषित सन्देश शाब्दिक एवं अशाब्दिक (Verbal & Non-verbal) दोनों प्रकार का हो सकता है। लिखने और बोलने के अलावा हाव-भाव इत्यादि प्रकार से सन्देशों का सम्प्रेषण होता है।[23]

इस प्रकार टेलीफोन संचार मार्ग (Channel) टेलीफोन वायर तथा अन्तर्व्यक्ति संचार में संवेदनशील शारीरिक अंग हैं। इस प्रकार संवेदनशील अंग शरीर में सूचना ग्रहण करते हैं। उनमें मुख्य हैं– सुनना, देखना एवं स्पर्श। इस प्रकार प्रत्यक्ष एवं संगठनों के संचार में संवेदनशील अंग सचार मार्ग का कार्य करते हैं। (श्रव्य), टेलीविजन (दृश्य श्रव्य)। इनमें समाचार-पत्र (प्रिण्ट) से जुड़ा है। शेष फिल्मों, रेडियो, टेलीविजन विद्युतीय तरंग प्रवाह से जुड़े हैं अतः इनमें संचार सम्प्रेषण प्रक्रिया में निहित विद्युतीय तरंग संचार मार्ग है। सूचना प्रवाह में एक से अधिक संचार मार्गों से संचार की पुष्टि करता है।

व्यक्तिगत तथा सांस्कृतिक अवयव संचार मार्ग के मुख्य आधार होते हैं।[24]

संचार प्रक्रिया में संचार मार्ग वह प्रक्रिया है, जिसके द्वारा स्रोत तक सन्देश सम्प्रेषित होता है। इस प्रकार संचार मार्ग वह साधन है, जिसके द्वारा स्रोत द्वारा प्रेषित सूचना को श्रोता प्राप्त करता है। जनसंचार माध्यम के मार्ग में वे सभी साधन निहित हैं जो कि सन्देश प्रवाह में संचार माध्यमों, जैसे-रेडियो, टेलीविजन, फिल्म, समाचार, पत्रिका इत्यादि को संयुक्त करता है। संचार मार्ग वह साधन है, जिसके द्वारा स्रोत द्वारा प्रेषित सूचना को श्रोता पाता है। संचार मार्ग (Channel) भार वाहन नौका के समान सन्देश को ढोकर बन्दरगाह से समुद्र और पुनः उसे किनारे अर्थात् स्रोत से श्रोता तक पहुँचाने की प्रक्रिया है। संचार मार्ग, स्रोत-संचार माध्यम (Media) श्रोता को संयुक्त करता है, इसी पर सन्देश यात्रा करता है।

विलबर श्रेम के अनुसार प्रत्येक संचार मार्ग की अपनी प्रवृत्ति होती है, जिसे अन्य संचार माध्यमों से नहीं सम्पादित किया जा सकता है। जैसे जनसंचार माध्यम एवं परम्परागत माध्यम

इनमें व्यापक संचार मार्गों की भिन्नता एक-दूसरे के अस्तित्व का आधार है, इस प्रकार जनसंचार में कभी-कभी मध्यस्थता तथा प्रत्यारोपण के मानक स्थापित होते हैं क्योंकि प्रिण्ट अथवा विद्युतीय (Electronic) संचार मार्ग स्रोत एवं श्रोता को जोड़ते हैं। इस प्रकार संचार मार्ग संचार प्रवाह में पूरक की भूमिका अदा करता है, क्योंकि जनसंचार मार्ग (Mass Communication Channel) अन्तर्व्यक्ति (Interpersonal Channel) का बैंक (Bank) है। अतः इसका प्रभावी होना निश्चित है।[25]

तकनीकी विकास के परिणामस्वरूप अन्तर्व्यक्ति, मौखिक सन्देश से प्रिण्ट, विद्युतीय एवं वर्तमान में उपग्रह संचार मार्ग (Channel) तक विश्व संचार पहुँच गया है।

प्रत्यक्ष संचार एवं परोक्ष संचार या एकल संचार मार्ग-प्रत्यक्ष संचार से आशय 'फेस-टु-फेस' या आमने-सामने के संचार से हैं, परोक्ष संचार से अभिप्राय 'इण्टर पोज्ड' अथवा मध्यस्थ संचार से है।[26] इन दोनों प्रकार की संचार प्रक्रिया में अन्तर है। माना टेलीविजन शिक्षा प्रभावी माध्यम है। इसके द्वारा अध्यापन का कार्य कक्षा की अपेक्षा प्रभावी रूप में हो सकता है। परन्तु व्यावहारिक धरातल पर हम विचार करें तो 'फेस-टु-फेस' संचार परोक्ष या 'इण्टर पोज्ड' संचार से अधिक प्रभावी होगा। क्योंकि यदि विद्यार्थी कोई प्रश्न पूछना चाहे या किसी समस्या का समाधान चाहें तो वह टेलीविजन से नहीं वरन् अध्यापन कक्ष में ही सम्भव है। इस प्रकार परोक्ष संचार प्रक्रिया में प्रश्न या समस्या के समाधान का तरीका सम्भव नहीं।[27] इन दोनों प्रकार के संचारों में बाधा एवं विश्लेषण भी अपनी भूमिका निभाते हैं।

बहुसंचार मार्ग का प्रभाव (मल्टीपिल कम्युनिकेशन चैनल्स इफेक्ट) यदि हम लेक्चर, लेक्चर स्लाइड के द्वारा लेक्चर फिल्म के द्वारा ही भूमिका एवं महत्त्व का आकलन करें तो यह विचार करना आवश्यक हो जाता है कि कान से सुना संचार मार्ग प्रभावी है या आँख से देखनेवाला संचार मार्ग अथवा दोनों का मिश्रण प्रभावी है? लेखन एक प्रभावी संचार मार्ग है।[28] वर्तमान शताब्दी में शिक्षा पर दृश्य-श्रव्य (ऑडियो विजुअल) संचार मार्ग का प्रभाव एवं उपयोगिता है। इससे स्पष्ट वैचारिकता का विकास आँख एवं कान के माध्यम से होता है। इसमें सन्देह नहीं है कि यह संचार मार्ग अधिक उपयोगी है किसी भी लेक्चर को दृश्य प्रदर्शन के द्वारा और स्पष्ट किया जा सकता है। एक संचार मार्ग प्रभावी होता है। जबकि तथ्य ग्राह्य एवं सरल हो परन्तु जब संचार में दुरूहता हो उसे उस समय बहुसंचार मार्ग अधिक प्रभावी होंगे।

(च) संचार माध्यम (Media) : संचार माध्यम अंग्रेजी के 'मीडिया' से बना है जिसका अभिप्राय होता है दो बिन्दुओं को जोड़नेवाला। संचार माध्यम भी सम्प्रेषक एवं श्रोता को परस्पर जोड़त हैं। हेराल्ड लासवेल, संचार माध्यम के मुख्य कार्य सूचना संग्रह एवं प्रसार, सूचना विश्लेषण, सामाजिक मूल्य एवं ज्ञान का सम्प्रेषण, लोगों का मनोरंजन करना है। संचार माध्यम का प्रभाव समाज में अनादिकाल से ही रहा है। संचार माध्यम स्रोत एवं श्रोता के मध्य एक मध्य-स्थल दृश्य है। जो कि मुख्यतः सूचना लेता स्रोत से है तथा देता श्रोता को है।[29] संचार माध्यमों की प्रकृति को मुख्य रूप से (क) परम्परागत संचार माध्यम एवं (ख) जनसंचार माध्यम में विभक्त कर सकते हैं।

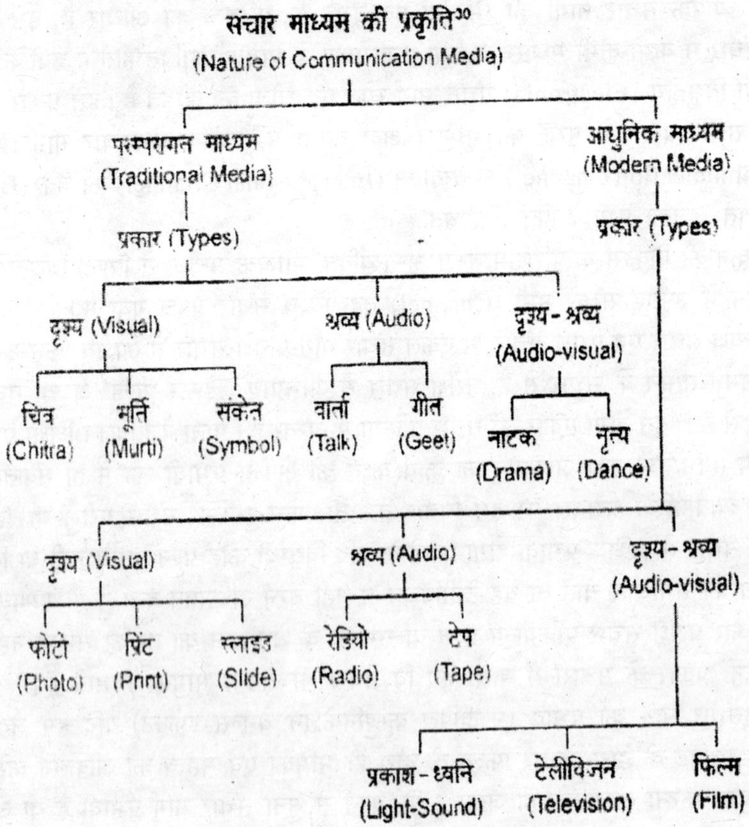

प्रारूप (7.5) : संचार माध्यम की प्रकृति एवं प्रकार

(अ) परम्परागत संचार माध्यम के प्रकार : परम्परागत संचार माध्यम ग्रामीण लोगों को परम्परागत उत्तराधिकार में प्राप्त संचार माध्यम है। परम्परागत संचार माध्यम के विशेषज्ञ सन्देश लोकप्रिय स्वर में बदल सकते हैं।[31]

प्राचीन भारत में परम्परागत संचार माध्यम न मनोरंजन के अवयव थे वरन् संचार के अवयव के रूप में इसका विशिष्ट महत्त्व था। यद्यपि यह धवल प्राचीनता के अंग थे परन्तु ये अपने में नवीन विचारों को भी समाहित करते थे, उनका प्रभाव ही संस्कृति है न कि सूचना। परम्परागत संचार माध्यम सामाजिक, उत्सवजन्य, भौतिक एवं भावावेशी आवश्यकताओं के उपकरण हैं जिनकी आवश्यकता सम्बद्ध उन भाषायी समूहों को है जिसमें वे सम्बद्ध हैं। भारत में प्राचीन संचार प्रक्रियाएँ सांस्कृतिक दृष्टि से अनेक हैं और उनका प्रभाव विकासात्मक है। इनके नाम भी अनेकों हैं। मुख्य रूप से इन्हें परम्परागत संचार माध्यम कहा जाता है। यह मुख्य रूप से मौखिक संचार के रूप में जैसे—कथा रामलीला का संगीत, डायलाग के मंचन। रामायण एवं महाभारत राष्ट्रीय संस्कृति की यादें हैं। परम्परागत संचार माध्यम मुख्य रूप से ग्रामीण समुदाय के जीवन से जुड़े हैं। यह इस प्रकार की संचार प्रक्रिया है जिसमें मौखिक,

गायन, वादन एवं दृश्य कथा का सम्प्रेषण एवं स्थानान्तरण सामाजिक समूहों में एक पीढ़ी को होता रहता है। यह वर्षों से समाज में विभिन्न प्रकार अन्तर्समूह, अन्तर्ग्रामीण संचार साधन के रूप में संचार प्रक्रिया को बनाये हुए हैं।

परम्परागत संचार माध्यम का अस्तित्व उनकी गतिशीलता और निरन्तर व्यवहार से है क्योंकि उनका प्राचीन सांस्कृतिक महत्त्व है।[32] परम्परागत संचार माध्यम में मुख्यतः (क) प्राचीन कला, संगीत, ग्रामीण नाटक एवं कठपुतली, (ख) हरिकथा, (ग) कहानी, किस्सा, गारी एवं गीत (घ) उत्सव-त्योहार, ग्रामीण सभा एवं मेला, (ङ) सामाजिक संस्थाएँ एवं ग्रामीण मुखिया, (च) ग्रामीण कला, व्यवसाय, परम्परागत डिजाइनें इत्यादि हैं।[33] परम्परागत संचार माध्यमों के प्रकारों में—(1) नाटक, नृत्य एवं कठपुतली दृश्य—श्रव्य, (2) गारी, गीत, कथा, कहानी श्रव्य एवं (3) चित्र, मूर्ति, लिपि, संकेत आदि दृश्य माध्यम के उदाहरण हैं।

(ब) आधुनिक जनसंचार माध्यम के प्रकार : आधुनिक जनसंचार माध्यम वर्तमान औद्योगिक एवं तकनीकी समाज की ही देन नहीं वरन् इसके सूत्र प्राचीन समय में भी मिलते हैं। प्राचीन समय में लोग जब छोटे-छोटे समूहों में निवास करते थे उस समय आमने-सामने के सम्पर्क से मानव जुड़ा था, वर्तमान समय में लाखों लोगों तक एक साथ संचार माध्यमों द्वारा सूचनाएँ प्रेषित की जाती हैं। यह अब तकनीकी क्रान्ति का परिणाम है।[34] वर्तमान तकनीकी विकास ने ही संचार माध्यम को सार्थक बना दिया है। वर्तमान में जनसंचार एवं समूह संचार से भिन्न वह प्रक्रिया है जिसमें कि 'व्यक्तिवादिता का उन्मूलन' हो जाता है। यह जनसंचार तकनीकी एवं संस्था आधारित सन्देश उत्पादन एवं जन सम्प्रेषण प्रक्रिया है जो कि औद्योगिक समाज की देन है।[35] औद्योगिक के चरित्र के अनुरूप व्यापक रूप में सन्देश का उत्पादन होता है जिसका मुख्य उद्देश्य शिक्षण एवं मनोरंजन होता है। इस उद्देश्य के लिए समाचार-पत्र, समाचार एजेन्सी, सिनेमा, रेडियो एवं टेलीविजन इत्यादि प्रमुख हैं।

सन्देशों का व्यापक रूप में निर्माण एवं प्रेषण होता है। एक साथ लाखों लोगों को संचार प्रवाह में जनसंचार माध्यम के द्वारा जोड़ना वर्तमान तकनीकी विकास से ही सम्भव हो सकता है।[36] जनसंचार माध्यम का संचालन व्यक्तिगत चयन से होता है। जनसंचार माध्यम का अभिप्राय यह नहीं समाज का प्रत्येक व्यक्ति उससे जुड़ा हो। जैसे समाचार-पत्र है उनसे मात्र एक शिक्षित व्यक्ति ही जुड़े होते हैं। अच्छे पढ़े-लिखे सभी व्यक्ति भी समाचार पत्र-पत्रिकाओं का समर्थन नहीं करते। इसी प्रकार जिनके पास रेडियो है, रुचि के अनुसार विविध भारती के संगीत कार्यक्रम को सुनते हैं। अमेरिका एवं ब्रिटेन के अध्ययनों के अनुसार लोग टेलीविजन के कार्यक्रमों की उपेक्षा नहीं कर पाते हैं। अतः टेलीविजन अन्य माध्यमों की अपेक्षा प्रभावशाली संचार माध्यम है।[37] जनसंचार माध्यम से लोगों के आचरण-भ्रष्ट बनने का खतरा सदा ही बना रहता है। इनके द्वारा व्यक्ति अपनी व्यक्तिवादिता को समाप्त कर जनसमाज का अंग बन जाता है। अपराधिता और अपराध से सम्बद्ध अपराध और हिंसा के बुरे प्रभाव फिल्म और टेलीविजन कार्यक्रमों से प्रभावित, पल्लवित होते हैं। इसके विपरीत जनसंचार माध्यम सामाजिक विकास की प्रवृत्ति को भी बढ़ावा देते हैं। जनसंचार माध्यमों के सन्देशों का प्रभाव व्यक्ति एवं उसके सामाजिक व्यवहार की रक्षा में भी महत्त्वपूर्ण है। व्यक्ति के (इण्टर परसनल) अन्तर्व्यक्ति सम्बन्ध परिवार तथा अन्य प्राथमिक समूहों में भी जनसंचार माध्यम प्रभावित होते

हैं।[38] **आधुनिक संचार माध्यम के प्रकारों में (1) टी. वी. फिल्म, लाइट एवं साउण्ड आदि दृश्य-श्रव्य, (2) रेडियो, टेपरिकार्डर आदि श्रव्य एवं (3) फोटो, कार्टून एवं स्लाइड आदि दृश्य माध्यम के उदाहरण हैं।**

जनसंचार माध्यम का श्रोता वर्ग बिखरा एवं विशृंखल या भिन्न प्रकार का होता है। जैसे-हिन्दू, टाइम्स ऑफ इण्डिया, स्टेट्स मैन एवं इण्डियन एक्प्रेस इत्यादि समाचार-पत्र अपने प्रकाशनों को अनेक शहरों एवं गाँवों के लोगों को उपलब्ध कराते हैं। इसके अतिरिक्त एक फिल्म की अनेक प्रतियों के माध्यम से एक साथ समाज के अनेक लोग अनेक स्थानों में देखते हैं। इस प्रकार जनसंचार माध्यम के श्रोता वर्ग समाज का आकार बड़ा होता है। यह श्रोता समूह विषम होता है। इसमें भिन्न उम्र–भिन्न शिक्षा एवं आर्थिक दशावाले श्रोता-समूह सम्मिलित होते हैं। जनसंचार माध्यम का सन्दर्भ विषम लोगों के समूह के मध्य संचारित होता है।[39]

जनसंचार माध्यम के सन्देश अस्थिर स्वभाववाले होते हैं। जो हम रेडियो से सूचना पाते हैं, समाचार-पत्र में पढ़ते हैं एवं सिनेमा में देखते हैं, सब-के-सब क्षण भर के स्वभाव वाले होते हैं। जनंसचार के मात्र कुछ भाग का महत्त्वपूर्ण स्थायी रूप में होता है। जैसे—समाचार-पत्र द्वारा ऐतिहासिक महत्त्व के कुछ सन्दर्भों का विश्लेषण एवं भाषणों का प्रसारण स्थायी भाव एवं महत्त्वपूर्ण होता है। जैसे कि गाँधी जी और जवाहरलाल नेहरू के भाषणों का स्थायी ऐतिहासिक महत्त्व एवं प्रभाव है।[40]

7.2 संचार माध्यम के भाग (Parts of Media)

संचार माध्यम सिर्फ उपकरण मात्र नहीं है। उपकरणों में सन्देश छिपा या जुड़ा रहता है। इस आधार पर संचार माध्यम (Media) के दो भाग होते हैं।

संचार माध्यम के भाग
(Parts of Media)

यान्त्रिक (Instrumental)	संज्ञानात्मक (Congnitive)

प्रारूप 7.6 : संचार माध्यम के भाग

इस प्रकार उक्त प्रारूप (7.6) से स्पष्ट है कि संचार माध्यम के दो भाग हैं। यह दोनों भाग जनसंचार माध्यम में स्पष्ट रूप देखे जा सकते हैं। जैसे रेडियो में रेडियो सेट (1) यान्त्रिक तथा रेडियो सन्देश—संज्ञानात्मक भाग है। इसी प्रकार सभी संचार के माध्यमों के दो भाग, (2) यान्त्रिक एवं संज्ञानात्मक। इसी कारण संचार माध्यमों में मनुष्य की उपस्थिति संज्ञानात्मक रूप में होती है, इस संज्ञानात्मक भाग के बिना मीडिया का यान्त्रिक भाग मृत शरीर के समान होता है।

7.2.1 जनसंचार के कार्य (Functions of Mass Communication)

हेराल्ड लासवेल ने जनसंचार का मुख्य कार्य (1) सूचना संग्रह प्रसार, (2) सूचना विश्लेषण, (3) सामाजिक ज्ञान एवं (4) मूल्यों का प्रेषण माना है। वर्तमान सामाजिक व्यवहारों को देखते हुए मनोरंजन को भी जनसंचार माध्यम का कार्य माना गया है।[41]

यह चारों कार्य प्रक्रियाएँ न मात्र वर्तमान समाज में ही तथा जनसंचार माध्यम के द्वारा संचालित होती हैं वरन् प्रत्येक समाज में संचार के यही मुख्य चार कार्य होते हैं। संचार के इन कार्यों को हम आदिवासी समूहों में आज भी देख सकते हैं और जनसंचार माध्यम से जुड़े समाज में भी।[42]

(1) सूचना संग्रह एवं प्रसार का कार्य जनसंचार माध्यम करते हैं। समाचार-पत्र, रेडियो, टेलीविजन, फिल्म देश और विदेश की सूचनाओं को संगृहीत एवं सम्प्रेषित करते हैं। समाचार का सम्प्रेषण एवं प्रसार उसकी 'उपयोगिता' पर निर्भर करता है। यह लोगों की सामान्य रूप से कार्य में सहायक तथा बाधाओं से रक्षा करता है। संचार माध्यम सूचना के संग्रह और प्रसार के द्वारा[43] समाज के अन्य लोगों तक पहुँचाने का कार्य करते हैं। संचार माध्यमों की सूचना में व्यक्ति जिस भी रूप में स्थान पाता है उसी के अनुरूप उसका सामाजिक स्तर होता है। जनसंचार माध्यम उस व्यक्ति की कार्य प्रणाली को प्रभावी रूप में प्रेषित करते हैं—जैसे राष्ट्रपति, प्रधान मन्त्री इत्यादि। सामाचार सामाजिक मान्यताओं के अनुरूप सकारात्मक एवं नकारात्मक प्रकृति के होते हैं। जनसंचार माध्यम यदि कभी विज्ञान की प्रगति की कथा कहते हैं तो कभी-कभी उसके स्वरों एवं दोषों के प्रति भी लोगों को आगाह करते हैं। सूचना-संग्रह एवं प्रसार संचार माध्यम का मुख्य कार्य है।[44]

(2) सूचना का विश्लेषण भी रेडियो, समाचार-पत्र एवं टेलीविजन इत्यादि संचार माध्यमों के द्वारा किया जाता है। प्रत्येक घटना और आदेश पर सम्पादकीय, विश्लेषणात्मक, लेखवार्त्ता वृत्तचित्र, संचार माध्यम प्रतिदिन या सप्ताह में या अवसर-विशेष पर प्रसारित या प्रेषित करते रहते हैं। विश्लेषण का मुख्य कार्य लोगों को प्रभावित करना होता है। समाचार-पत्रों में सम्पादकीय लेखन स्वतन्त्रता के पूर्व भी होता था। जिसमें मुख्य रूप से लोगों में स्वतन्त्रता की भावना एवं प्रवृत्ति का सन्देश होता था। संचार माध्यमों द्वारा विश्लेषण उन्हीं घटनाओं पर या आदेशों पर किया जाता है जो कि लोगों के लिए आवश्यक होते हैं। संचार माध्यम अनेक विचार का एवं विद्वानों को अपना विचार प्रेषित करने का अवसर अथवा मौका देते हैं। अनेक संचार माध्यमों के द्वारा व्यक्ति का बहुआयामी विकास होता है। इनके द्वारा सामान्य विचार दृष्टिकोण एवं मूल्यों का विकास होता है। संचार माध्यम समाजीकरण के अभिकरण हैं। ये वयस्कों में स्कूली शिक्षा के बाद भी समाजीकरण की प्रक्रिया को जारी रखते हैं। विश्लेषण प्रक्रिया के द्वारा एक ही घटना अथवा विचार पर अनेक प्रकार के दृष्टिकोणों का विकास होता है जिससे कि उचित दृष्टिकोण के निर्धारण अथवा अनुकरण की बाधा नष्ट हो जाती है।[45]

(3) लोगों के ज्ञान के स्तर में वृद्धि करना संचार माध्यमों का एक अनोखा कार्य है। रेडियो, समाचार-पत्र, टेलीविजन एवं अन्य संचार माध्यमों के द्वारा समाज के लोग मात्र घटनाओं की सूचना ही नहीं पाते वरन् समाज के जीवन्त प्रश्नों, उनके परिणामों, अनेक नीतियों का ज्ञान जो कि समस्याओं के निदान के लिए बतायी जाती है इत्यादि की भी सूचना पाते हैं। संचार माध्यमों के द्वारा अनेक प्रकार की सूचनाओं एवं उनके प्रति व्याप्त सामाजिक दृष्टिकोण इत्यादि के द्वारा व्यक्ति के ज्ञान स्तर की वृद्धि होती है। इस प्रकार जनसंचार माध्यम स्कूली शिक्षा के भी अंग बनते जा रहे हैं। इस प्रकार जनसंचार माध्यम लोगों के ज्ञान वृद्धि में सहायक होने के साथ-साथ सामाजिक तथा मानवीय मूल्यों की शिक्षा भी लोगों को देते हैं।[46]

(4) संचार माध्यम लोगों का मनोरंजन भी करते हैं। संचार माध्यम लेख, वृत्तचित्र, फिल्म,

कार्टून, संगीत, कविता इत्यादि प्रकार से लोगों का मनोरंजन करते हैं। वर्तमान समय में सिनेमा एवं अन्य प्रसारण माध्यम मनोरंजन के प्रमुख सामाजिक साधन हैं। फिल्म के दिवास्वप्न में व्यक्ति अपने दैनिक कार्यभार एवं समय से मुक्ति पाता है। विविध भारती, संगीत एवं फिल्मी गीतों के रिकार्ड, या अच्छा उपन्यास या अच्छे उपन्यास पर आधारित फिल्मों में मनोरंजन की प्रचुरता के नाते समाज के लोगों की अभिरुचि से प्रभावी होता है। सिनेमा का उद्देश्य अधिक लोगों को नहीं वरन् समाज के पिछड़े लोगों को प्रभावित करना होता है, जिसमें अतिशयोक्ति, हिंसा तथा भद्दापन भी सम्मिलित रहता है।

इसी कारण सामान्य रूप में संचार माध्यमों की आलोचना की जाती है कि वे सामाजिक व्यवहार को प्रभावित करते हैं। विशेष रूप से 13-19 वर्ष की अवस्थावाले लोगों को। अधिकतर लोग मनोरंजन, अपराध, फिल्मी पत्रिकाएँ पढ़ते एवं अपराधयुक्त सिनेमा देखते हैं।

जन मनोरंजन का अभिप्राय भावनात्मक एवं संवेदनशील उत्पादन से जुड़ा होता है। लोग फिल्मी हीरो का अनुकरण भी अपने दैनिक जीवन में करने लगते हैं। इस प्रकार वर्तमान समय में जनसंचार माध्यम जन मनोरंजन के प्रमुख आधार हैं।[47]

(5) विश्वासोत्पादक (To Persuade) : जन संचार का एक और कार्य है विश्वास उत्पन्न करना। विज्ञापन के द्वारा जन संचार वस्तुओं, सेवाओं व्यक्तियों, संगठनों आदि को प्रचारित करता है। प्रिण्ट एवं इलेक्ट्रानिक दोनों माध्यमों में विश्वसोत्पान की क्षमता है परन्तु यह सन्देश पर भी निर्भर है। माध्यम इस बात का विश्लेषण करते हैं कि किस प्रकार सन्देश प्रभावी हो।

वर्तमान समय में विज्ञापनदाता एवं राजनीतिज्ञ दोनों जन माध्यम पर अधिक निर्भर रहते हैं। उनका प्रयास निरन्तर अपनी ख्याति आदि की वृद्धि होती है। एक उपभोक्ता बिना परीक्षण के मात्र टी.वी. पर विज्ञापन देखकर वस्तु खरीदता है। इस प्रकार जनसंचार समज में सूचना एवं विज्ञापन द्वारा जिस सन्देश को फैलाता है, लोग उसमें विश्वास करते हैं। इस प्रकार दिश्वोसात्पादन जन संचार का प्रमुख कार्य है।

उक्त के अलावा जनसंचार माध्यमों की महत्त्वपूर्ण भूमिका आर्थिक मामलों में भी इनके द्वारा बाजार भाव एवं महत्त्वपूर्ण आर्थिक सूचनाएँ प्राप्त होती हैं। विज्ञापनों के मध्यम से खरीद-फरोख्त और बिक्री से भी जनसंचार के माध्यम जुड़े हैं। जनसंचार माध्यम वर्तमान समाज के अभिन्न अंग हैं। सामाजिक सूचनाओं के अलावा राजनीतिक सूचनाओं एवं राजनीतिक घटनाओं की जानकारी तथा दिन-प्रतिदिन के राजनीतिक विकास की खबरें जनसंचार माध्यमों के द्वारा प्राप्त होती है।[48]

(छ) श्रोता एवं ओपिनियन लीडर (Audience and opinion leader) : श्रोता शब्द अंग्रेजी के आडिएन्स (Audience) का हिन्दी रूपान्तरण है। आडिएन्स शब्द की उत्पत्ति लैटिन आडिए (सेवा) से हुई है जिसका अर्थ न्यायाधीश या प्राप्तकर्त्ता होता है। आडिएन्स (Audience) शब्द का प्रयोग 19वीं शताब्दी में पाठक वर्ग के लिए प्रयुक्त किया गया था। बाद में इसका प्रयोग सिनेमा दर्शकों तथा जनसंचार माध्यम के श्रोता/दर्शकों के लिए प्रयुक्त हुआ।[49] जनसंचार माध्यम के श्रोता मात्र अकेले सम्प्रेषक से ही सम्बद्ध या सभा प्रभावित नहीं होते हैं वरन् उनकी अन्तःक्रिया उस व्यक्ति या निकाय से जुड़ी होती है जिसकी सूचना नहीं मिली होती है।[50]

श्रोता वर्ग का अभिप्राय संचार माध्यमों से सूचना प्राप्त करनेवाले लोगों से है। चाहे रेडियो हो, चाहे समाचार-पत्र अथवा टेलीविजन या फिल्म हो श्रोता वर्ग प्रत्येक संचार माध्यमों तक फैला होता है किन्तु जनसंचार माध्यम के श्रोता वर्ग में एकता, प्राप्त किसी एक सूचना के लोगों की आयु, प्राप्त सूचना, आर्थिक दशा इत्यादि के आधार पर स्थापित कर सकते हैं।

जनसंचार माध्यमों के विकास के परिणामस्वरूप श्रोता वर्ग के आकार-प्रकार में व्यापक परिवर्तन आया है। वर्तमान संचार माध्यम भी विश्वव्यापी हो गया है।

परम्परागत तथा वर्तमान श्रोता वर्ग के चरित्र एवं व्यवहार में भी अन्तर है। परम्परागत संचार माध्यमों का श्रोता वर्ग किसी प्रकार एक निश्चित दायरे में सिमटा तथा पर्याप्त सम्पर्कों से जुड़ा होता है। वर्तमान समय में जनसंचार माध्यमों का श्रोता किस सीमा में बिखरा है? इस प्रश्न का उत्तर होगा कि जिस भौगोलिक दायरे में जनसंचार माध्यमों की सन्देश प्रसार क्षमता है। उदाहरण के लिए एक लाख प्रति वाले समाचार-पत्र का प्रसार एक लाख लोगों तक सम्भावित है। परन्तु इसका भौगोलिक दायरा वहीं तक होगा जहाँ तक होकर उसे पहुँचा देगा। इसी प्रकार रेडियो और टेलीविजन की प्रसार क्षमता

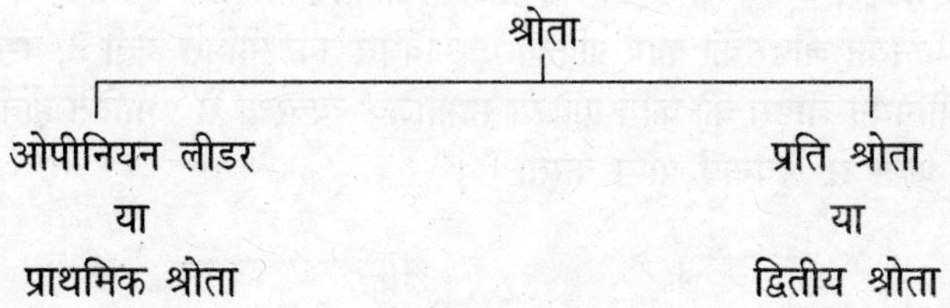

श्रोता प्रारूप (7.7)

उनके प्रसारण केन्द्र की क्षमता पर निर्भर करती है। यह क्षमतापूर्ण विश्व की भी हो सकती है अथवा कुछ वर्ग किलोमीटर की भी।

जनसंचार का रिश्ता प्रत्येक व्यक्ति नहीं वरन् अनेक समूह, अनेक अवस्था, भिन्न शिक्षा और भिन्न स्थानवाले कुछ व्यक्ति ही जनंसचार के श्रोता होते हैं। इन श्रोताओं में प्राप्त सूचना समय की समानता रहती है। उसे हम जन-श्रोता वर्ग नाम की संज्ञा से सम्बोधित कर सकते हैं जो व्यक्ति संचार माध्यमों से प्रसारित सूचना को ग्रहण करते हैं, वही श्रोता हैं। यह श्रोता वर्ग (क) प्राथमिक या ओपीनियन लीडर, (ख) द्वितीयक प्रकार का होता है। प्राथामिक श्रोता जो सम्प्रेषक का प्रेषित सन्देश सीधे ग्रहण करता है। ओपिनियन लीडर प्राथामिक श्रोता होते हुए भी, सामान्य श्रोता से भिन्न प्रकृति का है। इसका मापन (1) समाजमिति, (2) सूचना पद तथा (3) स्वयं पर निर्भर मूल्यांकन प्रक्रिया से सम्भव है।

(1) समाजनीति मापन में ओपीनियन लीडर से सूचना प्राप्ति के विषय में सूचनादाताओं से प्रश्न पूछकर या इस प्रकार की अन्य प्रक्रियाओं द्वारा इसका वैज्ञानिक तरीके से मूल्यांकन कर सकते हैं। इस प्रकार यह मापन प्रक्रिया उसके अनुकारकों की दृष्टि के अनुरूप विकसित हैं। इसमें सेम्पिल इत्यादि प्रक्रियाओं का प्रयोग निहित है।

(2) सूचनादर प्रक्रिया द्वारा, ओपीनियन लीडर के मापन में सूचना प्रक्रिया प्रमुख अवयव है—किस यात्रा में लोग इससे सूचना पाते हैं।

(3) स्वयं सूचना प्रेषक की स्थिति, दशा एवं उसके द्वारा सम्पन्न सूचना प्रवाह से परिवेशगत मूल्यांकन सम्भव है। इन आधारों पर ओपीनियन लीडर का निर्धारण सम्भव है।

ओपीनियन लीडर वह लीडर है जो कि दिन-प्रतिदिन के निजी सम्पर्क द्वारा दूसरे की निर्णय प्रक्रिया को प्रभावित करता है तथा जनमत का निर्माण करता है।

ओपीनियन लीडर का आधार है नये विचारों का निर्माण व्यवस्था के मूल्यों की मान्यता एवं ज्ञान, सामाजिक स्तर, ओपीनियन लीडर के परिवेश में अनुकारकों से प्रत्यक्ष वार्त्तालाप करता है। यह प्रक्रिया सभा, गोष्ठी इत्यादि के द्वारा हो सकती है। ओपीनियन लीडर की उच्च सामाजिक स्थिति भी आवश्यक है। ओपीनियन लीडर में स्वयं तथा अनुकारकों में नये विचारों एवं प्रक्रिया को आत्मसात् करने की प्रवृत्ति एवं प्रभाविता आवश्यक है। ओपीनियन लीडर की नव प्रक्रिया के सम्प्रेषण की प्रभाविता, सामाजिक व्यवस्था पर निर्भर है। समाज की चेंज एजेण्ट सदृश है। सम अनुमति एवं अपरम्परागत समाज में इनकी प्रभाविता अधिक होती है। उद्देश्य के अनुरूप कार्य प्रक्रिया के आधार पर एकउद्देशीय (Monomorphism) एवं बहुउद्देशीय (Polymorphism) ओपीनियन लीडर अपनी प्रकृति के अनुरूप अनेक विषयों, क्षेत्रों में कार्यरत होता है। एकउद्देशीय एवं बहुउद्देशीय प्रकृति के ओपीनियन लीडर व्यवहार में मिलते हैं। बहुउद्देशीय ओपीनियन लीडर की कार्य प्रक्रिया एक विषय तक सीमित होती है, परन्तु इन दोनों प्रकार के ओपीनियन लीडरों की कार्य प्रक्रिया सामाजिक व्यवस्था से प्रभावित होती है।[51] प्रति या द्वितीयक श्रोता से सूचनाएँ प्राप्त करता है।[52]

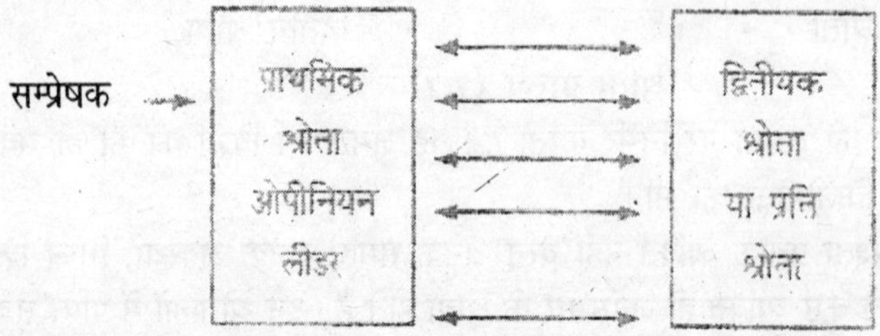

प्रारूप (7.8) : ओपिनियन लीडर सूचना प्रेषण

(ज) विश्लेषण (Analysis) : जनसंचार की प्रगति से अभिप्राय निरन्तर परिवर्तन या निरन्तर प्रवाह और परिमार्जनता है। इस प्रकार प्रगति का विचार गतिशीलता, प्रवाह, निरन्तरता और परिवर्तनशीलता से सम्बद्ध है। संचार प्रगति पारिस्थिकी में संचार का प्रारम्भ, संचार का प्रत्युत्तर एवं संचार सम्मिलित है।

सूचना सम्प्रेषक एवं सूचना ग्रहण करनेवाले ओपीनियन लीडर या श्रोता के मध्य संचार प्रगति के मध्य विश्लेषण की प्रक्रिया प्रभावी होती है। इसे मनोवैज्ञानिक सोलमन ने 'प्रतिबद्धता' के सिद्धान्त की संज्ञा दी है। इस सिद्धान्त का मानना है कि संचार प्रवाह में व्यक्ति के व्यवहार, मनोदशाएँ एवं व्यक्ति के मनोवैज्ञानिक व्यवहार से सम्बद्ध होते हैं। इसी आधार पर व्यक्ति के विचार एवं अनुभवों, उद्वेगों का सृजन होता है। संचार प्रगति में ओपीनियन लीडर या श्रोता संचार का अर्थ एवं विश्लेषण अपने निजी दृष्टिकोण का निर्माण स्वयं के अवलोकन और विश्लेषण के आधार पर करता है।[53]

वह प्रतिबद्धता के लगाव का सिद्धान्त मुख्य रूप से दो स्तरों पर व्यवहृत होता है।

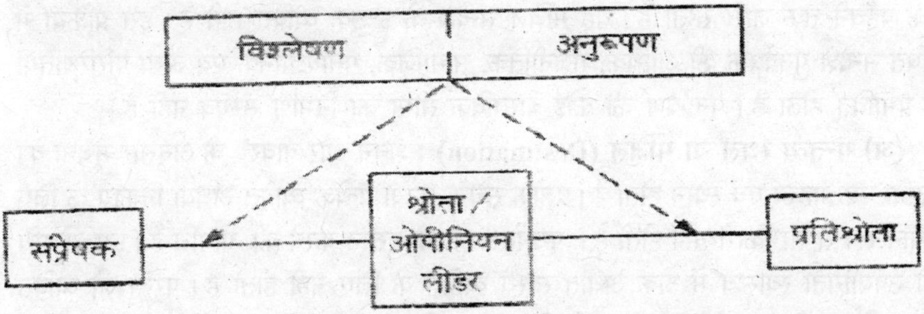

प्रारूप (7.9) : सूचना विश्लेषण

प्रथम तो सम्प्रेषक से ओपीनियन लीडर/श्रोता द्वारा सूचना प्राप्ति के मध्य और दूसरे ओपीनियन लीडर/श्रोता और प्रति श्रोता के मध्य। इस प्रक्रिया में संचार सन्देश का विश्लेषण एवं अनुरूपण श्रोता/ओपीनियन लीडर/श्रोता एवं प्रति श्रोता द्वारा, दैहिक एवं मनोदैहिक प्रक्रिया एवं प्रवृत्ति के अनुरूप किया जाता है। इसी के आधार पर व्यक्ति के मानस-पटल पर प्राप्त सूचनाओं की स्मृतियों के अवशेष अंकित होते हैं। इसी के आधार पर पुनरुत्पादन प्रक्रिया में सूचना सम्प्रेषण एवं प्रति श्रोता द्वारा ग्रहण सूचना में मौलिक सूचना के स्वरूप में परिवर्तन हो जाता है। इसी प्रतिबद्धता के तत्त्व आधार पर ही सूचना/समाचार की अनेक रूपों में प्रस्तुति व्यावहारिक पटल पर मिलती है।

(झ) सूचना पुनर्प्रेषण (Re-communication) : सूचना पुनर्प्रेषण की प्रक्रिया ओपीनियन लीडर/प्राथमिक श्रोता एवं प्रतिश्रोता के मध्य सम्पन्न होती है। प्रतिश्रोता सम्प्रेषक से सीधे सूचना नहीं पाता वरन् इसे प्राथमिक श्रोता या ओपीनियन लीडर के माध्यम से ही सूचना मिलती है।[54] संचार के पुनर्प्रेषण की प्रक्रिया को विद्वान् शैनन एवं वीवर ने अपने संचार सिद्धान्त में स्पष्ट किया है।[55] भारत के प्रथम प्रेस आयोग ने अपने एक सर्वेक्षण में पाया कि ग्रामीण एवं नगरीय समुदाय के प्रत्येक व्यक्ति प्रतिदिन समाचार-पत्र नहीं पढ़ते हैं। पुनर्प्रेषण के माध्यम से 70% ग्रामीण एवं 96% नगरीय जनसंख्या प्रतिदिन महत्त्वपूर्ण समाचारों के प्रवाह के अन्तर्गत आ जाती है।[56] एक शोध के अध्ययन में प्रयुक्त साक्षात्कार अनुसूची में पूछे गये प्रश्न ''इन्दिरा गाँधी की मृत्यु की सर्वप्रथम सूचना किस माध्यम से प्राप्त हुई'' के उत्तर में 50% ग्रामीण एवं 30% नगरीय सूचनादाताओं ने स्वीकार किया कि उन्हें श्रीमती इन्दिरा गाँधी की मृत्यु की सूचना श्रोताओं के माध्यम से 'पुनर्प्रेषण' प्रक्रिया द्वारा प्रसारित एवं प्रवाहित हुई।

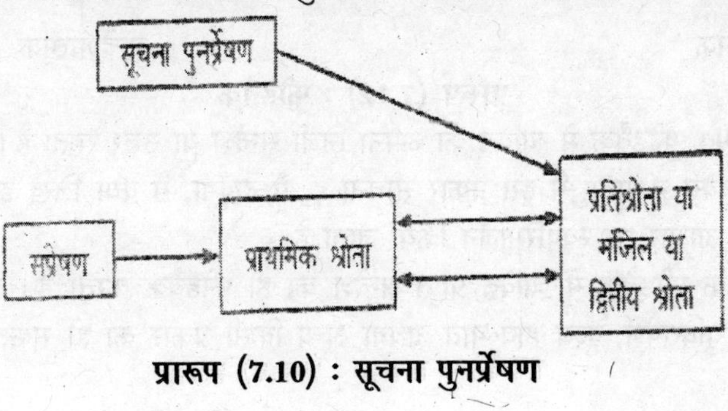

प्रारूप (7.10) : सूचना पुलर्प्रेषण

श्रोता द्वारा प्राप्त सूचना प्रतिश्रोता पर दर प्रति श्रोता सम्प्रेषण का प्रवाह सूचना के मंजिल तक पहुँचने तक जारी रहता है। यह मंजिल सन्देश के इच्छुक व्यक्ति होते हैं। इस प्रक्रिया में प्रेषित सन्देश पुनर्प्रेषक की आर्थिक, राजनीतिक, सामाजिक, मनोवैज्ञानिक एवं अन्य परिस्थितियों से प्रभावित होता है। पुनर्प्रेषण की कोई वास्तविक सीमा का निर्माण सम्भव नहीं है।

(ञ) गन्तव्य स्थल या मंजिल (Destination) : शैनन और वीवर[57] के अनुसार सूचना का अपना एक महत्त्व एवं स्थान होता है। प्रत्येक सूचना घटना प्रत्येक व्यक्ति अथवा निकाय के लिए समान रूप से लाभकारी नहीं होती है। 'पचनोल' हाजमा दुरुस्त करने की ओषधि है। इस ओषधि की उपयोगिता स्वास्थ्य में ठीक अर्थात् स्वस्थ व्यक्ति के लिए नहीं होती है। परन्तु जो व्यक्ति बदहजमी का शिकार होगा वह इस ओषधि को तलाशेगा। ठीक इसी प्रकार प्रत्येक घटना/सूचना की तलाश एवं ग्रहणशीलता उसकी उपयोगिता पर निर्भर करती है। जो घटना जिस समुदाय या व्यक्ति के लिए उपयोगी है उसे उसी समुदाय अथवा व्यक्ति के मध्य प्रसारित किया जाता है।

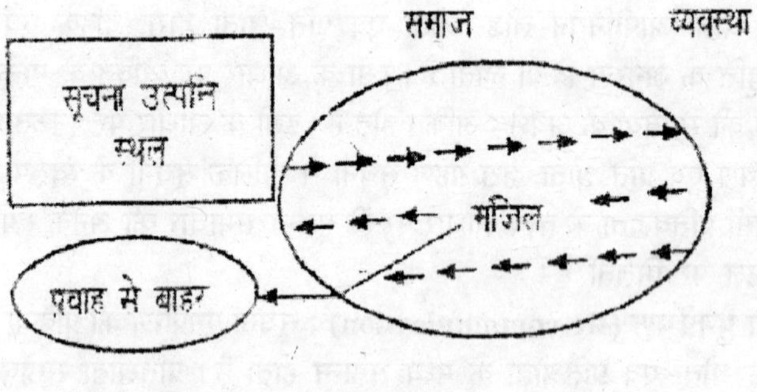

प्रारूप (7.11) : समाज में सूचना प्रवाह

(ट) फीडबैक या प्रतिपुष्टि अथवा द्विमार्गी संचार (Feedback) : फीडबैक वह प्रक्रिया है जिसके सूचना प्राप्तकर्त्ता या श्रोता अपनी प्रतिक्रिया या सन्देश प्रेषित करता है और तुरन्त फीडबैक की प्रक्रिया (फेस टु फेस) अन्तर्वैयक्तिक संचार में आँख, मुस्कुराहट, भाषण, व्यवहार एवं हाव-भाव के द्वारा होता है।[58] उत्तर के तथ्यों के आधार पर प्रतिपुष्टि दो प्रकार की होती है–

1. स्वउत्तरात्मक
2. सन्देशात्मक

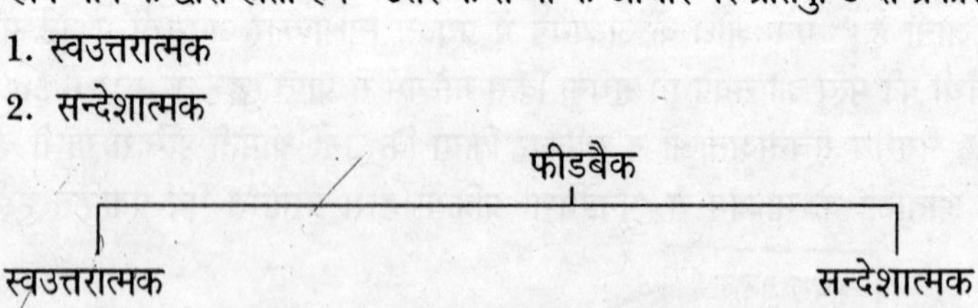

प्रारूप (7.12) : फीडबैक

स्वउत्तरात्मक फीडबैक में व्यक्ति का अपना निजी सन्देश या उत्तर रहता है। इसमें प्रेषित सन्देश में व्यक्ति मैं सुना, मैं इस प्रकार सोचना हूँ, मैं देखूँगा, मैं क्या लिखूँ इस प्रकार की सूचनाओं के आधार पर स्वपरिमार्जन किया जाता है।

सन्देशात्मक फीडबैक में व्यक्ति प्राप्त सन्देश का ही फीडबैक करता है। यह सम्पादन, प्रक्रियात्मक, युक्तिपूर्ण, दृश्य हाव-भाव अथवा अन्य किसी प्रकार का हो सकता है।[59]

फीडबैक सूचना प्रवृत्ति के अनुसार दो प्रकार की होती है—

(1) सकारात्मक

(2) नकारात्मक

फीडबैक

सकारात्मक　　　　नकारात्मक

प्रारूप (7.13) : फीडबैक

सकारात्मक फीडबैक में श्रोता सकारात्मक प्रतिक्रिया या उत्तर देता है, जबकि नकारात्मक फीडबैक में श्रोता नकारात्मक प्रतिक्रिया का उत्तर देता है।[60]

लेजर्सफील्ड के दुहरे संचार के उल्लेख का अभिप्राय फीडबैकयुक्त संचार से है। प्रथम संचार प्रवाह में सूचना माध्यम से व्यक्ति को मिलती है। दूसरी प्रक्रिया या प्रवाह में सूचना व्यक्ति से संचार माध्यम तक जाती है।[61]

फीडबैक प्रक्रिया जनसंचार माध्यमों में अतिदुरूह है। जनसंचार माध्यमों द्वारा प्रेषित सूचना श्रोताओं की प्रतिक्रिया का क्या विचार है, सूचना प्रेषण में क्या दोष है, श्रोता किस प्रकार की सूचना चाहता है इत्यादि का ज्ञान फीडबैक द्वारा होता है।[62] फीडबैक प्रक्रिया प्रत्यक्ष और परोक्ष रूप में भी होती है। प्रत्यक्ष फीडबैक में श्रोता स्वयं प्रतिउत्तर प्रेषित करता है परोक्ष या (Delayed) डिलेड फीडबैक सर्वे, शोध इत्यादि प्रक्रियाओं द्वारा, कुछ दिन, महीने, वर्ष इत्यादि में सम्पन्न होती है। इसके अलावा कम्युलेटिव एवं नॉन कम्युलेटिव प्रतिनिधि पूर्ण, गुणात्मक व परोक्ष इत्यादि प्रकार का फीडबैक होता है।

प्रत्येक जनसंचार माध्यम श्रोता की प्रतिक्रिया अपने कार्यक्रमों एवं सम्प्रेषित सूचनाओं के प्रति जानना चाहते हैं। श्रोताओं की प्रतिक्रिया के आधार पर कार्यक्रमों एवं सूचना सम्प्रेषण के प्रारूपों को परिवर्तित एवं परिवर्द्धित करते हैं।

फीडबैक के अभाव में पूरा संचार प्रवाह उस बहरे मनुष्य की भाँति है कि वह कार्य करता एवं आदेश देता चला जायेगा परन्तु वह किसी भी प्रतिक्रिया को सुन नहीं सकेगा। इस कारण उसके कार्यों एवं दिशा में परिवर्तन दूसरे के कथनानुसार नहीं हो सकेगा। इस प्रकार 'फीडबैक' (प्रतिपुष्टि) के अभाव में संचार की भी दशा बहरे मनुष्य से भिन्न नहीं होगी।

फीडबैक (1) स्वतः एवं (2) प्रायोजितकार का होता है। स्वतः फीडबैक के अन्तर्गत श्रोता स्वयं प्रतिक्रिया प्रेषित कर देता है। यह प्रक्रिया सम्पादक के नाम पत्र एवं स्वयं मिलकर इत्यादि रूपों में हो सकती है। प्रायोजित फीडबैक में श्रोता की प्रतिक्रिया इण्टरव्यू एवं विचार-विमर्श इत्यादि के द्वारा एकत्र की जाती है।

(ठ) बाधा अथवा रुकावट (Interference) : यह प्रत्ययपूर्ण संचार प्रक्रिया के साथ-साथ संचार मार्ग (Channel) से मुख्य रूप से जुड़ा है। प्रत्येक सम्प्रेषक द्वारा प्रेषित सूचना सामान्यतः सम्प्रेषित हो जाती है परन्तु सम्प्रेषक को वेदना उस समय होती है, जबकि सम्प्रेषण का प्रत्युत्तर नहीं प्राप्त करता है। इस वेदना का कारण सम्प्रेषक की वह अनुभूति होती है, जो कि संचार प्रक्रिया को स्पष्ट तथा बाधायुक्त बनाना चाहती है। अतः शोर अथवा बाधित वह अवयव है जिसके द्वारा सम्प्रेषित सूचना विशृंखल अथवा बाधित होती है। प्राप्तकर्त्ता या श्रोता को प्रेषित सूचना प्राप्त करने से रोकती है। इस प्रकार बाधा और शोर एक-दूसरे के पर्याय हैं। शोर (Noise) का प्रथम प्रयोग शैनन ने टेलीफोन में किया तथा पाया कि शोर संचार प्रतीकों

(सन्देशों) के प्रेषण में बाधा उत्पन्न करता है। टेलीविजन संचार के सम्बन्ध में चेरी (1966) में स्पष्ट किया कि शोर वह प्रत्यय है जो कि, प्रत्याशित प्रतीकों (Signals) या सन्देशों, जिनको सम्प्रेषित किया जाता है, उनमें रुकावट उत्पन्न करते हैं।

संचार में निहित शोर अथवा बाधा आवश्यक नहीं कि उसे सुना ही जाये लेकिन उसकी अनुभूति अवश्य होगी। यह प्रक्रिया अन्तर्व्यक्ति संचार में भी हो सकती है कि, किसी कारण से सन्देश प्रवाह अवरुद्ध हो जाये। इस प्रकार शोर अथवा बाधा वह प्रक्रिया है जो कि, सूचना प्रवाह की शृंखला, दिशा एवं आयाम को अवरुद्ध कर देती है।[63]

बाधा तकनीकी (Technical) और शब्द-अर्थ (Semantic) प्रकृति की हो सकती है। तकनीकी बाधा है जो कि सूचना प्राप्तकर्त्ता को सूचना श्रोता की प्राप्ति के साथ-साथ उसी में मिले हैं परन्तु उससे सम्प्रेषित सूचना श्रोता को सुस्पष्ट रूप में प्राप्त नहीं होती। अर्थात् बाधित रहती है बाधित करती है या प्रभावित करती है जैसे कोई सम्प्रेषक विचार व्यक्त कर रहा हो परन्तु श्रोता (अन्य व्यक्ति) को शब्द स्पष्ट न हो पा रहा हो या बहुत धीमे सुनायी दे रहा हो। यह समस्या तकनीकी समस्या है। यह संचार को बाधित करती है।

दूसरी सेमेण्टिक या शब्द-अर्थ या भाव में नहीं ग्रहण करता हो। जैसे किसी शहर के अधिकारी और समाजसेवी अपराध के कारणों पर विचार कर रहे हैं, अधिकारी अपराध का मूलकारण आर्थिक मानता हो तथा समाजसेवी मूलकारण सामाजिक मानते हों। लम्बे वार्त्तालाप के बाद परस्पर सहमति बने कि वे यद्यपि एक ही आयाम का वर्णन कर रहे थे, वस्तुतः उनमें मात्र प्रयुक्त शब्द सम्बोधन की भिन्नता थी।

इस प्रकार सेमेण्टिक बाधा, वह बाधा है जिसमें स्रोत एवं श्रोता के मध्य अर्थगत भिन्नता होती है। इस प्रकार बाधा सन्देश, स्रोत, संचार मार्ग, श्रोता तथा संचार के अन्य विविध आयाम प्रभावित होते हैं। संचार-रिक्तता में भी एक प्रकार की बाधा है जो कि संचार प्रवाह से व्यक्ति अलग-थलग पड़ जाता है। संचार-रिक्तता में, व्यक्तिपरक, समाजपरक, समूहपरक एवं अन्य प्रकार की हो सकती है।

वास्तव में सन्देश वही वास्तविक सन्देश होता है जो कि सम्पूर्ण बाधाओं को पार कर श्रोता वर्ग तक पहुँचता है। संचार प्रारूप भिन्नता के अनुरूप संचार की बाधा के भी अनेक रूप होते हैं। जैसे—श्रोता-को सूचना न मिले, सूचना के चयन में विरांगतियों सम्प्रेषण में दुरूहता एवं स्पष्टता, अप्रासंगिक सन्देश, संचार मार्ग की एवं संचार माध्यमों की यान्त्रिक बाधा, श्रोता द्वारा समाचार ग्रहण में दोष, सूचना पुनर्प्रेषण में दैहिक तथा मनोजन्य बाधा, प्रति श्रोता या लक्ष्य में जिज्ञासा एवं रुचि का अभाव प्रतिपुष्टि या फीडबैक में प्रतिक्रिया या पुनर्प्रेषण न होना इत्यादि।[64]

अतः संचार बाधा के निदान के लिए संचार के प्रत्येक चरण पर सतर्कता की आवश्यकता एवं अनिवार्यता है। अन्यथा सन्देश किसी भी चरण में मृतप्राय हो सकता है। अतः सन्देश प्रवाह को प्रभावी बनाने के लिए बाधा का निराकरण अनिवार्य है।

7.3 जनसंचार की विशेषता (Characteristics of Mass Communication)

प्रिण्ट एवं इलेक्ट्रॉनिक दोनों संचार माध्यमों की कुछ मूलभूत विशेषताएँ हैं। जनसंचार ने समय तथा स्थान की सीमा को समाप्त कर दिया है। जनसंचार के व्यापक स्वरूप तथा गगनचरी होने के कारण मार्शल मैकलुहान ने 'विश्व गाँव' (Global Village) की उक्ति को

प्रचलित किया है। जनसंचार माध्यमों के विकास के कारण विश्व की सीमा सिमट गयी है। इस प्रकार जन माध्यमों ने विश्व को समेटकर गाँव में बदल दिया है।[65] वर्तमान समय में लोगों एवं राष्ट्रों में अन्तराल सिमट गया है तथा महामायाजाल अथवा इण्टरनेट ने तो पूरे विश्व को एक कमरे में समेटकर भावनात्मक सहभागिता तथा पूर्ण सूचना की उपलब्धता का द्वार खोल दिया है। जनसंचार की प्रमुख विशेषताएँ अधोलिखित हैं—

(क) द्वारपाल की भूमिका (Gatekeeping) : जनसंचार एक प्रहरी अथवा द्वारपाल की भाँति सजग होकर समाज की प्रत्येक गतिविधियों पर निगाह (निगरानी) रखता है। द्वारपाल अथवा गेटकीपिंग (Gatekeeping) शब्द का प्रयोग सर्वप्रथम आस्ट्रिया के मनोवैज्ञानिक कुर्त लेखिन ने किया। उन्होंने पाया कि जनसंचार चैनल/मार्ग को नियन्त्रित या संचालित करनेवाला व्यक्ति या संगठन जनसंचार की सूचनाओं की नियन्त्रित तथा प्रभावित करते हैं। उन्होंने कहा कि जनसंचार उद्योग स्वयं द्वारपाल (Gatekeeper) या प्रहरी है, इसी प्रकार अन्य संगठनों जैसे—सरकार, बड़े औद्योगिक समूहों में भी द्वारपाल या गेटकीपर होते हैं। प्रत्येक समूह अथवा जनंसचार कुछ मानकों, नियन्त्रणों एवं निर्देशों के सन्दर्भ सम्प्रेषण एवं सन्देश को नियन्त्रित करते हैं।[66]

समाचार उद्योग में प्रतिदिन समाचारों की बाढ़-सी रहती है। समाचार संस्थान समाचारों का चयन करते हैं। लेखक, सम्पादक एवं अन्य समाचारकर्मी सूचना के लिए उपलब्ध स्थान एवं समय के अनुरूप उसे नया आकार देते हैं। इसी भूमिका के कारण एक ही समाचार भिन्न-भिन्न माध्यमों में तथा भिन्न-भिन्न संगठनों में नये रूप में दिखायी पड़ता है। न्यायालय, सरकार एवं संचार के नियन्त्रक आयोग आदि भी जनसंचार के सन्दर्भ को प्रभावित करते हैं। न्यायालय और सरकार द्वारपाल की भूमिका में जनहित का संरक्षण करते हैं। इस कारण समतामूलक प्रवृत्ति प्रभावी होती है।

सरकार जनसंचार को संविधान और आवश्यक निर्देशों द्वारा नियन्त्रित करती है। इस प्रकार सरकार वर्तमान में अश्लील लेखन एवं नग्नता रोकती है।[67]

विज्ञापनदाता भी कुछ हद तक जनसंचार को नियन्त्रित एवं प्रभावित करते हैं। विज्ञापनदाताओं को इलेक्ट्रॉनिक माध्यम समय तथा प्रिण्ट माध्यम स्थान बेचते हैं। इस प्रकार भारी विज्ञापन के द्वारा जनसंचार के सन्दर्भ को नियन्त्रित करने का प्रयास किया जाता है। विज्ञापनदाता विज्ञापन के द्वारा विशाल क्षेत्र तक पहुँचना चाहता है। इस कारण विज्ञापन में क्या सन्देश रहेगा? इसका निर्धारक स्वयं विज्ञापनदाता है।[68]

(ख) औपचारिक संगठन (Formal Organization) : जनसंचार की प्रक्रिया सुस्पष्ट होती है तथा जनसंचार का ढाँचा भी स्पष्ट होता है। प्रत्येक जनसंचार के निकाय वैधानिक प्रक्रिया के द्वारा अस्तित्व में आते हैं तथा अस्तित्व में आने के उपरान्त भी वैधानिक प्रक्रिया का पालन करते हैं।[69]

(ग) विशाल श्रोता (Large Audience) : जनसंचार का श्रोता विशाल क्षेत्र में फैला होता है। इसके श्रोता की गणना असम्भव-सा कार्य है। जनसंचार के श्रोताओं के सम्बन्ध में मात्र जनसंचार के प्रमार क्षेत्र में फैले होने का विशाल श्रोता समूह इसकी विशेषता है।[70]

(घ) सबके लिए खुली सूचना (Information open to all) : जनसंचार किसी एक व्यक्ति अथवा व्यक्ति-विशेष के लिए कार्य नहीं करते हैं। इसकी सूचना समस्त जनता के लिए

सामान्य रूप में खुली होती है। भले ही सूचना के वितरण का स्वरूप अधिक निश्चित नहीं होता है तथा वितरण भी प्रायः अनौपचारिक ही होता है।[71]

(ङ) विषम प्रकृति का श्रोता (Hetrogeneous Audience) : जनसंचार में श्रोता परस्पर बिखरा होता है। इस कारण श्रोता की प्रकृति परस्पर भिन्न होती है। जनसंचार के श्रोताओं में सांस्कृतिक, आर्थिक, भौगोलिक आदि भिन्नताएँ भी होती हैं।[72] इस प्रकार जनसंचार के श्रोताओं में परस्पर भिन्नता पायी जाती है।

(च) विशाल सम्पर्क (Large Contact) : जनसंचार प्रक्रिया में विशाल क्षेत्र में बिखरे हुए श्रोताओं तक शीघ्रता से सम्पर्क हो जाता है, जबकि सभी श्रोता परस्पर भिन्न तथा अलग-अलग स्थानों पर होते हैं।[73] इस प्रकार विशाल सम्पर्क जनसंचार की विशेषता है।

(छ) सम्प्रेषक एवं श्रोता परस्पर सम्बन्ध रहित (No relation between Communicator and Audience) : जनसंचार में सम्प्रेषक एवं श्रोता में परस्पर जान-पहचान पूर्णता में नहीं होती। श्रोता सम्प्रेषक को सिर्फ उसकी भूमिका के द्वारा ही पहचानता है।[74] लेकिन सम्प्रेषक के लिए यह असम्भव होता है कि वह सभी श्रोताओं को जान सके। इससे स्पष्ट है कि सम्प्रेषक एवं श्रोता में परस्पर निकट का सम्बन्ध नहीं होता है।

(ज) श्रोताओं में भी परस्पर संगठन का अभाव (Un-organize Audience) : जनसंचार के सामान्य रूप अपने में अनोखे हैं। सामूहिक रूप से सूचना पाते हुए भी वे आपस में असंगठित हैं। इनका उद्देश्य समान है तथा श्रोता अज्ञात रूप में परस्पर एक होते हुए भी एक-दूसरे से अनुपस्थित होते हैं। इनके मध्य संगठन का अभाव पाया जाता है।[75]

(झ) विलम्बित प्रतिपुष्टि (Delayed Feedback) : जनसंचार प्रक्रिया में स्रोत एवं श्रोता में परस्पर अधिक दूरी होती है। इस कारण प्रायः कम मात्रा में फीडबैक या प्रतिपुष्टि मिलती है और वह भी विलम्बित रूप में।[76] इस प्रकार स्पष्ट है कि जनसंचार में अन्तर्वैयक्तिक या लघु समूह संचार की भाँति तुरन्त प्रतिपुष्टि/फीडबैक नहीं प्राप्त होती है। प्रतिपुष्टि के विलम्ब के लिए सन्देश की प्रकृति, श्रोता की अभिरुचि तथा संचार माध्यम की नीति आदि भी जिम्मेदार तत्त्व हैं।[77]

उक्त प्रमुख विशेषताओं के कारण जनसंचारों से भिन्न कोटि का सम्बन्ध है तथा वर्तमान समय में प्रभावी भी है।

सन्दर्भ

1. Denis Mcquil, Mass Communication Theory—An Introduction; Sage Publication, New Delhi, 1983 p. 35.
2. Culture, Vol. III No. 1 UNESCO, 1982 p. 35.
3. Kuppuswami B. Communication & Social Development in India, Sterling Publication, Pvt. Ltd., New Delhi, 1976, p. 28 to 34.
4. *Ibid.*, p. 25.
5. *Ibid.*, pp.25-26.
6. *Ibid.*, pp. 27.
7. *Ibid.*
8. Levis Dexter Anthoney & David Mannign White, People Society and Mass Communication, The Free Press of Glencee, Collier—Macmillan Ltd., London, 1964, p. 34.

9. *Ibid.*, p.12.
10. Kuppuswami B. Communication & Social Development in India, Op. cit., pp. 41-42.
11. *Ibid.*, pp. 62-66.
12. *Ibid.*
13. सिंह, ओमप्रकाश, संचार माध्यमों का प्रभाव, क्लासिकल पब्लिशिंग कम्पनी, नयी दिल्ली-1993, पृष्ठ-65.
14. Kuppuswami B. Communication & Social Development in India, Op. cit., p. 4.
15. Steywort L.T. & Sylvia Mass, Human Communication, Random House Publication, New York, 1977, p. 374 & 375.
16. Kuppuswami B. Communication & Social Development in India, Op. cit., p. 6.
17. *Ibid.*, p. 6 & 7.
18. *Ibid.*, p. 7.
19. *Ibid.*
20. *Ibid.*, p. 8.
21. *Ibid.*, p. 9.
22. *Ibid.*
23. Devito A. Josef, Communicalogy : An Introduction to the Study of Communication, Harper and Row Publisher, New York, 1978, p. 11.
24. Steywort L.T. & Sylvia Mass Human Communication, Random House Publication, New York, 1977, p. 38 to 40.
25. Rogers E.M. & Floyed Shoemaker, Communication of Innovation (A Cross Cultural Approach), the Free Press, New York, 1971, p. 23 to 24 to and 251 to 262.
26. Kuppuswami B. Communication & Social Development in India, Op. cit., p. 9.
27. *Ibid.*, p. 10.
28. *Ibid.*, p. 11.
29. *Ibid.*, p. 11 & 12.
30. Desai M.V. Communication Policies in India, op. cit., p. 16 & 17.
31. Mehta D.S. Hand Book of Public Relations in India, Allied Publishers, Pvt. Ltd., New Delhi, 1980, p. 80.
32. Desai M.V. Communication Policies in India, op. cit., p. 24.
33. Kuppuswami B. Communication & Social Development in India, Op. cit., p. 24.
34. Desai M.V. Communication Policies in India, op. cit., p. 18.
35. Denis Mequail, Mcss Communication Theory—An Introduction, Sage Publications, New Delhi, 1983 p. 35.
36. Kuppuswami B. Communication & Social Development in India, op. cit., p. 24.
37. *Ibid.*, p. 25.

38. *Ibid.*, pp. 25 & 26.
39. *Ibid.*, p. 26.
40. *Ibid.*, p. 28.
41. *Ibid.*
42. *Ibid.*, p. 28 & 29.
43. *ibid.*, pp. 29-30
44. *Ibid.*, pp. 30 to 32.
45. *Ibid.*, pp. 30 to 32.
46. *Ibid.*, pp. 32 to 33.
47. *Ibid.*, p. 35.
48. *Ibid.*, pp. 33 & 34.
49. Larry L. Barker, Communication, Prentice Hall, Inc., Engle Wood, Cliffs, New Jersey, 1978, p. 373.
50. Kuppuswami B. Communication & Social Development in India, op. cit., pp. 35 & 36.
51. International Encyclopeadia of the Social Science, Macmillan Company & the Free Press, New York, 1968, Vol. 3 pp. 73 & 74.
52. Kuppuswami B. Communication & Social Development in India, op. cit., p. 37.
53. Levis Dexter Anthoney & David Mannign White, People Society and Mass Communication, op. cit., pp. 134 & 135.
54. Rogers E.M. & Floyed Shoemaker, Communication of Innovation, op. cit., p. 316.
55. David Berld K., The Process of Communication, Hant Pinepart and Winston, New York, 1960, pp. 23 to 38 and 80.
56. *Ibid.*, pp. 136 to 138.
57. Green Kenyon S. De. System Psychology, Megraw Hill Book Company, New York, USA, 1970, p.174.
58. Report of the First Press Communication, Manager Government of the India Press, Part I, 1954, p. 20.
59. D.A. Josef Interpersonal Communication Book, Harper and Row Publication, New York, 1976, p. 5.
60. *Ibid.*, p. 15.
61. *Ibid.*
62. *Ibid.*
63. Mohan Jitendra, Distance Training Course in Youth Work Commonwealth, 1980, p. 1.
64. Devito A. Josef, Communicology An Introduction to the Study of Communication, op. cit., p. 470 to 471.
65. Steywort L.T. & Selviya Mass Human Communication, opp. cit., p. 40 to 43.
66. Emery R. P. H. Ault W.K. Agee, Introduction to Mass Communication, Tornto Dodd Mead & Company New York, 1980, pp. 27 to 29.
67. Larry L. Barker, Communication, op. cit., p. 363.

68. *Ibid.*, p. 365.
69. *Ibid.*, pp. 366 & 367.
70. *Ibid.*, p. 367.
71. Watson James and Hill Anne, A Dictionary of Communication and Media Studies, Universal Book Stall, New Delhi, 1996, p. 102.
72. *Ibid.*
73. *Ibid.*
74. *Ibid.*
75. *Ibid.*
76. *Ibid.*
77. *Ibid.*

अध्याय - 8

संचार, पत्रकारिता एवं समाचार

COMMUNICATION, JOURNALISM AND NEWS

8.0 वर्तमान समय में विश्व एवं संचार दोनों परस्पर एक हो गये हैं। विश्व का दर्शन ही हम जनसंचार के माध्यमों द्वारा पैदा की गयी दृष्टि से करते हैं। जनसंचार माध्यमों द्वारा उत्पन्न इसी दृष्टि के कारण एक देश का नागरिक शत्रुराष्ट्र एवं मित्रराष्ट्र के रूप में विभिन्न देशों में देखता है। यह जनमाध्यमों अथवा मास मीडिया (Mass Media) की ही देन है। आज के विश्व में शत्रुता अथवा मित्रता का निर्धारण तथा वैश्विक परिवेश में आक्रमण, युद्ध अथवा रक्तपात के स्थान पर प्रतिदिन जनमाध्यमों के द्वारा लड़ा जाता है। इसे शीत युद्ध का नाम अन्तरराष्ट्रीय राजनीति के विद्वान् देते हैं। युद्ध तो है, मगर शीत युद्ध अथवा ठण्डा। इसमें गर्माहट तो खूब होती है, मगर टकराहट नहीं। इस कारण शीत युद्ध प्रेम और सद्भाव के बाद की स्थिति तथा युद्ध एवं रक्तपात के ठीक पूर्व की स्थिति है। अर्थात् शीत युद्ध प्रेम एवं युद्ध के मध्य की स्थिति है।

शीत प्रवृत्ति का गुण है संकुचन और गर्म प्रकृति का गुण है विस्तार। आप देखें तो यह स्वयं स्पष्ट हो जायेगा कि धूल के शीतल कण धूल के गर्म कण की अपेक्षा अधिक गति के साथ हवा में उड़ता है। यही नहीं बर्फ के रूप में शीतल जल ठोस बन जाता है। यही जल जब आग अथवा गर्मी का संयोग पाता है तो उसका विस्तार होने लगता है। फिर तो जल इतना फैल जाता है कि उसका अस्तित्व ही वस्तुतल के साथ मात्रात्मक रूप में न्यूनतम विस्तार में गीला अथवा नमी के रूप में परिवर्तित हो जाता है। यही प्रवृत्ति सम्पूर्ण विश्व की है। इसी प्रकार शीत युद्ध भी चला है। वास्तव में युद्ध देखने में प्रत्यक्षतः हथियार से लड़ते हैं। ऐसा प्रतीत होता है पर इसकी सच्चाई इससे परे है, अर्थात् युद्ध मनुष्य का दिमाग एवं बुद्धि लड़ती है। उसकी ज्ञानेन्द्रियाँ पहले कार्य करती हैं। इस क्रम में मनुष्य पर अपना शत्रु अपना निशाना साधता है। यही निशाना साधने की क्रिया यदि व्यक्तिगत रूप में होती है तो हिंसा और हत्या है। लेकिन यही निशाना साधकर हमले की क्रिया समूह में होती है तो उसे हमला एवं युद्ध की संज्ञा देते हैं। इस युद्ध के दो रूप तो प्रवृत्ति के आधार पर हैं, अर्थात् शीत युद्ध और वास्तविक युद्ध लेकिन वास्तविक युद्ध के भी भौगोलिक आधार पर दो स्वरूप है; गृह युद्ध में संचार अवश्य जुड़ा है। लेकिन शीत युद्ध का अस्तित्व ही जनसंचार माध्यमों के ऊपर टिका है।

इससे स्पष्ट है कि तनाव की स्थिति में अथवा प्रतिकूल व्यवहार की स्थिति में संचार ही तनाव अथवा मतभेद की दशा को व्यक्त करता है। यह सिर्फ समझने से सम्बद्ध है। इसके बाद होनेवाला संघर्ष या संघर्ष की स्थिति तो स्वतः व्यक्त हो जाती है। यह तनाव और मतभेद की दशा तो व्यक्ति का गुण है। ये गुण विश्व स्तर पर शीत युद्ध के रूप में मिलते हैं। शीत युद्ध मनुष्य के निजी व्यवहार का विस्तार है। चूँकि मनुष्य स्वयं किसी दूसरे के प्रति अच्छा अथवा बुरा दृष्टिकोण बनाता है। मित्र से स्नेह करता है शत्रु पर व्यंग्य बाण चलाता है। यही स्थिति विश्व के परिवेश में होने से युद्ध एवं शीत युद्ध को व्यक्त करता है।

इस कारण संचार और विश्व में निकटता तथा जो दूरी है वह विचार का मुख्य बिन्दु है। इन दोनों में निकटता इतनी है कि दूरी का स्वरूप ही लुप्त-सा हो गया है। इस कारण संचार और विश्व परस्पर एकाकार हो गये हैं। संचार का यह प्रभाव जनंसचार माध्यमों के सन्देशों का परिणाम है। व्यवहार में इन सन्देशों का निर्माता स्वयं मनुष्य है। यदि इस मनुष्य रूपी नागरिकों में किसी देश के प्रति सद्भाव है तो वह मित्र राष्ट्र होगा परन्तु इसके विपरीत की स्थिति में शत्रु होगा। इससे भी स्पष्ट है कि मनुष्य संचार का मूल भले ही है परन्तु जनमाध्यमों के सन्देश में नयी-नयी दृष्टि पैदा करते हैं। इसी कारण वयस्क या युवा एवं समझदार व्यक्ति शत्रु या मित्र देश की पहचान रखता है न कि अबोध बच्चे।

जनसंचार के माध्यम दिन-प्रतिदिन की घटनाओं को निरन्तर परोसकर अथवा सम्प्रेषित कर व्यक्ति के आभ्यन्तर में इतने व्यवहार उत्पन्न कर देते हैं कि व्यक्ति स्वयं स्थायी दृष्टि नहीं बना पाता। इसके ठीक विपरीत की स्थिति में व्यक्ति किसी विचारधारा से प्रतिबद्ध होकर एक स्थायी प्रवृत्ति बनाकर उसी के समरूप व्यवहार करता है। ऐसी स्थिति में वैचारिक ठहराव प्रभावी हो जाता है। ऐसे व्यक्ति की वैचारिकी एक स्थिर रूप ले लेती है। इससे स्पष्ट है कि वर्तमान समय में जनसंचार माध्यम, अर्थात् रेडियो, समाचार-पत्र, पत्रिका एवं टेलीविजन विश्व स्तर पर जो दृष्टि जिस समूह में पैदा करते हैं, वह समूह वही कार्य करने लगता है। हम यह भी कह सकते हैं कि जनमाध्यम समाज में विश्वदृष्टि पैदा कर रहे हैं। ऐसी स्थिति में संचार के स्वरूप एवं इसके व्यवहार प्रक्रिया से जुड़ी पत्रकारिता का भी विवेचन आवश्यक है। क्योंकि पत्रकारिता; संचार की लघु इकाई होने के साथ-साथ इसका व्यवहार अथवा कार्यरूप है। **मनुष्य सदा से ज्ञानेन्द्रियों से सूचना लेता चला आया है। मनुष्य दुनिया को देख सका। इस कारण दृश्य अथवा आँख आश्रित संचार सबसे पूर्व का है। उसके उपरान्त श्रव्य अथवा कान की क्रिया ने स्पष्टतः सुनने का कार्य किया। इससे श्रव्य माध्यम अस्तित्व में आये परन्तु इन दोनों के संयुक्त रूप में सूचना और भी प्रभावी हो जाती है। जिसे हम दृश्य-श्रव्य रूप में जानते हैं।**

इस प्रकार स्पष्ट है कि मनुष्य ने ज्ञानेन्द्रियों द्वारा सूचना का रूपान्तरण कर प्रस्तुत करने की अथवा व्यक्त करने की युक्ति विकसित की है। इसी कारण विश्व को अपने अनुसार परन्तु जनमाध्यमों से प्रभावित दृष्टि से देखता है। इसी कारण संचार, संचार के भेदों एवं पत्रकारिता आदि का ज्ञान जरूरी है। इसी के साथ-साथ इनका परस्पर का भी सम्बन्ध जानना जरूरी है। इस अध्ययन से उन मुख्य प्रवृत्तियों का ज्ञान प्राप्त होगा जिसके आधार पर विश्व स्तर पर भी दृष्टिकोण के निर्माण का कार्य होता है। इससे स्पष्ट है कि जनसंचार और पत्रकारिता ने विश्व को एक नया रूप दिया है। इस विश्व को निकटता से कुछ ठीक तो कुछ खराब भी हुआ है। जनमाध्यमों ने जहाँ स्नेह-प्रेग एवं शान्ति को फैलाया है वहीं अशान्ति, टकराव को भी बढ़ाया है। इन समस्त व्यवहारों का विवेचन इस भाग में होगा।

वर्तमान समय में संचार माध्यम, पत्रकारिता एवं संचार के विविध पक्षों का विकास निरन्तर जारी है। अब प्रति सप्ताह अथवा प्रतिदिन विकास का एक नया आयाम विश्व में संचार के किसी-न-किसी पक्ष से जुड़ रहा है। तकनीकी अथवा व्यावहारिक क्षेत्र में विकसित हो रही है यह प्रक्रिया अब भी काफी अन्तराल के बाद ही व्यापक स्तर पर अनुकरण में प्रविष्ट होती है। विकास के इस अन्धे दौर में मूल्य, सिद्धान्त एवं वास्तविक समझ का भी संकट पैदा हो गया

है। चूँकि संचार व्यवस्था दुनिया की औद्योगिक संस्कृति का सबसे बड़ा निकाय है। इस व्यावसायिक प्रवृत्ति के कारण मूल्य आदि का संकट बढ़ा है। केवल प्रयोगधर्मिता ही संचार माध्यम पत्रकारिता तथा इस उद्योग को समाज के लिए उपयोगी नहीं बना सकती, वरन् इसके लिए एक सजग तथा स्पष्ट दृष्टि आवश्यक है। संचार के जो भी अध्येता अथवा विद्यार्थी हैं, उनमें संचार के लिए विविध पक्षों के सम्बन्ध में सम्यक् तथा स्पष्ट दृष्टि आवश्यक है। इसके अभाव में कभी-कभी माध्यम को ही संचार समझकर प्रस्तुति होने लगती है। इतना ही नहीं कभी-कभी पत्रकारिता को संचार अथवा जनसंचार की तुलना में व्यापक तथा महत्त्वपूर्ण मान लिया जाता है। यद्यपि यह तथ्यपरक नहीं है। तथापि इसे व्यवहार अथवा समझ एवं चिन्तन में अपनाया जाता है। इस कारण स्पष्ट दृष्टि का निर्माण नहीं हो पाता। वर्तमान समय में संचार एक स्वतन्त्र अनुशासन (Discipline) के रूप में विकसित एवं स्थापित हो रहा है। लेकिन इसकी दिशा में सबसे बड़ा संकट असन्तुलन का है। यह असन्तुलन तकनीकी विकास और सैद्धान्तिक तथा दार्शनिक विकास के मध्य है। **संचार का सैद्धान्तिक पक्ष विकसित एवं सम्बद्ध अवश्य है परन्तु यह उपेक्षित है। जहाँ तक दार्शनिक पक्ष का सम्बन्ध है, वह अभी भी पूर्ण विकसित नहीं है। संचार का मात्र तकनीकी ही पक्ष काफी विकसित है। इसी असन्तुलन को समाप्त करना संचार के अध्येताओं का दायित्व है।**

संचार, संचार माध्यम, पत्रकारिता एवं समाचार आदि के परस्पर सम्बन्ध क्या हैं? इसी विषय-वस्तु की प्रस्तुति इस अध्याय में है। इस विवेचन के द्वारा उक्त के सन्दर्भ में तथ्यात्मक प्रस्तुति के साथ-साथ इनके अन्तःसम्बन्धों का भी विवेचन इस अध्याय में प्रस्तुत है। इस विवेचन से उन भ्रान्तियों के निवारण में सहायता मिल सकेगी, जिसकी आवश्यकता निरन्तर महसूस की जा रही थी, उन्हीं सन्दर्भों का विवेचन इस अध्याय में सम्मिलित है। इस अध्याय के द्वारा अध्येता की संचार से जुड़ी विविध भ्रान्तियों का निवारण हो सकेगा तथा उसके एक सुस्पष्ट दृष्टि के विकास में भी यह अध्याय उपयोगी होगा।

8.1 संचार (Communication)

यह स्पष्ट है कि 'संचार' सम्प्रेषण जगत् की सबसे बड़ी इकाई है। इसकी तुलना में इसकी लघु इकाइयाँ जैसे—आभ्यन्तर संचार, अन्तर्वैयक्तिक संचार, समूह संचार एवं जनसंचार आदि हैं। संचार की इस प्रक्रिया का मुख्य आधार मनुष्य है। भारतीय मान्यता के अनुसार मनुष्य से अभिप्राय शरीर स्थित अन्तःकरण एवं बाह्यकरण से है। अन्तःकरण में जहाँ मन, बुद्धि एवं अहंकार सम्मिलित हैं, वहीं बाह्यकरण में पाँच ज्ञानेन्द्रिय-आँख, कान, नाक, जिह्वा एवं त्वचा एवं पाँच कर्मेन्द्रिय-हाथ, पैर, मुख (वाक्), मलेन्द्रिय एवं जननेन्द्रिय। संचारों में आभ्यन्तर संचार अन्तःकरण आधारित है। लेकिन अन्तर्वैयक्तिक, समूह एवं जनसंचार का आधार बाह्यकरण अर्थात् इन्द्रियाँ हैं। इनमें भी ज्ञानेन्द्रिय की अन्तर्वैयक्तिक, समूह एवं जनसंचार का मुख्य आधार है। जहाँ तक प्रश्न आभ्यन्तर संचार का है, वह पूर्णतः ज्ञानेन्द्रिय आश्रित नहीं है। कुछ स्थितियाँ ऐसी होती हैं जिसमें ज्ञानेन्द्रियों की स्पष्ट अथवा प्रत्यक्ष भूमिका नहीं होती है, जैसे—स्वप्न, चिन्तन एवं भाव आदि में मनुष्य के अन्तःकरण में विद्यमान पूर्व सूचनाएँ एवं इनकी प्रक्रिया तथा नवीन सन्दर्भ व परस्पर की क्रिया-प्रतिक्रया के आधार पर यह कार्य प्रणाली चलती है। इस प्रकार आभ्यन्तर संचार की प्रकृति दुहरी है। यह ज्ञानेन्द्रिय आश्रित है और नहीं भी है। क्योंकि स्वप्न, भाषा, चिन्तन एवं भाव की दशा में इन्द्रिय आश्रितता नहीं रहती

है, वरन् अन्तःकरण पर अधिक निर्भरता रहती है। संचार की यात्रा मनुष्य के अन्तकःरण से आरम्भ होती है। संचार की इस अन्तस्थ प्रक्रिया की बाह्य अभिव्यक्ति से ही संचार की सामाजिक यात्रा आरम्भ होती है। चूँकि पशु अपने आभ्यन्तर का उपयोग कर सामाजिक संचार अथवा बाह्य अभिव्यक्ति को व्यक्त नहीं कर पाते, इसी कारण उन्हें हम अस्पष्ट वाक् वाले समूह में रखते हैं। संचार प्रक्रिया की गंगोत्री मनुष्य का आभ्यन्तर अथवा अन्तःकरण या अन्तस्थ में है। इसी कारण समाज में निरन्तर मनुष्य की सामान्यता या स्वस्थ अन्तःकरण अथवा मनुष्य में सामान्य व्यवहार ही तलाशते हैं। असामान्य (Abnormal) मनुष्य चूँकि अपने अन्तःकरण का उपयोग सामाजिक व्यवहार के अनुरूप नहीं कर पाता है, इस कारण असामान्य मानव समाज के लिए अनुपयोगी एवं पशु-तुल्य ही है। संचार का मूल आधार अन्तःकरण और बाह्यकरण है। इस आधार पर संचार का वर्गीकरण अन्तस्थ और बाह्य के रूप में भी कर सकते हैं। अन्तःकरण से समाज में व्यक्त हुआ संचार अपनी यात्रा में आवश्यकताओं के अनुरूप प्रारूपित होता है इस कारण संचार के इस समाज प्रारूपित स्वरूप को बाह्य संचार की संज्ञा देते हैं। संचार के इन प्रकारों को हम इस प्रकार समझ सकते हैं—

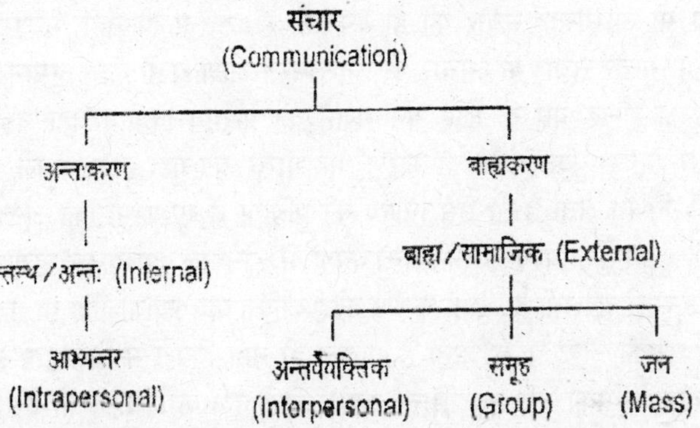

उक्त प्रारूप से स्पष्ट है कि अन्तस्थ संचार को हम आभ्यन्तर (Intrapersonal Communication) संचार की संज्ञा देते हैं। जबकि इसके विपरीत बाह्य अथवा सामाजिक संचार को सामाजिक आवश्यकताओं एवं व्यवहार के अनुरूप कई वर्गों में वर्गीकृत होता है जैसे—अन्तर्वैयक्तिक संचार, समूह संचार एवं जनसंचार। ये सभी संचार बाह्यकरण आश्रित होने के कारण बाह्य संचार कोटि में हैं। चूँकि संचार में बाह्यकरण के भाग ज्ञानेन्द्रिय (Organ of Knowledge) की ही भूमिका होती है, न कि कर्मेन्द्रिय (Organ of Action) की। इस कारण अन्तर्वैयक्तिक, समूह एवं जनसंचार मूलतः ज्ञानेन्द्रिय आश्रित हैं, जो कि बाह्यकरण के ही भाग हैं। इन बाह्य संचारों (अन्तर्वैयक्तिक, समूह एवं जन) का अस्तित्व ज्ञानेन्द्रिय पर ही निर्भर है। **इसी कारण अन्धा फिल्म एवं टी. वी. जैसे दृश्य अथवा दृश्य-श्रव्य माध्यम से सूचना ले नहीं सकता है। बहरे व्यक्ति के लिए श्रव्य माध्यम अनुपयुक्त है**। इससे स्पष्ट है कि दृश्य, श्रव्य एवं दृश्य-श्रव्य माध्यम ज्ञानेन्द्रिय अथवा बाह्यकरण के ऊपर निर्भर हैं। इस कारण अन्तर्वैयक्तिक समूह एवं जनसंचार को हम बाह्य संचार (बाह्यकरण आश्रित होने के कारण) की संज्ञा देते हैं। इस बाह्य संचार के भी कई विभाजन अथवा वर्ग हैं। बाह्य संचार के ये विभाजन मानवीय व्यवहार के अनुरूप हैं। चूँकि समाज में मनुष्य परिवार के सदस्यों

सम्बन्धियों अथवा लघु समूह में परस्पर सूचनाओं का आदान-प्रदान करता है। इस कारण सर्वाधिक मात्रा में अन्तर्वैयक्तिक संचार ही प्रभावी होता है। इसके उपरान्त यह तथ्य महत्त्वपूर्ण है कि मनुष्य अपनी विभिन्न आवश्यकताओं की पूर्ति के लिए विभिन्न समूहों से भी जुड़ता है। ये समूह एक ओर मनुष्य को परस्पर संगठित करते हैं तो दूसरी ओर इन्हीं समूहों से मिलकर समाज अपना स्वरूप ग्रहण करता है। इन समूहों की संचार की प्रकृति एवं स्वरूप अपने में विशेष प्रकार का होता है। इसी प्रकार जनंसचार का दायरा अथवा विस्तार व्यापक है। **इसकी सीमा में पृथ्वी के समस्त जन आते हैं। इसकी अर्थात् जनसंचार की न्यूनतम सीमा वहाँ से प्रारम्भ होती है, जहाँ समूह संचार की सीमा समाप्त होती है। इसी कारण जनसंचार की प्रकृति अन्य प्रकार के संचारों से परस्पर भिन्न है।**

संचार के उक्त चारों वर्गीकरण नये नहीं हैं। इनका स्वरूप प्राचीन से प्राचीनतम समाज में था और आज भी है तथा आगे भी रहेगा। आभ्यन्तर संचार के विविध उदाहरण पौराणिक एवं अन्य प्राचीन भारतीय साहित्य में मिलते हैं। नचिकेता द्वारा पिता से बूढ़ी गायों के दान पर प्रश्न करना तो आभ्यन्तर संचार की ही देन था। वेद अथवा स्मृति की जो भिन्न-भिन्न टीकाएँ प्रचलित हुईं वे भी आभ्यन्तर संचार की ही देन रही हैं। इतना ही नहीं, मन्थरा के समझाने पर कैकेयी ने आभ्यन्तर संचार के आधार पर उन समस्त आशंकाओं का अनुमान किया जिसके कारण श्रीराम को चौदह वर्ष के लिए वन भेजने का प्रस्ताव किया। यही नहीं दुर्योधन के अन्तःकरण में पनपे दम्भयुक्त संचार के कारण 'महाभारत' का युद्ध हुआ। आज भी किसी देश का शासक जब निर्णय लेता है तो उसे निर्णय की प्रक्रिया में मुख्य भूमिका अन्तःकरण संचार की ही होती है। इतना अवश्य है कि अन्तःकरण में होनेवाले आभ्यन्तर संचार की प्रक्रिया जिम्मेदारी के अनुसार बदलती है। इसी कारण कोई व्यक्ति जब न्यायाधीश या पंच की भूमिका में आता है तो उसकी दृष्टि बदल जाती है। इतना ही नहीं विपक्ष में विद्यमान नेता जब सत्ता में आता है उसकी भूमिका नये तथा भिन्न रूप में होती है। कभी-कभी तो ऐसा प्रतीत होता है जैसे कि व्यक्ति अथवा नेता का स्वरूप ही सत्ता में आते ही बदल गया। यह सब आभ्यन्तर संचार के कारण ही होता है।

उक्त के अनुरूप अन्तर्वैयक्तिक संचार के उदाहरण हमें प्राचीन साहित्य में भरपूर मिलते हैं। वैसे मानव समाज में व्याप्त मैथुनी सृष्टि स्वयं में अन्तर्वैयक्तिक संचार का मूलाधार है। परिवार में माता-पिता, पुत्र-पुत्री एवं पति-पत्नी आदि से परस्पर सूचनाओं का प्रदान एवं विचार-विमर्श अन्तर्वैयक्तिक संचार के आधार पर होता है। पूरा भारतीय पौराणिक शास्त्र शिव-पार्वती अथवा सूत एवं ऋषिगण या नारद एवं अन्य के अन्तर्वैयक्तिक संचार प्रक्रिया का परिणाम है।

इसी प्रकार समूह संचार के अनेक उदाहरण प्राचीन भारतीय वाङ्मय में मिलते हैं। भरत का पुरवासियों के साथ श्रीराम को मनाने वन में जाना और वहाँ श्रीराम भरत सहित अन्य के साथ हुआ संवाद समूह संचार का स्पष्ट उदाहरण है। इसी प्रकार वन में श्रीराम का ऋषियों, वानर समूहों के साथ हुआ संवाद भी समूह संचार का ही उदाहरण है। इतना ही नहीं समूह संचार के कई प्रकार हो सकते हैं—

समूह संचार
(Group Communication)

व्यक्ति एवं समूह के मध्य (Between an Individual and Group)	समूह के मध्य (Within Group)	समूह के मध्य (Among Groups)

ये सभी प्रकार प्राचीन तथा आधुनिक दोनों समाजों में हैं। जैसे किसी समूह के नियन्त्रक एवं समूह के सदस्यों के मध्य संचार। इसी प्रकार का संचार श्रीराम के साथ, वन में ऋषियों एवं अन्य के मध्य हुआ था। व्यक्ति एवं समूह के मध्य संचार के भी उदाहरण मिलते हैं। जैसे श्रीराम ने लंका पर चढ़ाई के पूर्व अपने सहयोगियों से विचार-विमर्श किया था। यह समूह के मध्य होने वाले संचार का उदाहरण है। वर्तमान में भी समूह के सदस्यों के मध्य होनेवाले संचार को समूह संचार की संज्ञा देते हैं। समूह संचार की एक स्थिति और है, जिसमें समूहों के मध्य संचार होता है। जैसे एक राजनीतिक दल द्वारा दूसरे के सम्मुख कुछ प्रश्न करना अथवा एक व्यापारिक समूह द्वारा दूसरे समूह के सन्दर्भ में विचार दृष्टि का निर्माण भी आता है। जैसे श्रीराम और रावण के संघर्ष में राक्षस और कपि समूह में परस्पर समूह के आधार पर एक-दूसरे के प्रति दृष्टिकोण रखना। इसी प्रकार हम वर्तमान में भारत-पाक के नागरिकों के मध्य परस्पर भिन्न सामूहिक अनुभूति हम प्राप्त करते हैं। यह प्रवृत्ति समूहों के मध्य संचार की प्रवृत्ति को स्पष्ट करती है। इस प्रकार हमें सामाजिक व्यवहार में समूह संचार के उक्त तीन प्रकार प्राप्त होते हैं।

समूह संचार के विवेचना के उपरान्त जनसंचार का विवेचन आवश्यक है। प्राचीन भारतीय साहित्य में जनसंचार के अनेक दृष्टान्त विद्यमान हैं। **जनसंचार का अर्थ व्यापक क्षेत्र में फैले लोगों तक एक समय में सूचना अथवा सन्देश पहुँचने से हैं। इस प्रक्रिया में व्यक्तिपरकता (Individuality) अथवा व्यक्ति की अलग-अलग पहचान, सूचना-प्राप्ति की दृष्टि से सम्भव नहीं होती है। जनसंचार की यह प्रवृत्ति प्राचीन समय एवं समाज में भी थी और वर्तमान में भी है। पर दोनों में अन्तर यही है कि प्राचीन समय में यह दायरा कुछ किलोमीटर तक सीमित था परन्तु आज इसका दायरा विश्वव्यापी है। प्राचीन समय में ध्वज, मुद्रा, डुग्गी, नगाड़े व शंख आदि जनसंचार के माध्यम थे परन्तु वर्तमान में यही स्थिति समाचार-पत्र, पत्रिका, रेडियो, टेलीविजन आदि की है। वर्तमान में कोई भी समाचार-पत्र, पत्रिका विश्व अथवा राष्ट्रव्यापी प्रसार युक्त नहीं है। फिर भी वह जन माध्यम है। क्योंकि इनके द्वारा विस्तृत क्षेत्र में फैले लोगों को एक समय अवधि में सूचना मिलती है। इसी प्रकार से प्राचीन समय में सूचना डुग्गी, नगाड़े, ध्वज, शंख आदि से मिलती थी। इससे स्पष्ट है कि जनसंचार आधुनिक न होकर प्राचीन हैं। इसमें सिर्फ परिष्कार अथवा परिवर्तन हुए हैं, जिसके कारण यह हमें भिन्न दिखायी पड़ता है। जबकि वस्तुतः भिन्नता नहीं है। इसी प्रकार हम कह सकते हैं कि जनसंचार आधुनिक जन माध्यमों की देन नहीं है।**

8.1.1 संचारों में अन्योन्याश्रितता (Inter-dependency)

उक्त विवेचन में परस्पर भिन्न दिखनेवाले संचारों में परस्पर अन्योन्याश्रितता (Inter-dependency) भी है। इस परस्पर की आश्रितता का परिणाम व्यक्ति एवं समाज के मध्य

की परस्पर निर्भरता है। आभ्यन्तर संचार सभी प्रकार के संचारों का केन्द्र है। इसके बिना किसी का संचार अस्तित्व में ही नहीं आ सकता है–

प्रारूप 8.1

उक्त प्रारूप 8.1 से स्पष्ट है कि आभ्यन्तर संचार, अन्तर्वैयक्तिक समूह एवं जनसंचार का मुख्य आधार है।[1] अन्य संचार आभ्यन्तर संचार के द्वारा उत्पन्न एवं क्रियाशील होते हैं। आभ्यन्तर संचार की शून्यता में इनका अस्तित्व समाप्त हो जाता है। जैसे समाधि की अवस्था में, निद्रा में, असामान्यता (पागलपन) की अवस्था में अन्तःकरण की क्रिया के निष्क्रिय होने के कारण अन्तर्वैयक्तिक समूह एवं जनसंचार नहीं होते हैं। इससे स्पष्ट है कि **आभ्यन्तर संचार पर अन्य संचार निर्भर हैं।**

इसी प्रकार की निर्भरता अन्तर्वैयक्तिक संचार समूह संचार में भी है। अन्तर्वैयक्तिक संचार प्रक्रिया के द्वारा ही समूह के मध्य सूचना विमर्श तथा सूचना विस्तार होता है। इसी प्रकार का सम्बन्ध समूह तथा जनसंचार में है। जनसंचार प्रक्रिया द्वारा प्रवाहित सूचना समाज में समूह, अन्तर्वैक्तिक प्रक्रियाओं से होकर आभ्यन्तर संचार का अंग बनती है। यह प्रवृत्ति हमें वहाँ देखने को मिलती है, जहाँ सूचना विस्तार सीधे जनमाध्यम से श्रोता तक न होकर श्रोता→प्रति श्रोता द्वारा सूचना का विस्तार होता है। इसे हम इस प्रकार से समझ सकते हैं–

(क) आभ्यन्तर संचार = आभ्यन्तर संचार

(ख) अन्तर्वैयक्तिक संचार = आभ्यन्तर संचार + अन्तर्वैयक्तिक संचार

(ग) समूह संचार = आभ्यन्तर + अन्तर्वैयक्तिक संचार + समूह संचार

(घ) जन संचार = आभ्यन्तर + अन्तर्वैयक्तिक संचार + समूह संचार + जनसंचार

उक्त परस्पर के सम्बन्धों के कारण किसी एक संचार को एक दूसरे से परस्पर पृथक् देखना उचित नहीं है। ये परस्पर अलग प्रकृति के बाद भी परस्पर सम्बद्ध हैं।

इसी के साथ-साथ सभी प्रकार के संचारों का लक्ष्य भी व्यापक आयामों से युक्त होता है। आभ्यन्तर संचार का लक्ष्य-बाह्य संचार (अन्तर्वैयक्तिक, समूह एवं जनसंचार) प्रक्रिया को प्रभावित करना होता है। जबकि सभी प्रकार के बाह्य संचार (अन्तर्वैयक्तिक, समूह एवं जनसंचार) व्यक्ति के आभ्यन्तर संचार प्रक्रिया को प्रभावित करने के लक्ष्य से युक्त होते हैं। इसे हम निम्न प्रारूप द्वारा समझ सकते हैं–

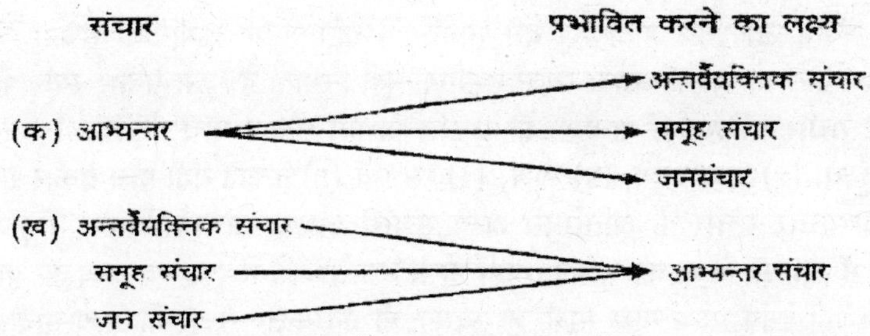

प्रारूप—8.2 के विवेचन से स्पष्ट है कि आभ्यन्तर संचार का लक्ष्य अन्तर्वैयक्तिक समूह एवं जनसंचार का लक्ष्य आभ्यन्तर संचार को प्रभावित करना होता है। इसके विपरीत अन्तर्वैयक्तिक, समूह एवं जनसंचार का लक्ष्य आभ्यन्तर संचार को प्रभावित करना होता है। इस प्रकार संचार अन्तःकरण से बाह्य तथा बाह्य से अन्तःकरण की दिशा में प्रवाहित होता है। **इसी कारण व्यक्ति अपने अन्तस्थ भावों को अन्य व्यक्ति, समूह एवं जन-जन तक पहुँचाना चाहता है। साथ ही अन्य व्यक्ति, समूह एवं जन-जन की सूचना से स्वयं जुड़ना चाहता है। यही परस्पर विरोधी (Binary) प्रवृत्ति मानव संचार की एक वास्तविकता है।** इसे समझने के बाद संचार के आधारभूत कारकों अथवा घटकों को जानना आवश्यक है।

8.1.2 संचार के संघटक (Components of Communication)

संचार का निर्धारण सैद्धान्तिक रूप से सम्पूर्ण संचार प्रक्रिया के आधार पर होता है। इस प्रक्रिया में हम मुख्यतः पाँच कारकों को सम्मिलित करते हैं (1) प्रारम्भकर्त्ता अथवा स्रोत, (2) श्रोता, (3) माध्यम, (4) सन्देश एवं (5) प्रभाव। उक्त पाँच कारक अथवा संघटक मूल रूप से प्रत्येक संचार में रहते हैं। अर्थात् आभ्यन्तर संचार, अन्तर्वैयक्तिक संचार, समूह संचार एवं जनसंचार में ये सभी पाँच संघटक अथवा तत्त्व उपस्थित रहते हैं। अन्तर सिर्फ इतना ही आता है कि इनमें से किसी संचार में किसी संघटक अथवा तत्त्व की प्रकृति अति गूढ़ होती है तो किसी में इसकी प्रकृति अधिक स्पष्ट होती है। जैसे उक्त पाँच कारकों अथवा संघटकों को जब हम आभ्यन्तर संचार में देखते हैं तो इनकी प्रकृति एवं स्वरूप अधिक गूढ़ होगी। आभ्यन्तर संचार प्रारम्भकर्त्ता अथवा स्रोत मनुष्य की दसों इन्द्रियाँ हैं। ये अलग-अलग अथवा समवेत रूप में अपनी सूचना पहुँचाती हैं। इस प्रक्रिया में ज्ञानेन्द्रियों की भूमिका ही मुख्य होती है। इसी प्रकार श्रोता अथवा प्राप्तकर्त्ता भी आभ्यन्तर संचार में काफी रहस्यवादी होता है। इसे हम अन्तःकरण अथवा मन, बुद्धि एवं अहंकार के रूप में जानते हैं, जहाँ तक माध्यम का प्रश्न है। वह भी कार्य दसों इन्द्रियों या ब्राह्यकरण के ही द्वारा किया जाता है। इस प्रक्रिया में भी प्रत्येक प्रकार की इन्द्रिय की भूमिका अलग-अलग होती है। सन्देश का स्वरूप भी आभ्यन्तर संचार में गूढ़ होता है। इसकी गूढ़ता एवं स्वरूप इन्द्रियों पर ही निर्भर है।

जिस प्रकार की इन्द्रिय होगी उसी प्रकार का सन्देश अन्तःकरण को प्राप्त होगा। जैसे ज्ञानेन्द्रियों में आँख—दृश्य सन्देश ग्रहण करती है, कान श्रव्य सन्देश ग्रहण करता है। त्वक् अर्थात् त्वचा—स्पर्शजन्य सन्देश ग्रहण करती है। नासिका—गन्ध-रूपी सन्देश को ग्रहण करती है। इसी प्रकार जिह्वा—स्वाद अर्थात् मीठा एवं तीता आदि रूपों में सन्देश ग्रहण करती है। वैसे इतना सत्य है कि सन्देश ग्रहण करने में मुख्य भूमिका अथवा कार्य ज्ञानेन्द्रियों की है। कर्मेन्द्रिय यद्यपि कभी सन्देश ग्रहण की भूमिका निभाती नहीं है। इस कारण प्रत्येक दशा में

ज्ञानेन्द्रिय संयोग आवश्यक होता है। वैसे सामान्य स्थिति में भी कर्मेन्द्रियाँ सूचना अथवा सन्देश ग्रहण करने में अकेले अथवा स्वतन्त्र भूमिक नहीं निभाती हैं। **इस प्रकार स्पष्ट है कि आभ्यन्तर संचार प्रक्रिया में सन्देश की प्रकृति अथवा प्रकार पाँच रूपोंवाली होती हैं (1) रूप/दृश्य, (2) शब्द/श्रव्य, (3) स्पर्श, (4) रस एवं (5) गन्ध। यही पाँच प्रकार सन्देश के हैं। आभ्यन्तर संचार के अतिरिक्त अन्य संचारों अर्थात् अन्तर्वैयक्तिक, समूह एवं जनसंचार में रस एवं गन्ध की भूमिका नहीं होती।** इन संचारों में दृश्य एवं श्रव्य की भूमिका स्पष्ट होती है। इसके साथ-साथ स्पर्श का स्वरूप भी आभ्यन्तर संचार के साथ-साथ अन्य संचारों में कभी-कभी गूढ़ रूप में व्यक्त होता है। जैसे त्वक् अथवा त्वचा (Skin) के अतिरिक्त कुछ शब्द भी विशेष प्रकार का स्पर्शजन्य प्रभाव छोड़ते हैं। इसी कारण प्रशंसा सुनकर व्यक्ति प्रसन्न तथा गाली सुनकर अधिक रुष्ट होता है। यह शाब्दिक स्पर्श का स्वरूप है। इसी प्रकार कुछ दृश्यों को देखकर व्यक्ति अचेत हो जाता है। वहीं कुछ दृश्यों को बार-बार देखना चाहता है। यह सभी एक प्रकार से स्पर्शजन्य प्रभाव की कोटि में हैं वैसे बाह्य संचार अर्थात् अन्तर्वैयक्तिक, समूह एवं जनसंचार में स्पर्श की भूमिका एवं स्वरूप काफी गूढ़ एवं अप्रकट प्रकार का होता है।

इसी प्रकार प्रभाव की प्रकृति भी सभी संचारों में भिन्न-भिन्न होती है। सामान्य रूप में देखें तो स्पष्ट होता है कि संचार किसी प्रकार का हो अर्थात् आभ्यन्तर, अन्तर्वैयक्तिक, समूह अथवा जन परन्तु प्रभाव की प्रवृत्ति, स्वरूप एवं आधार तो एक ही है। वह है मनुष्य का अन्तःकरण। आभ्यन्तर संचार में भी प्रभाव मनुष्य के अन्तःकरण पर ही पड़ता है। अन्तर्वैयक्तिक संचार में भी प्रभाव सम्प्रेषण में सम्मिलित मनुष्यों के अन्तःकरण पर ही पड़ता है। **इसके अलावा समूह एवं जनसंचार का भी प्रभाव सम्प्रेषण प्रक्रिया में सम्मिलित मनुष्यों के अन्तःकरण पर ही पड़ता है। इस प्रकार हम कह सकते हैं कि संचार कोई हो उसमें प्रभाव मनुष्य के अन्तःकरण पर ही पड़ता है।** जनसंचार की दशा में अलग-अलग व्यक्तियों के अन्तःकरण अपने सम्मिलित रूप में सामाजिक प्रभाव के रूप में व्यक्त होता है। यही प्रवृत्ति समूह संचार में भी मिलती है। इस प्रकार स्पष्ट है कि **संचार का प्रारम्भ और अन्त मनुष्य के अन्तःकरण से जुड़ा है।** संचार के संघटकों का प्रत्येक संचार में क्या स्वरूप होता है? इसका वर्णन आप अध्याय 4, 5, 6 एवं 7 में देख सकते हैं।

8.2.0 पत्रकारिता (Journalism)

संचार के उक्त विवेचन के उपरान्त संचार एवं पत्रकारिता के सम्बन्धों की जिज्ञासा स्वाभाविक है। लेकिन इन दोनों के परस्पर के सम्बन्धों के ज्ञान के पूर्व संचार की भाँति पत्रकारिता के सम्बन्ध में भी एक स्पष्ट दृष्टि आवश्यक है। क्योंकि बिना स्पष्ट ज्ञान के परस्पर के सम्बन्धों का ज्ञान होना सम्भव नहीं है। चूँकि हम ऊपर संचार के विवेचन से अवगत हो चुके हैं। इस कारण अब हम चर्चा पत्रकारिता की करेंगे। इसमें पत्रकारिता क्या है? इसका क्या स्वरूप है? पत्रकारिता को इसकी प्रकृति के आधार पर कितने रूपों में विभक्त किया जा सकता है? इत्यादि बिन्दुओं की चर्चा एवं विवेचन होगा। इस चर्चा की आवश्यकता वर्तमान में अधिक है, क्योंकि अधिकतर अध्येता पत्रकारिता के सन्दर्भ में एक स्पष्ट बिम्ब मस्तिष्क में नहीं रखते हैं। इस कारण भी यह आवश्यक है कि इसके स्वरूप एवं प्रकृति का स्पष्ट रूप से विवेचन हो। विवेचन की इस प्रक्रिया में हम पूर्व के उन समस्त तथ्यों के आधार पर निष्कर्षात्मक प्रस्तुति करेंगे, जिसका प्रकटीकरण एवं ज्ञान समग्र अथवा आंशिक रूप में पूर्व

में यत्र-तत्र हो चुका है।

8.2.1 पत्रकारिता का अर्थ एवं स्वरूप (Meaning and Nature of Journalism)

पत्रकारिता का सामान्य अर्थ जनमाध्यमों के सूचना सम्प्रेषण व्यवहार एवं प्रक्रिया से जुड़ा है। वास्तव में पत्रकारिता संचार प्रक्रिया का व्यवहार पक्ष है। इसी के माध्यम से संचार मूर्तरूप लेता है। इस सम्बन्ध में आक्सफोर्ड डिक्शनरी के अनुसार, "पत्रकारिता सूचना सामग्री के संकलन, लेखन एवं प्रकाशन से जुड़ा कार्य है जो समाचार-पत्र, पत्रिका, रेडियो एवं टी. वी. से जुड़ा है।

"Journalism : the work collecting, writing and publishing materials in newspapers and magazine, or on television and radio."[3]

उक्त से स्पष्ट है कि **पत्रकारिता सूचना सामग्री के संकलन, लेखन एवं प्रकाशन से जुड़ा कार्य है। यह कार्य समाचार-पत्र, पत्रिका, रेडियो एवं टी. वी. के लिए किया जाता है।** इनमें एक माध्यम वर्तमान में जुड़ जाता है, वह है इण्टरनेट (Internet) इससे स्पष्ट है कि पत्रकारिता समाचार-पत्र, पत्रिका, रेडियो, टी. वी. एवं इण्टरनेट के लिए समाचार संकलन, लेखन एवं प्रकाशन (प्रेषण) से सम्बद्ध कार्य है। चूँकि समाचार-पत्र, पत्रिका, रेडियो एवं टी. वी. को हम जनसंचार माध्यम के रूप में जानते हैं। इस कारण हम पत्रकारिता को इस प्रकार भी परिभाषित कर सकते हैं। **अर्थात् पत्रकारिता जनसंचार के दृश्य, श्रव्य एवं दृश्य-श्रव्य माध्यमों के लिए सूचना संकलन, लेखन एवं प्रेषण अथवा प्रकाशन से जुड़ा कार्य है।** लेकिन पत्रकारिता को सिर्फ **जनसंचार माध्यम** तक सीमित करना उचित नहीं है। इसे हम इस प्रकार समझ सकते हैं–

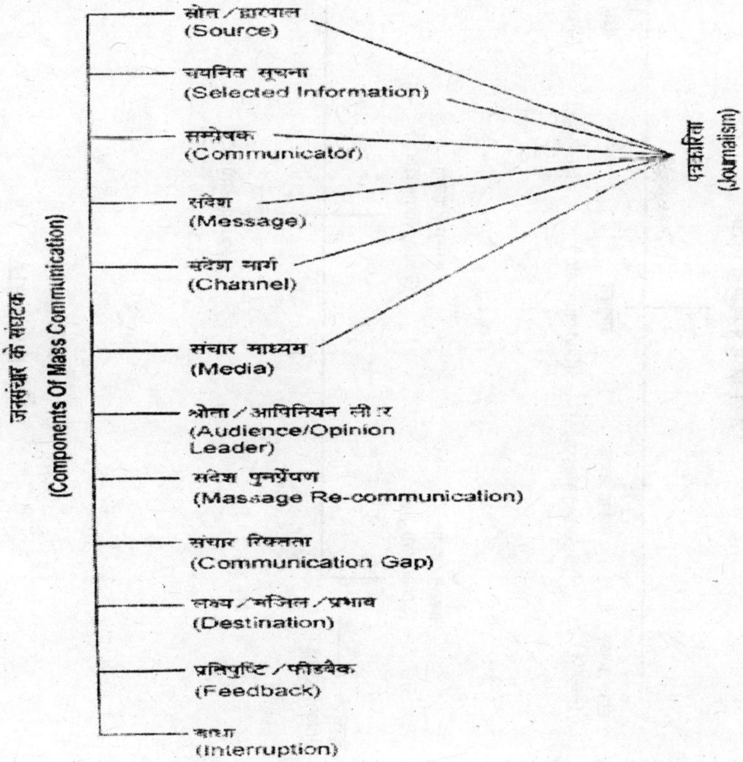

प्रारूप 8.3

प्रारूप 8.3 से स्पष्ट है कि पत्रकारिता का सम्बन्ध जनसंचार के संघटकों में से स्रोत, द्वारपाल, चयनित सूचना, सम्प्रेषक, सन्देश मार्ग एवं संचार माध्यम से जुड़ा है। इस प्रकार स्पष्ट है कि पत्रकारिता जनसंचार से जुड़ा कार्य व्यापार है। लेकिन यह मात्र **जनसंचार माध्यम** से जुड़ा कार्य नहीं है। वरन् पत्रकारिता का सम्बन्ध जनसंचार से है। इस प्रकार पत्रकारिता जनसंचार से जुड़ा कार्य है लेकिन अब भी कुछ तत्त्व इससे परे रह जाते हैं। क्योंकि पत्रकारिता के कार्य का सम्पादन जिसके द्वारा किया जाता है, उसका सन्दर्भ अभी भी अनुपस्थित है। क्योंकि आप स्वयं ही सोचें कि पत्रकारिता सूचना के सन्दर्भ में किया जानेवाला कार्य है। कार्य तो किसी व्यक्ति अथवा समुदाय द्वारा किया जाता है। इस कारण पत्रकारिता मनुष्य द्वारा सम्पादित होनेवाला कार्य है, जिसका सम्बन्ध जन संचार से जुड़ा है। चूँकि यह विशेष प्रकार का कार्य है। इस कारण इसको करनेवालों को हम पत्रकार की संज्ञा देते हैं। इस प्रकार **पत्रकारिता पत्रकार द्वारा किया जानेवाला जनसंचार से जुड़ा कार्य है।**

उक्त से स्पष्ट है कि पत्रकारिता पत्रकार द्वारा सम्पादित होनेवाला जनसंचार से जुड़ा कार्य है। इस निश्चय के उपरान्त पत्रकार रूपी मनुष्य का भी विवेचन आवश्यक है। वास्तव में पत्रकार

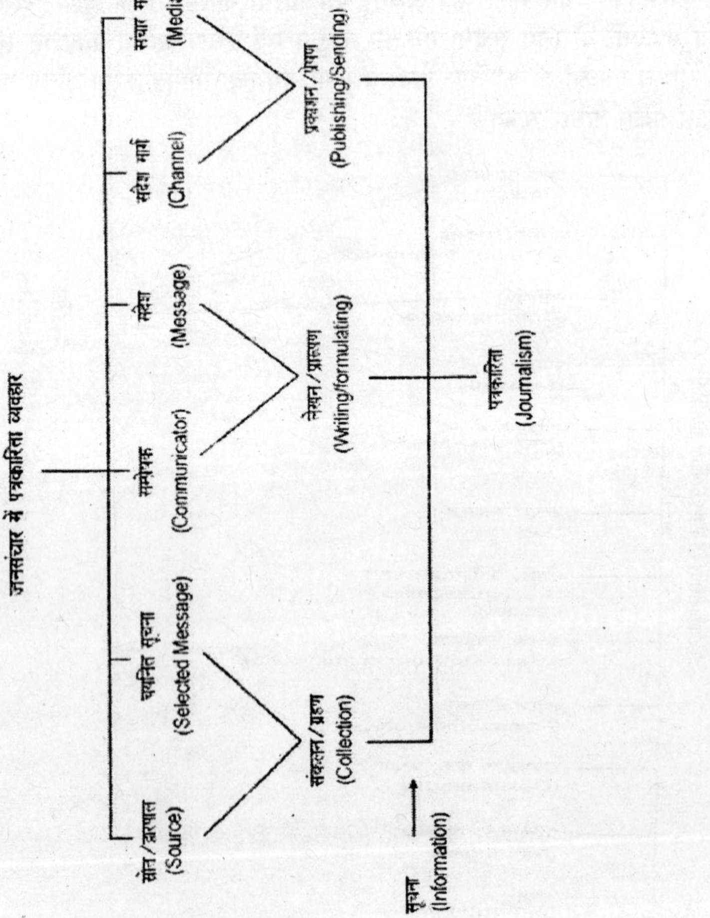

प्रारूप 8.4

कैसे पत्रकारिता के दायित्व का सम्पादन करता है? यह एक बड़ा प्रश्न है। पत्रकार द्वारा किये जानेवाले कार्य सम्पादन में मुख्य भूमिका उसके अन्तःकरण आश्रित आभ्यन्तर संचार की ही होती है। बिना आभ्यन्तर संचार के सहयोग से पत्रकार पत्रकारिता के दायित्व का सम्पादन नहीं कर सकता है। इस कारण पत्रकारिता का मूल आधार आभ्यन्तर संचार ही है। इसकी उपेक्षा कदापि उचित नहीं है। इससे स्पष्ट है कि पत्रकारिता आभ्यन्तर संचार एवं जनसंचार से जुड़ा कार्य व्यापार है। **पत्रकारिता को हम आभ्यन्तर संचार के सहयोग से जनसंचार के लिए किया जानेवाला कार्य भी कह सकते हैं। इसे इस प्रकार समझ सकते हैं।**

आभ्यन्तर संचार (Intrapersonal Communication) ⟶ पत्रकारिता (Journalism) ⟶ जनसंचार (Mass Communication)

पत्रकारिता में आभ्यन्तर संचार की भूमिका को हमें समझने के लिए इससे जुड़े तीन आयामों को अथवा कार्यों को भी समझना जरूरी है। ये कार्य–**(1) संकलन, (2) लेखन या प्रारूपण एवं (3) सूचना प्रेषण**। ये तीनों कार्य जनसंचार से सम्बद्ध हैं, जो कि (प्रारूप 8.4) से स्पष्ट है। ये तीनों कार्य जनसंचार के संघटक होने के साथ-साथ तीन प्रकार की कार्य प्रकृति से जुड़े हैं। इन तीनों से जनसंचार के मुख्यतः छह संघटक सम्बद्ध हैं। (प्रारूप 8.4) पत्रकारिता के तीन कार्य जनसंचार के छह संघटकों में से किस-किस प्रकार के साथ प्रत्यक्ष रूप से अथवा परोक्ष रूप से जुड़े हैं। इसका स्पष्टीकरण इस प्रकार से हो सकता है–

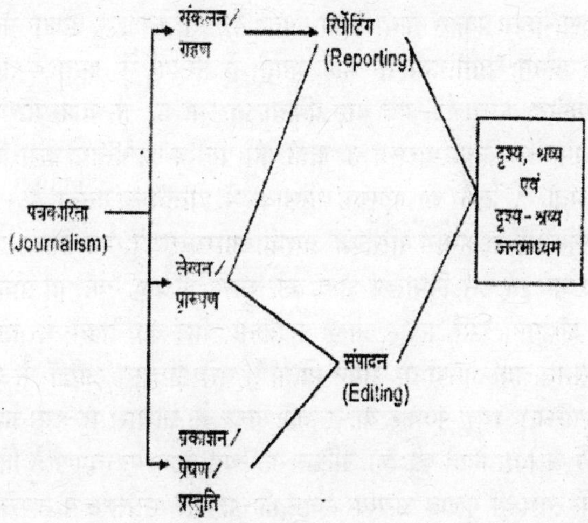

प्रारूप 8.5

उक्त प्रारूप 8.5 से स्पष्ट है कि पत्रकारिता ऐसा कार्य है जो सूचना के संकलन/प्रारूपण प्रेषण से सम्बद्ध है। यह कार्य जनमाध्यमों के किसी भी माध्यम अर्थात् दृश्य (Visual), श्रव्य (Audio) एवं दृश्य-श्रव्य (Audio-Visual) के लिए किया जाता है। इस प्रकार पत्रकारिता जनमाध्यमों के लिए सूचना संकलन, लेखन एवं प्रेषण से जुड़ा कार्य अथवा व्यवहार है। चूँकि पत्रकारिता का कार्य कौशल अथवा कुछ मानदण्डों के अनुरूप होता है। इस कारण हम इसे कला या कौशल के साथ वैज्ञानिक कार्य की भी संज्ञा दे सकते हैं।

8.2.2 आभ्यन्तर संचार एवं पत्रकारिता (Intrapersonal Communication and Journalism)

पत्रकारिता को यदि देखें तो वास्तव में यह मनुष्य अथवा पत्रकार के आभ्यन्तर संचार प्रक्रिया का ही उत्पादन अथवा कार्य है। पत्रकारिता से जुड़े तीनों आयामों सूचना एवं संकलन, लेखन एव प्रेषण का आधार आभ्यन्तर संचार ही है। क्योंकि चाहे किसी घटना की रिपोर्टिंग अथवा सूचना संकलन का कार्य हो अथवा सम्पादन या लेखन का इसमें मुख्य भूमिका पत्रकार के आभ्यन्तर की ही होती है। इस प्रकार समाचार के प्रेषण अथवा प्रस्तुति में भी मुख्य भूमिका पत्रकार के आभ्यन्तर की ही होती है। **इसे हम इस प्रकार भी कह सकते हैं कि, सर्वप्रथम रिपोर्ट या लेखन अथवा प्रस्तुति का स्वरूप मनुष्य के मस्तिष्क में बनता है। इसी मस्तिष्क बिम्ब को पत्रकार लेखन, टंकण, चित्रण आदि के द्वारा प्रकट करता है। इसे डेनिस मैक्विल (Denis McQuail) ने अपनी पुस्तक 'मास कम्युनिकेशन थ्योरी-ऐन इण्ट्रोडक्शन' (Mass Communication Theory-An Introduction) 1996 में विचार (Idea) के रूप में सम्मिलित किया है।** यदि किसी पत्रकार के मस्तिष्क में घटना अथवा किसी लेखन का स्पष्ट रूप निश्चित नहीं होता तो निःसन्देह ही वह किसी सूचना अथवा घटना के सन्दर्भ की प्रस्तुति नहीं कर सकता है। मनुष्य अथवा पत्रकारों के आभ्यन्तर की परस्पर भिन्नता के कारण ही एक ही घटना अथवा सूचना की प्रस्तुति एवं लेखन की शैली तथा रचना आदि परस्पर भिन्न हो जाती है।[4]

एक पत्रकार द्वारा किस प्रकार कार्य किया जाता है, इसे हम इस प्रकार समझ सकते हैं। प्रत्येक व्यक्ति जब अपनी ज्ञानेन्द्रियों से बाह्य जगत् के सम्पर्क में आता है तो कुछ उद्दीपक अथवा चर उसे प्रभावित करते हैं। यदि यह प्रक्रिया प्रारम्भ हुई तो बाह्य परिवेश और मनुष्य के अन्तःकरण में समान्तर क्रिया प्रारम्भ हो जाती है। प्रत्येक ज्ञानेन्द्रिय द्वारा जिस प्रकार की सूचना ग्रहण की जाती है, उसी के अनुरूप मस्तिष्क में प्रतिबिम्ब बनता है। जब हम किसी शब्द को कान से सुनते हैं तो हमारे मस्तिष्क अथवा आभ्यन्तर में एक बिम्ब उभरता है। जैसे यदि कोई हिमालय कहे तो इस हिमालय शब्द को सुनने के बाद एक पर्वतीय रेखांकन जैसा बिम्ब मस्तिष्क में कौंधेगा। इसी प्रकार आँख से किसी चीज को देखने के बाद उस आकृति का बिम्ब भी कुछ समय तक आँखों के सामने होता है, भले ही वस्तु आँखों से ओझल हो चुकी हो। इसी प्रकार सुगन्धित वस्तु सूँघकर या उसकी गन्ध के आधार पर हम कह सकते हैं कि सुगन्ध गुलाब की है अथवा केवड़े की है। लेकिन यहाँ यह तथ्य महत्त्वपूर्ण है कि केवड़े अथवा गुलाब की सुगन्ध के साथ ही गुलाब अथवा केवड़े की आकृति मस्तिष्क में उभरेगी। इसी प्रकार कोई चीज मीठी है अथवा खट्टी इसका आभास यद्यपि जिह्वा द्वारा होगा परन्तु इस स्वादबोध के साथ-साथ एक बिम्ब मस्तिष्क में अवश्य उभरेगा। इसी प्रकार कोई गर्म अथवा ठण्डी चीज अथवा वस्तु से यदि त्वचा का सम्पर्क हो जाय तो निश्चित ही किसी-न-किसी प्रकार का बिम्ब मस्तिष्क में उभरेगा। इतना ही नहीं यदि कोई व्यक्ति परिचित है तो उसकी आवाज ही सुनकर हमारे मस्तिष्क में एक बिम्ब उभर आता है, जो बोलनेवाले का प्रतिबिम्ब होता है।

इस प्रकार स्पष्ट है कि कान, आँख, नाक, जिह्वा एवं त्वक् (त्वचा) द्वारा जो भी सूचना बाह्य परिवेश से ग्रहण की जाती है, उसका प्रतिबिम्ब मस्तिष्क में अवश्य उभरता है। यह प्रक्रिया प्रत्येक सामान्य मनुष्य में स्वाभाविक रूप से होती है। इतना ही नहीं मनुष्य जब किसी

का भाषण सुनता है तो उस समय यह क्रिया तीव्रता के साथ सम्पन्न होती है। लेकिन उस प्रतिबिम्ब का स्वरूप अपेक्षाकृत जटिल एवं गूढ़ होता है। इसी कारण यदि किसी व्यक्ति को माना कि उर्दू भाषा का ज्ञान नहीं है तो उसके सामने उर्दू बोलने पर उसके मस्तिष्क में कोई बिम्ब नहीं उभरेगा और ऐसी स्थिति में व्यक्ति सन्देश नहीं ग्रहण कर सकेगा। इसी प्रकार पृथ्वी, एंव भूमण्डल आदि सभी चीजें प्रतिबिम्ब के माध्यम से मनुष्य के आभ्यन्तर में यात्रा करती है। इसी कारण बच्चों को प्रारम्भिक चरण में चित्रों एंव वस्तुओं के द्वारा अक्षर एवं ध्वनि का परिचय कराया जाता है।[5] चूँकि पत्रकार भी एक मनुष्य ही है, इस कारण पत्रकार भी अपनी ज्ञानेन्द्रियों के द्वारा प्राप्त सूचना का अपने आभ्यन्तर में प्रारूपण करता है अथवा स्वरूप बनाता है। उसी आभ्यन्तर में स्वरूपित बिम्ब को वह व्यक्त करता है। **इस प्रकार हम कह सकते हैं कि पत्रकारिता वह कौशल या कार्य है जो किसी घटना अथवा सूचना के सन्दर्भ में मनुष्य या पत्रकार के आभ्यन्तर में प्रस्फुटित अथवा स्वरूपित होती है और वही बाह्य यात्रा में लेखन, सम्पादन एवं प्रस्तुति से जनमाध्यमों का अंग बनकर लोक यात्रा करती है। इस प्रकार पत्रकारिता वह कार्य है, जिसका सम्बन्ध आभ्यन्तर संचार एवं जनसंचार दोनों से है।**

8.2.3 पत्रकारिता का विकास (Development of Journalism)

पत्रकारिता एक कार्य अथवा कौशल है। चूँकि इस कार्य अथवा कौशल का सम्बन्ध समाज से है इस कारण पत्रकारिता को हम सामाजिक कौशल की संज्ञा दे सकते हैं। **पत्रकारिता इस प्रकार का कौशल है जिसमें परम्परा, आभ्यन्तर प्रक्रिया एवं सामाजिक आवश्यकता आदि का योगदान है**। पत्रकारिता का इतिहास उस समय से प्रारम्भ होता है, जब मनुष्य ने सामाजिक जीवन प्रारम्भ किया। एक मनुष्य का संकेत दूसरे मनुष्य तक पहुँचने लगा तथा मनुष्य संकेतों के आधार पर परस्पर की सूचनाओं का आदान-प्रदान करने लगा। इन्हीं संकेतों से सूचना के आदान-प्रदान की प्रक्रिया प्रारम्भ हुई। इस प्रकार शारीरिक संकेत ही मनुष्य के प्रारम्भिक संचार थे। यही प्रक्रिया आगे बढ़ी और मनुष्य लकड़ी, पत्थर, मिट्टी आदि का उपयोग संकेतों के भेजने में करने लगा। इस प्रकार प्रकृति एवं प्राकृतिक वस्तुओं का उपयोग उपकरणों एवं संकेतों के लिए भी करने लगा।[6]

8.1.3.1 ध्वनि (Voice) : मनुष्य द्वारा किये गये प्रत्येक संकेत सन्दर्भ किसी-न-किसी शब्द समूह से जुड़े। इस प्रकार पर्यावरण एवं अनन्त में विद्यमान शब्द जो नदियों, झरनों, पशु-पक्षी, हवा, वृक्ष, आग तथा स्वयं की शरीर के विभिन्न अंगों के सम्पर्क से निकलते थे, मनुष्य ने उसे परखा। इन शब्दों एवं ध्वनियों के रहस्यों को समझने में मनुष्य को अनन्त काल लगे। इसी प्रक्रिया में मनुष्य अपने अन्तस्थ के प्रयोग और ध्यान चिन्तन से इन रहस्यों को भेद सका। ईश्वर एवं दैवी तत्त्व इस रहस्य भेदन में सहायक बना। भारतीय चिन्तन की मान्यता के अनुसार नृत्य व्यवस्थित सम्प्रेषण अथवा ध्वनि सम्प्रेषण का आधार था। व्याकरण शास्त्र का निर्माण हुआ। ''नृत्यावसाने नटराजराजः, ननाद ढ़पक्का नवपंच वारम्'' इसे इस प्रकार भी कहते हैं। ''जब महेश डमरू बजा रहे कर रहे नृत्य अवसान। सोई चतुर्दश ध्वनि बनी पाणिनि कह वरदान।।''[7]

भारतीय दर्शन में वाक् को भी माना गया है। वाक् शब्द को व्युत्पत्ति वच् धातु से है। वाक् से ध्वनि और सार्थक शब्द दोनों का बोध होता है। अर्थ है–विषय और बोध होने को प्रत्यय

कहते हैं। जैसे–गो (गाय) अर्थ अथवा विषय है–एक प्रकार का पशु परन्तु उसके रूप, रंग व गुण आदि बोध होना, धारणा, निश्चित विश्वास होना या प्रत्यय है। प्रत्येक विषय के तीन रूप होते हैं–**पर (कारण), सूक्ष्म और स्थूल।** इस वाक् के चार स्वरूप हैं–परा, पश्यन्ती, मध्यमा और वैखरी।

'परा' वाक् कारण रूप है। जब यह रूप ग्रहण करती हुई सूक्ष्म रूप मध्यावस्था की ओर अभिमुख होती है तब इसका नाम पश्यन्ती (देखती-दिखाती हुई) होता है। इस अवस्था में योगीजन इसे देख सकते हैं। 'मध्यमा' वाक् ही हिरण्यगर्भ शब्द है। इसी स्थिति में वाक् मातृकाशब्द-रूप ग्रहण करती है। पश्चात् स्थूल रूप ग्रहण करती है और इसका विस्तार होने लगता है। इस स्थूल रूप अथवा विस्तार को 'वैखरी' रूप में अथवा नाम से जानते हैं। यह ध्वनि रव अर्थात् कण्ठरव के रूप में प्रकट होती है। ब्रह्म की स्वेच्छा से शक्ति स्फुरण अथवा स्पन्दन आरम्भ होता है। इससे नाद उत्पन्न होता है। यही नाद घनीभूत बिन्दु रूप ग्रहण करता है। इस प्रकार स्पन्दन के साथ-साथ ध्वनि और बिन्दु उत्पन्न होते हैं। स्पन्दन के अनन्त होने के कारण बिन्दु उत्पन्न होते हैं। स्पन्दन के अनन्त होने के कारण ध्वनि और रूप भी अनन्त हैं। इसी ध्वनि का परिपक्व रूप शब्दब्रह्म अथवा वेद हैं। इसकी मध्यमावस्था में पचास ध्वनि एवं पचास मातृका वर्ण[8] **(अ, आ, इ, ई, उ, ऊ, ए, ऐ, ओ, औ, अं, अः, ऋ, लृ, क, ख, ग, घ, ङ, च, छ, ज, झ, ञ, ट, ठ, ड, ढ, ण, त, थ, द, ध, न, प, फ, ब, भ, म, य, र, ल, व, श, ष, स, ह, क्ष, त्र, ज्ञ)** हैं। इसके अतिरिक्त प्रणव अर्थात् 'ॐ' को मिलाकर देवनागरी लिपि में ध्वनियों वर्णों की कुल संख्या 51 (इक्यावन) हो जाती है। जिसमें 12 स्वर 36 व्यंजन एक ऋ, लृ के साथ प्रणव ॐ सम्मिलित हैं। तन्त्रशास्त्र के अनुसार भगवती काली इन्हीं 51 वर्णों को मुण्ड के रूप में धारण करती है। विश्व की किसी भी भाषा में 51 स्वर या इससे अधिक ध्वनि अथवा वर्ण नहीं है।[9] इसी कारण हिन्दी या संस्कृत उच्चारण करनेवाला व्यक्ति दुनिया की किसी भी भाषा को उसी भाषा को बोलने वाले के समान बोल सकता है।

पराशक्ति अथवा ब्रह्म की इन प्रणव सहित इक्यावन ध्वनि-वर्ण की आत्मशक्ति के रूप में परिकल्पना की जाती है। शैव और शाक्त रूपों में इसे 'मुण्डमाल' और वैष्णव, बौद्ध तथा अन्य मार्गों में इसे पद्मकाल कहते हैं। यह सारी सृष्टि का प्रतीक है; उसी का नाम महाप्रलय है। इस प्रकार ब्रह्म के अनन्त विस्तार से शक्ति-स्फुरण (सृष्टि) और शक्ति संकोच (प्रलय) का कार्य चलता रहता है। इस प्रकार ब्रह्म के स्पन्दन से नाना ध्वनियाँ उठती हैं। उनमें सबसे व्यापक और मूल ध्वनि ॐ है। यही परम पवित्र और वेदों का मूल है।[10]

पत्रकारिता में ध्वनि के प्रकट रूप भाषा का मुख्य स्थान है। मनुष्य ने अपने विचारों को व्यक्त करने के लिए सर्वप्रथम भाषा का ही प्रयोग किया। भाषा के ही माध्यम से अर्थ एवं विचार व्यक्त होते हैं। हाथ, आँख अथवा शरीर के द्वारा विभिन्न प्रकार के साधन भाषा के ही हैं परन्तु वर्तमान में बोलकर विचार व्यक्त करने अथवा श्रव्य, ध्वनि माध्यम से की गयी सार्थक प्रक्रिया को 'भाषा' कहते हैं। भाषा मानसिक क्रिया का फल है। विचार भाषा का प्राण है। भाषा विचारों का ही भौतिक रूप है। इसे हम आभ्यन्तर संचार की भी देन कह सकते हैं। भाषा उन सारे चिह्नों का योग है, जो हमारे विचारों को, मनोभावों को तथा अन्य बाहरी विचारों को ग्रहण करके पुनः उत्पन्न करें अथवा दुहरायें। **इस प्रकार मनुष्य का आभ्यन्तर एक टकसाल है, जिसमें पहले भाव और विचार प्रकट होते हैं। यह भाषा की पहली अवस्था होती है। इसके**

उपरान्त इसी का मूर्तीकरण अथवा प्रकटीकरण भाषा के रूप में होता है। ध्वनियाँ जिह्वा के स्पर्श एवं आभ्यन्तर संचार से अक्षर अथवा शब्द के रूप में व्यक्त होती हैं। भाषा की उत्पत्ति मे ईश्वर, अनुकरण, आवेग, श्रम, बाह्य-स्पर्श, सम्पर्क एवं सामूहिकता की भूमिका मुख्य रही। भाषा बोली न होकर, विभिन्न बोलियों का सामूहिक रूप है।[11]

8.2.3.1 लिपि (Script) : पत्रकारिता में भाषा के साथ-साथ लिपि का भी महत्त्व है। क्योंकि **लिपि ही भाषा का दृश्य वाहन अथवा माध्यम है।** लिपि का विकास अतीत में हुआ। विभिन्न कालों एवं विभिन्न स्थानों पर लिपि की भिन्नता रही है। यही प्रक्रिया वर्तमान में भी है। लिपि के विद्वान् इसे भ्रूण लिपि, चित्रात्मक लिपि, सूत्रात्मक लिपि, भावात्मक लिपि एवं ध्वन्यात्मक लिपियों में विभक्त करते हैं। इन लिपियों के विकास की यात्रा लाखों वर्षों पूर्व प्रारम्भ हुई वर्तमान में ध्वन्यात्मक लिपि को-अक्षरात्मक, वर्णात्मक एवं रेखाक्षरात्मक लिपियों में वर्गीकृत करते हैं। अक्षरात्मक लिपि (देवनागरी), वर्णात्मक (रोमन) एवं रेखाक्षरात्मक (चीनी, जापानी) लिपियाँ वर्तमान में प्रभावी हैं।[12]

लिपि के साथ ही लेखन अस्तित्व में आया। लेखन के प्रारम्भिक चरण में मनुष्य पत्तों, वृक्षों की छालों, पशुओं की खालों आदि पर सूचनाएँ अंकित करता था। मनुष्य अपने सन्देश लेखक के लिए पत्थरों का भी उपयोग करता था। यह प्रक्रिया लम्बे समय तक चली। धातु ज्ञान के साथ मनुष्य ने सन्देश प्रेषण के लिए धातुओं का प्रयोग प्रारम्भ किया। जैन-बौद्ध काल में भारत में पाषाण सन्देशों की परम्परा मिलती है। भोजपत्रों एवं वृक्षों की छालों पर हस्तलिखित ग्रन्थ आज भी मिलते हैं।[13]

लेखन के विकास के क्रम में प्रिण्टिंग प्रक्रिया अस्तित्व में आयी। हस्तलिखित सामग्री के स्थान पर मिट्टी के मुद्रण (टाइप) बनाये गये। इसका विकास चीन में हुआ। 1041 ई. में चीन के श्री पि शेंग ने मिट्टी के टाइप बनाये। कोरियन लोगों ने कुछ समय बाद लकड़ी पर धातु खोदकर टाइप बनाये।[14] टाइप के साथ-साथ कागज भी आवश्यक था। बगदाद में 793 ई. में हुआ। 11 मई, 868 ई. को 'हिरका सूत्र' नामक पहली पुस्तक चीन में प्रकाशित हुई कागज और टाइप के विकास से छपाई का कार्य प्रारम्भ अवश्य हुआ परन्तु इसमें गति नहीं थी। जर्मनी में जॉन गुटेनबर्ग ने आधुनिक छापेखाने का विकास किया। इसी के उपरान्त पूरी दुनिया में मुद्रण कला का प्रयोग प्रारम्भ हुआ। हैण्ड, ट्रेडिल एवं सिलिण्डर प्रेसों से विकास वर्तमान में ऑफसेट तक पहुँचा है।[15]

इस प्रकार स्पष्ट है कि पत्रकारिता वास्तव में भाषा, लिपि, कागज, छपाई आदि के विकास के कारण विकसित हुई। वर्तमान समय में हम पत्रकारिता को जिस रूप में पाते हैं वह उक्त के विकास का परिणाम है। इसे जानने के उपरान्त, दृश्य, श्रव्य एवं दृश्य-श्रव्य माध्यमों से जुड़ी पत्रकारिता का विवेचन आवश्यक है।

8.2.3.3 जनमाध्यम (Mass Media) : दृश्य, श्रव्य एवं दृश्य-श्रव्य माध्यमों के विकास क्रम के अनुरूप इन माध्यमों की पत्रकारिता का विकास हुआ। इन माध्यमों में प्रिण्ट माध्यम सबसे पहले अस्तित्व में आये। इन प्रिण्ट माध्यमों में समाचार-पत्रों का प्रकाशन पहले प्रारम्भ हुआ। विद्वानों की मान्यता के अनुसार 1609 में जर्मनी से अनियतकालीन समाचार-पत्र 'न्यू जाइटुंग' का प्रकाशन हुआ। यही विश्व का पहला समाचार-पत्र था।[16] इसके उपरान्त 1621 में इंग्लैण्ड में साप्ताहिक पत्र 'कोरेण्टो' (Coranto) का प्रकाशन प्रारम्भ हुआ। इसके उपरान्त

1702 में दुनिया का पहला दैनिक समाचार-पत्र 'डेली कोरेण्ट' प्रकाशित हुआ।[17] समाचार-पत्रों के प्रकाशन के उपरान्त पत्रिकाओं का प्रकाशन प्रारम्भ हुआ। इस प्रकार प्रिण्ट माध्यमों की पत्रकारिता सबसे पहले अस्तित्व में आयी।

समाचार-पत्र, पत्रिका के विकास के उपरान्त 1906 में 'वैक्युमट्यूब' के आविष्कार के परिणामस्वरूप रेडियो प्रसारण सम्भव हो सका। परन्तु इस प्रक्रिया का प्रारम्भ एलेक्जेण्डर ग्राहम बेल द्वारा 1875 में टेलीफोन के आविष्कार से हुआ। 15 सितम्बर, 1912 को पहला रेडियो स्टेशन स्थापित किया गया। 14 नवम्बर, 1922 को 'ब्रिटिश ब्राडकास्टिंग कम्पनी' को प्रसारण की स्वीकृति मिली। यह बी. बी. सी. की प्रारम्भिक यात्रा थी। 1947 में ट्रान्जिस्टर का आविष्कार ब्रिटेन में हुआ।[18]

रेडियो प्रसारण का विकास जिस अवधि में हुआ उसी अवधि में फिल्म के विकास के क्षेत्र में भी कार्य जारी था। पीटरमार्क रोजेट ने 1824 में ही यह सिद्धान्त प्रतिपादित कर दिया था कि किसी दृश्य के मस्तिष्कीय प्रतिबिम्ब की समाप्ति के पूर्व आँख के सम्मुख दूसरे दृश्य की उपस्थिति से दृश्यों में परस्पर एकता का आभास होता है, इसके उपरान्त इस क्षेत्र में कार्य निरन्तर होते रहे। 1903 में सर्वप्रथम पूर्ण फिल्म 'दी ग्रेट ट्रेन रोबरी' (The Great Train Robbery) पोर्टर (Porter) द्वारा निर्मित की गयी। यद्यपि यह मूक फिल्म थी। 1827 में अल जोल्सन (Al Jolson) ने 'दी जाज सिंगर' (The Jazz Singer) का निर्माण किया। इससे बोलती फिल्म की प्रक्रिया प्रारम्भ हुई। 1927 में पूर्ण सवाक् फिल्म अस्तित्व में आयी।[19]

1815 में अमेरिका के सर्वोच्च न्यायालय ने फिल्म प्रदर्शन को एक व्यवसाय के रूप में मान्यता प्रदान किया। इसके उपरान्त 'हॉलीवुड' (Hollywood) एक केन्द्र के रूप में उभरा। 1920 तक एक निश्चित अभिनयकर्त्ता की माँग के कारण हीरो अथवा अभिनेता एवं अभिनेत्री व्यवस्था अस्तित्व में आयी। 1929 की महान मन्दी के दौरान 'हालीवुड' के रंगीन फिल्मों के साथ-साथ रेडियो द्वारा फिल्मी गानों का प्रसारण होने लगा। इसी अवधि में समाचार-पत्रों में भी स्तम्भ लेखन प्रारम्भ हुआ।[20] इस प्रकार फिल्म पत्रकारिता अस्तित्व में आयी।

फिल्म के विकास के उपरान्त टेलीविजन का प्रसारण प्रारम्भ हुआ। इसी के साथ टेलीविजन की पत्रकारिता अस्तित्व में आयी। टेलीविजन के विकास में भी अनेक वैज्ञानिकों की भूमिका रही। 1884 में जर्मन वैज्ञानिक नियकोव ने वायरलेस द्वारा चित्र प्रेषित करने के लिए एक स्केनिंग डिस्क का निर्माण किया। 1926 में जे. एल. बेयर्ड ने रायल इन्स्टीट्यूट में टेलीविजन प्रसारण का प्रदर्शन किया। सबसे पहले 1927 में टेलीविजन कार्यक्रम तार द्वारा न्यूयार्क और वाशिंगटन के मध्य प्रसारित किया गया। टेलीविजन के विकास के साथ ही टेलीविजन पत्रकारिता की प्रक्रिया प्रारम्भ हुई।[21]

टेलीविजन के विकास ने दृश्य-श्रव्य माध्यमों के क्षेत्र में नयी सम्भावनाओं को जन्म दिया। 1950 में केबिल के माध्यम से अमेरिका के पेन्सिलवानिआ में प्रसारण प्रारम्भ हुआ। इसी के साथ केबिल प्रसारण और इसकी पत्रकारिता भी अस्तित्व में आयी।[22]

इसी क्रम में कम्प्यूटर का भी विकास हुआ। कम्प्यूटर के विकास के परिणामस्वरूप इण्टरनेट (Internet) सूचना प्रणाली का भी विकास हुआ। 1623 से 1662 के मध्य कल्कुलेटर के निर्माण से इसकी शुरुआत हुई। इस प्रक्रिया के साथ-साथ 0 और 1 बाइनरी (Binary) व्यवस्था की शुरुआत हुई। इसी क्रम में प्रोग्रामिंग की भाषा भी विकसित हुई। 1980 के दशक में चिप

आधारित कम्प्यूटर एवं रोम (Read Only Memory) का भी विकास हो गया। इसी के साथ-साथ 1980 में पी. सी. (परसनल कम्प्यूटर) (Personal Computer) प्रणाली व्यापक रूप में अस्तित्व में आयी। साथ-ही-साथ मल्टीमीडिया (Multimedia) प्रणाली भी अस्तित्व में आयी।[23]

कम्प्यूटर के विकास से इण्टरनेट (Internet) प्रणाली को अमेरिका ने 1970 में विकसित किया। शीत युद्ध के दौरान अमेरिका के प्रतिरक्षा विभाग ने अनुसन्धान प्रक्रिया तथा अन्य कारणों से एक इलेक्ट्रॉनिक कम्युन का निर्माण किया। इस सूचना प्रणाली को बाद में आम लोगों के लिए खोला गया। इस प्रकार 1990 के दशक में 'इण्टरनेट' सूचना सम्प्रेषण का विश्व में प्रभावी माध्यम बनी।[24] इस प्रकार इण्टरनेट के विकास के उपरान्त इण्टरनेट अथवा साइबर (Cyber) पत्रकारिता अस्तित्व में आयी।

8.2.3.4 प्रस्तुतीकरण पद्धति (Presentation Method) : किसी भी सूचना अथवा सन्देश को प्रस्तुत करने की पद्धतियाँ परस्पर भिन्न हैं। यह प्रक्रिया मनुष्य और उसके आभ्यन्तर अथवा अन्तःकरण से जुड़ी है। प्रस्तुतीकरण का विकास भी मनुष्य के शरीर की भाषा से जुड़ा हुआ। वर्तमान में भी शरीर के विभिन्न अंगों के माध्यम से प्रकट संकेतों को हम शरीर की भाषा अथवा लैंग्वेज (Body Language) की संज्ञा देते हैं। इसमें पूर्व संवेदी संकेत आते हैं। आर. हिन्दे द्वारा सम्पादित, 'नान वर्बल कम्युनिकेशन', 1997 (R. Hinde, Non-Verbal Communication, 1972) में 10 शरीर से जुड़े संकेतों का वर्णन है।[25] इस प्रकार विचार, भाव एवं संवेगों को प्रस्तुत करने की प्रक्रिया का प्रारम्भ मनुष्य के सामाजिक जीवन के साथ शुरू हुआ। ध्वनि के रूप में सूचना की अभिव्यक्ति में सूचना का समय एवं परिस्थिति के अनुरूप प्रकटीकरण मनुष्य के मूल व्यवहार का अंग है। इसे हम मनुष्य के व्यवहार की नैसर्गिक प्रक्रिया भी कह सकते हैं।

भाषा एवं लिपि के विकास के साथ-साथ मनुष्य के सूचना संग्रह, सम्पादन एवं प्रेषण के स्वरूप में परिवर्तन आया। मुद्रण कला के विकास के साथ-साथ मनुष्य का स्वाभाविक व्यवहार भी परिवर्तित हुआ। जनमाध्यमों के विकास के परिणाभस्वरूप मनुष्य के व्यवहार में विद्यमान सूचना संग्रह के व्यवहार का रिपोर्टिंग के रूप में प्रकटीकरण हुआ। इसी प्रकार मनुष्य के व्यवहार मे स्वतः विद्यमान परिस्थिति के अनुरूप आचरण की प्रक्रिया का सम्पादन के रूप में प्रकटीकरण हुआ। मनुष्य अपने विचारों की अभिव्यक्ति अधिक-से-अधिक लोगों तक कुशलता के साथ प्रेषित करे तथा इससे एक स्पष्ट प्रभाव उत्पन्न हो सके, इसी का सम्पेषण की कला मनुष्य के स्वाभाविक व्यवहार से विकसित होती हुई व्यापक समाज के मध्य कार्य करनेवाले जनमाध्यमों के व्यवहार का अंग बन गयी।

हिन्दी के पत्रकारिता शब्द का सामानार्थक शब्द अग्रेजी गें 'जर्नलिज्म' (Journalism) है। इसकी व्युत्पत्ति फ्रांसीसी भाषा में लैटिन भाषा के 'डियुर्नलीज' (Diurnalis) से हुई है। इसका अभिप्राय दैनिक से है। रोम में लगभग 130 ई. पूर्व हस्तलिखित बुलेटिनें मुख्य स्थलों या चौराहों पर लगायी जाती थीं। इन्हें 'एक्टा डियुर्ना' (Actadiurna) कहा जाता था। इनमें दैनिक घटनाओं का विवरण होता था। लगभग 200 प्रतियों का वितरण होता था। इस प्रकार 'एक्टा डियुर्ना' (Actadurna) प्रथम समाचार-पत्र था।[26] इस प्रकार इन्हीं बुलेटिनों का विकास

तकनीकी विकास के साथ-साथ समाचार-पत्र के रूप में हुआ और इस कार्य को पत्रकारिता (Journalism) की संज्ञा दी गयी।

रिपोर्टिंग, सम्पादन एवं सम्प्रेषण की कला का भी निरन्तर विकास हुआ है। 180 के पूर्व संवाददाता घटनाओं को कालक्रमानुसार लिख देते थे। यह प्रक्रिया व्यक्तिगत पत्र अथवा चिट्ठी या कार्यालयीन प्रतिवेदन की भाँति होती थी। सम्पादक इसमें भाषा और व्याकरण सुधारते थे। इसके उपरान्त प्रकाशनार्थ भेज देते थे। किन्तु सर्वप्रथम एडविन एल. शूमैन (Edwin L-Shoeman) ने समाचारों को आकर्षक रूप से प्रस्तुत किये जाने पर विचार किया तथा इस सन्दर्भ में सुप्रसिद्ध पुस्तक 'प्रैक्टिकल जर्नलिज्म (Parctical Journalism, 1894) में उल्लेख भी किया। शूमैन द्वारा खोजी प्रणाली को पत्रकारिता जगत् में स्वीकार कर लिया गया। इसे हम हिन्दी में 6 (छह) ककार और अग्रेजी में 5 डब्लू (W) एवं 1 एच (H) के नाम से जानते हैं। यह इस प्रकार है[27] :

(1) किसने/कौन?	(Who?)	घटना से जुड़ा पक्ष वक्ता आदि
(2) क्या	(What?)	तथ्य/सन्दर्भ/वक्तव्य
(3) कब?	(When?)	समय
(4) कहाँ?	(Where?)	स्थान
(5) क्यों?	(Why?)	कारण/स्थिति
(6) कैसे	(How?)	घटना क्रम/कथन क्रम आदि

इन छह (6) ककारों का अभिप्राय क्या है। वास्तव में इसका सम्बन्ध मनुष्य के आभ्यन्तर से है। कोई भी मनुष्य किसी घटना के सम्बन्ध में न्यूनतम उक्त छह प्रकार की सूचना पाना चाहता है। इन छह प्रकार की सूचनाओं का सम्बन्ध मनुष्य की जिज्ञासा से है। इनमें से किसी भी पक्ष अथवा सूचना के छूटने पर व्यक्ति शेष सूचनाओं की प्राप्ति के लिए इच्छा रखेगा। इसे आप इस उदाहरण से समझ सकते हैं। जैसे कोई व्यक्ति तीर्थयात्रा से लौटा हो तो आप उससे मिलने पर इस प्रकार प्रश्न करेंगे—आपके साथ कौन लोग गये थे? आपने वहाँ क्या देखा अथवा क्या किया? आप कब पहुँचे थे? आप किस स्थान पर रुके थे? अथवा कहाँ रुके थे? आप क्यों गये थे? कैसे आप वहाँ पहुँचे? इस प्रकार स्पष्ट है कि छह ककार की रचना शूमैन ने स्वयं नहीं किया वरन् उन्होंने इसे मनुष्यों के व्यवहार से ही ग्रहण किया। वास्तव में दुनिया के प्रत्येक भाग में रहनेवाले मनुष्य का यह स्वाभाविक व्यवहार है कि, वह अज्ञात घटनाओं अथवा सन्दर्भों के सन्दर्भ में सम्बद्ध व्यक्ति अथवा पक्षकार से मिलने पर उक्त छह जिज्ञासाएँ मुख्य रूप से प्रस्तुत करता है। यही प्रवृत्ति स्वयं हमारी और आपको भी है। इसलिए छह ककार मनुष्य के स्वभाव से जुड़े हैं।

जनमाध्यमों (दृश्य, श्रव्य एवं दृश्य-श्रव्य) के पत्रकारों को इन छह ककारों का ध्यान रखना चाहिए। ये छह ककार रिपोर्टिंग एडिटिंग के साथ-साथ प्रत्येक सूचना ध्यान में रखनी चाहिए। यदि कोई रिपोर्टर इन छह ककारों को ध्यान में रखकर सूचना संग्रह नहीं करता है तो उसकी रिपोर्टिंग अधूरी ही रहेगी। इसी प्रकार यदि कोई सम्पादक अथवा सम्पादन प्रक्रिया से जुड़ा व्यक्ति इन छह ककारों को सूचना सम्पादन में नहीं देखता तो उस अवस्था में किसी एक सन्दर्भ के टूटने पर वह समाचार श्रोता में प्रभाव नहीं छोड़ सकेगा। साथ ही स्वयं पाठक भी शेष बचे सन्दर्भ को अन्यत्र खोजेगा। इस प्रकार स्पष्ट है कि छह ककार रिपोर्टिं एवं एडिटिंग के आधार

हैं। इस प्रकार के विशिष्ट लेखन प्रणाली को हम पत्रकार-शैली या अंग्रेजी में जर्नलीज (Journalise) कहते हैं। पत्रकार-शैली वह प्रक्रिया है जिसके द्वारा संक्षिप्त तरीके से भाषा को उभार दिया जाता है। इस प्रक्रिया में कम शब्दों में बड़ी कुशलता के साथ विषय-वस्तु को व्यक्त किया जाता है। इस प्रक्रिया को पत्रकार-शैली (Journalise) के नाम से जानते हैं। इस प्रकार शीर्षक सहित कम शब्दों में व्यवस्थित लेखन प्रक्रिया को हम पत्रकारिता-शैली (Journalise) कहते हैं।[28] इसके विकास में समय लगा।

पत्रकारिता जगत् में सामान्यतः दैनिक समाचार-पत्रों में समाचार के इण्ट्रो (Intro) में इन छह ककारों को सम्मिलित करने की परिकल्पना व्याप्त है। लेकिन इण्ट्रो में जो सन्दर्भ आता है बाडी (Body) अथवा समाचार के अन्य भाग में उसी का पूरा विवरण होता है। इतना ही नहीं शीर्षक भी इण्ट्रो के आधार पर ही बनता है। इस प्रकार फीचर, साप्ताहिक, पाक्षिक, मासिक आदि पत्र-पत्रिकाओं में छह ककार से सम्बद्ध तथ्यों की प्रस्तुति समाचार सम्बन्धी लेखन को पूर्णता देती है। इतना ही नहीं श्रव्य माध्यम-रेडियो आदि समाचारों एवं दृश्य-श्रव्य माध्यम टेलीविजन के समाचारों की प्रस्तुति का मुख्य आधार है। इस प्रकार छह ककार में पिरोये तत्त्व सम्प्रेषण संचार एवं समाचार अपने पूर्ण आधार हैं। इस प्रकार उक्त छह प्रश्नों के सन्दर्भों को प्रस्तुत करनेवाला समाचार अपने में पूर्ण होने के साथ हम सभी पाठकों की जिज्ञासाओं को पूर्ण करनेवाला होगा। प्रसिद्ध संचारविद् लासवेल ने उक्त छह ककार में निहित प्रश्न-बिन्दुओं को संचार तत्त्वों अथवा प्रक्रिया में सम्मिलित किया।[29] इस प्रकार हम कह सकते हैं कि शूमैन के पूर्व समाचारों की संरचना मनुष्य की जिज्ञासा के अनुरूप नहीं थी परन्तु शूमैन के प्रयासों से यह उसके अनुरूप हुई।

उक्त विवेचन के द्वारा हमने पत्रकारिता के विकास से जुड़े विभिन्न पक्षों की ओर संकेत मात्र किया है। पत्रकारिता के विकास का व्यापक सन्दर्भ स्वयं में अनुसन्धान एवं विवेचन का विषय है। इस सन्दर्भ में एक स्वतन्त्र ग्रन्थ का निर्माण हो सकता है।

8.2.4 संचार एवं पत्रकारिता (Communication and Journalism)

पत्रकारिता के विविध पक्षों के विवेचन के क्रम में यह भी जानना आवश्यक है कि संचार का पत्रकारिता से क्या सम्बन्ध है। क्योंकि इस सन्दर्भ में स्पष्ट दृष्टि के द्वारा ही अध्येता सम्यक् रूप में विषय सन्दर्भ को समझ सकता है। इसे आप इस प्रकार समझ सकते हैं–

(क) संचार एक व्यापक सूचना प्रक्रिया है जिनमें आभ्यन्तर, अन्तर्वैयक्तिक, समूह एवं जनसंचार व्यवहार सम्मिलित हैं।[30] पत्रकारिता इसी आभ्यन्तर एवं जनसंचार से जुड़ी कला या कार्य प्रक्रिया है।

(ख) संचार के अन्तर्गत स्रोत, सन्देश, माध्यम, सम्प्रेषक, श्रोता एवं प्रभाव के तत्त्व सम्मिलित हैं।[31] इनमें पत्रकारिता प्रत्यक्षतः स्रोत, सन्देश एवं सम्प्रेषक से सम्बद्ध है।

(ग) संचार एक व्यापक आयाम अथवा प्रक्रिया है, जबकि पत्रकारिता उसका एक लघु भाग है।

(घ) पत्रकारिता एवं संचार का अन्योन्याश्रित सम्बन्ध है।[32]

(ङ) संचार एवं पत्रकारिता का प्राणतत्त्व सन्देश (Message) हैं। इसके बिना दोनों का अस्तित्व समाप्त है।

(च) पत्रकारिता एक कार्य, कौशल अथवा कला है। इसे हम तकनीक भी कह सकते हैं, जबकि संचार सूचना प्रक्रिया है। इसमें सन्देश, कौशल एवं प्रभाव आदि सभी तत्त्व सम्मिलित हैं।

(छ) संचार एवं पत्रकारिता पर पर्यावरण, स्थान, समय, व्यक्ति एवं समाज का प्रभाव पड़ता है।

(ज) संचार एवं पत्रकारिता दोनों मानव समाज में क्रमशः विकसित हुए तथा इनमें निरन्तर विकास जारी है।

(झ) दोनों का सम्बन्ध मनुष्य एवं मानव समाज से है।

(ञ) पत्रकारिता एवं संचार में मात्र सामान्य मनुष्य ही अपनी भूमिका निभा सकता है।

(ट) वर्तमान में संचार और पत्रकारिता विश्व मानव समाज अथवा विश्व-गाँव के आधार तत्त्व हैं।

इस प्रकार स्पष्ट है कि संचार एवं पत्रकारिता परस्पर सम्बद्ध हैं। संचार के एक अध्येता को इनके सम्बन्धों का ज्ञान आवश्यक है।

संचार एवं पत्रकारिता में भिन्नता भी है। संचार व्यापक तथा पत्रकारिता उसका लघु भाग है। संचार व्यापक सम्प्रेषण प्रक्रिया है। जबकि पत्रकारिता सम्प्रेषण से जुड़ा कार्य है। इस प्रकार पत्रकारिता व संचार में भिन्नता भी है।

8.2.5 पत्रकारिता के प्रकार (Types of Journalism)

पत्रकारिता एक कार्य अथवा कौशल है। इस कारण इसे कार्य की प्रकृति के अनुरूप विभिन्न वर्गों अथवा समूहों में विभक्त किया जा सकता है। उसी के आधार पर हम इसके प्रकार अथवा स्वरूप का वर्णन कर सकते हैं–

उक्त प्रारूप 8.6 से स्पष्ट है कि पत्रकारिता के विविध प्रकार वर्तमान में व्यवहार में हैं। इन प्रत्येक सन्दर्भों का स्वतन्त्र विवेचन अपने में एक स्वतन्त्र अध्ययन का विषय है। इस कारण प्रमुख बिन्दुओं अथवा विषयों की ही चर्चा आगे सम्मिलित है।

8.2.5.1 पत्रकारिता का विषय आधारित वर्गीकरण (Classification of Journalism on Subject Basis) : मानव समाज में सामाजिक आवश्यकता के अनुरूप विविध कार्यक्षेत्र एवं व्यवहार हैं। पत्रकारिता का जुड़ाव प्रत्येक विषय क्षेत्रों से है। इसकी उपेक्षा सम्भव नहीं है। यदि पत्रकारिता इनकी उपेक्षा करके संचालित होने का प्रयास करेगी तो वह स्वतः प्रभावहीन हो जायेगी। अस्तु पत्रकारिता का जीवन प्रवाह सामाजिक विषय बिन्दुओं पर आधारित है। इन विषयों के आधार पर पत्रकारिता को हम राजनीतिक पत्रकारिता, आर्थिक पत्रकारिता, सामाजिक पत्रकारिता, सांस्कृतिक पत्रकारिता, धार्मिक पत्रकारिता, ऐतिहासिक पत्रकारिता, खेल पत्रकारिता, फिल्म पत्रकारिता, विकास पत्रकारिता, विज्ञान पत्रकारिता, मनोरंजन पत्रकारिता, रोजगार पत्रकारिता आदि वर्गों में हम विभक्त कर सकते हैं। पत्रकारिता के उक्त वर्गीकरण विषय पर आधारित हैं।

8.2.5.2 उद्देश्यपरक पत्रकारिता (Aimed Journalism) : वर्तमान समय में पत्रकारिता के द्वारा समाज में एक विशेष प्रकार का व्यवहार अथवा विचार पैदा करने की भी प्रवृत्ति पायी जाती है। चूँकि समाचार-पत्र एवं पत्रिकाएँ सामान्य सूचना तो प्रस्तुत करती हैं, लेकिन उनके द्वारा किसी प्रकार के वैचारिक दृष्टि का विकास नहीं किया जाता है। इस

कारण किसी सूचना अथवा घटना की वैचारिकी के अनुरूप प्रस्तुति समाज में एक नयी दृष्टि पैदा करने में सहायक होती है। इस प्रकार की पत्रकारिता को हम आगरण पत्रकारिता की कोटि में रखते हैं। इसके विपरीत कुछ व्यक्ति अथवा समूह किसी समाज अथवा राष्ट्र में जब अपनी मनःस्थिति के अनुकूल व्यवस्था बनाने के लिए हिंसा का आश्रय लेते हैं तो ऐसे समूहों द्वारा समाज में छिपे तौर पर पत्रकारिता का संचालन किया जाता है। इस प्रकार की पत्रकारिता को हम भूमिगत पत्रकारिता की संज्ञा देते हैं। इसके अतिरिक्त कुछ निजी (Personalise) पत्रकारिता भी होती है। इस प्रकार की पत्रकारिता एक समूह-विशेष के मध्य होती है, जैसे शिक्षकों, मजदूरों, चीनी उत्पादकों आदि की पत्रकारिता एवं प्रकाशन। इस प्रकार की पत्रकारिता का प्रभाव सम्बद्ध समूह में ही होता है। वर्तमान में निजी पत्रकारिता का अधिक विकास हो रहा है।

8.2.5.3 भौगोलिक पत्रकारिता (Geographical Journalism) : संज्ञानात्मक सिद्धान्त की मान्यता के अनुसार मनुष्य अपने पर्यावरण से क्रिया-प्रतिक्रिया करता है। इसी के आधार पर संचार की प्रक्रिया आगे बढ़ती है।[33] इस प्रक्रिया में भौगोलिक आधार महत्त्वपूर्ण होता है। मनुष्य स्वाभाविक रूप से अपने पास-पड़ोस की खबरों के प्रति अधिक सचेष्ट रहता है। चूँकि अति समीप की खबरें उसे निजी सम्पर्क अर्थात् अन्तर्वैयक्तिक माध्यम से मिल जाती हैं। इस कारण, उन सूचनाओं की तलाश व्यक्ति समाचार में नहीं खोजता अथवा जनमाध्यमों से नहीं पाना चाहता है। इसी कारण परिवार अथवा कार्यालय एवं मुहल्ले अथवा गाँव की सूचनाओं के लिए व्यक्ति जनमाध्यमों पर निर्भर नहीं रहता है। जनमाध्यमों द्वारा मनुष्य उन्हीं सूचनाओं को पाना चाहता है, जो सूचनाएँ मनुष्य के निजी सम्पर्क एवं सामर्थ से परे हैं। इस प्रकार मनुष्य जनमाध्यमों के समाचारों के द्वारा विश्व की सूचनाओं अथवा बाह्य जगत् से जुड़ना चाहता है और उसे सन्तुष्टि एवं पूर्णता का आभास भी होता है। इस क्रम में क्षेत्रीय, प्रादेशिक, राष्ट्रीय एवं अन्तरराष्ट्रीय घटनाओं की पत्रकारिता महत्त्वपूर्ण हो जाती है। उक्त प्रत्येक रतर पर सम्पन्न होनेवाली पत्रकारिता की प्रवृत्ति परस्पर भिन्न होती है। भौगोलिक स्तर पर पत्रकारिता का स्वरूप बदलता है।

क्षेत्रीय पत्रकारिता से जुड़े पत्रकार को यदि प्रादेशिक अथवा राष्ट्रीय पत्रकारिता का दायित्व तुरन्त सौंपा जाय तो वह कार्य नहीं कर सकेगा, क्योंकि क्षेत्रीय पत्रकारिता के प्रतीक शब्द, भाषा, शब्दावली एवं घटनाक्रम भिन्न होंगे। यही प्रक्रिया अन्तरराष्ट्रीय स्तर पर भी पत्रकारिता के क्षेत्र में लागू होती है। इस कारण क्षेत्रीय, प्रादेशिक, राष्ट्रीय एवं अन्तरराष्ट्रीय पत्रकारिता का स्वरूप एवं प्रवृत्ति परस्पर भिन्न है।

8.2.5.4 भाषायी पत्रकारिता (Language Journalism) : सामान्य रूप से देखें तो यही सत्य है कि पत्रकारिता एक कौशल, अभियान्त्रिकी (Engineering) है। जिस प्रकार एक इंजन की रचना एवं संचालन प्रक्रिया में भाषा के कारण परिवर्तन नहीं आता वरन् उसके उपकरणों का नाम बदल जाता है। ठीक उसी प्रकार भाषायी पत्रकारिता के स्वरूप, तकनीकी जैसे शीर्षक (Headline), आमुख (Intro) की संरचना के सैद्धान्तिक मानदण्ड प्रायः सभी भाषाओं में विकास की समान दशा में समान होते हैं। इस प्रकार हम कह सकते हैं कि भाषायी पत्रकारिता के दो पक्ष हैं—(1) सिद्धान्त, (2) व्यवहार। भाषायी पत्रकारिता में सैद्धान्तिक पक्ष सभी भाषाओं से प्रायः समान होते हैं। लेकिन इनमें भिन्नता व्यावहारिक पक्ष में होती है। इस

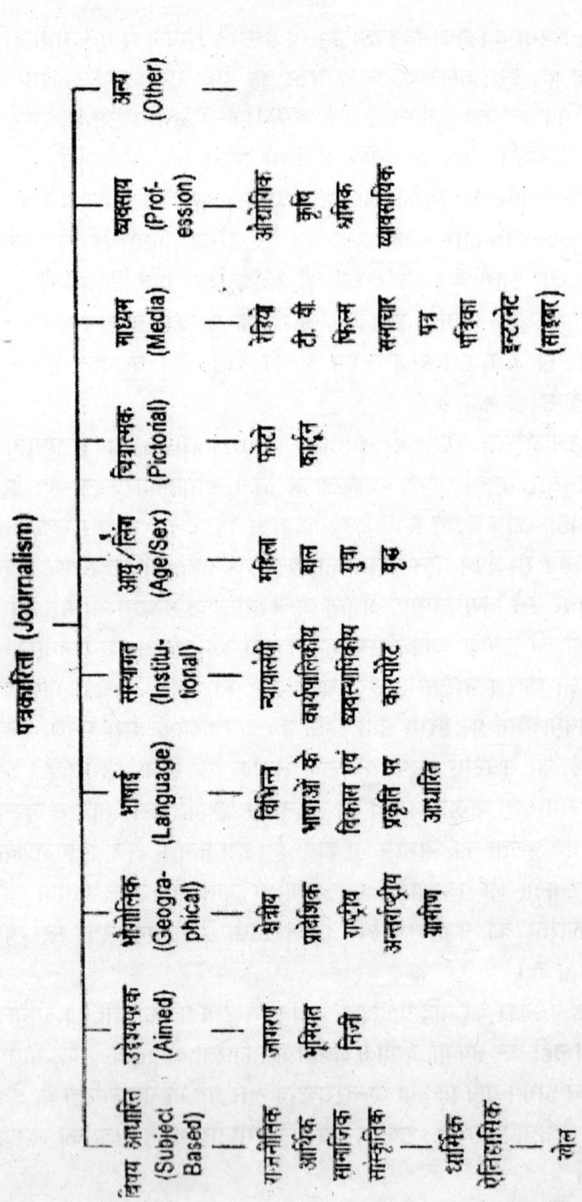

प्रारूप 8.6

कारण सन्देश में प्रयुक्त शब्द, लिपि, व्याकरण के साथ-साथ प्रत्येक भाषा में पत्रकारिता के विकास का ऐतिहासिक सन्दर्भ परस्पर भिन्न होता है। इस कारण भाषायी पत्रकारिता सैद्धान्तिक धरातल पर एक होते हुए भी व्यावहारिक एवं ऐतिहासिक धरातल पर परस्पर भिन्न है। इसी कारण हिन्दी पत्रकारिता, अंग्रेजी, पत्रकारिता, उर्दू पत्रकारिता, मराठी पत्रकारिता, तमिल पत्रकारिता, तेलुगु पत्रकारिता, कन्नड़ पत्रकारिता, बँगला पत्रकारिता आदि भाषाओं की पत्रकारिता एवं इन सम्बोधनों का प्रचलन विद्यमान है।

8.2.5.5 संस्थागत प्रत्रकारिता (Institutional Journalism) : पत्रकारिता को संस्थागत मानदण्डों के आधार पर वर्गीकृत कर सकते हैं। क्योंकि कुछ आधारभूत संस्थाएँ ऐसी होती हैं, जिनके सन्दर्भ में पत्रकारिता की शैली (Journalise) बदल जाती है। इनमें व्यवस्थापिका अर्थात् संसद् एवं विधान मण्डल, न्यायपालिका एवं कारपोरेट जगत् आदि प्रमुख हैं। इनकी पत्रकारिता सामान्य कोटि की पत्रकारिता से परस्पर भिन्न होती है। इसी कारण इन निकायों की पत्रकारिता से जुड़े लोगों को इनकी संचालन प्रक्रिया, न्यायिक व्यवस्था तथा विभिन्न सन्दर्भों का ज्ञान आवश्यक होता है। इस कारण हम व्यवस्थापिकीय, न्यायपालिकीय एवं कारपोरेट (निगमित) आदि पत्रकारिता को अलग वर्ग में वर्गीकृत करते हैं।

8.2.5.6 आयु एवं लिंग आधारित पत्रकारिता (Age and Sex based Journalism) : पत्रकारिता का वर्गीकरण आयु एवं लिंग के भी आधार पर कर सकते हैं। क्योंकि आयु एवं लिंग के आधार पर मनुष्य की अभिरुचि भी विशेष प्रकार की होती है। एक बच्चे की अभिरुचि चित्रात्मक एवं कहानी आदि में होगी, जबकि युवा समाज की अभिरुचि कार्टून, कहानी की जगह कहीं और ही होगी। इससे भिन्न अभिरुचि वृद्ध मनुष्य की होगी, क्योंकि वह तो धर्म, अध्यात्म अथवा अतीत के संस्मरणों को ही तलाशेगा। इसी प्रकार पुरुष जिस प्रकार की सूचना में रुचि लेते हैं उससे भिन्न अभिरुचि महिलाओं की होती है। इससे स्पष्ट है कि पत्रकारिता के विशेषीकृत स्वरूप के वर्गीकरण में लिंग एवं आयु का महत्त्व है। इसे हम बाल पत्रकारिता, वृद्ध पत्रकारिता, युवा पत्रकारिता एवं महिला पत्रकारिता आदि वर्गों में विभक्त कर सकते हैं।

8.2.5.7 चित्रात्मक पत्रकारिता (Pictorial Journalism) : वर्तमान समय में चित्रात्मक पत्रकारिता विशेष रूप से महत्त्वपूर्ण है। यूँ तो यह सदा से रहा है कि एक चित्र अथवा रेखांकन कई सौ शब्दों का सन्देश थोड़े में व्यक्त कर देता है। इतना ही नहीं इसका प्रभाव भी अधिक होता है। शब्दात्मक संरचना को लिपि के माध्यम से व्यवत करना अधिक सरल होता है परन्तु किसी सन्देश को कार्टून एवं फोटो के माध्यम से व्यक्त करना काफी कठिन होता है। इसी कारण कार्टूनिस्ट सभा नहीं हो सकते। इतना ही नहीं कैमरे के द्वारा कोई भी व्यक्ति फोटो खींच सकता है, परन्तु यह आवश्यक नहीं कि वह फोटो कोई प्रभाव श्रोता में उत्पन्न कर सके। लेकिन फोटो पत्रकारिता उस कौशल का नाम है जिससे प्रभावी सन्देश सम्प्रेषित होता है। वर्तमान समय में टी. वी. की प्रभावी सन्देश प्रक्रिया चित्रात्मक प्रस्तुति एवं फोटो से जुड़ी हैं।[34] इस प्रकार फोटो पत्रकारिता एवं कार्टून तथा रेखांकन आधारित पत्रकारिता वर्तमान में प्रभावी है।

8.2.5.8 माध्यम पत्रकारिता (Media Journalism) : हम जनमाध्यमों को उनकी प्रकृति के आधार पर श्रव्य, दृश्य एवं दृश्य-श्रव्य में विभक्त करते हैं। इन प्रत्येक कोटि के माध्यमों की पत्रकारिता का स्वरूप परस्पर भिन्न प्रकार का होता है। प्रिण्ट माध्यम-समाचार-पत्र एवं पत्रिका की पत्रकारिता रेडियो एवं टेलीविजन की पत्रकारिता से परस्पर भिन्न होती है। इसी प्रकार फिल्म पत्रकारिता का स्वरूप भी भिन्न प्रकार का होता है। इतना ही नहीं वर्तमान में इण्टरनेट प्रणाली के विकास के परिणामस्वरूप इण्टरनेट अथवा साइबर पत्रकारिता भी अस्तित्व में है। इस प्रकार माध्यमों के आधार पर हम पत्रकारिता को प्रिण्ट पत्रकारिता, रेडियो पत्रकारिता, टी. वी. पत्रकारिता, फिल्म पत्रकारिता, इण्टरनेट अथवा साइबर पत्रकारिता में वर्गीकृत कर सकते हैं। विज्ञान के विषय को विज्ञान पत्रकारिता व्यक्त करती है।

8.2.5.9 पत्रकारिता के अन्य प्रकार (Other Types of Journalism) : पत्रकारिता के उक्त वर्गीकरणों से भिन्न भी पत्रकारिता के कुछ स्वरूप हो सकते हैं। अथवा समाज के विकास के परिणामस्वरूप साइबर पत्रकारिता की भाँति पत्रकारिता का नया आयाम विकसित हो सकता है। वर्तमान में विश्व समुदाय सौरमण्डल में विद्यमान विभिन्न ग्रहों की यात्रा तथा खोज में लगा है। सम्भव है कि किसी अन्य ग्रह पर मानव सभ्यता अथवा पृथ्वी जैसा पर्यावरण मिले और पृथ्वी से मनुष्य उस ग्रह अथवा नक्षत्र पर बसना प्रारम्भ करे अथवा उस ग्रह के लोगों से निरन्तर सम्पर्क बनाये रखना चाहे। ऐसी स्थिति में नक्षत्रीय (Space Journalism) पत्रकारिता की आवश्यकता होगी। इससे यह स्पष्ट है कि पत्रकारिता के उक्त प्रकारों से भिन्न अन्य प्रकार भी हो सकते हैं।

8.3.0 समाचार (News)

संचार एवं पत्रकारिता के उक्त विवेचन के साथ-साथ समाचार के विषय में भी सम्यक् ज्ञान आवश्यक है। संचार एवं पत्रकारिता का प्राणतत्त्व सूचना सन्दर्भ है। इसी के लिए संचार एवं पत्रकारिता का कार्य-व्यापार किया जाता है। इसी सूचना सन्दर्भ को जनमाध्यमों के कार्य व्यापार में समाचार की संज्ञा दी जाती है। यह सामान्य अवश्य होता है। इसे हम इस प्रकार भी देख सकते हैं। जैसे टेलीविजन के प्रसारण वर्तमान समय में चौबीस घण्टे हो रहे हैं। लेकिन उनमें समाचार के साथ-साथ फिल्म, धारावाहिक, नृत्य एवं नाटक आदि का भी प्रसारण होता है। इससे भी स्पष्ट है कि समाचार एवं सूचना में भी परस्पर भिन्नता है। इस कारण समाचार के समग्र विवेचन के पूर्व सूचना (Information) का विवेचन आवश्यक है।

8.3.1 सामाचार एवं सूचना (News and Information)

संस्कृत भाषा में सूचना शब्द की व्युत्पत्ति सूच् शब्द से है। इसका अभिप्राय है बनाना, हाव-भाव, पता लगाना आदि। इसी सूच् भावे ल्युट् होने से सूचना शब्द बनता है, जिसका अर्थ होता है–भेद खोलना, इंगित करना, रहस्य जानना, देखना और निश्चय करना आदि।[35] इसी प्रकार का उल्लेख अंग्रेजी के आक्सफोर्ड (Oxford) शब्दकोश में भी है। आक्सफोर्ड शब्दकोश के अनुसार सूचना (Information) का अभिप्राय ज्ञान के सम्बन्ध में कहे, सुने अथवा खोजे तथ्य (Fact) से है।[36]

उक्त से स्पष्ट है कि सूचना में कथन, सुना तथ्य अथवा खोजा गया तथ्य सम्मिलित है। जनमाध्यमों की विभिन्न क्रियाएँ सूचनाओं पर ही आधारित होती हैं। इन्हीं सूचनाओं में सूचना योग्य सन्दर्भ को हम समाचार के रूप में देखते हैं।[37] **किसी भी समाचार में कम अथवा अधिक सूचना हो सकती है।**[38] इससे स्पष्ट है कि सूचना समाचार का प्राणतत्त्व है। यह समाचार का आधार तत्त्व है। समाचार एवं सूचना में विद्यमान भिन्नताएँ इस प्रकार हैं–

(क) सूचना तथ्यों से सम्बद्ध है। इसे हम कथन, श्रवण अथवा खोज से प्राप्त करते हैं। इसी विकसित एवं प्रक्रिया को समाचार की संज्ञा दी जाती है।

(ख) सूचना तथ्यों पर आधारित ज्ञान की आधारभूत अवस्था है। इसे हम संचार की प्राथमिक अवस्था की संज्ञा दे सकते हैं। समाचार संचार की द्वितीय अवस्था है।

(ग) सूचना की गुणवत्ता पर ही समाचार की गुणवत्ता आश्रित होती है।

(घ) सूचना की सत्यता पर ही समाचार की सत्यता आश्रित होती है।

(ङ) सूचना की रिक्तता (Lack) की अवस्था में समाचार प्रवाह समाप्त हो जाता है।

(च) सूचना की विविधता तथा समन्वय से समाचार अस्तित्व में आता है।

(छ) एक समाचार में कई सूचनाएँ हो सकती हैं, परन्तु कई समाचार एक सूचना में नहीं हो सकते। इस विवेचन से आप समझ सकते हैं कि समाचार परस्पर भिन्न हैं।

8.3.2 समाचार की प्रकृति (Nature of News)

संस्कृत भाषा में समाचार शब्द की व्युत्पत्ति सम् से हुई है, जिसका अर्थ होता है–मिलकर अथवा संघात, पूर्व जैसा कि आदि। इस सम् में आ + चर् + घञ् जोड़कर (सम्+ आ + चर् + घञ्) समाचार शब्द बनता है। समाचार का अर्थ होता है, खबर, सूचना, विवरण एवं वार्त्ता आदि।[39] यदि हम आक्सफोर्ड शब्दकोश पर विचार करें तो उसमें भी समाचार का अर्थ नवीन एवं तात्कालिक सूचना के रूप में उल्लिखित है। आक्सफोर्ड शब्दकोश में समाचार को रेडियो, टेलीविजन समाचार-पत्र में नियमित रूप से प्रकाशित एवं प्रसारित होनेवाली नवीन सूचना एवं तत्कालीन घटनाओं की रिपोर्ट के रूप में उद्धृत किया गया है। इसी के साथ यह भी उल्लेख है कि समाचार एक व्यक्त, विचार अथवा घटना है, जिसे अधिक रुचिकर होने के कारण सम्प्रेषित किया जाता है अथवा भेजा जाता है।[40] यदि हम अंग्रेजी के न्यूज (News) शब्द की व्युत्पत्ति पर भी विचार करें तो हमें इसका आशय नवीनता के रूप में मिलता है। अंग्रेजी के न्यूज (News) शब्द की व्युत्पत्ति लैटिन भाषा के नोवा (Nova) से हुई है। नोवा का अर्थ नवीन होता है। इससे भी स्पष्ट है कि समाचार का मुख्य तत्त्व अथवा आधार नवीनता है।[41]

समाचार की प्रकृति से जुड़े कुछ तत्त्वों को भी अन्य विद्वानों ने स्पष्ट किया है। विलियम रेनडोलाल्ड हर्स्ट के अनुसार **''समाचार वही है, जिसे लोग चाहते हैं।''** न्यूयार्क टाइम्स के प्रबन्ध सम्पादक के अनुसार **''समाचार वही है, जिसे आज प्राप्त किया अथवा खोजा गया है तथा वह कल तक अज्ञात था।''**[42] इसके अलावा लार्ड नार्थ क्लिफ के अनुसार **''समाचार वह है, जिसे कुछ लोग, कुछ स्थान पर दबाना अथवा छिपाना चाहते हैं। इसके अलावा सभी विज्ञापन है।'' (News is what somebody somewhere wants to suppress, all the rest is advertising")**[43] वाल्टर लिपमैन ''समाचार को सामाजिक स्थितियों का दर्पण नहीं मानकर इसे असामान्य घटनाओं की रिपोर्ट मानते हैं।''[44] कुछ लोग समाचार को एक उपभोक्ता वस्तु भी मानते हैं।[45] इस प्रकार स्पष्ट है कि समाचार के सन्दर्भ में सभी विद्वान् एक मत नहीं हैं। लेकिन ऊपर के विवेचन से यह स्पष्ट है कि सामान्यतः, 'समाचार वह है जो जनमाध्यमों के द्वारा प्रसारित किया जाता है तथा यह तत्कालीन घटनाक्रम से जुड़ा होता है। लोग इसे चाहते हैं। इसमें विभिन्न असामान्य सूचनाओं का मिश्रण भी होता है। इसमें नवीनता भी होती है।''

उक्त के उपरान्त यहाँ समाचार की प्रकृति एवं तत्त्व का भी विवेचन आवश्यक है, क्योंकि वर्तमान समय में 'समाचार' का आशय उस रूप में प्रचलित है, जिस रूप में उसे नहीं ग्रहण करना चाहिए। समाचार की स्पष्ट अवधारणा मस्तिष्क में नहीं होने से उसके वास्तविक स्वरूप को समझने में कठिनाई होती है। इसके लिए समाचार का उद्देश्य अथवा वस्तुनिष्ठता (Objectivity) का जानना आवश्यक है। इसका आधार जनमाध्यमों के सूचना सन्दर्भ से है, जो कि विभिन्न शीर्षकों के अन्तर्गत होता है। पश्चिम के जनमाध्यमों में कुछ तटस्थता के तत्त्व विद्यमान होते हैं। यह सामान्य रूप से वह प्रक्रिया है अथवा वास्तविकता को व्यक्त करती

है, जिसमें कोई मिलावट नहीं होती है। इस प्रकार यह सत्यता पर आधारित एवं तटस्थ रिपोर्ट होती है। पत्रकारिता के सन्दर्भ में यदि हम समाचार के अर्थ अथवा स्वरूप पर विचार करें तो वह कुछ प्रश्नों के उत्तरों पर आधारित है। इस प्रकार समाचार की तथ्यपरकता में मुख्यतः कुछ सूचना सन्दर्भों का होना आवश्यक है, जिसमें कौन (Who), क्या (What), कहाँ (Where), कब (When), क्यों (Why), एवं कैसे (How) जैसे प्रश्नों के उत्तर निहित हैं। इस प्रकार समाचार में विविध प्रकार के तथ्यों का सम्मिलित होना आवश्यक है।[46]

समाचार के सन्दर्भ में इसके फैलाव अथवा प्रसार (Diffusion) को भी समझना जरूरी है। सूचनाओं के सन्दर्भ को जानने के बाद भी उससे जुड़े कुछ नवीन सन्दर्भों को प्रत्येक व्यक्ति जानना चाहता है। समाचार धीरे-धीरे परन्तु व्यवस्थित रूप में मनुष्य का ध्यान खींचता है। कोई घटना जो प्रथम बार जनमाध्यमों द्वारा प्रसारित की जाती है अथवा निजी सम्बन्धों से ज्ञात होती है। इस घटना अथवा सूचना सन्दर्भ पर परस्पर अन्तःक्रिया भी होती है। समाचार विस्तार अथवा प्रसार के सम्बन्ध में यह सिद्धान्त मान्य है कि अधिकतर लोगों तक सूचना विस्तार निजी सम्पर्क से होता है। जब घटना की सूचना कुछ लोगों को होती है तो जनमाध्यमों के द्वारा उनसे इसे ग्रहण की जाती है। इसके उपरान्त जनमाध्यम इसका विस्तार करते हैं। इसके उपरान्त पुनः निजी सम्पर्कों से जनमाध्यमों की सूचना का विस्तार होता है।[47]

समाचार में निहित 5 डब्लू (5 W) एवं 1 एच (H) के सन्दर्भ को इस प्रकार समझ सकते हैं–

प्रारूप 8.7 से स्पष्ट है कि समाचार (News) में निहित चारों अक्षरों से निकलनेवाले चार सन्दर्भ अपने में महत्त्वपूर्ण हैं। यदि हम अंग्रेजी के शब्द न्यूज (News) पर विचार करें तथा एन (N) को न्यू (New) का पर्याय मानें तो यह समय का बोधक होगा। क्योंकि नया और पुराना परस्पर समय जुड़े तत्त्व हैं। इस कारण इस समय तत्त्व को हम समाचार में कब (When?) के उत्तर द्वारा प्राप्त कर सकते हैं। इसी प्रकार ई (E) को इसेन्शियल (Essential) का पर्याय मानकर विचार करें तो इनसे हमें सन्दर्भ का बोध होता है। क्योंकि सूचना या सन्दर्भ ही समाचार का तत्त्व डब्लू (W) को वाण्ट (Want) का पर्याय मानकर विचार करने पर इच्छा की अभिव्यक्ति होती है। समाचार में कारण एवं प्रसंग इच्छा में समाहित होते हैं। इसका उत्तर हम क्यों? और कैसे? (Why? How?) द्वारा पाते हैं। इसी प्रकार यदि एस (S) को हम सेन्सेशनल (Sensational) का पर्याय मानकर विचार करें तो यह मनुष्य एवं उनके पर्यावरण से जुड़ा है। इस कारण इसके आधार तत्त्व में व्यक्ति तथा पर्यावरण में दिशा अर्थात् पूर्व (East) पश्चिम (West) उत्तर (North) और दक्षिण (South) निहित है। इस प्रकार स्पष्ट है कि समाचार में समय, मानक, चाह या इच्छा एवं संवेदनात्मक तत्त्व निहित है।

समाचार में तात्कालिकता, व्यवस्थित, वास्तविक, वर्गीकृत, संकेतात्मक, मूल्ययुक्तता, तथ्यपरकता एवं अभिरुचि के तत्त्व होने चाहिए। पश्चिम के जनमाध्यमों में घटना की उपयुक्त, स्पष्टता, शीघ्रता, प्रासंगिकता, नकारात्मकता, उपयुक्तता, प्रहसन-क्रिया, सामंजस्य एवं मानवीकरण आदि तत्त्व पाये जाते हैं।[48] इसी प्रकार के तत्त्व भारतीय जनमाध्यमों के समाचारों में भी मिलते हैं।

सामान्य रूप से समाचारों में नवीनता, मानवीय पक्ष, सामयिकता, असामान्यता,[49] निकटता, स्वहित, कामेच्छा, धन, संघर्ष, सहानुभूति, विशिष्टता, संस्कृति, विश्वास, स्वास्थ्य, सुरक्षा[50] बन्धुत्व, मनोरंजन एवं संख्या आकार के तत्त्व स्पष्टतः मिलते हैं। वर्तमान में नकारात्मकता एक प्रभावी प्रवृत्ति के रूप में अधिकतर जनमाध्यमों में मिलते हैं।[51]

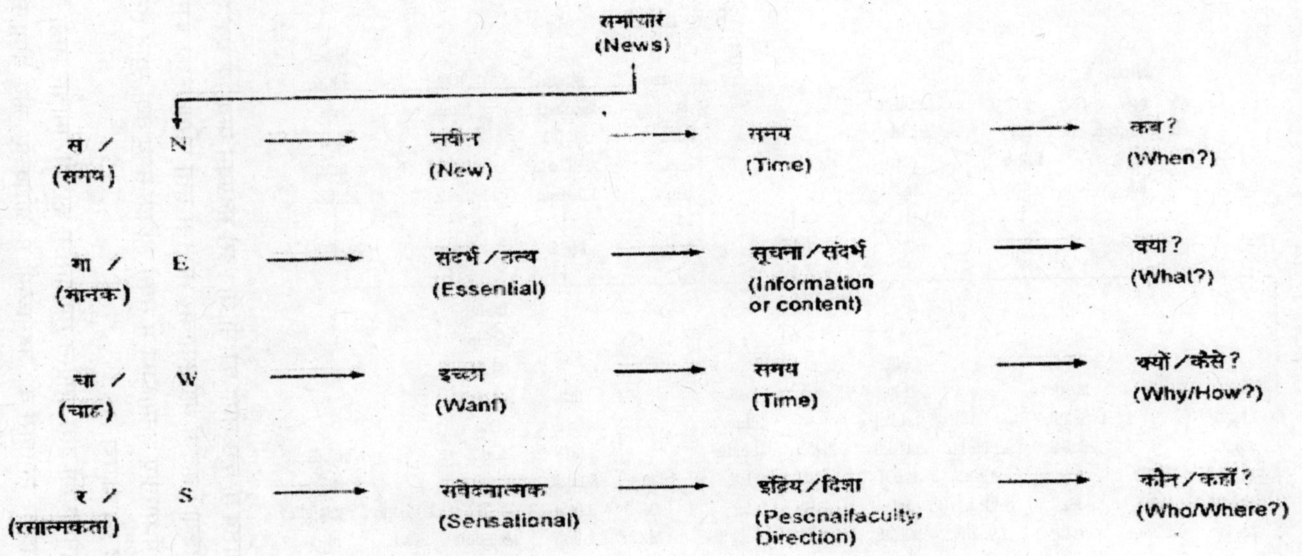

समाचार
(News)
स / (समय)
N
नवीन
(New)
समय
(Time)
कब?
(When?)
मा / (मानक)
E
संदर्भ / तत्व
(Essential)
सूचना / संदर्भ
(Information or content)
क्या?
(What?)
चा / (चाह)
W
इच्छा
(Want)
समय
(Time)
क्यों / कैसे?
(Why/How?)
र / (रसात्मकता)
S
संवेदनात्मक
(Sensational)
इंद्रिय / दिशा
(Pescnaifaculty, Direction)
कौन / कहाँ?
(Who/Where?)

प्रारूप 8.7

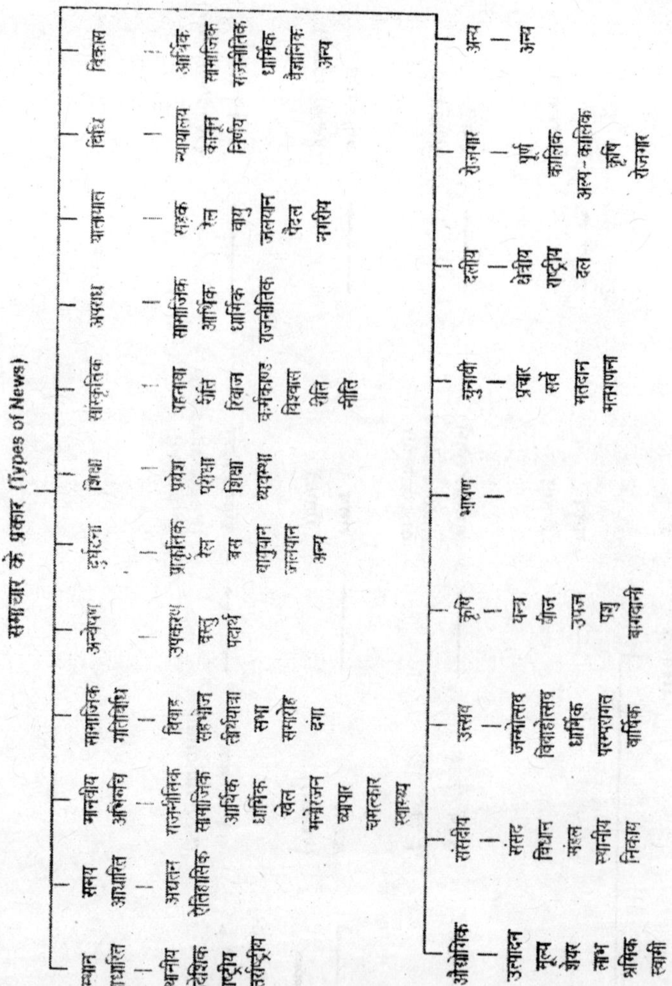

प्रारूप 8.8

एवं मन्त्रालय एवं मन्त्रालय के कुछ लोगों को भी थी। इसे सर्वप्रथम बम्बई के एक छोटे-से समाचार-पत्र ने प्रकाशित किया। बाद में यही समाचार भारत में सत्ता परिवर्तन का कारण भी बना तथा बीसवीं शताब्दी में भारतीय जनमाध्यमों में सबसे अधिक समय तथा स्थान लेनेवाला समाचार बोफोर्स तोप सौदे का ही रहा है।

उक्त से स्पष्ट है कि जनमाध्यमों द्वारा प्रसारित समाचारों में कुछ ही समाचार लम्बी अवधि तक जीवित रहते हैं। अधिकतर समाचारों की जनमाध्यमों में अधिकतम आयु सीमा चौबीस घण्टे की ही होती है। इसके उपरान्त वे समाचार प्रचलन से स्वतः बाहर हो जाते हैं।

इस भाग में समाचार के उक्त विवेचन से यह स्पष्ट है कि समाचार और सूचना परस्पर भिन्न हैं। इसके साथ ही यह स्पष्ट हो सका कि समाचार वही सन्दर्भ है, जिसे जनमाध्यम प्रसारित करते

हैं। समाचार में नवीनता, जनअभिरुचि, संवेदना एवं तथ्यपरकता के तत्त्व पाये जाते हैं। समाचार को हम परिवेशबद्ध कह सकते हैं। क्योंकि प्रत्येक समाचार का एक श्रोता समूह होता है। इसी श्रोता समूह के बदलने पर समाचार का सन्दर्भ एवं स्वरूप बदल जाता है। समाचार जनमाध्यमों का प्राणतत्त्व है। समाचार की विषय-वस्तु ही इसकी जीवन-यात्रा का आधार होता है। अधिकतर समाचारों की जीवन-अवधि जनमाध्यमों में मात्र चौबीस घण्टे की ही होती है। सामाजिक घटनाक्रम तथा सन्दर्भ के अनुरूप समाचार के विविध अनेक प्रकार होते हैं।

सन्दर्भ

सन्दर्भ

1. सिंह ओमप्रकाश, संचार के मूल सिद्धान्त, क्लासिकल पब्लिशिंग कम्पनी, नयी दिल्ली, 2002, पृष्ठ 12-13।
2. Watson James and Hill Anee, A Dictionary of Communication and Media Studies, Second Edition, Universal Book Stall, New Delhi, 1996, p. 40.
3. Oxford Advanced Learner's Dictionary, Oxford, QX 26 DP, 1996, p. 641.
4. Denis Mcquil, Mass Communication Theory : An Introduction, Sage Publication, New Delhi, 1996, p. 227.
5. सिंह ओमप्रकाश, संचार के मूल सिद्धान्त, उक्त, पृष्ठ 75-76 एवं 85-87।
6. राही ईश्वरचन्द्र, लेखन कला का इतिहास, उत्तर प्रदेश, हिन्दी संस्थान, महात्मा गाँधी मार्ग, लखनऊ, 1983, पृष्ठ 5-6।
7. सिंह ओमप्रकाश, संचार माध्यमों का प्रभाव, क्लासिकल पब्लिशिंग कम्पनी, नयी दिल्ली, 1993, पृष्ठ 154।
8. मिश्र जनार्दन, भारतीय प्रतीक विद्या, बिहार राष्ट्रभाषा परिषद्, पटना, 1990, पृष्ठ 9।
9. सिंह ओमप्रकाश, संचार के मूल सिद्धान्त, उक्त, पृष्ठ 77।
10. मिश्र जनार्दन, भारतीय प्रतीक विद्या, उक्त, पृष्ठ 10।
11. राही ईश्वरचन्द्र, लेखन कला का इतिहास, उक्त, पृष्ठ 5-6।
12. तदैव, पृष्ठ 8-16।
13. सिंह ओमप्रकाश, संचार माध्यमों का प्रभाव, उक्त, पृष्ठ 159।
14. लिलबड़े एम. एन. एवं मिश्र चन्द्रशेखर, मुद्रण सामग्री प्रौद्योगिकी, मध्य प्रदेश हिन्दी ग्रन्थ अकादमी, भोपाल, 1995, पृष्ठ 5।
15. तदैव, पृष्ठ 79-83।
16. सिंह ओमप्रकाश, संचार माध्यमों का प्रभाव, उक्त, पृष्ठ 161।
17. Black Jay and Bryant Jennings, Introduction to Mass Communication, W.C.B. Publisher, USA, 1992, p. 78.
18. सिंह ओमप्रकाश, संचार माध्यमों का प्रभाव, उक्त, पृष्ठ 253।
19. तदैव, पृष्ठ, 217।
20. Black Jay and Bryant Jennings, Introduction to Mass Communication, op. cit, p. 334-338.
21. सिंह ओमप्रकाश, संचार माध्यमों का प्रभाव, पृष्ठ 272।
22. Black Jay and Bryant Jennings, Introduction to Mass Communication, op. cit, p. 381.

23. Manorma Year Book [1995] Malayalam Manorama Publication, Kottayam, pp. 177-183.
24. *Ibid,* pp. 19-20.
25. Watson James and Hill Anne, A Dictionary of Communication and Media Studies, op. cit, p. 42.
26. Keval J. Kumar, Mass Communication in India, Jaico Publishing House, New Delhi, 1991, pp. 27-28.
27. दीक्षित प्रवीण, जनमाध्यम और पत्रकारिता, अजीत प्रिण्टर्स कौशलपुरी, कानपुर, 1980, प्रथम संस्करण, पृष्ठ 170।
28. Watson James and Hill Anne, A Dictionary of Communication and Media Studies, op. cit, p. 40.
29. *Ibid,* p. 95.
30. सिंह ओमप्रकाश, संचार के मूल सिद्धान्त, उक्त, पृष्ठ 11।
31. Watson James and Hill Anne, A Dictionary of Communication and Media Studies, op. cit, p. 40.
32. दीक्षित प्रवीण, जनमाध्यम और पत्रकारिता, उक्त, पृष्ठ 5।
33. सिंह ओमप्रकाश, संचार के मूल सिद्धान्त, उक्त, पृष्ठ 275-279।
34. Watson James and Hill Anne, A Dictionary of Communication and Media Studies, op. cit, pp. 131-132.
35. आप्टे वामन शिवराम, संस्कृत-हिन्दी कोश, नाग प्रकाशन, दिल्ली, छठा संस्करण, 1996, पृष्ठ-1118।
36. Oxford Advanced Learner's Dictionary, op. cit, p. 611.
37. Denis Mcquil, Mass Communication Theory : An Introduction, op. cit, p. 249.
38. *Ibid,* p. 254.
39. आप्टे वामन शिवराम, संस्कृत-हिन्दी कोश, उक्त, पृष्ठ 1076।
40. Oxford Advanced Learner's Dictionary, op. cit, p. 781.
41. दीक्षित प्रवीण, जनमाध्यम और पत्रकारिता, उक्त, पृष्ठ 128।
42. Fedler Fred, An Intorduction to the Mass Media, Harveaurt Brace Jovanouich, Inc., USA, 1978, pp. 108 & 118.
43. सिंह ओमप्रकाश, संचार के मूल सिद्धान्त, उक्त, पृष्ठ 295।
44. Denis Mcquil, Mass Communication Theory : An Introduction, op. cit, p. 268.
45. Srivastva K.M., News Reporting and Editing, Sterling Publishers, Pvt. Ltd., New Delhi, 1991, p. 1.
46. Denis Mcquil, Mass Communication Theory : An Introduction, op. cit. 1, pp. 253-254.
47. *Ibid.*
48. *Ibid,* pp. 268-271.
49. त्रिरवा नन्दकिशोर, समाचार संकलन और लेखन, उत्तर प्रदेश हिन्दी संस्थान, महात्मा गाँधी मार्ग, लखनऊ, द्वितीय संस्करण, 1990, पृष्ठ 9-12।
50. दीक्षित प्रवीण, जनमाध्यम और पत्रकारिता, उक्त पृष्ठ 131।
51. तदैव, पृष्ठ 135-136।

अध्याय - 9

परम्परागत संचार

TRADITIONAL COMMUNICATION

9.0 परम्परागत संचार विश्व के प्रत्येक समाज में विद्यमान संचार प्रक्रिया है। परम्परागत संचार का माध्यम प्रत्येक मनुष्य से वर्तमान परिवेश में यदि हम ध्यान दें तो स्पष्ट होता है कि सभी मनुष्य पूर्ण रूप से आधुनिक संचार से नहीं जुड़े हैं। यहाँ तक कि कुछ समाज ही परम्परागत समाज के रूप में विद्यमान है। परम्परागत संचार का सम्बन्ध आधुनिक ही नहीं आधुनिकतम समाज में भी मनुष्यों के व्यवहार से जुड़ा है। हमारे जीवन का अधिकतर भाग परम्परागत संचार प्रक्रिया के ही आधार पर संचालित होता है।

मनुष्य एवं मानव समाज में संचार की उपयोगिता प्रारम्भ से ही हो रही है तथा वर्तमान में भी है। संचार ने ही समाज को जन्म दिया। यदि हम यह कहें तो आश्चर्य नहीं होगा, संचार और मानव समाज एक सिक्के के दो पहलू हैं। एक के बिना दूसरा अस्तित्वहीन है। अनादिकाल से लेकर यदि वर्तमान समय के सभी समाजों के इतिहास को हम देखें तो यह स्पष्ट हो सकेगा कि संचार के प्रति सभी समाज सतर्क थे। इसी कारण समाजों में सत्य-असत्य, प्रिय-अप्रिय आदि की मान्यताएँ अस्तित्व में आयीं।

संचार के क्षेत्र में भी समाज के विकास एवं आधुनिकीकरण के साथ-साथ परिवर्तन आये और समाज तथा संचार का ढाँचा बदला, संचार के माध्यमों का विकास हो सका। यदि हम मानव समाज एवं इसके औद्योगिक विकास की प्रक्रिया को देखें तो स्पष्ट हो सकेगा कि मनुष्य ने भोजन, वस्त्र एवं आवास से जुड़े क्षेत्रों में निरन्तर विकास और अनुसन्धान किया। इसी कड़ी में यातायात के साधनों के क्षेत्र में भी क्रान्ति आयी। लेकिन मनुष्य अपने आभ्यन्तर में विद्यमान सम्प्रेषण की भूख को मिटाने के लिए संचार के क्षेत्र में अद्भुत विकास किया। इसके परिणामस्वरूप अन्य उद्योग, संचार उद्योग से पीछे छूट गये। वर्तमान समय में सूचना उद्योग एवं तकनीकी सबसे आगे है।

भारतीय परिवेश में जन शब्द अधिक प्रचलित है। यहाँ हम जन शब्द का आश्रय लेकर संचार की मूल भावना को पकड़ने का प्रयास करेंगे। अर्थ की भिन्नता के बावजूद जन, जान, जानना आदि कहीं-न-कहीं से सम प्रकृति के हैं। संचार के क्षेत्र मे वर्तमान समय में जानना अधिक उपयोगी तथा सम्बद्ध प्रतीत होता है। 'जानना' शब्द ज्ञान या संज्ञान की भावात्मक प्रस्तुति है। इसी कारण जानना, ज्ञान आदि की उत्पत्ति संस्कृत के विद्वान से मानते हैं। इस विवेचन से हम कह सकते हैं कि 'ज्ञ' से ज्ञान, संज्ञान, जानना, जान-पहचान तक की यात्रा हमें सीधे रूप में दिखायी पड़ती है। इस क्रम में 'जन' शब्द थोड़ा पीछे ही नजर आता है लेकिन 'जन' का भी सम्बन्ध कहीं-न-कहीं से 'ज्ञेय' से जुड़ा है।

उक्त के आधार पर यदि हम जन को परिभाषित करें जो स्पष्ट होगा कि जो जानता हो, जिसमें जिज्ञासा हो तथा जिसमें जानने की प्रवृत्ति हो। उससे यह निष्कर्ष प्राप्त होता है कि जानना या जिज्ञासा मनुष्य की मूल प्रवृत्ति है। मनुष्य के अन्तर्मन में बह रहे आभ्यन्तर की द्वन्द्वात्मक प्रक्रिया ही सभी संचारों की मूलाधार तथा स्रोत है। योगियों और तान्त्रिकों ने मूलाधार को जननांगों के समीप स्थित माना। इसके रहस्य का भी सम्प्रेषणात्मक महत्त्व है। अन्तर्मन में प्रवहमान संचार प्रक्रिया का प्रकट स्वरूप तो मनुष्य एवं मानव समाज में भाषा अथवा अभिव्यक्ति के द्वारा व्यक्त होता है, लेकिन, अन्तर्मन के गुप्त संचार की अनुभूति एवं आनन्द उस प्रकट संचार से भिन्न प्रकृति का है। इसे हम मूल भावना, वासना या सेक्स (Sex) की संज्ञा देते हैं।

मनोवैज्ञानिक सेक्स/काम को मूल भावना मानते हैं। पाश्चात्य मनोवैज्ञानिकों की दृष्टि में काम का सम्बन्ध मूलतः नर-नारी सम्बन्ध एवं शरीर तक सीमित है। भारतीय मनीषा की दृष्टि में काम का व्यापक अर्थ है। भारतीय परम्परा में चार पुरुषार्थ--धर्म, अर्थ, काम, मोक्ष हैं। पुरुषार्थों में काम एक पुरुषार्थ है। धर्म एवं मोक्ष को लक्ष्य माननेवाली परम्परा में काम का अर्थ भी पाश्चात्य के सेक्स (Sex) के स्वरूप में नहीं हो सकता। काम में यह संचार भी समाहित है।

काम में संचार को समाहित मानना आश्चर्य की बात नहीं। जिस परम्परा में ज्ञान-विज्ञान अपने चरम पर रहा हो तथा जिस श्रेष्ठ परम्परा में परा, पश्यन्ती, मध्यमा और वैखरी जैसे वाक् को पहचाना गया हो, वही ज्ञान परम्परा संचार के सम्बन्ध में मौन नहीं हो सकती। वास्तव में काम के पुरुषार्थ में ही संचार निहित है। 'काम' शब्द कामना एवं इच्छा आदि का समानार्थी है। यदि इसे केन्द्र मानकर हम संचार की व्याख्या करें तो स्पष्ट हो जायेगा कि 'कामना' या इच्छा शक्ति के कारण ही हम संचार के लिए उद्यत होते हैं। कामना (Desire) ही संचार एवं संसार स्वयं में प्रयोजनहीन है। इसी कारण जानने (To Know) की प्रवृत्ति बढ़ती है।

यहाँ हम यह भी स्पष्ट करना चाहते हैं कि कामना, संचार का मूल कारण है क्योंकि समाज की वृत्ति अथवा सूचना की अपेक्षा दो प्रकार के मनुष्यों को नहीं होती है--(क) योगी एवं (ख) मानसिक नपुंसक। दोनों को समाजवृत्ति (Bent of Society) की या सूचना की अपेक्षा नहीं रहती। ये दोनों ही स्थितियाँ 'अकाम' की हैं। क्योंकि योगी जन ऐसे होते हैं जिन्होंने पतंजलि की मान्यता के अनुसार चित्तवृत्ति (Bent of mind) का निरोध किया है। इस कारण योगी जन की वृत्ति परमतत्त्व या आकाश (Sources of livelihood) को ओर ही गयी है। लेकिन जो मानसिक नपुंसक मनुष्य हैं, वे निराशा अथवा हताशा या अन्य कारणों से इच्छारहित हो गये हैं। इसी प्रकार के मनुष्यों द्वारा आत्महत्या आदि का उपक्रम किया जाता है। इससे स्पष्ट है कि सूचना एक समाजवृत्ति (Bent of Society) है, जबकि चिन्तन चित्तवृत्ति (Bent of mind) है। संचार का रिश्ता इन दोनों से है क्योंकि चित्तवृत्ति (Bent of mind) का सम्बन्ध आभ्यन्तर संचार से है इसके आलावा समाजवृत्ति (Bent of Society) का सम्बन्ध-अन्तर्वैयक्तिक, समूह एवं जनसंचार से है। इस प्रकार संचारवृत्ति (Vocation) से युक्त है।

भारतीय पुरुषार्थ परम्परा में संचार 'काम' में ही निहित है। प्राचीन समाज में चूँकि सूचना अथवा सन्देश का व्यवसायीकरण नहीं हुआ था, इस कारण निरपेक्ष सन्देश (Absolute message) अर्थात् सत्य, सदाचार आदि का ही वर्चस्व था इसी कारण राजाओं, महाराजाओं और

अन्य लोगों की सद्वृत्तियों का कथा गायन एवं सूचना सम्प्रेषण व्यवहार विद्यमान था। वर्तमान में व्यवसाय बढ़े सूचना/सन्देश का व्यवसायीकृत या सापेक्ष (Relative) स्वरूप सामने आया। व्यक्ति अपने समुदाय और देश आदि की सूचना चाहता है, इसी कारण सभी प्रवृत्ति के समाचारों के साथ जन माध्यम समाजवृत्ति (Bent of Society) के अनुरूप सूचना सम्प्रेषण करते हैं। यह वर्तमान के संचार की प्रवृत्ति है। वर्तमान समय का संचार सापेक्ष (Relative) सूचना प्रकृति का है।

इस अध्याय में चूँकि हम परम्परागत संचार का विवेचन कर रहे हैं, इस कारण संचार के मूल तथा अन्तस्थ एवं सम्पूर्ण परम्परा का विवेचन आवश्यक है। आधुनिक समाज में मोक्ष का लक्ष्य भले ही कम मनुष्यों का हो परन्तु धर्म, अर्थ एवं काम पुरुषार्थ समस्त मनुष्यों की वृत्ति है। इसमें काम का सम्बन्ध संचार से होने के कारण हमारी इस स्थापना या विवेचन से भी है। 'काम' भारतीय परम्परा में पाश्चात्य के सेक्स (Sex) से भिन्न है। 'काम' पुरुषार्थ का सम्बन्ध संचार से है, इस कारण 'काम' के मौलिक अर्थ को स्पष्ट करना अति आवश्यक तथा महत्त्वपूर्ण है। 'काम' संचार से युक्त तथा परम्परागत संचार का मुख्य नियामक तथा स्पष्ट उदाहरण है। इस कारण इसका विवेचन आवश्यक है।

विज्ञानसम्मत मत है कि काम-वासना जन्म काल से ही शरीर में समायी रहती है, काम-वासना को केवल स्वाभाविक प्रवृत्ति या मानसिक संवेग मानना उचित नहीं है। शरीर विज्ञान का मत है कि शरीर में कुछ ऐसी ग्रन्थियाँ रहती हैं जिनमें विभिन्न प्रकार के द्रव भरे रहते हैं और उन्हें मनुष्य की जीवनी शक्ति सदैव संचरणशील बनाये रखती है। इन द्रव पदार्थों का मनुष्य के स्वभाव एवं चरित्र पर प्रभाव पड़ता है तथा ये सभी (Bent of mind) चित्तवृत्ति से प्रभावित होते हैं।

वात्स्यायन ने 'कामसूत्र' में लिखा है कि चतुर्वर्ग–धर्म, अर्थ, काम और मोक्ष में ही मनुष्य की समस्त अभिलाषाएँ अन्तर्निहित हैं। मनुष्य में शरीर, मन, बुद्धि और आत्मा ही अनन्त कामनाओं और आवश्यकताओं के केन्द्र माने गये हैं। इनकी पूर्ति धर्म, अर्थ, काम और बुद्धि के लिए धर्म एवं आत्मा की शान्ति के लिए मोक्ष की आवश्यकता पड़ती है। बिना भोजन और वस्त्र के शरीर कुण्ठित हो जाता है। वैसे बिना काम के मन कुण्ठित और निष्क्रिय हो जाता है। बिना धर्म के बुद्धि भ्रष्ट हो जाती है और बिना मोक्ष के आत्मा पतित हो जाती है। इन्हीं अर्थ, धर्म, काम में मनुष्य के जीवन, रति, मान, ज्ञान, न्याय आदि की समस्त कामनओं का समावेश होता है। ये सभी कामनाएँ जीवन की अभिलाषा में ही अन्तर्निहित हैं।[1]

मन का सम्बन्ध काम से है और मन उभयेन्द्रिय भी है। समस्त इन्द्रियाँ मन के ही संयोग से कार्य करती हैं। इस प्रकार काम भी मन के संयोग का ही परिणाम है। मन के संयोग एवं इच्छा अथवा कामना के अभाव में अर्थ, धर्म, मोक्ष का स्वयं में महत्त्व नहीं है। इनको प्रभावी मन ही बनाता है और 'काम' मन की ही वृत्ति है। अतः 'काम' या इच्छा अथवा कामना का ही महत्त्व इस जगत् में है। इसी कारण मनुष्य जगत् में प्रवृत्त तथा सक्रिय होता है।

इस प्रकार 'काम' एक महती मानसी शक्ति है। यह शक्ति भौतिक कार्यों में प्रकट होकर तथा अन्तःकरण की क्रियाओं द्वारा अभिव्यक्त होकर दो भागों में बँट जाती है। यह शक्ति कभी चैतन्य के रूप में और कभी भौतिक शक्ति के रूप में प्रकट हुआ करती है। कहीं छितराकर तो कहीं संवरण रूप में काम करती है। प्रत्येक व्यक्ति का जीवन चित्त की इन्हीं आन्तरिक और बाह्य शक्तियों के ऐसे छितरावों और संवरणों का जीवन संघर्ष स्थल बना रहता है। अणु-अणु,

परमाणु-परमाणु में यह दिव्यशक्ति समायी हुई है। इसका एक भाग बहिर्मुखी है तो दूसरा भाग अन्तर्मुखी है। एक भाग व्यक्ति को प्रवृत्ति की ओर झुकाता है तो दूसरा भाग निवृत्ति की ओर।[2]

मन की मूल वासनाएँ ही मूल प्रवृत्तियाँ कहलाती हैं। समस्त वासनाओं या मूल प्रवृत्तियों का यदि वर्गीकरण किया जाये तो वित्तैषणा, दारैषणा और लोकैषणा इन तीन भागों में मन की मूल प्रवृत्तियों या वासनाओं का समावेश हो जाता है। विश्व-मानव की समस्त वासनाएँ मुख्यतः वित्तैषणा, दारैषणा और लोकैषणा में विभक्त एवं समाहित हैं। धन, स्त्री, पुत्र और पशु आदि की कामना के मूल आनन्द का उपभोग रहता है। सभी प्रकार की वासनाओं, इच्छाओं या प्रवृत्तियों का प्राण आनन्द ही है। तैत्तिरीय उपनिषद् में आनन्द को ही सब-कुछ माना गया है।[3]

सृष्टि की इच्छा एक से अनेक होने की है। इसके विपरीत संचार की इच्छा अनेक से एक होने की है। वास्तव में दो भिन्नताओं के बीच के सम्बन्ध को काम कहते हैं। काम एक प्रवृत्ति है जो विषय और विषयी को एकात्मक बनाती है। यह विषय और रमण की इच्छा-आदि शक्ति है। आकर्षण एवं काम की मिथुन आकांक्षा ही विश्व वासना है। अविद्या, आकर्षण आदि सभी वासनाओं के मूल में काम निहित है।[4]

वात्स्यायन ने 'कामसूत्र' में 'काम' की परिभाषा इस प्रकार की है–

श्रोत्रत्वक्चक्षुर्जिह्वाघ्राणानामात्संयोगेन मनसो अधिष्ठितानां
स्वेषु स्वेषु विषयेण्वानुकूल्यतः प्रवृत्तिः कामः।

अर्थात् आत्मा से संयुक्त मन से अधिष्ठित पाँच (ज्ञानेन्द्रियों) की अपने-अपने विषयों में अनुकूल प्रवृत्ति ही 'काम' है। शाक्त मत पुष्टि को मैथुनजन्य मानता है। उसके अनुसार 'नाद' शिव शक्ति का मैथुन है। इस मान्यता के अनुसार 'शब्द' की अभिव्यक्ति के पूर्व द्वन्द्व का होना निश्चित है। अतः जब द्वन्द्व है तब मिथुन का सम्बन्ध मैथुन आवश्यक है।[5]

श्रद्धा, भक्ति, प्रेम, स्नेह, वात्सल्य, मैत्री, करुणा, अनुकम्पा एवं आलिंगन आदि आकर्षण (काम) के सभी रूपों में मिथुन सम्बन्ध–आकर्षण अथवा काम के यही मानसिक भाव जागरूक रहते हैं।

कामस्तदग्रे समवर्तताधि मनसो रेतः प्रथमं तदासीत्।
सतोबन्धुमसति निरविन्दन् हृदि प्रतीप्या कवयो मनीषा।।

(ऋग्वेद 10/129/41)

काम मन का रेतस् है। यह एक महती शक्ति है। इसके अनेक भाव-विभाव, अंग-उपांग हैं। 'काम' चित्तयन्त्र को चलानेवाली अदम्य शक्ति है।[6]

योगवासिष्ठ के अनुसार तीनों लोकों के समस्त प्राणी, चाहे देवता हों या मनुष्य हों या और भी कुछ हों, उन सबका शरीर स्वभाव से द्वयात्मक है–

सर्वस्या एवं राजर्षे भूतजातेर्जगत्त्रये।
देवादेशापि देहोऽयम् इयात्मैवस्यात् स्वभावतः।[7]

'काम' एक शक्ति है और यह अति चंचल है। जब-जब इस शक्ति का उन्नयन होता है, तब-तब भावों एवं संवेगों की उत्पत्ति होती है। हर वासना के साथ भावात्मक अनुभूति रहती है। हमारी जो इच्छाएँ ग्रन्थि का रूप धारण कर लेती हैं वही वासना कहलाने लगती हैं। वासनाओं के वेग को संवेग कहा जाता है। मनुष्य के हृदय में अनुकूल या प्रतिकूल वेदना की उत्पत्ति ही भाव कहलाती है। यही भाव बढ़कर संवेग का रूप धारण कर लेते हैं। विषयों की

सत्ता या स्मृति से अथवा कल्पित विषयों से भी भय, प्रेम के संवेग जाग्रत हुआ करते हैं। विषयों के सन्निकर्ष से कोई-न-कोई भाव या संवेग उत्पन्न अवश्य होगा। गीता में भी इसका उल्लेख है :–'संगात् जायते कामः' संग से काम होता है। हमारे चित्त के–ज्ञानमय, भावमय और क्रियामय–तीन रूप हैं। भाव संवेगों का जागरण ज्ञान के कारण होता है। मनश्चक्र में सोयी हुई अतुल काम शक्ति प्रेरकों को पाकर जाग्रत होती है। बाह्य या आभ्यन्तर के उद्दीपकों से उत्पन्न संवेदनाएँ तथा ज्ञानात्मक मनोभाव ही कामशक्ति के प्रेरक हैं। इनकी प्रेरणा से ही काम शक्ति बहिर्मुख होती है। मनुष्य परिवर्तन प्रिय तथा स्वभाव से वह परिवर्तन, नवीनता, सुन्दरता को चाहता है। योगवासिष्ठ का कथन इस प्रकार है :

न प्राप्तिक्षणे वस्तु प्रथमे तुष्टये तथा।
न प्राप्त्येकक्षणादूर्ध्वमिति को नानुभूतवान।[8]

अर्थात् पहले क्षण किसी वस्तु की प्राप्ति से तृप्ति होती है। वैसी तृप्ति दूसरे क्षण नहीं मिलती है–ऐसा अनुभव किसको नहीं।

नवीनता का दूसरा नाम अभिरुचि है। जहाँ नवीनता वही रमणीयता रहती है–

क्षणे क्षणे यन्नवतां मुपेति तदेव रूपं रमणीयतायाः।

रमणीयता वहीं है जो, क्षण-क्षण में नवीनता की प्राप्त होता है। पहले उत्सुकता जगाती है, इसके बाद तृष्णा का जागरण होता है। संवेगों से पूर्ण अभिव्यक्ति होने तक चित्त व्याकुल रहता है। चिन्ता छा जाती है।[9]

'काम' का लक्षण बताते हुए आचार्य वात्स्यायन लिखते हैं–कान, त्वचा, आँख, जिह्वा और नाक इन पाँचों इन्द्रियों की इच्छा के अनुसार शब्द, स्पर्श, रूप, रस और गन्ध की अपने विषयों में प्रवृत्ति की काम है या इन इन्द्रियों की प्रवृत्ति से आत्मा जो आनन्द अनुभव करती है उसे काम कहते हैं :–

श्रोत्रत्वक्चक्षुर्जिह्वाघ्राणानामात्मसंयोगेन मनसा अधिष्ठितानां
स्वेषु स्वेषु विषयेण्वानुकूल्यतः प्रवृत्तिः कामः।।

21/11 का.सू. ।।[10]

भारतीय दर्शन की मान्यता के अनुसार विद्या और अविद्या दो मुख्य बीज हैं। दोनों के समान मात्रा में मिलने से तीसरे बीज की उत्पत्ति होती है। मन, प्राण और वाक् तीनों अव्यय और जगत् के साक्षी माने जाते हैं। इनमें से प्राण जब मन को अधिक ग्रहण करता है तब उसे विद्या कहते हैं और जब यह वाक् को अधिक मात्रा में ग्रहण कर लेता है तो उसे अविद्या कहते हैं। इस ज्ञान में किस विषय के प्रवेश से इसे अविद्या कहा जाता है। अविद्या शक्ति में जो विषय बनकर प्रविष्ट हुआ है, वही 'काम' है। ज्ञान से ही इच्छा और आकर्षण बढ़ता है। सुनी-देखी वस्तु के प्रति आकर्षण स्वाभाविक है। यही आकर्षण 'काम' है। एक वस्तु पर दूसरी आकृष्ट यह संयोग ही 'काम' है। इस कारण 'काम' दो वस्तुओं के मेल से नयी वस्तु की उत्पत्ति काम है।[11]

वात्स्यायन ने कहा है कि–

शरीर स्थिति हेतुत्वादाहार सधर्माणां
हि कामाः फलभूताश्च धर्मार्थयोः।।

21/37/का.सू. ।।

शरीर स्थिति का हेतु होने के कारण 'काम' आहार के समान है और धर्म तथा अर्थ का

फलभूत भी यही है।[12] अस्तित्व की कामना आदिशक्ति है इसी की स्थिति 'काम' और वित्तैषणा, लोकैषणा और दारैषणा है। मैं और मेरी पृथक् सत्ता ही अस्तित्व कामना है। अपनी रक्षा, अभिवृद्धि, यश आदि की तृष्णा मानसिक शरीर के लिए आहार है; मैं एक से अनेक हो जाऊँ तथा मैं सारे जगत् का प्रभु बन जाऊँ यह वित्तैषणा का रूप है।[13]

'अस्तित्व की वासना' के जितने भी रूप हैं वे सब 'काम' हैं। मुण्डकोषनिषद् में पुरुष के उन्नीस मुख-पाँच ज्ञानेन्द्रिन्य, पाँच कर्मेन्द्रिय, पाँच प्राण, मन, बुद्धि, अहंकार और चित्त-इन सभी मुखों का आहार काम है। काम इस प्रकार आहार का समान धर्मी है।[14]

वात्स्यायन ने अपने कामसूत्र में 64 कलाओं का वर्णन किया है। इन कलाओं में दो-तिहाई बौद्धिक या साहित्यिक हैं। प्राचीन काल में अनेक प्रकार की गोष्ठियों में कवि, गायक आदि भाग लिया करते थे।[15] समाज आर्य जाति का बहुत पुराना सम्भवतः आदि उत्सव है।[16] इन उत्सवों या संगोष्ठियों में किस भाषा का प्रयोग हो? इसके विषय में उल्लेख इस प्रकार है—

नात्यन्तं संस्कृतेनैव नात्यन्तं देशभाषया।
कथं गोष्ठीषु कथयंल्लोके बहुमतो भवेत।।

14/37/का.सू.

अर्थात् सभाओं और गोष्ठियों में न तो केवल संस्कृत में ही बोला जाये और न केवल देश भाषा में, ऐसा करने से वक्ता सर्वमान्य और सर्वसम्भावित नहीं हो सकता। उक्त के अतिरिक्त यह भी निर्देश है—

लोकचित्तानुवर्तिन्या क्रीडमात्रैकार्यया।
गोष्ठया सहचरन्विद्यांल्लोके सिदिं नियच्छति।।

114/391 का.सू.

जो व्यक्ति ऐसी गोष्ठियों में सम्बन्ध रखता है, जो जनरुचि का प्रतिनिधित्व करती है और जहाँ पर केवल विनोदों, मनोरंजनों का ही वातावरण रहता है वह व्यक्ति सफलता और ख्याति प्राप्त कर सकता है।[17]

उससे स्पष्ट है कि वात्स्यायन के कामसूत्र के अनुसार 'काम' पंच ज्ञानेद्रियों का गुण तथा आहार है। इन्हीं पंच ज्ञानेन्द्रियों का सम्बन्ध संचार से भी है। अतः संचार 'काम' के पुरुषार्थ या चतुर्वर्ग में सम्मिलित है। संचार भी एक वासना से युक्त प्रक्रिया है। यदि सूचना की वासना मनुष्य में न हो तो वह संचार प्रक्रिया से जुड़ेगा ही नहीं। परम्परा के प्रति सहज वासना होती है, इसी कारण परम्परागत संचार के प्रति मनुष्य उत्सुक रहता है। इस प्रकार संचार 'काम' के पुरुषार्थ में सम्मिलित है।

उक्त से स्पष्ट है कि संचार की परम्परा पुरानी है। यह 'काम' के चतुर्वर्ग में सम्मिलित है। परम्परागत संचार को परिभाषित करने के लिए यह भी जानना आवश्यक है कि 'परम्परा' क्या है? वास्तव में परम्परा एवं आधुनिकता सामाजिक व्यवहार से जुड़े दो ध्रुव हैं। सामाजिक प्रक्रिया सरल नहीं होती है। आधुनिकता एवं परम्परा सामाजिक विकास के दो पहलू हैं। परम्परा के लिए अंग्रेजी में समानार्थक शब्द (Tradition) का प्रयोग किया जाता है जिसका अर्थ भेजना या प्रसारण (Transmit) है। सम्प्रेषित या प्रसारित करती है। परम्परा भी स्थायी नहीं होती। पुरानी परम्पराओं की जगह नयी परम्पराएँ अस्तित्व में आती हैं। इस प्रकार परिवर्तन एवं निरन्तरता परम्परा की दो मुख्य विशेषताएँ हैं।

परम्परा और परम्परागत संचार की मूल प्रकृति एक है। इनमें अन्तर सिर्फ इतना है कि परम्परा व्यापक है तथा समाज को विभिन्न परम्पराओं में परम्परागत संचार एक लघु इकाई मात्र है। इस प्रकार परम्परागत संचार परम्परा का एक लघु भाग अथवा वर्गीकरण है इससे स्पष्ट है कि परम्परागत संचार में भी परम्परा की आधारभूत विशेषताएँ विद्यमान हैं।

9.1 परम्परागत संचार की विशेषताएँ एवं वर्गीकरण (Characteristics and Classification of Traditional Communication)

परम्परागत संचार मनुष्य एवं मानव समाज की मूल विशेषता है। यह प्रक्रिया प्रत्येक समाज अथवा समूह में पायी जाती है। आधुनिक से आधुनिक समाजों में भी परम्परागत संचार की भूमिका रहती है। परम्परागत संचार में विश्वास, मूल्य, रीति-रिवाज, व्यवहार, प्रक्रिया आदि का सम्प्रेषण एक पीढ़ी से दूसरी पीढ़ी तक हस्तान्तरित होता रहता है। मनुष्य जन्म के साथ-साथ परम्परागत संचार से जुड़ जाता है। इसी कारण परम्परागत संचार की सीमा में मनुष्य का विकास शैशवावस्था में होता है।

उक्त के कारण व्यक्तित्व परम्परागत संचार के दायरे में ही निर्मित होता है। इस कारण व्यक्तित्व या पर्सनालिटी (Personality) शब्द का भी अपना महत्त्व है। यूनान में जो नाटक होते थे, उन नाटकों में पात्रों को अपने चेहरे पर एक मुखौटा लगाना पड़ता था। उस मुखौटे का नाम था परसोना। उसी परसोना से पर्सनालिटी बना है। इस कारण पर्सनालिटी का अर्थ हुआ, ओढ़ा हुआ व्यक्तित्व।[18] इस प्रकार व्यक्तित्व के रूप में हम परम्पराओं को ही ओढ़ते हैं। इससे यह स्पष्ट है कि परम्परागत संचार की भूमिका व्यक्तित्व के निर्माण में महत्त्वपूर्ण है।

परम्परागत संचार एक सुव्यवस्थित प्रक्रिया नहीं है। इसमें न तो व्यावसायिक अथवा कुशल सम्प्रेषक होते हैं और न स्पष्ट सुनिश्चित संसार। इसमें सामाजिक स्थिति एवं सम्बन्ध के आधार पर सम्प्रेषण की प्रक्रिया ही सम्पादित होती है। परम्परागत संचार की विषय-वस्तु भी उसी सामाजिक परिवेश से जुड़ी होती है। इसमें सम्प्रेषक एवं श्रोता की सामाजिक स्थिति के अनुरूप संचालित होता है। इसमें घटना के स्रोत से भी जुड़ाव रहता है।[19]

यदि सामाजिक व्यवहार को देखें तो स्पष्ट होता है कि वर्तमान समाज में परम्परागत संचार को प्रक्रिया कह सकते हैं। इसकी कुछ प्रमुख विशेषताएँ (Characteristics) इस प्रकार हैं—

(क) **निरन्तरता (Continuity) :** परम्परागत संचार की मुख्य विशेषता निरन्तरता है। यह किसी-न-किसी रूप में प्रत्येक समय अथवा समाज में हमें प्राप्त होती है।

(ख) **व्यवसायरहित (Non-professional) :** परम्परागत संचार मूलतः गैर-व्यावसायिक प्रकृति का होता है। इसमें आधुनिक व्यावसायिक संचार प्रक्रिया की भाँति नियोजन आदि नहीं होता है। यह वास्तव में समाज की स्वतः स्फूर्त सम्प्रेषण व्यवस्था का अंग होता है।

(ग) **यान्त्रिकतारहित (Non-Mechanical) :** परम्परागत संचार प्रक्रिया में अति यान्त्रिकता का प्रयोग नहीं होता। समाज अपने उपलब्ध स्थानीय संसाधनों के अनुरूप इसे संचालित करता है। यान्त्रिकता की स्थिति में यह लुप्त हो जाता है।

(घ) **परम्परा की सम्बद्धता (Close Relationship) :** इस प्रकार संचार व्यवस्था में सम्बद्ध लोगों में परस्पर निकट का सम्बन्ध होता है। परस्पर की अनुभूति एवं भावना के आधार पर इसके श्रोता तथा सम्प्रेषक परस्पर जुड़े होते हैं।

(ङ) **निरपेक्ष सन्देश (Absolute Message) :** परम्परागत संचार में सन्देश का स्वरूप निरपेक्ष तथा आदर्शात्मक होता है। क्योंकि नकारात्मक सन्देशों की मात्रा परम्परागत सम्प्रेषण प्रक्रिया में नहीं हो सकती है। इससे भी यह स्पष्ट है कि परम्परागत संचार के सन्देश निरपेक्ष होते हैं।

(च) **लगाव एवं आकर्षण (Attachment and Attraction) :** परम्परागत संचार के प्रति सम्बद्ध समूह के लोगों में लगाव एवं आकर्षण का भाव पाया जाता है। लोग परम्परागत संचार के आदर्श के अनुरूप अपना मार्ग भी तय करते हैं।

(छ) **व्यवहार एवं नियन्त्रण (Control of Behaviour) :** परम्परागत संचार प्रक्रिया के द्वारा प्रत्येक समाज में मानव व्यवहार का नियन्त्रण किया जाता है। यह संचार उचित-अनुचित, सत्य-असत्य आदि रूपों में व्यक्ति के व्यवहार को नियन्त्रित करने का कार्य करता है।

(ज) **सामाजिक स्तर का प्रभाव (Impact of Social Status) :** परम्परागत संचार में सामाजिक स्तर पर भी भूमिका मुख्य होती है। इसी स्तर के अनुसार परम्परागत सम्प्रेषण प्रक्रिया में सूचनाओं का आदान-प्रदान होता है।

(झ) **परम्परागत सन्देश (Traditional Message) :** परम्परागत में लोक व्यवहार, मूल्य, मान्यता, प्रथा एवं परम्परा आदि से सम्बद्ध सन्देश प्रचारित तथा प्रसारित होते हैं। इसमें धार्मिक कहानी-किस्से आदि भी सम्मिलित हैं।

(ञ) **परम्परागत माध्यम (Traditional Media) :** परम्परागत संचार के वाहक या माध्यम भी परम्परागत संचार के वाहक या माध्यम भी परम्परागत होते हैं। आधुनिक समय में भी उनका उपयोग कर रहे हैं। जैसे नृत्य, नाटक, कठपुतली, रामलीला, मूर्ति, कथा, वार्त्ता, संगोष्ठी, उत्सव, भाँगड़ा, ढोल एवं बाँसुरी आदि। परम्परागत माध्यमों का महत्त्व वर्तमान में भी है।

उक्त विशेषताओं के उपरान्त परम्परागत संचार का वर्गीकरण आवश्यक है। परम्परागत संचार को हम निम्न प्रकार समझ सकते हैं–

परम्परागत संचार के प्रकार

(Types of Traditional Communication)

आभ्यन्तर	अन्तर्वैयक्तिक	समूह	जन
(Intrapersonal)	(Interpersonal)	(Group)	(Mass)

परम्परागत संचार में परम्परागत सम्प्रेषक, परम्परागत सन्देश, परम्परागत माध्यम प्रमुख हैं। ये तत्त्व मुख्यतः परम्परागत संचार के सभी रूपों में विद्यमान मिलते हैं। इनका विवेचन हम आगे करेंगे। संचार के उक्त वर्गीकरण का आधार मात्र मनुष्य संख्या नहीं है वरन् इच्छा, अनुभूति एवं कामना के कारण इनमें परस्पर भिन्नता है। इसी भिन्नता के कारण आभ्यन्तर संचार अन्तर्वैयक्तिक समूह एवं जनसंचार परस्पर भिन्न हैं। इसी गुणात्मक भिन्नता के कारण हम इन्हें उक्त रूपों में वर्गीकृत कर सकते हैं।

यहाँ यह भी जानना आवश्यक है कि आधुनिक संचार को भी हम आभ्यन्तर, अन्तर्वैयक्तिक, समूह एवं जन में वर्गीकृत करते हैं। इससे यह भ्रम भी उत्पन्न हो सकता है कि यदि उक्त

के नामों में समता है तो किस प्रकार प्रकृति भिन्न है? इस प्रश्न का मूल उत्तर है—परम्परागत सम्प्रेषक, सन्देश एवं माध्यम यही मूल अवयव या तत्त्व है जिसके कारण आधुनिक संचार, परम्परागत संचार से भिन्न हो जाता है। उक्त अतिरिक्त परम्परागत तथा आधुनिक दोनों संचारों से इच्छा अथवा कामना का तत्त्व समाहित अथवा निहित होता है। इसी कारण दोनों के आधारों में समानता हमें दिखायी पड़ती है, जिसे हम इस प्रकार देख सकते हैं—

प्रारूप (9.1) से स्पष्ट है कि संचार के विविध रूपों में इच्छा/कामना शक्ति परस्पर भिन्न-भिन्न होती है। आभ्यन्तर संचार (क) में व्यक्ति की इच्छा/कामना का दायरा अति व्यापक होता है। (अन्तर्वैयक्तिक संचार) (ख) में व्यक्ति की इच्छा/कामना का दायरा आभ्यन्तर संचार की अपेक्षा सीमित परन्तु समूह एवं जनसंचार की तुलना में व्यापक होता है। (समूह संचार) (ग) में व्यक्ति इच्छा/कामना का क्षेत्र आभ्यन्तर एवं अन्तर्वैयक्तिक संचार की तुलना

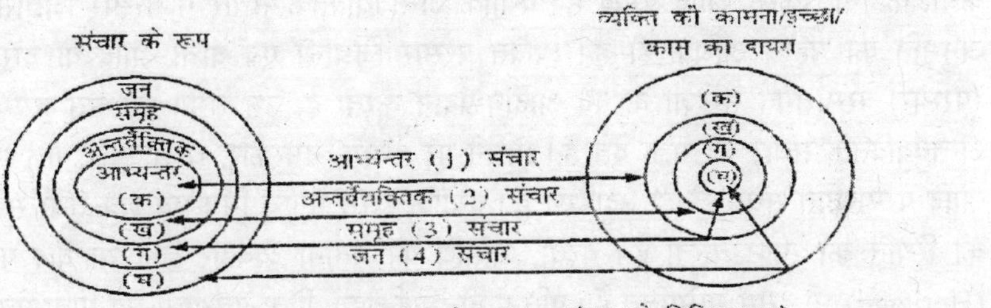

(संकेत : (क), (ख), (ग) एवं (घ) = संचार के विविध रूप)

प्रारूप–(9.1) : संचार एवं इच्छाशक्ति/कामना

में सीमित तथा जनसंचार की तुलना में व्यापक होता है। जनसंचार (घ) में व्यक्ति इच्छा/कामना/काम का क्षेत्र आभ्यन्तर संचार अन्तर्वैयक्तिक संचार एवं समूह संचार की तुलना में सीमित होता है। चूँकि व्यक्ति की इच्छा/कामना/काम व्यक्ति की व्यक्तिपरकता का प्रतिनिधित्व करती है इसी कारण हम कह सकते हैं कि जनसंचार वह संचार है, जिसमें व्यक्तिपरकता का समापन समष्टि रूप में विद्यमान रहती है। इसी कारण व्यक्ति 'मैं' और 'मेरे' अस्तित्व का विचार अथवा चिन्तन करता है। इसके विपरीत जनसंचार की स्थिति में 'मैं' और 'मेरे' अस्तित्व का विचार 'हम और हमारे' अस्तित्व में बदल जाता है। इसी भिन्नता के कारण संचार का वर्गीकरण हम उक्त प्रकार कर सकते हैं। परम्परागत संचार के विभिन्न प्रकारों का विवेचन अधोलिखित है—

(अ) परम्परागत आभ्यन्तर संचार (Traditional Intrapersonal Communication) : परम्परागत में आभ्यन्तर संचार मुख्य है। संचार की यह प्रक्रिया आधुनिक संचार में भी सम्पन्न होती है परन्तु इसका स्वरूप भिन्न होता है। जब मनुष्य की पाँच ज्ञानेन्द्रिय, कर्मेन्द्रिय एवं मन व्यवहार, क्रिया, आचार-विचार एवं नियम आदि के सतत प्रवहमान स्वरूप या प्रवृत्ति पर विचार एवं उसी के अनुरूप कार्य करता है तो उस समय परम्परागत आभ्यन्तर संचार की प्रक्रिया सम्पन्न होती है। इस प्रकार संचार में सन्देश परम्परागत होता है।

मनुष्य की प्रवृत्ति सभी काल एवं समाज में आदर्शात्मक रही है। आदर्श का अभिप्राय उच्च मान्यता एवं मूल्यों से रहा है। परम्परागत आभ्यन्तर संचार की प्रक्रिया शुभ-अशुभ एवं पाप-पुण्य आदि से भी जुड़ी होती है। संस्कार एवं व्यवहार भी परम्परागत आभ्यन्तरों के संचार

के प्रमुख उदाहरण हैं। व्यक्ति का अन्तःकरण परम्परागत आभ्यन्तर में कुछ मूल्यों, मान्यताओं, विचारों को इस प्रकार आत्मसात् कर लेता है कि उसके विपरीत वह चिन्तन एवं व्यवहार नहीं करता है। इस प्रकार के संचार में प्रायः वह स्वतः आचरण में प्रवृत्त हो जाता है। जैसे—दक्षिण की ओर पैर करके न सोना, दक्षिण की ओर मुँह करके न खाना खाना, हँसना, रोना, गाना, चिल्लाना आदि इसके उदाहरण हैं। इस प्रकार परम्परागत आभ्यन्तर संचार में सन्देश एवं उद्दीपक भी परम्परा से जुड़े होते हैं। ध्यान, उपासना, कर्मकाण्ड आदि भी इसमें सम्मिलित हैं।

(ब) परम्परागत अन्तर्वैयक्तिक संचार (Traditional Interpersonal Communication): परम्परागत अन्तर्वैयक्तिक संचार प्रक्रिया का मुख्य आधार परम्परागत सन्देश एवं प्रतिपुष्टि (फीडबैक) है। इस संचार में माध्यम का तत्त्व गौड़ रहता है। व्यक्ति मौखिक एवं हाव-भाव के द्वारा अपने सन्देश सम्प्रेषित करता है। परम्परागत अन्तर्वैयक्तिक संचार में लोरी, कथा, कहानी, किस्से आदि प्रमुख हैं। क्योंकि अन्तर्वैयक्तिक संचार में परस्पर जिज्ञासा एवं अनुभूति का महत्त्व अधिक ही है। व्यक्ति परस्पर जिज्ञासा एवं वार्त्ता आदि के द्वारा जब (परस्पर) परम्परागत सन्देशों का ही आदान-प्रदान करता है, उस समय हम उसे परम्परागत अन्तर्वैयक्तिक संचार की संज्ञा देते हैं। मिलने पर प्रणाम, नमस्कार, चरण स्पर्श, गले मिलना आदि परम्परागत संचार के ही उदाहरण हैं। क्योंकि इससे मनुष्य मित्र एवं शत्रु तथा सम्बन्धों की स्थिति को स्पष्ट करता है। बच्चों, अतिथि को बताना व्यवहार ज्ञान या वंश परम्परा (Heritage) भी इसमें सम्मिलित हैं। पति-पत्नी, भाई-बहन, पिता-पुत्र/पुत्री एवं माता-पुत्र/पुत्री आदि प्रकार के सम्बन्धों में निहित संचार प्रक्रिया परम्परागत अन्तर्वैयक्तिक संचार के उदाहरण हैं। पत्र व्यवहार मध्य संचार (Media Communication) भी इसमें सम्मिलित हैं।[20]

(स) परम्परागत समूह संचार (Traditional Group Communication) : परम्परागत समूह संचार के आधार तत्त्व परम्परागत सम्प्रेषक सन्देश परम्परागत माध्यम फीडबैक हैं। परम्परागत समूह में ही परम्परागत संचार सम्पादित होता है। परम्परागत समूह के उदाहरण के रूप में हम जाति एवं एक धर्म के सदस्यों के व्यवहारों तथा परम्परागत सन्देश के आदान-प्रदान में परस्पर समानता होती है। इनके मध्य रीति-रिवाज, प्रथा-परम्परा, उत्सव, समारोह, पर्व आदि को मनाने एवं आयोजन का स्वरूप भी परस्पर एक होता है। संस्कार तथा शादी-विवाह एवं जन्म आदि के अवसर[21] पर गायन, वादन, वन्दन, अभिनन्दन आदि प्रक्रिया परम्परागत समूह संचार की ही प्रक्रिया एवं प्रवृत्ति है। सामान्य काल में यह संचार प्रक्रिया समूह के सदस्यों के मस्तिष्क में विद्यमान रहती है, लेकिन अवसर उपस्थित होने पर यह स्पष्ट रूप में सामने आती है। समूह संचार की इस प्रक्रिया में किसी प्रश्न एवं समस्या का निदान जातीय या धार्मिक मुखिया के द्वारा किया जाता है। मुस्लिम समुदाय में तबलिगी जमात, हिन्दुओं में भजन मण्डली, साधु जमात आदि परम्परागत समूह संचार के प्रमुख उदाहरण हैं।

(द) परम्परागत जनसंचार (Traditional Mass Communincation) : प्रायः यह भ्रम की स्थिति है कि जनसंचार आधुनिक समाज की देन है। वास्तव में जनसंचार की प्रवृत्ति प्राचीन समय में थी तथा वर्तमान में भी है। जनसंचार का सम्बन्ध इच्छा, कामना या काम से जुड़ा है। ये भावनाएँ व्यक्तिपरकता (Individuality) का स्वरूप समाप्त अथवा समष्टियुक्त हो जाता है। यह प्रवृत्ति प्राचीन समय एवं परम्परागत संचार में भी है। इस कारण परम्परागत जनसंचार के अस्तित्व को हमें स्वीकार करना पड़ेगा।

परम्परागत जनसंचार में परम्परागत सम्प्रेषक, सन्देश, माध्यम एवं परम्परागत प्रतिपुष्टि (फीडबैक) प्रमुख तत्त्व हैं। परम्परागत जनंसचार में हम धार्मिक ज्ञान की परम्परा, उपासना की पद्धति, लोकाचार, जातीय अस्मिता आदि को रख सकते हैं। जैसे विश्व भर में फैले हिन्दू, मुस्लिम, ईसाई, यहूदी, बौद्ध आदि अपनी-अपनी धर्म परम्परा के अनुसार ईश्वर, उपासना आदि का वर्णन, विवेचन एवं सूचना का आदान-प्रदान करते हैं। यही परम्परागत जनसंचार है। भारत में कुम्भ मेला जनसंचार का एक विशिष्ट उदाहरण है। एक निश्चित अवधि पर प्रयाग, हरिद्वार, नासिक एवं उज्जैन में लगनेवाले कुम्भ को हम परम्परागत जनसंचार की कोटि में ही रख सकते हैं। इस प्रकार परम्परागत जनसंचार वर्तमान के व्यावसायिक जनसंचार की व्यवस्था से अधिक प्रभावी तथा महत्त्वपूर्ण है।

9.2 परम्परागत संचार के संघटक
(Components of Traditional Communication)

आधुनिक संचार के समान्तर में समाज में विद्यमान परम्परागत संचार प्रक्रिया स्वयं में प्रभावी तथा महत्त्वपूर्ण है। इस कारण इसके संघटकों को जानना आवश्यक है—

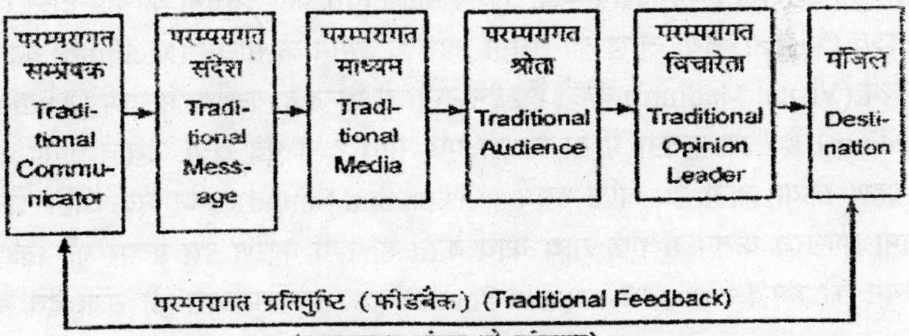

(परम्परागत संचार के संघटक)

प्रारूप—(9.2)

प्रारूप 9.2 से स्पष्ट है कि परम्परागत संचार में मुख्य रूप से परम्परागत सम्प्रेषक, परम्परागत सन्देश, परम्परागत माध्यम, परम्परागत श्रोता एवं परम्परागत (फीडबैक) प्रतिपुष्टि सम्मिलित हैं। ये संघटक परम्परागत—अन्तर्वैयक्तिक समूह एवं जनसंचार में मिलते हैं। परन्तु परम्परागत आभ्यन्तर संचार प्रक्रिया चूँकि इन्द्रियजन्य संचार प्रक्रिया है इस कारण इसके संघटक प्रायः भिन्न होते हैं।

परम्परागत संचार के संघटकों में परम्परागत सम्प्रेषक महत्त्वपूर्ण है। परम्परागत सम्प्रेषक की संज्ञा हम उसे ही दे सकते हैं, जिसे परम्परागत सन्देश का ज्ञान हो तथा परम्परागत सूचनाओं का आदान-प्रदान करता हो। इसका स्वरूप अन्तर्वैयक्तिक, समूह एवं जनसंचार में परस्पर भिन्न प्रकार का होगा।

परम्परागत सन्देश भी आधुनिक सन्देश से भिन्न प्रकृति का होता है। इसका स्वरूप आधुनिक सन्देश की प्रक्रिया की भाँति तात्कालिक घटनाओं में सम्बद्ध न होकर किसी घटना की परम्परा या घटना से जुड़े परम्परागत व्यवहार से होता है। यह सन्देश धार्मिक, आचार-विचार, व्यवहार, राजनीतिक, सामाजिक, आर्थिक आदि से जुड़ा हो सकता है। जैसे—दान (आर्थिक), सुशासन—कुशासन (राजनीतिक) आदि सन्देश के उदाहरण हैं। परम्परागत सन्देश इस प्रकार अपनी मुख्य विशिष्टताओं से युक्त होता है।

परम्परागत माध्यमों के सन्दर्भ में भी भ्रम की स्थिति विद्यमान है। परम्परागत संचार माध्यमों के गर्भ से ही आधुनिक संचार माध्यमों का विकास हुआ है। परम्परागत माध्यमों के जितने प्रकार हैं, उतने ही प्रकार के आधुनिक संचार माध्यम के भी हैं। इसे हम इस प्रकार समझ सकते हैं–

उक्त वर्णन से स्पष्ट है कि परम्परागत माध्यमों की प्रकृति दृश्य, श्रव्य एवं दृश्य-श्रव्य है। इसके मूल में मनुष्य के संवेदी अंग हैं। मनुष्य के शरीर में सूचना ग्रहण करनेवाले अंगों में–कान, आँख, नाक, जिह्वा एवं त्वचा हैं। लेकिन संचार अथवा समाजोपयोगी सूचना प्रक्रिया में मुख्य भूमिका कान एवं आँख की है। चूँकि माध्यम का अभिशाप जोड़नेवाला एवं आधार का सूचना वाहन से है। माध्यम वह शारीरिक अथवा यान्त्रिक साधन है जो कि सन्देश को चैनल के अनुरूप संकेतों को बलदकर सम्प्रेषित करने में सक्षम है। टी. वी. एक माध्यम (Medium) है जो कि ध्वनि एवं दृश्य (Vision and Sound) चैनल को अपने में समाहित करता है।[22] इसी कारण कान के द्वारा प्राप्त किये जानेवाली सूचना को ध्वनि (Sound) या श्रव्य (Audio) तथा कान को सूचना उपलब्ध करानेवाले साधन (Medium) को हम (Audio Medium) श्रव्य-माध्यम की संज्ञा देते हैं। इसके अतिरिक्त आँख द्वारा प्राप्त सूचना दिखायी पड़ती है। इसे देखने की विशेषता के कारण आँख द्वारा ग्रहण सूचना को हम दृष्टि (Vision) या दृश्य (Visual) तथा आँख को सूचना उपलब्ध कराने के साधन (Medium) को हम दृश्य माध्यम (Visual Medium) कहते हैं। इन दोनों से भिन्न दृश्य-श्रव्य माध्यम (Audio Visual Medium) है। इस सूचना में या सन्देश एक साथ दृश्य एवं श्रव्य अर्थात् आँख और कान से ग्रहण किया जाता है। चूँकि इसमें (Vision and Sound) दृष्टि एवं ध्वनि दोनों चैनल सूचना उपलब्ध कराने में एक साथ कार्य करते हैं, इसी कारण इस प्रकार की विशेषतावाले माध्यम को हम (Audio Visual and Sound) दृश्य-श्रव्य माध्यम की संज्ञा देते हैं।

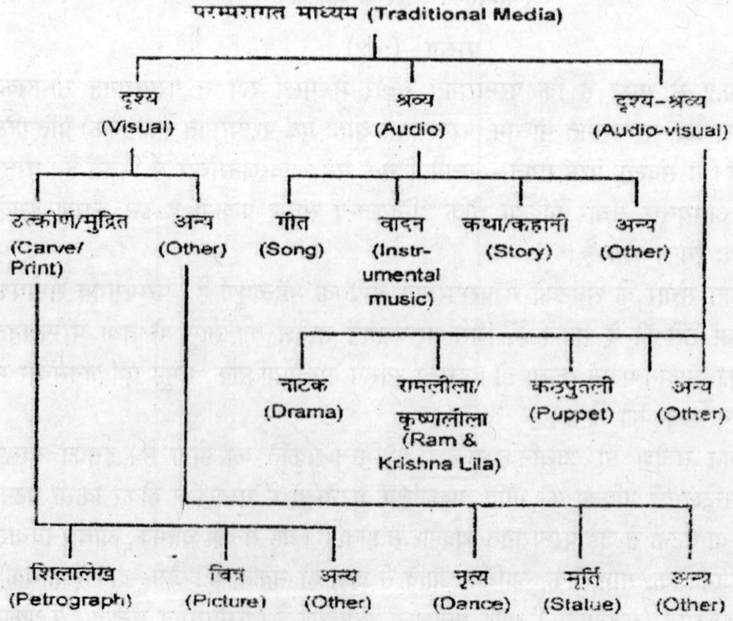

प्रारूप 9.3 : परम्परागत संचार माध्यम

परम्परागत संचार में महत्त्वपूर्ण है। परम्परागत संचार में विचारेता की स्थिति उच्च होती है। लोग सम्मान की दृष्टि से देखते हैं। परम्परागत मूल्यों, विश्वासों आदि के सन्दर्भ में इसके निर्णय महत्त्वपूर्ण होते हैं। जातीय नेता, मुखिया, धर्म नेता इस कड़ी में महत्त्वपूर्ण हैं। इनके प्रति लोगों में विश्वसनीयता की भी प्रवृत्ति पायी जाती है।

परम्परागत संचार प्रक्रिया में श्रोता का स्वरूप एवं स्थिति भी सामान्य संचार प्रक्रिया की भाँति होती है। परम्परागत संचार में श्रोता अपने मनोभावों और इच्छाओं के अनुरूप उत्सुकता के साथ सन्देश को प्राप्त करता है। इस प्रकार इसमें श्रोता को प्रतिबद्धता एवं तल्लीनता अधिक होती है। परम्परागत संचार का श्रोता परम्परा से जुड़े होने के कारण परम्परागत संचार की स्वाभाविक कड़ी के रूप में विद्यमान रहता है। परम्परागत श्रोता की भूमिका अन्तर्वैयक्तिक, समूह एवं जनसंचार के परम्परागत संचार में भिन्न-भिन्न तथा आवश्यकता के अनुरूप होती है।

परम्परागत संचार में परम्परागत प्रतिपुष्टि या (फीडबैक) का भी तत्त्व मुख्य है। परम्परागत संचार के सभी प्रकारों में फीडबैक परम्परागत सूचना संज्ञान की जिज्ञासा, प्रत्युत्तर के रूप में होती है। हाव-भाव, हँसी, व्यंग्य एवं मूक आदि रूपों में परम्परागत फीडबैक/प्रतिपुष्टि सम्पादित होती है। इसके अतिरिक्त गाली, शाप, अपशब्द और प्रशंसा भी प्रतिपुष्टि के परम्परागत रूप हैं।

परम्परागत संचार में प्रतिपुष्टि कभी-कभी व्यवहार के रूप में भी प्रकट होती है जैसे विरोध, प्रदर्शन, उपवास एवं अनशन आदि। इस प्रकार परम्परागत प्रतिपुष्टि परम्परागत संचार का मुख्य संघटक है।

परम्परागत संचार के विवेचन से यह स्पष्ट हुआ है कि परम्परागत संचार मृत अथवा लुप्त संचार प्रक्रिया नहीं है वरन् यह आधुनिक संचार की समान्तर प्रक्रिया है जो प्रत्येक समाज में निरन्तर विद्यमान रहती है। इसी कारण समाज दूसरे से तथा एक देश दूसरे देश से भिन्न प्रकृति का होता है। इसकी मूल प्रकृति का स्पष्टीकरण अधोलिखित प्रारूप से हो सकता है—

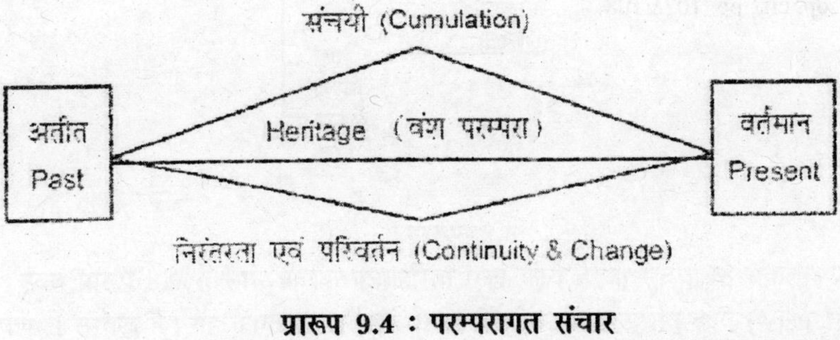

प्रारूप 9.4 : परम्परागत संचार

प्रारूप (9.4) से स्पष्ट है कि परम्परागत संचार अतीत एवं वर्तमान के बीच एक कड़ी है तथा इसमें संचयी वंश-परम्परा एवं निरन्तरता तथा परिवर्तन की प्रवृत्तियाँ निहित होती हैं। इससे स्पष्ट है कि परम्परागत संचार अपनी प्रकृति के कारण आधुनिक संचार से भिन्न तथा निरन्तर विद्यमान रहनेवाला संचार है।

सन्दर्भ

1. शास्त्री शिवदत्त, कामसूत्रम् (टीका) चौखम्भा संस्कृत संस्थान, गोपाल मन्दिरलेन, वाराणसी, वि. सं.–2039, पृष्ठ 3 एवं 4।
2. तदैव, पृष्ठ 7।
3. तदैव।
4. तदैव, पृष्ठ 8 एवं 9।
5. तदैव, पृष्ठ 11।
6. तदैव।
7. तदैव, पृष्ठ 13।
8. तदैव, पृष्ठ 27 एवं 28।
9. तदैव, पृष्ठ 28।
10. तदैव, पृष्ठ 42।
11. तदैव, पृष्ठ 42 एवं 43।
12. तदैव, पृष्ठ 66।
13. तदैव, पृष्ठ 68।
14. तदैव, पृष्ठ 68 एवं 69।
15. तदैव, पृष्ठ 129।
16. तदैव, पृष्ठ 131।
17. तदैव, पृष्ठ 152-153।
18. ओशो, साधना सूत्र (हृदय संगीत) : डायमण्ड पॉकेट बुक्स, नयी दिल्ली, 1993, पृष्ठ 14।
19. Pey lucian communication and Political Development. Radha Krishna Prakashan, New Delhi, 1972, p. 24.
20. Watson James and Hill Anne, A Dictionary of Communication and Media Studies, Universal Book Stall, New Delhi 1996, p 107.
21. ओमप्रकाश सिंह, संचार माध्यमों का प्रभाव, क्लासिकल पब्लिशिंग कम्पनी, नयी दिल्ली, 1993 पृष्ठ 146 से 158।
22. Watson James and Hill Anne, A Dictionary of Communication and Media Studies, op. cit., pp. 107&108.

अध्याय - 10

ग्रामीण संचार

RURAL COMMUNICATION

10.0 भारत की मूल संस्कृति ग्रामीण है। बहुसंख्यक लोगों का सम्बन्ध ग्रामीण परिवेश से है। इस कारण ग्रामीण समुदाय में संचार की प्रवृत्ति को जानना आवश्यक है। भारत के अतिरिक्त विश्व के विकसित से भी विकसित देश के सम्बन्ध में विचार करें तो स्पष्ट होगा कि वहाँ का भी समुदाय ग्रामीण एवं नगरीय भागों में विभक्त है। इससे यह स्पष्ट है कि ग्रामीण संस्कृति एवं नगरीय संस्कृति विश्व के प्रत्येक देश या समुदाय की विशेषता है।

ग्रामीण एवं नगरीय संस्कृति परस्पर अलग-अलग हैं। इनमें विभाजन का आधार मुख्यतः भौगोलिक एवं सांस्कृतिक है। ग्रामीण परिवेश के व्यवहार, आवश्यकता, मूल्य सिद्धान्त आदि नगरीय परिवेश से भिन्न हैं। इसके साथ-साथ यह भी आश्चर्यजनक सत्य है कि ग्रामीण समुदाय एवं परिवेश का अन्तरण धीरे-धीरे नगरीय परिवेश एवं समुदाय में हो रहा है। ग्रामीण संस्कृति में मुख्यतः नगरीय संस्कृति के अनुकरण की भी प्रक्रिया जारी है। यह प्रक्रिया भी ग्रामीण समुदाय एवं नगरीय परस्पर की भिन्नता को व्यक्त करती है।

ग्रामीण एवं नगरीय समुदाय की भिन्नताओं में संचार की भिन्नता महत्त्वपूर्ण है। इस अध्याय में हम ग्रामीण संचार की प्रकृति, स्वरूप आदि का विवेचन करेंगे, क्योंकि ग्रामीण संचार की ग्रागीण समुदाय को नगरीय समुदाय से भिन्न स्वरूप प्रदान करनेवाला प्रमुख अवयव तत्त्व है।

ग्रामीण संचार का विवेचन करने से ग्रामीण संचार की संरचना के ज्ञान के साथ-साथ यह भी ज्ञात हो सकेगा कि नगरीय संचार से ग्रामीण संचार किस प्रकार भिन्न है? ग्रामीण संचार के विवेचन से ग्रामीण संचार की स्थिति एवं दशा भी स्पष्ट हो सकेगी। ग्रामीण-संचार के विकास और उपयोगिता को भी स्पष्ट करने के लिए इसका अध्ययन आवश्यक है।

ग्रामीण संचार से जुड़े विविध-तत्त्वों का अलग-गलग विवेचन तो प्रायः उपलब्ध है परन्तु ग्रामीण संचार के सन्दर्भ में विवेचन, विश्लेषण बहुत ही कम प्राप्त होता है। संचार के अध्येता अथवा विद्यार्थी के लिए यह आवश्यक है कि संचार के विविध प्रकारों से अवगत हो। संचार की प्रवृत्तियों में ग्रामीण संचार महत्त्वपूर्ण है। इस कारण आज भी इसकी उपयोगिता तथा महत्ता है।

विद्युतीय माध्यमों की गगनचरी प्रवृत्ति ने अपना विस्तार ग्रामीण समाज में तो अवश्य किया है। मुद्रित माध्यमों का प्रवेश अब भी ग्रामीण समुदाय में शून्यप्राय है। ग्रामीण प्रेस आदि की संकल्पना अब भी प्रभावी नहीं हो सकी है। आधुनिक संचारविद् ग्रामीण समुदाय को आधुनिक सूचना प्रक्रिया से रिक्त समुदाय की संज्ञा देते हैं, इन प्रवृत्तियों के कारण भी ग्रामीण संचार का विवेचन आवश्यक है।

ग्रामीण संचार के विवेचन के पूर्व ग्रामीण संचार का आधार ग्रामीण परिवेश का ज्ञान, विवेचन तथा विश्लेषण आवश्यक है। ग्रामीण समुदाय किन विशेषताओं के कारण नगरीय समुदाय से भिन्न है, इसका विश्लेषण आवश्यक है। ग्रामीण एवं नगरीय के मध्य विद्यमान परस्पर की भिन्नता के ही आधार पर हम ग्रामीण संचार की संकल्पना को वास्तव में समझ सकते हैं। ग्रामीण समुदाय जिन कारणों से नगरीय समुदाय से भिन्न है उसका विवेचन अगले भाग में है।

10.1 ग्रामीण एवं नगरीय समाज (Rural & Urban Society)

परिवेश या पर्यावरण मानव-जीवन को प्रभावित करता है। मानव समाज में दो प्रकार के पर्यावरण मुख्य हैं--ग्रामीण एवं नगरीय। इनमें मानव-जीवन एवं पर्यावरण परस्पर भिन्न हैं। ग्रामीण एवं नगरीय परिवेश अथवा पर्यावरण में विद्यमान भिन्नता के पूर्व उक्त की विशेषताओं को अलग-अलग जानना आवश्यक है।

10.1.1 ग्रामीण समाज की विशेषताएँ (Characteristics of Rural Society)

मानव समाज में विद्यमान प्रत्येक वस्तु अथवा विचार अपनी आधारभूत विशेषताओं अथवा तत्त्वों के कारण अन्य वस्तु अथवा विचार से भिन्न प्रकृति का होता है। इसके साथ ही अपनी आधारभूत विशेषताओं के कारण कोई विचार वस्तु स्वरूपित एवं परिभाषित भी होती है। ग्रामीण समाज को भी स्वरूपित एवं परिभाषित अधोलिखित विशेषताओं के आधार पर कर सकते हैं :

(क) कृषि पर निर्भरता (Dependency on Agriculture) : कृषि ग्रामीण समुदाय का मुख्य पेशा अथवा रोजगार है। इस परिवेश में कृषक को पशु, वृक्ष आदि सहज ही उपलब्ध हैं। कृषि ग्रामीण समुदाय के लोगों की आय एवं आवश्यकता की पूर्ति का मुख्य साधन है। सामान्य रूप में ग्रामीण के सभी सदस्य कृषि कार्य में भागीदारी करते हैं। इस प्रकार कृषि ग्रामीण परिवारों का व्यवसाय है। ग्रामीण समुदाय में कृषक कार्यों में पड़ोसियों तथा ग्रामीण समुदाय के अन्य सदस्यों का भी सहयोग लिया जाता है। सामान्य रूप में हम कह सकते हैं कि बहुसंख्यक ग्रामीण लोगों का मुख्य पेशा कृषि है।[1] ग्रामीण समुदाय की यह भी एक विडम्बना है कि बच्चे भी यहाँ कृषि कार्यों में परिवार के सदस्यों के साथ अपनी हिस्सेदारी अदा करते हैं।

(ख) प्रकृति से जुड़ाव (Close Contact with Nature) : ग्रामीण समुदाय का परिवेश प्राकृतिक होता है। इस कारण खुला वातावरण, स्वच्छ हवा, स्वच्छ जल यहाँ सहज की उपलब्ध रहता है। ग्रामीण जन मूलतः प्राकृतिक परिवेश में ही निवास करते हैं। ग्रामीणों का सीधा सम्बन्ध मिट्टी, जल, वायु आदि से होता है। ग्रामीण समुदाय के लोगों के लिए ज्यादातर प्रकृति ही सब होती है। कृषि के लिए वर्षा, रोगों के निदान आदि के लिए भी इनकी निर्भरता अधिकतर प्रकृति पर ही निर्भर होती है। ग्रामीण समुदाय की प्रथा, परम्परा, रीति-रिवाज आदि प्रकृति से जुड़े होते हैं। धरती इनके लिए मूल आधार एवं जीवनदायिनी है। धरती माता के पुत्र ग्रामीण जन धरती की ही आय पर निर्भर होते हैं।[2] ग्रामीण समुदाय प्रकृति की गोद में रहकर उसी पर निर्भर है।

(ग) लघु आकार (Smaller Size) : ग्रामीण इकाइयों अथवा गाँवों का आकार नगरों की तुलना में छोटा होता है। कृषि ग्रामीण समुदायों का मूल पेशा है। कृषि के लिए भूमि भी आवश्यक है।[3] कृषि भूमि के कारण ग्रामीण परिवेश में जनसंख्या का आकार छोटा होता है। गाँव नगरों की तुलना में विशाल जनसंख्या वाले नहीं होकर सीमित जनसंख्या के आकारवाले होते हैं।

(घ) सीमिति जनसंख्या का घनत्व (Less Density of Population) : ग्रामीण समुदाय में नगरीय समुदाय की तुलना में जनसंख्या का घनत्व सीमित होता है। ग्रामीण समुदाय का मुख्य पेशा कृषि है। कृषि कार्य हेतु भूमि की आवश्यकता के कारण नगरीय समाज की तुलना में प्रति एकड़ भूमि पर जनसंख्या का घनत्व ग्रामीण समाज में सीमित होता है। वहाँ की जनसंख्या में प्रत्यक्ष सम्पर्क एवं सम्बन्ध की प्रवृत्ति पायी जाती है। ग्रामीण समुदाय का जीवन शान्त एवं सरल है।[4]

(ङ) जनसंख्या की एकरूपता (Homogeneity of Population) : ग्रामीण जीवन में परस्पर एकरूपता की प्रवृत्ति पायी जाती है। यहाँ के लोगों का सम्बन्ध कृषि कार्य पर प्रत्यक्ष अथवा परोक्ष रूप में होता है।[5] ग्रामीण समाज में जाति, धर्म आदि की भिन्नता के बावजूद पहनावे, उत्पादन के साधन आदि में एकरूपता पायी जाती है।

(च) सामाजिक स्तरीकरण (Social Stratification) : ग्रामीण समाज में परम्परागत स्तरीकरण की भी प्रवृत्ति पायी जाती है। परन्तु यहाँ नगरीय समाज की तुलना में स्तरीकरण के प्रकार न्यून होते हैं।[6] इससे स्पष्ट है कि ग्रामीण समाज में स्तरीय भिन्नता की प्रकृति सीमित है।

(छ) सामाजिक अन्तःक्रिया (Social Interaction) : ग्रामीण समाज में सहयोग एवं संघर्ष का स्वरूप स्पष्ट रूप में दिखायी पड़ता है। इसके परिणामस्वरूप सामाजिक अन्तःक्रिया का परिवेश एवं स्वरूप सीमित भी होता है। यहाँ सामाजिक अन्तःक्रिया व्यक्तियों के प्रत्यक्ष सम्पर्क से सम्पादित होती है। यह प्रवृत्ति निरन्तर ग्रामीण समाज में चलती रहती है।

(ज) न्यून सामाजिक गतिशीलता (Less Social Mobility) : ग्रामीण समाज में नगरीय समाज की तुलना में सीमित सामाजिक गतिशीलता की प्रवृत्ति पायी जाती है। ग्रामीण लोग कठोर परिश्रम के उपरान्त ही एक सामाजिक स्तर से दूसरे सामाजिक स्तर में प्रवेश कर पाता है। इसका मूल कारण यह होता है कि यहाँ रोजगार के अवसर एवं स्थिति सीमित होती है।[7] ग्रामीण परिवेश में सामाजिक परिवर्तन भी सीमित मात्रा में होता है। ग्रामीण लोग बड़ी कठिनाई से एक स्थान से दूसरे स्थान पर जाना पसन्द करते हैं। सोरोकिन एवं जिम्ममैन ने ग्रामीण समुदाय को एक तालाब के शान्त जल की उपमा दी है।[8]

(झ) सामाजिक आत्मीयता (Social Solidarity) : ग्रामीण समुदाय में आत्मीयता की प्रवृत्ति नगरीय समुदाय की तुलना में उच्च मात्रा में पायी जाती है। समान अनुभव, समान लक्ष्य, समान उद्देश्य, समान परम्परा एवं रीति-रिवाज ग्रामीण समुदाय के आधार हैं। ग्रामीण समुदाय में विद्यमान आत्मीयता का कारण अनौपचारिक एवं प्रत्यक्ष सम्पर्क है। यह आत्मीयता ग्रामीण समुदाय को एकता के सूत्र में बाँधती है।[9]

(ञ) संचार रिक्तता (Communication Gap) : ग्रामीण समुदाय में आधुनिक जनसंचार माध्यमों द्वारा प्रसारित सूचनाओं का प्रसार, प्रभाव एवं भूमिका नगरीय समुदायों की तुलना में शून्य होती है। मनोरंजन आदि के लिए जनसंचार माध्यमों का उपयोग होता है, परन्तु स्थिति-विशेष को छोड़कर ग्रामीण समाज में सूचना के लिए जनसंचार माध्यमों से जुड़ाव की स्थिति सीमित होती है। इस प्रकार ग्रामीण समाज रिक्त सूचनावाला समाज है।[10]

(ट) ग्रामीण नुक्कड़ों का महत्त्व (Importance of Village Corner) : वर्तमान समय में ग्रामीण समुदाय में नुक्कड़ों की भूमिका सूचना की दृष्टि से महत्त्वपूर्ण है। सड़क से लगी गाँव की सीमा विकसित हो रही हैं। लघु बाजार, ग्रामीण नुक्कड़ों के रूप में विद्यमान हैं।

सांय काल में ग्रामीणों का जमावड़ा इन नुक्कड़ों पर होता है। इन्हीं नुक्कड़ों पर स्थानीय झगड़ों आदि का समाधान होने के साथ-साथ ग्रामीण परिवेश तथा बाहर की सूचनाओं पर विचार-विमर्श होता है। ग्रामीण जन इन्हीं नुक्कड़ों पर समाचार-पत्र आदि पढ़ते तथा विचार भी करते हैं। इस प्रकार ग्रामीण समुदाय में नुक्कड़ों की भूमिका प्रमुख है। राजनीति आदि की गतिविधियाँ यहीं से संचालित होती हैं।[11]

उक्त विशेषताएँ मुख्य रूप से ग्रामीण समाज में पायी जाती हैं। ग्रामीण समाज की इन विशेषताओं को जानने के उपरान्त नगरीय समाज की भिन्नता को हम समझ सकते हैं। पूर्ण एवं स्पष्ट रूप से ग्रामीण समुदाय को जानने के लिए नगरीय समुदाय की विशेषताओं को जानना आवश्यक है। नगरीय समुदाय की मूल विशेषताएँ अधोलिखित हैं।

10.1.2 नगरीय समाज की विशेषताएँ (Characteristics of Urban Society)

नगरीय परिवेश का पर्यावरण ग्रामीण परिवेश से भिन्न है। नगरों की जीवन-पद्धति, मूल्य, विचार आदि भिन्न हैं। इस कारण नगरीय समाज की भी कुछ मूल विशेषताएँ हैं, जिनको जाने बिना हम नगरीय समाज को समझ नहीं सकते हैं। नगरीय समाज की विशेषताएँ अधोलिखित हैं–

(क) अनिश्चित मूल व्यवसाय (Non-Fundamental Occupation) : ग्रामीण समाज की भाँति नगरीय समाज में कृषि जैसा कोई मूल पेशा नहीं होता है। यहाँ व्यवसाय की विविधता होती है। इसी व्यावसायिक विविधता के कारण नगरीय समाज ग्रामीण समाज से भिन्न है।[12]

(ख) अति जनसंख्या (Over Population) : नगरों में जनसंख्या का घनत्व प्रति एकड़ ग्रामीण समुदाय से अधिक होता है। जनंसख्या की अधिकता के कारण नगरीय समाज में सामाजिक समस्याएँ विभिन्न रूपों में विद्यमान होती हैं। इसमें आवास की समस्या, गन्दी बस्ती, अपराध आदि प्रमुख हैं। ग्रामीण समाज इसमें से भिन्न प्रकृति का होता है।[13]

(ग) जनसंख्या की भिन्नता (Heterogeneity of Population) : नगरों में जनसंख्या में भिन्नता होती है। नगरीय परिवेश के लोग विभिन्न स्थान, धर्म, जाति, वर्ग एवं समुदाय के होते हैं। इस विभिन्नता के कारण नगरीय जीवन में अनेक समस्याएँ विद्यमान होती हैं।[14]

(घ) द्वितीयक सम्बन्ध (Secondary Relation) : नगरों में सामाजिक सम्बन्ध औपचारिक होते हैं। चूँकि नगरीय समाज में अन्तरंगता न्यून सामाजिकता में पायी जाती है इस कारण नगरीय समाज में परस्पर सम्बन्ध द्वितीयक कोटि में ही आते हैं।[15]

(ङ) श्रम का विभाजन (Division of Labour) : नगरीय समाज में व्यवसाय की भिन्नता होती है। यहाँ के लोगों में पेशा का विशेषीकरण भी दिखायी पड़ता है।[16]

(च) परस्पर निर्भरता (Interdependency) : नगरीय परिवेश में श्रम का विभाजन एवं विशेषीकण होने के कारण काय-विशेष या आवश्यकता-विशेष की पूर्ति के लिए यहाँ के लोग परस्पर एक-दूसरे पर निर्भर होते हैं।[17]

(छ) सामाजिक गतिशीलता (Social Mobility) : नगरों में सामाजिक गतिशीलता उच्च मात्रा में पायी जाती है। यहाँ एक व्यवसाय से लोग दूसरे व्यवसाय में सरलता से सम्मिलित होते हैं। लोग एक स्थान से दूसरे स्थान में भी सरलता से जाते हैं। इस प्रकार नगरीय समाज में विद्यमान गतिशीलता के कारण नगरीय जीवन में परिवर्तन सरलता से होते हैं।[18]

(ज) संचार प्रवाह (Flow Communication) : नगरीय समाज में लोगों का जुड़ाव जनसंचार माध्यमों से अधिक होता है। यहाँ प्रतिदिन के सूचना प्रसारक के रूप में समाचार-पत्र, पत्रिका, रेडियो, टेलीविजन आदि प्रमुख हैं। नगरीय समाज सूचना के प्रति सजग रहता है। इस कारण यहाँ बहुसंख्यक लोग सीधे जन माध्यमों से प्रतिदिन सूचना प्राप्त करते हैं।

(झ) योजनाबद्ध विकास (Planned Development) : नगरों का विकास योजनाबद्ध रूप में होता है। आवास, सड़क एवं आवासीय संरचना आदि का निर्धारण नगरीय विकास प्रमाण द्वारा किया जाता है। इसके विपरीत ग्रामीण समुदाय के विकास की कोई सुस्पष्ट योजना नहीं होती है।

उक्त विवेचन से स्पष्ट है कि ग्रामीण परिवेश, नगरीय परिवेश से भिन्न है। ग्रामीण परिवेश में विद्यमान मूल विशेषताएँ नगरीय परिवेश में बदल जाती हैं। इस कारण नगर और गाँव एक-दूसरे से मात्रात्मक तथा गुणात्मक रूप में भिन्न हैं।

10.2 ग्रामीण संचार (Rural Communication)

संचार मानव समुदाय की मुख्य आवश्यकता है। संचार के द्वारा मनुष्य अपने भावों एवं विचारों को दूसरों तक सम्प्रेषित करता है तथा दूसरों के चिचारों से अवगत होता है। यह प्रक्रिया समाज के सभी समूहों में पायी जाती है। लेकिन ग्रामीण समाज की संचार प्रक्रिया नगरीय परिवेश से भिन्न होती है। ग्रामीण समाज के विकास के लिए इसके संचार स्वरूप पर विचार-विमर्श आवश्यक है क्योंकि विकास की प्रक्रिया को प्रभावी बनाने के लिए संचार को प्रभावी एवं उपयोगी बनाना आवश्यक है।

ग्रामीण संचार के सम्बन्ध में महत्त्वपूर्ण विचार एवं रुचि अविकसित देशों में इस दशक में दिखायी पड़ी।[18] इसी कारण ग्रामीण संचार की ओर संचारविदों का ध्यान भी आकर्षित हुआ। यदि संचार को प्रभावी एवं सफल बनाना है तो इसे ग्रामीण क्षेत्रों में प्रभावी बनाना होगा। यह प्रक्रिया विकसित एवं विकासशील दोनों ही प्रकार के देशों के लिए उपयोगी एवं आवश्यक है। वर्तमान में जनसंचार की दिशा मुख्यतः नगरीय समाज पर केन्द्रित है। इसके कारण जनसंचार समाज में प्रभावी रूप में अपनी भूमिका नहीं स्थापित कर सका है।[19]

युनेस्को ने जनसचार के क्षेत्र में राष्ट्रीय एवं अन्तरराष्ट्रीय स्तर पर अनुसन्धान की योजना को प्रारूपित किया। इसमें अधिक बल ग्रामीण संचार पर दिया गया है। इसमें ग्रामीण समाज में व्याप्त जनसंचार की रिक्तता को समाप्त करने का निश्चय किया गया। इसे प्रभावी बनाने के लिए विभिन्न देशों में अनेक परियोजनाएँ संचालित की गयीं।[20] ग्रामीण लोगों में सूचना की रिक्तता बड़े पैमाने पर मिलती है। ग्रामीण परिवेश में रिडियो सबसे अधिक प्रभावी एवं लाभकारी माध्यम है। भारत में पाँचवीं पंचवर्षीय योजना में ग्रामीण संचार पर विशेष बल दिया गया था।[21] ग्रामीण संचार की रिक्तता को समाप्त करने के लिए संचार के वर्तमान ढाँचे को बदलना आवश्यक है।[22] संचार में परिवर्तन भावी संरचना का अंग है परन्तु वर्तमान में ग्रामीण संचार के स्वरूप एवं विशेषताओं को जानना आवश्यक है। ग्रामीण संचार की विशेषताएँ अधोलिखित हैं।

10.2.1 ग्रामीण संचार की विशेषताएँ (Characteristics of Rural Communication)

ग्रामीण संचार को स्वरूपित एवं परिभाषित करने के लिए इसकी मुख्य प्रवृत्तियों एवं विशेषताओं का ज्ञान आवश्यक है। ग्रामीण संचार अपनी आधारभूत विशेषताओं के कारण ही अन्य प्रकार के संचारों से भिन्न कोटि का है। ग्रामीण संचार को प्रमुख विशेषताएँ अधोलिखित हैं–

(क) संचार रिक्तता (Communication Gap) : ग्रामीण समाज में आधुनिक जनसंचार माध्यमों द्वारा प्रसारित सूचना की भूमिका न्यून है। ग्रामीण लोग स्थिति-विशेष को छोड़कर सामान्य समय में सूचना या समाचार के प्रति जागरूक नहीं रहते हैं। टेलीविजन एवं रेडियो जैसे माध्यमों से सूचना प्राप्त करने के स्थान पर इनका उपयोग मनोरंजन आदि के लिए अधिक करते हैं। इस प्रकार संचार की रिक्तता इस समूह की प्रमुख विशेषता है।[23]

(ख) परम्परागत सम्प्रेषण (Traditional Domination) : ग्रामीण समुदाय अपनी आवश्यकताओं की पूर्ति के लिए परम्परागत संचार प्रक्रिया पर अधिक निर्भर है। नाटक, नौटंकी, रामलीला, दंगल, पर्व, त्योहार, विरहा, फाग एवं चैता आदि पर मेलों आदि के भी आयोजन होते हैं। इस प्रकार परम्परागत संचार की भूमिका ग्रामीण समूह में अधिक प्रभावी है।[24]

(ग) विचारेता/ओपिनियन लीडर (Opinion Leader) : ग्रामीण समाज में सूचना के मुख्य स्रोत या प्रसारक के रूप में परम्परागत विचारेता/ओपिनियन लीडर की भूमिका प्रमुख होती है। जातीय अथवा धार्मिक रूप से मुखिया या अन्य रूपों में प्रतिष्ठित व्यक्ति से स्थानीय लोग सूचनाएँ ग्रहण करते हैं तथा उन सूचनाओं पर विश्वास भी करते हैं। इस प्रकार परम्परागत विचारेता की भूमिका ग्रामीण सूचना प्रक्रिया में मुख्य तथा प्रभावी है।[25]

(घ) नुक्कड़ सम्प्रेषण (Communication Through Village Corner) : ग्रामीण समाज में नुक्कड़ों की भूमिका बढ़ रही है। ये नुक्कड़ सड़क से लगी ग्रामीण सीमा पर विकसित लघु बाजार हैं, जहाँ प्रतिदिन आवश्यक वस्तुओं की खरीद एवं समाचार-पत्र से सूचनाएँ प्राप्त करने के लिए ग्रामीण जन आते हैं। वास्तव में ग्रामीण समाज में आधुनिक सूचनाओं के प्रवेश एवं प्रसार द्वार की भाँति हैं। इन्हीं नुक्कड़ों पर स्थानीय महत्त्व की एवं अन्य सूचनाओं पर विचार-विमर्श भी होता है। यही नहीं चुनाव प्रसार का भी कार्य अब गाँव-गाँव न जाकर इन्हीं नवविकसित नुक्कड़ों द्वारा ही हो रहा है।[26]

(ङ) प्रिण्ट माध्यम रहित (Lack of Print Media) : भारतीय ग्रामीण प्रेस संगठन (IRPA) (Indian Rural Press Association)[27] के अनुसार ग्रामीण समाचार-पत्र वह है, जिसके सम्पादकीय का 40% भाग–कृषि, बानिकी, सामुदायिक विकास एवं पंचायती राज आदि समस्याओं से सम्बन्धित होता है। उक्त के अतिरिक्त ग्रामीण समाचार-पत्र महानगरों एवं बड़े शहरों से बाहर तथा छोटे शहरों एवं जिलों में 15,000 प्रतियों से कम होती है। ग्रामीण समाचार-पत्र ग्रामीण क्षेत्र से प्रकाशित होने के साथ-साथ लगभग 50% स्थान सूचना के प्रसारक ही हैं।[28]

(च) संचार की संचयी प्रवृत्ति (Cumulative Tendency of Communication) : ग्रामीण समूह में संचार की संचयी प्रवृत्ति दिखायी पड़ती है। ग्रामीण मूल्य, विश्वास एवं मान्यताओं के साथ-साथ आधुनिक जनसंचार माध्यमों द्वारा प्रसारित सूचनाओं की प्रक्रिया एक साथ ग्रामीण समाज में कार्य करती है। इस प्रकार ग्रामीण समुदाय में सूचना का प्रवाह आधुनिक संचार माध्यमों द्वारा सीमित लोगों तक पहुँचता है। इसका प्रसार ग्रामीण शैली में परम्परागत और अन्तर्व्यक्ति एवं समूह आदि के द्वारा ग्रामीण समुदाय में विस्तृत होता है। इस प्रकार स्थानीय एवं बाह्य सूचनाओं की मिश्रित या संचयी प्रवृत्ति ग्रामीण संचार में स्पष्ट रूप से दिखायी पड़ती है।[29]

(छ) तीन प्रकार की जन माध्यम व्यवस्था (Three Types of Mass Media System) : जनसंचार माध्यमों की उपलब्धता के आधार पर तीन प्रकार के ग्रामीण समूह प्राप्त होते हैं–

(1) परम्परागत संचार माध्यम युक्त एवं आधुनिक संचार रहित, (2) एक जनसंचार माध्यम युक्त एवं (3) अनेक जनसंचार माध्यम युक्त। इन तीनों के सन्दर्भ में अलग-अलग विचार करें तो स्पष्ट होगा कि ग्रामीण समुदाय का बड़ा हिस्सा कोई जनसंचार माध्यम नहीं रखता है। ग्रामीण समुदायों का एक भाग ऐसा भी है– जो कि मात्र एक जनसंचार माध्यम रेडियो अथवा टेलीविजन रखता है। उक्त दोनों के अतिरिक्त बहुत छोटा-सा भाग एक से अधिक जनसंचार माध्यमों जैसे–रेडियो, टी. वी., वी. सी. आर. आदि रखता है। इस प्रकार ग्रामीण समाज में उक्त तीन प्रकार की जन माध्यम व्यवस्था प्राप्त होती है।[30]

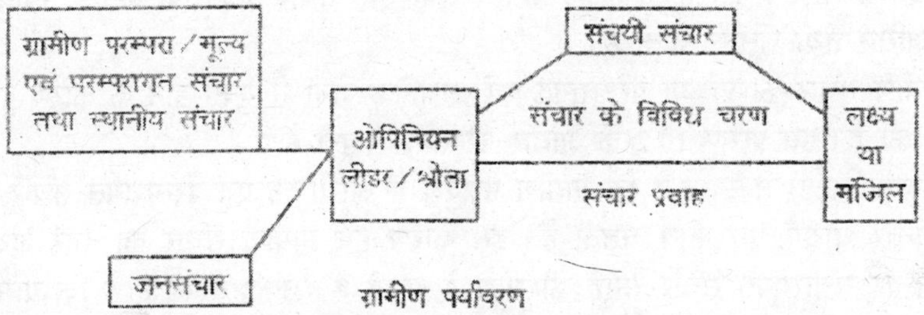

प्रारूप–(10.1) : संचयी संचार

(ज) द्विचरणीय एवं बहुचरणीय सूचना प्रवाह (Two Steps and Multi Steps Flow of Information) : ग्रामीण समुदाय में सूचना का प्रवाह द्विचरणीय अथवा बहुचरणीय प्रवृत्ति का है। अर्थात् ग्रामीण समुदाय में कम लोगों को सूचना जन माध्यमों से प्राप्त होती है। सूचना प्राप्त करनेवाले लोगों को सूचना जन माध्यमों से प्राप्त होती है। सूचना प्राप्त करने वाले लोग एवं विचारेता अथवा ओपिनियन लीडर अपने सम्पर्क के द्वारा जनसंचार माध्यमों द्वारा प्रसारित सूचना का प्रसार करते हैं। इस प्रकार द्विचरणीय एवं बहुचरणीय सूचना प्रसार के कारण कई दिन बाद तक सूचना का प्रसार चलता रहता है।

(झ) मौखिक संचार (Verbal Communication) : ग्रामीण समूह में सूचना प्रवाह मौखिक एवं प्रत्यक्ष सम्पर्क के द्वारा संचालित होता है। जनसंचार माध्यमों द्वारा प्रसारित सूचना अधिक लोगों को मौखिक रूप से प्राप्त होती है। ग्रामीण समुदाय में लोग परस्पर वार्त्तालाप एवं सम्पर्क के द्वारा सूचना का आदान-प्रदान करते हैं। इतना ही नहीं प्राप्त सूचनाओं का जब परस्पर आदान-प्रदान होता है तो सूचनाओं का रूपान्तरण या स्वरूप परिवर्तन भी होता है। इससे स्पष्ट है कि मौखिक संचार भी ग्रामीण संचार की प्रमुख विशेषता है।

(ञ) संयुक्त रूप से जन माध्यमों का उपयोग (Jointly Use of Mass Media) : ग्रामीण समाज में संयुक्त रूप से जन माध्यमों के उपयोग की प्रवृत्ति प्रभावी है। टेलीविजन के कार्यक्रमों को देखने के लिए न मात्र एक परिवार वरन् पास-पड़ोस के लोग एकत्र हो जाते हैं। इससे स्पष्ट है कि गाँवों में जन माध्यमों की एकाकी उपयोग की मात्र प्रवृत्ति अति सीमित है। इसके लिए अतिरिक्त जन माध्यमों के सार्वजनिक उपयोग की प्रवृत्ति अति प्रभावशाली है।

10.3 ग्रामीण संचार के संघटक (Components of Rural Communication)

बिन्दु (10.2.1) के विवेचन से स्पष्ट है कि भारतीय ग्रामीण परिवेश में बहुसंचारीय संचार प्रक्रिया प्रभावी हैं। जनसंचार के माध्यमों द्वारा प्रसारित जो सूचनाएँ स्थानीय महत्त्व की होती हैं, उनका प्रसार ओपिनियन लीडर/श्रोता/प्रतिश्रोता आदि के द्वारा ग्रामीण परिवेश में होता है। ग्रामीण संचार से संचयी प्रवृत्ति मिलती है। स्थानीय परम्परा के मूल्य आदि जनसंचार में सम्मिलित होकर संचयी प्रक्रिया को जन्म देते हैं। इस प्रकार ग्रामीण संचार परिवेश में सम्पन्न होने वाली वह संचार प्रक्रिया है जिसमें ग्रामीण परम्परा, मूल्य, विश्वास, आस्था इत्यादि एवं परम्परागत संचार के अतिरिक्त, जनसंचार रिक्त एवं आंशिक जनसंचारयुक्त व्यवस्था शामिल है।[32] इस प्रकार हम कह सकते हैं कि ग्रामीण संचार वह संचार है जो कि ग्रामीण पर्यावरण में संचालित तथा सम्पन्न होता है।

ग्रामीण संचार की प्रक्रिया परम्परागत एवं आधुनिक दोनों से युक्त होने के कारण दुहरी प्रवृत्ति की है। इसे प्रारूप 10.2 के आधार पर समझ सकते हैं :

प्रारूप (10.2) से स्पष्ट है कि ग्रामीण परिवेश में आधुनिक एवं परम्परागत संचार की समानान्तर धाराएँ एक साथ चलती हैं। इस कारण हम ग्रामीण संचार का दुहरे अथवा समानान्तर संचारयुक्त संचार समूह की संज्ञा दे सकते हैं। उक्त से स्पष्ट है कि ग्रामीण संचार में प्रभावी आधुनिक या जनसंचार के संघटकों में (1) स्रोत, (2) सन्देश, (3) माध्यम, (4) श्रोता एवं ओपिनियन लीडर/विचारेता, (5) बहुचरणीय संचार (सूचना का पुनर्प्रेषण), (6) संचयी संचार, (7) मंजिल, (8) फीडबैक तथा परम्परागत संचार से संघटकों में, (क) परम्परागत स्रोत, (ख) परम्परागत सन्देश, (ग) परम्परागत माध्यम, (घ) श्रोता/विचारेता, (ङ) बहुचरणीय प्रवाह, (च) संचयी संचार, (छ) मंजिल एवं (ज) फीडबैक सम्मिलित हैं। इन संघटकों में आधुनिक संचार या जनसंचार के संघटकों का विवेचन अध्याय 7 (जनसंचार) में है तथा परम्परागत संचार के संघटकों का विवेचन अध्याय-8 (परम्परागत संचार) में है। इस कारण उक्त का पुनः विवेचन यहाँ करना उपयुक्त एवं समीचीन नहीं होगा।

ग्रामीण संचार की उक्त दुहरी व्यवस्था में सम्मिलित संघटकों में भिन्नता की प्रक्रियाओं का विवेचन आवश्यक है। ग्रामीण समाज में स्रोत दुहरी प्रकृति का होता है। एक तो आधुनिक सूचना की तथा दूसरा परम्परागत सूचनाओं की। आधुनिक सूचना तथा दूसरा परम्परागत सूचनाओं का स्रोत उसी ग्रामीण समाज के अन्दर का तथा परस्पर ज्ञात प्रकृति का होता है। इसी प्रकार सन्देश अथवा सूचना का सन्दर्भ के दुहरी के कारण भिन्न है। आधुनिक जनमाध्यमों द्वारा प्रेषित सन्देश अथवा सूचना का सन्दर्भ ग्रामीण परिवेश से भिन्न बाह्य परिवेश से होता है। उक्त के विपरीत परम्परागत सूचनाओं कृषि एवं उत्सव आदि का सम्बन्ध ग्रामीण परिवेश से होता है। इस प्रकार ग्रामीण परिवेश में सन्देश भी परस्पर विरोधी प्रवृत्ति का होता है।

ग्रामीण परिवेश में प्रभावी माध्यमों का भी स्वरूप परस्पर भिन्न प्रवृत्ति का होता है। परम्परागत संचार माध्यम ढोल एवं नगाड़ा आदि भी अपनी भूमिका निभाते हैं। इस प्रकार दुहरी प्रकृति के संचार माध्यमों की विद्यमानता हमें ग्रामीण समाज में मिलती है।

ग्रामीण समाज में श्रोता एवं विचारेता की भी प्रवृत्ति दुहरी होती है। कुछ श्रोता और विचारेता न माध्यमों से सीधे सूचना प्राप्त करते हैं। इस प्रकार प्रत्यक्ष रूप से सूचना प्राप्त

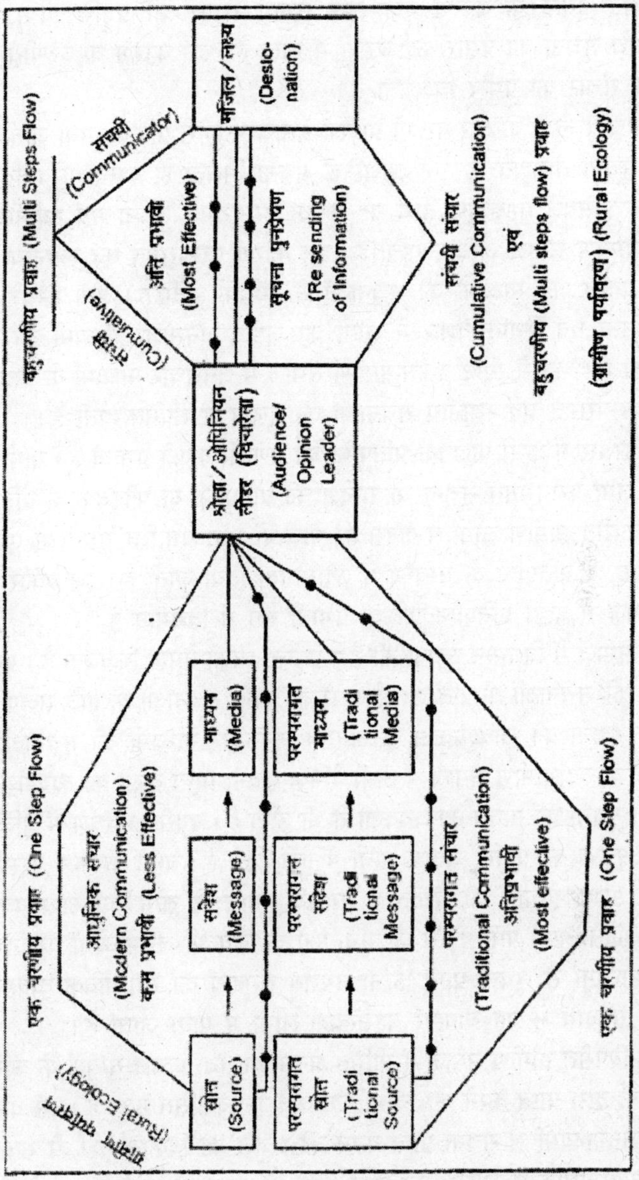

(ओ.पी. सिंह का ग्रामीण संचार – प्रारूप (10.2)

करनेवाला श्रोता एवं विचारेता की तुलना में परोक्ष रूप से सूचना पानेवाले श्रोता एवं परम्परागत विचारेता परम्परागत सूचना के प्रति अधिक सतर्क रहते हैं। इनमें सूचना के प्रति दुहरी मनोवृत्ति पायी जाती है। बहुचरणीय संचार प्रवाह एवं पुनर्प्रेषण ग्रामीण समुदाय की महत्त्वपूर्ण विशेषता है। जनसंचार की सूचनाओं का प्रसार असीमित क्षेत्रों में परस्पर के सम्पर्क द्वारा पूरा होता है। इस प्रकार ग्रामीण समाज में आधुनिक एवं परम्परागत सूचनाओं

के सम्मिलित प्रवाह के कारण एक ओर संचयी संचार की प्रवृत्ति पायी जाती है तो साथ-ही-साथ सूचना का प्रसार कई चरणों में होता है। इस कारण बहुचरणीय संचार प्रवाह भी ग्रामीण संचार की प्रमुख विशेषता है।

मंजिल या गन्तव्य के स्तर पर भी ग्रामीण समाज में दुहरी प्रक्रिया पायी जाती है। जो लोग आधुनिक सूचना तलाशते हैं, उन्हें आधुनिक सूचना मिलती है, परन्तु परिवर्तित एवं मिश्रित रूप में, परन्तु सबसे महत्त्वपूर्ण तथ्य यह है कि परम्परागत सूचना एवं स्थानीय सूचना की तलाश में ग्रामीण समाज अधिक रहता है। इस कारण परम्परागत एवं स्थानीय सूचनाओं के प्रसार की प्रवृत्ति जन माध्यमों की सूचनाओं से अधिक होती है। लोग स्थिति-विशेष—जैसे चुनाव, दुर्घटना एवं स्थिति-विशेष में लोगों का जुड़ाव जनसंचार माध्यमों की सूचनाओं से अधिक होता है।[33] इससे स्पष्ट है कि ग्रामीण समाज में जनसंचार माध्यमों के प्रसार की मंजिल या सीमा परम्परागत एवं स्थानीय सूचनाओं की तुलना में सीमित होती है।

ग्रामीण संचार में दुहरी फीडबैक/प्रतिपुष्टि की प्रणाली काफी प्रभावी है। ग्रामीण समाज के बहुसंख्यक लोग परम्परागत सूचना या सन्देश की प्रतिपुष्टि या फीडबैक के प्रति सजग रहते हैं, इसके विपरीत ग्रामीण लोगों में जनसंचार माध्यमों द्वारा प्रसारित सूचनाओं एवं सन्देशों के प्रति फीडबैक या प्रतिपुष्टि के सम्बन्ध में उदासीनता पायी जाती है। इस प्रकार स्पष्ट है कि ग्रामीण समाज में दुहरी प्रतिपुष्टि प्रक्रिया प्रभावी रूप में विद्यमान है।

ग्रामीण समाज में विद्यमान सूचना की द्वैध प्रवृत्ति इसकी प्रमुख विशेषता है। ग्रामीण समाज बाह्य जगत् की सूचनाओं के प्रति उदासीन परन्तु अपनी सूचनाओं के प्रति सजग है। समुदाय में विद्यमान सूचना की आवश्यकता के अनुरूप जनंसचार माध्यमों की सूचनाओं का स्वरूप नहीं होने के कारण ग्रामीण समाज में अभी दैनिक सूचना प्राप्त करने का व्यवहार प्रभावी नहीं हो सका है। सूचना का महत्त्व आवश्यकता से भी होता है। नगरीय परिवेश में चूँकि परम्परागत सम्पर्क एवं सूचना की प्रवृत्ति व्यापक मात्रा में नहीं होती है। लोगों के मध्य परस्पर वार्त्ता का सम्पर्क एवं स्पष्ट पहचान की स्थिति में नगरीय समाज के लोग जन आवश्यक उपभोक्ता सामग्री की भाँति अपने पास-पड़ोस की सूचनाओं के लिए भी जनमाध्यमों पर निर्भर हैं। इसी कारण जनमाध्यमों से सूचना प्राप्त करना नगरीय समुदाय का स्वाभाविक व्यवहार बन गया है। नगरीय समुदाय में यह व्यवहार बहुसंख्यक लोगों में पाया जाता है।

उक्त के विपरीत ग्रामीण समाज में सीमित जनसंख्या तथा प्रत्यक्ष सम्पर्क के कारण स्थानीय सूचना सम्पर्क द्वारा प्राप्त करने का स्वाभाविक व्यवहार विकसित हुआ है। इस कारण ग्रामीण समुदाय में जनमाध्यमों से सूचना प्राप्त करने की प्रवृत्ति का विकास नहीं हो सका है। इसके अतिरिक्त व्यावसायिक प्रतिस्पर्द्धा एवं आय आदि के प्रमुख केन्द्र के रूप में विद्यमान नगरीय समाज को जनमाध्यमों ने अपना लक्ष्य अवश्य बनाया परन्तु ग्रामीण समाज इस दौड़ में पीछे रहे। इन कारणों से ग्रामीण समाज में आधुनिक व्यवहार नगरीय समाज के अनुरूप प्रभावी नहीं हो सका। हाँ, इतना अवश्य कहा जा सकता है कि ज्यों-ज्यों ग्रामीण समाज में मशीनीकरण, नगरीकरण, साक्षरता, औद्योगिकीकरण का प्रभाव बढ़ेगा, त्यों-त्यों ग्रामीण में जन-संचार माध्यमों की भूख बढ़ेगी। लेकिन वर्तमान मं ग्रामीण समाज में परम्परागत एवं स्थानीय सूचना की ही भूख विद्यमान है। उक्त विशेषताओं के कारण ग्रामीण संचार नगरीय संचार से भिन्न है। ग्रामीण संचार वर्तमान भारतीय समाज में विद्यमान एक सच्चाई अथवा वास्तविकता है।

सन्दर्भ

1. Daham O.P. Extension and Rural Welfare, Ram Prasad and Sons, Agra, 1988, pp. 593-594.
2. तदैव, p. 593.
3. तदैव, p. 593.
4. तदैव.
5. तदैव.
6. तदैव.
7. तदैव, pp. 594-595
8. तदैव, p. 595.
9. तदैव.
10. सिंह ओमप्रकाश, संचार माध्यमों का प्रभाव, क्लासिकल पब्लिशिंग कम्पनी, नयी दिल्ली, 1993, पृष्ठ 381,
11. तदैव, पृष्ठ 345 से 347.
12. Daham O.P. Extension and Rural Welfare, op. cit., p. 595.
13. तदैव.
14. तदैव.
15. तदैव.
16. तदैव.
17. तदैव.
18. Rural Press : Problem and Prospects, Press Institute of India, New Delhi, 1989, p. 64.
19. Bhattacharya Vivek, Communication in Global Village, Chetana Pubilication, New Delhi, 1976 p., 73.
20. तदैव, p. 593.
21. तदैव, p. 593.
22. तदैव, p. 593
23. सिंह ओमप्रकाश, संचार माध्यमों का प्रभाव, क्लासिकल पब्लिशिंग कम्पनी, नयी दिल्ली, 1993, पृष्ठ 381.
24. तदैव, पृष्ठ 349.
25. तदैव, पृष्ठ 351.
26. तदैव, पृष्ठ 345 से 347।
27. Rural Press : Problem and Prospets, op. cit., p. 182.
28. सिंह ओमप्रकाश, संचार माध्यमों का प्रभाव, क्लासिकल पब्लिशिंग कम्पनी, नयी दिल्ली, 1993, पृष्ठ 355 और 356.
29. तदैव, पृष्ठ 129.
30. तदैव, पृष्ठ 126.
31. तदैव, पृष्ठ 127.
32. तदैव, पृष्ठ 128 और 129.
33. तदैव, पृष्ठ 181 और 182.

अध्याय - 11

भारतीय संचार सिद्धान्त

(INDIAN COMMUNICATION THEORY)

11.0 संचार मानव समाज की आवश्यकता एवं मुख्य आधार है। विश्व के विभिन्न भागों में फैले मनुष्यों में परस्पर सम्पर्क और भिन्नता दोनों का आधार है। मनुष्य संचार प्रक्रिया से एक-दूसरे के सम्पर्क में आता है, परन्तु संचार से जुड़े भाषा तत्त्व के आधार पर मनुष्यों का एक समुदाय दूसरे समुदाय से भिन्न नजर आता है। यही मानव समाज में व्याप्त संचार की वास्तविकता है। संचार और मनुष्य इस धरती के सहयात्री हैं। दोनों की इसी परस्परता ने समाज को विकसित किया। इसी संचार की निरन्तरता के कारण हमें सृष्टि एवं सृष्टि के रहस्यों का सम्यक् ज्ञान है।

संचार को शब्दब्रह्म की अवधारणा से जोड़कर देखने से यह सृष्टित्व, पुरातन पुरुष के रूप में हमें दिखायी पड़ेगा। अचित् वस्तुओं में शब्द की व्याप्ति होने से संचार के सूत्र मानव सभ्यता के पूर्व रूप में दिखायी पड़ते हैं। इस मानवीय सृष्टि में हमें जिस स्थूल शब्द संचार का बोध होता है, उसके सूक्ष्म रूप को तत्त्वदर्शी ऋषि महात्मा, योग और समाधि की अवस्था में देखते थे। इसी कारण ऋषियों को मन्त्रद्रष्टा की भी संज्ञा दी गयी। ऋषियों ने जिस ज्ञान का साक्षात्कार किया वही धरोहर वैदिक ज्ञान राशि के रूप में हमें प्राप्त है। वेदों में विद्यमान ज्ञान राशि का कर्त्ता मनुष्य नहीं है। ऋषि मात्र द्रष्टा है। इसी कारण वेद की अपौरुषेयता की संकल्पना यथार्थवादी तथा सच है। वैदिक ज्ञान अपौरुषेय होने के साथ-साथ प्रचीनतम भी है।

वैदिक ज्ञान के प्राचीनतम होने की मान्यता से संचार की प्रकृति का स्वरूपण एवं इसकी विकास-यात्रा का निर्धारण करना अति सरल होगा। क्योंकि वैदिक ज्ञान यदि प्राचीनतम है तो वैदिक ज्ञान की परम्परा से जुड़े समुदाय अथवा समाज की प्राचीनता को प्रश्नगत करना सम्भव नहीं है। इससे स्पष्ट होता है कि वैदिक ज्ञान एवं इस ज्ञान से जुड़े समाज परस्पर सहयात्री होने से दोनों प्राचीनतम हुए। चूँकि वैदिक ज्ञान का सम्बन्ध भारतीय समाज एवं ज्ञान परम्परा से है, इस कारण भारतीय समाज एवं इसकी विकास-यात्रा भी प्राचीनतम है।

संचार शब्द, ध्वनि दोनों रूपों से समाज की रचना का आधार या नींव है। प्रत्येक कालखण्ड तथा युग में मनुष्य एवं मानव समाज संचार प्रक्रिया के प्रति सजग रहा है। समाज का विकास और संचार का विकासक्रम साथ-साथ विकसित हुआ। प्रत्येक कालखण्ड या युग में संचार से जुड़े लोगों एवं संचार माध्यमों तथा संचार की कला के प्रति लोगों का सहज आकर्षण रहा है। आज समाज उस रूप में नहीं है, जिस रूप में आदिम अवस्था या युग में था। इसी प्रकार संचार भी आज उस रूप में नहीं है, जिस रूप में आदिम समाज में था। इस प्रकार समाज और संचार दोनों ही निरन्तर बदले तथा विकसित हुए हैं। दोनों का रूपान्तरण हुआ है।

जिस प्रकार मानव समाज के विकास के मूल सूत्र एवं प्रवृत्तियाँ प्राचीनतम समाज में मिलती हैं, ठीक उसी प्रकार संचार के विकास के भी मूल सूत्र एवं मूल प्रवृत्तियाँ प्राचीनतम ज्ञान राशि—वैदिक ज्ञान में मिलती हैं। इस कारण वैदिक ज्ञान से जुड़ी भारतीय ज्ञान परम्परा का ठीक-ठीक से अध्ययन करने से हमें संचार के विभिन्न प्रकारों का ज्ञान हो सकता है। इसका विस्तृत विवेचन आवश्यक है।

संचार पर अध्ययन हुआ है लेकिन इस पर चिन्तन कम हुआ है। इसी कारण संचार के दर्शन का पक्ष अभी भी पूर्ण रूप से अस्तित्व में नहीं आ सका। संचार के सिद्धान्त का क्षेत्र अपेक्षाकृत विकसित अवश्य है, लेकिन उस पर पश्चिम का प्रभाव तथा वर्चस्व ही अधिक है। संचार के सैद्धान्तिक विकास और अध्ययन में पूरब का दृष्टिकोण पूर्ण रूप से उपेक्षित रहा है। इसी कारण संचार सिद्धान्त को सिर्फ पश्चिमी देन के रूप में जाना जाता है।

यदि व्यवहार में देखें तो वास्तव में सत्य कुछ और ही है। भारतीय ज्ञान परम्परा में श्रुति ज्ञान का विस्तार अपने में महत्त्वपूर्ण तथा श्रेष्ठ रहा है। यह स्वयं में विचारणीय प्रश्न है कि जिस सभ्यता अथवा समाज में चार पुरुषार्थों—धर्म, अर्थ, काम एवं मोक्ष में ही मनुष्य एवं मानव समाज के लक्ष्य एवं दिशा को निर्धारित कर दिया, उस ज्ञान परम्परा में संचार पर विचार न हो, यह भी सम्भव नहीं। तथ्यों के अवलोकन से यह सत्य और भी स्पष्ट होता है।

भारतीय ज्ञान परम्परा में संचार वास्तव में 'काम' के पुरुषार्थ में ही निहित हैं। क्योंकि वात्स्यायन ने 'कामसूत्र' में काम की परिभाषा इस प्रकार की है—

श्रोत्रत्वक्चक्षुर्जिह्वाघ्राणानामात्मसंयोगेन मनसा अधिष्ठितानां
स्वेषु स्वेषु विषयेष्वानुकूल्यतः प्रवृत्तिः कामः।

अर्थात् आत्मा से संयुक्त मन से अधिष्ठित पाँच ज्ञानेन्द्रियों की अपने-अपने विषयों में अनुकूल प्रवृत्ति ही काम है। उक्त से स्पष्ट है कि 'काम' मन से युक्त पाँच ज्ञानेन्द्रियों से युक्त है। ये पाँच ज्ञानेन्द्रियाँ—आँख, कान, जिह्वा, नासिका एवं त्वचा हैं।[1] इसमें यह भी महत्त्वपूर्ण है कि दो ज्ञानेन्द्रियों—आँख और कान के सूचना व्यवहार की प्रकृति के आधार पर दृश्य (आँखजन्य), श्रव्य (कानजन्य) तथा दृश्य-श्रव्य (आँख-कान मिश्रित) संचार प्रक्रिया अस्तित्व में आयी। 'कान' की वासना का सम्बन्ध आँख, कान सहित ज्ञानेन्द्रिय से है। इस कारण 'काम' तथा 'संचार' परस्पर सम प्रकृति के हैं। संचार इस प्रकार 'काम' के पुरुषार्थ में निहित एक वासना है।

'कामसूत्र' में यह भी उल्लेख है कि शरीर की स्थिति का हेतु होने से काम आहार के समान है।

शरीरस्थित हेतु त्वादाहारसमघमाणो हि कामाः।[2]

'काम' को आहार के समान इस कारण कहते हैं, क्योंकि आहार शब्द के मूल में मानसिक रीति है, वह आकर्षण है। उस वस्तु के प्रति काम है। काम मानसिक भाव-विशेष होने के कारण आहार का समानधर्मी है।[3] इस प्रकार यदि काम आँख, कान सहित पाँचों ज्ञानेन्द्रियों का आहार है तो वास्तव में वह संचार ही है क्योंकि आँख का आहार रूप या दृश्य है तथा कान का आहार-शब्द या ध्वनि है, नसिका का आहार, गन्ध, जिह्वा का आहार स्वाद तथा त्वचा (त्वक्) का आहार स्पर्श है। इस प्रकार स्पष्ट है कि संचार काम के पुरुषार्थ में निहित है। जबकि पश्चात्य की परम्परा में संचार एक सूचना प्रक्रिया से जुड़ी व्यवस्था है। उक्त से स्पष्ट है कि भारतीय तथा पाश्चात्य की अवधारणाएँ संचार के सम्बन्ध में परस्पर भिन्न हैं, इस कारण दोनों का अलग-अलग वर्णन आवश्यक है।

11.1 भारतीय संचार सिद्धान्त

भारत में संचार दर्शन सन्देश केन्द्रित है जिसके प्रभाव का परिणाम युग है। पश्चिम का दर्शन मीडिया एवं लाभ केन्द्रित है, जिस कारण मूल्य-विहीनता है। अनादि काल से भारत ज्ञान प्रधान तथा पश्चिम मीडिया (यन्त्र/भौतिकता) प्रधान रहा। इसी कारण भारत में ज्ञान (वेद एवं गीता) तथा पश्चिम में व्यवसाय बढ़ा, मीडिया से बाजारवाद एवं ज्ञान से सन्देशवाद ज्ञान एवं युग आदि की व्यवस्था है।

उक्त से स्पष्ट है कि भारतीय ज्ञान परम्परा में संचार 'काम' के पुरुषार्थ में सम्मिलित है। इसका विस्तृत वर्णन अध्याय 8 में है। संचार चूँकि पुरुषार्थों में सम्मिलित है इस कारण मनुष्य एवं मानव समाज की आवश्यकता तथा लक्ष्य भी है। वैसे भारतीय प्राचीन साहित्य को देखें तो स्पष्ट होता है कि वर्तमान समय में संचार के जितने वर्गीकरण हैं, उनका विकास क्रमशः भारतीय परिवेश में हुआ है। वर्तमान में संचार को हम आभ्यन्तर, अन्तर्वैयक्तिक समूह एवं जन में वर्गीकृत करते हैं। भारतीय परम्परा में प्राचीन साहित्य के विकास का भी यही क्रम है। वैदिक साहित्य वास्तव में आभ्यन्तर संचार का साहित्य है। इसी में वाणी के चार प्रकार परा, पश्यन्ती मध्यमा एवं वैखरी का स्पष्ट उल्लेख है। इससे स्पष्ट है कि उस समय आभ्यन्तर संचार की प्रक्रिया अधिक विकसित थी। इसी कारण वैदिक मन्त्रों के द्रष्टा ऋषि थे। यही वेद की अपौरुषेयता का भी प्रमाण तथा आधार है।

प्राप्त्युपायोऽनुकारश्च तस्य वेदो महर्षिभिः।
एकोऽप्यनेकवर्त्मेव समाम्नातः पृथक् पृथक्।

अर्थात् शब्दब्रह्म की प्राप्ति का साधन और अनुकृति प्रतिमा वेद है। नादात्मक प्रणव के रूप में भी स्वयं एक है। तत्त्वदर्शी महर्षियों ने अध्ययन की सुविधा के लिए संहिता, पद, क्रम आदि पाठ-भेद तथा अनेक शाखा-भेद करके शिष्यों को उपदेश दिया।[4]

अत्रातीतविपर्यासः केवलामनुपश्यति।
छन्दस्यश्छन्दसां योनिमात्मा छन्दोमयीं तनुम्।।

आत्मावान् पुरुष वेद की भली-भाँति रक्षा करता हुआ वेदों के कारणभूत प्रणव के छन्दोमय स्वरूप का साक्षात्कार करता है। ओंकारस्वरूप प्रणव सब वेदों की प्रकृति है। वेदों की उत्पत्ति प्रणव से ही हुई है। शब्दात्मक प्रणव संवर्तन काल में समस्त चराचर जगत् को, समस्त भावाभाव को स्वयं में समेट लेता है मानो वह छा जाता है। इसीलिए वह सर्वछादक या छन्दोमय कहलाता है।[5]

इस कारण हम वैदिक संस्कृति को आभ्यन्तर संचार की संस्कृति कह सकते हैं। उत्तर वैदिक साहित्य जैसे महाकाव्य एवं पुराण का विकास नारद-वाल्मीकि, गणेश-व्यास शिव-काली/पार्वती आदि के परस्पर वार्त्तालाप के द्वारा अस्तित्व में आया। इस कारण प्राचीन भारत के इस कालखण्ड के ज्ञान को हम अन्तर्वैयक्तिक संचार के द्वारा प्राप्त ज्ञानराशि की संज्ञा दे सकते हैं। इस प्रकार यह कालखण्ड अन्तर्वैयक्तिक संचार का रहा।

प्राचीन भारतीय साहित्य के विकासक्रम में समूह संचार की प्रक्रिया का विकास नाट्य साहित्य, रामलीला, कृष्णलीला, मुद्राराक्षस एवं संगीतशास्त्र के विकास के साथ हुआ। इसके अतिरिक्त स्कन्द-पुराण का महत्त्व अधिक रहा। क्योंकि 'सत्यनारायण' कथा आदि के

आयोजन आदि से समूह संचार की प्रक्रिया विकसित हुई। श्रमण संस्कृति के परिणामस्वरूप समूह संचार का समाज में व्यापक महत्त्व रहा। इस कारण इस कालखण्ड को हम समूह संचार का कालखण्ड मान सकते हैं।

जनसंचार वास्तव में जनसंचार माध्यमों के साथ-साथ आभ्यन्तर, अन्तर्वैयक्तिक एवं समूह संचार के द्वारा समाज में फैलनेवाली प्रक्रिया है। यह प्रवृत्ति हमें प्राचीन भारतीय साहित्य एवं समाज के अन्तिम चरण में दिखायी पड़ती है। मूर्ति, उपासना पद्धति, कुम्भ, शास्त्रार्थ एवं अशोक के शिलालेख, स्तम्भलेख, भित्तिलेख एवं मन्दिर आदि इसके उदाहरण हैं। वेद मन्त्रों के जटा, माला, शिखा, रेखा, ध्वज, दण्ड, रथ और घन पाठ वास्तव में श्रुति ज्ञान को जन संचारित करने की प्रक्रिया रही। इस प्रकार हम इस उत्तरवर्ती खण्ड को जनंसचार कालखण्ड की संज्ञा दे सकते हैं।

उक्त विवेचन से स्पष्ट है कि आभ्यन्तर संचार, अन्तर्वैयक्तिक संचार, समूह संचार एवं जनसंचार की प्रवृत्ति एवं सूत्र भारतीय साहित्य में वैदिक साहित्य एवं उत्तरवर्ती साहित्य में क्रमशः मिलते हैं।

प्राचीन भारतीय साहित्य में संचार के सिद्धान्त एवं सूत्र-त्रिगुण (सत्त्व, रज एवं तम), चार पुरुषार्थों (धर्म, अर्थ, काम एवं मोक्ष) में काम तथा शब्द चिन्तन में मिलते हैं। उक्त के वर्णन के द्वारा संचार की भारतीय चिन्तन परम्परा एवं संचार के भारतीय सिद्धान्त की व्याख्या स्पष्ट हो सकती है।

11.1.1. (क) त्रिगुणात्मक संचार
(Possessing the Three Qualities of Communication)

त्रिगुणात्मक सन्दर्भ अर्थात् सत (सत्त्व), रज एवं तम ये गुण सभी प्राणियों में होते हैं। त्रिगुणात्मक प्रकृति की खोज वास्तव में भारतीय मनीषा की महान् देन है। इन गुणों की व्याप्ति शब्द एवं जगत् के सम्प्रेषण में हैं इस कारण इनका महत्त्व संचार में है। श्रीमद्भागवत के 12/3/ श्लोक 26 से 30 में उल्लेख है कि सभी प्रागिगों में सत्त्व, रज एवं तम तीन गुण होते हैं। समय-समय पर शरीर प्राण और मन में उनका ह्रास और विकास हुआ करता है। इन्हीं तीन गुणों से सत्ययुग, त्रेता, द्वापर और कलियुग का प्रवर्तन होता है। जिस समय मन, बुद्धि और इन्द्रियाँ सत्त्वगुण में स्थित होकर अपना-अपना काम करने लगती हैं, उस समय सतयुग समझना चाहिए। सत्ययुग की प्रधानता के समय ज्ञान और तपस्या में मनुष्य लीन रहता है अथवा अधिक ज्ञान और तपस्या से करता है। जिस समय मनुष्यों की रुचि और प्रवृत्ति सकाम कर्मों अर्थात् लौकिक और पारलौकिक सुख-भोगों की ओर होती है और मन, शरीर और इन्द्रियाँ रजोगुण में स्थित होकर काम करने लगती हैं तब समझना चाहिए कि उस समय त्रेता युग अपना काम कर रहा है। जब लोभ, असन्तोष, मान, दम्भ, मत्सर और काम्य कर्मों की रुचि तब रजोगुण तथा तमोगुण प्रधान द्वापर युग समझना। चाहिए। जब कपट, झूठ, आलस्य, निद्रा, हिंसा, विषाद, शोक, मोह, भय तथा दीनता एवं तमोगुण की प्रधानता हो तब उसे कलि समझना चाहिए।[6]

मनुस्मृति में भी उक्त का उल्लेख इस प्रकार है–

इतरेण्वगमद्धर्मः पादशस्त्व बरोपितः।
चैरिकान्नृतमायाभिर्धमश्चायैति पादशः।।

(मनु. 1/82)

अन्य त्रेता आदि तीन युगों में अधर्म से धन, विद्यादि के उपार्जन से यज्ञ आदि धर्म प्रत्येक युग में क्रमशः एक-एक पाद से हीन हो गया तथा चोरी, असत्य और कपट से आवृत्त होकर एक-एक पाद कम हो गया।[7]

श्रीमद्भागवत में धर्म एवं अधर्म के चार-चार पादों (पैरों) का वर्णन है। धर्म के चार पैर इस प्रकार हैं–

सत्यं दया तपो दानमिति पादा विभोर्नृप।।

(भा. 12/3/18)

अर्थात् धर्म के चार पैर हैं–सत्य, दया, तप और दान।

इसी प्रकार असत्य के चार पैर हैं–

अधर्मपादैरनृताहिंसासन्तोष विग्रहैः।।

(भा. 12/3/20)

अर्थात् असत्य भाषण, हिंसा, असन्तोष (तृष्णा) और कलह (द्वेष) अधर्म के चार पैर हैं।

पद्म पुराण में यह उल्लेख है कि सतयुग में अधर्म एक पैर से और धर्म चारों पैर से उपस्थित रहता है। त्रेता में अधर्म दो चरण से तथा धर्म तीन चरण से, द्वापर में धर्म दो पैर से तथा अधर्म तीन पैर से और कलियुग में धर्म एक ही पैर से तथा अधर्म अपने चारों चरणों से स्थिर रहता है।

उक्त के अतिरिक्त श्रीमद्भागवत में उल्लेख है कि त्रेता में अधर्म के प्रभाव से धर्म के सत्य आदि चरणों का चतुर्थांश घट जाता है। द्वापर में अधर्म के चरणों, (असत्य भाषण, हिंसा, असन्तोष और द्वेष) की वृद्धि तथा धर्म के चारों चरणों का आधा-आधा अंश क्षीण हो जाता है। कलियुग में अधर्म के चारों चरणों के बढ़ जाने से धर्म के चारों चरणों का केवल चौथाई भाग शेष रह जाता है और धीरे-धीरे क्षीण होता हुआ वह भी नहीं रह जाता है–यथा–

'त्रेतायां धर्म पादन्तं तुर्थांशो हीयते शनैः।
अधर्मपादैरनृतहिंसा सन्तोषविग्रहैः

(भा. 12/3/20)

तपः सत्त्वदयादानेण्वर्धा ह्रसति द्वापरे।
हिंसातुष्ट्यनृतद्वेषैर्धर्मस्याधर्म–लक्षणैः।।22।।
कलौ तु धर्महेतूनां तुर्यांशो ऽधर्महेतुभिः।
एधमानैः क्षीयमाणो ह्यन्ते सोऽपि विनङ्क्ष्यति।।24।।[8]

उक्त से स्पष्ट है कि संचार (भाषण आदि) के सत्त्व, रज एवं तम प्रवृत्ति से ही युगों का प्रवर्तन होता है। इस प्रकार युगीन संरचना में सत्त्व, रज एवं तम का महत्त्व है। सत्त्व, रज एवं तम की प्रवृत्ति धर्म-अधर्म, सत्य-असत्य आदि गुणों से आवृत्त है। धर्म और सत्ययुक्त भाषण एवं आचरण को श्रेष्ठ माना गया है तथा इसकी प्रधानता में सतयुग की स्थिति बतायी गयी है। इससे स्पष्ट है कि भारतीय परम्परा में संचार की प्रवृत्ति एवं व्यवहार को युग परिवर्तन का आधार माना गया है। संचार को सत, रज एवं तम प्रवृत्ति से युक्त माना गया है। उक्त प्रवृत्ति के सन्दर्भ सम्पूर्ण प्राचीन साहित्य में मिलते हैं। वेदों में सत्त्व की प्रधानता एवं सत्ययुगीन सन्दर्भ विद्यमान हैं। त्रेता के सन्दर्भ साहित्य में रजोगुण की प्रधानता, द्वापर के सन्दर्भ साहित्य

में रजो तथा तमोगुण की प्रधानता एवं वर्तमानकालीन साहित्य में तमोगुण की प्रधानता स्पष्ट है। भारतीय समाज की सम्प्रेषण प्रक्रिया में सत्त्व एवं सत्त्वागुण को प्रधान माना गया है।

उक्त युगीन वर्णन को इस प्रकार समझ सकते हैं—

युग	धर्म और अधर्म के चरण	धर्म और अधर्म के चरणों के अंश
सत्ययुग	धर्म : सत्य, दया, तप और दान अधर्म : असत्य भाषण, हिंसा, असन्तोष और कलह	पूर्ण 3/4
त्रेता	धर्म : सत्य, दया, तप और दान अधर्म : असत्य भाषण, हिंसा, असन्तोष और कलह	3/4 2/4
द्वापर	धर्म : सत्य, दया, तप और दान अधर्म : असत्य भाषण, हिंसा, असन्तोष और कलह	2/4 3/4
कलियुग	धर्म : सत्य, दया, तप और दान अधर्म : असत्य भाषण, हिंसा, असन्तोष और कलह	1/4 पूर्ण

(**नोटः** धर्म का अभिप्राय लोक व्यवहार एवं लोक आचरण से है)

तीनों गुणों का संक्षिप्त परिचय इस प्रकार है—

गुण	**प्रवृत्ति**
सत्वोगुण	ज्ञान, तपस्या, सत्कर्म, प्रेम, समत्वभाव।
रजोगुण	अहंबुद्धि, प्रतिष्ठा, मान एवं बड़ाई, लौकिक-पारलौकिक सुख, मत्सर, दम्भ, लोभ।
तमोगुण	असत्य, माया, कपट, आलस्य, निन्दा, हिंसा, विषाद, शोक, मोह एवं भय।

इन्हीं गुणों और प्रवृत्तियों से युग तथा धर्म एवं अधर्म की संकल्पना है। इससे यह स्पष्ट है कि संचार गुण तथा प्रवृत्ति के रूप में युगीन चक्र को संचालित करता है। सत्य आधारित संचार को श्रेष्ठ तथा असत्य आधारित संचार को निन्दनीय माना गया है। यह प्रवृत्ति वेदों एवं उत्तरवैदिक साहित्य में भी दिखायी पड़ती है, जिसका वर्णन निम्नलिखित है।

भारतीय परम्परा में सत्य का प्रसार ही संचार का मुख्य लक्ष्य रहा है। ऋग्वेद में यह उल्लेख है कि ऋत (सत्य) का फैलाव करो। 'ऋति नक्षन् (ऋ.7/23/4)'[9] वैदिक काल में संचार का लक्ष्य ऋत का प्रसार करना था। ऋग्वेद में यह भी उल्लेख है कि—

'उषाः दिविजाः ऋतेन महिमानं आविष्कृष्वानाः आ अगात्

(ऋ. 7/75/1)'[10]

अर्थात् द्युलोक में उत्पन्न हुई उषा ऋत से अपनी महिमा को प्रकट करती हुई आ गयी है। इससे स्पष्ट है कि उषा ऋत के साथ आती है। इसीलिए वह आते ही ऋत के कारण प्रकाश फैलाती है।

ऋग्वेद में यह भी उल्लेख है कि–

'सत च असत् च वचसी पस्पृधाते तथोः
यत् सत्यं यतरद् ऋजीयः
तत् इत् सामो अवति हन्ति असत्।'

(ऋ. 7/104/12 एवं 13)[11]

उक्त का अभिप्राय यह है कि सत् और असत् भाषण परस्पर स्पर्द्धा करते हुए मनुष्य के पास आते हैं, उनमें एक सत्य और दूसरा असत्य होता है। सत्य में भी एक सत्य है और दूसरा (सरल) ऋजु है। इस सत्य और ऋजु का तो ईश्वर संरक्षण करता है और असत्य तथा कुटिलता का नाश करता है। उक्त से स्पष्ट है कि ईश्वर सत्य और ऋजु (सरलता) का संरक्षक तथा कुटिलता का नाशक है। ऋग्वेद में यह भी उल्लेख आया है कि–

सोमः वृजिनं मिथुया धारयन्तं क्षत्रियं, रक्षः असद्वदन्तं हान्ति।''

(ऋ. 7/104/13)[12]

अर्थात् सोम कुटिलता व मिथ्या व्यवहार करनेवाले क्षत्रिय को भी, जो असत्य बोलता है, उसको विनष्ट कर देता है। इससे स्पष्ट है कि वैदिक व्यवस्था में कपटी, मिथ्या व्यवहारी और असत्य भाषी के उन्मूलन तथा सत्य और सरल भाषी की रक्षा की परम्परा थी।

वेदों में संचार के सन्देश तत्त्व का विस्तृत विवेचन है, जो कि उक्त से स्पष्ट है। ऋग्वेद में ज्ञान के प्रचार का भी विस्तृत वर्णन है। यह सन्दर्भ इस प्रकार है–

'भानुमद्धिः अर्कैः सूर्यः न...'

(ऋ. 6/4/6)

अर्थात् तेजस्वी किरणों से जिस तरह सूर्य प्रकाश को फैलाता है, उसी प्रकार मनुष्य ज्ञान को फैलाये।[13] वैदिक मान्यता के अनुसार ज्ञान ऋत या सत्य पर आधारित होना चाहिए। इसी कारण ज्ञान से द्वेष करनेवालों को दण्डित करने का भी सन्दर्भ आया है–

'...ब्रह्मद्विषे तपुषे हेतिं अस्य[14]

(ऋ. 6/52/3)

इससे स्पष्ट है कि संचार का उद्देश्य ज्ञान का प्रचार-प्रसार भी था। वेदों में निन्दा से दूर रहने का भी वर्णन है–

'...परिचक्ष्याणि वचांसि मा वोचं...'।

(ऋ. 6/52/14)

अर्थात् निन्दा के भाषण मैं कभी न करूँ। इससे स्पष्ट है कि वैदिक मनीषी निन्दा या अवमानना का निषेध करते थे। संचार में इस प्रकार के सन्देश का स्थान नहीं था। यजुर्वेद में भी संचार एवं सन्देश तत्त्व का वर्णन इस प्रकार है :

अश्मन्वती रीयते सण्रभध्वमुत्तिष्ठत प्रतरता सखायः।
अत्रा जहीमोऽशिवा यऽअसंछिवान् वयमुत्तरेमाभिवाजान्।।

(यजु. 35/10)

अर्थात् मित्रो! जीवन प्राणमय संचार रूपी नदी बह रही है। उसमें बड़े अज्ञान रूपी पत्थर पड़े हैं। उठो, चलो और अच्छी प्रकार से उसके तरैने के लिए अर्थात् सत्त्व चैतन्य की प्राप्ति के लिए अशुभ संकल्पों एवं आचरणों को छोड़कर शिव संकल्पों एवं शुभ आचरणों का आश्रय लो।[15] वैदिक मान्यता के अनुसार संचार का लक्ष्य आचार और समाज शुचिता रही। श्रोता अभिरुचि परिष्कार इसका मूल अभिप्राय रहा। इस वैदिक मान्यता का प्रवाह पूरे प्राचीन भारतीय साहित्य में मिलता है। इस परम्परा का विस्तार वाल्मीकि रामायण में भी है। नारद जी से वाल्मीकि ने इस संसार में गुणवान् वीर्यमान, धर्मज्ञ, उपकार माननेवाला, सत्यवक्ता और दृढ़प्रतिज्ञा के विषय में पूछा और देवर्षि नारद ने उन्हें श्रीरामचरित का उपदेश दिया। वाल्मीकि रामायण में इसका वर्णन इस प्रकार है—

को न्वस्मिन् साम्प्रतं लोके गुणवान् कश्च वीर्यवान्।
धर्मज्ञश्च कृतज्ञश्च सत्ववाक्यों दृढ़व्रतः।।

(वाल्मीः बालका. 1/3)[16]

उक्त से स्पष्ट है कि वाल्मीकि रामायण का भी लक्ष्य वैदिक मान्यता के अनुसार सत्त्व सन्देश एवं श्रेष्ठ चरित्र का संचार करना था। इसी कारण सत्यवत्सल, मर्यादा पुरुषोत्तम श्रीराम के गुणों का उन्होंने वर्णन किया।

मनुस्मृति में सत्य के पतन की प्रवृत्ति को ही युगों की रचना का आधार माना गया है—

इतरेण्वगमद्धर्मः पादशस्त्व बरोपितः।
चैरिकान्नृतमायाभिर्धर्मश्चायैति पादशः ।।

(मनु. 1/82)

अन्य त्रेता आदि तीनों युगों में अधर्म से धन-विद्यादि के उपार्जन से यज्ञ आदि धर्म प्रत्येक युग में क्रमशः एक-एक पाद से हीन हो गया तथा चोरी, असत्य और कपट से आवृत्त होकर एक-एक पाद कम हो गया।[17] उक्त से स्पष्ट है कि स्मृतिकारों की मान्यता के अनुसार असत्य आदि के संचार से युगीन पतन होता है। इसी के आधार पर सत्ययुग, त्रेता, द्वापर एवं कलियुग की संकल्पना का विकास हुआ है। इससे स्पष्ट है कि संचार व्यवस्था में परिवर्तन से युगीन व्यवस्था का चक्र स्वतः ही बदल जाता है।

श्रेष्ठ और सत्य विचारों के प्रसार की वैदिक मान्यता की परम्परा हमें गोस्वामी तुलसीदास के श्रीरामचरितमानस में भी मिलती है। यह वर्णन इस प्रकार है—

'कीन्हें प्राकृत जन गुण गाना। सिरधुनि गिरा लगत पछिताना'

(श्रीरामचरितमानस, बालकाण्ड)

अर्थात् कीर्ति, कविता और सम्पत्ति वही उत्तम है, जो गंगा की तरह सबका हित करनेवाली हो।[18] इसी कारण गोस्वामीजी असत्य एवं मसखरेपन की निन्दा करते हैं। यह परम्परा वैदिक संचार परम्परा के अनुरूप है। श्रीरामचरितमानस के उत्तरकाण्ड में कलि की संचार प्रक्रिया का वर्णन इस प्रकार है—

जो कह झूठ मसखँरी जाना।
कलियुग सोइ गुणवन्त बखाना।।

(श्रीरामचरितमानस, उत्तरकाण्ड)

अर्थात् कलियुग में जो झूठ बोलता है और हँसी-दिल्लगी करता है, वही गुणी कहा जाता है। इतना ही नहीं वे यह भी उल्लेख करते हैं कि—

'मन क्रम बचन लबार तेइ बकता कलिकाल महुँ।।

(श्रीरामचरितमानस, उत्तरकाण्ड)

अर्थात् जो मन, वचन और कर्म से लबार (झूठ बोलनेवाला) है, वही कलियुग में वक्ता के रूप में स्थापित है।[19]

उक्त से स्पष्ट है कि भारत में वैदिक काल से लेकर गोस्वामी तुलसीदास के श्रीरामचरितमानस तक संचार को सत्य एवं श्रेष्ठ मूल्यों पर आधारित माना गया है। इससे स्पष्ट है कि वही चरित या कीर्ति समाज में सम्प्रेषित की जाय, जो कि सत्य पर आधारित, लोकोपकारी तथा श्रेष्ठ हो। इस प्रकार स्पष्ट है कि प्राचीन भारतीय समाज व्यवस्था में संचार का स्पष्ट मानक तथा इसके स्वरूप का सैद्धान्तिक आधार निश्चित था। प्राचीन भारतीय साहित्य और समाज में अधिक बल संचार के सन्दर्भ-सन्देश और सूचना आदि पर गया है, क्योंकि संचार पर यही प्राणतत्त्व है। वास्तव में संचार सूचना या सन्देश की, सूचना या सन्देश के द्वारा और सूचना या सन्देश के लिए संचरणशील प्रक्रिया है। इसी मान्यता को केन्द्र मानकर प्राचीन भारतीय साहित्य एवं समाज के संचार के तत्त्व का निर्धारण किया गया है।

11.1.1 (ख) चार पुरुषार्थ एवं संचार (Communication and Four Main Goals)

भारतीय सभ्यता की आधारशिला चतुर्वर्ग—धर्म, अर्थ, काम और मोक्ष है। मनुष्य की समस्त अभिलाषाएँ इन्हीं चारों में अन्तर्निहित रहती हैं। मानव देह की आवश्यकताओं से जुड़े केवल चार ही तत्त्व हैं और धर्म, अर्थ, काम और मोक्ष इन चारों से ही आवश्यकताओं की पूर्ति होती हैं।[20]

हमारे अन्तर्गत शरीर, मन, बुद्धि और आत्मा ये ही चार अंग अनन्त कामनाओं और आवश्यकताओं के केन्द्र माने जाते हैं। इन सभी प्रकार की अवश्यकताओं की पूर्ति, धर्म, अर्थ, काम और मोक्ष से हुआ करती है। शरीर के पोषण और संवर्द्धन के लिए अर्थ की, मन सन्तुष्टि के लिए काम की, बुद्धि के लिए धर्म की और आत्मा की शान्ति के लिए मोक्ष की आवश्यकता पड़ती है। ये आवश्यकताएँ अनिवार्य हैं। क्योंकि बिना भोजन-वस्त्र के शरीर कृश और निष्क्रिय बन जाता है। बिना काम के मन कुण्ठित और निकम्मा हो जाता है, बिना धर्म के बुद्धि भ्रष्ट हो जाती है और बिना मोक्ष के आत्मा पतित बन जाती है।

बुद्धि का ज्ञान से समवाय सम्बन्ध रहता है। ज्ञान की वृद्धि के साथ बुद्धि का विकास होता है। इस प्रकार बुद्धि और ज्ञान एक ही पदार्थ के दो भाग हैं। जिस प्रकार बुद्धि और ज्ञान यमज हैं, उसी प्रकार धर्म और ज्ञान भी एक ही पदार्थ के दो भाग हैं। धर्म में ज्ञान का जितना अंश रहता है और ज्ञान में धर्म का जितना अंश रहता है उसी के अनुसार बुद्धि में स्थिरता हुआ करती है।[21]

जिस प्रकार धर्म से बुद्धि का सम्बन्ध है, उसी प्रकार शरीर का अर्थ से, मन का काम से और आत्मा का मोक्ष से सम्बन्ध है। इन्हीं— अर्थ, धर्म, काम में मनुष्य के जीवन, रति, मान, ज्ञान, न्याय, स्वर्ण आदि की समस्त कामनाओं का समावेश होता है। इस प्रकार चारों पदार्थ एक-दूसरे के आधार और आधेय बन जाते हैं।[22]

भारतीय मनीषा ने चार पुरुषार्थों का व्यापक विवेचन स्थान-स्थान कर पर किया है। चारों पुरुषार्थों में काम एक महती मानसी शक्ति है। यह शक्ति भौतिक कार्यों में प्रकट होकर तथा

अन्तःकरण (मन, बुद्धि और अहंकार) की क्रियाओं द्वारा दो भागों में बँट जाती है। यह शक्ति कभी चैतन्य रूप में और कभी भौतिक शक्ति के रूप में प्रकट हुआ करती है। कहीं तो यह छितराकर काम करती है और कहीं संवरण रूप में काम करती हुई जान पड़ती है। प्रत्येक व्यक्ति का जीवन चित्त की इन्हीं आन्तरिक और बाह्य शक्तियों के ऐसे छितरावों (विक्षेपों) और संवरणों का संघर्ष स्थल बना रहता है। अणु-अणु, परमाणु-परमाणु में मन की यह द्विधा-शक्ति समायी हुई है। इसका एक भाग बहिर्मुखी है तो दूसरा भाग अन्तर्मुखी है। एक भाग व्यक्ति को प्रवृत्ति की ओर झुकाता है तो दूसरा निवृत्ति की ओर।

मन की मूल वासनाएँ ही मूल प्रवृत्तियाँ कहलाती हैं। समस्त वासनाओं या मूल प्रवृत्तियों का यदि वर्णन किया जाये तो वित्तैषणा, दारैषणा और लोकैषणा—इन तीन ही भागों में सभी वासनाओं या मन की मूल प्रवृत्तियों का समावेश हो जाता है। धन, स्त्री, पुत्र और यश आदि की कामना के मूल में आनन्द का उपभोग रहता है। सभी प्रकार की वासनाओं, इच्छाओं या प्रवृत्तियों का प्राण आनन्द ही है।[23]

तैत्तिरीय उपनिषद् में वर्णन इस प्रकार है—

आनन्दो ब्रह्मेति व्यजानात्।
आनन्ददेव खल्विमानि भूतानि जायन्ते।
आनन्देन जातानि जीवन्ति।
अनन्दं प्रयन्त्यभिसं—विशन्तीति—तैत्तिरीय,

अनुवादक—31

अर्थात् 'आनन्द से ही भूतों की उत्पत्ति होती है, आनन्द से ही उत्पन्न सभी वस्तु और जीव समुदाय जीवित रहते हैं और आनन्द में ही लीन होते हैं। आनन्द ही सब-कुछ हैं।'[24]

वृहदारण्यक उपनिषद् में आनन्द का वर्णन इस प्रकार है—

सर्वेषामानन्दानामुपस्थ एकायनम्।

वृहदारण्यक, 2, 4, 11

अर्थात् 'आनन्द का एकमात्र स्थान उपस्थ (गुप्तेन्द्रिय) हैं।' अन्य सभी वस्तुएँ आनन्द की साधन हैं। वित्त एवं स्त्री लोक आदि सब-कुछ आनन्द को बढ़ाने के लिए हैं।[25]

शंकराचार्य के दर्शन के अनुसार दो भिन्नताओं के बीच के सम्बन्ध को काम कहते हैं। यह एक प्रवृत्ति है जो विषय और विषयी को एक बनाती है। सोचने और चाहने आदि सभी क्रियाओं के मूल में केवल काम-प्रवृत्ति है। ज्यों ही उसे 'अहमस्मि' मैं हूँ का बोध हुआ, त्यों ही वह डरा और एक सहायक ही इच्छा करने लगा। इस प्रकार आकर्षण एवं काम की मिथुन आकांक्षा ही विश्ववासना है। सभी वासनाओं के मूल में काम निहित हैं। इसी कारण अथर्ववेद में 'काम' का वर्णन इस प्रकार है—

कामादस्तग्रे समवर्तत्'

अथर्ववेद, 19/52/1

एवं

कामो जज्ञे प्रथमो'

अथर्ववेद, 19/2/19

अर्थात् काम आदि में उत्पन्न हुआ। देवता, पितर या मनुष्य या कोई उसकी समानता न कर सके।

शैव धर्म में सारे विश्व के मूल में शिव और शक्ति का संयोग माना गया है—

शिव—शक्ति—समायोगाद् जायते सृष्टिकल्पना।

शिवपुराण की धर्मसंहिता में लिखा है—

'कामः संकल्प एव हि'—अर्थात् संकल्प के मूल में विषयशक्ति ही रहती है। आचार्य वात्स्यायन ने कामसूत्र में 'काम' की परिभाषा इस प्रकार की है—

'श्रोत्रत्वक्चक्षुर्जिह्वाघ्राणानामात्मसंयोगेन मनसा अधिष्ठतानां
स्वेषु स्वेषु विषयेष्वानुकूल्यतः प्रवृत्तिः कामः।'

अर्थात् आत्मा से संयुक्त मन से अधिष्ठित पाँच ज्ञानेन्द्रियों (कान, आँख, नाक, जिह्वा एवं त्वचा) की अपने-अपने विषयों में जो अनुकूल प्रवृत्ति है वही 'काम' है।[26] पाँच ज्ञानेन्द्रियों एवं मन का सम्बन्ध 'संचार' से भी है। इस प्रकार 'संचार' और काम परस्पर समानधर्मा हुए तथा 'संचार' काम में ही निहित है।

शैव धर्म की भाँति शाक्त मत भी संचार की सृष्टि को मैथुनजन्य मानता है। उसका कथन है कि 'नाद' शिव-शक्ति का मैथुन है। उसकी मान्यता है कि शब्द की अभिव्यक्ति के पूर्व द्वन्द्व का होना निश्चित है। जब द्वन्द्व है तब मिथुन का सम्बन्ध मैथुन अवश्य है। श्रद्धा, भक्ति, प्रेम, स्नेह, वात्सल्य, मैत्री, अनुकम्पा, आलिंगन, चुम्बन आदि आकर्षण के सभी रूपों में मिथुन सम्बन्ध—आकर्षण अथवा 'काम' यही मानसिक अभाव जागरूक रहते हैं। यह उल्लेख ऋग्वेद में इस प्रकार हैं—

कामस्तदग्रे समवर्तताधि मनसो रेतः प्रथमं तदासीत्।
सतोबन्धुमसति निरविन्दन् हृदि प्रतीप्या कवयो मनीषा।।

ऋग्वेद 10/129/41

वस्तुतः काम मन का रेतस् है। काम एक महती शक्ति है। इसके अनेक भाव, अनेक विभाग और अंग एवं उपांग हैं। यह चित्तयन्त्र को चलानेवाली अदम्य शक्ति है।[27]

विश्व-मानव की समस्त वासनाएँ मुख्यतः वित्तैषणा, दारैषणा और लौकेषणा में विभक्त हैं। धन, स्त्री, यश आदि की कामना मात्र आनन्द के लिए की जाती है। आनन्द ही सभी वासनाओं का मूल कारण है। यही मूल प्रेरक शक्ति है।[28]

'काम' एक शक्ति है और वह अति चंचल है। जब-जब शक्ति का उन्नयन होता है, तब-तब भावों एवं संवेगों की उत्पत्ति होती है। हर वासना के साथ भावात्मक अनुभूति रहती है। जो हमारी इच्छाएँ ग्रन्थि का रूप धारण कर लेती हैं, वही वासना कहलाने लगती हैं। वासनाओं के वेग को संवेग कहा जाता है। मनुष्य के हृदय में अनुकूल और प्रतिकूल वेदना की उत्पत्ति ही भाव कहलाती है। यही भाव बढ़ते-बढ़ते संवेग का रूप धारण कर लेता है। विषयों की सत्ता से या स्मृति से अथवा कल्पित विषयों से भी भय प्रेम आदि के संवेग जाग्रत होते हैं। इस प्रकार विषयों के सन्निकर्ष से कोई-न-कोई भाव या संवेग उत्पन्न अवश्य होता है। गीता में भी उल्लेख है कि—**संगात् संजायते कामः**—अर्थात् संगत से काम होता है। काम के साथ उसका संवेग होता है। हमारी चित्तवृत्ति के ज्ञानमय, भावमय और क्रियामय तीन रूप हैं। भाव या संवेग का जागरण ज्ञान के कारण होता है। अनश्चक्र में सोयी हुई अतुल काम-शक्ति प्रेरक स्फुलिंगों को पाकर ही जाग्रत हुआ करती हैं। बाह्य अथवा आभ्यन्तर उद्दीपकों से उत्पन्न

संवेदनाएँ तथा ज्ञानात्मक मनोभाव ही काम शक्ति के प्रेरक स्फुलिंग होते हैं। इनकी प्रेरणा पाकर संवेग के साथ काम शक्ति बहिर्मुख हुआ करती है।

मानव-मन विचारों के उच्च शिखर पर रहते हुए भी नवीन संवेदनाओं की खोज में नीचे उतर आया करता है। हर व्यक्ति में भाव परिवर्तन की इच्छा होती है। मनुष्य स्वभाव से परिवर्तन, नवीनता और सुन्दरता प्रिय है। योगवासिष्ठ का कथन इस प्रकार है—

न प्राप्तिक्षणे वस्तु प्रथमे तुष्टये तथा।
न प्राप्त्येकक्षणदूर्ध्वमिति को नानुभूतवान्।।

अर्थात् जैसे पहले क्षण किसी वस्तु की प्राप्ति से तृप्ति होती है वैसी तृप्ति दूसरे क्षण में नहीं मिलती। नवीनता का दूसरा नाम अभिरुचि है। जहाँ नवीनता है वहीं रमणीयता है—

क्षणे क्षणे यन्नवतां मुपेति तदेव रूपं रमणीयतायाः।

अर्थात् रमणीयता वही रूप है जो क्षण-क्षण में नवीनता को प्राप्त होती है। संवेग के कारण हमारी क्रियाएँ प्रतिक्षण परिवर्तित हुआ करती हैं। पहले उत्सुकता जागती है। इसके बाद तृष्णा का जागरण होता है। समाज का नियन्त्रण सिर्फ यहीं तक सीमित रहता है कि वासना शारीरिक क्रिया में परिणत न होने पाये—मानसिक द्वन्द्व भले ही प्रबल होता रहे। इस कारण सामाजिक नियमों के अनुसार काम का निरोध-अवरोध जबर्दस्ती करना पड़ता है।[29]

भारतीय दर्शन का सिद्धान्त है कि विद्या और अविद्या दो मुख्य बीज हैं। जब वे दोनों समान मात्रा में एक-दूसरे से मिलते हैं, तब तीसरा बीज भी उत्पन्न होता है, मन, प्राण और वाक् तीनों अव्यय और जगत् के साक्षी माने जाते हैं। इनमें प्राण जब मन को अधिक मात्रा में ग्रहण करता तब यह विद्या कहलाता है और जब यह वाक् को अधिक मात्रा में ग्रहण करता है तो अविद्या कहलाता है। यह अविद्या रूप आत्मा का स्वाभाविक विकार है, जो बाह्य पदार्थों को अपने में मिला लिया करता है जिसे निर्विषयक ज्ञान कहते हैं। यह ज्ञान आत्मा का मुख्य रूप है किन्तु वही जब बाह्य पदार्थों को अपने में समाहित कर सविषयक होता है तब विषयों के परिच्छेद से परिछिन्न बन जाता है। अर्थात् ज्ञान में किसी विषय के प्रवेश होने की शक्ति को अविद्या कहते हैं।

इस अविद्या शक्ति में जो विषय बनकर प्रविष्ट हुआ जान पड़ता है वही 'काम' है। क्योंकि ज्ञान के साथ इच्छा, आकर्षण का संवेग बढ़ता है और यदि वह ज्ञान में प्रविष्ट न होता तो आकर्षण की इच्छा न होती। जिस मनुष्य ने यदि किसी वस्तु का उपयोग, श्रवण, दर्शन, स्पर्श कभी नहीं किया, उस वस्तु का ज्ञान न होने से इच्छा और आकर्षण उत्पन्न नहीं हो सकते। इससे निष्कर्ष यह निकलता है कि ज्ञान में जिस विषय का संस्कार उत्पन्न होता है, वह वासना के रूप में ज्ञान में विद्यमान रहता है और जब उस विषय को प्राप्त करने की इच्छा उत्पन्न होती है, आकर्षण पैदा होता है तो उस इच्छा या आकर्षण को 'काम' कहते हैं। चूँकि वह इच्छा ज्ञान के विषय अर्थात् वासना से उठती है। इस कारण उस विषय को वासना को भी 'काम' कहते हैं। वात्स्यायन का मुख्य अभिप्राय यही है। इस 'काम' के कारण ही एक वस्तु दूसरी वस्तु पर आकृष्ट होकर संयोग करती है। इसी कारण 'काम' को सृष्टि या दो वस्तुओं के मेल से नयी वस्तु की उत्पत्ति का कारण माना गया है।[30]

संचार में भी ज्ञात-अज्ञात सूचनाओं का आदान-प्रदान तथा पुष्टि होती है। संचार में भी इच्छा तथा आकर्षण का तत्त्व विद्यमान होने से संचार प्रक्रिया संचालित होती है। विज्ञापन के माध्यम

से व्यक्ति में विज्ञापित वस्तु का ज्ञान, लाभ-हानि का बोध विकसित कर इच्छा तथा आकर्षण पैदा किया जाता है। इस प्रकार संचार वास्तव में काम में ही समाहित है।

मनुष्य में 'अस्तित्व की कामना' ही आदिशक्ति या मूलशक्ति है, इसी से दारैषणा, लोकैषणा और वित्तैषणा की अभिव्यक्ति होती है। 'मैं रहूँ' मेरी सत्ता पृथक् रहे यह अस्तित्व की कामना का एक अंग है। अपनी रक्षा, अपनी अभिवृद्धि, क्षुधा, तृष्णा, प्यास या यश की तृष्णा जो मानसिक शरीर के लिए आहार है, लोकैषणा—का यही आदि स्वरूप है।

मैं एक से अनेक हो जाऊँ 'मैं सारे अर्थ जगत् का प्रभु बन जाऊँ' इस प्रकार की वित्तैषणा तृष्णा का दूसरा रूप है।

सन्तान पैदा कर मैं अनेक हो जाऊँ, साहचर्य भाव के लिए मैथुन-तृष्णा अधिकार और शक्ति की इच्छा आदि इस प्रकार की इच्छाएँ तृष्णा का तीसरा स्वरूप-दारैषणा मानी जाती है। अस्तित्व की वासना के जितने रूप हैं वे सब 'काम' हैं। माण्डूक्योपनिषद् में पुरुष के उन्नीस मुख बताये गये हैं—पाँच ज्ञानेन्द्रियाँ, पाँच कर्मेन्द्रियाँ, पाँच प्राण, मन, बुद्धि एवं अहंकार तथा चित्त। सभी विषयजात इन मुखों का आहार है अथवा काम्य है। काम मानसिक भाव-विशेष होने के कारण यह आहार का समानधर्मा है।[31] अंग्रेजी के (Sex) का हिन्दी का समानार्थी शब्द मैथुन है। लेकिन हिन्दी के काम शब्द का समानार्थी शब्द अंग्रेजी में (Wish) या (Desire) है, जिसका अर्थ इच्छा या अभिलाषा है। इस प्रकार काम का अर्थ कामना, इच्छा, अभिलाषा है न कि (Sex) सेक्स।

'संचार' की इच्छा अनेक से एक होने की है। मैं सुरक्षित रहूँ तथा सब-कुछ जानूँ यही इच्छा 'संचार' का मूल आधार है। इस कारण संचार 'काम' के पुरुषार्थ में सम्मिलित है। 'काम' की 64 कलाओं में—गीत, वाद्य, नृत्य, आलेख, वीणावादन, पहेली, पुस्तक पाठ, नाटक, कविता, कूट-अक्षर (संकेताक्षर), श्लोक निर्माण, बहुरूपिया एवं आचार शास्त्र[32] भी सम्मिलित हैं, जिनका सम्बन्ध संचार से है। उक्त से स्पष्ट होता है कि 'संचार' काम के पुरुषार्थ में ही सम्मिलित है।

11.1.1 (ग) शब्द और संचार (Word and Communication)

'शब्द' ही सम्पूर्ण मानवीय सृष्टि का आधार है। बिना शब्द ज्ञान के मनुष्य मात्र पशु तुल्य है। मनुष्य की मनुष्यता तथा मानवीयता संचार का मूलाधार 'शब्द' ही है। शब्द, स्पर्श, रूप, रस और गन्ध की अनिवार्य लीला ही इस विश्व का कारण है। इसी से मनुष्य देह और विश्व निरन्तर संचालित है। यदि मनुष्य में शब्द बोध नहीं होता तो वह भी पशु की भाँति आचरण करता तथा ज्ञान और विज्ञान का अस्तित्व ही शून्य होता। शब्द के रूप भी परस्पर भिन्न हैं। लिपि अथवा चित्र रूप में वह दृश्य है तो ध्वनि रूप में वह अमूर्त तथा चित्त की वृत्ति बन जाता है। यही शब्द सूक्ष्म तथा परा रूप में समाधि की दशा में बिन्दु स्वरूप सूक्ष्मातिसूक्ष्म हो जाता है।

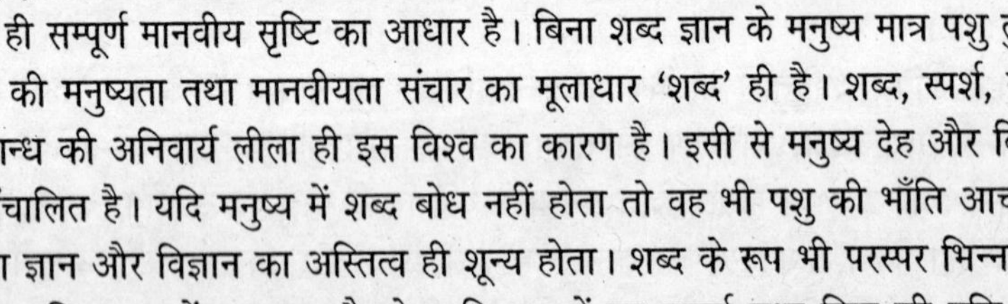

उक्त से स्पष्ट है कि मानव सृष्टि प्रत्येक रूप में शब्द की उत्पत्ति तथा विस्तार है। शब्द संचार का भी मूल है। शब्द की व्याप्ति अथवा बोध के बिना संचार की कल्पना ही सम्भव नहीं है। भारतीय मनीषा शब्द के उक्त मूर्त और अमूर्त दोनों रूपों से परिचित थी। इसी कारण इस चिन्तन के सूत्र विश्व के प्राचीनतम ग्रन्थ ऋग्वेद में भी मिलते हैं।

ऋग्वेद के सप्तम मण्डल के दो मन्त्रों से संचार की परम्परा एवं शब्द के स्वरूपों का बोध होता है। एक मन्त्र में उल्लेख इस प्रकार है–

'...अक्षरा चरन्ति नः परि या ख्यत्...।'

(ऋ. 7/36/7)

अर्थात् अक्षरमय वाणी विद्यादेवी प्रगति करती हुई हमें न छोड़ देवें।[33]

दूसरे मन्त्र में उल्लेख इस प्रकार है–

'...सरस्वती ईं जुनाति...'

(ऋ. 7/40/3)

अर्थात् सरस्वती हमें उत्तम कर्म में प्रेरित करती हैं।[34]

ऊपर लिखे दो मन्त्रों में अक्षरा (विद्या) एवं सरस्वती का उल्लेख है। अक्षरा का अभिप्राय–अक्ष+र = आँख जिसमें रमती है, ऐसे सुन्दर अक्षर ज्ञान से हैं। इस प्रकार अक्षरा का अर्थ ऐसी शब्द विद्या से है, जो अक्षरों में रहती है या जिसका रूप चित्रात्मक अथवा लिप्यात्मक है। लेकिन सरस्वती इस ज्ञान से भिन्न है। सरस्वती का सम्बन्ध प्रेरणा तथा अन्तस्थ से है। इस प्रकार सरस्वती ज्ञान, चिन्तन, बोध या परा ज्ञान का प्रतीक हैं। सरस्वती इस प्रकार ज्ञान-प्रवाह का प्रतिनिधित्व करती हैं। इसी कारण विद्या (अक्षरा) से सरस्वती का महत्त्व अधिक है। विद्या मात्र ज्ञान रूप है, परन्तु सरस्वती जीवन्त प्रवाह रूपी ज्ञान धार है जो सहस्रों वर्षों तक अविरल गति से चलती रहती हैं। उक्त से स्पष्ट है कि वैदिक मान्यतानुसार ज्ञान के दो रूप (शब्द व्याप्ति के दो रूप) विद्या (अक्षरा) में एवं सरस्वती के रूप में मिलते हैं। इन दोनों में सरस्वती को श्रेष्ठ माना गया है।[35]

संचार के विविध स्वरूपों में आभ्यन्तर संचार अन्तस्थ परन्तु अन्तर्वैयक्तिक, समूह एवं जनसंचार बाह्य संचार के रूप में जाने जाते हैं। वैदिक परम्परा के अनुसार देखने से स्पष्ट होता है कि सरस्वती रूपी ज्ञान प्रवाह की आभ्यन्तर संचार है। यह संचार अन्य संचारों का मूल तथा अन्य से श्रेष्ठ है। जैसे मनुष्यों के परस्पर सम्मिलन से समाज अस्तित्व में आता है ठीक उसी प्रकार सभी मनुष्यों के आभ्यन्तर संचार के सम्मिलन से समाज के अन्य संचारों का प्रवाह होता है तथा सभी मनुष्यों के आभ्यन्तर संचार में ही अन्तस्थ सरस्वती रूपी ज्ञान-प्रवाह अस्तित्व में आता है।

अन्तर्वैयक्तिक, समूह एवं जनसंचार विद्या अथवा अक्षरा की ज्ञान परम्परा को व्यक्त करते हैं। क्योंकि अन्तर्वैयक्तिक, समूह एवं जनसंचार में संचार की प्रक्रिया के लिए दृश्य, श्रव्य अथवा दृश्य-श्रव्य रूपी प्रत्यक्ष या मानसिक चित्र की उपस्थिति आवश्यक है, जो मनुष्य के अन्तस्थल में उभरते हैं। परन्तु प्रत्येक संचार की पूर्णता बिना आभ्यन्तर संचार के नहीं है। इसी कारण आभ्यन्तर संचार अन्य संचारों से श्रेष्ठ है, जिसे वैदिक परम्परा में अक्षरा (विद्या) से सरस्वती की श्रेष्ठता के रूप में हम पाते हैं।

उक्त से स्पष्ट है कि भारतीय परम्परा में शब्द चिन्तन पर भी अधिक विचार-विमर्श हुआ है। इसी कारण शब्द की महत्ता को स्वीकार करते हुए शब्द को ब्रह्म माना गया। शब्द सर्वप्रकृति है। प्रत्येक बात और प्रत्येक वस्तु का मूल शब्द है। वस्तुएँ कहाँ से आती हैं कहाँ चली जाती हैं। इसका उत्तर इस प्रकार है–

ब्रस्मेद्रं शब्दनिर्माणं शब्दशक्तिनिबन्धनम्।
विवृत्तं शब्दमात्राभ्यस्तास्वेव प्रविलीयते।।

(वा. पा. 1/1)

यह विद्यात्मक और अविद्यात्मक उभयविद्य ब्रह्मशब्द का निर्माण या रचना है। शब्द की शक्तियाँ इसका कारण हैं। शब्द की शक्तियों से यह विवृत्त होता है और उन्हीं शब्दशक्तियों में विलीन हो जाता है। वेदों का वेदतत्त्व शब्दात्मक है। तन्त्रागम में अन्य दर्शनों की अपेक्षा शब्दतत्त्व को अधिक स्पष्टता और अनिवार्यता के साथ स्वीकारा गया है। योग और संगीतशास्त्र शब्दतत्त्व को नाद और श्रुति शब्दतत्त्व के एक ही पक्ष को उजागर करते हैं, दूसरा पक्ष अर्थभाव अछूता रह जाता है। योग का नादतत्त्व सर्वजनग्राह्य तथा इन्द्रियगम्य है। शब्दतत्त्व सर्वप्रकृति है। इसे अधोलिखित रूप में स्पष्ट कर सकते हैं।

उक्त से स्पष्ट है कि यह सारा संसार चित् और अचित् दो भागों में बँटा है। संवेदन, स्पन्दन और वचन में कोई एक या दो हों तो चित्पदार्थ कहा जाता है। जिसमें ये तीनों न हों उसे अचित्पदार्थ कहा जाता है। शब्दतत्त्व को चिद्चिन्मिश्रित नहीं समझना चाहिए। वास्तविकता यह है कि शब्दतत्त्व से दोनों तत्त्व विवृत्त होकर उद्भूत होते हैं। शब्दतत्त्व संवर्तावस्था है। चिद्चिन्मिश्रित अवस्था का ठीक उदाहरण मनुष्य है, जिसकी भौतिक काया

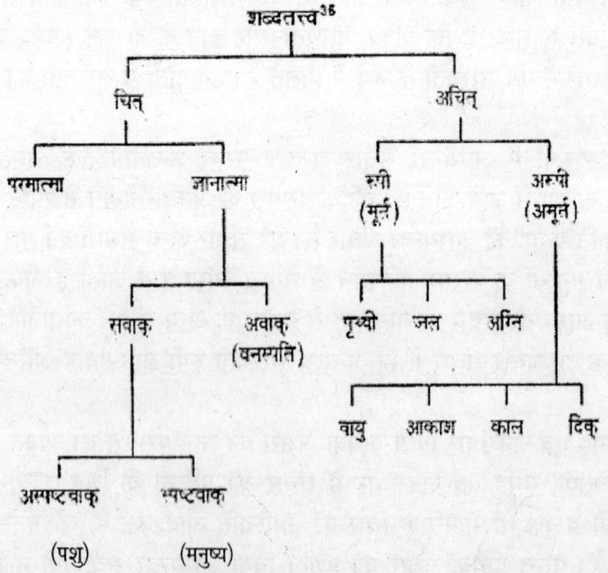

और इन्द्रियाँ अचित् तथा शेष मनुष्यत्व चित् होता है। वास्तव में शब्दतत्त्व की दो शक्तियाँ हैं–(1) श्रुति शक्ति और (2) अर्थ शक्ति। ये शक्तियाँ चित् और अचित् के रूप में संसार की रचना करती हैं। मनुष्य में संवेदन, स्पन्दन और वचन समान रूप में दिखायी पड़ते हैं।

परन्तु पशुओं और वनस्पतियों में इनका अनुपात समान नहीं है। मनुष्यों में संवेदन और स्पन्दन के कारण कभी वचन की उत्पत्ति दिखायी देती है, तो कभी वचन के कारण संवेदन और स्पन्दन की। कभी स्पन्दन के कारण ये दोनों उत्पन्न होते दिखायी देते हैं। संवेदन (बोध) कण्ठ-तालु आदि में स्पन्दन का कारण बनता है। यही स्पन्दन वचन का कारण बनता है। फिर वचन श्रोता और वक्ता दोनों के लिए संवेदन का कारण बनता है। यह एक अविच्छिन्न चक्र है। किसी भी बिन्दु से इसका प्रारम्भ माना जा सकता है। परमात्मा इन तीनों की साम्यावस्था हैं, जिसमें ये तीनों अनुद्बुद्ध या अन्तर्मुख रहते हैं। इसे सन्धि या शब्द समाधि या शब्दपूर्वक योग कह सकते हैं। योगदर्शन में अनाहत नाद की स्थिति यही हो सकती है। इसका उदाहरण सोया हुआ मनुष्य हो सकता है, जब वह बाह्य संवेदनों, वचनों और स्पन्दनों से सर्वथा निरपेक्ष होता है, फिर भी वह चित् होता है। परमात्मा क्योंकि अविभाग अवस्था है, इसलिए उसके आगे कोई भाग नहीं है।[37]

अवाक् ज्ञानात्मा वनस्पतियों में संवेदन और स्पन्दन तो है किन्तु वचन नहीं है। पशुओं में वाक् है परन्तु अस्पष्ट है। इस कारण शब्द को जगत् की उत्पत्ति मानना यथार्थ है। भारतीय दर्शन की इस मान्यता से अन्य दर्शन को कोई आपत्ति नहीं हो सकती है। इस प्रकार शब्दतत्त्व ही जगत् का कारण है। इसके उदाहरण इस प्रकार हैं—

1. यदि जागतिक पदार्थों का उपादान शब्दतत्त्व न हो तो शब्द से उनकी प्रतीति न हो।
2. समस्त ज्ञान शब्दानुविद्ध होता है। अर्थात् किसी भी ज्ञान को शब्द के बिना न ग्रहण किया जा सकता है, न व्यक्त किया जा सकता है और न सँजोया जा सकता है।
3. शब्द ही समस्त पदार्थों के नाम का कारण है।
4. शब्द के द्वारा ही घर अथवा कपड़ा आदि वस्तुओं में भेद व्यक्त होता है।
5. सत्, असत् और सदसत् का बोध भी शब्द के कारण है।
6. समस्त पदार्थ टकराने या विभोक्ष होने पर शब्द करते हैं।

इस प्रकार शब्द कण-कण में व्याप्त है।[38]

11.1.1 (ग) (1) शब्द और वाक् (Word and Voice)

साधारण रूप में वाक् और शब्दतत्त्व एक ही प्रतीत होते हैं। वेदों, उपनिषदों, महाभारत और पुराणों में इसका उल्लेख संकीर्ण, आपस में घुला-मिला-सा मिलता है। तन्त्रागम और योगशास्त्र में इसी संकीर्णता के कारण शब्दतत्त्व को गौण स्थान मिला है। वास्तव में वाक् और शब्दतत्त्व स्पष्टरूप से अलग-अलग तत्त्व हैं। इनको पृथक् करनेवाली दीवार बहुत सूक्ष्म है, तथापि इन्हें पृथक्-पृथक् पहचाना जा सकता है। वास्तव में वाक् और सवाक्-सृष्टि का अन्तः सन्निविष्ट तत्त्व है, जबकि शब्द तत्त्व चिदचित्-सृष्टि का उपादान है। इस अन्तर को निरूपित किये बिना जब इन दोनों के विषय में कुछ कहा जाता है तो स्वभावतः शंका उत्पन्न हो जाती है।[39]

उक्त से स्पष्ट है कि सारा जगत् शब्दतत्त्व का विवर्त है तथा पूरे संसार का कारण वाक् तत्त्व या वाणी है। इस शब्द विवर्तित संसार के सभी पदार्थों की स्वरूप सत्ता को प्रकाशित करनेवाली भी वाणी ही है। विधा-शिल्प-कलादि का विकास वाणी के द्वारा ही सम्भव होता है। सभी पदार्थों के भेद-विभेद और वस्तु-सत्ता का कारण वाक् तत्त्व ही है। शब्द का विवर्त एक सतत प्रवहमान प्रक्रिया है। जो भी पदार्थ जब भी उत्पन्न होता है, वह शब्दतत्त्व का विवर्त होता है। वाणी संसार में रहनेवाले प्राणियों और पदार्थों की संज्ञा अथवा चेतना है। संसार के प्राणियों

और पदार्थों में जो चेतना है, जो अनुभव करने की शक्ति है, वह वाणी के कारण है। वस्तुमात्र की जो अलग-अलग पहचान है, उनके नामाभिधान हैं, वह सब वाणी ही तो है। इस प्रकार चेतन-अचेतन की संज्ञा वाणी है।

वाणी मनुष्यों और अन्य प्राणियों में वैखरी वाणी के रूप में बाहर और मध्यमा या पश्यन्ती के रूप में भीतर स्पष्ट ही दिखायी देती है। स्पर्शादि संवेदनाओं के रूप में भी यह प्राणियों के बाहर-भीतर दिखायी देती है।[40]

कोई भी संवेदन, प्रत्यय या ज्ञान ऐसा नहीं है जो वाणी के बिना सम्भव हो सके। पुरुष वाणी के द्वारा ही अपने कार्यों में प्रवृत्त होता है। मनुष्य के जाग्रत अवस्था के कार्य वाणी के द्वारा ही सम्पन्न होते हैं। स्वप्नावस्था में वाणी वस्तु के अभाव में कार्य वस्तु बनकर स्वप्नगत व्यवहार को पूरा करती है। वाणी वस्तु को जिस रूप में ढालती है, यह वस्तु उसी रूप में प्रसिद्ध हो जाती है। वाणी ही अर्थ का विधान करती है।

नित्य-शब्दात्मा श्रोता-वक्ता के अन्तर में अन्तःकरण में विद्यमान रहता है। इस अन्तर विवस्थित शब्दात्मा महावृषभ का उल्लेख ऋग्वेद में इस प्रकार आया है—

चत्वारि शृङ्गस्त्रयो अस्य पादा द्वे शीर्षे सप्त हस्तासो अस्य।
त्रिधाबद्धो वृषभो रोरवीति महो देवो मर्त्या आविवेश।

(ऋग्वेद 3/8/10/58)

महाभाष्यकार पतंजलि ने इसकी व्याख्या इस प्रकार की है—

महान् देव शब्द मनुष्यों में समाया हुआ है। पद के चार भेद—नाम, आख्यात, उपसर्ग और निपात, इसके चार शृङ्ग हैं; तीनों काल-भूत, भविष्य और वर्तमान इसके तीन पैर हैं, दो शब्दात्मा नित्य और कार्य इसके दो सिर हैं; यह हृदय, कण्ठ और शीर्ष इन तीन स्थानों में बँधा है। वह इच्छित अर्थ को बरसनेवाला है। यह शब्द करता है। इस प्रकार स्पष्ट है कि श्रोता-वक्ता के अन्तःकरण में अव्यवस्थित यह शब्दात्मा मध्यमा के रूप में स्फोट अथवा पश्यन्ती वाणी हो सकती है।[41]

ऋग्वेद के उक्त मन्त्र के अलावा अधोलिखित मन्त्र में वाक् के चार भेद का वर्णन है—

चत्वारि वाक् परिमिता पदानि, तानि विदुर्ब्राह्मणा ये मनीषिणः।
गुहा त्रीणि निहिता नेङ्गयन्ति, तुरीयं वाचो मनुष्या वदन्ति।।

(ऋ. सं. 2/3/22)

इस वेद मन्त्र की व्याख्या में वाक् के चार पदों का उल्लेख है। उन चारों पदों को विद्वान् जानते हैं। जो मनीषी हैं, मन के स्वामी हैं, जिन्होंने मनोवृत्तियों को नियन्त्रित कर लिया है। इनमें से तीन गुहा में रहते हैं और स्पन्दन नहीं करते हैं। वाक् का चौथा पद वह है, जिसे मनुष्य बोलते है—[42]

तन्त्रागम में वाक् का वर्णन इस प्रकार है—

परा वाङ्मूलचक्रस्था पश्यन्ती नाभि संस्थिता।
हृदिस्था मध्यमा ज्ञेया वैखरी कण्ठदेशगा।।[43]

अर्थात् परा वाक् मूलाधार में, पश्यन्ती नाभि में, मध्यमा हृदय में तथा वैखरी कण्ठ में निवास करती हैं।

'शब्द' आश्रित चित्सृष्टि के दो भाग ज्ञानात्मा और परमात्मा बताये गये हैं। वाक् का सम्बन्ध ज्ञानात्मा और परमात्मा दोनों से हैं। ज्ञानात्मा ऐसा त्रिकोणात्मक संगठन है, जिसके त्रिकोणों पर अहंकार, बुद्धि और मन रहते हैं। इसे हम इस प्रकार समझ सकते हैं—

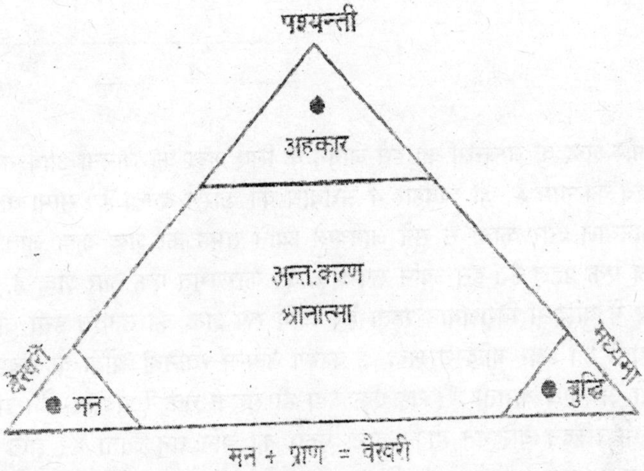

प्रारूप (11.1)

अन्तःकरण या ज्ञानात्मा शब्दमय हैं, क्योंकि ज्ञान स्वयं शब्दमय है। जब भी हम अपने ज्ञान, ज्ञात और ज्ञेय वस्तुओं के विषय में अन्तःकरण में झाँकते हैं तो वहाँ हमें प्रत्येक वस्तु शब्दाकार में ही मिलती है।

ज्ञानात्मा का कर्त्तव्य या ज्ञातृत्व भाग अहंकार है। वाक् की यह पश्यन्ती स्थिति है। इसमें ज्ञेय का पृथक् अवभास नहीं होता। बुद्धि में ज्ञानोन्मेष होता है। इस स्थिति में भी ज्ञेय विषय का परिच्छेद (विभाग) नहीं होता है। केवल अखण्ड, अनवय, अक्रम ज्ञान होता है। यह मध्यमा की स्थिति है। ज्ञेय विषय का परिच्छेद मन के द्वारा सम्पन्न होता है। यहाँ ज्ञान सविकल्प, सावयव और सक्रम होता है। यह वैखरी की स्थिति है। ये सभी स्थितियाँ अश्रवणीय होती हैं। मनोमयी वैखरी प्राण से अनुप्राणित होकर श्रवण योग्य होती है। प्राण से यहाँ बलन और श्वसन दोनों अभीष्ट है। श्रवणीयता के लिए ऊर्जा और कम्पन दोनों की आवश्यकता है। ये दोनों तत्त्व प्राणवायु में हैं।[44]

शब्दतत्त्व के विवेचन में परमात्मा का उल्लेख किया गया है। परमात्मा संवेदन, स्पन्दन और वचन की सुषुप्ति चिदवस्था है। यहाँ चित् के सभी बाह्य लक्षण संवेदन, स्पन्दन और वचन अविभक्त, एकाकार चिद्घन होकर रहते हैं। यही वाक् की परा अवस्था है। यहाँ ज्ञातृत्व भी सुषुप्त रहता है। पश्यन्ती में ज्ञातृत्व का उन्मेष पूर्ण रूप से रहता है। चिद्घन की स्थिति यह नहीं है। चिद्घन अवस्था परा वाक् की है। यही परमात्मा है। यह शब्दतत्त्व के इतने निकट है कि इसमें भेद करना कठिन है। इसे सिद्ध करने के लिए बाह्य प्रमाण उपयुक्त नहीं होंगे। यह त्रयी वाक् (पश्यन्ती, मध्यमा एवं वैखरी) का स्रोत भी है। और आकार भी।

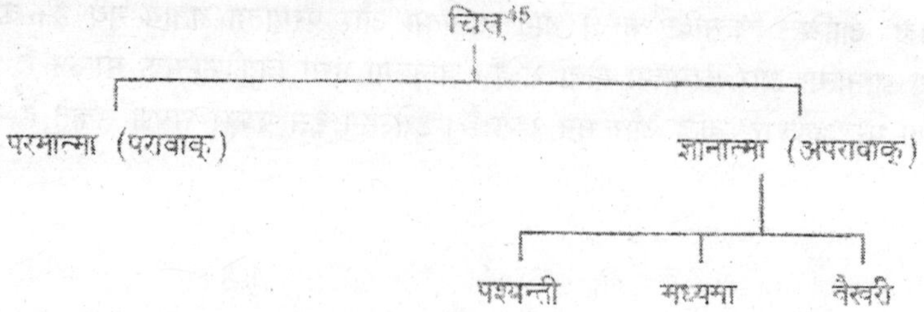

वाक् और शब्द के सम्बन्धों को इसे जानने के लिए शब्द को जानना आवश्यक है। शब्द एक ऐसे तत्त्व का नाम है, जो व्यवहार में अर्थबोध का कारण बनता है। सामान्यतया मुख से उच्चारित होनेवाले और कानों से सुने जानेवाले ध्वनि समूह को शब्द कहा जाता है। किन्तु यह शब्द का एक पहलू है। इस ध्वनि रूप शब्द का कारणभूत एक और शब्द है, जो मध्यमा वाक् के रूप में बुद्धि में विराजमान रहता है। ध्वनि रूप शब्द की उत्पत्ति इसी बुद्धिस्थ शब्द के कारण होती है। इधर बुद्धिस्थ शब्द के कारण उत्पन्न ध्वनियाँ श्रोता के श्रवणेन्द्रिय तक पहुँचकर उसे अर्थबोध कराती हैं। यह एक बड़ा ही रोचक चक्र (आवर्तन) है। इन्द्रियों द्वारा प्राप्त कोई भी संवेदन बुद्धिगत होकर द्रष्टा पुरुष का ज्ञान बन जाता है। ज्ञान का स्वरूप शब्दमय होता है। जैसे गाय, घड़ा आदि वस्तुएँ अपने मूल आकार में न होकर शब्द आकार में बुद्धिस्थ होती हैं। कुछ लोग शब्द को अध्वनिक या अश्रवणीय मानते हैं। यह शब्द बुद्धिस्थ होता है। जबकि शब्द का दूसरा रूप ध्वनिमय या श्रवणीय है। इससे स्पष्ट है कि शब्द श्रवणीय और अश्रवणीय होता है। बौद्धिक व्यापार में शब्द का बहुत बड़ा भाग अश्रवणीय होता है तथा श्रवणीय भाग तो बहुत अल्प होता है।

शब्द का स्वरूप और स्वभाव ज्ञान तथा प्रकाश के समान है। इसमें स्वयं का स्वरूप और अर्थ दोनों भासित होते हैं। बोधित वस्तु शब्द रूप में बुद्धिगत होती है। अर्थबोध की दृष्टि से शब्द उपादान (सार्थक) और अनुपादान (आश्रित/निरर्थक) कोटि के भी होते हैं। जिसे वक्ता अर्थबोध के लिए ग्रहण करता है, वे उपादान तथा जिसे वक्ता अर्थबोध के लिए ग्रहण नहीं करता वे अनुपादान कोटि में होते हैं।[46] अनुपादान शब्द प्रायः मनुष्य की वाणी से सम्बद्ध नहीं होते, जैसे नदी का कल-कल आदि।

शब्द को नित्य और अनित्य रूपों में भी विभक्त किया गया है। इसके पीछे दार्शनिक सिद्धान्त प्रमुख है। वैदिक परम्परा में शब्द नित्य है। जबकि नैयायिक उसे अनित्य मानते हैं। शब्द का वाचकता का पक्ष नित्य तथा श्रवणीयता का पक्ष अनित्य है। शब्द एवं अर्थ का परस्पर सम्बन्ध उतना ही नित्य है, जितना ये स्वयं। शब्द-आकृति एवं अर्थ-आकृति कभी नष्ट नहीं होती है। नित्य शब्द के साथ अर्थ भी नित्य हो जाता है। शब्द से अर्थ की प्रतीति होती है और शब्द अर्थ का कारण बनता है। इस प्रकार शब्द-अर्थ का सम्बन्ध अभेद है।

शब्द की शक्ति में अर्थ एक शक्ति है तथा श्रुति दूसरी। शब्दतत्त्व इन्हीं दो शक्तियों के द्वारा चित् और अचित् रूप में विवृत्त होता है। वाक् इन्हीं के द्वारा सर्वमूर्तियों में बाहिरन्तराश्च होकर व्याप्त है।

विश्व में जो कुछ चित् हैं, वह शब्दतत्त्व की श्रुति शक्ति का विवर्त है। समस्त ज्ञान और क्रिया श्रुति शक्ति में निहित हैं। आगे चलकर यही संवेदन, स्पन्दन और वचन बनती है।

वेदों का श्रुतित्व इसी का अनुकार मात्र है। लोक और वेद में ज्ञान और कर्म की प्रतिष्ठा इसी शक्ति से होती है। उधर समस्त मूर्त-अमूर्त, अचित् जगत् अर्थ शक्ति की देन है। वाक् चिदचित् की संज्ञा बनकर दोनों पर छायी हैं। शब्द की कारणात्मिका शक्ति के कारण इसे जगत्कारण माना गया है। शब्द के द्वारा निरूपित होने पर वस्तु दूसरी वस्तु से भिन्न होती है।[47]

शब्द से जुड़ा अन्य तत्त्व स्फोट है। स्फोट शब्द का प्रथम प्रयोग सम्भवतः महाभारत में हुआ। इसका अर्थ होता है, फटना या बिखरना। स्फोट का सम्बन्ध शब्द से अवश्य है। ध्वनि स्फोट का परिणाम है। स्फोट के कारण शब्द को नित्य सिद्ध करना सरल अवश्य हो जाता है।

वक्ता की बुद्धि में एक शब्दमय ज्ञान मध्यमा वाक् के रूप में रहता है। इस अव्यक्त शब्द को व्यक्त करने के लिए एक माध्यम की आवश्यकता होती है। यह माध्यम ध्वनि है। सामान्य व्यवहार में ध्वनि को ही शब्द कहा जाता है। ध्वनि उत्पत्ति से पूर्व और ध्वनि समाप्ति के बाद का अव्यक्त तत्त्व ही स्फोट है। ध्वनि को सुनकर ही लगता है कि स्फोट हुआ। इस प्रकार ध्वनि स्फोट की व्यंजक है। ध्वनि के दो भेद हैं—प्राकृत ध्वनि और वैकृत ध्वनि। प्राकृत ध्वनि स्फोटाभिव्यक्ति के प्रथम श्रवण प्रत्यक्ष का नाम है। वैकृत ध्वनियाँ वे हैं जो प्राकृत ध्वनियों द्वारा स्फोट की अभिव्यक्ति के बाद कुछ अधिक समय तक सुनायी देती हैं। ह्रस्व, दीर्घ और प्लुत इन तीन मात्रा कालों तक प्राकृत ध्वनि का क्षेत्र है। इसके बाद सुनायी देनेवाली ध्वनि वैकृत है।[48] इसका अभिप्राय यह हुआ कि प्राकृत और वैकृत ध्वनियों का सम्बन्ध केवल स्वरों से है। वैकृत रूप में ध्वनि के द्रुत, मध्यम और विलम्बित, ये तीन भेद हैं।

भारतीय मान्यतानुसार शब्दतत्त्व उत्पत्ति और विनाश से रहित है। इसी से सारा संसार संचालित होता है। यह कर्णेन्द्रिय का विषय है। यह वैखरी रूप में पदार्थ से सीधा जुड़ता है। पदार्थों के सभी गुण-धर्म शब्द के ही हैं। वैखरी पदार्थबोधक होने से दर्शनयुक्त है। इसके अतिरिक्त मध्यमा, पश्यन्ती और परा रूपों में सभी पदार्थ वैसे सिमटे हैं, जैसे अण्डे में सारा पक्षी। मनुष्य वैखरी के माध्यम से मध्यमा, पश्यन्ती को पार करता हुआ परमात्मक शब्दतत्व से जुड़ जाता है। शब्द के विभिन्न रूप व्यवहार में हैं। शब्द में श्रुति शक्ति और अर्थशक्ति पायी जाती है। इन्हीं दो शक्तियों के कारण उच्चरित ध्वनि समूह निमित्त और अर्थबोध का कारण भी बनता है। हम शब्द के विभिन्न स्वरूपों को इस प्रकार समझ सकते हैं—

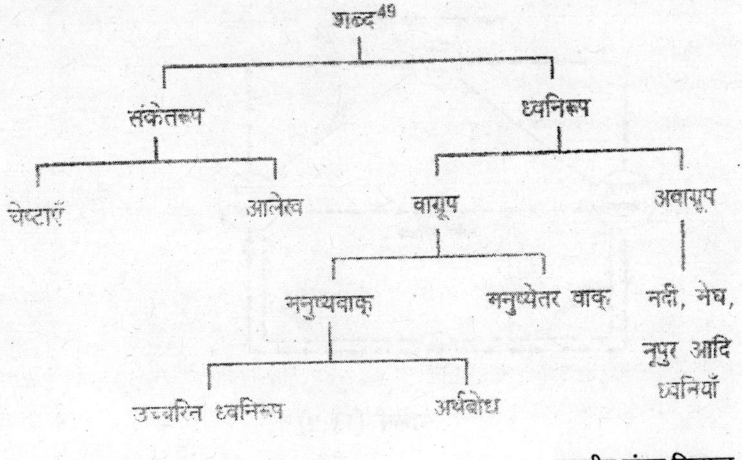

शब्द की तीन स्थितियाँ होती हैं—श्रवण, धारण और उच्चारण। वास्तव में शब्द उच्चारित होने पर श्रोता द्वारा सुना जाता है। श्रवणेन्द्रिय से सम्बन्ध के बिना शब्द से अर्थ का ज्ञान नहीं होता। इसी प्रकार पढ़ते समय चक्षुरिन्द्रिय के सम्बन्ध के बिना अर्थज्ञान नहीं होता है। शब्द के अर्थज्ञान के लिए इन्द्रिय सम्पर्क आवश्यक है। यह मान्य बात है कि ध्वनि तरंग केन्द्र पर अधिक शक्तिशाली परन्तु फैलाव के साथ-साथ हल्की होती जाती है। ये ध्वनि तरंगें (Sound Waves) पूर्णतया शक्तिहीन होने के पूर्व यदि कान के पर्दे से टकराती हैं या, इनकी परिधियों के घेरे में कोई अनुवहत कान में आ जाता है तो कान के अन्दर कम्पन पैदा होती है। इन्हीं कम्पनों को श्रवण धमनी (Audio Nerves) के द्वारा मस्तिष्क ग्रहण करता है और संस्कार के अनुसार उसके अर्थ स्थिर करता है।[50] शब्द नित्यतावादी दो पदार्थों के टकराने से बलात् अलग करने से उत्पन्न होता है। उसे स्फोट की संज्ञा देते हैं। स्फोट और नाद भिन्न होते हैं। अधिक समय तक सुना जानेवाला शब्द स्फोट नहीं होता है। नाद आहत अनाहत प्रवृत्तिवाला होता है।[51]

भारतीय शब्द चिन्तन में कुछ दार्शनिक शब्द को वायु रूप में परिवर्तित मानते हैं तो कुछ शब्द को अणु रूप में परिवर्तित मानते हैं। इस प्रकार शब्द प्राणवायु रूप में परिवर्तित होता है। न्याय-वैशेषिक की मान्यता में शब्द अणु या परमाणु रूप धारण करते हैं।[52] संचेतन प्राणी (विशेषकर मनुष्य) का ज्ञान शब्द रूप में विवर्तित होता है। आभ्यन्तर का ज्ञाता हमारा अन्तःकरण है। अन्तःकरण के तीन विभाग हैं मन, बुद्धि और अहंकार। अहंकार, अन्तःकरण को 'मैं' (अहम्) की भावना प्रदान करता है। जबकि मन—'यह' या 'वह' ऐसा या वैसा का विश्लेषण करता है, जिसे बुद्धि निर्णयात्मक स्थिति में पहुँचाती है। वैखरी स्वरूप श्रवणीय शब्द के तीन उपादान हैं—वायु, अणु और ज्ञान। ये तीनों क्रमशः सूक्ष्मता की ओर बढ़ते हैं। वायु, वक्ता के प्रयत्न से शब्द रूप धारण करता है। अणु स्वयं की शक्ति से शब्द बनाता है परन्तु दोनों वायु और अणु शब्द नहीं हैं। जबकि शब्द, ज्ञान का अभिव्यक्त स्वरूप है। इस प्रकार ज्ञान स्वरूपतः शब्द है। मनुष्य का अन्तःकरण स्वयं शब्दमय है। कुछ प्राचीन विद्वान् शब्द की स्थिति को आकाश ही मानते आये हैं। इनकी मान्यता के अनुसार शब्द और आकाश का उपादान एक ही तन्मात्रा है। शब्द और आकाश के मूल में एक ही तन्मात्रा है। (शब्द तन्मात्रा या शब्दाख्य परमाणु)। इस प्रकार शब्द और आकाश मूल में एक हैं, मात्र शाखाएँ दो हैं तथा दोनों की प्रतीति भिन्न है। शब्द की व्याप्ति को इस प्रकार हम प्रारूप (11.2) द्वारा समझ सकते हैं।

शब्द सृष्टि प्रक्रिया[53]

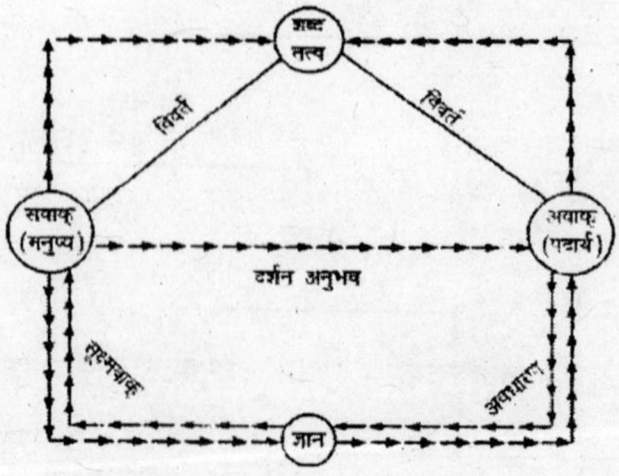

प्रारूप (11.2)

उक्त से स्पष्ट है कि शब्द ही इस सृष्टि का मुख्य तत्त्व है। संसार का सम्पूर्ण ज्ञान शब्द से ही होता है। हमारी अनुभूति भी शब्दात्मक है। शब्द हमें सुनायी पड़ता है तथा दिखायी भी पड़ता है। यह शब्द विवर्त एक सतत प्रवहमान प्रक्रिया है। यह वैखरी वाणी का भी गुण धर्म है। शब्द वैखरी वाणी के रूप में बाहर और मध्यमा पश्यन्ती के रूप में भीतर व्याप्त है। यह स्पर्शादि रूप में दिखायी पड़ता है। यह सभी पदार्थों के बाहर नामाभिधान के रूप में तथा अर्थशक्ति के रूप में पदार्थों के भीतर है। उक्त से स्पष्ट है कि वाणी वस्तु को जिस रूप (संज्ञा) में ढालती है, वह वस्तु उसी रूप में प्रसिद्ध हो जाती है। अतः वाणी ही अर्थ का विधान करती है। इसी कारण शब्द के प्रयोग (वाणी/अभिव्यक्ति) में अमूर्त वस्तु का स्वरूप उभरने लगता है। यह बात अलातचक्र (अवास्तविकता) में भी दिखायी पड़ती है।

वेद में प्रयोक्ता, श्रोता और वक्ता दोनों की आत्मा को, श्रोता-वक्ता के अन्तर में विद्यमान शब्द को भी श्रुति में महान् वृषभ कहा है। भाष्यकार पंतजलि ने इस वृषभ को महान् देव शब्द के रूप में ग्रहण किया है। प्राचीन भारतीय विद्वानों के अनुसार शब्द के दो रूप-नित्य और अनित्य (कार्य) हैं। अनित्य वे ध्वनि हैं जो उच्चरित और श्रुत होती हैं, उत्पन्न होती हैं और नष्ट हो जाती हैं। ये अनित्य होते हुए भी नित्य शब्दात्मा प्रतिबिम्ब को ग्रहण करने वाली होती हैं। नित्य शब्दात्मा श्रोता-वक्ता के अन्तःकरण में विद्यमान रहता है। इसी का उल्लेख ऋग्वेद संहिता 4/58/3 में महावृषभ के रूप में आया है तथा भाष्यकार पंतजलि ने इसे सभी मनुष्यों में सामने शब्द रूप में ग्रहण किया है। इस प्रकार शब्द विश्व की निबन्धनी शक्ति तथा यह अन्तरवस्थित महान् वृषभ है। इसी कारण शब्द संस्कार ही परमात्मा की सिद्धि है।[55] इस प्रकार शब्द और वाक् की मिश्रित प्रक्रिया ही संचार का कारक है।

11.1.2 अशोक एवं संचार व्यवस्था (Ashok and Communication System)

संचार के चिन्तन एवं व्यवहार को लोकाभिमुख करने एवं व्यापक बनाने का श्रेय मौर्य सम्राट् अशोक को है। समय एवं स्थिति संचार को प्रभावित करती हैं, यह एक सत्य है। अशोक ने कलिंग विजय के उपरान्त बौद्ध धर्म को राजधर्म बनाया। इस नवीन परिवर्तन को जन-जन तक पहुँचाने के लिए उसने स्थापत्य (शिला अभिलेख, स्तम्भ एवं गुहा अभिलेखों) का आश्रय लिया। यह प्रवृत्ति भारत ही नहीं विश्व में नयी थी। अशोक के अभिलेखों से जनसंचार प्रक्रिया का सूत्रपात हुआ। वर्तमान समय में भी जनसंचार के माध्यम अपने विभिन्न केन्द्रों से जुड़कर ही जनसंचार को व्यापक आयाम देते हैं। इस प्रवृत्ति का सूत्रपात अशोक के अभिलेखों से होता है।

अशोक के पूर्व भी अभिलेखों का प्रचलन था। आशोक ने सर्वप्रथम इसका उपयोग राज्य शासन की सूचना के लिए किया। इस कारण संचार के क्षेत्र में सूचना सम्प्रेषण के लिए अभिलेखों का विश्व में सर्वप्रथम प्रयोग करनेवाले शासक अशोक को जनसंचार का प्रणेता अथवा पिता कह सकते हैं।

जनसंचार के पिता सम्राट् अशोक के शासन का समय 273 ई. पूर्व से 232 ई. पूर्व माना जाता है।[56] अशोक के उक्त चार दशकों के शासनकाल के प्रारम्भिक 8 वर्षों के अतिरिक्त शेष अवधि में अभिलेखों के माध्यम से राजाज्ञाएँ जन संचारित हुईं। अपने राज्यारोहण से लगभग 8 वर्ष की अवधि में अशोक ने परम्परागत राजधर्म का अवलम्बन किया। अशोक के

शासनकाल के आठवें वर्ष में कलिंग युद्ध हुआ। इस हृदय विदारक युद्ध के उपरान्त उसने बौद्धधर्म को अंगीकार किया था, इस प्रकार बौद्धधर्म राजधर्म बना। इस नये राजधर्म के सूचना विस्तार के लिए उसने अभिलेखों का आश्रय लिया।

अशोक के अभिलेख मुख्यतः पाँच प्रकार के प्राप्त होते हैं–(1) लघुशिला (अभिलेख), (2) शिला अभिलेख, (3) गुहा अभिलेख, (4) स्तम्भ अभिलेख और (5) लघु स्तम्भ अभिलेख। इन अभिलेखों का प्रसार अशोक के पूरे साम्राज्य में था। उसके अभिलेखों का संख्यात्मक विवरण इस प्रकार है–लघुशिला अभिलेख–14, शिला अभिलेख–89, गुहा अभिलेख–6, स्तम्भ अभिलेख–37 एवं लघु स्तम्भ अभिलेख–6 थे। इस प्रकार अशोक के प्राप्त अभिलेखों की संख्या लगभग 152 हैं।[57] सम्राट् अशोक के अभिलेखों पर आधारित संचार व्यवस्था को अधोलिखित प्रारूप से समझ सकते हैं–

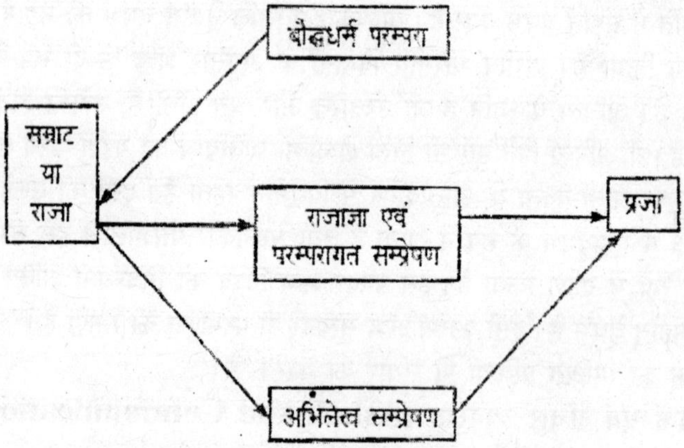

प्रारूप (11.3)

प्रारूप (11.3) से स्पष्ट है कि सम्राट् अशोक की राजाज्ञाएँ, सूचनाएँ तथा अन्य के सम्प्रेषण के मुख्य आधार अभिलेख ही थे। अशोक के अभिलेखों की भौगोलिक विद्यमानता भी परस्पर भिन्न थी। लघुशिला अभिलेख उसके पूरे साम्राज्य में विद्यमान थे। शिला अभिलेख उसके मध्य साम्राज्य में नहीं थे। उसके साम्राज्य के मध्य भाग में लघु स्तम्भ अभिलेख एवं स्तम्भ अभिलेख विद्यमान थे। गुहा अभिलेख अशोक के साम्राज्य के मध्य तथा दक्षिण भाग में विद्यमान थे।[58] उक्त से स्पष्ट है कि अशोक ने स्थान-विशेष की आवश्यकताओं के अनुरूप अभिलेखों को साम्राज्य के विभिन्न भागों में स्थापित कराया था।

सम्राट् अशोक के द्वारा प्रणीत अभिलेखों के निर्माण-काल में भी पर्याप्त भिन्नता थी। अशोक ने बौद्धधर्म स्वीकारने के ढाई वर्ष पश्चात् तथा राज्यारोहण के ग्यारहवें वर्ष में लघुशिला अभिलेखों का प्रवर्तन कराया। ये अभिलेख उसके पूर साम्राज्य में विद्यमान थे तथा इनकी संख्या-14 प्राप्त होती है। अशोक के चतुर्दश शिला अभिलेखों के नाम से विख्यात प्रमुख 14 शिला अभिलेखों का प्रवर्तन उसके राज्य शासन के 12वें वर्ष में हुआ। ये अभिलेख उसके साम्राज्य के मध्यभाग को छोड़कर पूरे साम्राज्य में विद्यमान थे। शिला अभिलेखों की कुल संख्या–89 प्राप्त होती है। शिला अभिलेखों की संख्या अन्य सभी प्रकार के अभिलेखों की तुलना में सर्वाधिक रही। ये अभिलेख साम्राज्य के सीमावर्ती क्षेत्र (मध्य को छोड़कर) लगाये

गये थे। अशोक के प्रथम एवं द्वितीय गुहा अभिलेखों का प्रवर्तन राज्यारोहण के 12वें वर्ष तथा शिला अभिलेखों के साथ हुआ। उसके दो पृथक् शिला अभिलेखों का प्रवर्तन उसके शासन के 14वें अथवा 15वें वर्ष में हुआ। तृतीय गुहा अभिलेख का प्रवर्तन उसके शासन के 19वें वर्ष में हुआ। तराई के स्तम्भ अभिलेख का प्रवर्तन राज्यारोहण के 26वें वर्ष हुआ। अशोक द्वारा प्रवर्तित तराई के दो को छोड़कर सभी लघुस्तम्भ अभिलेखों का वर्णन राज्यारोहण के 38वें वर्ष में हुआ।[59]

उक्त से स्पष्ट है कि अशोक के सभी प्रकार के अभिलेखों का प्रवर्तन उसके द्वारा कलिंग युद्ध के उपरान्त बौद्ध धर्म स्वीकार करने पर किया गया था। बौद्धधर्म स्वीकारने के ढाई वर्ष के उपरान्त पूरे शासनकाल में उसने अभिलेखों का प्रवर्तन कराया। इस प्रकार लगभग 27 वर्षों में उसने निरन्तर विभिन्न प्रकार के अभिलेखों का प्रवर्तन कराया।

अशोक के अभिलेखों में–जीवदया, पशुमांस भक्षण निषेध, लोकोपकारी कार्य, धर्म प्रचार, धर्मघोष, धर्ममहामात्र, प्रतिवेदना, धार्मिक समता, धर्मयात्रा, धर्म मंगल, धर्म शुश्रूषा, धर्मदान, सार वृद्धि, वास्तविक विजय, सीमान्त नीति, पराक्रम फल, गुहादान, धर्म पर्याय, इहलोक तथा परलोक की प्राप्ति, धर्म की कल्पना, आत्मनिरीक्षण, पश्चिमाभिमुख, दक्षिणीय मुख, पूर्वाभिमुख, धर्म प्रचार, संघ भेद का दण्ड, अनुशासन, उपसंहार आदि शीषकों एवं विषयों पर सूचनाएँ उत्कीर्ण कराया।

अशोक के अभिलेखों को मुख्यतः ब्राह्मी एवं खरोष्ठी लिपियों में उत्कीर्ण किया गया है; परन्तु तक्षशिला अभिलेख--अरेमाई तथा कन्दहार का अभिलेख द्विभाषी अर्थात्–यूनानी एवं अरेमाई लिपियों में हैं। इस लिपीय भिन्नता से स्पष्ट होता है कि अशोक ने लोकभाषा के अनुरूप सन्देशों को विभिन्न लिपियों में उत्कीर्ण कराया। वह उत्कीर्ण सन्देशों को अनन्तकाल तक सुरक्षित रखने के पक्ष में था। इसका वर्णन गिरनार के पंचम शिला अभिलेख में इस प्रकार है–

'त मया बहू कलाणं कतं त मम पुता च पोता च परंच
तेन य मे अपचं आव संवटकया अनुवतिसरे तथा'

यदि मेरे पुत्र, पौत्र और उनके परे जो मेरे अपत्य (सन्तान) कल्प के अन्त तक अनुसरण करेंगे तो वे सुकृत करेंगे।[60] जौगड़ के द्वितीय पृथक् शिला अभिलेख में उत्कीर्ण सन्देशों को ग्रहण करने के लिए चातुर्मास्य का उल्लेख है। साथ ही यह भी उल्लेख है कि इसे प्रत्येक क्षण सुनना चाहिए–(इपंच लिपि अनुचातुर्मासं सोतविया तिसेन। अंतलापि च सोताविया। खने संते एकेन पि सोतविया)[61] चातुर्मास्य का महत्त्व भारतीय परम्परा में अधिक है। चातुर्मास्य में संन्यासी एवं साधुजन एक स्थान पर रहकर उपदेश एवं अन्य धार्मिक कृत्य सम्पन्न करते हैं। यह अवधि वर्षाकाल (श्रावण और भाद्रमास) मानी जाती है। सारनाथ के लघुस्तम्भ अभिलेख में यह उल्लेख है कि धर्मलिपि को चौपाल तथा गृहस्थ अपने रखें। (हे दिसा च इका लिपि तुफाकंतिकं हुवाति संसलनसि निखिता। इकं च लिपि हेदिसमेव उपासकानंतिकं निखिपाय)।[62] इससे स्पष्ट है कि अभिलेखों में उत्कीर्ण सन्देशों को वह सुनने, पास रखने के अनुरोध के द्वारा सन्देशों को जन प्रवाह करना चाहता था।

गिरनार के चतुर्दश शिला अभिलेख में उल्लेख इस प्रकार है–(1) अयं घंमालिपि देवानां प्रियेन प्रियदसिना राजा लेखायिता अस्ति एवं, (2) संखितेन अस्ति मझमेन अस्ति विस्ततन

न च सर्व सर्वत घटितं, (3) महालेख हि बिजित बहु च लिखितं लिखाययिसं चेव अस्ति च एतकं, (4) पुन पुन वुतं तस तस अथस माधूरताय किंत जनो तथा पटियजेप (5) तत्र एकदा असमाप्तं लिखितं स्थात् देशं वा संक्षयकारणं वा, (6) आलोच्य लिपिकायराधेन वा–अर्थात् यह धर्मलिपि देवानांप्रिय प्रियदर्शी राजा द्वारा लिखायी गयी (लिखी गयी है)। संक्षेप से, मध्यम रीति से, और विस्तार से। सभी सर्वत्र नहीं सम्भव है। साम्राज्य विशाल है। बहुत लिखा गया है। और बराबर लिखवाऊँगा। पुनः पुनः कहा गया अपने अर्थ के माधुर्य के कारण इसलिए कि लोग उसका पालन करें। इसमें से कुछ एक अपूर्ण लिखी गयी हैं स्थान, संक्षेपीकरण अथवा लिपिकर के अपराध के कारण।[63]

उक्त से स्पष्ट है कि अशोक सूचना को जन संचारित करने की प्रक्रिया से अवगत था। इसी कारण यह उल्लेख है– 'पुन पुन वुतं तस तस अथस माधूरताय किंत जनो तथा पटियजेथ' (पुनः पुनः कहा गया अपने अर्थकं माधुर्य के कारण इसलिए कि लोग उसका प्रतिपालन करें)[64] यह संचार प्रक्रिया का अति महत्त्वपूर्ण भाग है। वर्तमान समय में लोकस्मृति में प्रभावी सूचना को अंकित करने के लिए जन माध्यमों में मुख्यतः इलेक्ट्रॉनिक माध्यम सूचना को बार-बार दुहराते हैं।

उक्त विवेचन से स्पष्ट है कि अशोक ने अभिलेखों के माध्यम से सूचना की जिस जनसंचार प्रणाली को जन्म दिया वह अपने में महत्त्वपूर्ण है। उसके द्वारा स्थापित कराये गये अभिलेखों की तुलना यदि वर्तमान समय के रेडियो/टेलीविजन टावरों से करें तो प्रत्यक्षतः जनसंचार प्रक्रिया जीवन्त रूप में उपस्थित मिलती है। इस प्रकार अशोक को जनसंचार व्यवस्था का जन्मदाता अथवा पिता कहना अतिशयोक्तिपूर्ण नहीं वरन् एक सच्चाई है।

11.1.3 ओशो (रजनीश) और संचार सिद्धान्त (Osho Rajneesh and Communication Theory)

उपदेश प्रवचन आदि के लिए प्रसिद्ध ओशो अथवा रजनीश को संचार सिद्धान्त के साथ जोड़ने से आश्चर्य होना स्वाभाविक है। परन्तु यह एक वास्तविकता है। ओशो एक ऐसे चिन्तक अथवा विचारक हैं, जिन्होंने प्राचीन भारतीय ज्ञान को वर्तमान की शैली में प्रस्तुत किया। उन्होंने लिखा कम परन्तु बोला अधिक। इसके परिणामस्वरूप उनके मूल प्रवचन लगभग 650 पुस्तकों में प्रकाशित हैं, जिनका अनुवाद विश्व की 35 भाषाओं में हुआ है। कबीर के बाद आशो ऐसे सन्त, मनीषी या चिन्तक हैं, जिन्होंने "मसि कागज छूयो नहीं, कलम गही नहिं हाथ" परन्तु बहुत-कुछ कहा, जो आज भारतीय ज्ञान की धरोहर बन गया है। ओशो ने भारतीय ज्ञान का जो परचम लहराया, उसके आगे पश्चिम भी भयग्रस्त हो गया। गीता, पुराण, तन्त्र आदि पर अपनी दृष्टि एवं चिन्तन प्रस्तुत करनेवाले ओशो ने संचार पर भी अपना चिन्तन प्रस्तुत किया है, जो हमारे लिये उपयोगी है।

11.1.3 (क) प्राथमिक संचार (Pioneer Communcation)

ओशो ने विराट् जागतिक रासलीला के प्रतीक कृष्ण 'प्रवचन' में कहा कि मनुष्य की पहली भाषा नृत्य है, क्योंकि मनुष्य की पहली भाषा 'गेस्चर' है। आदमी जब नहीं बोला था तब भी हाथ-पैर से बोलता था। 'गेस्चर' से, मुद्रा से बोलता है। भाषा तो बहुत बाद में विकसित होती है। तितलियाँ भाषा नहीं जानतीं लेकिन नृत्य जानती हैं। पक्षी भाषा नहीं जानते, लेकिन नृत्य जानते हैं, गेस्चर, मुद्रा इशारा पहचानते हैं। यह सारी प्रकृति पहचानती है।

'गेस्चर' की भाषा, इशारे की भाषा गहनतम है, गहरी-से-गहरी है। मनुष्य के चित्त के बहुत गहरे हिस्सों को स्पर्श करती है। जहाँ शब्द नहीं पहुँचता है वहाँ नृत्य पहुँच जाता है। जहाँ व्याकरण नहीं पहुँचता, वहाँ घूँघरू की आवाज पहुँच जाती है। जहाँ कुछ समझ में नहीं आता है, वहाँ भी नृत्य कुछ समझा जाता है। इसी कारण दुनिया के किसी कोने में नर्तक चला जाये, समझा जा सकेगा। यहाँ भाषा आवश्यक नहीं। मनुष्य के अचेतन में भी नृत्य की भाषा का ख्याल है।[65]

इस प्रकार ओशो ने शाब्दिक संचार के पूर्ववर्ती संचार 'गेस्चर' की ओर संकेत किया है। यह वास्तव में संचार प्रक्रिया की एक सच्चाई है। उनके द्वारा संकेतों पर आधारित संचार वर्तमान समय में भी प्रभावी हैं। विश्व के किसी भी भाग में संकेत पर आधारित संचार के द्वारा भाषा सम्बन्धी कठिनाई का निवारण हो जाता है।

11.1.3 (ख) पत्रकारिता (Journalism)

आशो के अनुसार पत्रकारिता सिर्फ एक व्यवसाय नही, इसे मनुष्यता के प्रति एक बहुत बड़ा उत्तरदायित्व समझा जाना चाहिए। यह साधारण व्यवसाय नहीं है, यह सिर्फ मुनाफे पर नजर नहीं रख सकता। मुनाफे के लिए बहुत-से व्यवसाय पड़े हैं, कम-से-कम पत्रकारिता को अपने मुनाफे से भ्रष्ट मत करो। पत्रकारिता को अपने मुनाफे का बलिदान देने के लिए तैयार होना पड़ेगा, तभी वह लोगों की रुग्ण जरूरतों को पूरा नहीं करेगी और उनके मौलिक और बुनियादी कारणों को प्रकट कर सकेगी, जो दूर किये जा सकते हैं।

पत्रकारिता व्यवसाय नहीं, एक क्रान्ति होनी चहिए। बुनियादी रूप से पत्रकार एक क्रान्तिकारी व्यक्ति होता है, जो चाहता है कि यह दुनिया बेहतर हो। वह एक युयुत्स है और उसे सम्यक् कारणों के लिए लड़ना है। मैं पत्रकारिता को अन्य व्यवसायों में से एक नहीं मानता। मुनाफा ही कमाना हो तो ढेर-सारे व्यवसाय उपलब्ध हैं; काम-से-कम कुछ तो हों जो मुनाफे के उद्देश्य से अछूता रहें। तभी यह सम्भव होगा कि तुम लोगों को शिक्षित कर राको, जो गलत है उसके खिलाफ विद्रोह करने की शिक्षा उन्हें दे सको, जो भी बात विकृत पैदा करती है, उसके खिलाफ उन्हें शिक्षित कर सको।

पत्रकारिता और अन्य समाचार माध्यम इस संचार में एक नयी घटना हैं। इस तरह की कोई प्रणाली गौतम बुद्ध और जीसस के समय नहीं थी। उस वक्त जो दुर्घटनाएँ होती थीं, उनका हमें कुछ पता नहीं है, क्योंकि उस समय कोई समाचार माध्यम नहीं था। समाचार माध्यम के आगमन से बिल्कुल ही नयी बात पैदा हुई है, जो भी अशुभ है, जो भी बुरा है, जो भी नकारात्मक है–फिर वह सच हो अथवा झूठ, वह सनसनीखेज बन जाता है, वह बिकता है। लोगों की उत्सुकता होती है बलात्कार में, हत्या में, रिश्वत में, सब तरह के अपराधी कृत्यों में, दंगे-फसाद में। चूँकि लोग इस तरह के समाचारों की माँग करते हैं; इसीलिए तुम संसार में जो भी अशुभ घटता है, उसे इकट्ठा करते हो। विस्मरण हो जाता है, केवल काँटे-ही-काँटे याद रह जाते हैं और उनको बड़ा करके दिखाया जाता है। अगर तुम उन्हें खोज नहीं पाते हो तो तुम उन्हें पैदा करते हो। क्योंकि अब तुम्हारी एकमात्र समस्या है–बिक्री कैसे हो। अतीत में हमें उन्हीं समाचारों का पता चलता था, जिन्हें शुभ समाचार कहें। शास्त्रों में चोर या हत्यारों के सम्बन्ध में कुछ भी नहीं लिखा जाता था। वही एकमात्र साहित्य था। पत्रकारिता ने अपराधियों के सन्त बनने की सम्भावना का द्वार खोल दिया।

स्वीडन में एक घटना घटी—एक आदमी ने एक अजनबी की हत्या कर दी, और अदालत में उस हत्यारे ने कहा कि मैं अपना नाम समाचार-पत्रों में प्रथम पृष्ठ पर देखना चाहता था। मेरी इच्छा पूरी हुई। मेरी एकमात्र इच्छा यह थी कि अखबारों में मैं अपना नाम देख लूँ। मेरी इच्छा पूरी हुई। यह सब गलत बातों पर ध्यान देने के कारण है। इसी वजह से एक बड़ा ही विचित्र व्यक्तित्व पैदा हो रहा है।

समाचार माध्यम को कुछ चीजों का बहिष्कार करना चाहिए। जिनसे अपराध पैदा होते हैं; लोगों के प्रति अमानवीयता पैदा होती है। लेकिन उनका निषेध करने की बजाय तुम उनसे मुनाफा कमाते हो, उनके बल पर समृद्ध होते हो, बिक्री बढ़ाते हो, परन्तु इस बात की ओर जरा भी ध्यान नहीं देते कि इसके अन्तिम परिणाम क्या होंगे।

पुराने अर्थशास्त्र की धारणा थी कि माँग होने पर पूर्ति होती है। लेकिन नवीन अन्वेषण बताते हैं कि जहाँ पूर्ति होती है वहाँ धीरे-धीरे माँग भी पैदा हो जाती है। पत्रकारिता को न मात्र लोगों की जरूरतों को पूरा करने की ओर ध्यान देना चाहिए बल्कि उसे स्वस्थ पूर्तियाँ भी पैदा करनी चाहिए, जो लोगों में स्वस्थ माँग पैदा करे। लोग विज्ञापन क्यों देते हैं? खासकर अमेरिका में, वह उत्पादन तो दो साल बाद बाजार में आता है और उसका विज्ञापन दो साल पहले शुरू हो जाता है। इस प्रकार पहले पूर्ति होती है, वह पूर्ति माँग पैदा करती है। इसीलिए बड़े-बड़े विज्ञापनों की जरूरत होती है।

मैंने पूरे विश्व की यात्रा की है और मैं हैरान हुआ हूँ कि यह तथाकथित समाचार माध्यम, अगर उसे कुछ नकारात्मक नहीं मिलता तो वह उसे पैदा करता है। हर प्रकार के झूठ निर्मित किये जाते हैं। वह लोगों के दिमाग में यह ख्याल पैदा नहीं करता कि हमारी प्रगति हो रही है, हम विकसित हो रहे हैं, कि हमारे भविष्य में इससे बेहतर मनुष्यता होगी। वह सिर्फ यही ख्याल पैदा करता है कि रात घनी-से-घनी होती चली जायेगी। समाचार-पत्र, आकाशवाणी के प्रसारणों, दूरदर्शन, फिल्मों पर एक नजर डालें तो ऐसा लगता है अब नरक की ओर जाने के सिवाय और कोई रास्ता नहीं बचा है।[66]

उन्होंने पाठकों के सम्बन्ध में कहा—अखबार में अगर कुछ हिंसा न हुई हो, कहीं कोई आगजनी न हुई हो, कहीं लूटपाट न हुई हो, कोई डाका न पड़ा हो, कोई युद्ध न हुआ हो, कहीं बम न गिरा हो, तो तुम अखबार पढ़कर कहते हो कि आज तो कोई खबर ही नहीं है। क्या तुम इसकी प्रतीक्षा कर रहे थे? क्या तुम सुबह-सुबह उठकर यही अपेक्षा कर रहे थे कि कहीं यह हो? कोई समाचार ही नहीं है। तुम्हें लगता है कि अखबार में जो खर्च किये, वे व्यर्थ गये।

अखबार तुम्हारे लिये ही छपते हैं। इसीलिए अखबारवाले भी अच्छी खबर नहीं छापते। उसे कोई पढ़नेवाला नहीं है, उसमें कोई सेन्सेशन नहीं है, उसमें कोई उत्तेजना नहीं है। अखबारवाले भी वही छापते हैं, जो तुम चाहते हो। वही खोजते हैं, जो तुम चाहते हो। दुनिया में जो भी कचरा और गन्दा और व्यर्थ हो सब इकट्ठा कर लाते हैं। तुम प्रफुल्लित होते हो सुबह से तुम्हारा हृदय बड़ा आनन्दित होता है। तुम अखबार से जो इकट्ठा कर लेते हो, दिन भर फिर उसका प्रचार करते हो। तुम्हारा ज्ञान अखबार से ज्यादा नहीं है, फिर तुम उसी को दुहराते हो।[67]

कितने चित्र, कितनी कहानियाँ, कितनी फिल्में, कितनी पत्रिकाएँ सिर्फ इसीलिए छपती और बिकती हैं कि उसमें नग्न चित्र छपते हैं, सारी दुनिया की सरकारें रुकावट लगाती हैं कि यह न हो। लेकिन यह रुक नहीं पाता। अण्डर-ग्राउण्ड प्रेस है, भारी प्रचार चलता है, करोड़ों

रुपये का साहित्य नीचे-नीचे बिकता रहता है। कोई दुनिया की ताकत उस पर रोक नहीं लगा पाती। जितनी रोक लगायी जाती है, उतना ब्लैक–मार्केट में व सारा-का-सारा साहित्य बिकता है।[68]

उनका मानना था कि यह सब पश्चिमीकरण के कारण हुआ। वे मानते थे कि पत्रकारिता पश्चिम की पैदाइश है। वहाँ जो हो रहा है, उसकी हम नकल करते रहते हैं, वह हमारा अपना निर्माण नहीं है। पश्चिम अध्यात्म में विश्वास नहीं करता है।

पश्चिम में चार गुना लोग आत्महत्या कर रहे हैं, और ये कोई गरीब लोग नहीं हैं। ये सबसे उच्चवर्ग के अति धनवान् लोग हैं। समस्या क्या हैं? किस बात की कमी है? और जो आत्महत्या नहीं कर रहे हैं, वे विषादग्रस्त हैं। उनके भीतर सिर्फ अन्धकार और मौत है।

पत्रकारिता पश्चिम की देन है। तुम अभी भी उस चीज की नकल कर रहे हो जो तुम्हारी संस्कृति में विकसित नहीं हुआ है, तुम्हारे वातावरण में पला नहीं है। जो इस मिट्टी का अंश नहीं है, यहाँ खिलता नहीं। तो तुम एक प्लास्टिक के फूल को हाथ में लिये हो। उसकी यहाँ कोई जड़ नहीं है। पश्चिम के संचार माध्यम को आध्यात्मिकता में कोई रस नहीं है, क्योंकि पश्चिम में एक भी व्यक्ति का अध्यात्म में रस नहीं है। सदियों से पत्रकारिता प्रशिक्षक कोर्स में आत्मिक विकास, आध्यात्मिक आयाम बिल्कुल ही उपेक्षित रह जाता है। तुम पत्रकारिता को इस मिट्टी में विकसित नहीं कर रहे हो, मात्र तुम नकल कर रहे हो। पत्रकारिता को अपना ढंग खुद खोजना होगा। अपनी निजता खुद विकसित करनी होगी। उसी प्रकार शिक्षा को भी अपनी वैयक्तिकता विकसित करनी होगी। आध्यात्मिकता जीवन का सारभूत अर्थ है। आत्मा के बिना आदमी सिर्फ शव है, और आध्यात्मिकता के बिना कुछ भी शिक्षा, पत्रकारिता, सिर्फ शव हैं, उससे दुर्गन्ध आती है।

पत्रकारिता को स्वयं को पश्चिम से मुक्त करना है और फिर अपने को एक प्रामाणिक, मौलिक आकार देना है। यदि तुगने पत्रकारिता को आध्यात्मिक आगाम दिया तो आज नहीं कल पश्चिम तुम्हारा अनुसरण करेगा। क्योंकि वहाँ तीव्र भूख है, गहन प्यास है। दूसरों की नकल करने की बजाय तुम मौलिक क्यों नहीं हो सकते और दूसरों को तुम्हारी नकल क्यों नहीं करने देते? ऐसा हुआ तो इस देश में पहली बार स्वतन्त्रता के कुछ फूल खिलेंगे। प्रामाणिक आध्यात्मिकता के कोई विशेषण नहीं होंगे, वह सभी धर्मों के सिर्फ सारतत्त्वों की शिक्षा देगी। पत्रकारिता को अपनी सूची में उसे प्रथम स्थान देना चाहिए, वह पहले नम्बर पर हो और राजनीति आखिरी नम्बर पर लेकिन दुर्भाग्य से राजनीति का प्रथम क्रमांक है और अध्यात्म अन्तिम भी नहीं है।[69]

स्वस्थ पत्रकारिता को स्पष्ट करते हुए उन्होंने कहा–स्वस्थ पत्रकारिता का अभिप्राय ऐसी पत्रकारिता से है जो मनुष्य के पूरे व्यक्तित्व का पोषण करे–उसका शरीर, उसका मन, उसकी आत्मा; ऐसी पत्रकारिता जो बेहतर मनुष्यता को निर्मित करने में संलग्न हो, सिर्फ घटनाओं के वृत्तान्त इकट्ठे न करे। पत्रकारिता सिर्फ सूचना तक सीमित न हो, उसे एक अच्छा साहित्य भी होना चाहिए, तभी वह स्वस्थ है। कल के अखबार का भी कोई मूल्य होना चाहिए ताकि आज भी उसे पढ़ा जा सके। वह मात्र क्षणजीवी न हो। यदि मात्र सूचना माध्यम रहेगा तो स्वभावतः वह दिन बीतने पर पुराना हो जायेगा। तुम्हें ऐसी चीज निर्मित करनी चाहिए जो कभी पुरानी नहीं रहती, सदा नयी रहती है। समाचार वृत्तान्त से क्या होनेवाला है? कोई चोरी

करता है—उसका समाचार छापने में क्या सार है? उसे व्यर्थ ही क्यों खबर बनाते हो? तुम अपने पन्ने गैर जरूरी बातों से भर रहे हो। आवश्यक बातों को जगह दो। तुम्हारे पास कवि हैं, चित्रकार हैं, लेखक हैं, आध्यात्मिक महामानव हैं, तुम सबको ला सकते हो। वह तुम्हारा प्रमुख अंश हो। राजनीति शायद तीसरे, चौथे या किसी पृष्ठ पर नहीं। नकारात्मक समाचार पर निर्भरता मत करो। सुन्दरता प्रकट करो, नकारात्मकता को पृष्ठभूमि में रखो। उस पर तुम्हारा ध्यान केन्द्रित न हो। तुम यथार्थवादी बनो।

माना कि नकारात्मकता जीवन का हिस्सा है, मृत्यु जीवन का हिस्सा है, लेकिन इसका मतलब यह नहीं कि तुम्हें अपनी श्मशान भूमि बीच बाजार में बनानी चाहिए। तुम अपनी श्मशान भूमि शहर के बाहर बनाते हो, जहाँ सिर्फ एक बार जाते हो और फिर वापस नहीं लौटते। इसी कारण नकारात्मकता को मानसिक कुण्ठा मत बनाओ। नकारात्मकता पर जोर न दो वरन् उसकी निन्दा करो। यही स्वस्थ पत्रकारिता का लक्ष्य होना चाहिए।[70]

समय आ गया है। पत्रकारिता एक नये युग का प्रारम्भ बन सकती है। राजनीति को जितना पीछे ढकेल सकते हो ढकेलो। पत्रकारिता में बड़ी-से-बड़ी क्रान्ति जो होगी वह है—अगर इस देश में अलग किस्म की पत्रकारिता पैदा हो सके जो राजनीति द्वारा नियन्त्रित न हो लेकिन देश के प्रज्ञावान् लोगों द्वारा प्रेरित हो। पत्रकारिता का मूल कार्य होगा प्रज्ञावान् लोगों को और उनकी प्रज्ञा को प्रकट करना।[71]

11.1.3 (ग) मार्शल मैकलुहन के सिद्धान्त का विवेचन (Analysis of Marshal Mcluhan's Theory)

ओशो ने मार्शल मैकलुहन के 'माध्यम ही सन्देश है' की व्याख्या भारतीय दार्शनिक परम्परा के अनुसार की है। उनके अनुसार मार्शल मैकलुहन एक अद्‌भुत विचारक है। उसके वक्तव्य—माध्यम ही सन्देश है—बड़ा कीमती है। ऐसा सदा से नहीं समझा जाता रहा है। प्रायः यह समझा जाता रहा है कि सन्देश अलग बात है, माध्यम अलग बात है। सन्देश माध्यम के द्वारा प्रकट होता है, लेकिन सन्देश माध्यम नहीं है और माध्यम ही सन्देश नहीं है। द्वैतवादी दृष्टि सदा ही फासले करती है। द्वैतवादी कहता है—शरीर अलग है, आत्मा अलग है। शरीर माध्यम है, आत्मा सन्देश है। वह कहता है—गति अलग है, गतिवान् अलग है। वह कहता है प्रकाश अलग है, प्रकाशवान् अलग है। वह कहता है—जगत् अलग है, परमात्मा अलग है, ठीक यही द्वैतवादी दृष्टि अभिव्यक्ति के माध्यम और अभिव्यक्ति के सन्देश में चलती रहती है। मार्शल मैकलुहन को मैं अद्वैतवादी कहता हूँ। उसने पहली बार अद्वैत की घोषणा माध्यम और सन्देश के विषय में की। वह कहता है कि जो आप कहते हैं वह, और जिस ढंग से आप कहते हैं, और जिस मार्ग, जिस विधि और माध्यम से आप कहते हैं ये दो चीजें नहीं हैं, ये एक ही हैं। इसे इस प्रकार समझ सकते हैं।

यदि हम नृत्यकार का उदाहरण लें तो स्पष्ट है कि नर्तक और नृत्य एक हैं। नर्तक से अलग नृत्य खो जाता है। नृत्य को अलग करने पर नर्तक, नर्तक नहीं रह जाता, वह साधारण आदमी हो जाता है। नर्तक और नृत्य एक है। बाँसुरी और बाँसुरीवादक एक है। गीत और गायक एक है। प्रकृति और परमात्मा एक है। कहा जानेवाला और जिस माध्यम से कहा गया, वह एक है।

हम उसे इस प्रकार समझ सकते हैं। मार्शल मैकलुहन की व्याख्या को और भी रूपों में समझ सकते हैं। एक दूरबीन है, हम आँख पर लगाकर देख सकते हैं आकाश की तरफ, जो तारे

हमें खुली आँख से नहीं दिखायी पड़ते थे वे दूरबीन से दिखायी पड़ने लगे। दूरबीन और आँख बड़ी जो गयी। जब मैं अपने हाथ से आपको छूता हूँ या मेरा हाथ छूता है? दिखता तो मेरा हाथ छूता हुआ है। लेकिन मेरे हाथ में और मुझमें कहीं फासला है, कहीं फर्क है, कहीं अन्तराल हैं; कोई जगह है जहाँ खत्म होता हूँ, मेरा हाथ शुरू होता है? नहीं, मेरा हाथ मेरा 'एक्सटेन्शन' (विस्तार) है। मेरा बढ़ाव है। हाथ में मैं एक लकड़ी ले लूँ और फिर लकड़ी से आपको छूऊँ, तब शायद आप कहेंगे कि आप नहीं छू रहे हैं। लेकिन अब भी मैं ही छू रहा हूँ, क्योंकि लकड़ी मेरे हाथ का और भी बढ़ाव है। जब टेलीफोन से आपसे बात कर रहा हूँ तब भी मेरे होंठ ही बात कर रहे हैं। टेलीफोन मेरे होंठों का सिर्फ वैज्ञानिक बढ़ाव है। जब चीजों में हमें अन्तर्फैलाव दिखायी पड़ेगा तब, सब एक हो जायेगा, तब 'मीडिया इज द मेसेज' अर्थात् 'माध्यम ही सन्देश है' और 'सन्देश ही माध्यम है' की प्राप्ति स्पष्ट हो सकेगी।[72]

11.1.3 (घ) संचार की सम्भावनाएँ (Possibilities of Communication)

उन्होंने कहा कि पृथ्वी, वायु, जल–उन रहस्यों को पूछना है, जो वे तुम्हारे लिये छिपाये हुए हैं। स्मृतियाँ मिलेंगी अब तो धीरे-धीरे इसके वैज्ञानिक आधार भी मिल रहे हैं। इसलिए यह बात समझना आसान हो सकती है। वैज्ञानिक कहते हैं कि जैसे अभी मैं बोल रहा हूँ, तो जो मैं बोल रहा हूँ, वह वाणी कभी भी खोयेगी नहीं। वह खो नहीं सकती है, गूँजती ही रहेगी, वायु की तरंगों में मौजूद रहेगी। आजकल वैज्ञानिक कहते हैं, ऐसे यन्त्र के बनने की सम्भवना है कि हम अतीत की वाणियों को पकड़ सकेंगे। कृष्ण ने सच में ही गीता युद्ध के मैदान में कही है या नहीं कही है, इसका निर्णय हो सकेगा। क्योंकि जो वाणी है, वह नष्ट नहीं होती, वह गूँजती रहती है। सूक्ष्म हो जाती है, लेकिन गूँजती रहती है। सूक्ष्मतर हो जाती है, लेकिन गूँजती रहती है। उसको पकड़ा जा सकता है।

इसे हम इस प्रकार समझ सकते हैं, न्यूयार्क से रेडियो स्टेशन कुछ घोषणा करता है, तो आप यहाँ सुनते हैं। लेकिन न्यूयार्क से यहाँ तक आने में समय लगता है। अगर न्यूयार्क में दो मिनट पहले घोषणा की गयी तो आप दो मिनट बाद सुनते हैं। इराका अर्थ हुआ कि जो बात दो मिनट पहले हुई वह दो मिनट बाद सुनी जा सकती है। अतीत की बात हो गयी वह। वह घटी दो मिनट पहले थी, सुनी दो मिनट बाद गयी।

अगर दो मिनट बाद सुनी जा सकती है, तो दो दिन बाद क्यों नहीं? क्योंकि सैद्धान्तिक रूप से बात साफ हो गयी कि अतीत भी पकड़ा जा सकता है। दो मिनट पहले जो हुआ था, वह दो मिनट बाद पकड़ा जा सकता है। जो दो दिन बाद क्यों नहीं? थोड़े और विस्तीर्ण यन्त्र चाहिए, तो दो दिन बाद भी पकड़ा जा सकेगा। जब तक रेडियो नहीं था, तो हम दो मिनट बाद भी नहीं पकड़ सकते थे। अब हम दो मिनट बाद पकड़ सकते हैं। वैज्ञानिक प्रयोगशालाओं में इस पर काम चल रहा है। वे कहते हैं कि यह असम्भव नहीं है कि हम अतीत के दो हजार साल, दो लाख साल पहले भी जो वाणी प्रकट हुई हो, उसे हम पकड़ने में समर्थ हो जायें। जटिलताएँ अवश्य हैं, लेकिन वाणी मौजूद हैं।

विज्ञान किस दिन पकड़ेगा पता नहीं। लेकिन जो व्यक्ति बाह्य इन्द्रियों और अन्तर इन्द्रियों की विजय कर लेता है, जो शून्य में विराजमान हो जाता है, जो ध्यान को उपलब्ध हो जाता है; वह व्यक्ति बिना किसी यन्त्र के भी सिर्फ ध्यान अपना केन्द्रित कर ले, सिर्फ शान्त हो जाये और अपने ध्यान को अतीत में ले जाये और उस जगह केन्द्रित कर ले, जहाँ कृष्ण ने गीता कही,

तो पुनः अन्तर्वाणी में गीता सुनी जा सकती है। क्योंकि उस अन्तर-जगत् के लिए समय का कोई फासला नहीं है। वहाँ समय ही नहीं। वहाँ स्थान का कोई अन्तराल नहीं है, वह सनातन है। उस जगह से आप अतीत में जा सकते हैं और भविष्य में भी। तो फिर वायु में जो रहस्य छिपे हों, वह आपको मिल जायेंगे। यह यन्त्र की सहायता से भी भविष्य में सम्भव है।[73]

उक्त संक्षिप्त विवेचन से यह स्पष्ट हो सका कि प्राचीन भारतीय मनीषा ने संचार के विविध पक्षों पर विचार किया था तथा उस पर प्रयोग भी हुए हैं। अशोक और रजनीश (ओशो) के संचार सिद्धान्त उसी प्राचीन संचार सिद्धान्त के विकास हैं। भारतीय संचार चिन्तन का निरन्तर यह लक्ष्य रहा है कि किस प्रकार श्रेष्ठ संवादों को प्रचारित किया जाय। इसी कारण हम कह सकते हैं कि, 'श्रोता अभिरुचि परिष्कार'—भारतीय संचार सिद्धान्त का लक्ष्य रहा है। भारतीय संचार सिद्धान्त का उक्त विवेचन, मात्र संकेत या प्रतीकात्मक है। अभी भी भारतीय संचार का विस्तृत क्षेत्र रहस्यों से घिरा है, उस पर भविष्य में अध्ययन आवश्यक है।

सन्दर्भ

1. शास्त्री शिवदत्त, कामसूत्र (टीका), चौखम्बा संस्कृत संस्थान, गोपाल मन्दिर लेन, वाराणसी, वि. सं.—2039, पृष्ठ।।
2. तदैव, पृष्ठ 66
3. तदैव, पृष्ठ 69
4. तदैव, पृष्ठ 11 एवं 12
5. तदैव, पृष्ठ 26 एवं 27
6. मानस पीयूष, खण्ड 7, गीता प्रेस, गोरखपुर, सातवॉ संस्करण, सं. 2055, पृष्ठ 567
7. मनुस्मृति, चौखम्बा संस्कृत संस्थान, वाराणसी, संवत् 2039, पृष्ठ 26
8. मानस पीयूष, खण्ड 7, उक्त 563
9. सातवलेकर दामोदर, ऋग्वेद, सुबोध भाष्य (तृतीय भाग), स्वाध्याय मण्डल, किल्ला-पारडी, गुजरात, 1978, पृष्ठ 59
10. तदैव, पृष्ठ 156
11. तदैव, पृष्ठ 209
12. तदैव
13. तदैव, पृष्ठ 13
14. तदैव, पृष्ठ 150
15. वेदश्रमी पं. वीरसेन, वैदिक सम्पदा, गोविन्दराम हासानन्द, दिल्ली, 1967 पृष्ठ।
16. वाल्मीकि रामायण, प्रथम भाग, गीता प्रेस, गोरखपुर, 1996, पृष्ठ 25
17. मनुस्मृति, उक्त, पृष्ठ 26
18. श्रीरामचरितमानस, गीता प्रेस, गोरखपुर, संवत् 2051, पृष्ठ 16 एवं 20
19. तदैव, पृष्ठ 984-985
20. शास्त्री शिवदत्त, कामसूत्र (टीका), उक्त, पृष्ठ 3
21. तदैव
22. तदैव, पृष्ठ 3 एवं 4
23. तदैव, पृष्ठ 7
24. तदैव
25. तदैव
26. तदैव, पृष्ठ 8 से 10

27. तदैव, पृष्ठ 11
28. तदैव, पृष्ठ 26
29. तदैव, पृष्ठ 27 और 29
30. तदैव, पृष्ठ 42-43
31. तदैव, पृष्ठ 68-69
32. तदैव, पृष्ठ 83-84
33. सातवलेकर दामोदर, ऋग्वेद, सुबोध भाष्य, तृतीय भाग, उक्त, पृष्ठ 92
34. तदैव, पृष्ठ 99
35. पृष्ठ 230
36. आचार्य वामदेव, वाक्यपदीयम् ब्रह्मकाण्ड, कृष्णदास अकादमी, वाराणसी, वि. सं. 2044, पृष्ठ 2 से 4
37. तदैव, पृष्ठ 5 और 6
38. तदैव, पृष्ठ 7-8
39. तदैव, पृष्ठ 9-11
40. तदैव, पृष्ठ 241-244
41. तदैव, पृष्ठ 246-253
42. तदैव, पृष्ठ 11-12
43. तदैव, पृष्ठ 12
44. तदैव, पृष्ठ 15-16
45. तदैव, पृष्ठ 17-18
46. तदैव, पृष्ठ 19-20
47. तदैव, पृष्ठ 21-25
48. तदैव, पृष्ठ 25-30
49. तदैव, पृष्ठ (ब्रह्मकाण्ड) 1-67
50. तदैव, पृष्ठ 125-126
51. तदैव, पृष्ठ 127-186
52. तदैव, पृष्ठ 186
53. तदैव, पृष्ठ 187-231
54. तदैव, पृष्ठ 22-250
55. तदैव, पृष्ठ 250-253
56. पाण्डेय राजबली, अशोक के अभिलेख, प्रथम संस्करण, ज्ञानमण्डल लिमिटेड, वाराणसी, संवत् 1922, पृष्ठ 15 (भूमिका)
57. तदैव, पृष्ठ 1-185
58. तदैव, पृष्ठ–फलक–1 (मानचित्र)
59. तदैव, पृष्ठ 16 (भूमिका)
60. तदैव, पृष्ठ 7
61. तदैव, पृष्ठ 107-108
62. तदैव, पृष्ठ 185
63. तदैव, पृष्ठ 20
64. तदैव
65. भगवान् रजनीश, साक्षी कृष्ण और रासलीला, डायमण्ड पॉकेट बुक, ओखला इण्डस्ट्रियल एरिया, नयी दिल्ली, 1998, पृष्ठ 137
66. ओशो टाइम्स इण्टरनेशनल, ताओ पब्लिशिंग प्रा. लि. 50, कोरेगाँव पार्क, पुणे, 1 अगस्त, 1996 अंक, पृष्ठ 16-17

67. ओशो साधना सूत्र : हृदय संगीत, डायमण्ड पाकेट बुक्स, ओखला इण्डस्ट्रियल एरिया, नयी दिल्ली, 1993, पृष्ठ 17
68. तदैव, पृष्ठ 64।
69. ओशो टाइम्स इण्टरनेशनल, अगस्त, 1996, उक्त, पृष्ठ 20-21
70. तदैव, पृष्ठ 18
71. तदैव, पृष्ठ 21
72. भगवान् रजनीश, साक्षी कृष्ण और रासलीला, उक्त, पृष्ठ 109-110
73. ओशो, साधना सूत्र : हृदय संगीत, उक्त, पृष्ठ 70

अध्याय - 12

पाश्चात्य के प्रमुख संचार सिद्धान्त

WESTERN LEADING THEORIES OF COMMUNICATION

12.0 पश्चिम के ज्ञान और सिद्धान्त के सूत्र सुकरात से प्रारम्भ होते हैं, क्योंकि उक्त के पूर्व की व्यवस्था की प्राप्ति नहीं होती। सुकरात का काल ईसा पूर्व लगभग 450 वर्ष है। सुकरात के काल की यदि भारतीय व्यवस्था से तुलना करें तो यह स्पष्ट हो सकेगा कि सुकरात के पूर्व भारतीय मनीषा की स्थिति क्या थी? भारत में लगभग 550 ई. पू. बौद्धधर्म अस्तित्व में आ चुका था, बौद्धधर्म की चर्चा इस कारण कर रहा हूँ, क्योंकि यह एक सुधारवादी धर्म व्यवस्था भारतीय सनातन परम्परा में प्रारम्भ हुई। भारतीय सनातन परम्परा के मूल स्रोत वेद एवं वैदिक सभ्यता के सूत्र कितने पुराने हैं, इसका सहज अनुमान कठिन है। भारतीय समाज व्यवस्था की यह विशेषता है कि इसके प्रत्येक क्षेत्र में वैदिक सभ्यता के सूत्र समाये हैं। वैदिक ज्ञान, सभ्यता एवं संस्कृति विश्व में सबसे प्रचीनतम है इसे पश्चात्य भी मानता है। इस कारण पश्चिम के ज्ञान को हम भारतीय मनीषा की तुलना में नवविकसित कह सकते हैं।

पश्चिम वर्तमान में भौतिकता एवं विज्ञान के क्षेत्र में चरम पर है, परन्तु उसमें वह दूरदृष्टि नहीं है, जिससे कि मानवीय सभ्यता एवं मूल्यों के भावी खतरों के प्रति सतर्क रह सके। इसी कारण संचार के क्षेत्र में विकास तथा इण्टरनेट के महामायाजाल के विकास से विश्व को भले पश्चिम ने जोड़ दिया परन्तु अवयस्क माताएँ, बाल अपराध, टूटता परिवार, नग्नता आदि ने उसके आधार को ही तोड़ दिया है। इण्टरनेट से विश्व से जुड़कर भी पश्चिम का मनुष्य एकाकी रह रहा है। यह सब इस कारण हुआ, क्योंकि संचार की पवित्रता और श्रेष्ठता तथा सामाजिक व्यवस्था में सन्तुलन नहीं बन सका। बाजारीकरण के कारण अर्थपरक पूर्ति की और माँग उत्पन्न करने का प्रयास किया, इस कारण बिखराव आया। अगर पश्चिम में माँग के अनुसार पूर्ति हुई होती तो यह संकट नहीं होता। पश्चिम ने उत्तम विचारों एवं मूल्यों, नैतिकता की पूर्ति नहीं की, वह तो भौतिकता की पूर्ति उत्पन्न करता रहा। इसी कारण पश्चिम के समाज में संकट खड़ा है।

पाश्चात्य के संचारविदों ने कुछ सिद्धान्त विकसित किये हैं, उनका अध्ययन समग्र दृष्टि के विकास के लिए आवश्यक है। पाश्चात्य के संचार सिद्धान्तों के अध्ययन से हमें वर्तमान विश्व की संचार प्रणाली की वास्तविकता का ज्ञान हो सकता है। इस कारण यह अध्ययन आवश्यक है।

संचार का विकास चरम पर है, इसकी भावी संरचना क्या होगी, यह भी अनुमान सरल नहीं है। इससे स्पष्ट है कि पाश्चात्य में संचार के विकास के साथ-साथ सिद्धान्तों का भी विकास एवं प्रकटीकरण हुआ है। इस कारण संचार के सिद्धान्तों की अनन्तता है। पाश्चात्य के संचार

सिद्धान्तों के सभी स्वरूपों एवं पक्षों का विवेचन सम्भव नहीं है, इस कारण कुछ उपयोगी एवं प्रतिनिधि सिद्धान्तों का विवेचन इस भाग में किया गया है, जिसे आप आगे पढ़ेंगे।

12.1 अरस्तू का संचार सिद्धान्त (Aristotle's Theory of Communication)

ग्रीक दार्शनिक अरस्तू ने सर्वप्रथम पश्चिम में संचार की महत्ता को समझा तथा संचार प्रक्रिया का वर्णन किया। अरस्तू का जोर एक सद्‌गुणी सम्प्रेषक पर था। उसकी मान्यता थी कि सद्‌गुणी व्यक्ति ही प्रभावी सम्प्रेषक हो सकता है। इसके लिए उसने श्रेष्ठ साधनों का भी आश्रय लेने की सलाह दी।[1] चूँकि उस समय संचार प्रक्रिया पाश्चात्य में प्राथमिक अवस्था में थी, इस कारण सामाजिक व्यवहार प्रक्रिया ही संचार के आधार के रूप में मान्य थी। इसी के आधार पर संचार सिद्धान्त की व्याख्या की जाती थी। अरस्तू के संचार सिद्धान्त में–(1) स्पीकर, (2) स्पीच, (3) श्रोता, (4) अवसर, (5) प्रभाव के संघटकों का उल्लेख है।[2] उक्त से स्पष्ट है कि वर्तमान में संचार के विकसित सिद्धान्त भले ही नये हों परन्तु पश्चिम में जन सम्प्रेषण व्यवस्था का अध्ययन ग्रीक विचारक अरस्तू के समय से प्रारम्भ हो चुका था। अरस्तू ने इसे वाक्‌पटुता की कला के रूप में व्यक्त किया। उन्हीं सिद्धान्तों ने जन सम्प्रेषण की प्रवृत्ति को विकसित होने में आधार सिद्धान्त के रूप में अपना योगदान दिया। अरस्तू के समय जनता के बीच भाषण की स्थितियाँ वर्तमान की भाँति कम औपचारिक थीं। जनता की भाषण प्रक्रिया में संचार कौशल, अन्य सम्प्रेषण स्थिति, छोटा संचार समूह आदि महत्त्वपूर्ण होते हैं।[3]

जनता के मध्य बोलने की प्रक्रिया अन्य प्रकार के संचार से भिन्न होती है। क्योंकि लोगों के मध्य वार्त्ता में श्रोता एवं वक्ता की भूमिका प्रमुख होती है। वक्ता अधिक सजगता एवं जिम्मेदारी के साथ सन्देश देता है तथा श्रोता-वक्ता में सन्देशों का परस्पर आदान-प्रदान होता है। इस प्रकार के संचार अधिक मात्रा में अनौपचारिक होते हैं। इसमें द्विमार्गीय संचार प्रक्रिया प्रभावी होती है। यह श्रोता-वक्ता की आवश्यकताओं को पूरा करनेवाला भी होता है।[4]

अरस्तू ने प्रभावोत्पादन या चित्त-आकर्षण को व्यवहार परिवर्तन का प्रमुख साधन माना। उसके अनुसार वक्ता, श्रोता को तर्क एवं विवेकयुक्त शब्द (Logo) करुणा (Pathos) और अपने नैतिक एवं विश्वसनीय स्वभाव (Ethos) के द्वारा अपने से जोड़ सकता है अथवा प्रभाव में ला सकता है। इस प्रकार प्रभावोत्पादन वह प्रक्रिया है, जिसके द्वारा एक व्यक्ति दूसरे व्यक्ति के व्यवहार, विश्वास, कार्यपद्धति को परिवर्तित कर सकता है। यही समूह के सन्दर्भ में भी सत्य है। यह प्रभावोत्पादन प्रभावी सन्देश पर निर्भर होता है। प्रभावी सन्देश के द्वारा श्रोता में सहमति, उद्दीपन या कार्यव्यवहार उत्पन्न हो सकता है।[5] प्रभावी सम्प्रेषण है। इस प्रकार कई आयाम हैं, जिसके द्वारा वक्ता प्रभावी सन्देश प्रेषित कर सकता है। इस दृष्टि से अरस्तू ने तार्किक शब्द, करुणा एवं विश्वसनीय स्वभाव को महत्त्वपूर्ण माना है। इनका विस्तृत विवेचन इस प्रकार है।

तर्क एवं विवेकयुक्त शब्द (Logo)

इसमें तर्क एवं दलील मुख्य है जो कि व्यक्ति के मस्तिष्क को प्रभावित करती है। जैसे कोई चिकित्सक यदि अपने सहभागियों को सर्जरी का कोई प्रायोगिक तरीका बताता है, इसके सन्दर्भ में वह यदि तार्किकता का उपयोग करता है तो वह अधिक प्रभावी होगा। इस प्रक्रिया

के लिए आगमनात्मक एवं निगमनात्मक दो तार्किक पद्धतियाँ हैं। निगमनात्मक तर्क प्रणाली वह है, जिसमें हम सामान्य से (General to) विशेष (Specific or Particular) की ओर चलते हैं। इसका उदाहरण इस प्रकार है।

सभी मनुष्य मरणशील है। (सामान्य)
सुकरात एक मनुष्य है। ↓
अतः सुकरात भी मरणशील है। (विशेष)

इस प्रकार स्पष्ट है कि निगमनात्मक तर्क प्रणाली में हम पहले सामान्य व्यवहार को व्यक्त करते हैं और पुनः उससे जोड़कर तर्क द्वारा व्यवहार विशेष को व्यक्त करते हैं।

आगमनात्मक तर्क प्रणाली में हम विशेष से सामान्य की ओर चलते हैं।[6] इसे हम इस उदाहरण से समझ सकते हैं–

सुकरात मर गया। (विशेष)
सुकरात एक मनुष्य था। ↓
इसलिए सभी मनुष्य मरेंगे। (सामान्य)

अरस्तू ने अपने चिन्तन में मुख्य रूप से निगमनात्मक पद्धति को ही अपनाया था। इस प्रणाली के अनुसार स्थापित मान्यताओं के आधार पर निष्कर्ष-विशेष पर पहुँचते हैं। इस प्रणाली में प्रचलित एवं स्थापित उदाहरणों के आधार पर बात को प्रस्तुत करनेवाला वक्ता अधिक प्रभावी होता है। सकारण तर्क, उदाहरण, स्पष्ट प्रतीक, सादृश्यता, पर्याप्त प्रमाण आदि के द्वारा प्रभावी वक्तृत्व सम्भव है।

करुणा (Pathos)

प्रभावी वक्तृत्व अथवा सम्प्रेषण के लिए अरस्तू के अनुसार वक्ता को अधिक भावनात्मक तथा प्रभावी शब्दों का भी उपगोग करना चाहिए। यह सन्देश की प्रकृति एवं श्रोता पर निर्भर करता है। यह उस स्थिति में अधिक प्रभावी होता है, जब भावना या संवेदना के लिए उपयुक्त परिस्थिति हो। करुणात्मक सम्प्रेषण में आवश्यकता, पुरस्कार, इच्छा, मूल्य और भय आदि से जुड़े सन्देश हो सकते हैं।

यदि व्यक्ति को किसी प्रकार का लाभ दिखेगा तो वह वक्ता के व्यवहार का अनुकरण करेगा। यदि वक्ता के वक्तव्य से श्रोता में भय से रक्षा की स्थिति उत्पन्न होती प्रतीत होती है तब भी वह वक्ता के अनुरूप आचरण करेगा। इसी प्रकार मूल्य, इच्छा आदि से जुड़ी भावनाओं को उभारकर वक्ता अपना प्रभाव विस्तार कर सकता है। इसके लिए वक्ता में प्रतिबद्धता, सामान्य चेतना, व्यावहारिकता, तार्किकता, प्रयोगात्मक कला, लक्ष्य की तुलना में तथ्यों पर बल, न्यायप्रियता एवं ईमानदारी, सम्मान देना, अल्पसंख्यकों की समता का प्रयास एवं स्वयं के स्तर पर निर्भर है। इस प्रकार प्रभावी वक्ता भावनात्मक स्तर पर सन्देशों को प्रेषित करता है। इस प्रक्रिया के द्वारा वक्ता श्रोता में सहानुभूति का भाव पैदा करता है।[7] अतः एक प्रभावी वक्ता के लिए श्रोता में करुणायुक्त भाव उत्पन्न करना आवश्यक है।

नैतिक एवं विश्वसनीय स्वभाव (Ethos)

वक्ता की विश्वसनीयता श्रोता में प्रबल भाव उत्पन्न करती है। अरस्तू के अनुसार वक्ता तभी उच्च प्रभाव उत्पन्न कर सकता है जबकि वह उच्च बौद्धिक, नैतिक एवं ख्यातियुक्त हो।

अरस्तू की मान्यता है कि उक्त गुण श्रोता के व्यवहार में परिवर्तन के लिए पर्याप्त हैं। वर्तमान में भी विश्वसनीय व्यक्ति का सन्देश प्रभावी होता है। जैसे नोबल पुरस्कार-प्राप्त व्यक्ति की ख्याति, सम्मान तथा विश्वसनीयता अधिक होती है। इस प्रकार के व्यक्ति का वक्तव्य अधिक प्रभावोत्पादक होता है।

उक्त के विपरीत अविश्वसनीय व्यक्ति के द्वारा प्रभावी सन्देश काफी कठिन होता है। प्रभावी सन्देश या वक्ता के लिए विश्वसनीयता बढ़ानी आवश्यक है। इसके लिए विश्वसनीयता, श्रोताओं के अहं का ध्यान, परिचय, आकर्षण एवं स्तर आदि आवश्यक तत्त्व हैं।[8]

उक्त से स्पष्ट है कि अरस्तू ने अन्तर्वैयक्तिक एवं समूह संचार प्रक्रिया के साथ-साथ वक्ता के प्रभावोत्पादक वक्तव्य का विवेचन किया जो वर्तमान में भी संचार के विश्लेषण तथा अध्ययन में महत्त्वपूर्ण है।

12.1.1 अभिप्रेरणा सिद्धान्त (Motivation Theory)

अर्नस्ट आर. हिलगार्ड, रिचर्ड अटकिन्सन एवं रीटा एल. अटकिन्सन ने 'इण्ट्रोडक्शन टू साइकॉलोजी' (1975) (Ernest R. Hilgard, Richardec. Atkinson and Rita L. Atkinson in, Introduction to Psychology) में अभिप्रेरणा को सामान्य अर्थ में आवश्यकता की सन्तुष्टि एवं लक्ष्य प्राप्त करने के व्यवहार के रूप में परिभाषित किया। अभिप्रेरणा के स्रोत भिन्न-भिन्न हैं। सामान्य रूप में अभिप्रेरणा का प्रारम्भ विभिन्न आवश्यकताओं की पूर्ति के लिए प्रारम्भ होनेवाली इच्छाओं से होता है। लेकिन उक्त प्रकार की आवश्यकताएँ एवं महत्त्व, जिनका सम्बन्ध व्यक्तियों से होता है, वे परस्पर भिन्न-भिन्न हैं।

संचार माध्यमों के विभिन्न क्षेत्रों के अध्ययन में अभिप्रेरणा की अवधारणा काफी महत्त्वपूर्ण है। उदाहरण के लिए अभिप्रेरणा के इस सिद्धान्त से हम यह निर्धारित कर सकते हैं कि कोई व्यक्ति विचार अथवा भावना को क्यों सम्प्रेषित करना चाहता है। इस सम्बन्ध में विलियम शुट्ज का अन्तर्वैयक्तिक (William Schutz, The Interpersonal World, 1966) सिद्धान्त महत्त्वपूर्ण है। उन्होंने संचार को एक अन्तर्वैयक्तिक आवश्यकता के रूप में निर्धारित किया। शूट्ज ने यह विचार 'दी इण्टरपरसनल वर्ल्ड' 1966 में व्यक्त किये। उन्होंने इसके कारक के रूप में समावेश, नियन्त्रण एवं स्नेह की आवश्यकता को अन्तर्वैयक्तिक व्यवहार के रूप में माना। यही आवश्यकताएँ अन्तर्वैयक्तिक संचार की इच्छाओं को पूर्ण करती है। इसमें वे भी स्थितियाँ सम्मिलित हैं, जो मनुष्य की एक अथवा एक से अधिक महत्त्वपूर्ण आवश्यकताएँ पूर्ण करती हैं। इसमें उन आवश्यकताओं को भी सम्मिलित किया जाता है, जिनकी हम उपेक्षा नहीं कर सकते हैं।

अभिप्रेरणा के अन्य उदाहरण में हम यह सम्मिलित कर सकते हैं कि क्यों व्यक्ति विभिन्न तरीकों से एवं विभिन्न सन्देशों के द्वारा प्रभावित करना चाहता है एवं विश्वास उत्पन्न करना चाहता है। इस सम्बन्ध में अधिक प्रयास विज्ञापन एवं जनसम्पर्क क्षेत्र के उद्योगों के उत्पादों को बेचने एवं सेवा के लिए किया जाता है।[9] इसके पीछे यह भावना रहती है कि हम किस प्रकार सामान्य जन को अभिप्रेरित कर सकते हैं।[10]

वान्स पैखर्ड ने 'दी हिडेन परसुएडर्स' (1960) (Vance Packhard in the Hidden Persuaders) में आठ गुप्त आवश्यकताओं को बाजार या सेवा के कारक के रूप में निर्धारित किया। इन आवश्यकताओं में भावनात्मक सुरक्षा, मूल्य की निश्चितता, अहं की तुष्टि, सकारात्मक अभिव्यक्ति, स्नेह, शक्ति का बोध, निर्माण प्रवृत्ति एवं काम भावना प्रमुख है।[11]

द्वितीय विश्वयुद्ध के बाद अमेरिका में श्रोताओं पर विज्ञापन के प्रभाव के लिए सामाजिक मनोविज्ञान के अध्ययन की धूम मची। इसके अन्तर्गत यह अध्ययन किया जाने लगा कि विज्ञापन का क्या प्रभाव लोगों की खरीद पर पड़ता है। विज्ञापन के इस प्रभाव को विज्ञापनकर्त्ताओं द्वारा श्रोताओं में विश्वसनीयता एवं सुधरे प्रभाव में परिवर्तन किस प्रकार कर सकते हैं। इन्होंने अभिप्रेरणा के आठ मूल तत्त्वों को भी स्वीकार किया तथा यह स्पष्ट किया कि इसका महत्त्व विज्ञापन में है।[12]

सामाजिक व्यवहार की व्याख्या में समाज के लक्ष्य एवं सामाजिक सहमति, सामान्य आचरण एवं मूल्य आदि सम्मिलित हैं। सामाजिक व्यवस्था के विश्लेषण में सर्वाधिक ध्यान व्यवस्था के सन्तुलन के कारकों पर दिया जाता है। व्यवहारवादी इसके कारक के रूप में किसी सामाजिक या सांस्कृतिक तत्त्व को मानते हैं। संचार प्रक्रिया में सन्तुलन महत्त्वपूर्ण अवयव है। व्यवहारवादी मुख्य रूप से ध्यान समाज के लक्ष्य पर केन्द्रित करते हैं। इसमें प्रभाव के कारक के रूप में सामाजिक ढाँचे एवं कार्य की प्रकृति को सम्मिलित करते हैं।[13]

अब्राहम मास्लोव ने 'मोटीवेशन एण्ड परसनालिटी' (Abraham Maslow, Motivation and Personality) (1954) में स्पष्ट किया कि व्यक्ति में विभिन्न आवश्यकताएँ व्यवहार से अभिव्यक्त होती हैं, जिनमें एक अनुक्रम होता है। जैसे कोई व्यक्ति अगर भूखा हो तो उसे भोजन के अलावा अन्य कोई अभिरुचि नहीं होगी। जब एक इच्छा की पूर्ति हो जाती है तो नयी इच्छा उत्पन्न हो जाती है। इसके लिए उसने 'होलोस्टिक-डायनमिक' थियरी ऑफ मोटीवेशन का नाम दिया। मास्लोव ने निम्न प्रमुख आवश्यकताओं का उद्धरण दिया। इनमें मनोवैज्ञानिक सुरक्षा, प्रेम, जुड़ाव की भावना, आवश्यकता की श्रेष्ठता एवं निजी वास्तविकता आदि सम्मिलित हैं। शारीरिक आवश्यकताओं में भोजन, जल, निद्रा एवं काम प्रमुख हैं। सुरक्षा, स्थिरता, संरक्षण, स्वतन्त्रता, भय, चिन्ता, अव्यवस्था, ढाँचा, क्रम, विधि, सीमा, पारिवारिक प्राथमिकता एवं धार्मिक संज्ञान आदि भी आवश्यकताएँ हैं।

मास्लोव ने स्पष्ट किया कि अव्यवस्था या अवमानना पर प्रतिक्रिया की प्रवृत्ति प्रत्येक मनुष्य में पायी जाती है। यूथाचारिता एवं प्रेम की भावना भी मौलिक है। यह मनुष्य एवं पशुओं में भी मिलती है। निजी वास्तविकता वह है, जिसमें व्यक्ति को पूर्ण आनन्द आता है। इसी प्रवृत्ति के कारण एक संगीतकार संगीत का निर्माण करता है तथा एक कलाकार कलाओं का सृजन करता है। मास्लोव के अनुसार वह सब हो सकता है, जिसे हम करना चाहते हैं। आवश्यकताओं की पूर्ति पूर्व की स्थितियों पर निर्भर हैं। शारीरिक आवश्यकताएँ—भोजन, जल, निद्रा एवं काम भी उपलब्धता पर निर्भर है। इसके अतिरिक्त अभिव्यक्ति की स्वतन्त्रता के साथ-साथ यह सीमा है कि हम अपने कथन से दूसरों को क्षति न पहुँचायें। मास्लोव के अनुसार संसार बेईमानी, संचार अवरोधन की भी स्थिति आवश्यकताजन्य है।

निजी वास्तविकता की इच्छा सम्बन्ध, उद्देश्य, अभिप्राय, मूल्य के आधार पर प्राथमिकता के क्रम में निर्धारित होते हैं जो हमें किसी चीज को समझने के लिए प्रेरित करते हैं। इसी दायरे में सौन्दर्यबोध की आवश्यकता भी आती है। इसी कारण कुछ व्यक्ति सुन्दर परिवेश के मध्य रहना चाहते हैं।

मास्लोव के अनुसार कुछ लोग प्रेम के पूर्व अति उत्कर्ष पर चले जाते हैं। कुछ मनोरोगियों में प्रेम का अभाव स्थायी रूप से व्यक्तित्व को क्षतिग्रस्त करता है। इसी प्रकार कुछ व्यक्ति

पेशे एवं सम्मान में पेशे को महत्त्व देते हैं तो कुछ सम्मान को, यह भी आवश्यकता, इच्छा एवं परिवेश पर निर्भर है।

इच्छा का उच्चता क्रम मुख्यतः परिवेश पर निर्भर करता है। उच्च सामाजिक स्थिति, उच्च मूल्य की स्थिति में व्यक्ति शहादत की या त्याग की प्रवृत्ति बढ़ती है। मास्लोंव के अनुसार विभिन्न अभिप्रेरणाओं के परिणामस्वरूप व्यक्ति के व्यवहार या व्यक्तित्व का निर्माण होता है। मनुष्य की प्रत्येक अभिव्यक्ति या व्यवहार के मूल में उक्त प्रकार की कोई-न-कोई आवश्यकता अवश्य होती है।[14] अभिप्रेरणा को निश्चित रूप से बाह्य परिवेश में देखना चाहिए जिसके कारण व्यक्ति विशेष प्रकार का व्यवहार अथवा प्रतिक्रिया करता है।[15]

12.1.3 अलगाव या प्रतिकूलन सिद्धान्त (Alienation Theory)

इस सिद्धान्त का विकास कार्ल मार्क्स (1818-83) ने किया। उसके अनुसार औद्योगिक उत्पादों के संगठनों में सकारात्मक एवं रचनात्मक कार्य, अन्य से सहयोग आदि के नाम पर लोगों की डकैती की जाती हैं। इस प्रकार की डकैती के द्वारा लोगों को अवसरों से वंचित किया जाता है। उन पर सहयोग के नाम पर नियन्त्रण भी रखते हैं। वर्तमान में अनुसन्धानकर्त्ताओं ने यह प्रश्न खड़ा किया है कि, क्या वर्तमान में जनमाध्यमों द्वारा अपने कर्मियों में अलगाव या प्रतिकूलन उत्पन्न किया जाता है। यह विचार लेविस कूजर ने 'मेन ऑफ आइडियाज' (Leuis Couser in Men of Ideas) (1965) में व्यक्त किये। कूजर ने स्पष्ट किया कि जन माध्यमों के संगठनों में विद्यमान औद्योगिक उत्पादन प्रवृत्ति व्यक्तिगत उत्पादों या गुणों एवं प्रजननात्मकता की उपेक्षा जन-संस्कृति की खोज में की जाती है। इसका परिणाम हमें प्रतिकूलन के रूप में दिखायी पड़ता है।

इस सन्दर्भ का प्रायोगिक पक्ष अति व्यापक है। इसे समाज-मनोवैज्ञानिक स्थिति के रूप में देख सकते हैं, जिसका प्रभाव कुछ लोगों पर है। विलियम कोर्नहौसर ने 'दी पोलिटिक्स ऑफ मास सोसाइटी (William Kornhauser in The Politics of Mass Society) (1959) में बताया कि समाज में विद्यमान समूहों तथा समुदायों में निरन्तर ह्रास हो रहा है। इसी के साथ परिवार में विलगाव या विक्षोभ की स्थिति आधुनिक समाज में व्याप्त है। ऐसी स्थिति में आतंकवादी राजनीतिक संगठनों की अपील या आवाहन का प्रभाव पड़ने की सम्भावना बढ़ती है। इस कारण असंगतता के लिए जिम्मेदार प्रमुख चरों में व्यक्ति की सूचना ग्रहणशीलता की प्रवृत्ति या विभिन्न प्रकार की सूचनाएँ प्रमुख हैं।[16]

दार्शनिक दुर्खीम (1858-1917) (Emile Durkheim) ने सर्वप्रथम मानक विहीनता के सन्दर्भ को समाजशास्त्र में प्रस्तुत किया। उसके अनुसार इस प्रकार मानक विहीनता की स्थिति में व्यक्ति यह महसूस करता है कि व्यवहारों के नियन्त्रण के लिए कोई सामाजिक नियम नहीं है। उससे जुड़े मूल्य तथा नियम अनारक्षित, विरोधी एवं भ्रमयुक्त हैं। यह असंगतता उस समय स्पष्ट होती या दिखायी पड़ी है, जबकि दूसरों के सीमित सम्पर्क में आता है। दुर्खीम इसके लिए सामाजिक परिवर्तन, उभार तथा टूटन आदि तत्त्वों को जिम्मेदार मानता है। साथ ही उसने स्वीकार किया कि अनेक समकालिक कारक इसके लिए स्थायी रूप से औद्योगिक समाज में जिम्मेदार हैं।

जन समाज की अवधारणा के सिद्धान्तवादियों के अनुसार मानक विहीनता या असंगतता से पीड़ित लोग जनसंचार माध्यमों से प्रभावित होते हैं। इस कोटि के अवलोकनकर्त्ताओं ने स्पष्ट

किया कि इस श्रेणी में जो व्यवहार आते हैं वे वास्तव में उप-संस्कृति के अंग थे। इसकी यह भी विशेषता है कि असंगतता का शिकार व्यक्ति आशान्वित होने के साथ-साथ निरन्तर प्रतिक्रिया भी व्यक्त करता है। कुछ स्थिति में व्यक्ति इसके लिए आन्दोलन का भी रास्ता अपनाता है। कभी-कभी यह असन्तोष के रूप में भी सामने आता है। इस प्रकार असन्तुष्ट एवं दमित इच्छाएँ ही मुख्य रूप से विज्ञापित या प्रदर्शित होती हैं। यही वैकल्पिक इच्छा के रूप में आधुनिक पूँजीवादी समाज में दिखायी पड़ती है। यह भाव निर्माण अथवा भाव जनमाध्यमों की स्थिति या प्रक्रिया द्वारा और भी बढ़ता है। इस कारण यह प्रश्न स्वाभाविक है कि जनमाध्यम एवं विशेष रूप से विज्ञापन का योगदान असंगतता बढ़ाने में हैं। असंगतता एक प्रकार से सामाजिक अवरोधक है। यह हमें आत्महत्या, मानसिक बीमारी, अपराध, मद्यपान, नशाखोरी आदि के रूप में दिखायी पड़ती है।[17]

ऊपर उद्धृत जन समाज की संकल्पना पश्चिमी समाज के सन्दर्भ में किया जाता है। यह सन्दर्भ विशेष रूप से अमेरिकी समाज के लिए प्रयुक्त किया जाता है। इसके अन्तर्गत लोगों के व्यवहार, विचार तथा तौर-तरीकों में एकरूपता सम्मिलित होती है। जन समाज की केन्द्रीय प्रवृत्ति एवं सामाजिक संगठनों का प्रभाव व्यक्तिगत स्वतन्त्रता, व्यक्तियों के सम्बन्ध, समुदाय एवं समाज पर होता है।[18]

जन समाज की चर्चा के साथ फ्रैंकफुर्त स्कूल (Frankfurt School of Theorists) के सिद्धान्तविदों की भी चर्चा आवश्यक है। इस स्कूल की स्थापना 1923 में की गयी थी। यह संस्थान युवा मार्क्सवादी विचारकों का मिलनस्थल था। इसमें थिओडोर अडोर्नो, हबर्ट मर्क्यूस होर्खीमर प्रमुख थे। इस स्कूल के सदस्यों ने अपनी विचारधारा को मुख्यतः आगे रखते हुए विचारों की मुख्य भूमिका जनसंचार में स्वीकार किया। हिटलर के सत्ता में आने के उपरान्त इस स्कूल का स्थानान्तरण न्यूयार्क में किया गया और 1942 तक कोलम्बिया विश्वविद्यालय के समाजशास्त्र विभाग से सम्बद्ध रहा। 1949 में होर्खीगर ने इसे फ्रैंकफुर्त (जर्मनी) में स्थापित कर नेतृत्व किया तथा मार्क्यूस अमेरिका में ही बसे रहे। मार्क्यूस ने 1968 में अपनी पुस्तक 'वन डाइमेन्शनल मैन' में उद्धृत किया कि पूँजीवाद में विकसित समाज में अपनी पूर्ण शक्ति को प्रमाणित तथा स्पष्ट किया है। इसमें उन्होंने स्पष्ट किया पूँजीवादी वस्तु उत्पादन प्रक्रिया के द्वारा अपनी सफलता को स्पष्ट करने के साथ-साथ आलोचनात्मक प्रक्रिया को समाप्त कर दिया है। इस प्रकार पूँजीवाद ने एक प्रकार की मिथ्या चेतना पैदा किया है। इसके कारण एक आयामी चिन्तन व्यवहार पैदा होता है। इसके कारण सार्वभौम विचार, इच्छा एवं उद्देश्य की प्रक्रिया घटी है।

फ्रैंकफुर्त स्कूल का विश्वास था कि—संस्कृति—परम्परागत रूप में पूँजीवादी मान्यता को बढ़ाती है, जो कई तरीकों से इसके लिए क्षमतायुक्त तथा विनाशक भी होती है। यह कार्य जनसंचार माध्यमों द्वारा भी किया जाता है। जनमाध्यम शास्त्रीय कला को लोकसुलभ बनाते हैं परन्तु जनमाध्यमों द्वारा इन्हें ग्रहण करने की प्रक्रिया में इसके विरोधी मूल्यों एवं मान्यताओं को भी स्थान मिलता है। इस प्रकार प्रतिकूलन की प्रक्रिया बढ़ती है।[19]

उक्त के उपरान्त सांस्कृतिक संवर्धन सिद्धान्त का भी विवेचन इस सन्दर्भ में आवश्यक है। अमेरिकी संचार विशेषज्ञ जार्ज गबनर ने स्पष्ट किया कि किस प्रकार संचार माध्यमों का जुड़ाव संस्कृति से होता है। साथ ही यह किस प्रकार विकसित तथा सुस्पष्ट होता है। जन माध्यम

एक संस्कृति में आचार, व्यवहार एवं मूल्य को सम्बोधित करते हैं। जैसे श्रोता एक समय में एक व्यवहार को नकारता है तो उसी समय दूसरे व्यवहार को सहन करता अथवा संवर्द्धित करता है। गबनर के अनुसार टी. बी. हिंसा का चित्रण करता है तथा वह विचारों के साथ-साथ वास्तविक हिंसा को भी प्रस्तुत करता है। उन्होंने स्पष्ट किया कि इस प्रकार असंगतता की प्रक्रिया श्रोताओं में भी चलती रहती है।[20]

इस सन्दर्भ में सांस्कृतिक उपकरण की भी चर्चा आवश्यक है। इस सिद्धान्त का प्रतिपादन सी. राइट मिल्स ने 'पावर पोलिटिक्स एण्ड पीपुल', 1963 (C. Wright Mills in Power Politics and People) में किया। उन्होंने कहा कि सांस्कृतिक उपकरण दर्पण है, जिसके द्वारा मनुष्य देखता है। इसी माध्यम के द्वारा देखी गयी छवि के अनुरूप मनुष्य सन्दर्भों का विश्लेषण एवं व्याख्या करता है। इसमें सभी संगठनों एवं वातावरण का समन्वय होता है। इसी के अन्तर्गत विद्वान्, कलाकार एवं वैज्ञानिक कार्य करते हैं तथा इसी के माध्यम से कार्य की उपलब्धता का ज्ञान जनता एवं लोगों को होता है।

सांस्कृतिक उपकरण अनुभव एवं सामाजिक आवश्यकता को स्वरूपित करते हैं। इसी के साथ वे विश्वसनीयता के भी स्तर को स्थापित करते हैं। छवि, विचार निर्माण तथा संस्थात्मक नियमों का प्रयोग भी होता है। यह संस्कृति एवं सांस्कृतिक प्रतिष्ठा को भी स्थापित करते हैं तथा इसी के प्रकाश में निर्णय किये जाते हैं। राइट ने यह तर्क प्रस्तुत किया कि इसी के द्वारा सांस्कृतिक श्रमिक, कलाकार, बौद्धिक लोग संस्कृति से बँधे रहते हैं। यह प्रक्रिया प्रत्येक राष्ट्र में चलती है। इसका सम्बन्ध राष्ट्रीय प्राधिकारियों एवं राष्ट्रीयतावादी अफवाहों की इकाइयों से होता है। इस प्रकार संस्कृति एवं सत्ताधारी प्राधिकारी एक-दूसरे को आच्छादित करते हैं। इसी के आधार पर निर्णय एवं नीति निर्धारण होता है।[21] लेकिन जनमाध्यमों द्वारा सांस्कृतिक उपकरणों में भी परिवर्तन करने से एक असंगतता उत्पन्न होती है।

इस प्रकार अलगाव अथवा प्रतिकूलन का सिद्धान्त सामाजिक व्यवहार की सच्चाई है। जनमाध्यमों द्वारा यह प्रक्रिया वर्तमान समाज में निरन्तर अपनी यात्रा में है। इसी कारण बिखराव, अराजकता की प्रवृत्ति बढ़ रही है।

12.1.4 आत्म-अवधारणा का सिद्धान्त (Self-concept Theory)

पाश्चात्य में आत्म-अवधारणा का विवेचन भारतीय सन्दर्भों की तुलना में काफी सीमित रूप में किया गया है। पाश्चात्य विचारकों के अनुसार एक व्यक्ति की आत्मा का सम्बन्ध व्यक्ति के विचारों की समग्रता अथवा सम्पूर्णता से होता है। इसमें वह सभी तत्त्व समाहित होते हैं, जिसमें व्यक्ति के व्यक्तित्व, आचरण, शरीर, हाव-भाव, क्षमता, भावना, गुण एवं अन्य की अभिव्यक्ति होती है। आत्मा के स्वरूप को हम सामान्य रूप से स्वयं की छवि अथवा सम्मान से सम्बन्धित करते हैं। इस प्रकार आत्मा के प्रतिबिम्ब में हम स्वयं विद्यमान हैं। स्वयं का सम्मान एक मूल्यांकनपरक तत्त्व है, जिसे हम अपने विषय में महसूस करते हैं।

आत्मा के प्रतिबिम्ब को हम तीन भागों में विभक्त कर सकते हैं। स्व-आत्मा वह है—जैसे मैं हूँ की सोच, स्व-आत्मा वह है जिस रूप में दूसरे हमें देखते हैं। स्व-आत्मा को हम स्व की अभिव्यक्ति आदर्शात्मक छवि या स्थिति के रूप में भी देख सकते हैं। आत्मा की आदर्शात्मक छवि या स्थिति के रूप में भी देख सकते हैं। आत्मा की आदर्शात्मक एवं वास्तविक स्थिति में अन्तर है। आत्म सम्मान की स्थिति जीवन की सफलता या असफलता पर निर्भर है। आत्मा

के मूल स्वरूप की अभिव्यक्ति इस बात पर निर्भर है कि दूसरे उसके विषय में किस प्रकार की अवधारणा रखते हैं। पाल वाट्ज़लविक, जनेट हेल्मिक बीवन एवं डान डी जैक्सन ने 'प्रेगमेटिक्स ऑफ ह्यूमन कम्युनीकेशन : ए स्टडी ऑफ इण्टरैक्शनल पैटर्न्स, पैथालांजीज एण्ड पैराडाक्सेज', 1967 में (Paul Watzlawick, Janet Helmick Beavin and Don D. Jackson in Pragmatics of Human Communication: A Study of Interactional Patterns, Pathologies and Paradoxes) इसके तीन तरीकों को स्पष्ट किया। इसमें पुष्टि, अस्वीकृति एवं अपुष्टि सम्मिलित है। पुष्टि वह है जब दूसरे हमारी प्रक्रिया एवं विचारों से सहमत होते हैं। अस्वीकृति वह है जब दूसरे हमारे विचारों से असहमत होते हैं। अपुष्टि वह है जब दूसरे हमारे विचारों को पुष्ट या व्यक्त करने में असफल होते हैं अथवा दूसरे हमारे विचारों पर तटस्थ होते हैं।[22]

अन्तर्वैयक्तिक संचार में आत्मा की भूमिका विचारों के निर्माण एवं दूसरों के विचारों पर फीडबैक के लिए महत्त्वपूर्ण होती है। इसकी भूमिका दूसरों से प्राप्त सन्दशों के मूल्यांकन एवं समझने में भी महत्त्वपूर्ण होती है। कार्य के निर्णय में भी इसकी भूमिका महत्त्वूपर्ण होती है। बाह्य परिवेश को जिस रूप में इसके द्वारा देखा जाता है, उसी के अनुरूप उसका सम्प्रेषण या अभिव्यक्ति भी होती है। यह आत्मसम्मान एवं आत्मचेतना को बढ़ाती है। इसी कारण शर्मीले व्यक्ति कुशलतापूर्वक प्रभावी सम्प्रेषण नहीं कर पाते हैं। आत्म-अवधारणा एक स्थिर तत्त्व नहीं, इसमें समय, विषय और स्थिति आदि के अनुरूप परिवर्तन आते हैं।[23]

उक्त से स्पष्ट है कि आत्म-अवधारणा या व्यक्ति की सोच, चिन्तन में परिवर्तन आते हैं। आत्म-अवधारणा मुख्य रूप से चिन्तन, अनुभव, निश्चयात्मक सम्प्रेषण, विश्वास, व्यवहार, स्थिति, स्पष्ट निश्चय, ईमानदारी, स्पष्टता आदि बिन्दुओं से युक्त है। इन्हीं के द्वारा आत्म-अवधारणा का बोध या प्रतिबिम्बन होता है। इसी के आधार पर आवश्यकता एवं अधिकारों का निश्चय होता है। इसी के कारण व्यक्तियों में निश्चयात्मकता की स्थिति में भिन्नता होती है। इसी के द्वारा अन्तर्वैयक्तिक संचार की भी प्रक्रिया सम्पादित होती है।[24]

12.1.5 आरोपण का सिद्धान्त (Attribution Theory)

इस सिद्धान्त का सम्बन्ध मनोवैज्ञानिक प्रक्रिया से है, जिसके द्वारा व्यक्ति उद्देश्यों को व्यवहार में आरोपित करता है। यह आरोपण, मनोवृत्ति के अनुरूप-व्यवहार या व्यक्तित्व एवं आचार-विचार में होता है। उदाहरण के लिए जैसे हम किसी व्यक्ति को उसकी आलसी प्रवृत्ति के कारण रोजगार करने की असफलता को आरोपित करना आर्थिक कारक को बताना आदि। अर्नेस्ट आर. हिलगार्ड, रिचर्ड सी. हिलगार्ड एवं रिटा एल. हिलगार्ड ने 'इण्ट्रोडक्शन टू साइकोलॉजी, 1975 (Ernest R, Hilgard, Richard C. Hilgard and Rita L. Hilgard in Introduction to Psychology) में उद्धृत किया कि मनोवृत्ति के कारक प्रभाव को हम दूसरों के व्यवहार में अधिक देखते हैं तथा इसे हम स्थितिजन्य कारक के रूप में आँकते हैं। उन्होंने कहा कि मनोवृत्ति के आरोप को बदलना काफी कठिन है। इसके द्वारा पूर्वाग्रहों एवं रूढ़ियों के विश्लेषण में मदद मिल सकती है।[25]

उन लोगों ने कहा कि पूर्वाग्रह वह आचार या व्यवहार है, जो कि निश्चित रहता है। यह न तो तर्कपूर्ण होता है और न खुला तथा न तो यह परिवर्तित ही होता है। यह आचार-व्यवहार व्यक्ति के विचार, उद्देश्य एवं स्थिति को निर्देशित करता है। इसी कारण व्यक्ति की दृष्टि सकारात्मक अथवा नकारात्मक होती है। यह सकारात्मक रूप में अन्य को निर्देशित करने की

स्थिति में काफी महत्त्वपूर्ण हो जाती है। नकारात्मक उद्देश्य एवं पूर्वाग्रह समूह को पूर्वाग्रह में सम्मिलित किया जाता है।[26]

आरोपण की प्रक्रिया में कभी-कभी असंगति भी दिखायी पड़ती है। यह असंगतता विचलन के रूप में झलकती है। एक स्वीकृत सामाजिक व्यवहार से भिन्न जब दूसरा व्यवहार, जो कि अस्वीकृत होता है तो उस अवस्था में इस अस्वीकृत सामाजिक व्यवहार को हम विचलन या पथभ्रष्ट की संज्ञा देते हैं। यह एक प्रकार का आरोपण ही है। क्योंकि पथभ्रष्ट या विचलन को नकारते हुए उस पर स्वीकृत सिद्धान्त का आरोपण ही उद्देश्य होता है। यह विचलन समाज में किसी भी समय विद्यमान व्यवहारों एवं मान्यताओं से होता है। उसी के आधार पर विचलन का निर्धारण होता है। समाज अथवा समूह में विद्यमान शक्तिशाली समूह ही यह निश्चित करता है कि कौन और क्यों कोई व्यवहार विचलन की श्रेणी का है। इसका सम्बन्ध समाज की सामान्य धारणा से होता है। जनमाध्यम की भूमिका विचलनयुक्त व्यवहारों के सम्बन्ध में आवश्यक है। जनमाध्यम प्रायः पथभ्रष्ट व्यवहार को नकारते हैं एवं वे मूल्यपरक व्यवहार को प्राथमिकता देते हैं। जनमाध्यमों द्वारा यह तर्क-वितर्क किया जाता है कि किसी व्यवहार में विचलन है अथवा नहीं?

अनेक अध्ययनों में जनमाध्यमों द्वारा हो रहे विचलन के स्वरूप आदि का विस्तारपूर्वक वर्णन है। लेस्ली वाट्किन्स ने सर्वप्रथम सम सोसिओलांजिकल फैक्टर्स इन ड्रग, एडिक्शन कण्ट्रोल 1965 (Leslie Watkinsin Some Sociological Factors in Drug Addiction Control) में विचलन विस्तार की अवधारणा को कुछ समाजवैज्ञानिक कारक के रूप में नशाखोरी नियन्त्रण के रूप में पाया। उन्होंने कहा कि समाज विचलन पर प्रतिक्रिया व्यक्त करने के साथ-साथ उसे निर्धारित भी करता है। विचलन की स्वीकृति या आरोपण सामान्य समाज में नहीं होता है। यह प्रतिबन्धित व्यवहार होता है। इसके विरुद्ध प्रबल जन प्रतिक्रिया की स्थिति में होता है। इसमें प्रायः विचलन की प्रवृत्ति और भी बढ़ती है। इसी के साथ-साथ सामाजिक नियन्त्रण भी बढ़ता है। इसमें जनमाध्यमों की भूमिका प्रमुख होती है।[27]

जनमाध्यम समाज में उत्पन्न नये विचलनों के प्रति लोगों को जागरूक करते हैं। इसके कारण पुलिस एवं न्यायालय पर दबाव बढ़ता है कि वे समस्या का समाधान करें। जनमाध्यमों की भूमिका सभी समूहों की सामान्य सूचना के लिए महत्त्वपूर्ण होती है। जनमाध्यमों द्वारा वस्तुस्थिति के चित्रण के द्वारा व्यवहारों में उत्पन्न दृढ़ता तथा संवेदना विचलन के उन्मूलन में सहयोगी होती है।[28]

रूढ़ि चाहे व्यक्ति की हो या समूह की पर उसी के अनुरूप व्यवहार अथवा घटनाक्रम में वह वास्तव में कबूतर के घोंसले की भाँति सीमित होती है। इसमें न्यून परिवर्तन भी सम्भव नहीं होता। यह विस्तारयुक्त होने के साथ-साथ परस्पर भिन्न प्रकृति की होती है। इसका अभिप्राय एवं प्रकृति पूर्वाग्रहयुक्त होती है। इसे हम पढ़, सुन एवं जान सकते हैं अथवा जनमाध्यमों द्वारा इनकी प्रस्तुति भी हो सकती है।[29] यह भी (रूढ़ि) में नहीं होता।

12.1.6 आवर्तन सिद्धान्त (Periodicity Theory)

इसे हम नियतकालिक, मियादी अथवा आवर्तन सिद्धान्त के रूप में जानते हैं। इसके अन्तर्गत समय की मापनी अनुसूची में समाचार के संगठनों या समूहों की कार्यप्रक्रिया का निर्धारण किया जाता है। जैसे दैनिक समाचार-पत्र के 24 घण्टे की मियाद या समय के मानक

का निर्धारण समाचार से जुड़े संगठनों के लिए महत्त्वपूर्ण होता है। इसी के अनुरूप वे समाचार एवं समाचार के शीर्षकों का निर्माण करते हैं।[30] ग्राहम मुर्डाक ने 'पोलिटिकल डेविएन्स: दी प्रेस प्रेजण्टेशन ऑफ ए मिलिटेण्ट मास डिमान्स्ट्रेशन (Graham Murdock in Political Deviance: The Presentation of a militant mass demonstration) 1973 में उल्लेख किया कि घटनाप्रधान दैनिक समाचार-पत्र उसी घटना को व्यक्त करते अथवा उद्धृत करते हैं जिन सूचनाओं अथवा घटनाओं का निर्माण अथवा अस्तित्व, घटना 24 घण्टे के अन्दर घटती है। इसी प्रकार 24 घण्टे की घटनाओं को सम्प्रेषित करने का क्रम दैनिक समाचार-पत्र निरन्तर चलाते हैं। परन्तु आकस्मिक एवं महत्त्वपूर्ण घटनाएँ ही 24 घण्टे की अवधि के उपरान्त भी जीवित रहती हैं। इस कोटि में हत्या, पुलिस संघर्ष, राजनीतिज्ञों के वक्तव्य आदि सम्मिलित हैं। यह प्रक्रिया नये समाचारों के जन्म के साथ बदलती है। आकस्मिक एवं नाटकीय समाचारों की तुलना में सामान्य समाचारों का जीवन मात्र 24 घण्टे का ही होता है। परन्तु प्रभावी समाचार लम्बी अवधि तक जनमाध्यमों में जीवित रहते हैं।[31]

12.1.7 निषिद्ध कर्म सिद्धान्त (Theory of Taboo)

निषिद्ध कर्म या शब्द (Taboo) सभी समाज एवं सामाजिक समूहों में किसी-न-किसी रूप में पाये जाते हैं। इस प्रकार के व्यवहारों में परस्पर भिन्नता होती है। व्यक्ति निषिद्ध व्यवहारों को समूह व्यवहार के मानक संकेत के रूप में स्वीकार करता है।[32]

पश्चिम में इसके लिए भिन्न-भिन्न शब्द प्रयुक्त होते हैं। कुछ शब्द समान होते हैं पर प्रत्येक समूह में उनके अर्थ भिन्न-भिन्न होते हैं। इसे 'ओ कलकत्ता' (Oh! Calcutta) के रूप में जाना जाता है। यह फ्रांसीसी भाषा में संगीत की ध्वनि के लिए प्रयुक्त होता है। केन्नेथ टेनेन 1970 ने छिद्रान्वेषण में इसे अधिक असन्तोषप्रद माना। हेलेड (Hailed) 1969, न्यूयार्क ने अनियन्त्रित, नग्नता एवं कामुकता का प्रदर्शन तथा अश्लील साहित्य को 'ओ कलकत्ता' नाम से सम्बोधित किया। उस समय एक नाटिका में एक अमेरिकी औरत बेतुकी हरकत करती है। इस प्रदर्शन पर न्यायालय में विवेचन का निर्णय सरकार ने किया, परन्तु धार्मिक संगठनों ने विरोध किया।[33] इससे स्पष्ट है कि निषिद्ध व्यवहार के सम्बन्ध में विभिन्न समूहों के दृष्टिकोण परस्पर भिन्न होते हैं।

आधुनिक समाज में निषिद्धता कुछ व्यवहार, कुछ भाषा एवं कुछ संवाद तक सीमित हैं। निषिद्धता का नियन्त्रण उस पर होता है जो मौखिक या अमौखिक रूप में न सम्प्रेषित किया जाय। निषिद्ध व्यवहार शब्द का प्रयोग कैप्टन जेम्स कुक (Captain James Cook) 1728-29 ने सर्वप्रथम किया।

सेन्सर व्यवस्था (Censorship) प्रारम्भिक काल में घटना के पूर्व तथा दण्डात्मक व्यवस्था घटना के बाद होती थी। दण्ड दूसरों को चेतावनी के रूप में होता था। सेन्सर व्यवस्था ऐसी कटौती है, जिसे प्राधिकारी मान्यता देते हैं तथा इसका उद्देश्य-विश्वास, अभिव्यक्ति, आन्दोलन, संघ, सूचना एवं मूल्यांकन की स्वतन्त्रता से सम्बद्ध होता है। सेन्सर व्यवस्था का सबसे अधिक प्रचलित रूप स्वयं के द्वारा सेन्सर का अनुपालन है। किसी विचार को इस कारण हम व्यक्त नहीं करते क्योंकि बाह्य सेन्सर नियम का खतरा रहता है। इसके अतिरिक्त संगठन, संख्या एवं दबाव समूहों के कारण भी सेन्सर पालन किया जाता है। इस प्रकार, सेन्सर व्यवस्था विलोपीकरण, परिहार अथवा उन्मूलन के रूप में है।

प्रत्येक समाज में सेन्सर के साथ-साथ अभिव्यक्ति की भी स्वतन्त्रता किसी-न-किसी रूप में होती है। ब्रिटेन में अवमानना कानून के द्वारा किसी भी व्यक्ति की रक्षा ऐसे सम्प्रेषण से की जाती है, जिसके द्वारा समुदाय में व्यक्ति की छवि खराब या नष्ट होती है। यह व्यवस्था बच्चों के लिए होनेवाले सम्प्रेषण के सन्दर्भ में भी लागू होती है।[34]

सेन्सर व्यवस्था आम सहमति पर आधारित होने के साथ-साथ विशाल वैधानिक प्रक्रिया पर भी आधारित होती है। ब्रिटेन में कार्यालयीन गोपनीयता अधिनियम (1931-39) वैधानिक सेन्सर का मुख्य आधार है। इस अधिनियम के द्वारा कार्यालयों की ऐसी सामग्री एवं सूचना तथा अभिलेखों के प्रकाशन पर रोक है, जो राज्य व्यवस्था के लिए खतरनाक हों। इसके अन्तर्गत राजकीय सैन्य सूचना शत्रु को देना तथा प्रधानमन्त्री कार्यालय की भी गतिविधि को संरक्षित किया गया है। कर्मचारी राजकीय सेवा में आने के साथ-साथ कार्यालयीन सूचना की गोपनीयता बनाये रखने के प्रपत्र पर हस्ताक्षर करते हैं।[35]

राज्य सामान्य हितों का रक्षक होता है तथा वह इसी व्यापकता की दिशा में विधि निर्माण करता है। 1936 के लोक व्यवस्था अधिनियम के द्वारा ब्रिटेन में व्यवहार कथन आदि को व्यक्त करने का नियम बनाया गया है। यदि कोई चेतावनी, अपमान या शान्ति को नष्ट करनेवाला शब्द कहता है तो उसे दण्डात्मक अपराध माना जाता है। सामान्य विधि, सम्प्रभुता, सरकार एवं इसकी संस्थाओं का व्यक्ति एवं समूहों से रक्षा करता है। इसके लिए ब्रिटेन में 1934 एवं 1964 में अधिनियम बने। सेन्सर एक प्रतिरक्षात्मक प्रक्रिया है जो अभिव्यक्ति से सम्बद्ध है। अवमानना अथवा सेन्सर सम्बन्धी नियम पश्चिम में चर्च के विपरीत सम्प्रेषण पर भी लागू होते हैं। यह प्रचलित नियम एवं विधि की शक्ति प्रयोग से सम्बद्ध है।

अश्लीलता सम्बन्धी व्यवहार के अस्तित्व में आने पर विधि निर्माताओं ने इसे रोकने के प्रयास के रूप में सेन्सर का विकास किया। 17वीं शताब्दी में पश्चिम में कुछ व्यवहारों को विधि के द्वारा दण्डनीय बनाया गया। जो तथ्य अथवा सूचनाएँ व्यक्ति एवं व्यक्ति के चरित्र को भ्रष्ट करती हों ऐसी चीजें एवं सूचनाएँ वैधानिक सेन्सर के अन्तर्गत लायी गयीं। क्या अश्लील है? क्या अवमाननाजनक है? क्या चरित्र भ्रष्ट करनेवाला है? तथा क्या भ्रष्ट बनाने वाला है? यह प्रमाणित करना अधिक कठिन था। ब्रिटेन में इस समस्या के निराकरण के लिए विलियम समिति का गठन किया गया, जिसने अश्लीलता एवं फिल्म सेन्सर पर 1979 में अपनी रिपोर्ट दिया। इस रिपोर्ट से यह समस्या कम हुई तथा इसने ब्रिटेन में सेन्सर के सामान्य कारकों को सुझाया।

सेन्सर व्यवस्था के अन्तर्गत उस व्यवहार एवं अभिव्यक्ति को सम्मिलित किया गया जो खतरनाक मूल्य एवं समान परम्परा के विरुद्ध हों। ब्रिटेन के पवित्र पहनावे, राजा, राजतन्त्र, चर्च, राष्ट्रीयता, परिवार, सुरक्षा, पवित्र प्रतीक विधि एवं प्रशासन व्यवस्था आदि के विरुद्ध कार्यवाही को सेन्सर में सम्मिलित किया। सेन्सर ऐसा हथियार था, जिसके द्वारा सामाजिक एवं राजनीतिक रक्षा के साथ-साथ स्थिरता को ध्यान में रखा गया था।

सेन्सर के द्वारा वैधानिक गतिविधियों को मान्य करने के साथ-साथ परोक्ष सेन्सर व्यवस्था भी लागू की गयी थी। दैनिक गतिविधियों को सेन्सर व्यवस्था द्वारा नियन्त्रित करना कठिन था। इसी कारण सेन्सर के लिए जिम्मेदार व्यक्ति एवं उद्देश्य आदि को भी स्पष्ट किया गया।[36]

सेन्सर से जुड़ा एकान्तता का भी मुद्दा है। यह 1980 के दशक में पश्चिम में प्रभावी रूप से उभरा। इसके अन्तर्गत व्यक्ति एवं उसके स्थान की गोपनीयता को महत्त्वपूर्ण माना गया। कम्प्यूटर के विकास के परिणामस्वरूप व्यक्ति से सम्बन्धित गोपनीय आँकड़े, जिनका जुड़ाव व्यक्ति से है, एक बटन के स्पर्श मात्र से प्राप्त करना सम्भव है। टेलीफोन के विकास के उपरान्त सूचना का टेप किया जाना भी सम्भव हुआ। इस प्रकार गुप्त सूचना का टेप करना भी सम्भव हो सका। बोडले हेड (Bodley Head) 1987 ने अपनी पुस्तक (Stranger on the Line : The Secret History of Phone Tapping) में स्पष्ट किया कि नागरिकों को सरकार एवं अन्य एजेन्सियों द्वारा घरेलू फोन आदि के टेप करने से संरक्षण चाहिए। उन्होंने स्पष्ट किया कि ब्रिटिश समाज में इन टेप यन्त्रों के विकास से सरकार द्वारा गुप्त निगरानी का रास्ता खुला है, जहाँ समाज में किसी के लिए कोई चीज गुप्त नहीं है। उन्होंने यह भी स्पष्ट किया कि कल्याणकारी राज्य व्यवस्था में 1980 से केन्द्रीय नियन्त्रण की प्रवृत्ति बढ़ी है। इसी के साथ अधिक-से-अधिक सूचना की भी माँग बढ़ी है।[37] इस प्रकार सेन्सर की सीमा एकान्तता भी है। इस प्रकार स्पष्ट है कि सेन्सर तथा निषिद्ध कर्म सिद्धान्त एक सार्वभौम सच्चाई है।

12.1.8 कार्यवाही विश्लेषण सिद्धान्त (Transaction Analysis Theory)

एरिक बर्ने (Eric Berne) ने इस सिद्धान्त को मूल रूप से मनोचिकित्सा अभिगम के रूप में विकसित किया। परन्तु वर्तमान समय में इस तकनीक या युक्ति का उपयोग अन्तर्वैयक्तिक संचार एवं सामाजिक कौशल के क्षेत्र में हो रहा है। इसका लक्ष्य अथवा उद्देश्य व्यक्ति के संज्ञान की वृद्धि एवं अपने तथा दूसरे के सम्प्रेषण का विस्तार करना है। इसमें सम्प्रेषण को प्रभावी रूप में करना अथवा अलग करना, ईमानदारी से करना अथवा सरकाना या बहाना आदि इसमें सम्मिलित हैं।

इसका विस्तृत विवरण, पाठकों को सही कार्य इस प्रकार सुझाये जाते हैं। इसमें कार्य सम्पादन, विश्लेषण एवं अनुसन्धान सम्मिलित हैं। अन्तर्वैयक्तिक सम्प्रेषण चाहे किसी भी रूप में हो वह वास्तव में संचार की अहंकार (Ego States) अवस्था को ही व्यक्त करता है।

इस सम्बन्ध में उपकल्पना इस प्रकार है—अर्थात् हम सभी कार्य अहंकार की तीन अवस्थाओं के अनुरूप करते हैं। इसे बर्ने ने माता-पिता या अभिभावक (Parent) वयस्क (Adult) एवं शिशु (Child) में विभक्त किया। यह विश्लेषण अभिलेखों में दर्ज आँकड़ों पर आधारित होता है, जो कि व्यक्ति के अतीत की वास्तविक घटनाओं से जुड़े होते हैं। इसमें समय, स्थान, वास्तविक निर्णय, अनुभूति आदि सम्मिलित होती है। प्रत्येक के अन्तःकरण में यह आवाज या घटना-क्रम विद्यमान होती है तथा दिखायी पड़ती है। हम इसी अहंकार की स्थिति के अनुरूप कार्य करते हैं। साथ ही हम इसी के अनुरूप परस्पर सम्पर्क कायम करते हैं।

माता-पिता अथवा अभिभावक अपने या अन्य प्राधिकारियों के प्रारम्भिक जीवन, उदाहरण एवं व्यवहार से प्रभावित होते हैं तथा उसी प्रकार के उदाहरण को प्रस्तुत करते हैं। इनका सम्बन्ध जिम्मेदारी तथा अपने-आप से होता है। यह एक मानक है, परन्तु यह सुरक्षात्मक हो सकता है।

हमारे अन्दर का वयस्क हमारा भाग होता है तथा इसका सम्बन्ध वास्तविकता से होता है।[38] यह सूचना को संगृहीत कर क्रमिक रूप से सोचता तथा समस्या का समाधान करता है। यह निष्कर्ष पर पहुँचता है। यह न्याय करता एवं निर्णय लेता है। वयस्क जीवन-दर्शन का विकास करता है। शिशु हमारी सबसे शक्तिशाली अवस्था है। इसमें हमारी अनुभूति, क्षमता, व्यवसाय,

पेशा, खेल तथा निर्माण आदि कार्य सम्मिलित हैं। यह जोखिम उठानेवाला भी होता है। यह विद्रोही तेवरयुक्त भी होता है।

कार्यवाही की प्रक्रिया में दो व्यक्तियों की मध्य में अन्तःक्रिया सम्मिलित होती है। इसमें दोनों व्यक्तियों के अहंकार की अवस्था का उद्दीपन होता है। कार्यवाही विश्लेषण में हम यह मूल्यांकन करते हैं कि व्यक्ति की अहंकार अवस्था क्या व्यक्त कर रही है। हम उस अवस्था को अपने तथा दूसरे की प्रवृत्ति के आधार पर भिन्न कर सकते हैं। इसमें हमारे शाब्दिक तथा अशाब्दिक दोनों प्रकार के भाव सम्मिलित होते हैं। कार्यवाही विश्लेषण का मुख्य मूल्य अथवा महत्त्व यह है कि इसके द्वारा संचार की बाधाओं को स्पष्ट करने में सहायता मिलती है।[39]

12.1.9 जनसंचार का खेल सिद्धान्त (Play Theory of Mass Communication)

विलियम स्टेफेन्सन (William Stephenson) ने अपनी पुस्तक (The Play Theory of Mass Communication) 1967 में जनसंचार माध्यमों के नकारात्मक प्रभाव के सिद्धान्त का खण्डन किया। उन्होंने स्पष्ट किया कि जनमाध्यम लोगों के मध्य खेल अनुभवों की भाँति प्रभावी है। स्टेफेन्सन ने स्पष्ट किया कि लोग सूचना एवं ज्ञान विकास की तुलना में अपने आनन्द या सुख के लिए समाचार-पत्र पढ़ते हैं। इसने इस प्रकार जनमाध्यम को एक आनन्द के समन्वयक के रूप में देखा। इस प्रकार स्टेफेन्सन ने माना कि जनमाध्यम आनन्द संचारित करते हैं। उनके अनुसार लोगों की आवश्यकता राष्ट्रीय संस्कृति से जुड़ी होती है तथा लोग इसी के विषय में बात भी करते हैं। इस प्रकार जनमाध्यम दो उद्देश्यों की पूर्ति करते हैं। इसका लक्ष्य होता है कि किस प्रकार अधिक-से-अधिक मात्रा में लोगों को अधिक-से-अधिक आनन्द सम्प्रेषित हो। इसका यह भी लक्ष्य होता है कि किस प्रकार व्यक्ति की स्वायत्तता तथा स्थिति की रक्षा सामाजिक नियन्त्रण में हो सके।[40]

स्टेफेन्सन एक व्यवहार विज्ञानवेत्ता था और उसने संचार के 'खेल सिद्धान्त' का निर्माण किया। इसके खेल का अभिप्राय कार्य से न होकर बस गतिविधि से है जिसमें श्रोता की प्रसन्नता या आनन्द निहित है। यह एक प्रकार की गतिविधि है जिसमें लक्ष्य प्राप्त करना, अच्छी अभिव्यक्ति, कार्य, विचार, प्रसन्नता तथा उद्देश्य सम्मिलित है। यह सामाजिक नियन्त्रण से भिन्न है। 'इसे हम आकर्षण की चयन प्रक्रिया' कह सकते हैं, जिसका सम्बन्ध अनेक विकल्पों में व्यक्ति द्वारा या आकर्षक तथा आनन्ददायक प्रक्रिया का चयन करना है।

स्टेफेन्सन के अनुसार व्यक्ति समाचार-पत्र सूचना की अपेक्षा अपने आनन्द, प्रसन्नता के लिए पढ़ता है। उसने इस सन्दर्भ में तथ्य संग्रह किया कि व्यक्ति क्या जानना चाहते हैं। व्यक्ति फुटबाल इत्यादि खेल देखने जाते हैं फिर भी समाचार-पत्र में उस खेल के विषय में पढ़ते हैं। व्यक्ति सर्वप्रथम समाचार-पत्र से वही समाचार पढ़ते हैं जिससे वे सम्बन्धित रहते हैं तथा जिसके विषय में वे पूर्ण रूप से अवगत होते हैं। इसके पश्चात् शेष पढ़ते हैं। इस प्रकार समाचार-पत्र का पढ़ना एक खेल है जिसमें कि पाठक अपनी पहचान कथावाचक या कहानीकार की भाँति प्रस्तुत करता है। इस प्रकार समाचार-पत्र का पढ़ना 'एक आकर्षक चयन प्रक्रिया' है, जो कि सामाजिक नियन्त्रण की अपेक्षा अधिक प्रभावी है। इसी प्रकार जनसंचार माध्यम, खेल, कला तथा नाट्यशाला इत्यादि आकर्षक चयन प्रक्रिया का अवसर देते हैं। संचार में आनन्द कार्य की अपेक्षा अधिक होता है। स्टेफेन्सन के अनुसार संचार माध्यम अपने श्रोता

के साथ अत्याचार नहीं करते वरन् श्रोता अपने आनन्द या प्रसन्नता से परे कुछ भी नहीं करता है। स्टेफेन्सन ने स्वीकार किया कि संचार माध्यम वर्तमान समय में घर, स्कूल, व गिरजाघर इत्यादि जगहों तक पहुँच चुके हैं, लेकिन राष्ट्रीय चरित्र, राष्ट्रीय चिन्तन, राष्ट्रीय एवं सामाजिक स्थितियों से सम्बद्ध है। संचार के आनन्द का अपना प्रभाव कुछ भी हो परन्तु इससे आत्म-सन्तुष्टि मिलती है।

इस प्रकार स्टेफेन्सन के अनुसार जनसंचार के दो प्रमुख उद्देश्य हैं।

(1) यह इंगित करता है कि किस प्रकार अच्छा एवं अधिक संचारिक आनन्द संचार में मिले एवं (2) यह भी प्रदर्शित करता है कि किस प्रकार व्यक्ति की स्वतन्त्रता की रक्षा अनेक सामाजिक नियन्त्रणों से की जा सके।[41]

खेल सिद्धान्त मुख्य रूप से श्रोता द्वारा सूचना के ग्रहण एवं व्यवहार प्रक्रिया पर आधारित है। श्रोता सूचना को इसलिए नहीं प्राप्त करता कि वह सूचना है वरन् वह उससे अपनी प्रसन्नता के लिए प्राप्त करता है और श्रोता अपने आकर्षण एवं प्रसन्नता के अनुरूप सूचनाओं से खेलता है। निष्कर्षस्वरूप हम कह सकते हैं कि इस सिद्धान्त का सम्बन्ध श्रोता द्वारा सन्देश प्राप्त करने की प्रक्रिया का निर्धारण है। श्रोता द्वारा सन्देश प्राप्ति के अनेक कारकों में से एक कारक आनन्द पर खेल सिद्धान्त आधारित है।

12.1.10 गतिक्रम या संवदेना सिद्धान्त (Kinetics Theory)

हाव-भाव, संकेत प्रदर्शन के द्वारा भी संचार होता है। यह भी संचार के अध्ययन का विषय है। ब्रिटेन के खुले विश्वविद्यालयों के संचार पाठ्यक्रम के ब्लाक-3 के यूनिट 7-10 में 1975 में काइनेटिक्स (गतिक्रम) सिद्धान्त को सम्मिलित किया गया। इसे पाँच शीर्षकों में रखा गया–(1) सूचना (संकेत एवं स्वागत आदि), (2) संचार निर्माता (सिर या शरीर की गति या हिलाने के द्वारा कहे संकेत पर बल देना) , (3) संवेदी स्थिति (अनुभूति बताना), (4) आत्म-अभिव्यक्ति (इसके द्वारा मनुष्य चलता या बैठता तथा अपने पर नियन्त्रण रखता है), (5) सम्बन्धों की अभिव्यक्ति (आचार, व्यवहार, जिसके द्वारा कोई अन्य के निकट जाता है, बाल झाड़ना, शरीर घुमाना, वस्त्र, स्पर्श आदि इसमें हैं)[42]

इस प्रकार गतिक्रम संचार को हम अशाब्दिक (Non-Verbal Communication) संचार की संज्ञा देते हैं। इसे हम शरीर की भाषा (Body Language) की भी संज्ञा देते हैं। मिचेल अर्गले (Michael Argyle) ने अपनी पुस्तक (Non-Verbal Communication in Human and Social Interaction), 1972 में 10 संकेतों को अशाब्दिक संचार में सम्मिलित किया। शरीर सम्पर्क, समीपता, दृष्टिकोण, दिखावा, सिर हिलाना, चेहरे की अभिव्यक्ति, हाव-भाव, मुद्रा, आँख की गति या दृष्टि सम्पर्क एवं पराभाषा को सम्मिलित किया। अशाब्दिक संचार यह व्यक्त करता है कि क्या हम व्यक्त करना चाहते हैं? तथा क्या हम दबाना चाहते हैं। जुड़ाव, कामुक आकर्षण, उग्रता, अस्वीकृति, सन्तुष्टि, प्रभाव, परिवर्तन, भय, दुःख, आनन्द आदि के अतिरिक्त कभी-कभी अन्य संकेतों का भी प्रयोग करते हैं। अशाब्दिक संचार की मात्रा, स्वरूप, प्रभाव आदि में भिन्नता राष्ट्र एवं व्यक्ति के मंच पर स्पष्ट रूप से दिखायी पड़ती हैं।[43] इस प्रकार स्पष्ट है कि गतिक्रम या संवेदना संचार वास्तव में सभी संचारों का आधार एवं प्रमुख है। इसका प्रयोग हम कभी-कभी लोगों के मध्य स्थित किसी व्यक्ति-विशेष तक विशेष सूचना देने के लिए भी करते हैं। इस प्रकार गतिक्रम संचार का व्यापक अध्ययन आवश्यक है।

12.1.11. प्रेस के चार सिद्धान्त (Four Theories of the Press)

जनसंचार के अध्येता सदा बात को जानने का प्रयास करते हैं कि सामाजिक एवं राजनीतिक व्यवस्था का स्वरूप क्या है? तथा उसके द्वारा किस प्रकार परिवर्तन किया जा रहा है। क्योंकि जिस सामाजिक अथवा राजनीतिक ढाँचे में व्यक्ति एवं संस्थाएँ रहती हैं, उसी ढाँचे की सीमा में जनमाध्यम भी कार्य करते हैं। इस सन्दर्भ मैं फ्रैडरिक सिबर्ट, थिओडोर पेटरसन एवं विलबर श्रेम (Frederick Siebert, Theodore Peterson and Wilbur-Schramm) ने अपनी पुस्तक (Four Theories of the Press) 1956 में व्यापक विश्लेषण प्रस्तुत किया। इस विश्लेषण के अनुसार जनमाध्यम वास्तव में दो मानक दर्शनों–

(1) प्रभुत्ववाद (Authoritarianism), (2) उदात्तवाद (Libertarianism) के अन्तर्गत व्यापक रूप से संचालित होते हैं। विलबर श्रेम एवं साथियों के अनुसार इनकी दो उपशाखाएँ भी हैं जिसे हम–(1) सोवियत सर्वाधिकारवाद या साम्यवादी, (Soviet Totalitarianism or Communism), (2) सामाजिक दायित्व (Social Responsibility) के रूप में जानते हैं।[44] इस प्रकार जनमाध्यमों के संचालन के विभिन्न सिद्धान्तों में मुख्य प्रवृत्ति हैं–जनमाध्यमों पर नियन्त्रण एवं जनमाध्यमों की स्वतन्त्रता इसी के आधार पर हमें व्यवस्था एवं जनमाध्यमों के संचालन की प्रवृत्ति का अध्ययन करना है।

वास्तव में व्यक्ति अथवा राष्ट्र की प्रवृत्ति या तो प्रभुत्व अथवा अधिनायकवादी होती है, अथवा उदारवादी। पूरे विश्व समाज में निश्चित नियम एवं मानक व्यवहार होते हैं। कुछ खुले समाजों में नियन्त्रण कम होता है, जबकि कुछ समाजों में नियन्त्रण अधिक होता है। वास्तव में जनमाध्यम वही व्यक्त करते हैं, जो सूचना, मनोरंजन एवं समाचार समाज में ग्राह्य हों। इस प्रकार स्पष्ट है कि पूरे विश्व में जनमाध्यमों की व्यवस्था परस्पर भिन्न है। यह भिन्नता वहाँ के समाज में व्याप्त भिन्नता के कारण है। यही नहीं एक राष्ट्र की संचार व्यवस्था में भी नियन्त्रण, परिवर्तन एवं सन्तुलन के अनेक कारक कार्य करते हैं। इन्हीं के आधार पर ढाँचा संचालित होता है।[45]

विलबर श्रेम और साथियों ने मुख्य रूप से चार प्रकार की प्रेस व्यवस्था अथवा जनमाध्यम व्यवस्था का वर्णन किया है। उनकी यह व्याख्या चार प्रकार की समाज या शासन व्यवस्था से जुड़ी है। इन्हीं चार प्रकार की राजनीतिक व्यवस्था के मध्य उन्होंने प्रेस व्यवस्था का उल्लेख किया है। विलबर श्रेम एवं साथियों के सिद्धान्त का नाम भले ही प्रेस के चार सिद्धान्त हैं परन्तु उन्होंने जनमाध्यमों के सिद्धान्तो का वर्णन किया है। इस प्रकार उन्होंने यह प्रयास किया है कि राजनीतिक व्यवस्था किस प्रकार जनमाध्यमों की व्यवस्था को नियन्त्रित तथा निर्देशित करती है? इनका अध्ययन इस दृष्टि से काफी महत्त्वपूर्ण है, क्योंकि अरस्तू के बाद सम्भवतः प्रथम बार राजनीतिक व्यवस्थाओं के समान्यीकरण के आधार पर यह अध्ययन आधारित है। इस अध्ययन में विश्व की सभी राजनीतिक व्यवस्थाओं को चार सामान्यीकृत वर्गों में विभक्त कर, उन्हीं चार राजनीतिक वर्गों में जनमाध्यमों को भी सम्मिलित किया गया है। यह भी एक सच्चाई है, क्योंकि किसी राष्ट्र की राजनीतिक व्यवस्था से भिन्न जनमाध्यमों की व्यवस्था नहीं हो सकती है। इस प्रकार जनमाध्यम व्यवस्था वास्तव में राजनीतिक व्यवस्था की अनुगामी है। अब श्रेम एवं साथियों द्वारा वर्णित प्रेस के चार सिद्धान्त अर्थात् (1) प्रभुत्ववादी सिद्धान्त (Authoritarian Theory), (2) उदात्तवादी सिद्धान्त (Libertarian Theory), (3) साम्यवादी

सिद्धान्त (Communist Theory) एवं (4) सामाजिक दायित्व (Social Responsibility Theory) का अलग-अलग विवेचन आवश्यक है, जिसका उल्लेख अधोलिखित है—

(1) प्रभुत्ववादी सिद्धान्त (Authoritarian Theory) : प्राचीन काल में शासक अपने साम्राज्य पर पूरा नियन्त्रण रखता था। मेसोपोटामिया, रोम की प्राचीन सभ्यताओं के अलावा एशिया, अफ्रीका, लैटिन अमेरिका सहित दुनिया की अधिक सभ्यताओं में यह स्वरूप देखने को मिलता है। प्राचीन ग्रीक दार्शनिक प्लेटो ने 'दार्शनिक राजा' का सिद्धान्त प्रतिपादित किया। इस प्रकार अधिकतर प्राचीन चिन्तकों ने शक्तिशाली राजा का समर्थन अधिक किया, इसकी तुलना में नागरिक सहभागिता की सरकार का विचार उपेक्षित-सा रहा। मध्य युग में इटली के दार्शनिक मेकियावली ने दी प्रिन्स (The Prince) नामक पुस्तक में शासक को सत्ता के लिए सभी विकल्पों के प्रयोग तक की अनुमति दे डाली। इसके अनुसार लक्ष्य ही साधन को निश्चित करेंगे। इस प्रकार अधिकतर समाजों में प्रभुत्ववादी या अधिनायकवादी व्यवस्था ही प्रभावी थी।

15वीं एवं 16वीं शताब्दी में प्रिण्टिंग प्रेस अस्तित्व में आयी। ब्रिटेन की राजशाही ने अपनी सत्ता के लिए इस सन्दर्भ में नयी राजनीति बनायी। ब्रिटिश सरकार ने प्रिण्टिंग, प्रकाशन पर कठोर सेन्सर लागू करने के साथ-साथ राजद्रोह, लाइसेन्स, टैक्स एवं अवमानना सम्बन्धी नियम भी बनाये। लाइसेन्स व्यवस्था हेनरी अष्टम के समय लागू हुई। इस प्रकार सीधी सेन्सर व्यवस्था लागू हुई। बिना धार्मिक प्राधिकारी की पूर्व अनुमति के कुछ भी नहीं प्रकाशित किया जा सकता था। प्रिण्टिंग की अनुमति के लिए शुल्क के साथ-साथ बाण्ड भी भरे जाते थे। जो प्रकाशक या प्रकाशन शासकों के समर्थक होते थे, उन्हें विभिन्न प्रकार के लाभ दिये जाते थे। यह नियम पुस्तक, पर्चा एवं पोस्टर प्रकाशन पर लागू थे।

प्रेस को नियन्त्रित करने का दूसरा मार्ग था कर (Tax)। 1712 में ब्रिटिश संसद् ने प्रथम स्टैम्प टैक्स पास किया। यह कर समाचार-पत्र, पम्फलेट, छपाई, विज्ञापन एवं पोस्टर पर लागू किये गये थे। इसका उपयोग सत्ता विरोधी प्रेस पर दबाव बढ़ाने के लिए भी किया जाता था। 1765 में अमेरिकी स्तम्भकारों ने टैक्स देने से इन्कार किया और कर का यही आन्दोलन राष्ट्रीय आन्दोलन में बदल गया। इसी दौरान यह नारा अस्तित्व में आया, बिना प्रतिनिधित्व के कर तानाशाही है (Taxation Without Represantation is Tyranny)। ब्रिटेन में 1855 में उक्त टैक्स अधिनियम को समाप्त किया गया।

राजद्रोह का नियम भी प्रेस को नियन्त्रित करने का तीसरा रूप था। यह कानून लगभग 13वीं शताब्दी से समाज के मध्य राजसत्ता के विरुद्ध अफवाह फैलाने अथवा षड्यन्त्र को रोकने तथा आलोचना के प्रकाशन को नियन्त्रित करने के लिए भी कानून बने। इसी दायरे में प्रेस का प्रकाशन कई वर्षों तक होता रहा।

मात्र अतीत में ही प्रभुत्ववादी व्यवस्था को खोजना ठीक नहीं है। आज भी विश्व के विभिन्न भागों में लोग प्रभुत्ववादी व्यवस्था में रह रहे हैं। पिछली शताब्दी से संयुक्त राष्ट्र संघ मानवाधिकार की सार्वभौम घोषणा के द्वारा यह घोषित किया गया है कि लोगों को अभिव्यक्ति की स्वतन्त्रता मिले। लेकिन अब भी मात्र विश्व के 2/5 लोगों को ही-संघ बनाने, अभिव्यक्ति, धार्मिक आदि क्षेत्रों में स्वतन्त्रता मिल सकी है। भारत जैसे बड़े प्रजातान्त्रिक देश में 1975 में तत्कालीन प्रधानमन्त्री श्रीमती इन्दिरा गाँधी ने आपातकाल लागू करने के साथ-साथ

अभिव्यक्ति की स्वतन्त्रता एवं प्रेस पर कठोर पाबन्दी लागू की। दक्षिण अफ्रीका में पत्रकारों पर पाबन्दी लगायी गयी। अल्बानिया, जंजीबार, क्यूबा, ईरान, अफगानिस्तान, इराक, चिली, भूटान आदि ऐसे देश हैं जहाँ वर्तमान में भी प्रेस या जनमाध्यम स्वतन्त्र नहीं हैं।[46]

वर्तमान में प्रभुत्ववादी व्यवस्था के जो भी अवशेष हैं, उनकी तुलना में मध्ययुगीन यूरोपीय प्रभुत्ववाद का स्वरूप काफी भिन्न था। इसका उल्लेख श्रेम एवं साथियों ने किया है। उनके अनुसार प्रभुत्ववादी राज्य व्यवस्था का अस्तित्व पश्चिमी यूरोप में 1500-1700 तक, इस प्रकार की राज्य व्यवस्था व्याप्त थी और इसका प्रेस पर अधिक प्रभाव था। प्रभुत्ववादी व्यवस्था में नागरिकों से राज्य की सेवा की आशा की जाती थी। चिन्तकों का विश्वास था, कि समुदाय शान्ति व्यवस्था, सुरक्षा तथा विकास की प्रक्रिया की पूर्ति करती है। सभ्यता का विकास व्यक्तिगत स्वतन्त्रता से महत्त्वपूर्ण था।

इसमें राष्ट्रीय नेतृत्व एवं इसके जन में स्पष्ट भिन्नता थी। प्रभुत्ववादी व्यवस्था में विश्वास किया जाता था कि नेता को अन्य व्यक्तियों से अधिक प्रतिभासम्पन्न तथा राज्य शक्ति संचालन की दैवी शक्ति प्राप्त है। कुछ व्यवस्थाओं में विश्वास था कि, नेता को आत्मपरक समाचारों को नियन्त्रण की शक्ति प्राप्त है। उन्होंने चेतावनी दी कि उसकी शक्ति से सम्बन्धित सन्देश नहीं प्रसारित किये जायें।

प्रभुत्ववादी राज्य के नेता प्रकाशन नियमन के लिए अनुमति देते थे। प्रिण्टिंग की अनुमति सीमित व्यक्तियों को प्राप्त थी। यह उन्हीं व्यक्तियों को प्राप्त थी, जो कि राज्य के उद्देश्यों का समर्थन करते थे। बाद में प्रत्येक प्रकाशन की एक-एक प्रति की सरकारी अनुमति आवश्यक थी। सेन्सर के प्रारम्भ से यह भी हुआ कि सरकार प्रिण्टर को दण्ड देने के साथ-साथ प्रकाशन बन्द कर सकती थी। प्रभुत्ववादी व्यवस्था में जनता को राजनीतिक मामलों में कम समझदार माना जाता था तथा इस कारण राजनीतिक मामलों में प्रकाशन लोगों को विशृंखल करेगा।

प्रभुत्ववादी व्यवस्था लगभग विश्व के प्रत्येक देश में थी। नाजी, जर्मनी में भी प्रभुत्ववादी प्रेस था, अनेक दक्षिण अमेरिकी, एशियायी, अफ्रीकी इत्यादि देशों में इस प्रकार की व्यवस्था थी। इसमें अलोचना का दुराव था। प्रेस के निजी क्षेत्र में भी होते हुए उससे राज्य की सेवा की आशा की जाती थी।[47]

(2) उदात्तवादी सिद्धान्त (Libertarian Theory) : उक्त साम्यवादी विचार उदात्तवादी सिद्धान्त के विपरीत था। जॉन मिल्टन, थॉमस जेफर्सन एवं जॉन स्टुअर्ट मिल तक के दर्शन में व्यक्ति की बौद्धिकता, तर्क शक्ति एवं सत्य के साथ-साथ तर्क-वितर्क को स्वीकृति मिली। 1644 में कवि जॉन मिल्टन ने उदात्तवादी विचार को संसद् के समक्ष रखा। उन्होंने बिना लाइसेन्स की प्रिण्टिंग की अपील की। उन्होंने स्वतन्त्र अभिव्यक्ति का समर्थन किया। उन्होंने कहा कि 'सत्य-झूठ', की बाधा को हटाना चाहिए। ("Let Truth and Falshood Grapple"-John Milton) नये सत्य को अभिव्यक्ति का अवसर मिलना चाहिए। उन्होंने यह समर्थन किया कि हम पृथ्वी पर स्वतन्त्र श्वास ले सकें। लाइसेन्स प्रणाली एवं निषेध इसमें बाधा है। यह विचार उसकी कविता 'अरीअपेजिटिका' (Areopagitica) में प्रस्तुत किये गये थे। यह भी महत्त्वपूर्ण है कि जॉन मिल्टन के ये वक्तव्य व्यक्तिगत स्वतन्त्रता के लिए विशेषकर उसकी कविताओं के सम्बन्ध में थे। यह भी तथ्य महत्त्वपूर्ण है कि मिल्टन इस लेखन के पूर्व ब्रिटिश

सेन्सर व्यवस्था से भी जुड़े थे। मिल्टन द्वारा प्रस्तुत विचार सीमित तथा लाइसेन्स के सन्दर्भ में नकारात्मक थे।[48]

थॉमस जेफर्सन (Thomes Jafferson) की स्वतन्त्र प्रेस की अवधारणा अधिक प्रभावी तथा उदात्तवादी प्रवृत्ति की थी। थॉमस ने व्यक्ति की तुलना में समाज एवं समूह की स्वतन्त्रता का पक्ष लिया। थॉमस जेफर्सन ने 1787 में अपने एक मित्र को लिखा कि लोगों के विषय में समाचार-पत्र सूचना प्रसारित करते हैं। समाचार-पत्र अपनी इस प्रक्रिया के द्वारा जन भावना के निर्माण के साथ-साथ लोगों पर भावनात्मक प्रभाव भी डालते हैं। लोगों की राय में प्राथमिक उद्देश्य क्या है, यह निर्धारण उन पर छोड़ना चाहिए, वे यह निश्चित करें कि 'हमें समाचार पत्ररहित सरकार चाहिए या सरकाररहित समाचार-पत्र' (We should have a Government without newspapers or newspapers without a Government) सम्पादक, संवाददाता, प्रेस की स्वतन्त्रता के समर्थकों ने थॉमस जेफर्सन की इस उक्ति का समर्थन किया। यद्यपि कुछ लोगों ने इसे अराजक वक्तव्य की संज्ञा दी। उसके इस कथन का उद्देश्य था कि सभी लोगों तक समाचार-पत्र पहुँचे तथा सभी समाचार-पत्र पढ़ें।[49]

उदात्तवादी प्रेस के सन्दर्भ में तीसरा एवं महत्त्वपूर्ण योगदान दार्शनिक जॉन स्टुअर्ट मिल का रहा। उसने बताया कि मनुष्य की मूल प्रवृत्ति है कि वह सोचे एवं कार्य करे। मिल ने 1859 में स्वतन्त्रता पर निबन्ध लिखा। इसमें उसने स्पष्ट किया व्यक्ति के कार्यों का उद्देश्य अधिकतम व्यक्तियों का अधिकतम सुख है। एक अच्छे समाज में अधिकतम लोग अधिकतम आनन्द उठाते हैं। उसने व्यक्तियों को विवेकपूर्वक सोचने एवं कार्य करने की स्वतन्त्रता का समर्थन किया। मिल के इस दर्शन को अधिकतर अमेरिकी लोगों ने पसन्द किया, जिनका झुकाव जनमाध्यमों में था। इस प्रकार अमेरिका सहित सभी उदात्तवादी देश प्रभावित हुए।[50]

इस प्रकार इन विचारकों ने 16वीं एवं 17वीं शताब्दी के राजनीतिक सिद्धान्तवादियों के प्रभुत्ववादी व्यवस्था पर प्रश्न चिह्न उपस्थित किया। ऐसी संस्थाएँ पश्चिमी यूरोप में स्थापित हुईं। प्रोटेस्टेण्ट सुधारवादियों ने कैथोलिक चर्च व राज्य शक्ति को चुनौती दी। इसके परिणामस्वरूप व्यक्ति के अधिकारों एवं ज्ञान का विकास हुआ। इस प्रकार व्यक्ति की स्वतन्त्रता तथा राज्य द्वारा उसके अधिकारों की रक्षा हुई और उसकी प्रवृत्ति का विकास हुआ। इस सिद्धान्त ने विचारों के खुलेपन को जन्म दिया। प्रत्येक व्यक्ति ने स्वतन्त्र एवं समान रूप में विचार अभिव्यक्ति तथा सन्देश प्राप्त करने के अधिकार का समर्थन किया था। इन राजनैतिक चिन्ताओं से व्यक्ति की स्वतन्त्रता में राज्य के हस्तक्षेप, नियन्त्रण तथा व्यक्ति की स्वतन्त्रता की रक्षा का विचार विकसित हुआ।

इस सिद्धान्त ने संचार माध्यम को परिवर्तित किया तथा संचार के माध्यम एक पर्यवेक्षक की भाँति सरकार के सन्दर्भ में विकसित हुए। संचार माध्यम पूर्ण रूप से सरकारी नियन्त्रण से मुक्त हुए। सरकार द्वारा किसी वक्तव्य को दबाने के अधिकार का उन्मूलन हुआ।

18वीं शताब्दी के अन्त तक उदात्तवादी सिद्धान्त का प्रभाव पश्चिमी यूरोप एवं अमेरिका में स्थापित हो चुका था। अमेरिकी संविधान में प्रेस की स्वतन्त्रता को सम्मिलित किया गया। सेन्सर प्रक्रिया प्रेस को मुक्ति मिली। इस प्रकार उदात्तवादी सिद्धान्त ने प्रेस तथा पत्रकारों की स्वतन्त्रता को विकसित किया।[51] सूचना के अधिकार का प्रारम्भ 1776 में स्वीडन में हुआ।

(3) साम्यवादी सिद्धान्त (Communist Theory) : इस सिद्धान्त का विकास कार्ल मार्क्स एवं एंगिल्स ने किया तथा सोवियत संघ में इसका विकास हुआ। इस व्यवस्था में संचार माध्यम पर व्यक्तिगत स्वामित्व का उन्मूलन होता है। इसमें संचार माध्यमों पर सरकारी स्वामित्व होता है। इस व्यवस्था में संचार माध्यम साम्यवादी व्यवस्था के लिए सकारात्मक यन्त्र होते हैं। साम्यवादी व्यवस्था में संचार माध्यम वैचारिक आदान-प्रदान के प्रमुख उपकरण होते हैं।

सोवियत संघ में संचार माध्यमों द्वारा विशेष प्रकार के प्रकाशन, प्रसार को बढ़ावा दिया जाता था। सोवियत संघ के अलावा अन्य साम्यवादी देशों में साम्यवादी व्यवस्था सम्बन्धी समालोचना संचार माध्यमों द्वारा प्रसार का निषेध होता था। इसकी निगरानी का दायित्व सम्पादकों को दिया जाता है।

इस प्रकार संचार माध्यम पर सरकार का नियन्त्रण होता है। अमेरिकन संचार व्यवस्था पर साम्यवादी आरोप है कि वहाँ संचार माध्यम पूँजीवादी व्यवस्था के रक्षक हैं। इसके विपरीत अमेरिकन का आरोप है कि साम्यवादी व्यवस्था में व्यक्ति के ऊपर सरकार के मत का प्रभुत्व रहता है। संचार माध्यम व्यक्ति के स्थान पर सरकारी हितों के पोषक होते हैं। इस प्रकार साम्यवादी व्यवस्था के दायरे में कार्य व्यापार के लिए स्वतन्त्र होते हैं।[52]

सोवियत साम्यवादी प्रेस का सिद्धान्त वास्तव में अधिनायकवादी व्यवस्था का तार्किक विकास है। सोवियत संघ एवं साम्यवादी चीन में प्रेस अथवा जनमाध्यम मुख्य रूप से राज्य के प्रयोग अथवा उपयोग के उपकरण हैं। प्रेस अथवा जनमाध्यम साम्यवादी व्यवस्था में पार्टी एवं राज्य के उद्देश्यों को व्यक्त करते हैं। ऐसी व्यवस्था में प्रेस विरोध के लिए न होकर राज्य के लिए है। पूर्व सोवियत संघ की कठोर तानाशाही व्यवस्था में पूर्व सोवियत संघ के राष्ट्रपति मिखाइल गोर्वाचोव ने उदात्त व्यवस्था के अन्तर्गत ग्लासनोस्त (Glasnost) खुलापन एवं पेरेस्त्रोइका (Perestroika), पुनर्संरचना (पूरी सामाजिक व्यवस्था की) की व्यवस्था को लागू किया। पेरेस्त्रोइका की व्यवस्था के द्वारा जनमाध्यमों को अभिव्यक्ति की पूरी स्वतन्त्रता मिली। ग्लासनोस्त सर्वप्रथम 1986 में प्रभावी हुआ। 1986 में सोवियत संघ में 14.5 मिलियन समाचार-पत्र, पत्रिकाओं का प्रसार था, जो कि 'ग्लासनोस्त' के कारण 1988 में 20 मिलियन हो गया।

चीन में भी 1989 से उदारवादी प्रयोग सीमित स्तर पर प्रारम्भ हुए हैं। जून, 1989 में थ्यानमेन चौक (Tiananmen Square) घटना के बाद से अब कम्युनिस्ट पार्टी के रूढ़िवादियों के वश में युवा पीढ़ी की माँगों को रोकना सम्भव नहीं रहा। इस कारण वर्तमान में सीमित मात्रा में स्वतन्त्रता का प्रयोग जारी है। चीन की इस उदारता के पीछे सोवियत संघ का घटनाक्रम भी है।

साम्यवादी प्रेस व्यवस्था में विचारों के विरोध का कोई स्थान नहीं है। इस व्यवस्था में जनमाध्यमों का लक्ष्य न तो मनोरंजन है और न तो सूचना प्रवाह, इसका लक्ष्य मुख्यतः साम्यवादी व्यवस्था के अनुरूप समाज को नियन्त्रित करना है। जनमाध्यमों के संचालन की दिशा ऊपर से नीचे की ओर तथा साम्यवादी दल एवं साम्यवादी प्रवक्ता के रूप में है।

(4) सामाजिक दायित्व का सिद्धान्त (Social Responsibility Theory) : जनमाध्यमों के प्रभावों के नियमन एवं स्वतन्त्रता के सम्बन्ध में समय-समय पर व्यक्त विचारों के कारण

इस सम्बन्ध में नये कानून के निर्माण के लिए सामाजिक दबाव पश्चिम में बढ़ रहा था। यह उदात्तवादी विचारों का परिणाम था। इस नये सिद्धान्त को हम 'सामाजिक दायित्व का सिद्धान्त' के नाम से जानते हैं। इस सिद्धान्त का प्रतिपादन सर्वप्रथम 1940 में अमेरिका में प्रेस की स्वतन्त्रता (Commission Freedom of the Press) आयोग के द्वारा किया गया, जिसके अध्यक्ष रॉबर्ट हन्चिस (Robert Hutchins) कोलम्बिया विश्वविद्यालय थे।

सामाजिक दायित्व का सिद्धान्त वास्तव में उदात्तवादी सिद्धान्त पर आधारित तथा उसी की वैचारिक पृष्ठभूमि पर विकसित था। इस सिद्धान्त के अनुसार जनमाध्यमों का सम्बन्ध विशाल समाज के सभी बिन्दुओं एवं पक्षों से है। इस कारण जनमाध्यमों को समाज के प्रति उत्तरदायी बनाना आवश्यक है। जनमाध्यमों को सच्चाई का पता लगाना चाहिए। इस सिद्धान्त के अनुसार जनहित के मामले में जनमाध्यमों की एक आचार संहिता भी होनी चाहिए।[53]

इस प्रकार 20वीं शताब्दी के विचारकों द्वारा इस सिद्धान्त का विकास किया गया।

यह सिद्धान्त उदात्तवादी से भिन्न है। उदात्तवादी व्यक्ति के ज्ञान, क्षमता तथा तर्क शक्ति से सम्बन्धित था। मनोवैज्ञानिकों ने पाया कि चातुरीयुक्त अफवाह एवं सत्य में विभेद का कार्य दुरूह है। मानवीय प्रवृत्ति तुरन्त आवश्यकता की पूर्ति की होती है, न कि सत्य की खोज।

राजनीतिवेत्ता भी स्वतन्त्र संचार सिद्धान्त की अपूर्णता को मानते हैं। प्रेस का नियन्त्रण भी सीमित हाथों में सीमित है। बीसवीं शताब्दी के विचारकों द्वारा संचार माध्यमों की स्वतन्त्रता के साथ-साथ इस पर कुछ दायित्व भी आरोपित किये गये। इस नये सिद्धान्त को सामाजिक दायित्व के सिद्धान्त की संज्ञा दी जाती है। इसके अन्तर्गत जनसंचार माध्यमों का वर्तमान सामाजिक व्यवस्था में कुछ निश्चित दायित्व है। यह स्थितिजन्य अधिकारों के परिवेश में संचालित होने का समर्थक है। यह सिद्धान्त किसी प्राकृतिक सिद्धान्त की अनुमति संचारमाध्यमों को नहीं देता। नये सिद्धान्त के अनुसार प्रेस को समाज द्वारा कुछ अधिकार दिये जाते हैं। प्रेस अपने दायित्व निर्वाह की अक्षमता में अधिकारों की बात नहीं कर सकती।

प्रेस का सामाजिक दायित्व का सिद्धान्त प्रकाशकों के अधिकार के स्थान पर अधिकारों को महत्त्व देता है। इस प्रकार संचार माध्यम का दायित्व नागरिकों की सूचना सम्बन्धी आवश्यकता की पूर्ति से होता है। सूचना सत्य तथा स्वयं संचार माध्यम द्वारा मूल्यांकित हो। प्रेस के सामाजिक दायित्व का सिद्धान्त प्रेस को निष्पक्ष तथा त्रुटिरहित बनाना है।[54]

12.1.12 प्रेस के अन्य सिद्धान्त या प्रेस के चार सिद्धान्तों में संशोधन (Other Theories of the Press or Revisions of the Four Theories of the Press)

जनमाध्यमों के अन्य अध्येताओं ने विलबर श्रेम और साथियों द्वारा वर्णित उक्त चार सिद्धान्तों के अतिरिक्त तीन और सिद्धान्तों की चर्चा की। इनमें प्रमुख नाम राबर्ट जी. पिकार्ड का है। राबर्ट जी. पिकार्ड (रिवीजन्स ऑफ द फोर थियोरीज ऑफ दी प्रेस मॉडल) (Robert G. Picard in Revisions of the four Theories of the Press Model) 1982 में स्पष्ट किया कि जनमाध्यमों की संचालन व्यवस्था में प्रेस के चार सिद्धान्तों में वर्णित व्यवस्था से भिन्न सिद्धान्त भी व्यवहार में हैं। उनके अनुसार ये सिद्धान्त—(1) क्रान्तिकारी प्रेस सिद्धान्त, (2) विकासवादी सिद्धान्त एवं (3) प्रजातान्त्रिक समाजवादी सिद्धान्त है।[55] प्रेस या जनमाध्यमों की व्यवस्था से जुड़े उक्त अन्य सिद्धान्तों की भी चर्चा आवश्यक है। इनका वर्णन इस प्रकार है—

(1) क्रान्तिकारी प्रेस सिद्धान्त (Revolutionary Press Theory) : अध्येताओं के अनुसार क्रान्तिकारी प्रेस उन राज्यों में कार्य करते हैं, जहाँ की वर्तमान सरकार के खिलाफ अथवा किसी विदेशी शासन से मुक्ति के लिए आन्दोलन प्रभावी होते हैं। ऐसे राज्यों में सामान्य जनमाध्यम व्यवस्था से हटकर क्रान्तिकारी प्रेस एवं जनमाध्यम व्यवस्था प्रभावी होती है। ऐसे राज्यों में 'भूमिगत पत्रकार' क्रान्तिकारी प्रेस को आन्दोलन के प्रसार के उपकरण के रूप में उपयोग करते हैं।

ऐसे प्रेस का नियन्त्रण उन लोगों द्वारा किया जाता है, जो सरकार से अपने को कटा तथा अलग मानते हैं। इस प्रकार क्रान्तिकारी प्रकाशनों एवं प्रसारणों में अनेक खतरे भी हैं। इस परम्परा में जुझारू पत्रकारों की ही कड़ी प्रमुख रहती है। यदि क्रान्तिकारी सफल होते हैं तो ऐसी स्थिति में क्रान्तिकारी पत्रकारों द्वारा विरोधी समूह को परिवर्तित किया जाता है। नयी सरकार, नयी जनमाध्यम व्यवस्था का स्वरूप विजय के उपरान्त, क्रान्तिकारियों द्वारा तय किया जाता है। जैसे पूर्व सोवियत संघ में साम्यवादी प्रेस व्यवस्था सेमुल एडम्स (Samuel Adams) के दर्शन पर विकसित हुई। इस प्रकार क्रान्तिकारी प्रेस सिद्धान्त अनिश्चितता की प्रवृत्ति को व्यक्त करता है। इस प्रकार की प्रवृत्ति अन्य प्रेस सिद्धान्तों में नहीं मिलती है।[56]

(2) विकासवादी प्रेस सिद्धान्त (Developmental Press Theory) : यह प्रेस सिद्धान्त अथवा जनमाध्यम व्यवस्था बीसवीं शताब्दी में तृतीय विश्व के देशों में अस्तित्व में आयी। इस सिद्धान्त पर तृतीय विश्व के देशों, आधुनिक राष्ट्रवादी एवं स्वतन्त्र राजनीतिक व्यवस्था के आन्दोलनों तथा समाज के विकास के समाजवादी सिद्धान्तों का प्रभाव था। इस सिद्धान्त की मान्यता के अनुसार जनमाध्यमों का प्रयोग राष्ट्र के सामाजिक एवं आर्थिक विकास के साथ राष्ट्रीय एकता की प्रवृत्ति को बढ़ाने में होना चाहिए। इस सिद्धान्त का उद्देश्य राष्ट्र को धीरे-धीरे आधुनिकीकरण की ओर बढ़ाना है। वर्तमान समय में तृतीय विश्व के देशों में पश्चिमी देशों के अनुकरण की प्रभावी प्रवृत्ति प्रभावी मात्रा में पायी जाती है। इसी के साथ-साथ जनमाध्यमों पर पश्चिमी आधिपत्य के कारण सांस्कृतिक उपनिवेशवाद एवं अपसंस्कृति भी बढ़ रही है। इसके सन्तुलन के लिए नयी विश्व सूचना व्यवस्था अथवा नयी विश्व संचार व्यवस्था की माँग बढ़ रही है। तृतीय विश्व के देशों में गरीबी, कुपोषण, रंगभेद एवं जातिभेद आदि कुप्रवृत्तियाँ प्रभावी हैं। परन्तु ये कुप्रवृत्तियाँ पश्चिमी समाज में नहीं हैं। विकासशील देशों की जनमाध्यम व्यवस्था भी पश्चिमी प्रभाव युक्त है। इस प्रकार विकासवादी प्रेस सिद्धान्त तृतीय विश्व के देशों में विकास को बढ़ावा देने का हामी अवश्य है परन्तु इसका प्रारूप पश्चिमी ही है।[57]

(3) प्रजातान्त्रिक समाजवादी प्रेस सिद्धान्त (Democratic Socialist Theory) : कुछ पश्चिमी समाजों विशेष करके यूरोपीय देशों में सामाजिक दायित्व के सिद्धान्त का संशोधन करके प्रजातान्त्रिक समाजवादी प्रेस सिद्धान्त का विकास किया। इस सिद्धान्त में उदात्तवादी सिद्धान्त के साथ-साथ मार्क्सवादी सिद्धान्त एवं दर्शन का मिश्रण है। इस सिद्धान्त ने जनमाध्यमों को स्वतन्त्रता के साथ-साथ जनमाध्यमों के एकाधिपत्य के स्थान पर नये प्रकार की जिम्मेदारी एवं उत्तरदायित्व को प्रस्तावित किया। निजी सम्पत्ति के स्थान पर आर्थिक प्रक्रिया से आम आदमी को जोड़ने पर बल दिया गया।

प्रजातान्त्रिक समाजवादी प्रेस सिद्धान्त के अनुसार जनमाध्यमों की सकारात्मक स्वतन्त्रता का समर्थन करने के साथ-साथ यह भी दायित्व निर्धारित किया गया कि जनमाध्यम अपनी स्वतन्त्रता का उपयोग कुछ निश्चित लक्ष्यों की प्राप्ति में करें। जैसे जनमाध्यमों के सम्पादकीय स्तम्भों में लोगों की राय राजनीतिक, सामाजिक मसलों पर प्राप्त होने के साथ-साथ प्रजातान्त्रिक प्रक्रिया एवं सरकार के नियन्त्रण के तरीके को भी स्पष्ट करे।

प्रेस के इस सिद्धान्त में दायित्व के साथ-साथ युक्तियुक्त नियन्त्रण भी सम्मिलित है। इस सिद्धान्त के अनुसार जनमाध्यमों को स्वतन्त्रता के साथ-साथ नागरिकों के हित में कार्य करना चाहिए।[58]

12.1.13 चर्चावली निर्धारण सिद्धान्त (Agenda Setting Theory)

यह सिद्धान्त जनमाध्यमों द्वारा समकालीन मुद्दों, समाचारों अथवा समस्याओं को प्रमुखता के साथ लोगों के मध्य निर्धारित करने के रूप में अस्तित्व में आया। विशेष रूप से इस सिद्धान्त का सम्बन्ध रिपोर्टिंग एवं द्वारपाल या स्रोत से है। चर्चावली निर्धारण का सम्बन्ध-सूचना सम्प्रेषण, सूचना के स्थापित सन्दर्भ तथा सूचना पर हुई चर्चा से है। जनमाध्यमों द्वारा सम्पन्न सूचना सम्प्रेषण प्रक्रिया में चर्चावली अथवा कार्यसूची की प्रमुखता का निर्धारण सम्पादकीय टीम द्वारा किया जाता है। परन्तु पाठकों द्वारा चर्चावली का निर्धारण सम्पादकीय टीम से भिन्न होता है। क्योंकि पाठकीय प्राथमिकता आवश्यक नहीं कि सम्पादकीय प्राथमिकता के ही अनुरूप हो। चर्चावली निर्धारण के द्वारा जनमाध्यम उस नियम या मानक को प्रभावित एवं ध्यानाकर्षण का केन्द्र बनाते हैं, जिसके द्वारा जनता के लिए क्या महत्त्वपूर्ण है, क्या सामान्य तथा क्या विचलनयुक्त हैं आदि का निर्धारण होता है। प्रसारण प्रक्रिया का स्वरूप रेखीय होता है। एक के बाद दूसरा कार्यक्रम प्रस्तुत होता है, परन्तु चर्चावली की प्रक्रिया तब तक जारी रहती है, जब तक कि प्रसारण जारी है। प्रसारण प्रक्रिया पूर्व निर्धारित कार्य-सूची द्वारा नियन्त्रित होती है। जनमाध्यमों में साक्षात्कार पूर्वनिर्धारित चर्चावली पर ही होता है। साक्षात्कार में समस्या से जुड़े विभिन्न बिन्दुओं पर प्रश्न पूछकर समस्या के विविध पक्षों को स्पष्ट किया जाता है। सत्ता अथवा शक्ति के केन्द्र से प्रश्न पूछकर चर्चा को नया आयाम दिया जाता है। परन्तु चर्चा को किसी समस्या अथवा बिन्दु पर केन्द्रित न करके व्यापक परिदृश्य में होने से वह साक्षात्कार चर्चावली का अंग नहीं होता। इस प्रकार जनमाध्यम स्वयं सूचनाओं में प्राथमिकता के निर्धारण तथा विषय केन्द्रित साक्षात्कार का आयोजन करके चर्चावली निर्धारित करते हैं।[59]

चर्चावली निर्धारण की प्रक्रिया एवं प्रभाव का अध्ययन जनमाध्यमों के अध्ययन एवं शोध का मुख्य तत्त्व है। चर्चावली निर्धारण में दो अध्ययनों का स्थान महत्त्वपूर्ण है। इसमें एम. ई. मैककम्ब्स एवं डी. एल. शॉ ने दी एजेण्डा सेटिंग फंक्शन ऑफ मास मीडिया। (M. E. Mc Combs and D. L. Shaw in The Agenda Setting Function of Mass Media) 1972 एवं स्ट्रक्चरिंग द अनसीन इनवायरनमेण्ट, (Structuring the Unseen Enviornment) 1976 के लेख महत्त्वपूर्ण हैं। इस अध्ययन से उन्होंने चर्चावली निर्धारण एवं जनमाध्यम सिद्धान्त को विकसित किया। उन्होंने स्पष्ट किया कि श्रोता जनमाध्यमों से न मात्र जनता के मुद्दों एवं सन्दर्भों को ही पढ़ता या सीखता है वरन् श्रोता यह भी

ध्यान देता या सीखता है कि जनमाध्यम किस मुद्दे पर अधिक ध्यान देते अथवा दबाव देते हैं तथा कौन-सा मुद्दा जनमाध्यमों की प्राथमिकता से जुड़ा है? जैसे चुनाव में प्रत्याशियों के कथनों में से कुछ महत्त्वपूर्ण बिन्दुओं को जनमाध्यम प्राथमिकता के साथ ऊपर उठाते हैं। इसे हम इस प्रकार कह सकते हैं कि जनमाध्यम प्रचार के लिए 'मुद्दों या चर्चावली' निर्धारित करते हैं। इस प्रकार मैककम्ब्स एवं शॉ के अनुसार–जनमाध्यम हमारे ज्ञान या बोध निर्धारण में सर्वाधिक प्रभावशाली हैं। इस क्षमता के द्वारा जनमाध्यम व्यक्तियों में संज्ञानात्मक परिवर्तन करने में सक्षम होते हैं तथा यह जनसंचार की सबसे अधिक प्रभावी शक्ति है।[60]

चर्चावली निर्धारण की क्षमता के द्वारा जनमाध्यम लोगों के मध्य होनेवाली प्रमुख चर्चा या सन्दर्भ को निर्धारित करने की शक्ति रखते हैं। इसके द्वारा जनमाध्यम तय करते हैं कि कौन बिन्दु महत्त्वपूर्ण है और कौन बिन्दु नहीं? कौन विचलनयुक्त है? कौन विचलनयुक्त नहीं है? कौन बिन्दु सर्वमान्य है? किस बिन्दु पर मतभेद है? कौन बिन्दु महत्त्वपूर्ण तथा समाचार योग्य हैं, इसके अतिरिक्त कौन बिन्दु होशिये पर है? इसके साथ यह भी महत्त्वपूर्ण है कि नकारात्मक प्रभाव सकारात्मक की तुलना में अधिक प्रभावी होते हैं।[61]

इसे हम इस प्रकार समझ सकते हैं–

मुद्दा/बिन्दु (Issue)	जनमाध्यमों का ध्यानाकर्षण (Differential Median)	बिन्दु या मुद्दे जनता के ज्ञान अथवा बोध के परिणाम (Consequent Public Perception of Issue)

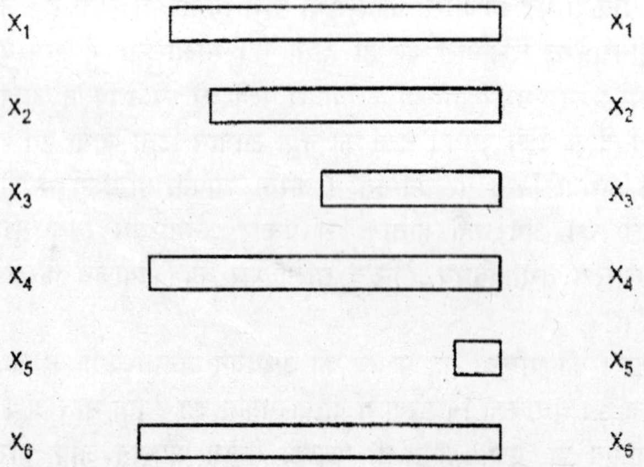

प्रारूप (12.1)

मैककम्ब्स एवं शॉ के जनमाध्यमों के प्रभाव का चर्चावली निर्धारण प्रारूप (10.4), 1976 से यह स्पष्ट है कि जनमाध्यमों के द्वारा प्रदर्शित सूचना या X (बिन्दु) तथा जनता की अनुभूति अथवा ज्ञान की मात्रा X में परस्पर प्रत्यक्ष सम्बन्ध होता है। कुछ विचारक इसे जनमाध्यमों

के प्रभाव की भी संज्ञा देते हैं। इस प्रारूप से हमें जनमाध्यमों द्वारा निर्धारित चर्चावली के प्रभाव का मुख्य रूप से ज्ञान होता है।

डेनिस मैक्विल और स्वेन विन्दन ने कम्युनिकेशन मॉडल्स फार दी स्टडी ऑफ मास कम्युनिकेशन, (Denis Mcquail and Swen Windhl in Communication Models for the Study of Mass Communication), 1986 में चर्चावली निर्धारण क्षेत्र में सम्बन्धित सिद्धान्त को प्रस्तुत किया। उनके अनुसार चर्चावली व्यक्तियों, समूहों तथा संस्थाओं जैसे राजनीतिक दल एवं सरकार आदि के रूप में विभक्त कर सकते हैं। उनके अनुसार जनता के मध्य चर्चावली का निर्धारण एवं प्रेषण की प्रक्रिया राजनेताओं एवं नीति निर्माताओं के प्रभाव से निर्मित संस्थाओं की चर्चावली की प्रक्रिया परस्पर भिन्न होती है। उन्होंने स्पष्ट किया कि जनमाध्यमों की दुहरी भूमिका होती है। एक भूमिका है जनमत को प्रभावित करने की तथा दूसरी भूमिका है अभिजन को प्रभावित करने की। इसे हम इस प्रकार समझ सकते हैं–

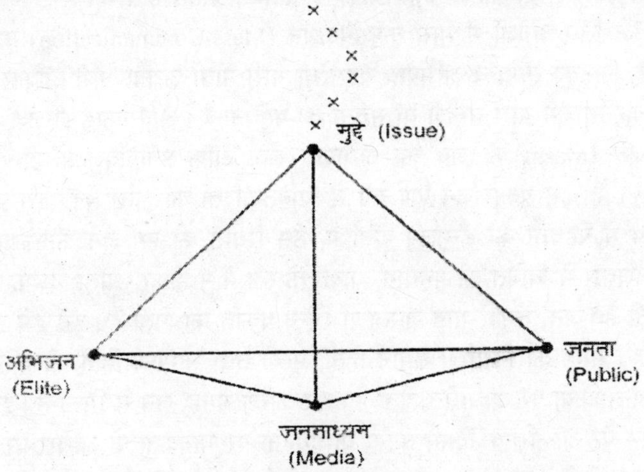

प्रारूप (12.2)[62]

उक्त प्रारूप (12.2) से स्पष्ट है कि अभिजन के प्रस्ताव एवं जनता के विचारों में अन्तःक्रिया निरन्तर चलती रहती है। संचार में यह निरन्तर चलनेवाली वास्तविकता है। जनता एवं अभिजन के मध्य चलनेवाली उक्त अन्तःक्रिया में जनमाध्यम एक स्रोत की भाँति या साधन अथवा वाहक के रूप में कार्य करते हैं। इसे हम सह-अनुकूलन उपागम (Co-orientation Approach) के रूप में जान सकते हैं। उक्त प्रारूप (12.2) से स्पष्ट है कि जनमाध्यमों के मुद्दों का सम्बन्ध जनता तथा अभिजन दोनों से होता है। इसी सीमा में वे कार्य करते हैं। जनमाध्यम चयनित मुद्दों को विस्तार, चढ़ाव की प्रक्रिया के द्वारा नव उदीयमान सत्ताधारी अभिजन को बिन्दुओं की मण्डली या समूह को अपनी शक्ति का आश्रय प्रदान करते हैं।[63] इस प्रकार स्पष्ट है कि एजेण्डा सेटिंग अथवा चर्चावली निर्धारण जनमाध्यमों की वह प्रक्रिया है, जिसके द्वारा प्रसारित मुद्दों पर जनता प्राथमिकता के अनुरूप चर्चा तथा विचार-विमर्श करती है।

12.1.14 जनसंचार (Mass Communication)

डेनिस मैक्विल ने टूवर्ड्स ए सोशियोलॉजी ऑफ मास कम्युनिकेशन, (Denis Mcquail inTowards a Sociology of Mass Communication), 1969 में जनसंचार की अधोलिखित

सात विशेषताओं का वर्णन किया। (1) जटिल औपचारिक संघटन, (2) विपुल अथवा विशाल श्रोता वर्ग, (3) सन्दर्भ या विषय-वस्तु सबके लिए सुलभ एवं सबके लिए वितरण, परन्तु यह प्रक्रिया अनौपचारिक एवं अस्वरूपित, (4) श्रोताओं में निवास, स्थिति और संस्कृति आदि की भिन्नता तथा विशाल श्रोताओं की स्रोत से दूरी, (5) श्रोता एवं सम्प्रेषक के मध्य के सम्बन्ध को लोक सम्प्रेषक के रूप में जानते हैं, (6) जनमाध्यम श्रोताओं में समकालीन सम्बन्ध सूचना के आधार पर निर्मित करते हैं परन्तु श्रोता, स्रोत से दूर होने के साथ-साथ परस्पर भिन्नता युक्त होते हैं एवं (7) जनमाध्यमों के श्रोता आधुनिक समाज में सामूहिक रूप से विशेष प्रकार के होते हैं। इनकी पहचान एक सामूहिक सूचना व्यवहार के आधार पर होती है। श्रोता परस्पर अज्ञात होते हुए भी एक सामूहिक लक्ष्य से जुड़े होते हैं। इसमें अति सीमित मात्रा में अन्तःक्रिया होती है। इनकी कार्य-प्रणाली में एकरूपता नहीं होती। इनमें संगठन का प्रत्यक्षतः अभाव होता है। ये सूचना प्राप्ति के आधार पर संगठित प्रतीत होते हैं।[64]

जनसंचार के लिए अंग्रेजी में मास कम्युनिकेशन (Mass Communication) का उपयोग किया जाता है, जिसका सामान्य अभिप्राय बहुल या भारी मात्रा अथवा भारी आकार में बिखरे लोगों तक संचार माध्यम द्वारा सन्देश या सूचना का पहुँचना है। ऑक्सफोर्ड इंग्लिश डिक्शनरी के अनुसार जन (Mass) का जन का अभिप्राय लैक ऑफ इनडिविजुअलिटी (Lack of Individuality) है। इस प्रकार जन पूर्ण रूप से व्यक्तिवादिता का अन्त है।[65] इस प्रकार जब व्यक्ति के रूप में पहचान का उन्मूलन होता है, उस स्थिति को हम जन की संज्ञा देते हैं। इस प्रकार जनसंचार में व्यक्ति की पहचान व्यक्ति के रूप में न होकर, श्रोता, दर्शक या पाठक के रूप में होती है। जन, समूह, भीड़ जनता से भिन्न प्रकृति का होता है। इसे हम इस प्रकार समझ सकते हैं। समूह का निर्धारण समान हितों, मूल्यों तथा सामान्य हितों की पूर्ति के लिए संगठित एवं अन्तःक्रिया पर आधारित होता है। इस कारण समूह, जन से भिन्न है। इसी प्रकार भीड़ एक स्थान पर आकस्मिक किसी घटना या दुर्घटना पर भावुकता के आधार पर अस्थायी आधार पर एकत्र होती है। इस कारण यह भी जन से भिन्न है। जनता और जन में भी अन्तर होता है। जनता का आकार विशाल होता है। इसका उद्देश्य या कारण तथा तौर-तरीका सामाजिक जीवन से जुड़ा होता है। इसका मुख्य उद्देश्य, रुचि, मत, राजनीतिक परिवर्तन आदि होता है। जनता का सम्बन्ध वर्तमान उदारवादी जनतान्त्रिक शासन प्रणालियों से है। इस प्रकार जनसंचार माध्यम (रेडियो, टी. वी., सिनेमा आदि) के श्रोता समूह जन हैं तथा ये समूह, भीड़ एवं जनता से भिन्न हैं।[66]

जनसंचार का प्रवाह अति व्यापक एवं असीमित है। मार्शल मैकलुहन ने वर्तमान समाज में संचार माध्यमों की व्यापकता को देखते हुए संचार माध्यम ही सन्देश हैं तक कह डाला। इस प्रकार संचार माध्यम एक तकनीकी सम्बोधन है। माध्यम का अभिप्राय मध्यस्थता करने वाला होता है। इसमें दो बिन्दुओं को जोड़ने का भी गुण होता है। व्यावहारिक दृष्टि से संचार माध्यम एक ऐसा पुल है जो कि स्रोत और श्रोता के मध्य ट्यूब, वायर एवं प्रवाह आदि के द्वारा सूचना पहुँचाता है।[67]

जनसंचार द्वारा तकनीकी एवं संस्थात्मक आधार पर आधारित विशाल अथवा व्यापक (उत्पादन) रूप में लोगों तक सूचना के संग्रह एवं प्रेषण, विश्लेषण, ज्ञान एवं मूल्यों का मनोरंजन

किया जाता है। इस उद्देश्य की पूर्ति समाचार-पत्र, रेडियो, टी. वी. एवं फिल्म आदि के द्वारा होता है।

एक समय में एक साथ बहुसंख्यक लोगों तक सन्देश प्रेषित करना वर्तमान तकनीकी विकास के द्वारा ही सम्भव हो सका है। जनसंचार माध्यम के द्वारा प्रेषित सूचना में व्यक्तिगत स्तर पर भी चलने की प्रवृत्ति पायी जाती है। जनसंचार माध्यम के प्रसार का अभिप्राय यह नहीं है कि समाज का प्रत्येक व्यक्ति उससे प्रत्येक समय जुड़ा है। जैसे समाचार-पत्र/पत्रिका का पाठक मात्र शिक्षित व्यक्ति होते हैं। प्रत्येक शिक्षित व्यक्ति के लिए भी यह आवश्यक नहीं कि वह समाचार-पत्र/पत्रिका का पाठक ही हो। इसके अलावा समाचार-पत्र/पत्रिका के पाठक भी वही समाचार पढ़ते हैं, जिसमें उनकी रुचि होती है।

दर्शन एवं तकनीकी पुस्तकों के अनुसार जनंसचार का अर्थ 'चयनित श्रोता' (Selected Audience) होता है। जनसंचार माध्यम द्वारा संचारित सन्देश जनसामान्य के लिए होता है। जनसंचार की प्रक्रिया में स्रोत से चली सूचना या सन्देश को मंजिल तक पहुँचाने में अन्तर्वैयक्तिक, समूह, आभ्यन्तर इत्यादि संचार प्रक्रिया का भी योगदान होता है। जनसंचार के विकास ने भौगोलिक एवं समय की दूरी को मिटा दिया है। हम एक-दूसरे से दूर रहते हुए भी एक जनसंचारयुक्त विश्व में रहते हैं।[68]

12.1.15 ध्वनि मिश्रण सिद्धान्त (Synchronous Sound Theory)

फिल्मों में सर्वप्रथम 1926 में व्यावसायिक दृष्टि से ध्वनि को दृश्य के साथ में डॉन जौन, (Don Joun) सम्मिलित किया गया। नवम्बर, 1927 में दी जाज सिंगर (Jazz Singer) स्पष्ट प्रभाव दर्शकों पर छोड़ने की प्रक्रिया के साथ दर्शकों के मध्य प्रदर्शित हुई। इसी के साथ सवाक् फिल्म का निर्माण व्यापक स्तर पर प्रारम्भ हुआ। वार्नर ब्रदर्स (Warner Brothers) ने हॉलीवुड में एक विकसित तथा आधुनिक ध्वनि प्रयोगशाला का निर्माण किया, जिसके द्वारा ध्वनि के पुनर्निर्माण की प्रक्रिया चली तथा यहाँ ध्वनि मिश्रण का कार्य मशीन के द्वारा होता था। इस विकास के साथ मूक युग की व्यवस्था के विपरीत चलचित्र जगत् में नयी प्रक्रिया प्रारम्भ हुई। इसके द्वारा नये अवसर विकसित हुए। ये नये अवसर–थियेटर, लेखक, संगीतकार, अभिनेता आदि के रूप में विकसित हुए।

1902 के समीप ध्वनि मिश्रण के प्रति विशेष रुचि फिल्म निर्माताओं में बढ़ी।[69] इसी अवधि में 'हेर्र रूमर' (Herr Ruhmer) ने ऐसी प्रक्रिया का विकास किया जिसके द्वारा लाइट टेलीफोनी प्रणाली से फिल्मों में ध्वनि रिकार्डिंग की व्यवस्था सीधे हुई पहली बार ध्वनि पट्टी का निर्माण हुआ। जॉन फ्लेमिंग (John Fleming) ने 1904 में थर्मिओनिक वाल्ब (Thermionic Volve) कपाट का निर्माण किया, तथा ली डी फारेस्ट (Lee De Forest) ने 1907 में श्रव्य वैक्यूम (Vaccum Tube) ट्यूब का निर्माण किया। इसी के उपरान्त ध्वनि मिश्रण प्रक्रिया का निर्माण सरल इलेक्ट्रॉनिक प्रक्रिया के द्वारा सम्भव हो सका। परन्तु स्टूडियो में यह लोकप्रिय नहीं हुआ। इस समय तक फिल्मों के शीर्षकों का अनुवाद प्रसार की दृष्टि से होने लगा। 1923 में ली डी फारेस्ट ने ध्वनि एवं प्रकाश को एक साथ प्रस्तुत किया। इससे जर्मनी में और भी अच्छी विधि का विकास हुआ। इस समय तक मूक फिल्मों की लोकप्रियता समाप्त हो चुकी थी। 1928 में फिल्मों में व्यवस्थित रूप से ध्वनि मिश्रण की प्रक्रिया प्रभावी हुई। 1928 में लाइट

ऑफ न्यूयार्क (Light of New York) प्रथम पूर्ण बोलती तथा ध्वनि मिश्रण द्वारा फिल्म तैयार हुई। इसी वर्ष ध्वनि मिश्रण प्रक्रिया द्वारा 1000 बोलती फिल्मों का निर्माण हुआ।

उक्त के उपरान्त वार्नर (Warner) वीटा फोन डिस्क के स्थान पर शीघ्र ही प्रकाशीय (Optical) ध्वनि व्यवस्था प्रभावी हुई। इस व्यवस्था में ध्वनि एवं प्रकाश के एक साथ फिल्म में अंकित किया जाने लगा। इससे चित्र किसी प्रकार प्रभावित नहीं होता था। इस प्रकार संयुक्त रूप की यह उत्पादन प्रणाली प्रभाव में आयी। इससे ध्वनि रिकार्डिंग की व्यवस्था विकसित हुई। वार्त्ता, ध्वनि, प्रभाव, संगीत की रिकार्डिंग अलग से होने लगी। इसके लिए चुम्बकीय रिकार्डिंग प्रक्रिया प्रारम्भ हुई। इसमें मिश्रण का कार्य बाद में किया जाने लगा। इस प्रणाली के विकसित होने से अब स्वतन्त्रतापूर्वक ध्वनि परिवर्तन एवं प्रभावी सम्पादन सम्भव हो सका। 1929 की मन्दी से सिनेमा उद्योग भी प्रभावित हुआ। 1931 में अमेरिका में फिल्म निर्माण में 40% गिरावट आयी।

इसी अवधि के बाद फिल्म का जुड़ाव रेडियो से हुआ। प्रबुद्ध लोगों द्वारा यह प्रभावी हो सका। 1937 में 90% रेडियो कार्यक्रम हालीवुड द्वारा प्रायोजित थे। इन गानों आदि कार्यक्रमों का प्रसारण रेडियो द्वारा किया जाता था।[70]

अंकन पट्टी (Striped Print) के विकास के साथ इस क्षेत्र में और भी परिवर्तन हुआ। फिल्म में एक छोटी-सी मैगनेटिक आक्साइड की पट्टी का विकास हुआ। यह पट्टी फिल्म के साथ जुड़ी होती थी तथा इसी पट्टी पर ध्वनि अंकित होती थी। यह पट्टी फिल्म के साथ जुड़ी होती थी तथा इसी पट्टी पर ध्वनि अंकित होती थी। इस मैगनेटिक ध्वनि प्रक्रिया में पूर्व की प्रकाश-ध्वनि की प्रक्रिया तुलना में अधिक प्रभावी ध्वनि मिश्रण की प्रणाली विकसित हुई। यह प्रणाली कम खर्चीली थी। इस प्रणाली में ध्वनिअंकन की प्रक्रियाएँ भी कम करनी पड़ती थीं। इसका उत्पादन 70 एम. एम. के चार प्रिण्ट पट्टियों में होता था तथा दो-दो पट्टियाँ फिल्म के दोनों ओर होती थीं। इस प्रकार ध्वनि मिश्रण की प्रणाली में निरन्तर विकास की प्रक्रिया जारी है।[71]

12.1.16 परासामाजिक अन्तःक्रिया सिद्धान्त (Para-Social Interaction Theory)

जनसंचार माध्यमों विशेषकर रेडियो, टी. वी. एवं फिल्म के निर्माताओं तथा श्रोताओं दोनों के द्वारा भ्रम का विस्तार किया जाता है। इनके मध्य एक अन्तर्वैयक्तिक सम्बन्ध पाया जाता है। ध्वनि या फिल्म अधिक मात्रा में श्रोताओं के लिए वास्तविक अधिक लगती है, जिसकी तुलना में वे वास्तविक मनुष्य को भूल जाते हैं। इसमें यह विशेषता मिलती है। जनसंचार एवं परा सामाजिक अन्तःक्रिया के मध्य दूरी एवं प्रतिबद्धता (लगाव) का अवलोकन 'मास कम्युनिकेशन एण्ड पारा सोशल इण्टरएक्शन : आब्जर्वेशन आन इण्टीमेसी एट ए डिसटेन्स' (Mass Communication and Para-Social Interaction : Observation on Intimacy at a Distance), 1956 में डी. हारटन एवं आर. आर. होल (D. Horton and R.R. Whol) ने किया। उन्होंने बताया कि व्यक्ति नियमित एवं विश्वसनीय घटनाओं के निरन्तर सम्पर्क में रहता है। इसका सम्पर्क निरन्तर तथा योजनाबद्ध तरीके से एकीकृत होता है। दैनिक जीवन चर्चा में जिसे श्रोताओं के द्वारा एक मित्र अथवा सलाहकार सुविधाजनक रूप में प्रारूप को स्वीकार किया जाता है। परन्तु उक्त प्रत्येक स्थिति में मनुष्य के वास्तविक मुखौटे के इर्द-गिर्द

की स्थिति अपरिवर्तनशील होती है। परन्तु इनके द्वारा कोई चुनौती अन्तःकरण को नहीं मिलती और न वह आराम ही देती है।

श्रोता एवं कल्पित व्यक्तित्व के मध्य अन्तःक्रिया का प्रबल सम्बन्ध तभी बनता है जबकि इनकी शृंखला लम्बी होती है। बी. बी. सी. रेडियो द्वारा संचालित दी आर्चर्स कोरोनेशन स्ट्रीट फ्रॉम ग्रैनाडा टी. वी. (Archers Coronation Street From Granada TV) कल्पित भयानक चरित्र राष्ट्रीय ध्यानाकर्षण का केन्द्र बना।[72]

उक्त के अतिरिक्त अध्ययनों से यह भी स्पष्ट हुआ है कि पुस्तक या उपन्यास के कल्पित चरित्र भी व्यक्ति के व्यक्तित्व को प्रभावित करते हैं। इस सम्बन्ध में पश्चिम में प्रचलित अध्ययन प्रणाली को पुस्तक चिकित्सा विज्ञान (Bibliotheraphy or Booktheraphpy) के नाम से जाना जाता है। इस प्रणाली में पुस्तक की सहायता से मानवीय समस्याओं के समाधान में सहायता की जाती है। इस पद्धति का प्रयोग चिकित्सालयों एवं अन्य संस्थाओं में किया जाता है। इसके द्वारा सांस्कृतिक समस्या, संघर्ष, धार्मिक मतभेद, पारिवारिक गतिशीलता, चिकत्सालयीय बन्धन, पारिवारिक अलगाव एवं अन्य समस्याओं का समाधान एवं निरोध उसी प्रकार करते हैं जैसे बच्चों को समझा एवं कहानी-किस्से बताकर किया जाता है। प्रायः देखा जाता है कि लोगों के मध्य समस्याएँ उत्पन्न होती हैं, जब कुछ बाहरी तत्त्व घटना में सम्मिलित हो जाते हैं, बच्चों में कुछ सीमा तक उनकी निजी समस्या के सम्बन्ध में समझदारी, कुछ सान्त्वना, सहायता एवं स्पष्टीकरण में पुस्तक कुछ सहायता करती है। पुस्तक चिकित्सा विज्ञान का उद्देश्य पाठक के व्यक्तित्व एवं पुस्तक में क्रान्तिकारी अन्तःक्रिया उत्पन्न करना होता है।

चिकित्सा विज्ञानी या आरोग्य विज्ञानी इस क्रिया का उपयोग तब करते हैं जबकि किसी समस्या का तात्कालिक निदान करना हो। परन्तु भविष्य में उक्त प्रकार की समस्या न उत्पन्न हो इसके लिए निदानात्मक पुस्तक (Preventive Bibilotherapy) का उपयोग करके इस पद्धति में काल्पनिक व्यक्तित्व के द्वारा वास्तविकता से परिचय कराया जाता है। यदि पाठक या श्रोता में एक बार वास्तविकता का ज्ञान हो जाता है तथा काल्पनिक चरित्र की छाप उस पर पड़ जाती है तो उक्त दशा में व्यक्ति पुस्तक में वर्णित दशाओं एवं प्रेरणा के अनुरूप बाह्य परिवेश एवं स्थितियों में भी कार्य करता है। उस व्यक्ति के अन्तःकरण में एक आशा का संचार होता है तथा यह प्रक्रिया बौद्धिक अभिव्यक्ति तथा संवेदना के विस्तार के रूप में भी निरन्तर आगे बढ़ती है। डेनियल स्वीनी ने 'बिब्लिओथिरेपी एण्ड एल्डरली' (Daniel, Sweeny in Bibliotherapy and Eldery) एवं आर. जे. रूबिन द्वारा सम्पादित बिब्लिओथिरेपी सोर्स बुक में बताया कि वृद्ध लोगों में टेप या अतीत की स्मृतियों को स्मरण कर जीवन में आनन्द उठाने की प्रवृत्ति पायी जाती है। यह उनमें साहस, नैतिकता का संचार करती है। वृद्ध जन अतीत के कौशल लक्ष्य प्राप्त महत्त्वाकांक्षा आदि के स्मरण से भी उनमें सद्प्रवृत्ति एवं जीवन आनन्द का विकास होता है। वे एक मूल्यपरक मार्ग के साथ-साथ इस प्रक्रिया के द्वारा मस्तिष्कीय आनन्द या अनुभूतिपरक आनन्द एवं हँसी-खुशी के साथ अपने को स्वस्थ रखते हैं।[73]

प्राचीन भारतीय मनीषियों ने रामायण, महाभारत एवं पुराणकथाओं के द्वारा पश्चिम में हाल में प्रयोग होनेवाली पुस्तकीय चिकित्सा प्रणाली को लोक व्यवहार एवं संज्ञान में लाया था। भारतीय परम्परा पश्चिम से काफी आगे रही। रामायण, महाभारत के उपरान्त पुराणकथाओं, पंचतन्त्र का प्रचलन अस्तित्व में आया। उक्त से स्पष्ट है कि भारतीय मनीषियों ने कथा, गाथा

आदि के द्वारा समाज की स्थितियों के अनुरूप लोक चरित्र का निर्माण तथा विस्तार किया। खेद है कि हम उस उच्च विरासत तथा परम्परा से कट रहे हैं और पश्चिमी समाज में वह परम्पराएँ वैज्ञानिक विकास एवं चिकित्सकीय विकास के द्वारा परोसी जा रही हैं।

12.1.17 जनसंचार के माध्यमों का मानक या आदर्श सिद्धान्त (Normative Theories of Mass Media)

अमेरिकी जनमाध्यम विश्लेषकों–जी. एफ. सिबर्ड. टी. पीटरसन एवं डब्लू. श्रेम (G.F. Siebert T. Peterson and W. Sehramm) ने प्रेस के चार सिद्धान्तों को स्पष्ट करते हुए उसकी चार प्रकृति–(1) प्रभुत्ववादी, (2) साम्यवादी (3) उदात्त एवं (4) सामाजिक दायित्व को सम्मिलित किया जबकि डेनिस मैक्विल ने मास कम्युनीकेशन थ्योरी : ऐन इण्ट्रोडक्शन (Denis Mcquail in Mass Communication Theory: An Introduction), 1983 में जनमाध्यमों के छह सिद्धान्तों का उल्लेख किया, जो इस प्रकार हैं :

(1) प्रभुत्ववादी सिद्धान्त (Authoritrian Theory), (2) स्वतन्त्र प्रेस सिद्धान्त (Free Press Theory), (3) सामाजिक दायित्व सिद्धान्त (Social Responsibility Theory), (4) सोवियत मीडिया सिद्धान्त, (Soviet Media Theory), (5) विकासवादी जनमाध्यम सिद्धान्त (Development Mass Media Theory), और (6) प्रजातान्त्रिक प्रतिभागी सिद्धान्त (Democratic Anticompititor Theory)।

जनमाध्यमों या आदर्श सिद्धान्त की मान्यता के अनुसार जनमाध्यमों का स्वरूप कैसा हो? पर अधिक बल दिया जाता है। इस सिद्धान्त में व्यवहार की तुलना में क्या अनुमति है, यह अधिक महत्त्वपूर्ण है। विद्यमान राजनीतिक, आर्थिक एवं सांस्कृतिक सन्दर्भों से परे मानक या आदर्शात्मक सिद्धान्त अस्तित्व में आते हैं। इस सिद्धान्त की केन्द्रीय भावना का सम्बन्ध जनमाध्यमों की कार्यप्रणाली, राज्य में जनमाध्यमों में निहित होता है। अधिनायकवादी अथवा प्रभुत्ववादी व्यवस्था में सिद्धान्त के अनुसार प्रेस एवं प्रसारण व्यवस्था की स्वतन्त्रता विद्यमान नहीं रहती तथा न तो इस सम्बन्ध में प्रेस का स्वरूप वही होता है जैसा सत्ताधारी लोग चाहते हैं तथा प्रेस एवं जनमाध्यमों का कार्य सत्ताधारी वर्ग का समर्थन करना होता है। इस सिद्धान्त के अनुसार जनमाध्यम सत्ताधारी वर्ग के अधीन होते हैं। इस प्रकार जनमाध्यम सत्ता के ही उपांग होते हैं तथा वे बहुसंख्यकों की भावना एवं नैतिकता तथा मूल्यों की उपेक्षा करते हैं। इस प्रकार की व्यवस्था में सेन्सर व्यवस्था तथा कानून कठोर एवं मान्य तथा न्यायोचित माने जाते हैं। ये कानून सरकार के समर्थन तथा विरोधियों के विरुद्ध होते हैं। सत्ता के विपरीत सामाजिक मूल्यों को अपराध की श्रेणी में रखा जाता है।[74] इस प्रकार प्रभुत्ववादी व्यवस्था में जनमाध्यमों के मानक सिद्धान्तों का विकास सत्ताधारी वर्ग का आदर्शों के अनुरूप होता है।

विलबर श्रेम एवं साथियों के उदात्तवादी सिद्धान्त के स्थान पर डेनिस मैक्विल ने स्वतन्त्र प्रेस सिद्धान्त का प्रयोग किया। इस सिद्धान्त के अनुसार उदार जनतान्त्रिक व्यवस्था में प्रिण्ट माध्यमों को न्यायसंगत सिद्धान्तों के अनुसार मान्यता मिलती है। इस सिद्धान्त का आधार स्वतन्त्र एवं जन अभिव्यक्ति पर आधारित है। इसका लक्ष्य सत्य पर आधारित तथा दोषों के विपरीत है। इस मान्यता को अमेरिकी कांग्रेस को प्रेस की स्वतन्त्रता को कम करने के लिए कानून बनाने सम्बन्धी शक्ति नहीं प्राप्त है। और न ही वह प्रेस की अभिव्यक्ति की स्वतन्त्रता को छीन ही सकती है। डेनिस मैक्विल ने यह विश्लेषण व्यवहार के आधार पर किया। इस

सम्बन्ध में कुछ मौलिक प्रश्न भी किये गये जैसे किसकी स्तन्त्रता? एकाधिपत्य की प्रवृत्ति? स्वतन्त्रता की नजदीकी एवं चित्रित करनेवाली भावना के साथ-साथ लाभ/मुनाफा तथा निजी स्वामित्व आदि से सम्बन्धित प्रश्न थे।[75] इस आधार पर उन्होंने पाया कि स्वतन्त्र प्रेस व्यवस्था में प्रेस पर पाबन्दी नहीं होती तथा प्रेस स्वतन्त्र रूप से सामाजिक मूल्यों एवं आदर्शों के अनुरूप अपना योगदान देते हैं।

सामाजिक दायित्व सिद्धान्त की मान्यता के अनुसार स्वतन्त्रता की तुलना में प्रेस या जनमाध्यमों का उत्तरदायित्व अधिक महत्त्वपूर्ण है। वह सिद्धान्त स्वतन्त्रता को ऐच्छिक मानने के साथ-साथ इसकी तुलना में समाज के प्रति वचनबद्धता को महत्त्वपूर्ण मानता है। इस स्थिति में जनमाध्यमों की भूमिका जनता के सेवक की हो जाती है। जनमाध्यम जनता के प्रहरी अथवा रक्षक की भाँति होते हैं। जनमाध्यम जनहित की रक्षा सरकारी एवं निजी क्षेत्र के भ्रष्टाचार तथा शक्ति के दुरुपयोग से करते हैं। इनकी भूमिका सन्तुलित एवं तटस्थ होती है। बहुसंख्यकों की मान्यता के अनुसार जनमाध्यम जनता के प्रति उत्तरदायी होते हैं।[76] इस प्रकार की व्यवस्था में जनमाध्यम सामाजिक आदर्श एवं मूल्यों के अनुरूप कार्य करते हैं।

जनमाध्यमों के सोवियत साम्यवादी सिद्धान्त का आधार कार्ल मार्क्स, एंगिल एवं लेनिन के सिद्धान्त हैं। इस सिद्धान्त के अनुसार जनमाध्यमों को साम्यवादी व्यवस्था एवं साम्यवादी राज्य के हितों का संरक्षण करना चाहिए। क्योंकि साम्यवादी राज्य एकवर्गीय समाज के सभी लोगों का प्रतिनिधित्व करता है। जनमाध्यम लोगों के लिए हैं। जनमाध्यम लोगों से सम्बद्ध होते हैं। व्यवहार में इनका सम्बन्ध जन नेतृत्व से होता है। इस प्रकार साम्यवादी व्यवस्था में जनमाध्यमों एवं सरकार का नियमन तथा संचालन कार्ल मार्क्स के सिद्धान्तों के आधार पर होता है। मार्क्सवादी सिद्धान्त में शिक्षण, सूचना, अभिप्रेरणा एवं गतिशीलता आदि का लक्ष्य समाजवादी समाज के लक्ष्य एवं विश्वास को बढ़ाना होता है। इस कारण इस प्रकार की व्यवस्था में जनमाध्यमों की स्वतन्त्रता एक प्रश्न के घेरे में होती है। इस व्यवस्था में जनमाध्यमों पर कठोर नियन्त्रण एवं सेन्सर होता है।[77] उक्त से स्पष्ट है कि साम्यवादी व्यवस्था में जनमाध्यमों के मानक एवं आदर्श साम्यवादी मूल्य होते हैं। जनमाध्यमों को इसी साम्यवादी मानक एवं आदर्श के विकास के लिए कार्य करना पड़ा है।

विकासवादी जनमाध्यमों के सिद्धान्त का विकास तीसरी दुनिया के राष्ट्रों की विशेष आवश्यकता के रूप में हुआ। यह सिद्धान्त नकारात्मक समाचार अथवा सन्देश के स्थान पर सकारात्मक समाचारों के स्थान पर सकारात्मक समाचारों के सम्प्रेषण पर बल देता है। इसका सन्दर्भ मैकब्राइड कमीशन की संस्तुति में भी है। यह सिद्धान्त तीसरी दुनिया के देशों की उस प्रतिस्पर्द्धा को रेखांकित करता है, जो कि पश्चिमी औद्योगिक राष्ट्रों के विकास की तुलना में आर्थिक प्रतिद्वन्द्विता में है। इसके साथ-साथ समाचार प्रेषण राष्ट्र निर्माण में सहयोगी एवं पूरक है। जनमाध्यमों का सिद्धान्त ऐसी सूचना अथवा समाचार सन्दर्भ का समर्थन करता है, जो कि विदेशों पर समाचार की निर्भरता का विरोध करता है। इसके साथ स्वायत्तता तथा सांस्कृतिक पहचान का समर्थन करता है। राष्ट्र की नीति के अनुरूप सकारात्मक तथा विकासवादी सन्दर्भों को यह वरीयता तथा महत्त्व देता है। स्वतन्त्रता की सीमा राष्ट्र की आर्थिक, सांस्कृतिक प्राथमिकताओं तथा विकास की आवश्यकता के अनुरूप होती है।

मानक या आदर्शात्मक सिद्धान्त में हाल में प्रजातान्त्रिक प्रतिभागी सिद्धान्त को जनमाध्यम के क्षेत्र में सम्मिलित किया। यह सिद्धान्त उदात्तवादी, कल्पनावादी, समाजवादी, समतावादी एवं क्षेत्रवाद का मिश्रित भाग है। व्यक्ति के अधिकारों का मूल्यांकन अल्पसंख्यक समुदायों आदि के साथ-साथ जनमाध्यम एक आवश्यक तत्त्व अथवा अवयव के सम्प्रेषण के अधिकार के अनुरूप जनमाध्यम प्रजातान्त्रिक भावना के अनुरूप कार्य करते हैं। यह सिद्धान्त स्वामित्व के केन्द्रीकरण के विरुद्ध तथा यह श्रोताओं की पालतू सूचना प्राप्तकर्त्ता की भूमिका को नकारता है। जनमाध्यमों का जवाबदेह होने के साथ-साथ सरकार एवं बड़े औद्योगिक घरानों से स्वतन्त्र होना और लघु उद्योगों से युक्त तथा सहभागी होना आवश्यक है। यह सिद्धान्त शासन के आधिपत्य सिद्धान्त को चुनौती देता है। वह सकारात्मक रूप में जनमाध्यमों के स्वरूपों तथा उनकी व्याख्या करता है।[78]

12.1.18 परावर्तक या प्रतिबिम्ब सिद्धान्त (Reflective-Projective Theory)

प्रसारण एवं जनमाध्यम के परावर्तक या प्रतिबिम्ब सिद्धान्त ली लोविंजर (Lee Lovinger) ने दी एम्बिगुअस मिरर : दी रिफलेक्टिव-प्रोजेक्टिव थियोरी ऑफ ब्राडकास्टिंग एण्ड मास कम्युनिकेशन (The Ambiguous Mirror : The Reflecvtive-Projective Theory of Broad-casting and Mass Communication), 1979 में बताया कि जनसंचार के दर्पण की भाँति अच्छी तरह से समझा जा सकता है। यह दर्पण की भाँति अनेकार्थी छवि प्रस्तुत करता है, जिसे प्रत्येक अवलोकनकर्त्ता अपनी दृष्टि से स्वयं को तथा समाज को प्रक्षेपित करता है अथवा देखता है। जनमाध्यम समाज की छवि का प्रतिबिम्ब करता है न कि व्यक्ति की।

जब दर्पण की भाँति जनमाध्यम समाज के बिन्दु को चुनते हैं तो उस समय वे न तो नयी संस्कृति को जन्म देते हैं और न ही ऐसे बिम्ब को प्रस्तुत करते हैं या परावर्तित करते हैं, जो कि कुछ रूपों में समाज में विद्यमान हों। प्रसारण समाज की छवि स्पष्ट करते तथा कुछ सीमा तक तोड़ते भी हैं। वे इसे व्यापक रूप में उभारते हैं। इस सिद्धान्त के अनुसार जनमाध्यम समाज सुधार के उपकरण अथवा जनचेतना विकास के मुख्य उपकरण हैं। इस प्रकार टी. वी. पर हिंसा समाज में विद्यमान हिंसा की स्थिति एवं प्रतिकार को व्यक्त करती हैं। जनमाध्यमों के सदस्य एवं श्रोता जनमाध्यमों को अपनी दृष्टि से देखते हैं। प्रसारण एक विद्युतीय दर्पण है जिसके द्वारा बहुअर्थी पर्यावरणीय प्रतिबिम्ब का परावर्तन किया जाता है। जिसमें रहकर श्रोता अपनी दृष्टि से समाज को देखता है।[79]

यह सिद्धान्त जनसंचार को समाज के एक दर्पण की भाँति मानता है। इस सिद्धान्त की मान्यता है कि जनसंचार के दर्पण की भाँति ऐसा प्रतिबिम्ब स्वरूपि होता है जिसे प्रत्येक मूल्यांकनकर्त्ता अपनी दृष्टि के अनुसार अपने को एवं समाज को देखता है। इस सिद्धान्त के द्वारा प्रसारण माध्यम के तथ्यों का मूल्यांकन अन्य संचार सिद्धान्तों की अपेक्षा व्यापक रूप से किया गया है।

इस सिद्धान्त से स्पष्ट है कि संचार माध्यम समाज के अनेकों स्वरूपों को प्रतिबिम्बित करते हैं न कि व्यक्ति के। प्रसारण माध्यम साधारण दर्पण नहीं है वरन् एक टेलिस्कोपिक दर्पण के समान शक्तिशाली है जिसमें कि अधिक दूरी तक अच्छी रीति से सन्देश, बिम्ब को भेजा जा सकता है। संचार माध्यम एक विद्युतीय दर्पण है जिसके द्वारा समाज समग्र मूल सन्दर्भों का प्रतिबिम्ब प्रेषित करते हैं। यह उस प्रकार की नयी संस्कृति अथवा बिम्ब को प्रसारित एवं

प्रतिबिम्बित नहीं करता जो कि समाज में व्याप्त न हो। यह उसे ही प्रतिबिम्बत करता है जो सुस्पष्ट होता है।

प्रसारण माध्यम एक नहीं अनेक स्वरूप समाज को स्वरूपित करते हैं, जिस प्रकार से उसे समाज के अनेक भागों में प्रयुक्त किया जाता है। टेलीस्कोपिक कैमरे की भाँति समाज का प्रतिबिम्ब संचार माध्यम के द्वारा बड़ा अथवा छोटा किया जा सकता है। इस सिद्धान्त के अनुसार संचार 'जनता प्रसारण' की संज्ञा से सम्बोधित किये जा सकते हैं। इसकी सहायता से पूर्ण तथा वास्तविक रूप में समाज को प्रतिबिम्बत किया जा सकता है। उभार और प्रतिबिम्ब सिद्धान्त के अनुसार संचार माध्यम सामाजिक सुधार तथा जन-चेतना विकास के यन्त्र सदृश हैं।

संचार माध्यम एक विद्युतीय दर्पण है जो कि पर्यावरण का एक स्वरूप उपस्थित करते हैं जिसे श्रोता सामाजिक दृष्टि के अनुसार देखता है। यह सिद्धान्त प्रसारण माध्यम के सन्दर्भों की पूर्ण व्याख्या करता है। इस सिद्धान्त से सरलतापूर्वक स्पष्ट हो जाता है कि व्यक्ति बलपूर्वक संचार माध्यम से जुटते और अलग होते हैं एवं इसके प्रति संवेगात्मक प्रतिक्रिया व्यक्त करते हैं। क्योंकि प्रत्येक श्रोता जो देखता और सुनता है, उस पर उसका अपना अहं निर्मित होता है और इसी के अनुरूप उसकी प्रतिक्रिया होती है।

प्रसारण का दर्पण सिद्धान्त न मात्र श्रोता के संवेदनात्मक भागीदारी को व्यक्त करता है वरन् यह संचार माध्यम प्रमुख आयामों को स्पष्ट करता है। यह सिद्धान्त प्रजातान्त्रिक विरोधाभास की संचार प्रवृत्ति को भी स्पष्ट करता है। प्रजातन्त्र जनता अथवा जनता के लिए है परन्तु जिसकी नीति निर्माण में भागीदारी है वही प्रभुत्वयुक्त है। प्रजातान्त्रिक संचार के तहत जनता संचार माध्यमों में अपना बिम्ब देखना चाहती है न बौद्धिक एवं नेताओं की। वस्तु समाज के अभिजनन जो कि जनसंचार माध्यम को जन आधारित बनाना चाहते हैं वे जनता की अपेक्षा अपने विचार एवं स्वरूप को अधिक जनसंचार माध्यम पर देखना चाहते हैं।

इस सिद्धान्त की मान्यता है कि जनसंचार माध्यम समकालीन समाज के उपयोगी अवयव या उपकरण हैं। एक राष्ट्र या समुदाय का निर्माण समान हित, समान विचार एवं समान संस्कृति के आधार पर होता है। इस सामान्य बिम्ब का प्रतिबिम्बन जनसंचार माध्यमों के द्वारा होता है।

स्पष्ट है कि संचार दर्पण सिद्धान्त जनसंचार माध्यमों के विषय-वस्तु एवं सन्दर्भों की मनोवैज्ञानिक व्याख्या करते हैं। श्रोता के दृष्टिकोण को भी यह सिद्धान्त स्पष्ट करता है। इस प्रकार संचार माध्यम की विषय-वस्तु एवं श्रोता का मनोवैज्ञानिक विश्लेषण इस सिद्धान्त पर आधारित है।[80]

12.1.19 प्रबलीकरण सिद्धान्त (Reinforcement Theory)

इस सिद्धान्त में अधिक बल जनसंचार माध्यमों के द्वारा राजनीतिक तथा सामाजिक मूल्यों एवं संरचना पर पड़नेवाले प्रभावों या प्रबलीकरण पर दिया जाता है। इसके अन्तर्गत मुख्य रूप से ध्यान, जनमाध्यमों के हिंसात्मक चित्रण एवं राजनीतिक संचार में जनमाध्यमों की भूमिका पर मुख्यतः केन्द्रित किया गया है।

इसके अन्तर्गत कुछ लोग जनमाध्यमों में हिंसा का प्रदर्शन समाज में हिंसा को बढ़ानेवाला मानते हैं। यह मान्यता कुछ लोगों की है। कुछ अनुसन्धानों से जनमाध्यमों के प्रभाव का स्पष्टीकरण हुआ है। एक स्कूल की मान्यता के अनुसार यह विचार गलत है कि जनमाध्यम

हिंसा को सीधे बढ़ाते हैं। इनकी यह स्थिति समालोचन से परे नहीं है। जेम्स हालोरन (James Halloran) ने अपने लेख दी इफेक्ट ऑफ दी मीडिया पोट्रायल ऑफ वायलेन्स एण्ड एग्रेशन (The Effect of the Media Portrayal of Violence and Aggression) 1970 में बताया है कि कई अनुसन्धानों से यह स्पष्ट हुआ है कि जनसंचार माध्यम सीधे एवं सामान्य रूप से श्रोताओं के व्यवहार को हिंसात्मक दिशा में मोड़ने में महत्त्वपूर्ण भूमिका निभाते हैं।

पी. एफ. लेजर्सफील्ड, बी. बेरेलसन और एच. गौडेट इन दि पुपिल्स च्वायस (P. F. Lazarsfield, B. Berelson, H. Gaudet in The People's Choice) 1948 में राजनीतिक संचार प्रभाव में जनसंचार माध्यम की भूमिका को मतदान व्यवहार पर स्पष्ट किया तथा इसे प्रकाशित किया। उन्होंने स्पष्ट किया कि जनमाध्यम का मुख्य प्रभाव विद्यमान राजनीतिक प्राथमिकता को प्रबल करता है। चयनित व्यक्ति, चयनित प्रभाव एवं चयनित अनुस्मरण की अवधारणा को स्पष्ट करते हुए बताया कि इस प्रकार समान परिणाम के द्वारा विभिन्न प्रकार के विचारों एवं मूल्यों तथा विश्वासों को जनमाध्यम श्रोता में बढ़ाते अथवा पुनर्वलित करते हैं। उन्होंने सुझाया कि श्रोता जनमाध्यमों से सूचना को अपनी इच्छा से तथा भावना के अनुसार पुनः चयनित करता है। उदाहरण के लिए यदि किसी कार्यक्रम में व्यक्ति का सीमित पुनर्वलन होता है तो वह कार्यक्रम अलोकप्रिय होता है।

वर्तमान में अधिक अनुसन्धानों के निष्कर्ष इसके विपरीत हैं। कुछ विशेषज्ञों ने राजनीतिक प्रचार के लिए एजेण्डा सेटिंग या चर्चावली निर्धारण को महत्त्वपूर्ण माना। कुछ ने पुनर्वलन सिद्धान्त में कुछ परिवर्तन किया। जय ब्लूमर एवं डेनिस मैक्विेल इन दी आडिएन्स फॉर इलेक्शन टेलीविजन (Jay Blumler and Denis Mcquail in the Audience for Election Television) में ब्रिटेन के आम चुनाव के परिणामों का सामान्य विश्लेषण एवं तर्क प्रस्तुत किया। उन्होंने स्पष्ट किया कि कुछ ने अपने विचार तथा विश्वासों के आधार पर राजनीतिक संचार प्रक्रिया का पुनर्वलन के आधार पर चयन किया। अन्य ने इस संचार का मात्र निर्देश के रूप में स्वीकार किया। कुछ टिप्पणीकारों ने स्पष्ट किया कि जनसंचार माध्यमों के द्वारा राजनीतिक संचार कुछ समूह के राजनीतिक विचारों को अन्य की भाँति व्यक्त करते हैं। इनके द्वारा अधिक स्पष्ट रूप से राजनीतिक संचार के बढ़ने से मतदान व्यवहार में वृद्धि होती है।[81]

उनके अनुसन्धानों, जनमाध्यमों के संगठनों एवं प्रभावी सामाजिक तथा राजनीतिक संस्थाओं से स्पष्ट होता है कि जनमाध्यम विद्यमान सामाजिक तथा राजनीतिक अनुक्रम को पुनर्वलित करते हैं। मिचिल ट्रेसी (Michael Tracy) 1978 ने दी प्रोडक्शन ऑफ पोलिटिकल टेलीविजन (The Production of Political Televison) में स्पष्ट किया कि जनमाध्यम एवं प्रभावी संस्थाओं के मध्य स्पष्ट सम्बन्ध पाया जाता है। इसका निर्धारण वस्तुस्थिति तथा स्वयत्तता के अनुरूप स्पष्ट होता है। उन्होंने पुनः स्पष्ट किया कि जनमाध्यम परे [illegible] निभाते हैं। अनुसन्धान से यह भी स्पष्ट हुआ कि महिला समाज में जनमाध्यमों क[illegible] सीमित एवं परम्परागत प्रबलीकरण या पुनर्वलन की प्रक्रिया से युक्त होती है। जनमाध्यम समाज के स्तरीकरण के अनुरूप कार्य करते हैं।[82]

12.1.20 मार्शल मैकलुहन का सिद्धान्त (Marshall Mcluhan's Theory)

जनमाध्यम के विश्लेषणों में कनाडा के प्रोफेसर मार्शल मैकलुहन (1911-80) का नाम प्रमुख है। इन्होंने टोरण्टो में मीडिया स्टडीज सेण्टर की स्थापना की। इसने नये माध्यमों

विशेषकर टी. वी. के प्रभाव का समाज पर अध्ययन किया। उसके अनुसार टेलीविजन प्रचार का उन्मादी एवं दबाववाला तटतोप (Manci Depressive Roller Coate of Publicity) है। मार्शल मैकलुहन की उक्त उक्ति के अतिरिक्त माध्यम ही सन्देश हैं। (Medium is the Message) का प्रयोग अण्डरस्टैण्डिंग मीडिया : दी इक्सटेन्सन्स ऑफ मैन (Understanding Media : The Extensions of Man), 1964 में किया। उसके अनुसार जनमाध्यमों के विकास के परिणामस्वरूप विश्व एक गाँव में (Global Village) बदल गया है। इनसे रेडियो की ट्राइबल ड्रम (Tribal Drum) तथा फोटो को ब्राथेल विदाउट वाल्स (Brothel-without Walls) अर्थात् दीवाररहित वेश्यालयों और टी. वी. के टिमिड जैण्ट (Timid Gaint) अर्थात् कायर मुनाफाखोर के साथ-साथ मीटर कार मेकेनिकल अर्थात् यान्त्रिक दूल्हन (Mechanical Bride) की संज्ञा दी।[83]

विवेक विस्तार सिद्धान्त में जनसंचार का सांगोपांग निरूपण किया गया है। उसकी पुस्तक अण्डरस्टैण्डिंग मीडिया : दी इक्सटेसन्स ऑफ मैन, में मैकलुहन का सिद्धान्त इसी पर आधारित है। वह कार्ल मार्क्स की तरह एक निश्चयवादी था। कार्ल मार्क्स आर्थिक तत्त्व को सामाजिक परिवर्तन का कारण मानता था जबकि, मैकलुहन संचार माध्यम को सामाजिक परिवर्तन का कारण मानता था।

मैकलुहन के अनुसार संचार माध्यम, तकनीकी उत्पादन मनुष्य के शरीर का विस्तार है। जैसा जूता पैर का विस्तार है। संचार माध्यम मनुष्य का विस्तार करते हैं। यह अनेक प्रकार से होता है जैसे, बोल, लिख, सड़क, वस्त्र, अर्थ, छपाई, फोटो, समाचार-पत्र, टेलीफोन, रेडियो, फिल्म एवं टेलीविजन इत्यादि। इनके अनुसार सामाजिक परिवर्तन के लिए संचार माध्यम जिम्मेदार है, क्योंकि सूचना प्रवाह का अस्थि संचार माध्यम है। अतः संचार माध्यम ही सन्देश है। क्योंकि सन्देश संचार माध्यम द्वारा ही यात्रा करते हैं। उनके अनुसार शीत (Cold) माध्यम गर्म (Hot), माध्यम प्रभाव भिन्न होता है। शीत माध्यम अधिक प्रभावी होता है। टी. वी., टेलीफोन, शीत माध्यम तथा फिल्म, रेडियो, फोटोग्राफ, गर्म तथा कार्टून शीत माध्यम है। समाचार-पत्र गर्म एवं टी. वी. समाचार शीत माध्यम है।

शीत माध्यम में श्रोता का जुड़ाव एवं ग्रहणशीलता अधिक होती है जबकि गर्म माध्यम में इसका अभाव होता है। शीत माध्यम में अनेक अनुभूतियों व गर्म माध्यम में मात्र एक अनुभूति होती है जैसे-फोटो एक अनुभूति होती है वैसे ही कार्टून अनेक अनुभूति होता है। वह एक वैज्ञानिक ही नहीं था बल्कि उसके विचारों का क्रम एक दार्शनिक से अधिक बिखरा हुआ है। उसने ध्यान केन्द्रीकरण का मूल्यांकन किया। उसके अनुसार प्रिण्ट ने नये वातावरण का निर्माण किया। इसने जनता का निर्माण किया। उसके अनुसार प्रिण्ट ने नये वातावरण का निर्माण किया। प्रारम्भ में प्रि[illegible] में इतनी क्षमता नहीं थी कि वह जनता को राष्ट्र में बदल सके। 'गुटेनबर्ग' के सम[illegible] समाज में प्रिण्ट तकनीक का यही स्वरूप था। प्रिण्ट जब विद्युतीय शक्ति से जुड़ा तो उसकी क्षमता में वृद्धि हुई। प्रिण्ट जब संचार माध्यम में बदला तब से वह आधुनिक राष्ट्रवाद का मुख्य तत्त्व बन गया और राष्ट्र की परिकल्पना साकार हो सकी। प्रिण्ट माध्यम के द्वारा 'राष्ट्रीय एकता' तथा वर्तमान सरकारी केन्द्रवाद प्रभावी हुआ।

मैकलुहन के अनुसार वर्तमान समय में "माध्यम ही सन्देश है" की सार्थकता व्यक्त है। उसकी मान्यता है कि प्रत्येक संचार माध्यम के अपने परिणाम होते हैं। "माध्यम ही सन्देश

है'' क्योंकि विस्तार नियन्त्रण, किस मात्रा तक और किस सीमा तक किस प्रकार लोगों तक पहुँचे यह अब संचार माध्यम पर निर्भर है। मैकलुहन के अनुसार माध्यम तकनीकी प्रक्रिया व्यक्ति का विस्तार है।

उसके अनुसार प्रोग्राम 'सन्दर्भ' के आलोचकों द्वारा टेलीविजन की हिंसा वैसे ही नाकारा तथ्य है जैसे कोई समाचार-पत्र, रेडियो, टेलीविजन, फिल्म में व्याकरण खोजे। वह सेन्सर नियन्त्रण की व्यवस्था को स्वीकार करने के साथ-ही-साथ संचार माध्यम सन्दर्भ और उसके सामाजिक प्रभाव को भी स्वीकार करता है।

मैकलुहन की मान्यता है कि प्रत्येक नयी अभियान्त्रिकी नया पर्यावरण बनाती है। जबकि हस्तलेखन नया था तो लोग विचारों को लिपिबद्ध या लेखबद्ध हाथ से कलात्मक तरीके से करते थे। प्रिण्ट के प्रारम्भ होने पर लोग विचारों को कलात्मक तरीके से छापने लगे। यह मध्ययुगीन कला थी। औद्योगिक युग में पुनर्जागरण कलात्मक रूप में आया वर्तमान विद्युत् युग में पूरी मशीनी क्रिया कलात्मक रूप में व्याप्त है।[84]

इस प्रकार मैकलुहन के सिद्धान्त में संचार के विकास तथा उसके युगीन प्रभाव की ऐतिहासिकता का विवेचन किया गया है। मैकलुहन के विवेक विस्तार सिद्धान्त संचार माध्यम और उसके प्रभाव से मुख्य रूप से सम्बद्ध है।

मैकलुहन का दूसरा सिद्धान्त संचार माध्यम के ऐतिहासिक प्रभाव से जुड़ा है मार्क्स ने इतिहास को मानव एवं उत्पादन के साधन से निश्चित किया, जबकि मैकलुहन ने ऐतिहासिक विकास संचार माध्यमों के विकास से निश्चित किया है। उक्त वर्णित सन्दर्भों से स्पष्ट है कि आदिम अवस्था का मानव लेखन, प्रिण्ट से गुजरता विद्युतीय संचार माध्यमों की अवस्था में पहुँच गया है। विश्व एक ग्राम सदृश हो गया है। वर्तमान संचार माध्यमों का व्यापक प्रभाव है।[85]

इस प्रकार मार्शल मैकलुहन ने जनमाध्यमों के सन्दर्भ में महत्त्वपूर्ण दर्शन प्रस्तुत किया।

12.1.21 रिथ का प्रसारण व्यवहार सिद्धान्त (Reithian Attitude to Broadcasting)

जॉन रिथ (Johan 'Reith') बी. बी. सी. के प्रथम महानिदेशक थे। उन्हीं के प्रयास से ब्रिटेन में प्रसारण का विकास हुआ। 1922 में रिथ नयी ब्रिटिश ब्रॉडकास्टिंग कम्पनी के महा-प्रबन्धक नियुक्त हुए। रिथ का दर्शन था कि प्रसारण को आकाशमार्ग से करने के सुयोग के द्वारा लोगों में गुणवत्ता का विकास एवं उन्हें शिक्षित तथा प्रबुद्ध किया जा सकता है। इसके द्वारा वह सूचना अथवा जानकारी दी जा सकती है, जिसे लोग चाहते हैं। वे इसे शिक्षा से ओषधि या दवा सदृश प्रभावी मानते थे। वे सभी प्रकार का प्रभावी प्रतिरोध भी प्रस्तुत करते थे। रिथ ने बी. बी. सी की प्रतिरोधी संगठनात्मक शक्ति को कला, गम्भीर वार्त्ता की दिशा में तैयार किया तथा उन्होंने बी. बी. सी. को जनता के प्रति जिम्मेदारी की भावना के अनुरूप विकसित किया। परन्तु राजशाही की खबरें (1920-1930) तथा श्रमिक आन्दोलनों एवं 1926 की सामान्य हड़ताल के बिन्दु अपवाद रहे, क्योंकि इसमें कभी सन्तुलन नहीं रहा। इन मामलों में बी. बी. सी. सामान्य रूप से तटस्थ रहा। इतना ही नहीं कभी-कभी यह मौन भी रहा। रिथ को प्रसारण जगत् का 'नेपोलियन' (Reith the Nepolian of Broadcasting) कहा जाता है।[86]

जॉन रिथ ने जिस कम्पनी में कार्य किया, वह बी. बी. सी. (ब्रिटिश ब्राडकास्टिंग कम्पनी) प्रारम्भ में यह प्रसारण उपकरण बनाती थी। इसने 8 प्रसारण केन्द्र आरम्भ किये। इसमें 6 बड़े प्रसारण उपकरण निर्माता भी इस कम्पनी के उपक्रम में लगे। यह लाइसेन्स शुल्क के आधार पर कार्य करती थी। अप्रैल, 1923 में पोस्टमास्टर जनरल ने इसके कार्यों की समीक्षा के लिए एक सात सदस्यीय समिति बनायी इस कम्पनी को प्रसारण लाइसेन्स पोस्टमास्टर जनरल द्वारा ही मिलता था। 34 बैठकों के उपरान्त समिति ने अपनी संस्तुति दी। इसी समिति ने प्राइवेट की जगह सार्वजनिक संचालन की संस्तुति दी। 1925 में नयी समिति अर्ल ऑफ क्रावफोर्ड एवं बालकैरेज (Earl of Crawford and Balcarres) के नेतृत्व में बनी इसी की संस्तुति के उपरान्त यह एक निजी कम्पनी के स्थान पर सार्वजनिक निगम बना। इसका नाम ब्रिटिश ब्रॉडकास्टिंग कॉरपोरेशन (British Broadcasting Corporation) रखा गया तथा इस प्रकार बी. बी. सी. एक निगम बना तथा इसे 1 जनवरी, 1927 से 10 वर्षों के लिए लाइसेन्स दिया गया। जॉन रिथ इस नये निगम (बी. बी. सी.) के महानिदेशक बने। बी. बी. सी. का एकाधिपत्य व्यावसायिक टी. बी. आने तक बना रहा। इसके संचालन का मुख्य आधार था लाइसेन्स द्वारा वित्तीय संचालन एवं स्वतन्त्र जन निगम के रूप में प्रसारण। इस प्रकार जॉन रिथ ने बी. बी. सी. प्रसारण को जनता के प्रति उत्तरदायी बनाने तथा इसे सन्तुलित रूप में विकसित करने में अपना योगदान दिया।[87]

12.1.22. लासवेल का संचार प्रारूप (Lasswell's Model of Communication)

हेराल्ड लासवेल का संचार प्रारूप संचार प्रक्रिया एवं सूचना चालन पर आधारित है। लासवेल ने जनमाध्यमों के विश्लेषण में पाँच उपागमों को निर्धारित किया। उसने संचार के प्रथम चरण में सूचना सम्प्रेषण एवं सूचना के ग्रहण करने की प्रक्रिया का विश्लेषण किया। 'दी कम्युनिकेशन ऑफ आइडियाज' (The Communication of Ideas) 1948 में जनसंचार के वास्तविक अर्थ या भाव अथवा मूल व्यवस्था की वास्तविक समझ के लिए पाँच प्रश्नों का उत्तर आवश्यक माना—

(कौन) (Who)	=	स्रोत (Source)
(क्या कहा) (Says what)	=	सन्देश (Message)
(किस माध्यम/मार्ग से) (In which Channel)	=	माध्यम (Media)
(किसे) (To whom)	=	श्रोता (Audience)
(क्या प्रभाव) (With what effect)	=	प्रभाव (Effect/Feed back)

लासवेल ने अपने अन्तिम प्रश्न में प्रतिपुष्टि को सम्मिलित किया। इस प्रारूप के साथ-साथ एक अतिरिक्त प्रश्न भी किया जा सकता है। क्या इसका सम्बन्ध सामाजिक, आर्थिक, सांस्कृतिक, राजनीतिक एवं नैतिक आदि बिन्दुओं से है, जिसमें संचार प्रक्रिया संचालित होती

है। लासवेल की व्यवस्था में उन मध्यस्थ चरों की व्यवस्था का उल्लेख नहीं, जिनका प्रभाव उन प्रक्रियाओं पर होता है, जिसमें सन्देश प्राप्त किये तथा प्रतिक्रिया व्यक्त होती है।[88]

12.1.23 ल्युसियन पाई का संचार सिद्धान्त (Lucian Pye's Communication Theory)

ल्युसियन पाई ने परम्परागत, संक्रमणयुक्त एवं आधुनिक संचार व्यवस्था का निरूपण किया है। प्रत्येक मानवीय समाज में संचार प्रक्रिया के व्यवहार का दायरा निश्चित रहता है। वर्तमान में मुख्यतः तीन प्रकार के समाज व्यवहार में हैं अतः संचार का स्वरूप भी इन्हीं तीन प्रकार के समाजों के अनुरूप हैं।

परम्परागत समाज में समाज व्यवस्था के अनुरूप संचार भी विशृंखलित होता है, व्यावसायिक सम्प्रेषकों या सम्प्रेषण प्रक्रिया का परम्परागत व्यवस्था में अभाव है। इसमें निश्चित होता है कि इस प्रकार समाज में संचार वंशानुगत क्रम अथवा सामुदायिक सम्बन्धों के आधार पर संचालित होता है। इस प्रकार परम्परागत समाज में संचार व्यवस्था सामाजिक सम्बन्धों से स्वतन्त्र नहीं है।

परम्परागत संचार व्यवस्था में संचार व्यवहार, मूल्यांकन एवं विश्लेषण प्रत्यक्ष सम्बन्धों पर निर्भर होता है और इसका निर्धारण सामाजिक स्तर से जुड़ा होता है।

संक्रमणयुक्त संचार व्यवस्था की प्राप्ति संक्रमणयुक्त समाज में होती है। इस प्रकार के समाज में नगरीय संचार व्यवस्था का परिस्कृत स्वरूप ग्रामीण संचार व्यवस्था से भिन्न प्रकृति का होता है। इस प्रकार पूरे देश में समान रूप से प्राप्त होनेवाली संचार व्यवस्था का पर्याप्त अभाव होता है। इस प्रकार की समाज एवं संचार व्यवस्था का निर्धारण जनसंचार माध्यम द्वारा सम्प्रेषित सूचना व उसका विश्लेषण तथा स्थानीय व्यवस्था के आधार पर किया जा सकता है। समाज में व्याप्त सामाजिक एवं आर्थिक विषमता संचार व्यवस्था को प्रभावित करती है।

इसके अलावा नगरीय, विशिष्ट वर्ग तथा ग्रामीण एवं सामान्य जन के आधार पर भी मौलिक विभाजन में रहता है। इस प्रकार संक्रमणयुक्त देश में ग्राम कम विकसित तथा भिन्न प्रकृति वाले होते हैं तथा प्रत्यक्ष सम्पर्क संचार व्यवस्थाओं के अविकसित क्षेत्रों पर प्रभावी रहती है।

आधुनिक संचार व्यवस्था से आशय उन समाज एवं संचार व्यवस्था से है, जिसमें मुख्य रूप से दो विशेषताएँ पायी जाती हैं–(1) उच्च मात्रा में व्यवस्थित जनसंचार माध्यमता (2) अनौपचारिक ओपीनियन लीडर जो कि प्रत्यक्ष सम्पर्क द्वारा सम्प्रेषक की भाँति सूचना प्रेषित करते हैं। जनसंचार माध्यम का औद्योगिकीकरण एवं व्यवसायीकरण भी होता है तथा संचार मूल व्यवहृत सामाजिक प्रक्रिया से परे स्वतन्त्र होता है और इसके अनेक स्तरीकृत मानक भी होते हैं। इस प्रकार आधुनिक संचार व्यवस्था में जनसंचार माध्यम के साथ-साथ ओपीनियन लीडर को भी सक्रियता होती है। इस प्रकार आधुनिक औद्योगिक समाज में मशीनी अथवा तकनीकी संचार का अधिकाधिक विकास होता है। संगठन परम्परागत व्यवहार पर प्रभुता स्थापित करता है। इस प्रकार आधुनिक संचार व्यवस्था को कार्य की प्रकृति के अनुसार द्विस्तरीय कहा जा सकता है। इसी प्रकार राजनीतिक जनसंचार माध्यमों तथा उसके पश्चात् प्रत्यक्ष सम्पर्क एवं अन्तर-प्रक्रिया द्वारा प्रभावी होता है।

इसके अलावा आधुनिक संचार व्यवस्था का आधार व्यापक मशीनी विकास से सम्बद्ध है। संचार व्यावसायिक तथा विशेषीकृत हो गया है तथा इसका स्वरूप समाज व्यवस्था के अनुरूप

होता है। आधुनिक संचार व्यवस्था में प्रभावी फीडबैक प्रक्रिया भी होती है। यह प्रक्रिया जनसंचार माध्यम तथा प्रत्यक्ष सम्पर्क प्रवाह में भी होती है। इस प्रकार आधुनिकता से आशय उस प्रक्रिया से है, जिसमें औपचारिक संचार संख्या या व्यवस्था तथा संचार की सामाजिक प्रक्रिया एक-दूसरे से सम्बद्ध तथा पूरक के रूप में कार्य करते हैं।

संचार राष्ट्रीय व्यवस्था से जुड़कर अधिक प्रभावी हो जाती है। आधुनिक संचारयुक्त संचार व्यवस्था व्यापक है जबकि परम्परागत संचार व्यवस्था का समन्वय है। राजनीतिक विकास के लिए संचार व्यवस्था तथा राष्ट्रीय व्यवस्था में समन्वय अति आवश्यक है।[89]

12.1.24 लक्षण विज्ञान के सिद्धान्त (Semiology/Semioties)

लक्षण विज्ञान या (Semiology) शब्द की उत्पत्ति ग्रीक भाषा के शब्द (Simlion) से हुई है जिसका अभिप्राय प्रतीक (Sign) या प्रतीक विज्ञान है। यह सामान्य विज्ञान है इसकी भूमिका अर्थ निर्माण एवं पुनर्निर्माण है। प्रत्येक सामाजिक जीवन में सामाजिक व्यवहार के प्रत्येक तथ्य में भाषा मध्यस्थ होती है। इसके द्वारा संकेतों का निर्माण, संकेतों के प्रतिनिधित्व की व्यवस्था सहित कूट संकेतों तथा विभिन्न प्रकार की वार्त्ताओं के द्वारा होता है। संकेत व्यवस्था का अभिप्राय भागीदारी तथा परस्पर की क्रिया-प्रतिक्रिया के सामाजिक सन्दर्भ पर निर्भर होती है।

लक्षण विज्ञान भी ऐसे संकेतों का परीक्षण करता है कि संकेत (कूट संकेत) किस प्रकार की व्यवस्था अथवा संस्कृति में बनते तथा प्रभावी होते हैं। लक्षण विज्ञानियों का प्राथमिक ध्यानाकर्षण पुस्तक पर होता है। इसके द्वारा वे दृष्टि को वर्गीकृत कर ज्ञात करते हैं कि किस प्रकार प्रक्रिया या प्रारूप (संकेत) को पुस्तक सम्प्रेषित करती है। इसमें सन्देश एकमात्र तत्त्व होता है। विभिन्न संचार प्रक्रियाओं में संकेत विज्ञानी पेण्टिंग, फोटोग्राफ या फिल्म की सूचना प्राप्तकर्त्ताओं के लिए पाठक (Reader) के सन्दर्भ को प्रस्तुत करते हैं क्योंकि इसके द्वारा अधिक सक्रियता का बोध होता है। पढ़ने की प्रक्रिया का सम्बन्ध सामाजिक एवं सांस्कृतिक सन्दर्भों से होता है। पाठक का अर्थ निर्माण एवं पुस्तक के महत्त्व निर्माण से अपने अनुभवों, मूल्यों एवं भावनात्मक प्रक्रिया के आधार पर सहायक होता है।

उक्त में विशेष बल पढ़ने तथा पाठक की विचार प्रक्रिया पर है। जहाँ भी संकेत प्रयुक्त होते हैं, वे विचार व्यक्त करते हैं। यह सन्दर्भ बी. एन. वोलासिनोव (V. N. Volasinov) ने 'मार्क्सिज्म एण्ड दी फिलासफी ऑफ लैंग्वेज (Marxism and the Philosophy of Language), 1973 में बताया कि प्रत्येक वैचारिकी लक्षण विज्ञान से युक्त होती है। लक्षण विज्ञान के द्वारा हमें कूट संकेतों में विद्यमान वैचारिक व्यवस्था की सार्वभौमिक प्रवृत्ति की अभिव्यक्ति होती है।

स्विस भाषाविद् फर्डीनेण्ड डी सौसेर (Ferddinand De Saussure) (1857-1913) ने अपने व्याख्यान 'कोर्स डी लिग्विस्टिक जेनरेल' (Course De Linguistiques General) जिसका प्रकाशन उनकी मृत्यु के तीन वर्ष बाद हुआ, में स्पष्ट किया कि कथन एक मामले में मोतियों की गुत्थी की भाँति नहीं हैं, वरन् इसमें एक व्यवस्था एवं एक ढाँचा विद्यमान है, जो इसे एकाकार करता है। इसके अनेक रास्ते हैं इसमें कथित रूप से वाक् विन्यास का ढाँचा, संचालन प्रक्रिया, सम्भावित बिन्दु एवं विकल्प सम्मिलित होते हैं।

अमेरिकी तर्कशास्त्री एवं दार्शनिक सी. आर. पीर्स (C.S. Peirce) (1834-1914) ने भाषा के ढाँचे को व्यापक रूप से स्पष्ट किया। इसे एक अनविषयी विज्ञान का स्पष्ट विश्लेषण,

दर्शन, सामाजिक विज्ञान, मनोविज्ञान, भाषाविज्ञान आदि की दृष्टि से किया जाता है। उन्होंने इसे शब्द, अर्थ, वाक्य विन्यास के व्यावहारिक क्षेत्रों में विभक्त करके देखा।

इसमें लक्षण था, प्रतीक महत्त्वपूर्ण है। प्रतीक (Symbol) का सम्बन्ध न तो संकेत से होता है औन न वस्तु अथवा लक्ष्य से। प्रतीक मात्र इस प्रकार का संचार होता है, जिसके अर्थ या सन्दर्भ के विषय में लोगों में आम सहमति होती है। लक्षण विज्ञान का प्रयोग संचार में प्रत्येक आयाम की व्याख्या की व्यवस्था के रूप में किया जाता है। फ्रांसीसी दार्शनिक रोलैण्ड और बार्थर (Roland and Barther) (1915-80) ने स्पष्ट किया कि लक्षण या प्रतीक/संकेत का हमारी समझ, खान-पान, वेश-भूषा एवं नृत्य भाषा आदि की समझ पर प्रभाव होता है।[90]

भाषाविज्ञान में एक निश्चित सम्बन्ध व्यवस्था इसकी इकाइयों में निर्धारित है। जैसे अक्षर एवं शब्द के मध्य में अन्य इकाइयों का भी सम्बन्ध विशेष सन्दर्भ के अनुरूप निर्धारित होता है। प्रत्येक प्रतीक व्यवस्था में शब्द का प्रयोग शब्दात्मक, संख्यात्मक या सांगीतिक आदि के रूपों में होता है। अक्षर प्रतीक का उदाहरण अभिव्यक्ति है, जिसके द्वारा इच्छित सन्देश अस्तित्व में आता है। भाषा को हम शब्द शक्ति के आधार पर निश्चित कर सकते हैं। वाक्यों की रचना शब्दों के आधार पर होती है।

सभी सन्देशों में वाक्यों का चयन एवं मिश्रण होता है। प्रतीकों को प्रत्येक इकाइयों में एकरूपता आवश्यक होती है। प्रतीक या मानक की प्रत्येक इकाई एक-दूसरे से स्पष्ट रूप से भिन्न होती है। इसमें व्याकरण, वाक्य लय आदि के विभिन्न नियम सम्मिलित होते हैं।[91]

12.1.25 वस्तुनिष्ठता/यथार्थवादी सिद्धान्त (Objective Theory)

प्रोफेसर स्टुअर्ट हाल ने वस्तुनिष्ठता को निष्पक्षता के रूप में परिभाषित किया। उन्होंने मीडिया पावर : दी डबुल बाइण्ड (Media Power : The Double Bind) 1984 में इसे परिभाषित किया। उन्होंने जनमाध्यमों का परीक्षण करते हुए विश्लेषकों के उन मानकों का सन्तुलन, सहमति, तटस्थता एवं वस्तुनिष्ठता के ऊपर उच्छे प्रसारण एवं रिपोर्टिंग को आधार बताया। अब प्रश्न उठता है कि सन्तुलन किसका? इस दुरूह प्रक्रिया को उसने घटना एवं रिपोर्टिंग के मध्य जोड़कर निर्धारित किया। उनके अनुसार यह मूल्ययुक्त सूचना प्रक्रिया की एक स्थिति में ही सम्भव है।

हाल ने इसे 'सम्पूर्ण सम्पादित या छलयुक्त प्रतीकात्मक वास्तविकता' कहा। इसका संसेचन मूल्य, बिन्दु, अन्तनिर्हित सिद्धान्त, सामान्य अवधारणात्मक मान्यता आदि से है। जब क्या वस्तुनिष्ठ है अथवा क्या नहीं है, में विरोधाभास होता है।[92] या किसकी मान्यता प्रभावी है? की स्थिति में हाल ने स्पष्ट किया सर्व सहमति इसी अवस्था में प्रभावी होती है। क्या प्रचारित-परिभाषित है? जिसमें सत्ताधारी-विशिष्ट वर्गीय सहमति है? सत्ता के विचार की ग्रन्थि को तथा किसी समाज में जनमाध्यमों को कौन नियन्त्रित एवं प्रभावित करता है? तथा किसे विशेष महत्त्व दिया जाता है। इस सबको उसने वस्तुनिष्ठ माना।[93]

सी. राइट मिल ने 'पावर, पोलिटिक्स एण्ड पीपुल,' (C. Wright Mills in Power, Politics and People), 1963 में 'सांस्कृतिक तन्त्र को ऐसे शीशे के तन्त्र की संज्ञा दी जिससे लोग देखते हैं। यह वह माध्यम है जिसमें लोग विश्लेषण करते हैं तथा रिपोर्ट करते एवं देखते हैं। इसमें सभी संगठनों एवं पर्यावरण का मिश्रण है। जिसमें सभी कलाकार, बौद्धिक, वैज्ञानिक

कार्य करते हैं, तथा वे उपकरण साधन, जिसकी परिधि में जनता एवं सन्देश उपलब्ध होते हैं। सांस्कृतिक तन्त्र में अनुभव निर्देश, सामाजिक सत्य, विश्वसनीयता का मानक, छवि निर्माण, विचार निर्माण के साथ-साथ प्रभावी संस्थात्मक स्तर भी निहित होते हैं। यह प्रतिष्ठा एवं संस्कृति की प्रतिष्ठा उन प्रतिष्ठानों में सुनिश्चित करती है, जिसके सहारे निर्णय निर्धारित होता है तथा प्राधिकारी द्वारा अपरिवर्तनीय होता है। राइट मिल ने कहा कि कोई तथ्य नहीं जिससे कि 'सांस्कृतिक श्रमिक' किसी प्रकार से स्वतन्त्र हो सके। उन्होंने कहा कि कलाकार, बौद्धिक आदि सांस्कृतिक तन्त्र के अंग हैं, जिसके मध्य में राष्ट्र, राष्ट्रीय प्राधिकारियों से एकाकार होता है तथा एक प्रभावी अभिकरण राष्ट्रीय अफवाह का बनता है। संस्कृति प्राधिकारी एक-दूसरे का अतिलंघन करते हैं। यह अतिलंघन सांस्कृतिक उत्पादों के प्रयोग एवं सांस्कृतिक श्रमिकों के वैचारिक प्रयोग से सत्ता की वैधानिकता तथा निर्णयों एवं नीतियों के सत्यापन एवं वैधानिक कारण के लिए होता है।[94]

इस सन्दर्भ में सहमति या सर्वसहमति की भी चर्चा आवश्यक है। यह वास्तव में बहुसंख्यक के मध्य सहमति की प्रक्रिया है। तीन प्रमुख तत्त्व सर्वसहमति के लिए जिम्मेदार हैं। (1) विधि की सामान्य स्वीकृति, (2) नियम एवं (3) मानक। संस्था से प्रतिबद्धता ही विधि, नियम एवं मानक का विस्तार देता है। व्यापक अर्थों में यह विचार के पहचान एवं समान निश्चित दृष्टिकोण पर आधारित है। इसका विपरीतार्थी मतभेद या मनमुटाव है। दोनों के तत्त्व एक-दूसरे पर निर्भर हैं। एक-दूसरे की सहायता करते हैं।

सर्वसहमति या सामंजस्य को—'इण्टरनेशनल इनसाइक्लोपीडिया ऑफ सोशल साइन्सेज' (1968) में यह उल्लेख है कि सर्वसहमति को सही से सम्बद्ध मानते हुए इसकी यह विशेषता बताया, जिसे प्राधिकारी प्रयोग करते हैं। इसका सम्बन्ध संस्था व्यवस्था की वैधानिकता होता है। इसमें व्यवहारों एवं मानकों के स्वीकृत तथा प्रभावी सिद्धान्त सम्मिलित होते हैं। इनकी प्रक्रिया प्राधिकारी के वर्तमान तरीकों से सम्बद्ध होती है।

इस प्रकार व्यापक अर्थ सर्वसहमति का निर्धारण उनसे होता है, जो शक्ति धारण करते हैं। इसकी परिभाषा में ज्ञान तथा शक्तिशाली वैधानिक प्रक्रिया निहित होती है। इसमें दृष्टिकोण एवं सांस्कृतिक व्यवस्था के तत्त्व भी निहित होते है। सर्व सहमति चेतन एवं अचेतन दोनों रूपों में व्याप्त होती है। इसमें श्रोता एवं प्रसारक राष्ट्रीय स्तर पर सहमत होते हैं।[95]

12.1.26 वैल्यू या मूल सिद्धान्त (Value Theory)

प्रत्येक समाज एवं समूह या व्यक्ति के कुछ विचार, विश्वास, व्यवहार के तरीकों से जुड़े होते हैं, जिसे हम मूल्य के रूप में जानते हैं। उन मूल्यों के संग्रह या समन्वय के व्यवहार को हम मूल व्यवस्था की संज्ञा देते हैं। यह व्यवस्था निरन्तर चलती रहती है। मूल्य निजी विश्वास की व्यवस्था नहीं है। मूल्य ऐसे विश्वास अथवा तरीके का प्रतिनिधित्व करते हैं, जिनका सामाजिक समूह तथा समाज की व्यापकता से होता है। मूल्य व्यक्ति के पक्ष अथवा विपक्ष में सहमति अथवा असहमतियुक्त हो सकते हैं। परन्तु इनका लक्ष्य समाज एवं सामाजिक गतिविधि से होता है। एक सामाजिक समूह दूसरे सामाजिक समूह से मूल्यों की भिन्नता रखते है। मूल्य समय एवं विषम स्थिति में परिवर्तित होते हैं।

व्यक्ति की अभिव्यक्ति अथवा व्यवहार सामाजिक समूह अथवा सम्बद्ध समाज के मूल्य से प्रभावित होते हैं मूल्य संचार की सभी प्रक्रियाओं को प्रभावित करते हैं। छवि एवं कूट संकेत,

जिसका प्रयोग जनसंचार माध्यमों में होता है। वस्तुतः उनके स्रोत मूल्य होते हैं। जनमाध्यम मूल्य व्यवस्था को समर्थन देते हैं, साथ ही स्वरूपित करते हैं तथा प्रभावी बनाते हैं। जे. टन्सटाल ने मास सोशिओलॉजी (J. Tunstasll in Mass Sociology) 1970 में स्पष्ट किया कि जनसंचार माध्यम प्रत्येक प्रकार के मूल्यों से सरोबार होते हैं। ये मूल्य संक्रमण एवं संघर्ष में प्रभावी होते हैं। देशव्यापी औद्योगिक हड़ताल की स्थिति में जनमाध्यम या प्रेस समाज के मूल्यों के अनुरूप उसका मूल्यांकन कर निर्णय करते हैं। इस स्थिति में मूल्यों की दुहरी व्यवस्था अस्तित्व में आती है। हड़ताली की अपनी हड़ताल का औचित्य सिद्ध करने के लिए मूल्यों के ह्रास का सहारा लेते हैं। यूनियन आदि के द्वारा व्यक्तियों से सम्पर्क न करने की दिशा में वे मूल्यों के लिए विरोध प्रदर्शन एवं संघर्ष करते हैं।

जनमाध्यम स्थितियों को व्यापक रूप में सूक्ष्मदर्शी की भाँति देखते हैं। जनमाध्यम व्यवस्था क्रम के बिखराव को देखते तथा मूल्य के अनुसार उत्पादन तथा मुनाफे को करते हैं। राष्ट्रीय प्रेस में यह संघर्ष नहीं दीखता क्योंकि प्रेस अपवादस्वरूप कभी-कभी अपने विरोधी विचारों एवं मूल्यों को व्यक्त करती है। प्रेस के द्वारा मात्र प्रभावी तथा महत्त्वपूर्ण सन्दर्भ ही व्यक्त किये जाते हैं। इस प्रकार यह प्रक्रिया कुछ राष्ट्रों के मध्य चलती है। संघर्ष के मूल्य जनमाध्यमों की आवाज में एकीकृत हो जाते हैं। इससे भिन्न मूल्यों का प्रतिपादन करनेवाले चीखते अवश्य हैं, परन्तु इसकी उपेक्षा नहीं कर पाते। जो इसकी उपेक्षा करते हैं उन्हें झूठी एवं विश्वासघाती की संज्ञा दी जाती है। इस प्रकार स्पष्ट है कि प्रत्येक स्थिति में मूल्य की ही प्राथमिकता होती है।[96]

12.1.27 विविध यथार्थ सिद्धान्त (Multi Actuality Theory)

संचार संकेत या भाषा का कोई निश्चित स्वरूप अथवा अर्थ नहीं होता। यह सन्दर्भ के अनुरूप बदलता है। इसका उल्लेख वेलनिन वोलोसिनोव मार्क्सिज्म एण्ड दी फिलॉसोफी ऑफ लैंग्वेज (Velenin Volosinov in Marxim and Philosophy of Language), 1973 में किया। इसका प्रथम प्रकाशन रूसी भाषा में हुआ। उन्होंने यह तर्क दिया कि शब्द का प्रभावी अर्थ या अभिव्यक्ति जैसे प्रजातन्त्र, स्वतन्त्रता आदि के उदाहरण हैं। यह सभी बहुयथार्थ को दबाने के सन्दर्भ हैं। सामाजिक संकट एवं क्रान्तिकारी परिवर्तन इसके अपवाद हैं। अन्य शब्दों में प्रभावी क्रम परम्परा को अपने वास्तविक अर्थ के लिए विभिन्न विरोधी अर्थों से संघर्ष करना पड़ता है। वोलोसिनोव के विश्वास के अनुसार संकेत प्रभावी समूह के अर्थ विश्लेषण में वर्ग-संघर्ष के लिए अखाड़े बन जाते हैं। वैकल्पिक अर्थ के उन्मूलन के लिए कड़ा संघर्ष करना पड़ता है।[97]

इस सन्दर्भ में प्रधानता पर भी विचार आवश्यक है। प्रधानता की अवधारणा के लिए हम इटली के राजनीतिक विचारक एण्टोनियो ग्रामसी (Antonio Gramsci) 1891-1937 के आभारी हैं। ग्रामसी के अनुसार प्रधानता की स्थिति उस समय प्राप्त करते हैं, जब कुछ सामाजिक समूहों के प्रयासों में एक वैकल्पिक समझौता होता है। इस सहमति के द्वारा प्रभावी समूह की शक्ति का निर्माण होता है। इसके द्वारा समूह प्राकृतिक तथा वैधानिक या सांस्कृतिक दोनों स्थितियों को प्राप्त करते हैं।

प्रधानता की स्थिति मात्र अपनी सहमति की प्रभाविता से बनती रहती है। इस प्रकार यह सहमति पुनः एवं पुनर्निर्धारण के आधार पर आगे बढ़ती रहती है। सहमति सम्भवतः अधीनस्थ की वैचारिकी के आधार पर टूट सकती है। परन्तु इसे सदा समायोजित नहीं किया जा सकता

है। संस्थाएँ जैसे संचार माध्यम, परिवार, शिक्षा व्यवस्था एवं धर्म आदि जनता की चेतना एवं संज्ञान को स्वरूपित करने में महत्त्वपूर्ण है। इस प्रकार इन एजेण्टों के माध्यम से प्रधानता की स्थिति व्यवहार में निरन्तर बनी रहती है।[98]

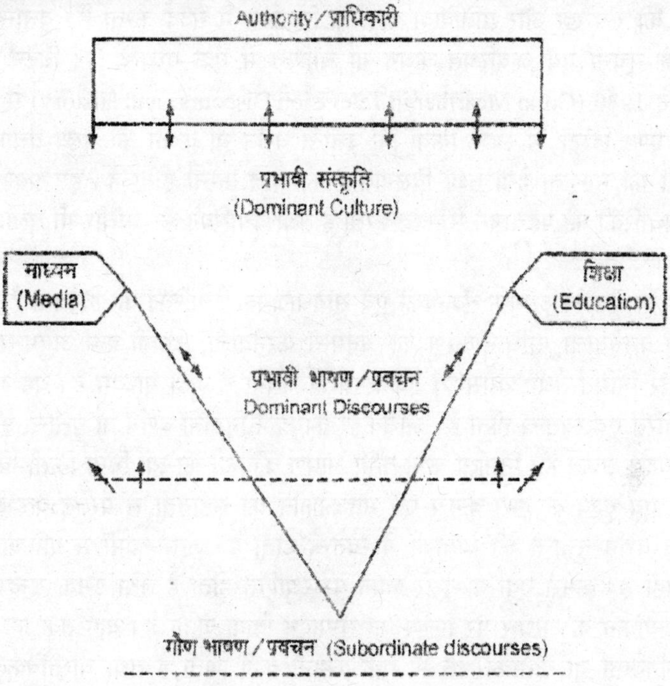

प्रारूप (11.6)[99]

इस सन्दर्भ में वैचारिक मनोदशा यन्त्र (Ideological State Appratus) के सन्दर्भ में भी विश्लेषण आवश्यक है। फ्रांसीसी विचारक लुइस अल्थेसर (Louis Althesser) ने स्पष्ट किया कि वैचारिक मनोदशा यन्त्र वे सामाजिक संस्थाएँ हैं जो कि व्यक्ति की चेतना, वैचारिकी को सुरक्षा तथा सहायता देती हैं। जो राज्य को नियन्त्रित करता है वही प्रभावी विचारधारा है। इन संस्थाओं में शिक्षा, परिवार, धर्म, वैधानिक व्यवस्था, दण्डीय राजनीतिक व्यवस्था एवं जनसंचार माध्यम सम्मिलित हैं। इस प्रकार प्रभावी विचारधारा स्वाभाविक एवं निरपेक्ष प्रकृति का प्रतिनिधित्व करती है। इसका परिणाम अदृश्य एवं आश्चर्यजनक होता है।[100]

प्रभावी सम्प्रेषण विचार-विमर्श की प्रक्रिया भी इस दिशा में महत्त्वपूर्ण है। सामान्य रूप में भाषण, वार्त्ता, गपशप, उद्बोधन आदि इसमें सम्मिलित हैं। सन्देश या सन्दर्भ के आदान-प्रदान के स्तर अथवा तरीके भी इसमें सम्मिलित हैं। एक प्रभावी भाषण, प्रवचन अन्य के ऊपर श्रेष्ठता स्थापित करता है तथा यह वैकल्पिक सन्दर्भ को सीमित करता है। वैकल्पिक उपागम एक उप-सन्दर्भ या प्रवचन होता है। सभी लोगों के भाषण सामाजिक तथा सांस्कृतिक प्रतीकों पर आधारित होते हैं। इस प्रकार प्रभावी भाषण/प्रवचन प्रभावी सामाजिक एवं सांस्कृतिक श्रेणी से प्रकट होता है।[101] इसे प्रारूप (11.6) से समझ सकते हैं।

12.1.28 वृत्तान्त वर्णन सिद्धान्त (Narration Theory)

इस सिद्धान्त को समझने के लिए यह उदाहरण आवश्यक है। उदाहरण के लिए टी. वी. का वृत्तचित्र क्या वर्णन करता है? या यह अपनी आवाज से श्रोताओं को क्या सन्देश देता है? कार्यक्रम की रूपरेखा और प्रतिक्रिया दोनों के निर्धारण में मदद करता है। वृत्तान्त या वर्णन अधकचरी सूचना एवं व्यवस्थित कथन या साहित्य में एक मध्यस्थ है। ब्रिटेन के कोलिन मैकार्थर ने 1980 (Colin Mcarther in Television Discourse and History) में 'टेलीविजन डिस्कोर्स एण्ड हिस्ट्री' में स्पष्ट किया कि वृत्तान्त वर्णन या कथन का मुख्य वैचारिक रूप से प्राधिकारी को मान्यता देना तथा विसंगतियों को लुप्त करना होता है। इस प्रकार वर्णन या वृत्तान्त वैचारिकी को पहचानने में मदद करता है तथा वैचारिकी का आधार भी तलाशने में मदद करता है।[102]

वर्णन या वृत्तान्त अधिक तकनीकी एवं सुविधाजनक वैचारिकी की विरचना है। यह समय की बचत करनेवाला, संक्षिप्तीकरण को अनुमन्य करनेवाला, प्रभावी क्रम अनुमन्य करनेवाला परम्परा पर निर्मित तथा व्ययसाध्य एवं समय ही चेतना से जुड़ा माध्यम है। यह रचनात्मकता पर आधारित एवं स्वतन्त्र होता है अधिकतर कार्यक्रम निर्माता वर्णन या वृत्तान्त की प्रभाविता का रूप बदल सकते हैं। निर्माता कभी-कभी भाषण को ज्यों-का-त्यों बिना किसी क्रिया-प्रक्रिया के ध्वनि एवं दृश्य के द्वारा कैमरा एवं माइक्रोफोन की सहायता से प्रस्तुत कर देते हैं। यह व्यवस्थित वर्णन वृत्तान्त की व्यवस्था से स्वतन्त्र होता है। जनमाध्यमों से प्रक्रिया की उपेक्षा सम्भव नहीं है। कैमरा एक या दूसरे स्थान पर स्थापित होता है तथा इसके सन्दर्भ में निकट दूर के दृश्यांकन के आधार पर फिल्म का सम्पादन किया जाता है। यहाँ तक कि कभी-कभी बिना वर्णनकर्त्ता या कथाकार के भी एक कहानी कही जाती है तथा वास्तविकता को पुनः व्यवस्थित करते हैं।[103] हम वृत्तान्त या वर्णन के सिद्धान्त को आवश्यकता तथा मानव समुदाय से सम्बद्ध कथन या वृत्तान्त के रूप में देखते हैं। 1985 के एक अध्ययन में विभिन्न कथा, कहानी के योगदानकर्त्ताओं का विश्लेषण करके यह निर्धारित किया कि यदि कथन या कहानी का आधार मानव पर केन्द्रित होता है तो उस अवस्था में संचार के लिए सबसे महत्त्वपूर्ण रूपक उदाहरण के रूप में मिलता है, जिसकी कहानी के कथन या वर्णन उसी पर आधारित होते हैं। इसका मूल आधार सत्य के विश्वास तथा मिथ्यायुक्त भी होती है। इसमें तथ्य, कथन आदि की प्रकृति भी तर्क से जुड़े होते हैं।[104]

वाल्टर आर. फिशर (Walter R. Fisher) के कथन वर्णन या वृत्तान्त के प्रतिमान अथवा उदाहरण को बताया कि इसका आरम्भ उस तर्क प्रणाली या विश्वास से होता है, जिसका निर्धारण व्यक्ति की प्रकृति से होती है, यह व्यक्ति के अपने संज्ञान की सम्भावना से बनता है क्योंकि कहानी का मुख्य अंश इसी पर आधारित होता है। इसकी सतत प्रवृत्ति होती है। इसका आधार कथन या वृत्तान्त या वर्णन और परीक्षण करना होता है जिस पर अनुभव एवं सत्यपरक कहानियों की रचना होती है तथा जिसके आधार पर कहानी जानी जाती है तथा जीवित रहती है। कहानी की शब्द संरचना का चयन जीवन्तता एवं सद्जीवन की प्रक्रिया तथा मनोरंजन के अनुरूप होता है।

वृत्तान्त या वर्णन का प्रतिमान नाटकीयता से भिन्न है। नाटक एक मानवीय रंगमंच का प्रतिमान है तथा यह एक खेल का अंग है। इसमें भूमिका निर्धारण पटकथा में वर्णित स्थिति,

सांस्कृतिक स्वरूप एवं संस्थाओं के अनुरूप होता है। बी. फारेल ने 'नैरेटिव इन नेचुरल डिस्कोर्स : आन कनवरसेशन एण्ड रेटोरिक (B. Farrell in Narrative in Natural Discourse: on Conversation and Rhetoric) में बताया कि वृत्तान्त या वर्णन एक प्राकृतिक विचार-विमर्श है। इसमें चेतना तथा परम्परा के तत्त्व होते हैं। कहानी के लेखक एवं कहानी के पात्र कहानी को प्रभावित करते हैं तथा इसमें कहानी चक्र की प्रक्रिया प्रतिदिन के जीवन प्रक्रिया से जुड़ी होती है।[105]

12.1.22 विद्युतीय या इलेक्ट्रॉनिक माध्यम सिद्धान्त (Electronic Media Theory)

संचार के क्षेत्र में निरन्तर एवं अन्य दृष्टि से विकास हो रहा है। वर्तमान दशक में संचार माध्यम एक नये दौर में प्रवेश कर चुके हैं। इस दौर को इलेक्ट्रॉनिक युग की संज्ञा दी जा रही है। इसका प्रभाव पूरी समाज व्यवस्था पर पड़ा है।[106] वर्तमान में विद्युतीय माध्यमों का महत्त्व तेजी से बढ़ रहा है। नयी सूचना तकनीकी के विशेषज्ञ हमारे ऊपर तकनीकी ऐसी तीव्रता से थोप रहे हैं, जो भयावह पर दीप्तियुक्त है।[107]

इलेक्ट्रॉनिक माध्यमों की सीमा अब रेडियो, फिल्म एवं टेलीविजन से बढ़कर मल्टीमीडिया या कम्प्यूटर तक पहुँच चुकी है। उपग्रह एवं नयी संचार तकनीक ने समाचार प्रसार में दूरी तथा समय का अन्तर कम करना सम्भव कर दिया है। अब 'माइक्रोवेब सर्किट' द्वारा तस्वीर तथा वर्णन सीधे समाचार कक्ष तक भेजना सम्भव हो गया है।

इस प्रकार शक्ति सम्पन्न तथा व्यापक विस्तारयुक्त इलेक्ट्रॉनिक या विद्युतीय माध्यमों की कुछ आधारभूत विशेषताएँ हैं—जिसके कारण इन्हें इलेक्ट्रॉनिक अथवा विद्युतीय माध्यम की संज्ञा दी जाती है—

(क) विद्युतीय संचार माध्यमों की संचार प्रक्रिया यान्त्रिक होती है।[108]

(ख) विद्युतीय संचार माध्यमों द्वारा कम समय में अधिक लोगों एवं अधिक दूरी तक समाचार सम्प्रेषण सम्भव है।[109]

(ग) विद्युतीय संचार माध्यमों द्वारा सूचना सम्प्रेषण की प्रक्रिया मे समाचार-पत्रों से लेकर की विद्युत् तरंगें, वाल्व, ट्यूब आदि निभाते हैं।

(घ) विद्युतीय माध्यमों की मुख्य चालक शक्ति विद्युत् है। इसके अभाव में इनका अस्तित्व प्रभावशून्य एवं मृत है। इस प्रकार विद्युत् इनका प्राणतत्त्व हैं।

(ङ) विद्युतीय संचार माध्यमों में सूचना प्रवाह (मशीन) यन्त्र + विद्युत् प्रवाह + सूचना सम्प्रेषण से युक्त होता है। इन तीनों में से किसी एक के अभाव में संचार प्रक्रिया बाधित होती है।

(च) विद्युतीय संचार माध्यमों में सन्देश प्रेषण तथा सन्देश का श्रोताओं द्वारा ग्रहण की प्रक्रिया के चरण यन्त्रों द्वारा होता है। अर्थात् यन्त्र ही सम्प्रेषक की सूचना को श्रोताओं तक पहुँचाते हैं।

(छ) इलेक्ट्रिॉनिक माध्यमों में तीव्र नियन्त्रण की क्षमता होती है। इसी कारण इन्हें साइबर माध्यमों की भी संज्ञा दी जाती हैं। विद्युतीय माध्यमों में लिपि ज्ञान या निरक्षरता के कारण सन्देश प्रेषण एवं ग्रहण की समस्या नहीं होती है। प्रसार की क्षमता भी तीव्र होती है। इनका उत्पादन व्यय भी अधिक है। इनकी उपभोक्ता दर सस्ती होती है।

इनसे सामान्य रूप में सूचना इनकी प्रणाली या समय चक्र के अनुरूप ही मिलती है। इनका उत्पादन जन या मास के लिए होता है। इन्हीं विशेषताओं के कारण विद्युतीय या इलेक्ट्रॉनिक माध्यम अन्य माध्यमों से भिन्न होते हैं। चूँकि इनकी सम्पूर्ण या संचालन प्रक्रिया इलेक्ट्रॉनिक होती है, इसी कारण इन्हें इलेक्ट्रॉनिक माध्यमों की संज्ञा दी जाती है।[110]

12.1.30 शैली या पद्धति सिद्धान्त (Style Theory)

शैली या पद्धति का सम्बन्ध समूह की उस प्रक्रिया से है, जिसके द्वारा कोई व्यक्ति अथवा समूह अपनी पहचान, कार्य पद्धति, मूल्य आदि को स्वयं तथा अन्य समाज के विषय में व्यक्त करता है। शैली या पद्धति के कई तरीके हैं—जैसे—बालों की शैली, केश श्रृंगार, पहनावे की शैली, सौन्दर्य की शैली, जीवन-शैली, रहने की शैली आदि अपवयस्क अवस्था की शैली अपनाते हैं। इसी के अनुरूप इनका पहनावा, भाषा, व्यवहार आदि होते हैं। इसके कई कारण तथा तरीके होते हैं। इसी के आधार पर निजी जीवन-पद्धति का स्वरूप भी पुराना तथा पूर्व से प्राप्त होता है।

समाज के हर चिन्तन का मुख्य विषय है कि कोई विशेष प्रकार की विद्रोही पद्धति बड़ी मात्रा में पायी जाती है। परन्तु यह प्रत्येक मामले में सत्य नहीं होता। समाज में विद्रोही पद्धति अपनाना या त्यागना वास्तव में जनमाध्यमों पर निर्भर करता है। जनमाध्यमों द्वारा प्रचारित-प्रसारित के विषय में अनेक शोधकर्त्ताओं का मत है कि जनमाध्यम किसी शैली के विषय में भय भी 'बढ़ा-चढ़ा' कर प्रस्तुत करते हैं।

विश्व में कला की कुछ निश्चित पद्धतियाँ हैं। इनके मान्य सिद्धान्त ही इसे पहचान देते हैं। जैसे पहनावा आदि का प्रभाव निर्माण अनुकरण द्वारा होता है। पेण्टिंग में पॉल सेजने (1839-1906) (Paul Cezenne) की शैली सभी कलाविदों को ज्ञात है। उन्होंने अपनी पेण्टिंग पद्धति का विकास कई वर्षों में किया। इस प्रकार शैली बाह्य अभिव्यक्ति है, जिसमें व्यक्तित्व, अनुभव, शिक्षा, सिद्धान्त, विश्वास अदि मिश्रित होते हैं। ये प्रक्रियाएँ शैली के सफल तरीकों एवं स्पष्टता पर निर्भर हैं। दासों या सेवकों में स्वामी की पद्धति का प्रभाव होता है। सेजने ने घनात्मकता का विकास किया था वह उनके लिए नयी तथा अन्य के लिए पुरानी होगी ही।[111]

प्रति या उपसंस्कृति (Counter Culture) वास्तव में समाज में प्रचलित संस्कृति की विरोधी होती है। इस सन्दर्भ का प्रचलन वस्तुतः 1960 की अवधि में मध्यमवर्गीय युवकों की संस्कृति के अध्ययनों से स्पष्ट हुआ, जिसकी केन्द्रीय प्रवृत्ति वैकल्पिक सामाजिक ढाँचे एवं जीवन-पद्धति का अनुकरण था। जे. क्लार्क एवं अन्य ने रेसिस्टेसन्स थ्रू रिचुअल्स' (J. Clarke and Other in Resistance Through Rituals), 1976 इस सिद्धान्त का विवेचन प्रस्तुत किया। इस प्रकार की प्रति संस्कृति की कुछ विशेषताओं की तुलना युवकों की अन्य प्रतिसंस्कृतियों की मूल प्रवृत्तियों से की गयी। इसे प्रभावी संस्कृति के प्रतिरोधी रूप में पेश किया गया। इसके प्रतिरोध और लक्षण राजनीतिक एवं वैचारिक रूप में भी मिले इस प्रकार की वैकल्पिक संस्थाएँ मिलीं।

बदलाव की अगली प्रक्रिया अल्पवयस्कों में बाद की अवस्था में निरन्तर मिली, इनके मध्य वैचारिक कार्य जीवन की प्रत्येक धारा में था। जैसे—कार्य, घर, परिवार, विद्यालय, अथवा अवकाश आदि। इनमें उनकी पुरानी संस्कृति काफी प्रभावी रूप में अनुसरण में पायी गयी।

हिप्पी आन्दोलन राजनीतिक विरोध को प्रदर्शित करने के रूप में सामने आया। इसने एक वैकल्पिक दर्शन खड़ा किया। इसने कुछ वैकल्पिक संस्थाओं का भी वर्णन किया। इसने क्रान्तिकारी ढाँचा, संगठन एवं विद्यालय, परिवार के लिए प्रस्तुत किया। प्रतिरोधी संस्कृति उपसंस्कृति की तुलना में अधिक खुली एवं विश्वासयुक्त होती है। इसे वस्त्र एवं केश जैसे कुछ प्रतीकात्मक तत्त्वों के माध्यम से अभिव्यक्त किया अथवा जोड़ा गया।[112]

12.1.31 श्रेष्ठता का सिद्धान्त (Primacy Theory)

एफ. एच. लुण्ड ने 'दी साइकोलॉजी ऑफ बिलीफ (F. H. Lund in The Psychology of Belief), 1925 में इस सिद्धान्त को प्रस्तुत किया। उन्होंने बताया कि कई मामले अथवा तर्क में जो प्रमाण प्रस्तुत किया जाता है, उसका प्रभाव बाद की प्रस्तुत की तुलना में अधिक होता है, जिसमें अति नवीनता तथा अति तात्कालिकता होती है, उसका प्रभाव अधिक तीक्ष्ण होता है। श्रेष्ठता की विश्वसनीयता का प्रभाव प्रथम आवृत्ति में ही हो जाता है। अभिनवीनता का अन्तिम आवृत्ति में होता है। उक्त दोनो वास्तविक सन्दर्भ विचार-विमर्श में सीमान्त कारक है। इनमें कौन पहले या कौन बाद में, किस स्थिति में तथा क्या अभिप्राय है—ये निर्धारण के मुख्य तरीके हैं।[113]

उक्त से स्पष्ट है कि किसी तर्क या मामले या विचार की श्रेष्ठता निरपेक्ष न होकर स्थितिजन्य है।

12.1.32 षड्यन्त्र का सिद्धान्त (Conspiracy Theory)

वास्तव में इस सिद्धान्त की अपेक्षा झुकाव अधिक है। जनमाध्यमों के सन्दर्भ में यह इसके अस्तित्व से जुड़ा है। व्यवहार में इसके लिए सन्देशों को तोड़ा-मरोड़ा जाता है जिसका लक्ष्य उनके वर्ग एवं अभिरुचि को समर्थन देना होता है। जो कि संचार साधनों के स्वामी हैं। इस सिद्धान्त के निर्माताओं की मान्यता के अनुसार पूँजीवादी समाज में जनमाध्यम पूँजीवादी व्यवस्था के प्रभाव में होते हैं। सूचनाओं का निर्माण या स्वरूपीकरण विद्यमान सामाजिक, आर्थिक एवं राजनीतिक स्थितियों में होता है। ग्लासगोव यूनिवर्सिटी मीडिया ग्रूप के प्रकाशन बैड न्यूज (Glassgaw University Group in Bad News) 1976 में रिचर्ड हागर्ट (Richard Hoggart) ने षड्यन्त्र को उच्च एवं निम्न स्तरों में विभक्त किया। जनसंचार माध्यमों के संचालन में एक मार्क्सवादी विचारों का समर्थन करता है तथा दूसरा सामान्य लोगों के विचारों का। व्यवहार में जनमाध्यम उनकी अभिरुचि या मूल्यों को समर्थन देते हैं, जो कि उसके साथी हैं या उसे नियन्त्रित एवं संचालित करते हैं।[114]

इस सन्दर्भ में प्रधानता की अवधारणा का भी विचार आवश्यक है। इसका विकास इटली के रजनीतिक विचारक एण्टीनियो ग्राम्सी (Antinio Gramsci) (1897-1937) ने किया। उनके अनुसार प्रधानता की स्थिति तब प्रप्त होती है, जबकि विभिन्न समूह आपसी समझौते से एक सहमति पर पहुँचते हैं, जो कि एक समूह को प्रधान, शक्ति मौलिक तथा वैधानिक रूप में बनाते हैं। प्रधानता की स्थिति मात्र सहमति की प्रधानता में होती है। सहमति समझौते और वार्त्ता आदि से होती है। यह समझौता या सहमति वैचारिकता के आधार पर समाप्त हो जाती है। जनसंचार माध्यम परिवार, शिक्षा व्यवस्था आदि लोगों के संज्ञान विकास और चेतना विकास के महत्वपूर्ण कारक हैं। इन्हीं के द्वारा प्रधानता की स्थिति बनती, कार्य करती तथा निरन्तर चलती रहती है।[115]

12.1.33 संज्ञान सिद्धान्त (Congnitive Theory)

व्यवहारों में जो क्षेत्र या प्रक्रिया प्रभावी रूप में दिखायी पड़ती है, उसे हम वृद्धि, ज्ञान, विवेक आदि का नाम देते हैं। यह सब संज्ञान को ही व्यक्त करते हैं। जनसंचार माध्यमों के संचार का लक्ष्य श्रोताओं में संज्ञानात्मक प्रक्रिया उत्पन्न करना होता है। इससे आचार एवं व्यवहार, संवेदना, मूल्य, अनुभूति आदि प्रभावित होते हैं। इसका प्रभाव दुहरा है। सन्देश संज्ञानात्मक या प्रभावितायुक्त होता है, जिसके कारण इसका संचार के लिए चयन होता है। संचार का सन्दर्भ जब संज्ञानात्मक रूप में लिया जाता है तो उस स्थिति में भाषा को सामान्य रूप में लिया जाता है। इस प्रकार प्रस्तुति सामान्य एवं सन्तुलित होगी। एक प्रभावी सन्देश भावोत्तेजक भाषा में अधिक प्रभावी होता है। इसके द्वारा संवेदना उत्पन्न करनेवाले संकेत निर्दिष्ट एवं प्रयुक्त किये जाते हैं। वर्तमान समय में अनेक अनुसन्धानों ने संज्ञानात्मक सन्देशों का विश्लेषण किया है। श्रोताओं पर विश्व एवं राष्ट्रीय निरपेक्ष एवं विविध आयामी घटनाओं का प्रभाव पड़ता है। उपलब्ध जन सूचनाओं में जनमाध्यम चुनाव करते या अस्वीकार करते हैं। जनमाध्यम वैधानिकता को महत्त्व देते हैं। इसी कारण कारण कुछ घटना को अन्य की तुलना में अधिक महत्त्व देते हैं। जनमाध्यम एक प्राथमिकता का क्रम निर्धारित करते हैं। इसके द्वारा श्रोताओं के मस्तिष्क एवं घटना के कारणों तथा उद्देश्यों में एक सम्बन्ध स्थापित करना चाहते हैं। जैसे ट्रेडयूनियन समाचार एक सामाजिक एवं राजनीतिक संघर्ष के प्रतीक के रूप में सामने आते हैं। ऐसी स्थिति में श्रोताओं का संज्ञान एवं पसन्द ट्रेडयूनियन के विपरीत होती है।[116]

संज्ञान अंग्रेजी के 'कागनीशन' (Cognition) का हिन्दी रूपान्तरण है। संज्ञान का अभिप्राय ऐसी अभिव्यक्ति से है जिसके द्वारा मनुष्य को कुछ उद्देश्यों का ज्ञान होता है तथा वह अपने पर्यावरण से अवगत होता है। संज्ञान की प्रक्रियाएँ, अनुभूति, खोज, जानना, स्वरूपण, मूल्यांकन या निर्णयन, याद करना, सीखना, चिन्तन और भाषण है। जानना भावावेशी क्रिया नहीं है। जानने की प्रक्रिया ज्ञान से सम्बद्ध है। इसे सन्तुलन सिद्धान्त भी कहते हैं। यह सिद्धान्त इस पर निर्भर है कि प्रत्येक मनुष्य की प्रबल मनोवैज्ञानिक इच्छा में अनुरूपता की होती है। व्यक्ति, विश्वास, तौर-तरीके, मूल्यों एवं अनुभवों को समर्पित कर समरूप व्यवहार करना चाहता है। इसके पीछे मूल प्रेरणा सन्तुलन, समरूपता की होती है। इसका सर्वप्रथम विकास हाइडर द्वारा किया गया। इसके अनुसार असन्तुलन की मनोवृत्ति का सन्तुलन की दिशा में परिवर्तन होता है। तत्त्व तथा उद्देश्य व्यक्तिगत होते हैं। संक्षेप में अपने परिवेश का ज्ञान ही संज्ञान है।

संज्ञानात्मक सन्तुलन का स्वरूप—(1) व्यक्ति की रुचि, (2) व्यक्ति द्वारा रुचि प्रदर्शन करना, (3) व्यक्ति में परस्पर समरूपता, (4) व्यक्ति द्वारा पसन्दगी की चाह, (5) व्यक्ति द्वारा दूसरे की अपेक्षा इत्यादि क्षेत्रों में सम्बद्ध होता है।

संज्ञानात्मक असन्तुलन सिद्धान्त का विकास लिओन फेस्टिंगर द्वारा किया गया। इसके अन्तर्गत संज्ञानात्मक अथवा ज्ञान सम्बन्धी बेसुरापन दूसरे व्यक्ति, समष्टि के प्रति मिलता है। बेसुरेपन को व्यवहार, वातावरण तथा नव प्रक्रिया इत्यादि के द्वारा बदल सकते हैं।[117]

ज्ञान, संज्ञान से ऐसी मानवीय गतिविधि का बोध होता है जो कि बौद्धिक और सम्प्रेषण योग्य हैं। इससे दो सिद्धान्तों का बोध होता है। (1) वैचारिक सन्दर्भ में अनुभूतीकरण, स्वरूपीकरण, वैचारीकरण हैं। (2) वैचारिक से एक उद्देश्य का बोध होता है। यह सम्बन्धों की

एक व्यवस्था है जिसमें इसका औचित्य, इसके स्वरूप के आधार पर निर्धारित होता है। इस प्रकार दोनों ही ढंग से संज्ञान का निर्धारण उद्देश्य से होता है। इस प्रकार संज्ञान, चेतना, अनुभूति और विश्वास की विषयनिष्ठता से पूर्ण भिन्न है। क्योंकि मुख्य उद्देश्य वास्तविक सत्य से होता है। इस प्रकार मुख्य समस्या से ज्ञान की उत्पत्ति, स्वरूप एवं विषय के निर्धारण की है।

दार्शनिक सिद्धान्त संज्ञान के स्वरूप, मूल्य एवं व्यवहार की व्याख्या करते हैं। संज्ञान विषय एवं उद्देश्य तथा चिन्तन एवं विश्वास के मध्य सामान्य सम्बन्ध प्रक्रिया है। यह सर्वप्रथम के. एल. रेनहोल्ड (1789) ने प्रयुक्त किया था। संज्ञानात्मक ढाँचे में विषय एवं उद्देश्य में एकता पायी जाती है, जिसमें अवयव परस्पर निश्चित होते हैं।[118] संज्ञानात्मक प्रक्रिया मुख्य रूप से अर्थ की स्वीकृतीकरण समूहीकरण एवं विस्तारीकरण और प्रतिबद्धता की अभिव्यक्तीकरण है। इसे हम कारण दिशा एवं मनुष्य के नैतिक व्यवहारों के कारणों का निर्धारक भी कह सकते हैं। संज्ञानात्मक प्रक्रिया में उत्प्रेरक अवयवों एवं लक्ष्यों के प्रति विश्वास, प्रतिमान, स्व एवं भौतिकजगत् के मध्य अन्तःक्रिया होती है।[119] संज्ञान वह प्रक्रिया है जिसके द्वारा मनुष्य को उद्देश्यों एवं अपने पर्यावरण का ज्ञान प्राप्त होता है।[120]

संज्ञान प्रक्रिया में स्थिरता एवं संचार की स्वीकृति की भी प्रवृत्ति होती है। संज्ञानात्मक प्रक्रिया के द्वारा उस व्यक्ति में भी सूचना या सन्देश पाने का भाव या संघर्ष जगता है जो कि एक-दूसरे में पूर्ण विश्वास करता है परन्तु जिसमें विशेष रूप से पूरक सूचना या सन्देश पाने की जिज्ञासा अथवा इच्छा होती है। जब व्यक्ति कोई समाचार प्राप्त करता है तो वह उस समय अपने ही साँचे एवं अनुकूलता के अनुरूप उस पर विश्वास करता है। यदि सूचना में किसी भी प्रकार जब तक संज्ञानात्मक संघर्ष बना रहता है तब तक व्यक्ति द्वारा सूचना की खोज निरन्तर जारी रहेगी।[121]

जब व्यक्ति एक-दूसरे से सन्देश प्राप्त करता है तो वह स्वाभाविक रूप से उसमें अपने सोचने के तरीके का गिश्रण कर देता है। परन्तु व्यक्ति उसमें अपनी व्याकुलता, घबराहट, झगड़े एवं प्रश्न को नहीं मिलाता। इस प्रकार व्यक्ति अधिक-से-अधिक सूचनाएँ प्राप्त करता है। विश्वासों की समरूपता संचार को सुचारु बनाने के साथ-साथ लोगों में शान्ति को बढ़ाती है। इस प्रकार संज्ञान मूल्य विश्वास में तार्किक अनुकूलता नहीं।[122] इस प्रकार संज्ञानात्मक आधार पर हम कह सकते हैं कि संचार वह उपाय या साधन है जिसके द्वारा प्रभाविता या प्रभावीपन का अनुभव अथवा बोध होता है।[123]

संज्ञानात्मक प्रक्रिया में ऐतिहासिकता-सांस्कृतिक प्रतीकात्मकता भी सम्मिलित है जिस पर कला आधारित होती है। इन्हीं के द्वारा कला में प्रभावीपन आता है। मनुष्य का उक्त प्रतीकों से स्थिर जुड़ाव होता है। जैसे कृष्णलीला की पेण्टिंग में कृष्ण जीवन के प्रतीकों का समन्वय रहता है लेकिन जो इस पौराणिकता से अवगत नहीं होते हैं वह चित्र एवं अन्य प्रतीकों के द्वारा उसे सांस्कृतिक प्रतीकों से जोड़ते हैं।[124] सिन्धु घाटी की खुदाई में प्राप्त अवशेषों का विश्लेषण करते समय जिन प्रतीकों या चित्रों का हम उपलब्ध पूर्व ऐतिहासिक ज्ञान के आधार पर सम्बोधन या विश्लेषण करने में सक्षम होते हैं उन्हें तो पूर्वपरिचित उपयुक्त नाम दे देते हैं। लेकिन जहाँ चित्रों या उपलब्ध सामग्री का सटीक घटनात्मक तारतम्य नहीं बन पाता वहीं

उसके प्रतीकों का विश्लेषण सांस्कृतिक आधार पर करते हैं। क्रास पर लटके ईसा मसीह के चित्र को देखकर, ईसा मसीह को सूली पर चढ़ाने की घटना जाननेवाले व्यक्ति द्वारा की गयी चित्र की व्याख्या, ईसा की सूली की घटना न जाननेवाले व्यक्ति से भिन्न होगी।

संज्ञानात्मक विश्लेषण के द्वारा व्यक्ति सम्प्रेषक की खूबी विशिष्टता एवं लाक्षणिकता को समझ तथा सफल बना सकता है। सामान्य रूप में श्रोता सम्प्रेषक के विचार को अनेक परिणामों

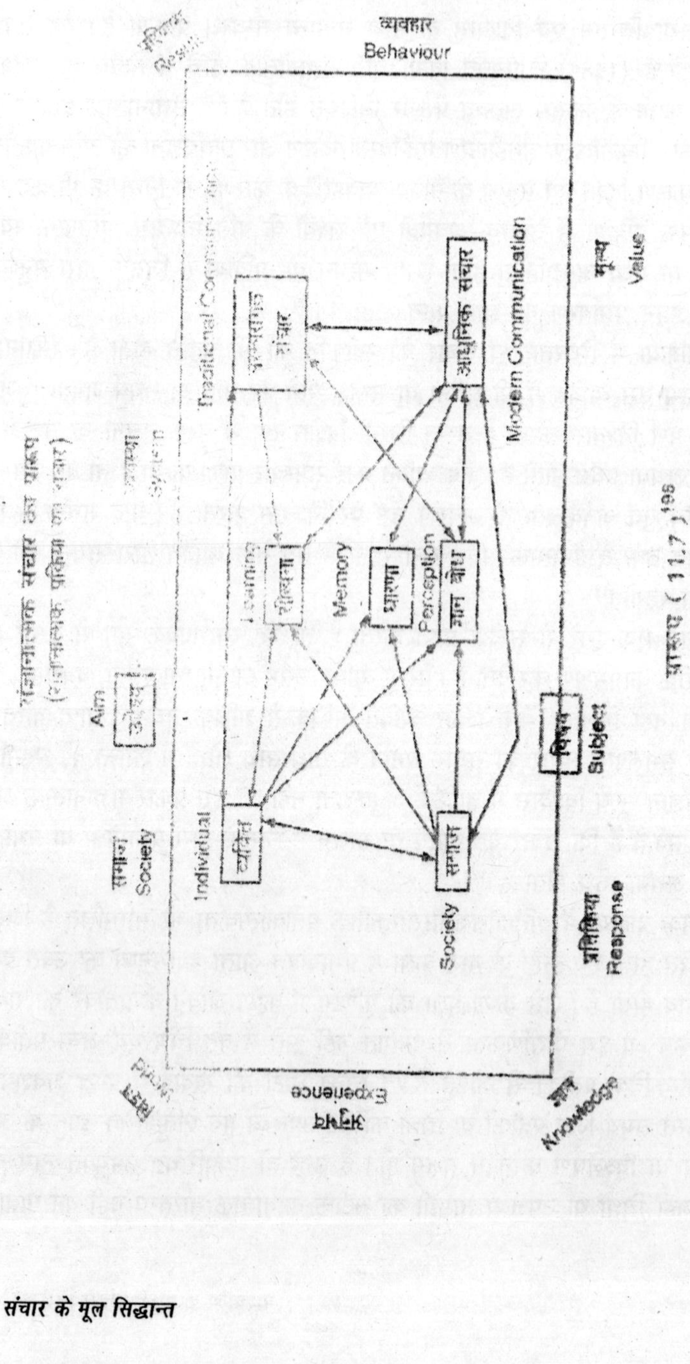

के साथ देखता है। सम्प्रेषक की विशेषतायुक्त रुचि और उत्साह सामान्य रूप से सन्देश को ग्रहण करने की क्षमता लोगों से बढ़ाते हैं।[125] सन्देश जब श्रोता तक पहुँचता है, तो इस सम्प्रेषण प्रक्रिया से श्रोता में संज्ञानात्मक परिवर्तन होता है। सन्देश में कुछ नयी सूचना अथवा वर्तमान की सूचनाओं का एक समन्वय होता है। इस प्रकार सन्देश के द्वारा चिन्तन एवं बौद्धिकता के आयामों में भी परिवर्तन होता है। सन्देश के द्वारा विश्वास, तौर-तरीकों से प्राप्त नयी सूचना के अनुरूप परिवर्तन आता है। इस प्रकार सन्देश से व्यक्त की संज्ञानात्मक प्रक्रिया प्रमाणित होती है।[126]

समाज मनोवैज्ञानिकों ने संज्ञानात्मक प्रक्रिया के दो प्रमुख कार्य बताये हैं– (1) संज्ञानात्मक प्रक्रिया द्वारा सामाजिक कार्य की अनुकूलता एवं प्रेरणा का भाव, साधन एवं तौर-तरीका विकसित होता है। संज्ञान के द्वारा ही कार्य-व्यवहार का विश्लेषण किया जाता है। इसके परिणामस्वरूप संज्ञानात्मक संघर्ष, अनिश्चितता इत्यादि अन्तःक्रियाएँ भी होती हैं, जिनसे शीघ्र कार्य करने की प्रवृत्ति का विकास होता है। (2) संज्ञानात्मक प्रक्रिया का दूसरा कार्य संज्ञानात्मक प्रक्रियाओं एवं गतिशीलता से जुड़ा है।[127] संज्ञान औपचारिक एवं संख्यात्मक रूप में पर्यावरण, अपने या किसी से एक व्यवहार के विषय में ज्ञान, विचार एवं विश्वास की सूचना है। संज्ञानात्मक प्रक्रिया के तीन प्राचीन तत्त्व हैं–(1) अभिनेता स्वयं या अन्य लोग, (2) साधन, व्यवहार उपकरण, (3) साध्य-परिणाम हैं।[128] ये तीन तत्त्व (1) सकारात्मक, (2) नकारात्मक, (3) अवैध या प्रभावहीनता, (4) प्रतिरोधी गुणों का इच्छाओं से युक्त चार तत्त्वों से सम्बद्ध हैं।[129] इस प्रकार पूर्ण संज्ञानात्मक स्वरूप का अभिप्राय व्यक्ति उसके पर्यावरण के साथ निरन्तर जारी रहनेवाला वृत्तचित्र है। व्यक्ति के संज्ञानात्मक स्वरूप का निर्धारण उसके स्वयं के साथ विश्व के सम्बन्धों से ही होता है जो कि उपलब्ध ज्ञान, चेतना पर आधारित होते हैं।[130] संज्ञानात्मक प्रक्रिया एवं स्वरूप में उद्देश्य, सीखना, धारण, व्यक्ति, घटना, विचार या वह सभी तथ्य सम्मिलित होते हैं जो कि किसी निश्चित समय में एक विषय-वस्तु के घटना तथा तथ्य इत्यादि के संज्ञान से सम्बन्धित होते हैं संज्ञानात्मक स्वरूप–(1) एकल, (2) बहुल प्रकार का होता है।

संज्ञान

एकल | बहुल

(1) एकल संज्ञान, सरल प्रक्रियावाली तथा व्यक्ति के संज्ञान से जुड़ी है। (2) बहुल संज्ञान अति दुरूह, विशाल, संगठित, सन्तुलन से जुड़ा होता है। जन समूह संज्ञान लोगों में संचार की क्षमता के विकास के आधार पर विकसित होता है। तथा जब तक सम्प्रेषक एक निश्चित दिशा में सम्प्रेषण नहीं करेंगे तब तक समाज में संचार प्रक्रिया क्षीण रहेगी।[132] संज्ञान को हम वह प्रक्रिया कह सकते हैं जिसके द्वारा व्यक्ति या निकाय अपने पर्यावरण, विश्व की मूल, घटनाओं के ज्ञान से अवगत होता है तथा व्यक्त करता है। संज्ञान का प्रभाव व्यक्ति एवं व्यक्ति समुदाय के ज्ञान, शिक्षा, व्यवहार इत्यादि प्रक्रियाओं पर पड़ता है।[133]

संचार का संज्ञानात्मक सिद्धान्त संचार के परिणामात्मक सन्दर्भों से जुड़ा है। व्यक्ति और उसके संचार के माध्यम के सम्बन्धों से ज्ञान संज्ञानात्मक प्रक्रिया का प्रारम्भ होता है। संज्ञानात्मक प्रक्रिया के आधार पर वर्तमान समय में जनसंचार माध्यम संचार के जीवन का अंग है। उक्त विवेचन से स्पष्ट है कि संज्ञानात्मक प्रक्रिया के प्रमुख तीन अवयव–(1)

सीखना, (2) धारणा एवं (3) ज्ञान/बोध हैं। इन्हीं के द्वारा संज्ञानात्मक प्रक्रिया होती है। संज्ञानात्मक प्रक्रिया व्यवहार में व्यक्ति, रूप से अन्तर, सम्बन्धित है।

इस प्रकार व्यक्ति, समाज एवं संचार का अस्तित्व संज्ञान पर निर्भर है और संज्ञान का इन पर संचार और संज्ञान एक सिक्के के दो पहलू हैं। एक के बिना दूसरे की कल्पना सम्भव नहीं है।

12.1.33 (क) संचार का सामाजिक सुधार सिद्धान्त (Social Reform Theory of Communication)

इस सिद्धान्त का आधार जनसंचार माध्यमों के द्वारा सामाजिक लक्ष्यों एवं आदर्शों को प्रभावी रूप में प्राप्त करने का दृष्टिकोण है। टेलीविजन के द्वारा घर, स्कूल एवं धार्मिक स्थलों तक को सरलतापूर्वक प्रसारण से जोड़ा जा सकता है। यह प्रक्रिया हमारे समाज में निरन्तर कई वर्षों से जारी है। इसका प्रभाव समाज पर धीमा तथा हृदयग्राही है। प्रसारण माध्यम के आधार एवं नियन्त्रण का उद्देश्य भी सामाजिक सुधारों से सम्बद्ध होता है। इसी दर्शन के आधार पर वर्तमान समय में कार्यक्रम भी बनते हैं।

सरकार द्वारा कार्यक्रमों के नियन्त्रण अथवा विस्तार का तर्क सामाजिक सुधार पर आधारित होता है। इसी आधार पर सरकार कार्यक्रमों की स्वीकृति प्रदान करती है या नियन्त्रित या सेन्सर करती है। इस विचार के मूल में वे विचारक मुख्य रूप से हैं जो 'खतरनाक' सम्प्रेषण से जनसंचार माध्यमों को बचाने के लिए उसे नियन्त्रित करने का तर्क देते हैं। इस प्रकार 'नियन्त्रण एवं निरन्तर प्रसारण' की 'प्रक्रिया जनसंचार माध्यमों की रक्षा और 'लाइसेन्स' के आदर्शों द्वारा प्रभावी होती है। इस सिद्धान्त के समर्थक; राज्य तथा सामाजिक खतरों की चेतावनी के आधार पर जनसंचार माध्यमों पर आरोपित नियन्त्रणों के विरोधी हैं। इनके अनुसार संचार माध्यम पर व्यर्थ के कानूनी नियन्त्रण नहीं लगाये जाने चाहिए। जनता जहाँ तक या जिस सीमा तक तैयार हो और प्रसार तकनीक द्वारा सम्भव हो उस सीमा तक प्रसारण होना चाहिए। परन्तु इसका अभिप्राय यह नहीं है कि वे मात्र प्रसारण-माध्यम की तकनीकी क्षमता के नियन्त्रण को मानते हैं। सामाजिक सुधार सिद्धान्तवादी प्रसारण माध्यमों के कार्यक्रमों पर जनता की स्वीकृति एवं सहमति की सीमा को स्वीकार करते हैं। इस सिद्धान्त के समर्थक अतिव्यावहारिक हो जाते हैं। सामाजिक सुधार सिद्धान्त एक अतिव्यावहारिक खोज पर बल देता है जो कि सामाजिक स्वीकृति पर आधारित हो। इस प्रकार संचार का सामाजिक सुधार सिद्धान्त संचार माध्यमों के परिणामों एवं नियन्त्रण प्रक्रिया पर आधारित है।[134]

इस प्रकार इस सिद्धान्त से उस पसन्द अथवा नापसन्द की भी व्याख्या होती है, जिसके अनुसार दो व्यक्ति एक-दूसरे को पसन्द अथवा नापसन्द करते हैं तथा वे सम्बन्धों को सन्तुलित करते हैं। कुछ स्थितियों में असन्तुलन भी होता है। यह स्थिति उस समय होती है जब अन्य द्वारा पसन्द वस्तु या पदार्थ कोई व्यक्ति नापसन्द करता है। आप द्वारा सन्तुलन की स्थिति तब होगी जब उसको अन्य पसन्द करें, जो कि आपके प्रति सहानुभूति रखते हैं। चार्ल्स आसगुड एण्ड पर्सी टेनेन्बोन 'दी प्रिन्सिपल ऑफ कांग्रिटी इन दी प्रेडिक्शन ऑफ एट्टीट्यूड चेंज' (Charles Osgood and Percy Tennenbaun in The Principle of Congrity in the Prediction of Attitude Change) 1955 में तथा एल. ए. फेस्टिंगर ने

'दी थियरी ऑफ कागनीटिव डिसोनेन्स (L. A. Festinger in the Theory of Cognitive Dissonance) 1957 में स्पष्ट किया कि लोग बाहर की उसी सूचना को ग्रहण करते हैं, जिसके द्वारा विश्व में विद्यमान ज्ञान, विचार एवं आचार-व्यवहार का अस्तित्व स्वीकृत या अस्वीकृत होता है। साथ ही जो व्यवहार के अन्य स्वरूपों या उपादानों के अनुरूप हो। इसके विपरीत लोग उस सूचना से बचते हैं जो कि वस्तु या असंगति को बढ़ाती है। यदि आपकी संज्ञा दी जाती है। असंगति की स्थिति उस समय तीव्र हो जाती है, तब एक व्यक्ति अन्य के व्यक्तित्व एवं अनमन के विपरीत छवि प्रस्तुत करता है अथवा कुछ कहता है या कुछ वर्णन करता है।[135]

12.1.34 सन्निकटता का सिद्धान्त (Proxemics Theory)

अशाब्दिक या भाव एवं संकेतों की संचार प्रक्रिया के अध्ययन से स्पष्ट हुआ कि दूरी के साथ-साथ लोगों के सम्पर्क के तरीकों में सन्निकटता होती है। एक-दूसरे से दूरी पर स्थित लोग एक निश्चित वृत्त-चित्र के माध्यम से परस्पर दूरीवाले लोग एक-दूसरे का अवलोकन संचार प्रक्रिया में करते हैं। संचार में समरूपता अथवा सन्निकटता सन्देश की प्रकृति एवं संस्कृति वर्गीय और राष्ट्रीय भिन्नता के अनुरूप बदलती है। एकरूपता का विस्तार मनुष्य के अपना विस्तार-कक्ष, भवन, शहर, कस्बे आदि में हम विस्तारित कर सकते हैं।[136]

रक्षात्मक अन्तराल (Defenceable Space) सन्दर्भ का उपयोग सामुदायिक नगरीय योजना के घरेलू वास्तु शिल्प में किया। इसे व्यवहार में निजी तथा सार्वजनिक स्थानों पर निर्धारित किया। इस निर्धारण में दीवाल, रास्ता, बगीचा, सुरक्षित स्थान आँगन आदि के निर्धारण के द्वारा सामूहिक निवास का स्वरूप प्रतिबन्धित होता है।

वर्तमान में स्थापत्य कला का विकास पुरानी परम्परा की भाँति वर्गाकार या गोलाकार होता है। इस प्रकार जुटे हुए स्थान से सुरक्षा या सामूहिकता का भाव भी विकसित नहीं होता है। बाह्य जगत् के विपरीत इसमें अधिक नजदीकीपन होता है तथा यह अलगाव के लिए अधिक सक्षम होता है।[137]

परा सन्निकटता (Para-Proxemic) का सन्दर्भ भी इस विवेचन में आवश्यक है। यह सन्दर्भ टी. वी. के संचालन में लोगों तथा कार्यक्रम के अन्तराल के लिए प्रयुक्त हुआ। यह लोगों की वास्तविक जिन्दगी को उद्दीप्त करने के लिए लोगों द्वारा जो स्थान दिया जाता है, उदाहरण के लिए क्लोजप, मध्य दूरी एवं लांग शाट निजी एवं सामाजिक दूरी या स्थिति को प्रदर्शित करता है। जोशुआ मेयरोविट्स ने 'टेलीविजन एण्ड इण्टरपर्सनल बिहेवियर : कोड ऑफ परसेप्शन एण्ड रिस्पान्स' (Joshua Meyrowitz in Television and Interpersonal Behaviour : Codes of Perception and Response), 1979 में स्पष्ट किया कि किस प्रकार एक व्यक्ति अन्तर्वैयक्तिक दूरी के विषय में सलाह देता है अथवा स्पष्ट करता है। माध्यमों में यह प्रेषक व्यक्ति एवं दर्शक के मध्य दीखती है। यह दूरी वास्तव में दर्शक की प्रतिक्रिया भी प्रकट करती है, जिसे टी. वी. अपने पर्दे की आँख से प्रकट करता है।[138] इससे यह स्पष्ट होता है कि जनमाध्यम लोगों के मध्य विद्यमान विभिन्न प्रकार की दूरी के स्थान पर निकटता का विस्तार करते हैं।

12.1.35 साइबरनेटिक्स सिद्धान्त (Cybernetics Theory)

साइबरनेटिक्स को नियन्त्रण सिद्धान्त के नाम से भी जाना जाता है। यह मनुष्य, पशु एवं मशीन के संचार एवं फीडबैक से सम्बद्ध है। यह ग्रीक अवधारणा कर्णधार (Streersman) से ली गयी है। इस अवधारणा को अमेरिकन विद्वान् नोरबर्ट वीवर ने 'साइबरनेक्टिस आफ कण्ट्रोल एण्ड कम्युनिकेशन इन दी एनिमल एण्ड दी मशीन' (Cybernetics of Control and Communication in the Animal and the Machine by Norbert Wiever), 1949 में प्रस्तुत किया। नियन्त्रण एवं संचार व्यवस्था की अभिरुचि शरीर एवं अन्तरिक्ष में विद्यमान नियन्त्रण प्रक्रिया से था। साइबरनेटिक्स व्यवस्था के विश्लेषण तथा उसकी परस्पर की भिन्नता, वंशानुगत प्रवृत्ति तथा परिवर्तन से है। ग्रीक परिचालक या कर्णधार (Steersman) का प्रयोग दृश्य, श्रव्य, संकेतात्मक प्रतिपुष्टि या फीडबैक के लिए किया जाता था। वर्तमान समय में सही तथा तीव्रता के साथ फीडबैक एवं नियन्त्रण की प्रक्रिया सम्पादित होती है। इसके अतिरिक्त गलत दिशा में फीडबैक व्यवस्था होने से महान् संकट या विनाश की स्थिति उत्पन्न हो सकती है।[139]

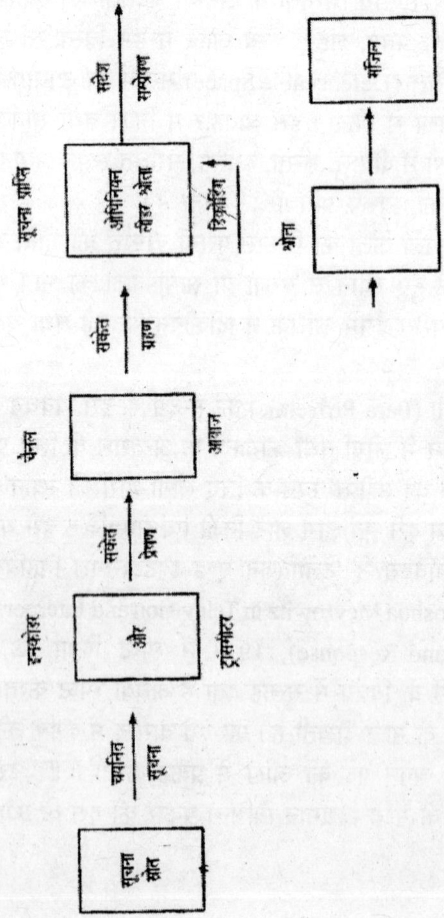

शेनन और वीवर का संचार प्रारूप

साइबरनेटिक्स शब्द का प्रयोग 100 वर्ष पूर्व ए. एम. इम्बर ने समाजशास्त्री सन्दर्भ में किया।[140] संचार नियन्त्रण (Cybernetics) का हिन्दी रूपान्तरण है। यह यूनानी शब्द कबरनेटिक्स (Kubernetics) से बना है, जिसका अर्थ है—खेवट, मार्ग-परिवर्तक, चालक या शासक। व्यापक अर्थों में इसके अन्तर्गत समस्त नियन्त्रित मानव व्यवहार आ जाता है।[141] इसे द्वितीय विश्वयुद्ध के पश्चात् हुई प्राविधिक विज्ञान के क्रान्तिकारी परिवर्तनों में विकसित किया गया है। इसका विकास संचार जगत् में (C. E. Shannon and Norbert Wiever) क्लाइड ई. शैनन तथा नोरबर्ट वीवर ने किया।[142] इनके पूर्व प्रख्यात गणितज्ञ नाइक्युस्ट जो कि टेलीफोन प्रयोगशाला में कार्य करते थे, ने 1947 में सर्वप्रथम टेलीग्राफ संचार के कर्मियों के सन्दर्भ में इसे प्रस्तुत किया। इसके पश्चात् शैनन और वीवर (1947) ने साइबरनेटिक्स संचार सिद्धान्त का विकास किया। इनके अनुसार साइबरनेटिक्स संचार का वह अध्ययन है जिसमें मानव तथा मशीनी व्यवस्था दोनों का नियन्त्रण एवं फीडबैक प्रक्रिया सम्मिलित है। इस प्रकार नियन्त्रित एवं फीडबैकयुक्त संचार प्रक्रिया को साइबरनेटिक्स कहा जाता है।[143] रांस ऐश्वी ने पुनः उसे और विस्तृत रूप से दिया।[144] शैनन और वीवर ने विद्युतीय संचार की कुछ समस्याओं को सुलझाने का प्रयास किया था, किन्तु वीवर के सामने समस्या थी कि नेपथ्य से आनेवाले संकेतों में से एक को दूसरे से कैसे भिन्न किया जाये। जबकि शैनन का प्रयास था कि वह सन्देशों को कूटबद्ध करके कम अशुद्धियों और अधिक-सेअधिक तेजी के साथ कोलाहलयुक्त चैनलों से दूर पहुँचाया जा सके। इन लोगों ने इस सिद्धान्त को साइबरनेटिक्स सिद्धान्त का नाम दिया। ऐश्वी ने सम्प्रेषण-सिद्धान्त की प्रतिबद्धता को और आगे बढ़ाया। उसकी मान्यता थी कि उन अनेक मनोवैज्ञानिक, सामाजिक और आर्थिक विषमताओं से, जो निरन्तर बढ़नेवाली अपनी जटिलताओं के कारण हमें जकड़ती जा रही है से निपटने के लिए आवश्यक साधन जुटाने की दिशा में यह एक महत्त्वपूर्ण साधन माना जा सकता है।[145] शैनन और वीवर के संचार सिद्धान्त की प्रमुख प्रकृति-सूचना स्रोत, चयनित सूचना, चयनित प्रेषण, संचार साधन, संकेत, कोड, श्रोता, सन्देश-पुनर्प्रेषण, लक्ष्य आदि हैं।

शैनन और वीवर ने पाया कि सन्देशों में चयन से प्रेषण में भी अनेक परिवर्तन आ जाते हैं। सम्प्रेषित सन्देश अपने मूल स्वरूप से काफी भिन्न प्रकार के होते हैं और उनमें अनेक परिवर्तन आ जाते हैं। इस प्रक्रिया में व्याप्त आदतें संचार प्रक्रिया में समाहित हो जाती हैं।[146]

'साइबरनेटिक्स' को शैनन और वीवर ने यान्त्रिक संचार के सन्दर्भ में प्रयोग किया था। इसके पूर्व इसका प्रयोग तकनीकी एवं भौतिक विज्ञानों में मशीनी सन्दर्भों में किया जाता था। जनसंचार में इसका प्रयोग इस प्रकार होता है, जैसे कि व्यक्ति को उसके व्यावहारिक गतिशीलता के सन्दर्भ में आदेश दिया गया, वह व्यक्ति उस आदेश को अपने कानों, मस्तिष्क से ग्रहण कर उन पर प्रतिपुष्टि के साथ सूचना प्रक्रिया से जुड़ जाता है और इस प्रकार वह नियन्त्रित भी हो जाता है।[147] अनेक मनोवैज्ञानिकों एवं मस्तिष्क विकृत विशेषज्ञों ने पाया कि सूचना के चतुर्दिक् संग्रह का तौर तरीका, प्रक्रिया है, इसके द्वारा वास्तविक ज्ञान एवं समझ की प्रवृत्ति पैदा होती है।[148]

कार्ल डब्लू. डॉयच (Karl W. Deutsch) ने शैनन, वीवर और ऐश्वी से प्रेरणा लेकर साइबरनेटिक्स को राजनीतिक घटनाओं के सन्दर्भ में प्रयोग किया। वह सिद्धान्त प्रशासन और राजनीति के कुछ निश्चित लक्ष्यों की प्राप्ति के लिए संचालन और समायोजन की प्रक्रियाओं की

उपयोगिता उस अर्थ में देखता है, जिसमें संचार वाहन को स्टिपरिंग के द्वारा इच्छित लक्ष्य की ओर तेजी से दौड़ाया जा सकता है। यह सिद्धान्त निर्णयों, परिणामों में उतनी रुचि नहीं लेता जितनी कि उसके निर्माण की प्रक्रिया, यह साइबरनेटिक्स के सर्वथा अनुकूल है क्योंकि उसमें भी अधिक महत्त्व संचालन और समायोजन की प्रक्रियाओं को दिया जाता है। संचालन की प्रक्रिया पर जो वाहन को गति देने में सहायक होती है, पर अधिक जोर देने से स्पष्ट है कि यह सिद्धान्त गतिशीलता की समस्याओं में अधिक रुचि रखता है, डॉयच के अनुसार सभी व्यवस्थाएँ, मशीनों, प्राकृतिक, जैविक अथवा मानवी आदि संचारण की दृष्टि से एक ही प्रकृति की होती है। इस दृष्टि से वह सामान्य व्यवस्था के निकट चला जाता है। इसका लक्ष्य यह बताना है कि वर्तमान राज व्यवस्था का केन्द्रीय तत्त्व शक्ति (Power) या बल नहीं है। वह शक्ति में भौतिक बल की मान्यता के महत्त्व को घटाना चाहता है। राजनीति की शक्ति न तो केन्द्र है और न तार भाग। डॉयच का संचार सिद्धान्त ऐसी तकनीकी दृष्टि का माना गया है जो विभिन्न व्यवस्था का इस दृष्टि से अध्ययन करता है कि वे अपने जगत् को किस प्रकार नियन्त्रित करती हैं।[149]

डॉयच का सिद्धान्त इंजीनियरिंग के क्षेत्र में प्रयुक्त प्रतिरूपों पर अधिक बल देता है। यह संचार अभियान्त्रिकी (Engineering of Communication) और शक्ति अभियान्त्रिकी (Power Engineering) में अन्तर स्पष्ट करता है। उसके अनुसार शक्ति अभियान्त्रिकी में परिवर्तन उसी अनुपात में होता है जिस अनुपात में शक्ति का उपयोग किया जाता है। इसके विपरीत संचार अभियान्त्रिकी में थोड़ा-सी शक्ति का प्रयोग भी कभी-कभी सन्देश के प्राप्तकर्त्ता की स्थिति में भारी परिवर्तन ले जाता है। ऐसे परिवर्तन प्रयोग में लायी गयी शक्ति के अनुपात में कइयों गुना बड़े होते हैं। इसके सिद्धान्त का आधार परिवर्तन पर है। परिवर्तन शक्ति के द्वारा लाया जाता है। परन्तु यह प्राप्त सूचना और उस पर अमल करने पर निर्भर रहता है कि प्राप्तकर्त्ता में कितना बड़ा परिवर्तन लाया जा सकता है। इसकी तुलना उस सूचना से हम कर सकते हैं जो बन्दूक की नली को निर्दिष्ट लक्ष्य की ओर मोड़ देने के लिए आवश्यक होती है। बन्दूक का कुन्दा दबाने में कम शक्ति लगानी पड़ती है परन्तु बन्दूक के निशाने का लक्ष्य पर जोरदार प्रभाव पड़ता है। इससे स्पष्ट है कि संकेत प्रेषण शक्ति की अपेक्षा उसके उपयोग के परिणाम जानना अति आवश्यक है।[150] इस प्रक्रिया में परिणाम को उपलब्धि की अपेक्षा संचार प्रवाह की गति विकास के लिए उपयोग के परिणाम जानते हैं।

इसका उपयोग राजनीति में कार्य कुशलता लाने के लिए किया जा सकता है। संचार नियन्त्रण विज्ञान अपने में 'सर्वोच्च व्यवस्था' नियन्त्रण व्यवस्था, सूचना सिद्धान्त परिचालन शोध, क्रीड-समरनीति को अपने में समाहित कर चुका है।[151]

(1) परिचालनात्मक संरचना, (2) सूचना प्रवाह या सूचना सम्बन्धी प्रक्रियाएँ, (3) विनिश्चय सम्बन्धी प्रक्रियाएँ, (4) प्रतिसम्भरण प्रक्रिया।

(1) परिचालनात्मक संरचना : यह वर्ग संक्रियात्मक संरचनाओं या मॉडल की बनावट से सम्बन्धित है। प्रत्येक राजनीति गठन में उसकी संग्राहक व्यवस्था आन्तरिक और विदेशी व्यवस्थाओं से सूचना प्राप्त करती है। सूचना प्राप्ति में अन्तर्ग्रहण चयन तथा तथ्य क्रम इत्यादि प्रक्रियाएँ सम्मिलित हैं। प्रत्येक व्यवस्था, सूचना अन्तर्ग्रहण सम्बन्धी नियमों के द्वारा आनेवाली सूचना के प्रवाह को प्रभावित करती है। विनिश्चय निर्माण में सूचनाओं को स्मृति, मूल्य ग्रन्थियों तथा वास्तविक विनिश्चय केन्द्रों की संरचनाओं द्वारा सम्हाला है और प्रभावित किया जाता है।

स्मृति प्रक्रिया परिणामों के विगत अनुभवों से जुड़ी होती है। मूल्य इत्यादि कार्यों से सम्बद्ध होते हैं। निर्णय या विनिश्चिय के पश्चात् कार्य रूप में परिणत किया जाता है। क्रियान्वयन की सूचना विनिश्चय स्रोत तक पहुँचा दी जाती हैं। और वह प्रक्रिया निरन्तर चलती रहती है।[152]

(1) सूचना प्रवाह या सूचना सम्बन्धी प्रक्रियाएँ : यह प्रक्रिया सूचना प्रवाह से सम्बन्धित है। इसका आधार प्रवाहों का समन्वय है जिससे संचार का निर्माण होता है। इसमें चैनल भार, भार क्षमता का मुख्य समन्वय है। भार का अभिप्राय निर्दिष्ट समय पर सूचनाओं के लक्ष्य के सन्दर्भ में, विस्तार एवं गति की दृष्टि से सूचनाओं का अन्तर्ग्रहण। भार क्षमता के सूचना मार्गों की संख्या तथा प्रकार। मार्ग का अभिप्राय सूचना ले जाने वाली संरचना या प्रक्रिया है। भार समय एवं मात्रा की दृष्टि से बदलता रहता है। ये समस्त प्रक्रियाएँ मिलकर संचार के संयोजनात्मक क्षमता का निर्धारण करती है।[153]

(3) विनिश्चय सम्बन्धी प्रक्रियाएँ : यह विनिश्चय-प्रक्रियाओं के परिणामों से सम्बन्धित है। परिणाम के इस पक्ष पर डॉयच ने अधिक ध्यान नहीं दिया है। इस प्रक्रिया में विनिश्चय के लक्ष्य, उद्देश्य, परिणाम पूर्व निर्धारित होते हैं। विनिश्चय, परिणाम, अनुपालन का सत्ता से या प्रभावशीलता से सम्बन्ध होता है। इसका कारण नियन्त्रण एवं मार्ग परिवर्तन की अवधारणा सामने उपस्थित हो जाती है।[154]

(4) प्रतिसम्भरण प्रक्रिया : प्रतिसम्भरण (फीडबैक) हर एक शासन व्यवस्था में नियन्त्रण मार्ग परिवर्तन का अधिक महत्त्व होता है। यह–

(1) निषेधात्मक, (2) विधेयात्मक, (3) प्रवर्द्धनशील के रूप में डॉयच द्वारा व्यक्त की गयी है।[155]

डॉयच की सम्प्रेषक व्यवस्था को सन्तुलित करना चाहिए जैसे कि उपयुक्त ताली से ताला कम शक्ति से खुल जाता है परन्तु सफलता सन्दिग्ध रहती है। इस प्रकार सम्प्रेषण की उपयुक्तता कम शक्ति में शासन व्यवस्था को नियन्त्रण एवं इच्छित मार्ग परिवर्तन सफलता प्रदान करती है।[156]

डॉयच का संचार प्रारूप[157]

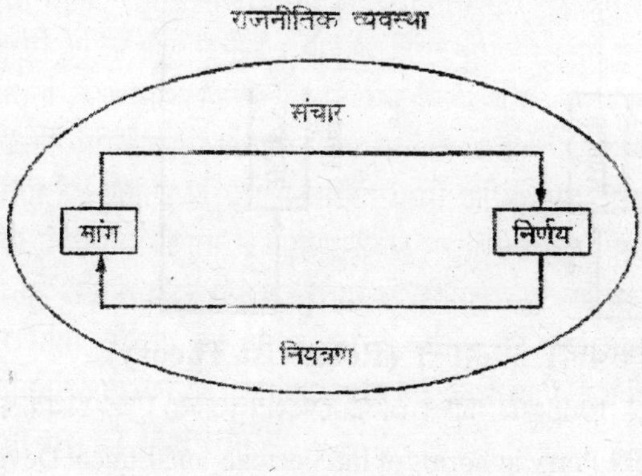

(डॉयच की राजनीतिक व्यवस्था एवं संचार)

प्रारूप (12.8)

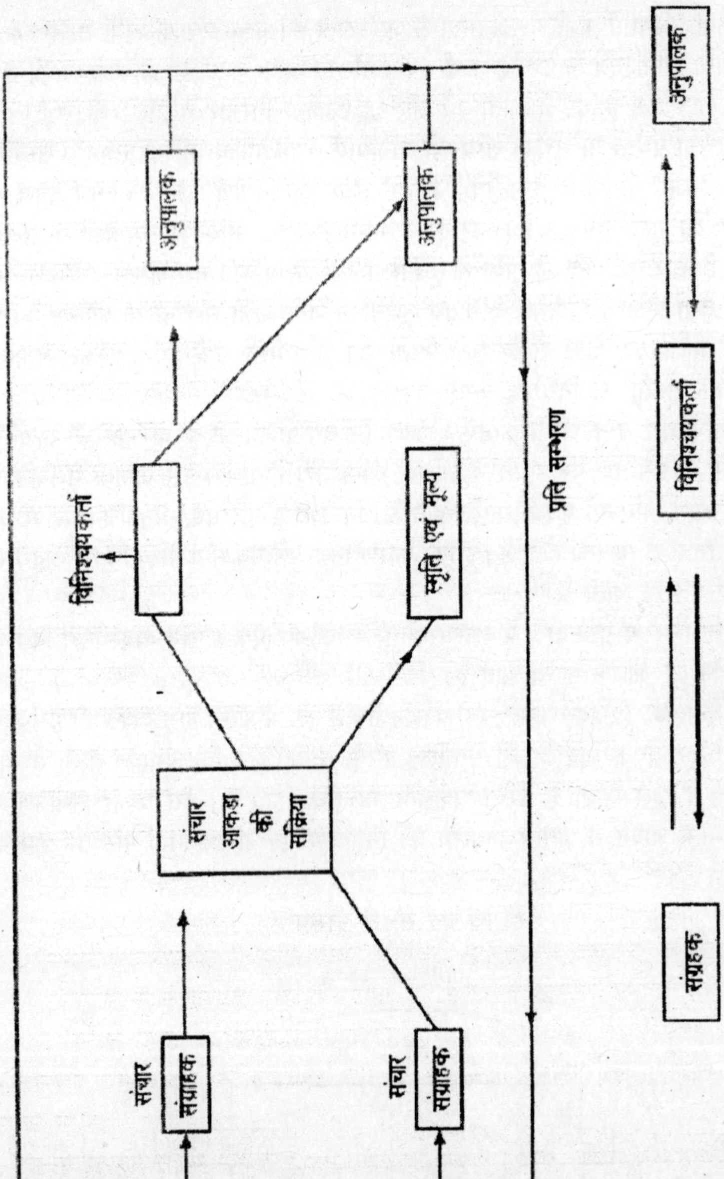

प्रारूप (12.9)
(डॉयच का संचार प्रारूप)

12.1.136 सापेक्षवादी सिद्धान्त (Relativist Theory)

डब्लू. जी. पेरी ने 1968 में 'फार्म्स ऑफ इण्टेलेक्चुअल्स एण्ड इथिकल डेवलपमेण्ट इन दी कॉलेज ईयर्स (W. G. Perry in Forms of Intellectuals and Ethical Development in the College Years) में पाया कि बौद्धिक एवं नैतिक विकास का सम्बन्ध मुख्यतः मनुष्य के स्वयं के व्यवहार के तरीके से है, जिसमें मूल्य, विश्वास तथा नयी सूचना एवं नये अनुभव के अनुरूप परिवर्तन होता है।

पेरी ने तर्क दिया है एक व्यक्ति में नैतिक एवं बौद्धिक विकास एक द्वैत प्रक्रिया है। यह प्रक्रिया सापेक्षतावाद से प्रतिबद्धतायुक्त होती है। पेरी के अनुसार द्वैत (Dualism) की विशेषता कठोर (Rigid) है। इसका चरित्र श्वेत या श्यामयुक्त अर्थात् दुहरा होता है। इसी मूल्य एवं विश्वास के दायरे में इसे देखा जाता है। इस स्तर पर व्यक्ति सूचना या कार्यवाही को बिना गुणवत्ता के सही या गलत रूप में देखता है। इनके अनुसार एक सापेक्षतायुक्त आयाम एवं दृष्टि में बहुसंख्यक एवं द्वन्द्वात्मक व्याख्या के मूल्य एवं विश्वास निहित होते हैं। इसी कारण लोग भिन्न प्रकार से सन्दर्भों में अनिश्चितता होती है। इसके बाद यह स्वीकार करते हैं कि क्या उन्होंने सही रूप में महसूस नहीं किया। यह विभिन्नता स्थिति-विशेष तथा व्यक्तियों के परिवेश के कारण रहती है जिसे व्यक्ति के दायित्व के आधार पर प्रत्येक व्यक्ति निश्चित करता है तथा उसी के अनुरूप किसी व्याख्या को स्वीकार करता है।

बाद के चरण में पेरी प्रतिबद्धता (Communication) को निर्णय और अनुभव पर केन्द्रित करता है। यह प्रतिबद्धता व्यक्ति को प्रभावित करती है। वह यह भी स्पष्ट करता है कि किस प्रकार एक व्यक्ति जीवन के अनुभवों के सन्दर्भ में प्रतिक्रिया व्यक्त करता है तथा किस रूप में एक व्यक्ति संकेत करता है तथा वह किस प्रकार जीवन जीता है।[158]

12.1.37 संचार का जन नियन्त्रण सिद्धान्त (Mass Control Theory of Communication)

इस सिद्धान्त के विकास की पृष्ठभूमि मुख्यतः पी-एच. डी. उपाधि के लिए मेरे द्वारा (प्रो. ओमप्रकाश सिंह) प्रस्तुत संचार माध्यमों का प्रभाव विषयक शोध प्रबन्ध पर आधारित है। अनुसन्धान की अवधि में अवलोकन एवं साक्षात्कार अनुसूची के अतिरिक्त संगृहीत तथ्यों से इस सिद्धान्त का ज्ञान हो सका। उक्त के आधार पर ही इसका सामान्यीकरण एवं सैद्धान्तीकरण प्रस्तुत हो सका। यह सिद्धान्त पूर्णतः भारतीय सामाजिक पृष्ठभूमि पर आधारित एवं सामान्यीकरण युक्त है। हमें यह ज्ञात है कि भारतीय परिवेश में प्राचीन काल से ही जन नियन्त्रण एवं प्रशासन के लिए संचार माध्यमों का प्रयोग किया जाता था। उदाहरणस्वरूप देख सकते हैं कि अशोक के शिलालेख एवं स्तम्भलेख तथा अन्य प्रकार के लेख जिन पर शासन की आज्ञाएँ लोगों के लिए खुदवायी गयी थीं। डुग्गी एक प्राचीन संचार प्रक्रिया है, जिसके द्वारा लोगों को शासन या सरकार की तरफ से अनेक सूचनाएँ दी जाती रही हैं और वर्तमान समय में भी दी जाती हैं।

इस प्रकार संचार माध्यमों के जरिये शासन अथवा नियन्त्रण का कार्य अनादिकाल से होता चला आया है। वर्तमान समय में शासन व्यवस्था जन नियन्त्रण के लिए दिन-प्रतिदिन जनसंचार माध्यमों पर निर्भर होती जा रही है।

कर्फ्यू की घोषणा हो या धारा 144 अथवा आपात्काल की उसे जनसंचार माध्यमों द्वारा घोषित एवं प्रसारित किया जाता है। कोई अपराधी दिल्ली या भारत के किसी क्षेत्र से गायब हो गया तो उसकी फोटो समाचार-पत्र, टेलीविजन के द्वारा प्रसारित हो जाती है, रेडियो के द्वारा उसकी पहचान का प्रसारण किया जाता है। कोई व्यक्ति अगर कोर्ट की नोटिस या आज्ञा की अवहेलना करता है तो उसे उसके पास-पड़ोस तक उपलब्ध संचार साधन के द्वारा सूचना दी जाती है। बैंक द्वारा या कोर्ट की की गयी नीलामी की सूचना में संचार माध्यमों का उपयोग होता है।

वर्तमान प्रजातान्त्रिक व्यवस्था में चुनाव के प्रचार में संचार माध्यमों का उपयोग निरन्तर बढ़ रहा है।

प्रतिवर्ष, संसद्, विधान सभाओं, न्यायालयों, केन्द्रीय एवं राज्य सरकारों द्वारा अनेक आदेश एवं कानून निर्मित तथा लागू किये जाते हैं। प्रत्येक आदेश एवं कानून की सूचना जन-जन तक संचार माध्यमों के द्वारा पहुँचती है।

संचार माध्यमों द्वारा प्रेषित, कर्फ्यू, आपातूकाल, धारा 144, कुर्की, नीलामी, नये कानून एवं आदेशों इत्यादि की सूचना पर अमल कराने का कार्य संचार माध्यम ही करते हैं। यदि माना किसी विमान की उड़ान दिल्ली से रद्द कर दी गयी इसकी सूचना रेडियो, टेलीविजन एवं किसी संचार माध्यम से प्राप्त करने के पश्चात् उस विमान से यात्रा करनेवाला व्यक्ति हवाई अड्डे नहीं जायेगा। इसी प्रकार जन प्रशासन एवं जन व्यवहार नियन्त्रण का कार्य वर्तमान में जनसंचार माध्यमों से हो रहा है।[159]

12.1.38 संचार माध्यमों के प्रभाव का सिद्धान्त
(Effect of the Mass Media Theory)

इसके अन्तर्गत हम उन सभी परिवर्तनों को सम्मिलित करते हैं जो कि प्रत्यक्ष या परोक्ष रूप से फिल्म या घटनाओं के चित्रण या रिपोर्टिंग एवं रिकार्डिंग के द्वारा प्रेषित होते हैं। प्रभाव के विश्लेषक इसे समूह एवं व्यक्ति के व्यवहार तथा तौर-तरीके के परिवर्तन के रूप में देखते हैं। प्रभाव के मापन का तरीका दुरूह एवं निरन्तर परिवर्तनयुक्त है। श्रोताओं द्वारा महसूस किये गये नये प्रभाव काफी महत्त्वपूर्ण होते हैं। 19वीं शताब्दी में प्राधिकारी वर्ग के प्रति आज्ञाकारिता का भाव प्रिण्टिंग माध्यम ने बढ़ाया। सिनेमा जैसे नये टी. वी. वर्तमान की कुछ बुराइयों के लिए जिम्मेदार है। इस प्रकार जनमाध्यमों द्वारा विभिन्न प्रकार की राजनीतिक, सामाजिक एवं सांस्कृतिक वातावरण पैदा किया जाता है।

कुछ सामान्य उपकल्पनाएँ प्रभाव के विषय में हैं। इसके अनुसार जनमाध्यम तौर-तरीके आदि परिवर्तन की तुलना में संशोधित तथा प्रबलीकृत करते हैं। जनमाध्यमों का प्रभाव प्रतिबद्ध लोगों की तुलना में अप्रतिबद्ध मतदाताओं पर अधिक पड़ता है। यह प्रभाव उस अवस्था में और अधिक होता है, जबकि अनेक जनमाध्यम एक समय में एक ही प्रकार के विचार व्यक्त करते हैं तथा वे विभिन्न सूचनाओं की अपेक्षा में एक बिन्दु पर केन्द्रित हों और वे सन्देश, विचार एवं छवि को बार-बार प्रस्तुत करें तो प्रभाव अधिक होगा। सी. सेयमोर-यूरे ने दी पोलिटिकल इम्पैक्ट ऑफ मास मीडिया (C. Seymooure in The Political Impact of Mass Media), 1974 में संचार प्रक्रिया को समाज पर संचार के प्रभाव निर्धारण में महत्त्वपूर्ण तथ्य माना। यदि प्रक्रिया सही है तो जनमाध्यम काफी प्रभावी होंगे। क्योंकि जनमाध्यमों के द्वारा चर्चावली (Agenda Setting) का निर्धारण ही हो सकेगा तथा लोग यह निर्धारित कर सकेंगे कि क्या महत्त्वपूर्ण है तथा क्या महत्त्वपूर्ण नहीं है। क्या सामान्य है? क्या विचलन है? क्या सर्वमान्य है? क्या असर्वमान्य है? क्या सामान्य की दृष्टि से महत्त्वपूर्ण है तथा क्या कम महत्त्वपूर्ण है?

इसी प्रकार नकारात्मक प्रभाव भी सकारात्मक प्रभाव की भाँति प्रभावी होते हैं। 1972 में यूरोपीय साझा बाजार में ब्रिटेन की सदस्यता के प्रश्न पर किये गये जनमत संग्रह में मात्र एक समाचार-पत्र दी डेली एक्सप्रेस (The Daily Express) ने यूरोपीय साक्षा बाजार में ब्रिटेन की

सदस्यता के पक्ष में तर्क दिये थे। इस सन्दर्भ में व्यापक विचार-विमर्श हुए। इस प्रकार संक्षेप में हम कह सकते हैं कि संचारविदों के अनुसार जनमाध्यमों का प्रभाव अधिक है। जनमाध्यम समाज के नियन्त्रण के प्रभावी माध्यम हैं। ये समाज के व्यवहार एवं तरीकों आदि को नियन्त्रित तथा संचालित करते हैं। ये वैध सरकार के प्रतीक रूप में भी कभी-कभी कार्य करते हैं।[160]

12.1.39 संकेत सिद्धान्त (Sign Theory)

संचार के अध्ययन में कुछ शब्दों का स्पष्टीकरण आवश्यक होता है। संकेत या लक्षण विज्ञान के अध्येता स्विस भाषाविद् एवं संकेत विज्ञान के जनक से सम्बोधित फर्डीनेण्ड डी सौसर (1857-1913) ने भाषा के संकेतों और संग्रहों के रूप में देखा। उन्होंने स्पष्ट किया कि संकेत में ध्वनि (Acoustic) प्रतिबिम्बित एवं अवधारणा विद्यमान होती है। किसी भाषा में शब्द या शब्द समूह कुछ बाह्य विधमान उद्देश्य या विचार को व्यक्त करते हैं। अमेरिकी दार्शनिक एवं तर्कशास्त्री चार्ल्स पीयर्स (1834-1914) (Charles Pierce) ने संकेत या लक्षण में त्रिकोणात्मक सम्बन्ध व्यक्त किया।

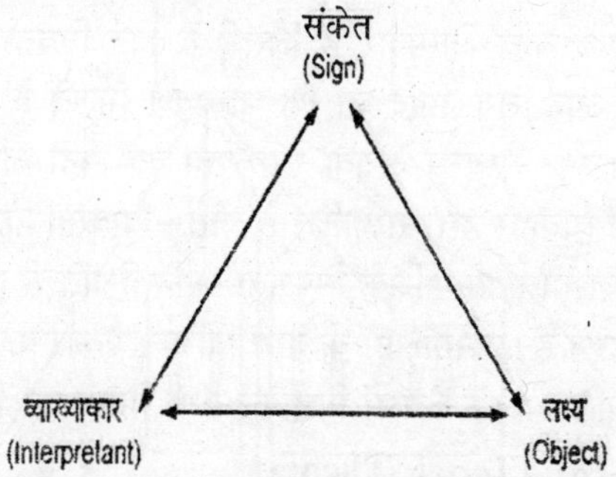

प्रारूप (12.10)

लक्ष्य का निर्धारण संकेत से ही होता है। परन्तु संकेत का महत्त्व मानसिक अवधारणा की प्रक्रिया में होता है। संकेत अभिप्राय उस सन्दर्भ पर निर्भर होता है, जिस सन्दर्भ में यह सम्प्रेषित किया गया होता है। एडमण्ड लीच ने कल्चर एण्ड कम्युनिकेशन (Edumund Leach in Culture and Communication), 1976 में स्पष्ट किया कि संकेत का अर्थ अकेले नहीं वरन् सांस्कृतिक सन्दर्भों से जुड़ा होता है। संकेत अन्य सकेतों तथा प्रतीकों से जुड़कर एक ही स्थिति में भिन्न प्रकार की सूचनाएँ देता है। इस प्रकार न मात्र मर्म की भिन्नता है वरन् संकेत की भी भिन्नता है। पीयर्स ने संकेतों को तीन भागों (Icon) मूर्ति, सूची (Index) एवं प्रतीक (Symbol) में बाँटा है। उन्होंने संकेत, व्याख्याकार एवं लक्ष्य को अन्योन्याश्रित माना एवं अंश आच्छादित माना, मूर्ति लक्ष्य का प्रतिनिधि है। एक फोटो या नक्शा एक मूर्ति संकेत दे सकता है। धूम्रपान जैसे आग की सूची में भी प्रतीक में सम्बद्ध विचार उद्देश्य प्रायः निहित होते हैं। संकेतों को निरपेक्ष रूप में पशुओं के आधार पर समझ सकते हैं न कि मनुष्यों के क्योंकि मानव संकेतों में व्यापक अर्थ विद्यमान होते हैं न कि मूल वास्तविकता।

रेमण्ड फिव्यर्थ ने 'सिम्बल्स, पब्लिक एण्ड प्राइवेट, 1973 में स्पष्ट किया कि संकेतक भी एक प्रकार का संकेत है जिसमें परिणात्मक व्यवहार निहित होता है। क्योंकि उद्दीपक के साथ कोई-न-कोई प्रतिक्रिया अवश्य जुड़ी होती है।[161]

12.1.40 स्थिति या स्तर सिद्धान्त (Status Theory)

स्थिति या स्तर की अवधारणा को प्रसिद्ध समाजविज्ञानी मैक्स वेबर (Max Weber) की व्याख्या से लिया गया है। मैक्स वेबर ने स्थिति को वर्ग से जोड़ा तथा इसे सामाजिक आयामों के आधार पर विभिन्न स्तरों पर वर्गीकृत किया। स्थिति का अभिप्राय व्यक्ति अथवा समूह के सामाजिक मूल्यांकन से है। सम्मान तथा प्रतिष्ठा इसी के अनुरूप समाज में व्यक्ति को मिलती है। सम्पदा एवं उच्च आय स्तर के निर्धारक हैं परन्तु यह प्रत्येक स्थिति में आवश्यक नहीं है। एक समाज में कोई व्यक्ति या समूह क्यों विशेष प्रकार की स्थिति का उपभोग करता है तथा इसमें परिवर्तन के भी कई कारण हैं—शक्ति, प्राधिकार। इसके अलावा यह इस पर भी निर्भर करता है कि व्यक्ति या समूह में कितनी सामाजिक उपयोगिता है तथा कितनी क्षमता है एवं किस सीमा तक शिक्षा है। व्यक्ति का पेशा एवं सम्पत्ति का स्वामित्व भी स्थिति की उच्चता का कारक है। उच्चस्तरीय शिक्षा भी स्थिति का निर्धारण करती है। इस प्रकार वर्ग एवं स्थिति या स्तर में परस्पर सम्बन्ध है।

स्थिति निर्धारण में कुछ तत्त्व जिम्मेदार हैं जिस पर कोई नियन्त्रण नहीं है। जैसे कुल परम्परा, जातीय सम्बन्ध और लिंग आदि जो कि भाग्यवश मिलते हैं किसी व्यक्ति के ज्ञान एवं स्थिति या स्तर में परस्पर सम्बन्ध अथवा समरूपता का होना आवश्यक नहीं है।

स्थिति सामान्य रूप में व्यवहार द्वारा सम्पादित है, जैसे—व्यावसायिक परम्परा, लक्ष्य, स्थिति के प्रतीक, तौर-तरीके, बोल-चाल, सामाजिक निपुणता आदि स्थिति से जुड़े होते हैं। बोल-चाल और पहनावा इसके उदाहरण हैं। जनमाध्यम के द्वारा विभिन्न प्रकार की स्थिति का प्रतिबिम्बन होता है। इसके द्वारा स्थिति व्यापक क्षेत्र में विज्ञापन तथा चेतना का निर्माण भी होता है।[162]

12.1.41 स्पर्श सिद्धान्त (Touch Theory)

पाँच ज्ञानेन्द्रियों में से त्वक् या त्वचा द्वारा स्पर्श कर कार्य सम्पादित होता है। यद्यपि स्पर्श का महत्त्व अधिक है परन्तु यह उपेक्षित जैसा है। एच. एफ. हार्लोव ने लर्निंग टू लव (H. F. Harlow in Learing to Love), 1970 में स्पष्ट किया, कि जो वर्तमान में बन्दर के बच्चों के साथ के अनुभव के रूप में प्रसिद्ध हैं। उन्होंने पाया शारीरिक सम्पर्क के कम होने की दशा में कुछ विशेष प्रक्रियाओं, अभिव्यक्ति या विशेषताओं को जाना नहीं जा सकता है। वे समाजीकरण के अयोग्य तथा सफलतापूर्वक मिलने के लिए भी उपयुक्त नहीं होतीं।

स्पर्श संचार सूचना सम्प्रेषण का महत्त्वपूर्ण उत्पादन है। विशेषकर बच्चों में जब सम्प्रेषण का तरीका, जैसे—बोलना विकसित नहीं होता उस अवस्था में इसका महत्त्व होता है। पश्चिमी समाज में स्पर्श की प्रक्रिया बच्चे के 5 या 6 वर्ष की अवस्था के होने पर कम हो जाता है। पुरुषों द्वारा महिलाओं की तुलना में कम स्पर्श किया जाता है। यह स्पर्श किशोरावस्था में बढ़ता है, जब स्पर्श एवं काम एकीकृत हो जाते हैं। उस अवस्था में स्पर्श काम का एक संकेत बन जाता है। डॉक्टर, दर्जी, नाई द्वारा किया जाने वाला स्पर्श अनुमन्य अथवा मान्य होता है।

वर्गीय स्थिति एवं कर्म की भूमिका भी स्पर्श की छूट एवं प्रतिबन्ध में निहित होती है। एक नर्स एक रोगी का स्पर्श कर सकती है परन्तु एक रोगी द्वारा नर्स का स्पर्श अनुमन्य नहीं है। इस प्रकार विपरीत दशा का स्पर्श उल्लंघन या अतिक्रमण की कोटि में आता है। स्वयं का स्पर्श मान्य है परन्तु सामाजिक रूप से दूसरे का स्पर्श अवमानना की कोटि में आता है। परन्तु दूसरों के स्पर्श के कुछ विकल्प भी हैं। जैसे चेहरे, सिर, बाल का स्पर्श एवं हाथ मरोड़ना आदि।

जहाँ हम स्पर्श नहीं कर सकते वहाँ विकल्प दुलारना, सहलाना अथवा गले लगाना आदि के द्वारा क्रिया के माध्यम से स्पर्श कर आनन्दित होते हैं। बीमारी, तनाव, दुःख, अति हर्ष में स्पर्श अधिक आवश्यक एवं ग्राह्य होता है। स्पर्श आश्वासन, लगाव, मित्रता, साहसवर्द्धन, समर्थन, आपत्ति, समझ, आमन्त्रण और इच्छा आदि को सम्प्रेषित करना है। स्पर्श के सम्बन्ध में विशेष प्रकार की भिन्नता प्रत्येक समूह में पायी जाती है। यह प्रत्येक देश तथा प्रत्येक स्त्री-पुरुष में मिलती है।[163]

संचार के क्षेत्र में स्पर्श या अशाब्दिक संचार को शारीरिक भाषा या बॉडी लैंग्वेज (Body Language) के रूप में जाना जाता है। स्पर्श की स्थिति की अभिव्यक्ति कभी-कभी शारीरिक भाषा द्वारा व्यक्त होती हैं। इस कारण इसका भी ज्ञान आवश्यक है। मिचील अर्गुले ने 'नॉन-वर्बल कम्युनिकेशन इन ह्यूमन एण्ड सोशल इण्टरएक्शन' (Micheal Argule in Non-verbal Communication in Human and Social Interaction), 1972 में 11 संकेतों की अशाब्दिक संचार में शारीरिक सम्पर्क, निकटता, अनुकूलता, दिखावट, सिर हिलाना, चेहरे का भाव, इशारा, आँख की गति, आँख का सम्पर्क, मुद्रा एवं कूट भाषा की गणना की। अशाब्दिक सम्प्रेषण के द्वारा हम जो इच्छा रखते हैं, उसे सम्प्रेषित करते हैं। कभी-कभी इसके द्वारा दमित इच्छाएँ भी व्यक्त होती हैं।

लगाव, लैंगिक आकर्षण, अस्वीकृति, छेड़-छाड़, प्रभावीपन, सहमति, भय, दुःख, बदलाव तथा आनन्द आदि इसके द्वारा व्यक्त होते हैं। कुछ मामलों में तो हम मात्र अशाब्दिक सम्प्रेषण के द्वारा ही इसे व्यक्त करते हैं। अशाब्दिक संचार व्यक्तियों एवं राष्ट्रों में परस्पर मात्रा में प्रकृति में भिन्न-भिन्न होता है।[164]

अमेरिकी लेखक पॉल एकमैन वैलेस वी. फ्रीजेन ने दी रिपोर्टिंग ऑफ नान-वरबल बिहैवियर : कटेगरीज, आर्गन्स, यूजेज एण्ड कोडिंग, (Paul Ekman and Wallece V. Friesan in The Reporting of non-Verbal behaviour : Categories, Organs, Usage, and Coding) 1969 में एक व्यावहारिक योजना अशाब्दिक व्यवहार के रंगमंच (Ropertoire) के वर्गीकरण को सुझाया। उन्होंने मुख्य रूप से पाँच प्रकार के अशाब्दिक व्यवहार बताये जिसमें—प्रतीक, चित्र, भाव प्रदर्शन, नियम एवं अंगीकरण या आदत भी सम्मिलित हैं।

प्रतीक एक अशाब्दिक व्यवहार है जो प्रत्यक्ष रूप से एक विशेष प्रकार के शब्द या उक्ति को व्यक्त करत है। बिना ध्वनि एवं आवाज के जैसे अँगुली के इशारे से बुलाने आदि इसमें निहित हैं। इस प्रकार प्रतीक सरल तथा सम्प्रेषण के छोटे तरीके हैं। इन संकेतों का प्रयोग कई दृष्टियों से भी महत्त्वपूर्ण हैं। विशेषकर जब शाब्दिक संचार कठिन हों। जैसे किसी गाड़ी में बैठने के लिए सहायता का संकेत। चित्र भी प्रभावी सम्प्रेषण माध्यम हैं। सिर हिलाना, सहमतिपूर्ण हँसी, अभिरुचि प्रदर्शन एवं सीधी जानकारी, हवा में हाथ या अँगुली से कुछ लिखना, किसी चीज पर बल देना आदि। चित्र अभिव्यक्ति में प्रतीकों की तुलना में कम सांस्कृतिक झुकाववाला होता है। भाव प्रदर्शन में चेहरे की आकृति एवं हाव-भाव, रंग आदि भावात्मक अर्थ व्यक्त करते हैं। हमारी पूर्ण शारीरिक भाषा भाव का ही प्रदर्शन करती है। इसका प्रयोग सकारात्मक एवं नकारात्मक दोनों संकेतों के लिए होता है। नियमन वह अशाब्दिक सम्प्रेषण प्रक्रिया है जो कि अन्य व्यक्ति के सम्प्रेषण को नियन्त्रित करती है। यह दूसरे व्यक्ति में अभिव्यक्ति या साहस उत्पन्न करती है। पूर्ण व्याख्या, धीरे-धीरे नीचे लाना, बिन्दु पर लाना,

तेज होना आदि। यहाँ हम सिर हिलाने, हँसने, घुरघुराने, वाह-वाह कहने, हाथ ऊपर उठाने, होंठ सिकोड़ने आदि का प्रयोग करते हैं। इनके प्रयोग से दूसरों में साहस बढ़ा सकते हैं या दूसरे को रोक सकते हैं।

अंगीकरण या आदत वास्तव में व्यवहार से हैं। इसे अपनाकर व्यक्ति अपने को अधिक सुखी महसूस करता है। सम्प्रेषण एवं परस्पर के व्यवहार में बाल को सँवारना, बाल खुजलाना, बाल सहलाना तथा आभूषण पहनना आदि सभी निजी अधिक तथा सार्वजनिक कम है। परन्तु ये सभी स्पर्श पर निर्भर हैं। जब कोई निजी व्यवहार सामाजिक व्यवहार में बदलता है तो उसमें परिवर्तन भी होता है।[165]

12.1.42 हॉबी या उपधन्धा सिद्धान्त (Hobby Theory)

उपधन्धा या हॉबी सिद्धान्त का विकास प्रसार माध्यमों के विकास के प्रारम्भिक चरण में हुआ। इस (हॉबी) का प्रयोग प्रसारण माध्यमों के प्रसारणों का लोगों पर पड़नेवाले प्रभाव के सन्दर्भ में किया गया। यह प्रभाव उपधन्धों अथवा हाबी के रूप में था। प्रसारण हॉबी सिद्धान्त प्रथम विश्वयुद्ध से 1930 तक प्रभावी था। उस समय प्रसारण माध्यम अपने विकास की प्रारम्भिक अवस्था में थे। इस कारण उनकी प्रभाविता भी हॉबी के रूप में प्रारम्भ में मानी गयी है। वर्तमान में यह सिद्धान्त पुराना हो चुका है। यह सिद्धान्त वर्तमान में उसी प्रकार से है जैसे, 1948 में ब्रिटेन में स्थापित 'सोसायइटी ऑफ फ्रेण्ड' संस्था के सदस्यों के कई बाक्सों को हवा से बचाव के लिए प्रयोग। वर्तमान समय में प्रसारण माध्यमों का वह स्वरूप नहीं रहा। बेयर के द्वारा किये गये सर्वेक्षण से भी स्पष्ट है कि प्रसारण माध्यम समाचार-पत्र की अपेक्षा समाज में अधिक प्रभावी है।[166]

12.1.43 समाचार मूल्य अथवा महत्त्व सिद्धान्त (New Value Theory)

दी सण्डे टाइम्स एवं दी टाइम्स के पूर्व सम्पादक हेराल्ड इवान्स ने अपनी पुस्तक दी प्रेक्टिस ऑफ जर्नलिज्म (The Practice of Journalism), 1963 में स्पष्ट किया कि समाचार जनता या लोग (News is People) है। पत्रकार डेनिस मैक्सने ने इन यूजिंग दी मीडिया (Denis Macshane in Using the Media), 1979 में स्पष्ट किया, कि पत्रकार मुख्यतः पाँच किरायेदारों के साथ दिखायी पड़ते हैं। इनमें संघर्ष, कठिन परिश्रम, समुदाय के लिए खतरा, जोखिम तथा अस्वाभाविक लोकनिन्दा, वे व्यक्तिपरकता को भी पत्रकार में सम्मिलित करते हैं। उन्होंने लॉर्ड नार्थक्लिफ (1869-1922) का उदाहरण दिया, जिसने एक बार कहा कि 'समाचार वह है, जिसे कुछ लोग, कुछ स्थान पर दबाना अथवा छिपाना चाहते हैं। इसके अलावा सभी विज्ञापन हैं ("News is whatsome body somewhere wants to suppress, all the rest is advertising) स्टुअर्ट ने हूड आन टेलीविजन, 1980 में बताया कि समाचार की समझ का आशय भाषा एवं विचारों में निहित तरीके अथवा व्यवहार के निर्णय की समीक्षा से है। इसी के द्वारा हमारे समाज एवं संगठनात्मक प्रक्रिया का निर्माण होता है। सुस्पष्ट रूप से सचेतन चिन्तन में निहित है।

समाचार मूल्य के सम्बन्ध में एक महत्त्वपूर्ण एवं निर्णयात्मक व्याख्या जॉन गलटुंग एण्ड मैरी रूज इन स्ट्रक्चरिंग एण्ड सेलेक्टिंग न्यूज, (John Galtung and Mari Ruge in Structuring, and Selecting News) 1973 में की। इनके अनुसार कोई भी घटना तभी प्रेषित की जाती है जबकि उसमें कुछ महत्त्वपूर्ण तत्त्व या तथ्य विद्यमान होते हैं। इनमें–(1) घटना की

जनमाध्यमों द्वारा ग्रहण की जानेवाली समय की आवृत्ति। (2) बड़ा, अच्छा तथा अधिक नाटकीय एवं अधिक विस्तार और कल्पनात्मक आयाम जिसे उपलब्ध घटना का लेखक द्वारा प्रसार अथवा विस्तार किया जाता है। (3) अधिक स्पष्ट तथा सरल रूप में संग्रीहीत घटना का प्रेषण। (4) घटना की वर्गीयता, संस्कृति, निकटता के साथ-साथ पारिवारिक मामले में निकटता घटना से किसी-न-किसी प्रकार का दूरस्थ सम्पर्क हो। (5) यह उस अनुमान तथा भविष्यवाणी से सम्बद्ध हो, जो हम घटना के सम्बन्ध में लगाते हों। गलटुंग और रूज के अनुसार जो समाचार वास्तव में पुराना होता है, इसे वे सामंजस्य की उपकल्पना की संज्ञा देते हैं। जो अतिनिकट एवं पारिवारिक होती है। (6) आश्चर्यजनक होना भी इसकी विशेषता है। अच्छा समाचार भावनात्मकता से भी युक्त होता है। (7) समाचार में निरन्तरता भी आवश्यक है। प्रत्येक दशा में समाचार की निरन्तरता आवश्यक है। (8) समाचार की रचना या बनावट का सम्बन्ध इसके मूल्य से है। सन्तुलन की आवश्यंकता के अनुसार सम्पादक या समाचार लेखक परस्पर भिन्नतायुक्त सूचनाओं को मिलाता है। कुछ घरेलू तथा कुछ विदेशी महत्त्वपूर्ण समाचारों को वह देता है। एक खराब समाचार में निराशा छिपी होती है।

गलटुंग और रूज के अनुसार अधिकतर घटनाएँ विशिष्ट वर्ग या विशिष्ट राष्ट्रों से सम्बद्ध होती हैं। कुछ घटनाओं को निजी सन्दर्भों में देखा जाता है। यह अधिक नकारात्मक परिणामों के सन्दर्भ में भी देखा जाता है। महत्त्वपूर्ण घटना की रचना इसके चयन पर निर्भर है। जो समाचार एक बार चयनित होता है उसमें समाचार की योग्यता हठात् निहित की जाती है। समाचार के चयन एवं विखण्डन की प्रक्रिया घटना के घटने से लेकर पाठक को प्राप्त होने तक के प्रत्येक चरण में जारी रहती है।

उक्त से स्पष्ट है कि गलटुंग एवं रूज का विवेचन मात्र समाचार सन्दर्भ तक ही सीमित है। जर्मी टुन्सटाल ने जर्नलिस्ट एट वर्क (Jeremy Tunstall in Journalist at Work), 1971 में स्पष्ट किया कि टी. वी. न्यूज की महत्ता क्या है? उन्होंने चार बिन्दुओं को स्पष्ट किया—(1) टी. वी. में दृश्य को प्राथमिकता मिलती है। समाचार की समाचार के कथानक के साथ-साथ प्रस्तुत चित्र में होती है। (2) समाचार मद, जिसमें फिल्म सम्मिलित होती है वह स्वयं अपने संवाददाता की होती है, जिसमें साक्षात्कार या टिप्पणी को प्राथमिकता देते हैं। (3) टी. वी. समाचार निर्माता समाचारा-पत्रों की घटनाओं के लघु भाग को ही प्रसारित करते हैं। यहाँ तक कि टी. वी. के प्रमुख कार्यक्रम भी समाचार-पत्रों की तुलना में संक्षिप्त होते हैं। (4) टी. वी. में मूल घटनाओं को प्राथमिकता मिलती है। कुछ महत्त्वपूर्ण एवं वास्तविक समाचारों को भी टी. वी. समाचार में सम्मिलित किया जाता है।[167]

पाश्चात्य के रेडियो टी. वी. एवं समाचार-पत्रों में समाचार का महत्त्व या मूल्य प्रस्तुति तथा समाचार संग्रह में तात्कालिकता मिलती है। नीति निर्धारण के केन्द्र एवं समाचार नियन्त्रण के केन्द्रों में समय का तत्त्व प्रत्येक दिन की समाचार प्रक्रिया शृंखला का अंग है। फिलिप्स स्लेस्टिंगर ने न्यूजमेन एण्ड देयर टाइम मशीन (Philips Schlestinger in Newsmen and their Time Machine), 1977 में स्पष्ट किया कि औद्योगिक समाजों की जीवन प्रक्रिया में समय की प्रतिबद्धता सुस्पष्ट रूप में मिलती है। यह प्रक्रिया यातायात एवं संचार के संचालकों में और भी सही रूप या उच्च्व मात्रा में मिलती है। न्यूजमेन समय की घड़ी की संस्कृति (Stop Watch) के सदस्य होते हैं। तात्कालिकता के आधार पर समाचारों का चयन एवं निर्माण होता

है। किसी भी घटना की सूचना यथाशीघ्र प्रेषित करना ही आदर्श माना जाता है। विशुद्ध तात्कालिकता की प्रवृत्ति सीधे प्रसारणों में मिलती है। स्लेस्टिंगर के अनुसार जब कोई समाचार अधिक तात्कालिक होता है तो वह अधिक गर्म (Hot) होता है। समाचार पुराने होने के साथ ठण्डा (Cold) हो जाता है। समाचार का लम्बा प्रयोग नहीं किया जा सकता है। तात्कालिकता समाचारों के चयन में एकमात्र कारक व्यवहार में नहीं है। यह व्यवहार में अधिक मात्रा में प्रचलन में है। समाचार प्रस्तुति की गति का क्या मापन हो, विशेषकर टी. वी. समाचार में, क्योंकि इसका लक्ष्य श्रोताओं को पकड़ना होता है। तात्कालिकता का खतरा यह है कि समाचार की पृष्ठभूमि अत्यन्त अल्प होती है। घटनाओं के सन्दर्भ छोटे होते हैं। सभी तात्कालिक घटनाओं की ऐतिहासिक एवं सांस्कृतिक पृष्ठभूमि अति छोटी होती है। इस प्रक्रिया से हमें तात्कालिक समाचार अवश्य मिलता है, परन्तु उसकी पृष्ठभूमि या वास्तविकता से हम कम अवगत होते हैं।[168]

12.1.44 हाव-भाव की भाषा का सिद्धान्त (Phatic Language Theory)

हाव-भाव या अंग्रेजी के (Phatic) के लिए ग्रीक भाषा में (Phasis) शब्द का उपयोग होता था। ग्रीक भाषा में (Phasis) का अर्थ उच्चारण या बोली से हैं। वर्तमान में संचार की एक उक्ति है–फेटिक कम्युनिकेशन (Phatic Communication) संचार के क्षेत्र में इसका प्रयोग सर्वप्रथम मानव शास्त्री ब्रोनिस्लेव मालिनोवस्की (1884-1942) (Bronislew Malinowski) ने किया। इनके अनुसार अर्थ संचार का भाग है जिसका उपयोग एक परिवेश के निर्माण या सामाजिक सम्पर्क में होता है। सूचना के आदान-प्रदान या विचारों की तुलना में अधिक किया जाता है। फेटिक शब्द को जड़मति निदान की भी संज्ञा दी जाती है। जब वार्त्तालाप को व्यवहार में लाते हैं। वातावरण पर टिप्पणी, स्वास्थ्य सूचना, प्रतिदिन के आदान-प्रदान जिसमें हँसना और ध्वनि आदि के अंग हैं। इसके लिए संचार की तरलता या संचार मार्ग की निरन्तरता आवश्यक है।

फैटिक लैंग्वेज मानव सम्बन्धों की केन्द्र हैं। इसकी महत्ता को हम इसकी अनुपस्थिति में ज्ञात कर सकते हैं। जैसे आप यदि गली में जाते समय अपने मित्र को हलो करें और वह शान्तिपूर्वक प्रत्युत्तर दे। स्वागत करे अथवा बधाई दे। आप उस समय चिन्तित होंगे यदि परिचित मोटर चालक बगल से निकले और वह अपने हाव-भाव से कोई प्रत्युत्तर न दे। इस प्रकार की फैटिक उपेक्षा इसमें सम्मिलित हो सकती हैं।[169] भाषावैज्ञानिक जैकोब्सन का संचार प्रारूप (Jakobson's Model of Communication), 1958 के प्रारूप का सम्बन्ध अर्थ एवं सन्देश की आन्तरिक संरचना से है। इसके प्रारूप में दोनों निहित हैं। इसमें संचार के मूल तत्त्वों का विवेचन है। इसके प्रत्येक तत्त्व या कारक इसके व्यवहार पर आश्रित हैं। ये मूल तत्त्व इस प्रकार हैं–

सम्प्रेषक	सन्दर्भ/सन्देश/सम्पर्क/कूट	प्राप्तकर्त्ता
Addresser	Code	Addressee

इसके आदर्श व्यावहारिक प्रारूप इस प्रकार हैं–

सन्दर्भात्मक
(Referential)
(सन्देश के जुड़ाव की वास्तविकता)

(Reality Orientation of Message)

संवेदनात्मक	पद्यात्मक	सन्देश का सूचना प्राप्तकर्त्ता पर क्रियात्मक प्रभाव
(Emotive)	(Poetic)	(Conative Effect of a message on addressee)
अभिव्यक्तिपरक	संकेतात्मक	
(Expressive)	(Phatic)	

यहाँ फैटिक का अभिप्राय संचार के खुले या ज्ञानात्मक मार्ग में संचार के संकेतों को चिह्नित या स्पष्ट करने में प्रयुक्त करने से है।[170]

इस सन्दर्भ में Redundancy शब्द का आडम्बर का संचार के सम्बन्ध में इसका अभिप्राय किसी सन्देश के परम्परागत या भावी अनुमान से सम्बद्ध है। यह उत्क्रम (Entrophy) माप का विपरीतार्थी भी है, जो कि अनुमानरहित तथा आश्चर्यजनक एवं कम मात्रा में भविष्यवाणी योग्य होता है। जॉन फिस्के ने इण्ट्रोडक्शन टू कम्युनिकेशन स्टडीज (John Fiske in Inrtoduction to Communication Studies), 1982 में बताया कि अंग्रेजी भाषा के 50 प्रतिशत उच्चारणों को समाप्त करके हम इसे प्रयोगयुक्त, प्रभावी भाषा एवं सन्देश समझने के योग्य बना सकते हैं। जब तक निरर्थक शब्द रहेंगे तब तक इसका स्वरूप परम्परागत बना रहेगा। इनके अनुसार परिवर्तन, परिमार्जन, सुधार एवं सामाजिक सन्दर्भ परम्परागत स्वरूप ग्रहण कर चुके हैं। इनको सामान्य ग्रहणशीलता के सन्दर्भ से जोड़ना आवश्यक है। यह आवश्यकता इस कारण है क्योंकि यदि सन्देश का अभिप्राय (अर्थ) व्यापक रूप से प्रसारित किया जाय तथा प्राप्तकर्त्ता की समझ में आ सके तो वह अधिक उपयुक्त होगा।

उत्क्रम-माप में नवीन संकेतों एवं सन्दर्भों को चुनौती मिलती है। नयी अभिव्यक्ति, नये विचार, सम्भावना एवं भविष्यवाणी को उलट देते हैं। अग्रसर होने को कला ही उत्क्रम माप है। इसके उपयोग से जनसामान्य को समझने गें कठिनाई होती है तथा वाक्य जो कल, जो घृणायुक्त या परिव्यक्त होता है वही आज के प्रचलन में होता है। कल (बीता) वह उत्क्रम-माप है तथा उत्क्रम-माप आज का शब्दाडम्बर है। एक प्रचलित शिल्प का महत्त्व परम्परागत स्वरूप, व्यवहार में होता है, जिसके आधार पर शब्दाडम्बर या अर्हता जन्म लेती है। पॉप संगीत का मापन एवं अनुमानित लय एवं स्थायी प्रकृति, परम्परागत संगीत इसके उदाहरण हैं। शब्दाडम्बर (Redendancy) में सामान्य रूप से यथास्थितिवाद एवं अपरिवर्तनशीलता पायी जाती है। जबकि (Entropy) उत्क्रम-माप कम मात्रा में निश्चितता तथा अधिक मात्रा में उद्दीपन युक्त तथा अधिक आघातवाला परन्तु प्रभावी सम्प्रेषण में अधिक कठोर होता है।[171]

12.1.45 प्रतीक अभिमुख सिद्धान्त (Symbolic Convergence Theory)

प्रो. अर्नेस्ट जी. बोरमैन ने जर्नल ऑफ कम्युनिकेशन, 1985 में लिखे लेख 'सिम्बोलिक कनवर्जेन्स थियरी : कम्युनिकेशन फार्मुलेशन' (Ernest G. Borman in Symbolic Comergence Theory : A Communication Formulation) में उन्होंने एक सामूहिक स्वप्न चित्र को लिखा जो कि किसी समूह के लोगों के अतीत की भावना को व्यक्त करता था तथा भावी चिन्तन पर आधारित था। बोरमैन मेनेसोटा विश्वविद्यालय के स्पीच कम्युनिकेशन विभाग के प्रोफेसर थे। उन्होंने इस सिद्धान्त को तीन भागों में विभक्त किया—(1) प्रथम भाग में संचार के उन

स्वरूपों, खोजों एवं व्यवस्था का उल्लेख था जो समूह चेतना के विकास एवं अभिव्यक्ति से जुड़े थे, (2) दूसरे भाग में संचार व्यवस्था में विद्यमान उन गतिशील प्रवृत्तियों का विवेचन था जो कि इस कारण को स्पष्ट करते थे कि, क्यों समूह चेतना का विकास होता है। क्योंकि इसमें निरन्तर ह्रास तथा क्यों यह समाप्त होती है? के अतिरिक्त उस समूह चेतना के प्रभाव का अर्थ, अभिप्रेरणा एवं समूह के मध्य संचार, मूल संचार प्रक्रिया, गतिशीलता आदि का सम्बन्ध लोगों के सहभागी समूह स्वप्न पर आधारित हैं एवं (3) तीसरे भाग में सतत विद्यमान कारकों का वर्णन करता है। जो कारक लोगों के सम्मिलित स्वप्न कल्पना को स्वरूपित करते हैं। जब उसका व्यवहार लोग करते हैं।

कल्पना को बोरमैन ने रचनात्मकता, स्वरूपीकरण एवं सम्मिलित रूप से घटना के विश्लेषण की संज्ञा दी, जो कि समूह के मनोविज्ञान एवं आलंकारिक आवश्यकता को पूर्ण करते हैं। लेखक की आलंकारिक कल्पना वास्तव में लोगों की सम्मिलित इच्छा, अनुभव एवं भय का परिणाम होती है। आलंकारिक कल्पना में मौजमस्ती, मनगढ़न्त छवि का रेखांकन तथा इसके अलावा वे विचार भी सम्मिलित होते हैं जो कि वास्तव में समूह के सदस्यों के मध्य हुए हैं तथा जो प्रमाणित इतिहास में लिखे हैं। संचार माध्यमों के समाचार एवं मौखिक इतिहास परम्परा एवं अन्य समूहों तथा समुदायों में कल्पना में सहभागिता वास्तव में सहभागी लोगों के वास्तविक अनुभव से युक्त होती है। जब संचार के श्रोता, समूह कल्पना में भागीदारी करते हैं तथा समान भावना में समान अनिभेता एवं खलनायक तथा कुछ प्रशंसनीय कार्यवाहियों को समारोहपूर्वक मनाते हैं। वे अपने अनुभवों की परस्पर व्याख्या करते हैं। इसे ही बोरमैन ने प्रतीकात्मक अभिमुख सिद्धान्त कहा। विवेक जगत् में सत्य वस्तुतः वक्ता के सन्दर्भ में मूल लक्ष्य होता था। इसी के प्रकाश में वह तर्क एवं दलील का परीक्षण करता है। वह कहावतों आदि का सम्मान करता है। मिथकों, पुराण या दन्त कथाएँ इस कल्पना के केन्द्र में होती हैं। कल्पनाएँ रचनात्मक नहीं होतीं वरन् हितकर होती हैं। ये रुचिकर तथा प्रतीक अभिमुख सिद्धान्त में प्रयुक्त होती हैं। एकीकृत वर्णन सम्बन्धी विचार की कल्पना, जिसका सम्बन्ध जातीय सर्वोच्चता से होती है, वह कल्पना दुःस्वप्न होती है।[172] इसी का विवेचन इसमें है।

सन्दर्भ

1. Black Jay and Bryant Jennings, Introduction to Mass Communication, Wm. C. Brown Publishers, USA, III Edition, 1992, p. 602.
2. सिंह, ओमप्रकाश, संचार माध्यमों का प्रभाव, क्लासिकल पब्लिशिंग कम्पनी, करमपुरा नयी दिल्ली, 1993, पृष्ठ 102
3. Barker Larry L., Communication Prentice-Hall Inc., Englewood Cliffs, News Jersey, USA, 1978 p. 221-222.
4. *Ibid,* p. 222.
5. *Ibid,* p. 229.
6. *Ibid,* pp.213-232.
7. *Ibid,* pp. 237-240.
8. *Ibid,* pp. 240-242.
9. James Watson and Anne Hill, Dictionary of Communication and Media Studies, Second Edition, Universal Book Stall, New Delhi, 1996, p. 112
10. *Ibid,* p.113 .

11. *Ibid,* p.80 .
12. *Ibid,* p. 113.
13. *Ibid,* p.73 .
14. *Ibid,* p. 101.
15. *Ibid,* p. 102.
16. *Ibid,* p. 9.
17. *Ibid,* p. 12.
18. *Ibid,* p. 102.
19. *Ibid,* P. 72.
20. *Ibid,* P. 49.
21. *Ibid.*
22. *Ibid,* p.154 .
23. *Ibid,* p. 155.
24. *Ibid,* p. 13.
25. *Ibid,* p. 14.
26. *Ibid,* p. 137.
27. *Ibid,* p. 55.
28. *Ibid,* P. 56.
29. *Ibid,* p. 166.
30. *Ibid,* p. 130.
31. *Ibid.*
32. *Ibid,* p.170 .
33. *Ibid,* p.124 .
34. *Ibid,* p. 30.
35. *Ibid,* p. 31.
36. *Ibid.*
37. *Ibid,* p.140 .
38. *Ibid,* p. 178.
39. *Ibid,* p.179 .
40. *Ibid,* p. 134.
41. Francis and Lundmila Voelkar, Mass Media (Force in our society), St. Clound State College, Har Court Brace, Jovanavich, New York, 1970, p. 30-32.
42. James Watson and Anne Hill, Dictionary of Communication and Media Studies, op. cit., p. 93.
43. Ibid, p. 42.
44. Jay Black and and Jennings Bryant, Introductioin to Mass Communication, op. cit., p.p 529-530.
45. *Ibid.*
46. *Ibid,* p.p 525-528.
47. सिंह, ओमप्रकाश, संचार माध्यमों का प्रभाव, उक्त, पृष्ठ 105.
48. Ibid
49. Jay Black and Jennings Bryant, Introduction to Mass Communication, op. cit., pp. 529-530.
50. *Ibid,* p.530-531.
51. *Ibid,* p.531.

52. *Ibid,* pp. 531-532.
53. सिंह, ओमप्रकाश, संचार माध्यमों का प्रभाव, उक्त, पृष्ठ 105.
54. Jay Black and Jennings Bryant, Introduction to Mass Communication, op. cit., p. 532.
55. सिंह, ओमप्रकाश, संचार माध्यमों का प्रभाव, उक्त, पृष्ठ 106-110.
56. Jay Black and Jennings Bryant, Introductioin to Mass Communication, op. cit., p. 525.
57. *Ibid,* pp. 532-533.
58. *Ibid,* p. 532.
59. *Ibid,* pp. 533-534
60. James Watson and Anne Hill, Dictionary of Communication and Media Studies, op. cit., pp. 8-9.
61. *Ibid,* pp. 102-103.
62. *Ibid,* p. 62.
63. *Ibid,* p.103.
64. *Ibid,* p.103-104
65. *Ibid,* p. 102.
66. सिंह, ओमप्रकाश, संचार माध्यमों का प्रभाव, उक्त, पृष्ठ।
67. Denis Mcquail, Mass Communication Theory: An Introduction, Sage Publication, New Delhi, Third Edition, 1994, p.p. 35-36.
68. Culture, Vol. III, No. I, UNESCO, 1982, p. 18.
69. सिंह, ओमप्रकाश, संचार माध्यमों का प्रभाव, उक्त, पृष्ठ 96-97.
70. James Watson and Anne Hill, Dictionary of Communication and Media Studies, op. cit., p. 169.
71. *Ibid,* p. 170.
72. Ibid, P. 167.
73. Ibid, P. 128-129.
74. Ibid, P. 22.
75. Ibid, P. 121.
76. Ibid, P. 121-122.
77. Ibid, P. 122.
78. Ibid.
79. Ibid.
80. Ibid, P. 146-147.
81. सिंह ओमप्रकाश, संचार माध्यमों का प्रभाव, उक्त, पृष्ठ 120-121.
82. James Watson and Anne Hill, Dictionary of Communication and Media Studies, op. cit., P. 147.
83. Ibid, P. 147-148.
84. Ibid, P. 104.
85. Mcluhan Marshal, Understanding Media : The extension of Man, M.C. Graw-Hill Book Company, New York, 1964, P. 23-25.
86. Robert Hopper, Human Communication systems, Harper and Row Publisher, New York, 1976, P. 268-271.

87. James Watson and Anne Hill, Dictionary of Communication and Media Studies, op. cit., P. 148.
88. Ibid, P. 19-20.
89. Ibid, P. 95.
90. PyeLucian, Communication and Political Development, Sanford University Press, 1963, P. 24-29.
91. James Watson and Anee Hill, Dictionary of Communication and Media Studies, op. cit., P. 156-157.
92. Ibid, P. 128.
93. Ibid, P. 123.
94. Ibid, P. 124.
95. Ibid, P. 49.
96. Ibid, P. 46.
97. Ibid, P. 181.
98. Ibid, P. 113.
99. Ibid, P. 79.
100. Ibid, P. 83.
101. Ibid, P. 60.
102. Ibid.
103. Ibid, P. 114.
104. Ibid.
105. Ibid.
106. Ibid, P. 115.
107. Culture, Vol. 111, No. 1 UNESCO Publication, 1982, P. 18.
108. सिंह ओमप्रकाश, संचार माध्यमों का प्रभाव, उक्त, पृष्ठ 367.
109. Culture, UNESCO, op. cit., P. 18.
110. Ibid, P. 17.
111. सिंह ओमप्रकाश, संचार माध्यमों का प्रभाव, उक्त, पृष्ठ 367.
112. James Watson and Anee Hill, Dictionary of Communication and Media Studies, op. cit., P. 168.
113. Ibid, P. 48.
114. Ibid, P. 46.
115. Ibid, P. 79.
116. Ibid, P. 37.
117. Devito a Josef, Communicology: An Introduction to the Study of Communication, Harper and Row Publication, New York, 1978, P. 247-251.
118. Encyclopaedia of Psychology, Search Press, London, Vol.1, 1972, P. 177.
119. Ibid, P. 177-178.
120. Leonard Berkowitz, A Servey of Social Psychology, Drydan Press, USA, 1975, P. 102.
121. Ibid, P. 259.
122. Ibid, P. 260.
123. Ibid, P. 261.
124. सिंह ओमप्रकाश, संचार माध्यमों का प्रभाव, उक्त पृष्ठ 114.
125. वही, पृष्ठ 116.

126. Leonard Berkowitz, A Servey of Social Psychology, op. cit., p. 316.
127. Devito a Josef, Communicology : An Introduction to the Study of Communication, op. cit., P. 472.
128. Lindrey Gardnevc, Handbook of Social Psychology, Addision Wasley Publishing Company, Inc. Cambridge 42, Vol I and II, 1954, p. 320.
129. Ibid, P. 321.
130. Ibid, P. 322.
131. Ibid, P. 336.
132. Ibid, P. 330.
133. Devito a Josef, Communicology: An Introduction to the Study of Communication, op. cit., P. 469.
134. France and Lundmila Volkar, Mass Media (Force in Our Society), St. Clound State College, Har Court Brace, Jovanuich, New York, 1970, P. 27 and 28.
135. James Eatson and Anne Hill, Dictionary of Communication and Media Studies, op. cit., P. 45.
136. Ibid, P. 141.
137. Ibid, P. 53.
138. Ibid, P. 50.
139. Colliers' Encyclopaedia, Macmillan Education Corporation, New York, 1976, Vol. 7, P. 598.
140. वर्मा श्यामलाल, आधुनिक राजनीतिक सिद्धांत, मीनाक्षी प्रकाशन, मेरठ, 1986ए पृष्ठ 288.
141. वर्मा एस. पी. आधुनिक राजनीतिक सिद्धांत, रामप्रिंटोग्राफ, ओखला, नयी दिल्ली, 1982, पृष्ठ 283.
142. Robert Hopper, Human Communication Systems, Harper and Row Publisher, New York, 1976, P. 231.
143. वर्मा श्यामलाल, आधुनिक राजनीतिक सिद्धांत, उक्त, पृष्ठ 287.
144. वर्मा श्यामलाल, आधुनिक राजनीतिक सिद्धांत, उक्त, पृष्ठ 283-287.
145. Kenyon S. De green, Systems Psychology, Megrow-Hill. Book Company, New York, USA, 1970, P. 175.
146. International Encycloaedia of Social Science, Macmillan Compnary, New York, 1953, Vol. 4, P. 4.
147. Ibid. P. 5.
148. वर्मा श्यामलाल, आधुनिक राजनीतिक सिद्धांत, उक्त, पृष्ठ 284.
149. वर्मा श्यामलाल, आधुनिक राजनीतिक सिद्धांत, उक्त,पृष्ठ 271-272.
150. वही, पृष्ठ 290.
151. वही,पृष्ठ 292-293.
152. वही,पृष्ठ 294.
153. वही
154. वही, पृष्ठ 394-296.
155. वर्मा श्यामलाल, आधुनिक राजनीतिक सिद्धांत, उक्त, पृष्ठ 273-274.
156. वही, पृष्ठ 293.
157. James Watson and Anne Hill, Dictionary of Communication and Media Studies, op. cit., P. 148.
158. सिंह ओमप्रकाश, संचार माध्यमों का प्रभाव, उक्त, पृष्ठ 122-123.

159. James Watson and Anne Hill, Dictionary of Communication and Media Studies, op. cit., P. 62-63.
160. Ibid, P. 159-160.
161. Ibid, P. 166.
162. Ibid, P. 178.
163. Ibid, P. 42.
164. Ibid, P. 121.
165. France and Lundmila Volker, Mass Media (Force in Our Society), op. cit., P. 27.
166. James Watson and Anne Hill, A Dictionary of Communication and Media Studies, op. cit., P. 119.
167. Ibid, P. 130.
168. Ibid, P. 92.
169. Ibid, P. 146.
170. Ibid, P. 169.
171. Ibid.
172. Ibid

सन्दर्भ ग्रन्थ सूची
(Bibliography)

1. Acharya R.N : Television in India, Mans Publications, Delhi, 1987.
2. Ashok Kumar : Theory of Human Communication an Inter-disciplinary Problems, Rural India, Vol. 1, XXXVIII (March), 1974.
3. Alfred Kuhn : The Logic of Social System, Harper and Row Publisher, New York, 1976.
4. Alvin a Goldbery and Corl E Larson : Group Communication, Prince Hall, Inc, Englewood, cliffs, New Jersey, 1975.
5. Atal Yogesh : Local Communities and National Politics, National Publishing House, Delhi, 1971.
6. Act of Parliament : Government of India, Ministry of Law and Justice, New Delhi.
7. Agrawal C. Bindo and R. M. Maleker : Television in Kheda : A Social Evolution, of Site concept publication, New Delhi, 1986.
8. Bhattacharya Vivek : Communication in Global village, Chetana Publication, New Delhi, 1976.
9. Bordenave Juan E. Diar : Communication and Rural Development, Unesco, 1977.
10. Benarjee Subrata : Culture and Communication, Parriot Publication, New Delhi, 1985.
11. Berld K. David : The Process of Communication, Hart Pinehart and Winston, New York, 1980.
12. Chanda Ashok Kumar : Report ot the Committee on Broadcasting and Information Media, Radio and T. V. Government of India Publication, New Delhi, 1966
13. Clapper S. and Mery J. etc. : Research Methods in Social Relations, Mithun and Com. Ltd. Publication.
14. Code of Ethics and G. Fuid Lines : For the Press, Information and Public Relations Deptt., U.P., Lucknow.
15. Carl Gardner : Media Politics and Culture, A socialist view, The Macmillan Press Ltd., London, 1979.
16. Collier's Encyclopeadia : Macmillan Education Corporation, New York, 1976.
17. Daham O. P. : Extension and Rural Welfare, Ram Prasad and Sons, Agra, 1988.
18. Deb P.C. and M.L. Sharma : Informal leaders and Technological change in Agriculture, Sociological Bulletin Vol. 1, XVI-XVII.

19. Denis Mcquail : Mass Communication Theory, An introduction, Sage publication, New Delhi, Third Edition, 1994.

20. Dexter Levies Anthony and David : Manning White, people Society and Mass Communication, The Free Press of Glencoe,Collier Macmillan Ltd. London, 1964.

21. Devito A Josef : Interpersonal Communication book Harper and Row Publications, New York, 1976.

22. Devito A Josef : Communicology: An Introduction to the study of Communication. Harpak and Row publisher, New York, 1978.

23. Desai M. V. : Communication Policies in India, 1977, Unesco.

24. Encyclopeadia of the Social Sciences : Macmillan Company, New York, 1953.

25. Encyclopeadia : American, Glolier Incorporated Publication, USA, 1984.

26. Encyclopeadia of Psychology : Search Press, London, 1972.

27. E. Emery, P. H. Ault and W. K. Agree : Introduction to Mass Communication, Tornto Dodd, Mead and Company, New York, 1960.

28. Franci's and Ludmila Voelkor : Mass Media (Force in our Society), St. Cloud state college, Har Court Brace, Jovanavich, New York, 1970.

29. Frances, J. Bebbigon : Community Communication, Unesco, 1981.

30. Frances William : Transmitting world News, Unesco, 1983.

31. Fred Fedler : An Introduction to the Mass Media, Har Court Brace, Jovnanovich, Inc. New York, 1978.

32. Harold Lasswell : The structure and function of Communicating Society, Free Press, New York, 1948.

33. Harold Lasswell and Daniel Lerner Hans Sperier : Propaganda and Communication in Word History, Vol, I-III, An East-centre book, The University Press of Hawai, Honolulu. 1979.

34. Herald Mendelson : Broadcasting Vs. personal source of Information in emergent public crisis : The Presidential Assassination, Journal of Broadcasting, Vol. 1, 8 No. 2, 1964.

35. International Encyclopeadia of the Social Sciences : Macmillan Company and the Free Press, USA, 1968.

36. Iqubal Narain and others : The Rural Eliti in An Indian State-A case study of Rajasthan, Manohar Book Service, New Delhi, 1976.

37. Jay Black and

Bryant : Introduction to Mass Communication. Wme Brown Publishers, USA. III Edition, 1972.

38. Jhanji Rekha : Communication and Arts, Ajanta Publication Jawahar Nagar, New Delhi, 1984.

39. Jean Paul Favre, Andre November : Color end Undet Communication, ABC Velag , Zurich, 15 BN 385504-0567, 1979.

40. Jones J. Clement : Mass Media Codes of Ethics and Councils, Unesco, 1980.

41. Jitendra Mohan : Distance Training course in Youth work, Common weath secretariat.

42. Jaun Edair Bordenave : Communication and Rural Development, Unesco Press, Paris, 1977.

43. Jurgen Ruesch and Gregory : Communication. The Social Matrix of Psychiatry. WW North and Company Inc., New York, 1951.

44. Karl W. Deutsch : The News of Government: Models of Political Communication and Control, Free Press, New York, 1963.

45. Karunakaran, K. P. : Continuity and change in Indian Politics (1885-1921) Peoples Publishing House, New Delhi, 1966.

46. Krishan Sondhi : Problem of Communication in Developing countries, Vision Books, Connaught Place, New Delhi, 1980.

47. Krishan Sondhi : Communication and Values, Hindustan Publishing Corporation Press, Okhala Industrial Area, New Delhi, 1985.

48. Kenyon S. De Green : Systems Psychology, Mcgraw-Hill Book Company, New York, USA, 1970.

49. Kumar Virendra : Committee and Commission in India, 1947-73, Concept Publication Company, New Delhi, 1978.

50. Larry L. Barker : Communication, Prentice Hall, Inc. Englowood, Cliffs, New York, 1978.

51. Larzorsfield P. F. B Berelson and H Gandat : The People's Choice, Columbia University Press, New York, 1948.

52. Leonord Berkowitz : A Survey of Social Psychology, Drydan Press USA, 1975.

53. Lyoed C. L. : Communication Assessment and International Strategies, University Park Press, London, 1976.

54. Luthra H. R. : Indian Broadcasting, Publication div. I and B Ministry, Govt. of India, 1986.

55. Lyman E. O. : Interpersonal communication following decision, Public Opinion Quarterly, Vol. 1, XXII. No. 1, April, 1962.

56. Lindrey G. Gardner : Handbook of Social Psychology, Addison Wesley Pub-

lishing Company Inc., Cambridge 42, Mass, Vols., I, II, 1954.

57. Manmohan Roy : Role of Communication in increasing Agricultural Production, participant Journal, Vol, II, No. 12, 1968.

58. : The site Experience , 1983, UNESCO.

59. Mc. G. F. and Others : Mass Media: The image, Role and social conditions of woman, 1979, Unesco.

60. Mac Bride Commission Report : Many voices one world, Unesco, 1984.

61. M. A. Dias R. and Others : National Communication policy councils, Unesco, 1979.

62. Murty Nandi Krishna : Indian Journalism, 'Prasaranga' Publication, University of Mysore, India, 1966.

63. Murty B. S. : Propaganda and world. Public order, Yole University Press, London, 1968.

64. Mcluhan Marshal : Understanding Media: The extension of man, M.C.Graw-Hill Book Company, New York, 1964.

65. Mehta D. S. : Handbook of Public Relations in India, Allied Publishers, Pvt. Ltd., New Delhi, 1980.

66. Mcquail Denis : Mass Communication theory - An Introduction, Sage Publication, New Delhi, 1983.

67. Nayar Kuldip : Report of the Committee on New Agencies, Government of India, I and B Ministry, New Delhi, 1977.

68. Narayan H. D. Lakshmi : Differential Communication process of adoption Form Innovation in village, Indian Journal Research Vol. XIII, 1972.

69. Oxford Advance Learner Dictionary : Dictionary of current English, fifth edition, Oxford University Press, 1996.

70. Paliwal R. K. : Impediments to Rural Communication , Research India Publication, Meerut, 1987.

71. Patel B. P. : (Indian Planning Commission), Report of Joint study team, Ghazipur, Govt. of India Press, New Delhi, 1964.

72. Paul Newrath : Radio from forums in India, Government of India. New Delhi, 1960.

73. Pye Lucian : Communication and Political Development, Standard University Press, 1963.

74. Roy Prodipto : Agricultural Innovation Among Indian farmers, Hyderabad, Nico, 1968.

75. Roberge Gaston : Mediation the Action of the Media in our society, Manohar Book Service, Delhi, 1980.

76. Rogers E. M. : Modernization Among Peasants, the Impact of Communication, Holt Pinahart and Winston, I. N. C. 1969.

77. Rogers, E. M. and

Floyd Shoemaker : Communication of Innovations (Across Cultural Approach), The Free Press, New York, 1971.

78. Rao Lakshman Y. V. : Communication and Development, Media Policies: University of Minnesota Press, 1976.

79. : Report of the first Press Commission parts I and II, Manager Government of India, New Delhi, 1954.

80. : Report of the Second Press Commission, Volumes I and II, I and B Ministry, Government of India, New Delhi, 1982.

81. : Report of the Fact finding committee on News Papers economics, I and B, Ministry, Government of India Press, New Delhi, 1975.

82. Reddi Rama P. : The Indian Cinematography code, 5th Edition, cinematography Law, Research Institute, Dwarkapuri colony. Hyderabad, panchyat publication (S), Hyderabad, 1982.

83. Robert Hopper : Human message systems, Harper and Row Publisher, New York, 1976.

84. Rudolph and Rudolph : The Modernity of Tradition, Longman publication, Asaf Ali Road, New Delhi, 1969.

85. R. E. Ziemar and W. H. Tranter : Principal of communications (System) Modulation and Noise, Haughton Mifflin Comlpany, London, 1976.

86. : Rural Press Problem and Prospects, Press Institute of India, New Delhi, 1989.

87. : Royal press commission on the press, 1947-1949, Report, His Majesty's Stationary Office, London.

88. Singh K. N. and C. K. Ambasitha : Communication patterns of former: A system Analysis, Indian Journal of Extension Education, Vol, XI Nos. 1-2, January, 1975.

89. Singh Gurmeet Maan : The Story of communication, An Indian Perspective, Harman Publication, New Delhi, 1987.

90. Singh V. B. and Shanker Bose : Election in India (Data) and Handbook on Loksabha Election (2nd ed.) 1952-1985, Sage publication, London.

91. Singh Nawal and P. S. Nawal : Communication and Development-A study of two blocks in Balia District (U.P.) Indian Institute of Mass Communication, New Delhi, 1981.

92. Shinha H. S. : Communication and Gita, A Philosophic Ethical study, Concept Publication, New Delhi, 1979.

93. Singh Yogendra : Modernization of Indian Tradition, Thomson Press, Faridabad, Haryana, 1977.

94. Sharma S. K., D. Kishore : Effectiveness of Radio as a mass communication medium in dissemination of Agricultural information,

Indian Journal of Extension Education, Vol. II, 1972.

95. Shaha Commission of Inquiry : Interim report, Vols. I and II, D. A. V. P. I., and B. Ministry, Government of India, New Delhi, 1978.

96. Sharma S. C. : Media Communication and Development, Rawat Publication, Jaipur, 1987.

97. Stewart. L.Tubbs Sylvia Mass : Human Communication, Random House, New York, 1974.

98. Schramm Wilber and Donald F. Roberts (Eds.) : The Process and effects of Mass Communication, London University of Illinois Press Urbana, 1971.

99. Schramm Wilber : Message and Media, H.P. Publication, New York, 1973.

100. Schramm Wilber : Report of the Mass communication study tean Government of India, New Delhi, 1963.

101. Tomo M. and others : External Radio Broadcasting and International Understanding, Unesco, 1977.

102. The World Book Encyclopeadia : Field Enterprises Educational Corporation, Chicago, 1976.

103. Verghese B. G. (Chairman) : Akash Bharti National Broadcasting Trust, Report of the working group on Autonomy for Akashvani and Doordarshan, Vols. I and II, Published by I and B Ministry, Government of India, 1978.

104. Vasudev Aruna : Liberty and License in the Indian cinema, Vikas Publishing House Pvt., Ltd., New Delhi, 1978.

105. Vasudev B. R. : Communication of Information in an Indian community, Indian Journal of social work, Vol., XXIII, No. I, 1962.

106. Vajpeyi Dhirendra K : Modernization and social change in India, Manohar Publications, Ansari Road, Daryaganj, New Delhi, 1979.

107. William C. Sparagens : The Presidency and the Mass media in the age of Television,University Press of America. 1978.

108. Watson James and Hill Anne : A Dictionary of Communication and Media studies, Universal Book stall, New Delhi, 1989.

1. अग्रवाल जी. के. एवं पाण्डेय एस. एस. : सामाजिक शोध एवं सांख्यिकी साहित्य भवन पब्लिशर्स एवं डिस्ट्रीब्यूटर्स (प्रा.लि.). आगरा. 1999.

2. अल्तेकर ए. एस. : प्राचीन भारतीय शासन पद्धति, भारती भण्डार, लीडर प्रेस इलाहाबाद, 1959.

3. अरोड़ा विजय कुमार : अन्तरराष्ट्रीय राजनीति, सरस्वती सदन, जवाहर नगर, दिल्ली, 1970.

4. अन्तोनोव को. अ. : भारत का इतिहास, प्रगति प्रकाशन, मास्को, 1981.

5. आचार्य वामदेव : भर्तृहरेः वाक्यपदीयम् (ब्रह्मकण्डम्), कृष्णदास आकदमी, वाराणसी, वि. सं. 2044.

6. ओशो : साधना सूत्रः (हृदय संगीत) डायमण्ड पाकेट बुक्स, नयी दिल्ली, 1993

7. कृष्णा राव एम वी. और विश्वेश्वरैया जी : कौटिल्य अर्थशास्त्र का सर्वेक्षण, रतन प्रकाशन मन्दिर, राजामण्डी, आगरा, 1961.

8. खोसला जी. डी. कमेटी : फिल्म सेन्सर जाँच समिति की रिपोर्ट, भारत सरकार द्वारा प्रकाशित, 1968.

9. चलचित्र अधिनियम 1952 : भारत सरकार के विधि एवं न्याय मन्त्रालय, द्वारा प्रकाशित 1986.

10. जे. बसु एवं जे. सुरंजना : 'ओ लेवेल कम्प्यूटर कोर्स, मनोज पब्लिकेशन्स, बुराड़ी, दिल्ली, 2001.

11. जैन सुकमाल : भारतीय समाचार-पत्रों का संगठन एवं प्रबन्ध, मध्य प्रदेश हिन्दी ग्रन्थ अकादमी, 1977.

12. जौहरी जेसी : भारतीय शासन और राजनीति, विशाल पब्लिकेशन, जालन्धर, 1976.

13. दीक्षित प्रवीण : जनसंचार माध्यम और पत्रकारिता, अजीत प्रिण्टर्स, कौशपुरी, कानपुर, 1980.

14. दुबे श्यामाचरण : संचार और विकास, भारती उच्च अध्ययन संस्थान, शिमला, 1974.

15. नारायण के. पी. : सम्पादन कला, धर्म सूर्य मुद्रणालय, भोपाल, 1984.

16. नारायण इकबाल : राजनीतिशास्त्र के मूल सिद्धान्त, रतन प्रकाशन मन्दिर, आगरा, 1979.

17. पाण्डेय जयनारायण : भारत का संविधान, सेण्ट्रल लॉ एजेन्सी, इलाहाबाद, 1980.

18. पाण्डेय राजबली : अशोक के अभिलेख, प्रथम संस्करण, ज्ञानमण्डल प्रकाशन, वाराणसी, संवत् 1922.

19. : प्रतिलिप्यधिकार अधिनियम, 1957, भारत सरकार के विधि मन्त्रालय द्वारा प्रकाशित, 1979.

20. भगवान् रजनीश : साक्षी कृष्ण और रासलीला, डायमण्ड पॉकेट बुक्स, ओखला इण्डस्ट्रियल एरिया, नयी दिल्ली, 1998.

21. भारत का संवधिान : सेण्ट्रल लॉ एजेन्सी, इलाहाबाद, 1980.

22. भारत का संविधान : राजभाषा खण्ड विधायी विभाग, भारत सरकार, 1985.

23. : मनुस्मृति, चौखम्भा संस्कृत संस्थान, वाराणसी, संवत् 2039.

24. महाजन धर्मवीर एवं महाजन कमलेश : सामाजिक अनुसन्धान सर्वेक्षण एवं सांख्यिकी शिक्षा साहित्य प्रकाशन, मेरठ, 1988.

25. : मानस पीयूष, गीता प्रेस, गोरखपुर, सातवाँ संस्करण, सं. 2055.

26. मोतीचन्द्र : काशी का इतिहास, विश्वविद्यालय प्रकाशन, चौक, वाराणसी, 1985.

27. मित्तल महेन्द्र : भारतीय चलचित्र, अलंकार प्रकाशन, नयी दिल्ली, 1985.

28. मुसलगांवकर गजानन शास्त्री : सांख्यतत्त्व कौमुदी, चौखम्भा प्रकाशन संस्थान, वाराणसी, वि. सं. 2028.

29 : श्रीरामचरितमानस, गीताप्रेस गोरखपुर, 1976.

30. वर्मा एस. पी. : आधुनिक राजनीति सिद्धान्त, रामप्रिण्टग्राफ, ओखला, नयी दिल्ली, 1982.

31. वर्मा वी. पी. : आधुनिक भारतीय राजनीतिक चिन्तन लक्ष्मी नारायण अग्रवाल प्रकाशन, आगरा, 1975.

32. वर्मा श्यामलाल : आधुनिक राजनीतिक सिद्धान्त, मीनाक्षी प्रकाशन, नयी दिल्ली, 1985.

33. वेदश्रमी पं. वीरसेन : वैदिक सम्पदा, गोविन्दराम हासानन्द प्रकाशन, नयी दिल्ली, 1967.

34. : वाल्मीकि रामायण, गीता प्रेस, गोरखपुर, 1976.

35. वैदिक वेद प्रताप : हिन्दी पत्रकारिता विविधि आयाम, नेशलन पब्लिशिंग हाउस, नयी दिल्ली, 1976.

36. शास्त्री शिवदत्त : कामसूत्र (टीका), चौखम्भा संस्कृत संस्थान, वाराणसी, वि. सं. 2039.

37. शास्त्री रामनारायणयदत्त : श्री दुर्गा सप्तशती, गीताप्रेस, गोरखपुर, 1980.

38. सातवलेकर दामोदार : ऋग्वेद सुबोध भाष्य, स्वाध्याय मण्डल, किला पारडी, गुजरात, 1978.

39. सिंह ओमप्रकाश : संचार माध्यमों का प्रभाव, क्लासिकल पब्लिशिंग कम्पनी, 28 शापिंग सेण्टर, करमपुरा, नयी दिल्ली, 1993.

40. त्रिखा नन्द किशोर : प्रेस विधि, विश्वविद्यालय प्रकाशन, वाराणसी, 1986.

शोधपत्र/पत्रिका

(Journals, News Papers and Reports)

1. A.I.R. (All India Reporter), All India Reporter Ltd., Congress Nagar, Nagpur.
2. American Political Science Review. USA.
3. Asian Perspective University of Hawaii Press, Honolulu, USA.
4. British Journal of Political Science, U.K.
5. Columbia Journalism Review, Columbia University.
6. Cenus Report District Jaunpur, 1971, Vol. X A and B Director of Census Operation, Uttar Pradesh.
7. Communicator, Journal of the Indian Institute of Mass communication, J.N.U. Campus, New Delhi.
8. Culture, Unesco.
9. Diary of Political events, Loksabha Secretariat, New Delhi.
10. Journal of Communication, Oxford University Press, U.S.A.
11. Journalism quarterly. University of South Carolina, College of Journalism, Columbia, S.C. 2920-0251.
12. Mass Media in India, Research and Reference Division, Ministry of I and B, India.
13. Mass Communication Review, Year Book, Sage Publication, New Delhi, Vol. 1, 1980, Vol. 2, 1981, Vol. 3, 1982, Vol. 4, 1983, Vol. 5, 1985.
14. Rural Integration, Centre for Integrated Rural Development, B.H.U. Varanasi.
15. Reports and Papers on Mass Communication, Unesco.
16. The Democratic Journalist, Czechoslovakia.
17. The Third Channel, B. S. Journal of International Communication, International Broadcasting Society.
18. Vidura, Press Institute of India's Mass Media Magazine, Barakhamba Road, New Delhi.
19. Yojana, Director, Publication Division, Patiala House, New Delhi.

1. आजकल, प्रकाशन विभाग, भारत सरकार, पटियाला हाउस, नयी दिल्ली।
2. इण्डिया टुडे (हिन्दी), पाक्षिक लिविंग मीडिया इण्डिया, (प्रा.) लि. कपिटेण्ट हाउस, नयी दिल्ली।
3. जौनपुर, जिला सूचना विभाग, जौनपुर, द्वारा प्रकाशित।
4. दिनमान, पाक्षिक टाइम्स ऑफ इण्डिया प्रकाशन, नयी दिल्ली।
5. भारत, प्रकाशन विभाग, सूचना और प्रसारण मन्त्रालय, भारत सरकार।

शब्द अनुक्रमणिका

स

ह

त्र

ज्ञ
